JN440680

비판사회과학과 탈국가적 상상력

지구화 시대의 국가와 탈국가

이 도서의 국립중앙도서관 출판시도서목록(CIP)은 e-CIP홈페이지(http://www.nl.go.kr/ecip)에서 이용하실 수 있습니다. (CIP제어번호: CIP2009002904)

비판사회과학과 탈국가적 상상력

지구화 시대의 국가와 탈국가

비판사회학회·민주화운동기념사업회 공동기획

조희연 · 지주형 엮음

한울
아카데미

지구화에 응전하는 비판사회과학의 새로운 상상력의 방향을 모색하며

지구화의 성격 및 지구화가 동반하는 정치적·경제적·사회적 변화에 대한 연구들은 그동안 무수히 많이 이루어져 왔다. 그러나 지구화에 직면하고 있는 사회과학이 그 인식론과 상상력을 어떻게 전환시켜야 하는가에 대한 논의는 아직도 초보적 단계에 머물러 있다. 이러한 맥락에서 이 책은 그동안 국민국가(국민경제)적 시·공간을 전제로 발전해온 사회과학이 지구화 또는 세계화의 도도한 흐름 속에서 어떠한 변모를 겪고 있으며 어떻게 대처해야 하는가에 대한 진지한 학술적 논의를 자극하는 것을 목적으로 한다.

사실 근대 사회과학이 국민국가의 형성이라는 새로운 콘텍스트를 대상으로 자신을 구성하고 그에 대한 비판적 분석을 구현하고자 했다면, 현대 사회과학은 국민국가적 질서를 뛰어넘는 새로운 콘텍스트가 출현하는 맥락에서 스스로를 재구성하고 그 비판적 분석을 구현해야 하는 과제를 안고 있다. 이러한 과제에 대응하는 사회과학적 상상력의 방향은 물론 분명하지 않다. 이 책에 실린 글들은 다양한 입장, 다양한 지점에서 이러한 과제에 도전하고 있다.

근대 자본주의 국민국가의 한계

지구화 시대의 사회과학적 상상력은 무엇보다 근대적 사회조직을 뛰어넘는 새로운 공동체에 대한 상상력이다. 아리스토텔레스의 규정처럼 인간은 '사회적·정치적(폴리스적) 동물(zoon politikon)'이다. 이것은 인간이 본질적으로 사회를 이루어 서로 어울리고, 서로 협력하고 의존하면서도 갈등하고 살아가는 존재라는 것을 의미한다. 물론 이렇게 하는 과정에서 인간은 여러 가지 대안적 형태의 공동체를 만들고 영위할 수 있다. 그럼에도 현대 사회의 형태는 비교적 제한되어 있으며 특히 가장 지배적인 형태 중의 하나는 민족과 관료제적 근대 자본주의 국민국가이다. 실로 근대 자본주의 국민국가의 수는 최근까지도 계속 증가해왔으며, 그런 의미에서 근대 사회과학이 국민국가라는 인식틀 속에서 발전해왔던 것도 무리가 아니라 할 수 있다.

하나의 지배적인 사회형태로서의 근대 자본주의 국민국가의 특징은 다음과 같다. 첫째, 근대국가는 명확한 영토 경계 및 국경 통제 내에서의 주권 및 정당한 무력 사용에 대한 성공적인 주장을 특징으로 한다(베버, 1994; 헬드, 2001; cf. 보댕, 2005). 둘째, 근대국가는 기술지식 관료제와 '통치심성(governmentality)'이라 불릴 수 있는 통치적 합리성(또는 목적합리성)을 통해 자원과 인구를 적절히 배치한다(Foucault, 1991; 베버, 1994). 이러한 목적에는 자본주의 경제의 축적조건의 마련과 노동력 재생산 및 사회적 질서 유지의 역할이 포함된다. 이러한 특징들은 국가를 하나의 문명적·이성적 존재(국가이성, raison d'état)로까지 격상시킨다(Jessop, 1990, 2002). 셋째, 현대국가 및 정치과정은 상당 부분 국민적 영토(national territory) 위에서 민족·국민·시민의 영역과 국가의 영역을 일치시키는 민족·국민국가적 혹은 민족주의적 성격을 띠고 있으며, 이를 통해 민족은 가장 기본적이면서도 신성한 정치적·사회적 공동체의 단위로 나타난다(Gellner, 1983; 기든스, 1991; Anderson, 1991).

이렇게 특수한 원리에 기초한 근대 자본주의 국민국가는 사회과학을 포함한 인간의 사회적·정치적 공동체에 대한 대안적 상상력의 발전에서도 하나의 족쇄로 작용하고 있다. 정치가 국민국가로, 경제가 시장과 자본주의로, 그리고 사회가 민족이라는 형식 속에서 지배적으로 나타남으로써 단순히 표상이나 이념이 아닌 당장 받아들이고 적응해 살아야만 하는 구조적 현실을 이루고 있기 때문이다. 이러한 근대적 질서하에서 우리는 여권 없이는 국경을 넘을 수 없고, 국민으로서의 소속(국적) 없이 시민권을 부여받지 못한다. 또한 이윤추구를 목적으로 하는 시장에서의 교환을 매개하지 않고는 소득의 대부분을 얻을 수 없다. 더구나 근대 자본주의 국민국가는 그것이 기본적인 공동체라고 표상되는 한에서 다른 사회 집단의 모델이 되기도 한다. 그 결과 민간의 집단이나 결사체의 대부분이 기본적으로는 국민국가의 테두리 내에서만 존재할 수 있을 뿐 아니라 많은 부분(또는 점점 더) 자본주의적 영리조직과 관료제를 모델로 하고 있다.

그러나 잘 알려져 있다시피 자본주의, 국민·민족주의, 그리고 근대국가 조직은 그 합리성의 이면에 노동 소외와 착취 및 공황, (타 국민에 대한) 배타성, (일 처리의) 몰인격성 및 도구적 합리성, (정책집행의 근본적인) 폭력성 등을 담고 있다(cf. 마르크스, 1990, 2006; 호르크하이머, 2006; Neocleous, 2003). 이는 단지 그때그때 각종 사회정책 등을 통해 완화시켜야 할 근대사회가 안고 가야만 하는 어쩔 수 없는 부산물 혹은 부작용이 아니라, 인간의 공동체적 삶의 발전을 근본적으로 제약하는 모순이라고 할 수 있다. 그럼에도 대안적 공동체에 대한 비전과 상상력이 근대 자본주의 국민국가의 틀 속에 갇혀 있을 수밖에 없다면, 이는 근대의 근본적인 모순과 한계를 넘어설 수 없다는 것, 즉 '역사의 종말'을 인정하는 것일 뿐이다. 자본주의, 국민·민족주의, 관료제적 국가, 이 세 가지 원리의 결합체인 근대 자본주의 국민국가를 넘어서는 원리에 대해 고민하고 상상해야만 하는 이유가 바로 여기에 있다.

지구화의 도전

이러한 맥락에서 이 책은 특히 최근의 정치적·경제적·문화적 지구화가 근대 국민국가에 제기하는 도전과 그로부터 탈국가적이고 탈민족적인 정치·사회 공동체의 가능성을 검토하는 것을 목적으로 한다. 지구화와 더불어 근대 사회과학은 여러 가지 측면에서 새로운 도전에 직면하고 있다. 근대 사회과학은 기본적으로 '국민국가', '국민경제', '국민국가적 시민사회(또는 민족사회)'를 전제로 하여 지식을 생산하고 축적해왔다. 그런데 지구화의 흐름 속에서 근대의 국민국가 체제의 이념적 모델인 1648년 '베스트팔렌 체제(Westphalian regime)'을 포함한 기존의 질서가 거대한 변화를 겪고 있는 것으로 보인다. 이는 사회과학에 암묵적인 근대적·국민국가적 전제와 개념들을 재구성할 필요성을 제기한다(cf. Martin and Beittel, 1998). 즉, 지구화는 정치와 경제, 국내와 국외 같은 근대의 대립적인 개념쌍들을 넘어서 사고할 것을 요구한다.

여기서 지구화란 적어도 이념형적·표상적인 수준에서 인간 활동의 범위가 국민국가의 경계를 넘어 전 지구적으로 확산되는 것을 가리킨다. 지구화에 대해 축적을 위해서 시간과 장소를 가리지 않는 자본주의에 내재적인 경향으로 해석할 수도 있지만, 적어도 그것이 일정 정도 제한되었던 1930년대에서 1970년대에 이르는, 이른바 포드주의 또는 '착근된 자유주의(embededd liberalism)'라 널리 불리는 시기 이후 더욱더 가속화되어온 것이 사실이다. 첫째, 교통수단 및 정보통신기술의 발달은 사람들의 국경을 넘는 상호작용을 좀 더 용이하게 만들었다. 둘째, 실제 공간과 가상공간에서 유럽연합과 같은 새로운 정치적·사회적·경제적 공동체가 탄생하고 형성되며 발전하게 되었다. 셋째, 이렇게 형성된 새로운 공동체의 '초국적'인 조직 방식 및 공간적 범위는 국민국가의 조직 방식(관료제) 및 공간적 범위(국민적 범위)와 점점 더 불일치하게 된다.

이러한 지구화는 근대 국민국가라는 사회조직 원리에 대한 도전을 제기하고 있다. 첫째, 지역적·지구적 상호연계성의 확대로 인해, 국민국가를 뛰어넘는 일련의 정치적 결정과 결과가 국민국가적 정치체계 그 자체의 성격과 역동성을 변화시킴과 동시에 국민이나 시민의 일상적 삶을 새롭게 규정하고 있다(Appadurai, 1996). 그 결과 국민국가에 의해 형성되어왔던 민족적·국민적 정체성과 시민권에 대한 변화의 압력 또한 커지고 있다(cf. Soysal, 1994; Jakobson, 1997). 둘째, 초국적인 상호연계와 국민국가의 공간적 범위 사이의 상호불일치는 주권국가의 규제능력을 일정한 영역에서 제한하고 그에 따라 국민국가의 성격, 범위, 통제 능력이 변화를 겪게 되었다(Jessop, 2002, 2008). 셋째, 나아가 그동안 대표성과 책임성 있는 정당한 권력체계로 간주된 국민국가가 이미 국민국가적 경계를 벗어난 여러 가지 초국경적 운동들(지역 집단들과 반세계화 운동 등)에 의해 아래로부터 심각한 도전에 직면하고 있다. 이러한 변화들은 사회과학 일반, 특히 비판사회과학의 지적 상상력이 이제 근대 국민국가를 넘어설 수 있는 탈근대적·탈국민국가적 공동체 원리에 대해 고민하고 모색해야 함을 가리킨다(e.g. Held, 1995, 2004; 몽비오, 2006; 가라타니 고진, 2007). 그리고 이러한 가속화된 지구화의 경험은 어쩌면 공동체의 조직 원리와 공간적 성격을 새롭게 사유할 수 있는 원천이 될 수도 있을 것이다.

하지만 아직 이 글에서 다루지 않은 지구화의 다른 측면이 있다. 그것은 신자유주의인 자본축적의 논리와 그것을 뒷받침하는 제국주의적 영토논리(Harvey, 2003)이다. 사실상 국경을 넘는 인간의 상호작용 중에서 가장 큰 비중을 차지하는 것은 초국적 시민권을 가진 노동이 아니라 바로 자본, 즉 화폐와 상품의 흐름이며, 이러한 상호작용으로 인해 새롭게 형성된 집단들의 대부분은 탈관료제적(혹은 네트워크적)·탈국민적(혹은 초국적) 기업이다(Castells, 1996; Messner, 1997; Dicken, 2003; 매들리, 2004). 또한 자본의 산업적·금융적 활동에 대응하는 것은 '지구적 민주주의'가 아니라 자본의 활동에 필수적인 자본주의에 대한 통치이다. 이는 지구적 통치기구의 성립과 미국의 제국주의적 정책 등으로 표출되고 있으며 그 결과는 '빈곤의 세계화' 및 전쟁으로 나타난다(Cammack, 2003; 초스도프스키, 1998; 벨로, 2004). 그러므로 지구화는 (긍정적인 의미에서의) 대안적 공동체에 대한 상상력을 키워주기 이전에, 현실적으로는 오히려 기존의 영토적 권력 및 절차적 민주주의 아래에서 시민권으로 보장되었던 것들을 새롭게 위협하는 힘, 즉 부르주아의 신자유주의 유토피아로 나타나게 되었다. 반면에 지구적 민주주의나 초국적 시민권의 제도화 수준은 상당히 낮으며 대개 담론의 수준에 머물러 있는 실정이다(Gowan, 2001; 텝, 2001; Joppke, 1998).

그러므로 지구화를 둘러싼 논의는 지구화 및 국민국가와 관련된 두 가지 문제를 중심으로 전개되었다. 첫째, 지구화가 현실인가, 아니면 근대 국민국가가 현실인가? 둘째, 지구화를 찬양할 것인가, 아니면 국민국가를 찬양할 것인가? 특히 하트와 네그리(Hardt and Negri, 2000)처럼 전 지구적 주권의 형성과 국민국가 주권의 약화를 찬양할 것인가? 아니면 전통적인 국민국가 주권의 수호를 주장(Weiss, 1998; Chang, 2003)할 것인가? 문제는 이러한 대립이 이론에서뿐만 아니라 현실에서도 반복되고 있다는 것이다. 가장 최근의 예를 들면 미국의 서브프라임 위기를 통해 표출된 전 지구적 경제위기의 해결에 대한 논의도 결국 국가 대 시장, 그리고 개별 국민국가 대 전 지구적 협력의 대립 속에서 진행되고 있다. 이러한 이분법적 구도 속에서 힘을 얻고 있는 것은 미국에서의 민관공동펀드에 의한 부실채권 매입이라는 시장친화적 접근을 별도로 하면, 역시 케인스주의로 무장한 개별 국민국가의 개입이다.

먼저 국민국가들의 보호주의가 1930년대 세계대공황을 심화시켰다는 인식하에 G-20과 같은 주요 국민국가들 간의 협의체에 의한 지구적 수준의 해결책이 모색되고 있지만, 이 또한 국민국가들의 협의이며, 무엇보다도 각국의 위기에 대한 일차적 해결의 책임은 국민국가들에 있다. 또한 시장의 탈규제가 금융위기를 낳았다는 인식은 국가의 규제강화, 그리고 금융위기로 인해 생긴 부실과 경기후퇴를 해소하기 위해 국가의 통화·재정정책에 대한 강조로 나타나고 있다. 일각에서는 이러한 국가 개입의 강화 속에서 신자유주의의 종언을 예측까지 할 정도이다. 마치 신자유주의가 시장이므로 신자유주의의 반대는 국가라는 듯이 말이다.

그러나 신자유주의적 지구화에 대한 대안이 단순히 국가 개입일 수는 없다. 첫째, 신자유주의 자체가 여러 측면에서의 강력한 국가 개입을 동반했다는 점에서 국가 개입 자체가 신자유주의를 극복하는 방안이 될 수는 없다(Harvey, 2005; Panitch and Konings, 2009). 둘째, 설사 국가 개입으로 인해 신자유주의가 종언을 고하게 될지라도 그것은 근대성의 한 억압적 원리를 다른 억압적 원리로 교체하는 것이 될 것이다. 마찬가지로 지구화

시대의 탈근대적·탈국민국가적인 상상력의 모색도 국민국가·민족 대 지구화라는 단순한 대립 구도 속에서 이해할 수 없는, 좀 더 복잡하고 비판적인 검토를 필요로 한다. 근대 국민국가·민족을 지지할 수도 없지만 그렇다고 이제까지 진행되어왔던 신자유주의적 형태의 지구화를 지지할 수도 없기 때문이다. 그러므로 지구화는 비판적 사회과학에 두 가지의 과제를 제기하는 셈이다. 하나는 현존하는 지구화로부터 탈근대적·탈국민국가적 사회조직 원리를 고민하는 것이고, 다른 하나는 그럼에도 신자유주의적 지구화를 뛰어넘는 것이다. 즉, 신자유주의적 지구화를 극복하면서 탈국민국가적·지구적 사회조직 원리를 모색하는 것이다.

국가 대 시장, 국민국가 대 지구화라는 이분법적 틀 속에서 자본주의적·신자유주의적 지구화로부터 (국민)국가로 회귀하고 있는 지금이야말로 탈(국민)국가적 공동체 조직원리에 대한 모색이 그 어느 때보다도 절실하다 하겠다. 이러한 의미에서 지구화 시대의 탈국가적·탈민족적 상상력에 대한 논의는 단지 이론적 논의에 그치는 것이 아니라 좀 더 실제적인 문제들을 파악하고 진단하는 데에 가장 기초적이면서도 근본적인 작업이 될 것이다.

구성과 개관

이 책의 구성은 다음과 같다. 첫째, 이 책은 지구화가 국민국가, 정치사회사상, 민주주의와 시민권, 민족주의, 그리고 사회운동에 각각 제기하는 도전을 다루는 5개 부분으로 나뉘어 있다. 둘째, 각 부분들에서 독자는 탈근대적·탈국민국가적 대안의 모색에 대한 여러 다른 입장들을 읽고 비교해볼 수 있다. 이 책에 실린 글들은 모두 현실 사회질서의 국민국가적 토대를 인식하면서 그로부터 근대적·국민국가적 사회조직 원리를 비판하고 탈근대적·탈국민국가적 대안을 모색하고 있지만, 그럼에도 그 논점과 초점에서 상당한 차이를 드러내고 있다. 다소간의 무리를 무릅쓰고 이러한 차이를 유형화하면 다음과 같다. 먼저 구춘권, 조희연, 최현, 임지현, 백승욱, 윤수종 등은 근대적·국민국가적 사회조직 원리에 대한 비판 또는 탈근대적·탈국민국가적 현실이나 대안에 초점을 맞춘다. 반면에 이화용, 정성진, 이철우, 김귀옥, 김명섭, 이종구·임선일 등은 탈국가적 조직원리를 모색하기 이전에 (또는 그러한 모색을 위해서) 현실적 사회질서의 국민국가적 토대를 객관적으로 파악할 필요가 있음을 강조한다. 그리고 이러한 '의지의 낙관주의'와 '지성의 비관주의'는 지주형, 박영균, 서관모, 이나영 등의 글에서 다양한 형태로 결합되어 제시된다.

이 책은 다루는 내용이 방대하고 복잡하기 때문에 다소 자세하게 개별 글들의 논지를 설명하고자 한다. 먼저 제1부는 지구화와 국민국가의 현실에 대한 다양한 해석을 제시한다. 지주형은 지구화와 국민국가를 일반화할 수 없음을 주장하고, 이화용은 신중세론의 허구를 비판하며, 구춘권은 유럽연합의 사례에서 국민국가성을 넘어서는 새로운 국가성의 출현을 발견한다. 먼저 지주형은 「지구화와 국민국가: 전략-관계론적 접근」에서 지구화와 국민국가의 변환에 대한 논쟁을 비판적으로 검토하고 대안으로 지구화 속의 국민국가에 대한 전략관계론적 접근을 제시한다. 그는 지구화와 국민국가의 관계에 관한 주요한 이론적 입장들을 ① 지구화 및 국가의 작동양식, ② 국가의 경제적 통치역량, ③ 국가 역할 및 개입형태의 변환, ④ 지구화의 공간적 수준을 중심으로 검토하고, 이들 설명의 대부분이 지구화와 국민국가의 관계를 국가(정치) 대 시장(경제)이라는 이분법적·대립적 틀 속에서 파악하고, 지구화 과정 속의 국민국가의 자율성, 역량, 개입형태, 공간적 (재)조직화를 일반화되고 본질적인 용어로 기술하고 있다고 비판한다. 이러한 접근법으로는 지구화 속의 국민국가 변환의 폭넓은 스펙트럼과 복합적 성격을 포착하지 못한다는 것이다. 따라서 그는 전략-관계론을 비판적으로 재구성하여 지구화와 국민국가에 좀 더 철저하고 일관되게 적용한다. 이를 통해 지구화가 폭넓은 사회적 관계 속에서 정치적 과정과 경제적 과정이 서로 맞물리는 과정이며, 지구화 속에서의 국민국가 변환이 지구화라는 일반적 경향성 속에 가둘 수 없는 다양한 형태와 수준, 그리고 복합성을 드러낸다는 것을 보인다. 지구화 속의 국민국가는 국가별, 시기별, 영역별로 자율성, 통치역량, 개입, 스케일 등의 측면에서 다른 모습으로 나타나는 것이다. 따라서 그는 지구화 과정 속의 국민국가의 변환을 탈국민국가적 경향과 국민국가적 (반)경향성의 교차와 복합으로 이해하며, 이를 1997년 경제위기 이후 한국의 사례를 통해 예시한다.

다음으로 이화용은 「지구화 시대 정치공동체의 변화: '신중세론'의 비판적 이해」에서 지구화와 국가의 변화에 따라 국제정치학계에 부상했던 '신중세론(New Medievalism)'이 그리고 있는 세계를 실제의 중세와의 비교를 통해 비판적으로 검토하고 있다. 신중세론이란 영토국가들로 구성된 근대 세계체계가 쇠퇴하고 서양 중세와 비슷한 탈국가적 세계질서가 도래하고 있음을 주장하는 입장으로, 국민국가에 의한 권위의 독점이 사라지고 대신 그 권위가 세계적·지역적·지방적 권위체들과 분점되어 국가주권 개념이 적용되기 힘들게 된 상태를 가리킨다. 신중세론자들은 지구화 이후의 세계와 서양 중세가 자율적인 영역을 가지고 서로 간에 관할권 경쟁을 하는 중층적 권위체들(지방정부, 기업, NGO, 정부 간 기구, 국제기구), 그리고 보편적 규범(이념 대립의 소멸과 자유민주주의의 승리)이라는 유사성을 가지고 있다고 주장한다. 이에 대해 이화용은 중층적 권위와 보편적 규범을 중세적 특징으로 일반화할 수 없다고 비판한다. 신중세론은 다원적 거버넌스라는 중층적 권위체 간의 수평적인 권위구조를 전제하지만, 실제 서양 중세의 다중적인 관할권 경쟁은 그 중심에 교황과 황제가 자리한 매우 위계적인 구조가 있었으며 바로 이 두 축에 의해 제한되었다는 것이다. 또한 교황에 대한 황제의 도전과 교권과 속권의 갈등, 그리고 황제에 대한 도시국가의 도전은 중세에 보편이념이라 할 만한 것이 없었다는 것을 보여준다.

따라서 이화용은 현대에 설사 국가를 대신하는 다자적 거버넌스가 부상하고 있다 할지라도, 서양 중세가 비교적 동등한 영향력을 행사할 수 있는 정치질서가 아니었듯이 현재에도 다수의 행위자들이 비교적 동등한 영향력을 행사할 수 있으리라고 보지 않는다. 국민국가는 여전히 정치공동체의 지배적 유형이며 오늘날의 다자적 거버넌스는 여전히 국가체제를 전제하고 있다는 것이다. 따라서 신중세론의 함의는 국가의 퇴각이나 다자적 거버넌스의 작동에서 찾기보다는 여러 공동체들의 느슨한 결속으로 구성된 포괄적인 정치적 통합체, 즉 중세적인 제국에서 찾아야 한다는 것이 그의 결론이다.

제1부의 마지막 장인 「유럽연합과 국가성의 전환: 조절이론의 네오그람시안적 확장을 통한 접근」에서 구춘권은 네오그람시안적으로 확장된 조절이론의 시각에서 유럽에서 출현한 새로운 국가성의 특성을 분석하고 있다. 조절이론은 사회세력들의 투쟁과 그것으로부터 생성되는 헤게모니를 통해서 거시경제적 재생산과 이에 조응하는 제도적·법적·정치적 차원의 변동을 이론화하는데, 이는 국민국가적 틀을 벗어나 초국민국가적 수준

으로 확장될 필요가 있다. 이러한 접근법으로 보았을 때, 전후 미국이 주도한 금태환 본위제의 '제한된 자유주의(embedded liberalism)'의 세계질서와 계급타협 위에 서유럽 국가들은 총수요 관리를 통한 완전고용, 실질 저금리 유지를 통한 실물경제 성장 등을 중심으로 한 '케인스적'·복지국가적 국가성을 띠고 있었으며, 유럽공동체의 통합양식도 이러한 복지국가적 성격을 띤 '보조적 통합양식'이었다. 그러나 1970년대 이후 미국의 세계적 헤게모니가 동요하고 서유럽 국가들이 경제위기를 맞게 됨에 따라 서유럽 국민국가들의 국가성과 유럽통합의 특성이 변화하게 된다.

우선 세력관계에서 자본이 노동보다 우세해지고 포스트포드주의적 전환과 지구화가 진행됨에 따라, 서유럽의 국가성은 하부구조와 공급부문 지원을 통해 자본의 가치증식 조건을 제공하는 신자유주의적 국가성으로 변화하게 된다. 또한 유럽통합은 금융 및 경제 차원에서 미국의 초국적 헤게모니를 대체할 유럽 차원의 신자유주의적 재편으로 나아가게 된다. 즉, 유럽연합은 유럽 국민국가들의 신자유주의적 국가성의 발전에 조응하여, 그 옆에 존재하면서 여러 층위와 영역에서 등장한 파편화된 공동의 새로운 유럽적 국가성을 발전시키게 되는데, 그것은 포스트포드주의와 통화주의에 대한 지원(역내 공동시장 및 화폐 통합)을 특징으로 한다. 따라서 구춘권은 유럽적 수준과 국민국가적 수준이 더 이상 분리 가능한 영역으로 볼 수 없으며, 유럽연합 자체가 새로운 국가성의 일부를 구성하고 있다고 결론 맺는다.

제2부는 지구화의 흐름 속에서 등장한 탈국가주의 사상에 대한 비판적 검토를 수행한다. 정성진은 캘리니코스의 시선을 통해 자율주의와 같은 탈국가적 사상을 비판하고, 박영균은 베네수엘라의 사례를 통해 가라타니

고진의 세계공화국론을 비판하며, 서관모는 발리바르를 통해 아나키즘을 비판하고 반폭력과 국제주의에 기초한 '시민인륜의 정치'를 모색한다.

먼저 정성진은 「알렉스 캘리니코스의 반자본주의 사상」에서 1999년 '시애틀 전투' 이후 영국의 마르크스주의 사상가인 캘리니코스의 반자본주의 사상과 대안세계화 운동의 개입을 검토한다. 특히 그는 캘리니코스의 사상을 자율주의, 개량주의, 프랑스의 '혁명적 공산주의 동맹'의 입장들과 비교함으로써 캘리니코스의 사상뿐 아니라 마르크스주의 내부에서의 대안세계화 운동에 대한 논쟁지형을 정리하고 비판한다.

먼저 캘리니코스의 반자본주의 이론을 살펴보면, 그는 마르크스주의와 도덕적 혹은 윤리적 가치가 양립 불가능하지 않음을 강조하면서 바스카의 비판적 실재론, 롤스의 자유주의적 평등주의론 등에까지 관심의 영역을 확대하고 있다. 또한 그는 공황론과 관련하여 브레너의 논의를 수용하면서도 다수자본의 경쟁 그 자체가 아닌 다수자본의 경쟁적 기술혁신에 따른 자본의 유기적 구성의 고도화가 이윤율을 저하시킨다고 주장한다. 세계화와 제국주의에 관련해서 그는 세계화를 주로 경제적 측면에서 이해하는 반자본주의 운동 내부의 다수견해에 반대하고 국가들의 지정학적 경쟁에 주목한다. 그는 대안으로 '참여계획경제론'을 아래로부터의 사회주의, 수평적·민주적 계획으로서 긍정적으로 평가한다.

한편 캘리니코스는 정치 전략의 측면에서 자율주의에서와 같이 현대의 저항 운동이 국가권력의 문제를 회피할 수 있다고 보는 것은 잘못이라고 비판한다. 국민국가의 쇠퇴 명제가 상식으로 되어 있지만 이는 사실이 아니며 신자유주의 세계화의 전 지구적 확산은 미국이라는 특정한 국가가 추진했던 규제완화, 유연화, 개방 정책 때문이고, 오늘날 자본주의 국가는 국민적 경제공간의 관리자라기보다 경쟁력과 구조조정의 조직자이며 여전히 핵심적인 사회정치적·경제적 행위자라는 것이다. 끝으로 그는 공동전선과 혁명정당의 동시건설을 주장하며 "진지한 강령이라면 투쟁과 대중의식의 현주소로부터 출발해야" 한다는 입장에서 제3세계 부채의 즉각 탕감, 토빈세 도입, 자본 통제의 회복, 보편적 기본소득 도입 등의 '행동강령'을 제시하고 있다.

다음으로 박영균은 「대안적 세계화와 비국가로서 국가: 가라타니 고진의 세계공화국을 중심으로」에서 가라타니의 '세계공화국'을 비판적으로 검토하면서 대안적 정치 전략을 제시한다. 가라타니가 보는 현대국가는 자본=네이션=스테이트가 하나로 결합된 것으로 여기서 자본은 화폐적 교환, 국가는 수탈과 재분배, 네이션은 호혜적 증여라는 교환 원리를 나타낸다. 가라타니의 목표는 각각의 교환 원리를 뛰어넘으면서도 교환 원리가 각각 배타적으로 표현하는 자유, 평등, 우애의 가치를 동시에 담는 교환 원리 X, 즉 '어소시에이션'을 규제적 이념으로 추구하는 것이다. 그러나 LETS(지역교환거래제도)나 생산-소비협동조합 등 현실적인 '어소시에이션'의 방안들은 그 자체로는 국가를 대체할 수도, 자본과의 경쟁에서 승리할 수도 없다. 이에 가라타니는 '자본=네이션=스테이트'의 틀로부터 벗어나기 위해, 아래로부터의 운동뿐 아니라 국가를 위로부터 꼼짝 못하게 하는 '세계공화국'을 대안으로 제시한다.

박영균에 따르면 이것이 의미하는 바는, 가라타니가 마르크스주의의 두 가지 입장, 즉 자본과 임노동의 생산 내적 모순에 근거한 혁명, 그리고 국가 장악 후 국가를 이용하여 사회혁명을 수행하는 것을 기각하는 것이다. 그러므로 박영균은 가라타니가 자본주의 생산의 내적 모순보다 유통, 교환체계에서의 차이에 주목하고, 국가의 해체를 내적인 계급관계의 측면이 아닌 외부적 개입에 의존한다고 비판한다. 그는 베네수엘라 혁명을 예로 들면서 베네수엘라가 가라타니 식의 호혜적이고도 사회적인 교환모델을 추구하지만, 그렇다고 주권을 포기하거나 하는 것이 아니라 오히려 주권을 강화하면서 반미-신자유주의라는 대안적 지역협력체를 건설하기 위해 노력하고 있음을 지적한다. 국가가 부르주아의 부를 제한하거나 박탈하고 그 부를 민중의 생활과 문화를 위한 것으로 전환할 수 있으며, 국가가 인민주권의 공동체적 권리를 확산시켜 대항적인 지역블록과 지구화를 추진할 수 있다고 주장한다. 그러므로 박영균은 부르주아적 장치와 이데올로기, 민주주의라는 보편적 가치가 유발하는 내적 모순을 부정하지 않으면서 이와 같은 장치들을 활용하는 제도적 투쟁을 통해서 기존의 국가장치와 관료제적 장치들을 파괴하는 '비제도적 투쟁'을 제안한다. 대중이 권력의 실질적인 운영과 계획의 주체이자 국가권력이 되게 함으로써 국가를 스스로 파괴해야 한다는 것이다.

제2부의 마지막 글로, 서관모는 「반폭력의 문제설정과 인간학적 차이들: 에티엔 발리바르의 포스트마르크스적 공산주의」에서 발리바르의 포스트마르크스적 공산주의 기획에 대해 논한다. 마르크스는 공산주의를 한편으로는 국가의 종언, 다른 한편으로는 상품관계의 종언과 동일시하는데, 이는 '자유로운 생산자들의 연합'이라는 정식으로 표명된다. 그러나 공산주의를 국가와 정치의 종언과 동일시하는 이러한 마르크스의 테제는 프롤레타리아 정치를 사고하는 데서 해결 불가능한 이론적 장애로 작용한다. 왜냐하면 그는 국가주의적이지 않은 동시에 아나키즘과도 구분되는 자신의 담론을 결코 안정화시킬 수 없었기 때문이다. 발리바르에 따르면 이는 마르크스가 국가/사회, 자본/노동, 속박/자유, 위계/평등, 공적 이해/사적 이해, 계획/시장과 같은 일련의 정치적 대립쌍들에 의해 전체적으로 구조화된 부르주아 이데올로기적 공간에 사로잡힌 결과 이러한 반정립을

한편으로 해체하면서도 근본적으로 이 반정립에서 벗어나지 못했기 때문이다. 따라서 발리바르는 국가장치의 파괴가 아니면 자본주의 국가의 지배에 불과하다는 마르크스주의의 이론적 아나키즘에 대항해 국가장치의 해체나 사멸이 아닌 현실의 부르주아 국가의 민주적 전화를 모색한다. 이는 역사가 주체화 양식(또는 일반화된 이데올로기 양식)과 생산양식(또는 일반화된 경제양식) 사이의 절합을 통해 전개되며, 여기서 이데올로기란 "의지대로 조작될 수 없는" 경제와 정치의 질료이므로, "사회적 관계도 이데올로기도 없는 젖과 꿀과 포도주와 장미의 땅으로의 이행"이란 있을 수 없기 때문이다. 그러므로 발리바르에 따르면 "자유의 실현, 필연의 영역 안에서의 최대한의 자유의 실현"만이 있을 뿐이다. 이러한 맥락 속에서 발리바르는 개인 해방의 정치, 사회구조와 권력관계의 변혁으로의 정치로부터 한 걸음 더 나아간 '시민인륜으로서의 정치'에 기초한 포스트마르크스주의적 공산주의를 제안한다.

여기서 시민인륜은 "정치적 행위자들의 갈등의 인정, 소통, 조절을 막는 극단적 폭력의 형태들의 감축을 통한 정치적 행위의 가능성 자체의 조건들의 생산"을 의미하며, 포스트마르크스주의적 공산주의는 반폭력과 국제주의에 기초하여 종래의 자유주의나 사회주의에서와 달리 성별, 지식 등의 인간학적 차이의 동질화와 억압 대신 "집단적 허구로서의 인류의 구성에 대한 이 차이들의 공헌", 그리고 "개인성의 재건"과 "공동의 존재 그 자체가 필연적이게 만드는 특이성의 무한한 발전"을 추구한다.

제3부는 대안으로서의 지구적 민주주의와 초국민적 또는 탈국가적 시민권의 문제를 다룬다. 조희연은 지구적 민주주의 정체의 가능성을 탐색하고, 최현과 이철우는 초국적 또는 탈국가적 시민권의 가능성에 대해 검토

한다. 먼저 조희연은 「민주주의의 지구적 차원: '지구적인 민주주의 정체(政體)'의 형성과 그 사회화」에서 지구적 차원에서 민주주의 원칙을 실현하는 지구적 민주주의의 당위성과 그 구현 방향을 이론적·원리론적으로 규명하려고 시도한다. 이를 위해 먼저 그는 민주주의가 하나의 고정된 제도 체계가 아니라 사회적·계급적 각축의 결과적 구성물이라는 점을 서술하고 지구화로 인해 기존의 국민국가적 민주주의가 재구성되지 않을 수 없는 도전에 직면하고 있음을 지적한다. 현재 수많은 사회적·정치적·경제적 상호작용과 결정이 지구적으로 확장되고 있기 때문에 국민국가적 질서 내에 존재하는 정치적 주체들은 일방적으로 영향은 받으나 반대로 그 결정에 영향을 미칠 수 없는 상황이 나타나고 있고, 이는 민주주의의 정신과 원리에 반한다는 것이다.

이 글은 지구적 차원에서 민주주의를 진보적으로 구성하기 위한 '지구적 대항정치'론의 시각에서 지구적 차원의 민주주의의 핵심과제를 '지구적인 민주주의의 정체 자체의 형성'과 '지구적 정체의 사회화'로 정리한다. 근대화 과정에서의 국민국가적 정치적 통합에 대응하는 것이 '지구적인 민주주의 정체'의 형성이라고 한다면, 근대 자본주의적 국민경제를 규율하는 공적·사회적 기제가 만들어지는 과정에 대응하는 것이 '지구적 정체의 사회화' 과정이라고 볼 수 있다는 것이다. 그는 전자와 관련해 '세계연방'론, '세계의회'론, '세계공화국'을 검토하고, 후자와 관련해서는 지구화 과정이 현존 세계체제 내의 사회적·경제적 위계성과 불평등이 전이·확장되는 과정이기 때문에 이를 극복하기 위한 과제로서 '국적'의 한계를 넘는 시민권의 확장을 통해 지구적 정체 내부에서의 민족적·인종적·종족적 차이에 의한 사회적 불평등을 공적·사회적으로 규제하는 기제가 필요하다는 것, 또한 지구화하는 자본 운동에 대한 지구적 차원의 공적·사회적 규제장치를 만들어야 한다고 역설한다.

다음으로 최현은 「탈근대적 시민권 제도와 초국민적 정치공동체의 모색」에서 조희연이 모색하고 있는 것과 같은 초국민적 정치공동체의 기획을 위해서는 국민적 시민권 제도를 뛰어넘는 초국민적 시민권에 대한 명확한 비전이 필요함을 다시 한 번 역설한다. 왜냐하면 초국민적 정체성이 초국민적 시민권을 가져온다기보다 초국민적 정치조직, 공동체와 시민권 제도가 초국민적 정체성을 가져오기 때문이다. 그러나 그는 여기서 초국민적 시민권이 국민국가 밖에서 형성되는 것이 아니라 국민국가 자체의 태내에서 부화되고 있음을 주장한다. 즉, 초국민적 시민권 제도는 국민적 시민권 제도의 연장선상에 서 있으며 그것이 급진화한 결과라는 것이다. 이러한 초국민적 시민권은 탈근대적 시민권과 동일시되는데 여기서 탈근대적 시민권 제도란 근대적 시민권 제도의 발전이자 그것의 급진화이다. 근대 시민권 제도는 근대 자본주의 국민국가의 발전 속에서 문화적 동질성과 국민적 정체성을 형성했으며 탈연고주의, 탈혈연주의, 정교분리, 보편주의를 특징으로 한다.

하지만 노동자 계급의 근대적 시민권 투쟁 속에서 개인주의와 보편주의에서 벗어난 시민권, 즉 탈근대적 시민권 제도가 등장하기 시작한다. 사회적 소수자의 투쟁, '자유와 평등'을 향한 민주주의의 발전, 지구화, 종족갈등의 위협 등을 배경으로 하여 발전한 탈근대적 시민권 제도는 특수주의를 적극 수용하여 소수자 집단의 자치권과 집단 대표권, 소수 집단의 문화를 자유롭게 표현할 권리, 차별에 대한 보상을 내용으로 하는 집단인지적 시민권 제도(group-differentiated citizenship)와 다문화 시민권 제도(multi-cultural citizenship) 등을 포함한다. 그러나 현재까지 발전된 탈근대적·초국민적 시민권 제도가 집단 간의 폭력갈등을 방지하거나 국민국가를 뛰어넘는 초국민적 연대의식을 구현하는 데 미흡하며, 따라서 초국민적 시민권에 기초한 초국민적 정치공동체가 갈등에 의해 내부로부터 붕괴되는 것을 막기 위해 초국민적 시민권 제도의 운영원리에 대한 모색과 비전이 필요하다고 최현은 주장하고 있다.

제3부의 마지막 글인 이철우의 「탈국가적 시민권은 존재하는가」는 최현의 글과 대조를 이룬다. 최현이 근대적·국민적 시민권의 연장선상 속에서도 그것을 뛰어넘는 초국민적 시민권의 발생가능성을 모색한다면, 이철우는 정반대로 그러한 초국민적 시민권이 결코 국가를 뛰어넘는 탈국가적·탈국민적 시민권으로 발전하지 않았으며 따라서 지구적 시민권은 국민국가로 이루어진 세계의 현실 위에 구축되어야 한다고 주장하고 있다. 그는 '포스트내셔널 멤버십'의 도래를 주장하는 소이살(Soysal)과 기존의 국민국가적 시민권의 몰락을 진단한 제이콥슨(Jacobson)의 논의를 국민국가의 현실에 비추어 하나하나 논박한다.

첫째, 국제인권규범의 역할은 과대평가되었으며 국제인권법은 국내법을 반영하고 있는 것이지 국내법이 국제인권법을 반영하고 있지는 않다. 국민국가의 출입국 관리, 영토적 통제와 감시의 장치는 굳건할 뿐 아니라 법적으로도 입국의 자유, 가족결합의 자유, 난민 보호 등은 모두 당사국의 결정에 달려 있는 것이다. 둘째, 생명권, 신체의 자유, 프라이버시와 통신의 자유, 양심의 자유, 표현 및 집회의 자유, 재산소유권, 국내 거주 이전의 자유 등의 시민적 권리뿐만 아니라 일부 사회적 권리도 일찍부터 외국인에게 개방되어왔으며 따라서 외국인이 현재 누리는 권리를 탈국가적 시민권으로 보는 것은 과대평가이다. 반면 외국인에게 정치권 권리의 향유는 매우 제한되어 있다. 셋째, 이중국적과 영주권은 탈국가적 시민권이 아니라, 해외로 이주한 자국민이 현지에 정착하면서도 모국의 영향력에서 벗어나지 않게 하려는 주권의 '탈영토화' 전략이자 원격민족주의의 집행으로서 탈국가적 현상이 아니라 시민권이 국민국가적 시민권의 틀 속에서 '다국적화'됨을 보여줄 뿐이다. 넷째, 유럽연합에서와 같이 인간이 국가의 상하위에 형성된 여러 층위의 정치공동체에 소속된다고 해도 유럽인의 국가상회적(supranational) 시민권과 국가하위의 외국인의 지방참정권은 유럽연합 소속 국민국가의 시민권을 가진 이에게만 부여된다는 점에서 이를 탈국가적 시민권의 징후로 볼 수 없다. 그러므로 이철우는 유럽 시민권과 같은 초국적 시민권이 국가적 시민권을 존립 기반으로 하면서 국가를 상회하는 시민권으로 발전하고 있음을 인정하지만, 글로벌한 변화가 새로운 시민권의 형식을 수반하지는 않는다는 점을 강조한다.

제4부는 지구화 시대의 민족과 민족주의의 문제를 다룬다. 임지현은 민족주의를 공격하고 거부하는 반면에, 김귀옥과 김명섭은 민족주의와 애국주의를 변형시키고 활용할 것을 주장한다. 한편 이종구·임선일은 한국의 이주노동자 실태를 분석하면서 이들이 노동운동으로의 통합, 다문화 공생사회의 형성, 국제연대라는 과제를 한국 사회에 제기하고 있다고 진단한다.

먼저 임지현은 「국민국가의 안과 밖: 동아시아의 영유권 분쟁과 역사논쟁에 부쳐」에서 근대 민족국가의 영토와 역사에 대해 정면으로 문제를 제기한다. 그는 특수성의 논리로 무장한 개별 '국가주권'의 신성불가침 원칙이나 '진보'나 '인권' 등의 보편 논리로 무장한 제국의 '제한주권'의 논리를 넘어서 각각의 개별국가가 갖는 개별성을 존중하면서 그 개별성들이 소통하고 교차하는 '간주권(inter-sovereignty)'의 장에서 집단적 삶의 보편성을 찾을 수 있기를 희망한다. 또한 그는 고유영토라는 개념이나 현재의 국경이 자연적이라는 편견이 시민사회의 역사의식을 지배하는 한 민족주의라는 규율권력에서 벗어날 수 없음을 경고하면서, '변경연구(border studies)'의 관점에서 동아시아의 영유권 분쟁을 돌파할 것을 제안한다. 그는 19세기 이후 근대 역사학이 국민적 훈련의 가장 중요한 지적 장치였음을 지적하고 이 '국사'의 배타적 논리가 인위적 국경의 경계 안에 그 경계를 넘나들며 다양하고 복합적인 역사를 만들어나간 변경을 억지로 구겨 넣는다는 점을 비판한다. 또한 그는 '국사'의 패러다임에 입각한 최근의 역사논쟁은 동아시아 민족주의의 '적대적 공범관계'와 그것을 강화시키는 '국사'의 헤게모니적 역할을 드러낸다는 점을 지적하면서 영유권 분쟁의 대상인 변경이 배타적인 일국적 공간이 아닌 다양한 문화와 정체성들이 자유롭게 소통하는 공동의 역사공간으로 이해될 때, 동아시아 공동의 풍요로운 유산이 될 수 있다고 주장한다.

반면에 김귀옥은 임지현보다 훨씬 유연한 입장에서 민족주의를 전술적으로 활용할 것을 주장한다. 그는 「한국의 민족주의, 시대착오인가 변화의 동력인가: 한국의 민족문제와 민족주의를 둘러싼 성찰과 전망」에서 민족주의가 불편하거나 낡은 것일 수 있을지언정 민족문제, 분단문제와 같은 미완의 근대국가적 과제를 지닌 한반도에서는 여전히 중요성과 의미를 지니고 있다고 주장한다. 남북분단체제를 탈근대적 의식에 의해 해결하기란 요원하며 한반도 평화체제 구축을 위해서 민족주의는 여전히 유용하다는 것이다. 그렇다면 그가 제안하는 민족주의는 무엇인가? 체제를 정당화하는 '국가주의'와 '반공주의'의 외피에 불과했던 1990년대 이전의 공식적 민족주의는 한민족 전체를 포용하지 않고 민족의 일부를 적대시하는 '분단 민족주의'였던 반면, 1990년대 이후에는 세계화와 더불어 민족주의가 퇴조하고 한미동맹주의의 형태로든 보편주의적 인권 담론의 형태로든 국제주의가 득세하고 있다. 그러나 이러한 추상적 형태의 국제주의는 서구 중심주의적 인식을 수용하는 것에 불과하며, 인간의 보편성은 민족, 성별, 지역, 계급, 성적 정체성, 신념 등 모든 경계를 해체하는 데서 형성되는 것이 아니라 역사적이고 공간적이며 특수성과 공존하면서 형성되는 것이다. 스스로 자긍심을 가지고 자신의 가치를 아끼는 민족주의자가 남의 자긍심과 가치를 소중히 여길 수 있다는 것이다. 더구나 현실적으로도 여전히 강력한 민족국가 중심적 통치, 근대국가를 형성해야 하는 한국의 과제 등은 민족주의를 유효한 것으로 만든다.

여기서 김귀옥은 '열린 민족주의'를 대안으로 제시한다. 60여 년의 분단으로 인한 남북한의 문화 차이, 전 세계 한민족의 다문화 코드, 그리고 이주노동자들은 민족주의가 과거의 저항적이거나 민중적인 민족주의에서 다문화적이며 다층적인 '열린 민족주의'가 될 것을 요구한다. 민족주의는 본래 진보의 개념도 보수의 개념도 아니므로, 민족 내부의 자유와 평등을 실현하는 문제나 민족 외부 간 경쟁과 공존의 관계를 실현하는 문제를 안고 있는 한반도에서 열린 민족주의를 충분히 전술적으로 활용할 수 있다는 것이다.

한편 김명섭은 애국주의에 주목한다. 그는 「세계주의 대 애국주의: 세계화 시대 동북아시아에서 나라를 사랑한다는 것」에서 시장과 자본에 의한 위로부터의 세계화를 옹호하는 세계시장주의, 시민들의 연대를 포함한 아래로부터의 세계화를 추구하는 세계시민주의, 그리고 독재권력, 제국주의, 국수주의의 특징을 띤 '나쁜 애국주의'를 모두 비판하고 그 대안으로서의 '좋은 애국주의'의 가능성을 검토한다. 그 이유는 다음과 같다.

첫째, 신중세적 질서의 유럽연합과 달리, 애국주의가 힘을 발휘하고 있는 미국이나 동아시아 일부 지역 등 근대적 질서가 주도하고 있는 근대

권역에서 급진적 세계주의는 현실적 근거를 가지고 있지 못한 낯선 것이다. 그것은 호소력이 약할 뿐만 아니라 오히려 국가주의나 국수주의와 같이 엄존하는 '나쁜 애국주의'에 대한 투쟁을 외면하는 결과를 초래할 수도 있다. 사실 세계와 보편은 모호하고 추상적이기에 세계시민주의에는 개인을 추동하는 개별국가적 차원의 공동의 기억, 공동의 언어가 취약하다. 그러므로 특히 동아시아에서 세계적 보편은 애국주의를 매개로 하여 시작할 필요가 있다. 둘째, 주권적 국민국가 체제를 성립시킨 베스트팔렌 조약은 30년 종교전쟁을 낳은 세계적 보편의 추구를 둘러싼 폭력과 갈등을 종식시키고자 한 것이었고 이러한 측면에서 국민국가 체제는 긍정적 측면을 가지고 있었다. 양차 세계대전도 보편과 특수가 복합적으로 상호작용한 것으로 순전히 '나쁜 애국주의'의 탓만이 아니라 세계시장주의의 광폭성 및 베르사유 평화체제와 같은 보편적 세계주의에 대한 국민국가의 불만을 토양으로 삼은 것이었다고 볼 수 있다. 이러한 의미에서 세계시민주의를 선으로 애국주의를 악으로 보는 것은 지나치게 단순한 이분법에 불과하며 국가주의와 국수주의라는 극단에 빠진 '나쁜 애국주의'와, 민주주의, 공화주의, 국제주의, 입헌주의를 통해 끊임없이 견제되어야 하고, 그럼으로써 세계인류를 위해 복무하는 '좋은 애국주의'를 구별할 필요가 있다.

김명섭은 '좋은 애국주의'는 제국주의적인 '제국적 보편'이나 시장적인 '무국적 보편', 그리고 '초국적 보편'과 구별되는 국가의 제한적 가치를 인정하고 공화적 애국주의에 기초한 '국제적 보편'을 낳을 수 있을 것이라 본다. 난폭한 세계시장주의에 맞설 수 있는 '좋은 애국주의'는 자유뿐 아니라 책임도 지는 세계시민을 키워내는 훈련소 역할을 할 수 있을 것이다.

제4부의 마지막 글인 「한국의 이주노동자와 다문화 사회」에서 이종구

와 임선일은 이주노동자에 대한 이론들을 검토하고 한국 내의 이주노동자 집단의 형성 및 이에 대한 정책 당국의 대응을 살펴본 뒤에 이주노동자들이 한국 사회에 제기하는 과제를 논하면서, 이주노동자와 다문화 사회에 대해 더 많은 관심을 가질 것을 촉구하고 있다. 이주노동자들은 생산요소로의 노동력이 아니라 생활하는 인간들의 이동이라는 관점에서 이해되어야 하며, 이들은 국제적인 사회연결망을 통해 이주하고 정착하며 이는 다시 송출국에 영향을 미치고 집단의 재생산으로 이어짐으로써 유입국의 이주노동자 집단의 형성을 가속화한다. 한국의 경우도 유사한 경험을 했는데, 꾸준한 이주노동자에 대한 수요는 이주노동자의 장기 체류와 집단 거주 지역을 낳았다. 그러나 산업연수제와 고용허가제를 중심으로 한 정책 당국의 대응은 여전히 많은 문제가 있으며 이에 따라 직장선택권을 이주노동자에게 주는 노동허가제를 도입하자는 주장이 제기되고 있다. 이주노동자는 노동운동으로의 통합, 다문화 공생사회의 형성, 국제적 연대라는 과제를 한국 사회에 제기하고 있으나 이들에게 선거권이 없기 때문에 아직 정치적 관심을 끌고 있지는 않다. 그러나 이주노동자와 다문화 가정은 앞으로 사회적으로 더욱더 큰 비중을 차지하게 될 것이고 시간이 지남에 따라 이들에게도 선거권이 곧 부여될 것이므로 정책적 대안의 연구가 중요한 과제로 제기되고 있다는 것이 이들의 결론이다.

이 책의 마지막 부분인 제5부는 지구화가 노동, 대중, 그리고 여성의 사회운동에 미친 영향과 함의에 대해 검토한다. 먼저 백승욱은 「마르크스주의와 국제주의, 그리고 노동자 운동」에서 세계적인 자본주의의 발전이라는 맥락 속에 마르크스주의와 프롤레타리아 국제주의의 전개를 위치시킨다. 그에 따르면 국제주의의 쟁점은 단순히 국가인가 반국가인가가 아니라, 노동자 계급의 분할을 넘어서는 통일적 경향을 어떻게 형성할 수 있는가이다. 국제주의에서 국가가 문제가 되는 것은 국가가 지배계급을 통일시키는 동시에 피지배계급을 분할하는 장치로서 작동하기 때문이다. 먼저 프랑스혁명에 의해 제기된 보편적 권리로서의 '평등·자유'는 19세기의 국가 간 세력균형에 기반을 둔 '보수주의적 국제주의(국가 간 관계의 현실주의)'와 '자유주의적 국제주의' 질서 속에서 특정 공동체의 일정한 경계 안에서 봉합되는 한계를 가지게 된다. 마르크스-엥겔스의 프롤레타리아 국제주의는 자본의 통일성에 대한 대안으로 노동계급의 단결을 제시하는데, 이는 자본에 의한 노동자의 분할을 충분히 파악하지 못하는 한계를 가지고 있었다. 제1인터내셔널은 1848년 유럽혁명의 실패와 더불어 이러한 개별국가 차원에서의 노동자 운동의 고립화라는 문제를 배경으로 하여 결성되었으며 아직은 '민족화'하지 않은 진정한 '국제주의적' 요소를 담보하고 있었다. 이는 이 조직이 개인들의 연합체 수준으로 조직되었으며 국경을 넘어서는 이동성이 크고 민족적 틀에 의한 포섭의 정도가 낮은 장인노동자들이 당시의 핵심적 노동자층이었기 때문이었다.

그러나 독일 사회민주당에서 시작하여 각국 정당의 연합체로 발전한 제2인터내셔널은 산업혁명이 널리 보급되면서 국경을 넘나드는 이동이 제약되어 훨씬 더 '민족화된' 노동자들이 형성되는 시기에 생성되었으며 결국 제1차 세계대전 시의 '조국방위'를 둘러싼 논란은 제2인터내셔널을 붕괴시킨다. 그리고 전 세계의 미국화를 역설하는 '발전주의적 자유주의', UN과 일련의 국제경제 관리기구로 대표되는 '국제주의 정치질서'는 20세기 프롤레타리아 국제주의의 재형성에 질곡으로 작용한다. '미국 제국주의'에 대한 비판의 증가와 더불어 일국 사회주의의 가능성에 대한 언사가 증가하며, 국제주의는 사회주의 국가들 사이의 '대등한' 관계 정도로 축소된 것이다. 특히 소련의 핵무장은 대중운동을 희생하는 대가로 국가를 생존시키고 국제주의를 억압하는 계기가 되었고 그 결과 국제주의는 사실상 멈추게 된다. 하지만 냉전의 종식과 신자유주의적 금융세계화를 통해 중심-주변부 분할이 약화되고 각국 내에서의 사회적 분할이 심화되면서 노동자 계급을 분할시키는 경계를 넘어설 수 있는 국제적 연대의 새로운 조건이 창출되었다고 할 수 있다. 물론 이 조건이 새로운 국제주의를 보장하는 것은 아니다. 세계화에 따른 국가적 동일성의 약화가 초민족적 동일성으로 나아가는 대신 인종주의적·문화적 동일성의 추구를 낳을 수 있기 때문이다. 그럼에도 2001년의 세계사회포럼은 자본의 세계화에 반대하는 기존의 모든 운동유형을 결합하여 지방, 지역, 국가, 초국가적 형태의 다양한 조직을 포괄하고 남반구와 북반구의 운동을 하나의 단일한 틀 속에서 결합하려고 했다는 점에서 국제주의를 재활성화하는 것이었다. 또한 노동자의 경계를 확대하는 '사회운동 노동조합주의' 또한 국제주의의 재활성화에 기여하고 있다. 끝으로 백승욱은 국제주의가 '국제적 활동과 조직적 연대의 필요성' 이전에 국제주의적인 노동자 주체의 형성에 대한 논의라는 점을 강조하며, '민족적'으로 한정된 경계들을 넘고 허무는 것이 목표가 아닌 출발점이 되어야 한다고 주장한다.

다음으로 윤수종은 「지구화 시대 새로운 주체의 등장과 사회운동의 방향」에서, 네그리와 하트의 제국론의 관점에서 제국을 돌파하는 새로운 주체들, 즉 대중(multitude)의 등장, 그리고 그에 따른 새로운 사회운동의 형태를 이탈리아의 자주관리 사회센터의 사례를 통해 소개하고 있다. 노동자 계급이라는 틀 속에서 파악되지 않는 대중은 자본주의 생산 안에서 만족할 수 없는 방식으로 자신들의 요구들, 열정들, 능력들, 욕망들을 증식시키고 확장하려고 한다. 이러한 대중의 등장과 함께 사회운동도 네트워크화되며, 이 속에서 다양한 차이들을 지닌 주체들은 자신들의 정체성을 강조하면서 욕망투쟁을 통해 새로운 주체성을 생산하고 새로운 자유의 공간을 만들어나간다. 이탈리아의 사회센터운동은 이러한 운동에서 하나의 훌륭한 사례를 제시한다. 1970년대부터 생겨난 이탈리아 사회센터운동은 버려진 공장, 요새, 창고, 학교, 교회 등을 점거하여 자가생산과 자주관리를 통해 이를 생활, 소통, 문화와 교육의 장으로 이용한다. 여러 사회센터들은 서로 간에 다중심적이고 비위계적인 네트워크를 이루고 있으며, 시장과 국가에 일정한 거리를 두는 대신 지역사회와 정치에는 적극적으로 참여한다. 공간의 사용, 합법화, 구성원의 기부, 임금, 노동 등에 대해 논쟁이 있지만, 사회센터들은 정치적·사회적 이단들의 장소로 지역공동체와의 결합을 넘어서 전국적, 그리고 전 지구적 차원에서 연대활동과 공동투쟁을 통해 대안세계화 운동에 동참한다. 윤수종은 사회센터운동이 평등한 개인들의 미시사회가 생존하고 번영할 수 있음을 보여주며, 상이한 정체성들이 공존하면서 오히려 특이성을 향해 나아갈 수 있는 공간을 보여준다고 평가한다. 사회센터운동이 한 국가 내부에서 탈영토화된 지대와 자유의 공간을 구성해 나가면서 지역적·전국적·전 지구적 규모의 운동을 통해 탈국가적 운동을 해나가고 새로운 협동양식과 생활양식, 즉 코뮌을 실험하면서 작은 움직임들이 전 지구적 차원의 움직임으로 이어지는 과정을 보여준다는 것이다. 국가권력의 장악과 대조적으로 국가로부터 벗어나는 다양한 대안적인 미시코뮌을 창조함으로써 국가의 지배력을 약화시킬 수 있다는 것이다.

제5부의 마지막이자 이 책의 마지막 글인 「초국적 페미니즘: 지구화 시대 연대의 진보적 확장」에서 이나영은 '초/국적 페미니즘'이라는 개념을 통해 국민국가의 특수한 경험을 넘어선 여성운동의 초국적 연대를

사고한다. 초/국적 페미니즘이란 지구화의 부정적 측면을 국제적으로 환기시키고 정책결정자들에게 영향을 미치며 인권, 노동, 사회정의, 환경문제를 다루는 단체들과 초국적으로 연대하면서 국제기구에 여성주의 관점을 반영하고자 하는 페미니스트의 학문적 노력과 유기적인 연대활동인 초국적 페미니즘에서 유래하지만 그것을 뛰어넘는 것이다. 이는 우선 여성들이 성별 뿐 아니라 인종, 계급, 민족, 섹슈얼리티 등에 기반을 둔 다양한 종류의 억압을 받고 있고, 다양한 위치와 모순적 위치 속에서 존재하며 따라서 그 정체성은 관계적으로 규정된다는 것에 주목한다. 따라서 이 운동은 글로벌 페미니즘이 강조하는 겹쳐지거나 공유될 수 없는 배타적 차이(보편적 여성) 대신 여성을 교차하는 다양한 '차이들'과 여성 간의 다름과 위계관계를 사고한다. 또한 서구 안의 유색인종 여성의 경험을 특권화하고 제3세계라는 국가 간 위계질서를 당연시하는 유색인종 및 제3세계 페미니즘을 넘어서려고 한다. 경계를 넘어 이동(transfer)하는 주체, 이를 통해 변형(transformation)되는 위치와 조건, 그리고 그러한 조건과 경계를 위반(transgression)하고자 하는 주체들의 의지를 포괄하는 이 운동은 국민국가와 자본이라는 상징적·물리적 경계 또는 장애와 한계의 존재를 인식하고, 그로부터 협상과 대화, 연대를 이끌어낸다는 점에서 '초/국적 페미니즘'이라고 부를 수 있으며 그 사례로는 한국의 기지촌 성매매 운동으로부터 시작된 '군사주의에 반대하는 동아시아 여성 네트워크'를 들 수 있다. 끝으로 지역적·민족적 편협함을 넘어선 포괄적인 변화를 지향하되 맥락성을 고려하고자 하는 초/국적 페미니스트 정치학은 초국적 연대의 추상적 방법론으로 '너그러운 급진성'을 제안한다. 이것은 가장 주변에 위치 지어져 있기에 비판적이지만 '다른' 소외된 계급과 계층 문제에 늘 열려 있는 사고관을 말한다.

맺음말

이 책의 기획은 2008년 1월 11~12일 숙명여대에서 열렸던 비판사회학회 특별 심포지엄 "지구화와 탈국가적 상상력"에서 기원한다. 이 심포지엄의 목적은 탈국가적 상상력의 구조적·현실적 근거들 및 탈국가적 상상력과 관련된 다양한 논의들을 끌어냄으로써 한국의 사회과학이 지구화 시대에 새로운 상상력을 모색하는 지적 논의의 장을 마련하는 것이었다. 여기서 논의되었던 내용을 발전시킨 이 책의 논의는 일차적으로는 학술적인 차원의 것이지만, 한국처럼 민족주의적·국가주의적 정서가 강한 사회에서 어떻게 민족주의 혹은 국가주의적 정서가 재위치 지어져야 하는지의 문제에 대해 대중적인 함의도 갖는다고 할 수 있을 것이다. 이 책의 주제는 정치학 쪽에서는 지구화에 따른 국가의 위상 변화와 관련된 다양한 논의와 연관되어 있으며, 경제학적으로는 지구화와 국민경제의 초국경적 통합과 관련된 다양한 논의와도 연관되어 있다. 물론 사회학이나 문화학 쪽에서도 지구화와 시민사회의 변화, '트랜스내셔널한 문화이동'과 관련된 여러 논의들과도 연관되어 있다. 앞에서도 서술했듯이 지구화된 세계경제의 맥락에서 국민국가의 관할영역을 벗어나는 무수히 많은 권력중심과 네트워크가 생겨나고 있으며, 이러한 상황에서 사회과학 대부분의 주제영역은 (그것이 권력이든 혹은 민주주의이든) 자신의 논지를 새롭게 재구성해야만 하는 과제에 직면하고 있다. 이 책은 사회과학의 협소한 한 분과학문에 얽매이기보다는 범사회과학의 차원에서 '지구화 시대의 비판적 지식생산'의 방향을 고민하고자 했다. 미약하나마 이러한 이론적 고민들의 결과물을 담은 이 책이 탈국민국가적·탈신자유주의적 모색에 조금이나마 기여할 수 있기를 희망한다.

끝으로 이 책을 출판하는 데 도움을 준 여러 분들에게 감사를 표하고자 한다. 심포지엄에 발표되었던 내용은 민주화운동기념사업회의 연구지원으로 준비되었고 추진되었다. 그런 점에서 이 책은 비판사회학회와 민주화운동기념사업회 공동기획의 결과물이다. 이 자리를 빌려 민주화운동기념사업회의 연구소(2007년 소장 정해구)에도 심심한 감사를 드린다. 이 책의 모태는 2007년 조희연이 비판사회학회 회장이던 시절에 시작되었으나, 신광영 교수가 비판사회학회 회장으로 고생하던 2008년을 거쳐, 강인순 교수가 회장으로 열정적으로 활동하는 2009년에 이르러서야 — 거의 2년 만에 — 빛을 보게 되었다. 그동안 힘써주신 두 회장님들의 배려에 감사드린다. 연구진행과 심포지엄 개최에 많은 고생을 해주었고 비판사회학회의 살림을 언제나 산뜻하게 꾸리고 있는 정수현 간사에게도 고마움을 전하고 싶다. 또한 도서출판 한울에도 감사를 드린다. 특히 비판사회학회에서 내는 거의 모든 책들을 시장성 여부를 개의치 않고 신속하게 출판해주시고 학회의 여러 사업에 애정을 가져주시는 김종수 사장님께 감사를 드리고 싶다. 마지막으로 이 책이 나오는 데 꼼꼼히 교정과 교열을 해주신 김현대 팀장에게도 심심한 감사를 드린다. 이 책이 비판사회과학의 새로운 상상력이 요구되는 이 시대에 많은 사람들에게 더 풍부한 사고와 토론의 단초를 제공할 수 있기를 바란다.

2009년 9월

필자들을 대신하여 조희연 · 지주형 씀

📖 참고문헌

가라타니 고진(柄谷善男). 2007. 『세계공화국으로』. 조영일 옮김. 도서출판b.

기든스, 앤서니(Anthony Giddens). 1991. 『민족국가와 폭력』. 진덕규 옮김. 삼지사.

마르크스, 카를(Karl Marx). 1990. 『프랑스 혁명사 3부작』. 임지현 옮김. 소나무.

_____. 2006. 『경제학-철학 수고』. 강유원 옮김. 이론과실천.

매들리, 존(John Madeley). 2004. 『초국적기업, 세계를 삼키다』. 차미경·이양지 옮김. 창비.

몽비오, 조지(George Monbiot). 2006. 『도둑맞은 세계화: 지구 민주주의 선언』. 황정아 옮김. 창비.

베버, 막스(Max Weber). 1994. 『직업으로서의 학문 / 직업으로서의 정치』. 이상률 옮김. 문예출판사.

벨로, 월든(Walden Bello). 2004. 『탈세계화: 새로운 세계를 위하여』. 김공회 옮김. 잉걸.

보댕, 장(Jean Bodin). 2005. 『국가론』. 임승휘 옮김. 책세상.

초스도프스키, 미셸(Michel Chossudovsky). 1998. 『빈곤의 세계화: IMF 경제신탁통치의 실상』. 당대.

탭, 윌리엄 K.(William K. Tabb). 2001. 『반세계화의 논리: 21세기의 세계화와 사회정의를 위한 논쟁과 투쟁』. 월간 말.

헬드, 데이비드(David Held). 2001. 「현대 국가의 발전」. 스튜어트 홀(S. Hall) 외. 『현대성과 현대문화』. 전효관·김수진·박병영 옮김. 현실문화연구.

호르크하이머, 막스(Max Horkheimer). 2006. 『도구적 이성비판』. 박구용 옮김. 문예출판사.

Anderson, Benedict. 1991. *Imagined Communities: Reflection on the Origins and Spread of Nationalism*. Revised Ed. London: Verso.

Appadurai, Arjun. 1996. *Modernity at Large: Cultural Dimensions of Globalization*. Minnesota: University of Minnesota Press.

Cammack, Paul. 2003. "The Governance of Global Capitalism: A New Materialist Perspective." *Historical Materialism*, 11(2).

Castells, Manuel. 1996. *The Rise of the Network Society*. Oxford: Blackwell.

Chang, Ha-Joon. 2003. *Globalization, Economic Development, and the Role of the State*. London: Third World Network.

Dicken, Peter. 2003. *Global Shift, Reshaping the Global Economic Map in the 21st Century*. 4th Edition. London: Sage Publication.

Foucault, Michel. 1991. "Governmentality." in G. Burchell(ed.). *The Foucault Effect: Studies in Governmentality*. Nemel Hempstead: Harvester Wheatsheaf.

Gellner, Ernest. 1983. *Nations and Nationalism*. Ithaca, NY: Cornell University Press.

Gowan, Peter. 2001. "Neoliberal Cosmopolitanism." *New Left Review*, II 11.

Hardt, Michael and Antonio Negri. 2000. *Empire*. Cambridge, MA: Harvard University Press.

Harvey, David. 2003. *New Imperialism*. Oxford: Oxford University Press.

_____. 2005. *A Brief History of Neoliberalism*. Oxford: Oxford University Press.

Held, David. 1995. *Democracy and the Global Order: From the Modern State to Cosmopolitan Governance*. Stanford: Stanford University Press.

_____. 2004. *Global Covenant: The Social Democratic Alternative to the Washington Consensus*. Cambridge: Polity Press.

Jacobson, David. 1997. *Rights across Borders: Immigration and the Decline of Citizenship*. 1st Edition: 1996. Baltimore: The Johns Hopkins University Press.

Jessop, Bob. 1990. *State Theory: Putting Capitalist States in Its Place*. Cambridge: Polity Press.

_____. 2002. *The Future of the Capitalist State*. Cambridge: Polity Press.

_____. 2008. *State Power: A Strategic Relational Approach*. Cambridge: Polity Press.

Joppke, Christian. 1998. "Immigration Challenges the Nation-State." in Christian Joppke (ed.). *Challenge to the Nation-State: Immigration in Western Europe and the United States*. Oxford: Oxford University Press.

Martin, William G. and Mark Beittel. 1998. "Towards a Global Sociology: Evaluating Current Conceptions, Methods, and Practices." *Sociological Quarterly*, 39(1).

Messner, Dirk. 1997. *The Network Society: Economic Development and International Competitiveness as Problems of Social Governance*. London: Frank Cass.

Neocleous, Mark. 2003. *Imagining the State*. Milton Keynes: Open University Press.

Panitch, Leo and Martijn Konings. 2009. "Myths of Neoliberal Deregulation." *New Left Review*, II 57.

Soysal, Yasemin Nuhoglu. 1994. *Limits of Citizenship: Migrants and Postnational Membership in Europe*. Chicago: University of Chicago Press.

Weiss, Linda. 1998. *The Myth of Powerless State: Governing the Economy in a Global Era*. Cambridge: Polity Press.

차 례

제4부 지구화 시대의 국민과 민족

제1부

지구화와 국가

제1장

지구화와 국민국가

전략-관계론적 접근

지주형

서강대학교 사회과학연구소 연구원

1. 서론

이 글의 목적은 지구화 과정 속에서의 국민국가(national state)의 변모를 이론적으로 해명하는 것이다. 그동안 지구화가 국민국가를 약화시키느냐 강화시키느냐 하는 문제에 대한 무수한 논쟁이 있었고 또 이와 관련해 지구화와 국민국가의 관계에 대해 최근 수많은 연구가 있었던 것은 사실이다. 하지만 필연적인 지구화, 그리고 국민국가의 약화, 건재·강화 또는 역할 변화라는 널리 퍼져 있는 담론들을 국가 자율성(state autonomy) 및 국가 역량(state capacity)이라는 국가론의 개념을 통해서 본격적으로 검토한 이론 연구는 드물다. 또한 이러한 개념들의 검토를 위해서 필요한 지구화 시대의 국가 분석의 이론적·방법론적 토대로서 정치와 경제의 관계 설정을 본격적으로 다룬 연구 또한 드물다.[1)]

---

* 이 글은 ≪사회와 이론≫, 제14권 제1호에 실린 논문을 일부 수정한 것이다.

앞으로 볼 것이지만, 이러한 기본적인 개념과 방법론적 토대에 대한 명시적인 논의 없는 지구화 시대의 국가 변환에 대한 논의는 분석과 대안 모두에서 좌초할 수밖에 없다. 따라서 이 글은 지구화 시대의 국민국가 변환을 이해하는 데 필요한 이론적·개념적 토대를 제공하려고 한다. 그리고 이러한 토대 위에서 지구화 과정 속에서 변모하는 근대 국민국가의 모습을 좀 더 정확히 포착하려고 한다.

이를 위해 이 글은 첫째, 지구화와 국민국가의 관계에 관한 주요한 이론적 입장들을 ① 지구화 및 국가의 작동양식, ② 국가의 경제적 통치역량, ③ 국가 역할 및 개입형태의 변환, ④ 지구화의 공간적 수준을 중심으로 비판적으로 살펴본다. 비판의 핵심은 대부분의 입장들이 이론적으로 또는 (정치와 경제의 본질적 연관에 대한 인식에도 불구하고) 실제적으로 국가와 정치를 동일시하고 지구화와 경제를 동일시한 후에, 국가-정치와 지구화-경제를 분리시키거나 대립시키는 잘못된 이분법에 빠져 있다는 것이다. 더구나 이러한 이분법적 견해들은 지구화 속의 국민국가의 변모(쇠퇴, 건재, 변형)를 일반화되고 본질적인 용어로 기술하는 오류를 범하고 있다.

둘째, 이러한 정치-경제 이분법의 오류에 빠지지 않기 위해 이 글은 정치-경제의 경계를 고정된 것으로 파악하지 않는 전략-관계론적 관점을 채택하고, 이를 지구화 속의 국민국가의 변환을 이해하는 데 적용한다. 처음에 국가이론에서 발전된 전략-관계론은 케인스주의 국민국가의 변환과 유럽연합 등 서구 사례에 기초한 몇 가지 연구들(e.g. Jessop, 2002a,

1) 국내의 경우, 예를 들면 지구화와 국가 자율성의 관계에 대한 연구들(정희남, 1995; 김윤태, 1999; 손호철, 1998; 이혜숙, 2002; 이수연·김영미, 2005; 류석춘·왕혜숙, 2007)은 대부분 이론적·방법론적 검토와 비판보다는 이론적 서베이 또는 사례연구에 치중하고 있다.

2002b; Brenner, 2004)에도 불구하고 지구화 과정 속의 국민국가의 자율성과 역량이라는 국가론의 핵심적인 문제에 대해 명시적인 답을 내놓은 적이 없다. 또한 국가의 역할 변환과 공간성이라는 문제에 관해서는 홀대하고 국가의 변환을 지구화라는 틀 속에 가두어 오히려 상당히 일반적인 답을 제시하기도 한다. 따라서 이 글은 이러한 점들을 비판하고 전략-관계론을 좀 더 일관되고 철저하게 적용했을 때 지구화와 국민국가의 관계에 대해 어떤 이론적인 답을 할 수 있는지를 보일 것이다.

이 글의 핵심 주장은 전략-관계론적 관점을 통해서 보았을 때 지구화 과정 속의 국민국가의 자율성, 역량, 역할 변환, 공간적 구성은 여러 상이한 정치적·경제적 전략의 다양성과 차별성 속에서 이해되어야 한다는 것, 따라서 지구화 속에서의 국민국가의 변환은 일반화될 수 없으며 역설적이게도 지구화라는 일반적 틀 속에 가둬서 이해될 수 없다는 것이다.

끝으로 이 글은 지구화 과정 속의 국민국가의 변환을 탈국민국가적 경향과 국민국가적 반경향성의 교차와 복합, 그리고 균형을 통해서 이해하며, 이러한 접근법을 1997년 경제위기 이후 한국의 사례를 통해 예시할 것이다.

2. 지구화와 국민국가: 논쟁

경제적 관점에서 볼 때 우선 국민국가(national state)란 일정한 영토공간을 점유하고 통치하여, (대다수의 경제활동을 국민적 영토 내에서 조직하는) 국민경제(national economy)를 형성하는 주권국가를 가리킨다(cf. 베버, 2007).[2)] 다음으로 경제적 지구화란 경제활동(자본축적, 즉 생산, 소비, 유통, 화폐이동 등)의 공간적 범위(scale)가 문자 그대로 지구화(전 지구적 영역으로 확장)되는 것을 말한다. 이렇게 자본축적의 공간이 확장되고 재조직된 주요 원인 중 하나는 자본의 과잉 축적을 해소하기 위해 잉여 자본이 새로운 투자처를 찾아 공간적으로 이전(spatial displacement·fix)된 데서 찾을 수 있다(Harvey, 1982). 그러나 자본이 공간적으로 이전되기 위해서는 자본이동이 먼저 자유화되어야 한다. 전후 브레턴우즈 협정(Bretton Woods Agreement)에 의해 성립한 이른바 '착근된 자유주의(embedded liberalism)'하에서는 케인스적 유효수요관리 정책의 실효성을 유지하기 위해서 자본이동이 규제되었고, 따라서 자본의 지구화는 제한적이었다(Ruggie, 1982). 그러나 1970년대 초 브레턴우즈 체제와 금태환본위제(gold exchange standard)의 붕괴는 변동환율뿐 아니라 자본이동의 자유화 또한 불러왔다. 그리고 이는 직접적으로는 각 국민국가의 규제완화에 의해 가능해진 것이었다(Strange, 1986).

이렇게 최근의 지구화에서 경제적·정치적 원인이 모두 작용했기 때문에, 어느 요인을 더 중요하게 보느냐에 따라 경제적 지구화를 주로 자본과 경제논리에 의해 추동된 것이고 국가는 보조적 역할을 수행하고 약화되는 것으로 보는 견해, 주로 국민국가와 국가전략에 의해 적극적으로 추진된 것으로 보는 견해, 또는 양자에 의해 추동된 것으로 보는 견해 등 다양한 해석의 공간이 열린다. 경제적 지구화와 국민국가의 관계에 대한 논쟁은 이러한 세 가지 해석을 축으로 전개되어왔다고 할 수 있다. 국가론의 측면에서 볼 때 각각의 해석 유형은 국민국가의 약화·대체, 건재·강화 또는 역할 변화를 주장하며, 앞으로 보겠지만 이들은 국가론의 핵심 주제

2) 이는 상상된 공동체로서의 민족과 실제 국가의 영토적 경계가 일치하는 민족국가(nation-state)와는 구별된다(cf. Jessop, 2002a: 173).

라 할 수 있는 국가의 작동적 자율성(operational autonomy), 국가의 통치역량(governing capacity), 국가 역할 및 개입형태의 변화, 지구화하는 국가의 공간적 특성 등에 대해 서로 상이한 진단을 내린다.[3)]

이러한 입장의 차이는 이들이 정치와 경제를 관계 짓는 암묵적인 이론적 방식의 차이에 근거하는데, 그것은 각각 경제의 자율성과 정치에 대한 우위를 주장하는 '경제주의(economism)', 국가의 자율성과 경제적 통치능력을 강조하는 '국가중심주의(statism)', 그리고 경제의 자율성과 우위를 인정하지만 동시에 경제에 의해 부과된 일정한 한도 내에서 정치와 국가가 가질 수 있는 자율성과 차별적인 대응능력을 강조하는 '국가변형론(state transformationism)'으로 개념화할 수 있다.

다음에서 이러한 입장들이 정치-경제의 분리를 전제하고 동시에 정치-경제의 본질이나 속성을 한정함으로써 지구화와 국민국가의 변환을 어떤 본질적인 속성을 가진 과정으로 파악하거나 또는 그럴 위험성이 크다는 것을 밝힐 것이다.

---

3) 여기서 국가의 '작동적 자율성'이란 특히 경제와 관련하여 구조적·국면적 압력에 직면하여 국가 관리자들과 국가기구들이 특정하게 정치적·통치적 논리와 자신들의 시공간적 행위지평에 따라 정책을 결정하고 실행할 수 있는 능력을 가리킨다. 국가의 '통치역량'이란 국가 관리자들과 국가기구들이 경제적 계산 또는 조작이 수행되는 맥락을 정책을 통해 변화시킴으로써 직간접적으로 경제를 운영하는, 즉 경제로부터 자신들이 원하는 일정한 결과를 낳는 능력을 가리킨다(cf. Foucault, 1991). 국가의 역할 및 개입형태 변화는 국가가 경제적 자원의 생산, 소비, 배분 등에 개입하는 방식의 변화를 가리킨다. 끝으로 국가의 공간적 특성은 국가에 의한 영토 및 공간적 분업(spatial division of labour)의 관리를 가리킨다.

1) 경제주의: 자율적 경제의 신화

지구화를 근본적으로 자본과 경제논리로부터 설명하는 지구화에 대한 경제주의적 해석(e.g. Levitt, 1983; Ohmae, 1992, 1995; Reich, 1992; Scholte, 1997, 2005; Robinson, 2004)은 이윤 극대화를 추구하는 개인들 또는 자본축적 논리의 자연적 귀결로서, 경제 및 기업이 국경과 국적을 초월하여 진정으로 초국적화된다고 주장한다. 이 입장은 경제에는 ① 자율적인 논리가 있으며, ② 경제논리가 국가를 포함한 다른 것들의 작동을 결정한다는 가정에 기초하고 있다. 따라서 이 입장에 따르면 국민국가의 작동은 자율적이라기보다 경제에 대해 수동적이고 타율적·종속적(heteronomous)인 것으로 파악되고, 경제적 지구화 또는 시장의 힘 앞에서 국가의 경제적 통치역량은 무의미하거나 무력한 것으로 이해된다.

즉 일국적 수준의 정치공동체인 국민국가는 지구적 수준에서 벌어지는 경제적 과정에 대해 통치력을 행사할 수 없다는 것이다. 그 결과 국민국가의 경제적·정치적 역할과 개입은 모두 축소되고 후퇴하며, 국민국가의 영토 경계에 대한 통제력 또한 약화된다. 따라서 국민적 영토 경계를 넘어서 정치적·경제적 의사결정이 이뤄지는 유럽연합(European Union) 또는 지역 국가(region state; Ohmae, 1995)와 같은 초국민국가, 그리고 국제통화기금(International Monetary Fund), 세계은행(World Bank), 국제무역기구(World Trade Organization)와 같은 초국적 통치기구가 점점 더 중요한 역할을 수행하게 된다.

하지만 자율적인 경제논리나 이해관계가 문화, 이데올로기, 국가와 같은 사회적 형태와 내용들을 결정한다는 이러한 경제주의적 입장은 이론적으로 지탱될 수 없다. 첫째, 설사 경제에 자율적인 논리가 있다고 하더라도,

그것이 경제의 자족성을 의미하는 것은 아니다. 오히려 경제적 활동은 경제 이외의 것에 결정적으로 의존한다. 널리 알려진 대로 경제라는 것은 사회적으로 배태(socially embedded)된 것이다(cf. Polanyi, 1957; Granovetter, 1985). 다시 말하면 "이른바 경제적 토대는 예를 들면 법과 국가 같은 결정적인 경제 외적(extra-economic) 조건을 분명히 가지고 있다"(Jessop, 1990: 81). 예를 들면 지구화를 추동하는 경제적 논리, 이해관계 또는 합리성은 상법, 국제협약 등을 낳는 다양한 법적이고 정치적인 인간행위(human agency)를 통해서만 실현될 수 있다.

둘째, 정치적·법적 활동을 포함해서 경제를 제외한 다른 모든 것이 경제에 완전히 수동적이고 종속적이라는 주장은 불가능하다. 예를 들면 지불·비지불의 이항대립을 중심으로 환경에 적응하는 경제체계의 논리는 지배·반대의 이항대립을 중심으로 하는 정치체계나 합법·비합법의 이항대립을 중심으로 하는 법체계의 논리로 환원될 수 없다(cf. Luhmann, 1989). 이렇게 경제활동이 자족적이지도 않고 인간의 법적·정치적 행위를 경제적 논리만을 통해서 이해할 수 없다면 경제적 지구화란 필연이 아니고, 따라서 문자 그대로의 초국적화, 그리고 국민국가의 완전한 종속성, 무능력, 또는 몰락도 필연이 아니다.[4)]

---

4) 경제주의자들이 한편으로 경제논리 때문에 국민국가가 몰락한다고 주장하면서 다른 한편으로 초국적 국가가 등장한다는 모순된 주장을 하는 까닭은 바로 이 때문이다. 알뛰세르에 따르면, 경제의 자족성 및 경제의 정치에 대한 우위를 전제하는 경제주의는 그것만으로는 세계를 설명할 수 없기 때문에 스스로를 지탱할 수 없으며 항상 주의주의(voluntarism)를 동반하게 된다(Althusser, 1969: 240~241; Althusser and Balibar, 1977: 138~139).

2) 국가중심주의: 국가-사회 경계의 문제

경제주의와 반대로 국가중심주의적 입장(e.g. Weiss and Hobson, 1995; Weiss, 1998; Chang, 2003)은 경제적 지구화를 근본적으로 국민국가에 의해 추진되는 것으로 본다. 이에 따르면 ① 국민국가는 경제-사회적 과정으로부터 '제도적으로 격리(institutional insulated)'되어 있으며, 따라서 그 작동은 근본적으로 자율적인 것이다. 또한 ② 국민국가는 지구화에 대해 아무것도 할 수 없는 무력한 존재가 아니며 산업정책 등을 통해 경제를 통치할 능력을 여전히 보유할 수 있다. 따라서 국민국가는 경제적 영역에서 단순히 후퇴한다기보다 오히려 지구화를 촉진하기 위해 경제 및 산업구조를 변형시키는 '촉매국가(catalytic state)'의 적극적인 역할을 수행하기도 한다. 이 입장에 따르면 우리가 지구화라고 부르고 있는 것은 문자 그대로의 지구화라기보다는 자국 영토에 대한 장악력이 건재한 국민국가에 의해 매개되는 국제화(internationalization), 즉 국가 간 관계의 심화이다.

국가중심주의는 지구화에 대한 경제주의적 설명을 교정하는 효과를 가지지만, 경제주의와 같은 종류의 오류를 범하고 있다. 즉, 경제주의가 경제를 본질상 자율적인 것으로, 국가를 종속적인 것으로 보았다면, 국가중심주의는 경제의 정치적 성격을 강조하다보니 반대로 국가를 본질상 자율적인 것으로, 경제를 종속적인 것으로 과장하는 경향이 있다.

첫째, 국가중심주의는 국가의 제도적 격리, 그리고 작동적 자율성과 통치역량을 근대국가의 본질적 속성으로서 주어진 것으로 간주하는 오류를 저지르고 있다(e.g. Mann, 1984; Weiss and Hobson, 1995). 하지만 국가중심주의가 상정하는 국가의 '제도적 격리'라는 개념은, 국가 개념과 실천이 가지고 있는 구성적 성격(Abrams, 1988), 그리고 "국가의 모서리(edge)가 불분명하며, 모든 측면에서 사회적 요소들이 침입한다"는 이른바 국가의 '경계 문제(boundary problem)'(Mitchell, 1991: 88)와 같은 이론적 난점들을 간단히 무시하고 있다. 둘째, 국가중심주의는 설사 그러한 제도적 격리가 있더라도 국가의 실제 작동과 역량을 결정하는 것은 형식적인 제도적 구조라기보다는, 경제적인 것을 포함한 다양한 이해관계를 가지고 국가를 자신들에 유리한 방향으로 움직이려는 국가 내·외부의 여러 사회세력들(국내 기업, 외국투자가, 비정부기구, 노동 등)의 각축과 그 결과로서의 국가정책의 적합성의 정도라는 것을 종종 간과한다.

결과적으로 국가중심주의는 국민국가의 작동적 자율성과 통치역량을 과장하는 경향이 있으며 따라서 지구화에서 국민국가의 역할을 과장하고 국민국가 이외의 정치적·사회적 행위자의 역할을 종종 간과한다. 그러나 지구화를 주도하는 것이 국민국가만이 아니며 설사 국민국가가 주도적일 경우에도, 그러한 지구화가 국가 관리자의 의도와는 다르게 국가의 통치역량을 특정 측면에서 약화시키는 '의도되지 않은 결과(unintended consequence)'를 낳을 수 있다는 것은 분명하다. 그리고 그 경우 지구화 과정 속에서 국가의 작동적 자율성과 역량은 명백히 제한될 수 있는 것이다.

3) 국가변형론: 절충주의적 위험

경제주의와 국가중심주의 사이에서 제3의 길을 선택하는 '국가변형론'(e.g. Cerny, 1996; Castells, 1996; Hirst and Thompson, 1999; Held et al., 1999)은 한편으로 ① 지구화를 현대사회와 세계질서를 재형성하고 있는 사회적·정치적·경제적 변동을 추동하는 핵심적인 원동력으로 간주하면서도, 다른 한편으로는 그럼에도 ② 국민국가를 경제적 논리나 지구화로부터 어느 정도 자율적인 정치제도로 간주하고, 따라서 제한적이나마 다양한 전략의 선택을 통해서 경제적 통치역량을 발휘할 수 있는 것으로 파악한다.[5] 여기서 중요한 근거가 되는 것은 거시경제 관리능력의 약화로 국민국가의 경제적 통치역량이 약화되었더라도, 국민국가는 정치적으로 여전히 중요하고 유효하다는 것이다. 따라서 국민국가는 자신의 고유한 지구화 전략을 선택하고 다양한 방식으로 지구화에 적응한다. 국가가 예전과 같은 힘을 가지고 있는 것도 아니지만 그렇다고 단순히 후퇴한 것도 아닌 것이다.

또한 국민국가는 다른 국민국가들과 협력하고, 초국적 통치기구에 참여하며, 주권의 일부를 자발적으로 상위 권위체(예를 들면 유럽연합, 북대서양 조약기구 등)에 할양하여 지구화 과정의 제도적 설계에 집단적으로 개입함으로써 지구화 과정에 영향을 미칠 수 있다. 간단히 말해 국민국가는 지구화에 적응하고 지구화와 동시에 변형된다. 그런데 이 입장은 다시 국가가 지구화라는 보편적 과정 또는 게임 속에서 어떤 방식의 지구화를

5) 지구화에 대한 관점을 기준으로 한다면, (헬드 등의 주장대로) 헬드 등의 입장은 변형론, 허스트와 톰슨의 입장은 회의주의로 분류될 수 있다. 그러나 이러한 입장 차이가 곧바로 그들의 국민국가에 대한 근본적인 견해 차이로 귀결된다고 볼 수는 없다. 지구화와 국민국가의 관계가 제로섬 관계가 아닌 한, 어느 하나(지구화)에 대한 입장이 다른 것(국민국가)에 대한 입장까지 자동으로 결정하지는 않기 때문이다. 실제로 헬드 등과 허스트·톰슨의 국가에 대한 견해는 와이스 등의 국가중심주의적 견해와는 차이가 나지만 ①과 ② 두 가지 측면에서는 매우 유사하다. 헬드 등은 "현재의 세계화가 국민적 정부의 권력, 기능, 권위를 재구성"하고 있으며, 국제적 통치 제도와 국제법의 "새로운 '주권 체제'가 절대적이고, 분할불가능하고, 영토적 으로 배타적이며, 제로섬적 형태의 공적 권력으로서의 전통적인 국가성 개념을 대체하고 있다"(Held et al., 1999: 8~9)고 주장한다. 허스트와 톰슨도 국가가 '주권적' 개체로서보다는 국제적 준정체(quasi-polity)의 구성요소로서 기능하게 된다고 주장한다(Hirst and Thmpson, 1999: 257). 따라서 이 글에서는 국가와 관련해서는 이 둘을 모두 국가변형론자로 분류한다.

선택할 것인지에 대해 일정한 한도 내에서 자율성을 가진다는, 좀 더 경제적 요인을 중시하는 입장(e.g. Cerny, 1996; Castells, 1996; Held et al., 1999), 그리고 국가는 자율적이고 독자적인 정치제도이지만 경제체제와 공명하여 움직인다는 정치중심적 입장(e.g. Hirst and Thompson, 1999)으로 나뉠 수 있다. 이 둘은 세계경제를 하나의 과정으로 해석하는데, 전자는 국가 간 관계를 넘어서 여러 공간적 단위들 사이의 상호관련이 심화되는 지구화로, 후자는 국제화, 즉 국가 간 관계의 심화라는 틀로 파악한다.

국가변형론의 서술이 지구화 속의 국민국가의 변환이라는 복잡하고 모순되며, 불확정적인 변동 과정을 이해하는 데 매우 유용하고 적합하다는 것에 필자도 동의한다. 예를 들면 국가변형론은 지구화 속에서 국민국가가 신자유주의 최소국가, 발전국가, 촉매국가 등의 다양한 전략과 경로를 따를 수 있다는 것을 어느 정도 정확히 지적한다. 또한 국가, 사회, 공동체들의 위계와 권력의 비대칭성도 지적한다(Held et al., 1999: 7~9; cf. Harvey, 2005). 그러므로 여기서 필자가 문제시하고자 하는 것은 복잡한 현실에 대한 국가변형론의 풍부한 서술과 분석이 아니다. 필자의 비판은 좀 더 이론적인 것으로서, 그러한 풍부한 서술에도 불구하고 국가변형론이 정치와 경제의 관계, 그리고 그에 따라 지구화 속의 국민국가의 변환을 적절히 이론화하는 데 실패하고, 따라서 결국은 현실에 대한 서술에서도 무엇인가 놓치는 게 있다는 것이다.

국가변형론은 경제적 압력이 정치적 과정에 작용하고 지구화가 국민국가에 압력을 가하지만, 정치적 과정과 국가를 경제적 과정이나 지구화로 환원할 수 없으며, 따라서 지구화를 핵심 동인으로 파악하면서도 동시에 국민국가가 나름의 방식으로 지구화에 적응한다고 파악한다. 아마도 이 뒤에 숨어 있는 것은, 국가가 경제논리나 이해관계를 직접적으로 반영하지는 않지만, 국가 나름의 논리에 근거하면서도 자본주의적 생산관계의 재생산에 복무한다는 '상대적 자율성(relative autonomy)'이라는 개념일 것이다(cf. Poulantzas, 1973). 하지만 이 개념은 국가가 경제에 의존적이거나 종속된다면 어떻게 그러한 한계에도 불구하고 국가가 경제로부터 독립적·자율적일 수 있는지, 그리고 국가가 경제로부터 자율적이라면 어떻게 그럼에도 불구하고 경제에 의존적이 될 수 있는지 논리적으로 설명하지 못한다(cf. Jessop, 1990: 98~103). 왜냐하면 이 개념으로 국가의 자율성이 어디까지인지 선언은 할 수 있을지 몰라도 실제로 그것을 확인할 수는 없기 때문이다. 국가의 자율성이나 종속성의 한계를 한정 짓는 이러한 종류의 본질론적 개념틀에 근거하게 될 때, 국가변형론은 결국 경제주의나 국가중심주의의 한 변종으로 기울게 되거나, 아니면 경제주의와 국가중심주의의 어색한 절충에 도달하게 된다. 왜냐하면 지구화라는 틀 안에서 국가를 한계 짓는 것 또는 반대로 지구화 속에서 국가의 정치적 독립성을 강조하는 것은 '지구화에 대한 국민국가의 상대적 자율성'을 상정하는 것이며, 이것은 정치와 경제, 그리고 지구화와 국민국가의 다양한 관계를 이해하는 데 제약을 부과하기 때문이다. 다시 말하면 이러한 본질주의적 개념들로는 현실에서 경우에 따라 그러한 한계를 넘어서 실제로 벌어질 수도 있는 상황을 포착하기 힘들다.

먼저 지구화를 사회변동의 동력으로 인정하지만, 지구화 과정 속에서 국민국가가 택할 수 있는 다양한 전략들과 형태에 주목하는 입장(Cerny, 1996; Castells, 1996; Held et al., 1999)은 국민국가의 변동을 지구화에 대한 '적응(adaptation 또는 adjustment)'이라는 관점에서 과도하게 접근한다. 이는 한편으로는 '지구화 = 경제', 그리고 그것과 구별되는 '국가 = 정치'라는 이분법을 거부하면서도, 다른 한편으로는 암묵적으로 또는 실제적으로 정치와 경제, 그리고 지구화와 국민국가를 분리하고 경제, 시장, 또는 지구화를 정치나 국가보다 우월한 동력의 자리에 놓기 때문인 것으로 생각된다. 그 결과 이 유형의 국가변형론은 국민국가들이 지구화에 적응할 뿐 아니라 많은 경우 지구화를 선도하며, 경우에 따라서는 지구화에 거스를 수도 있다는 점을 놓칠 수 있다(예를 들면 미국의 대외 개방 압력, 선진국의 보호주의 정책과 농업 보조금 지급, 북한과 미얀마 같은 일부 폐쇄적인 국가 등). 다음으로 국가의 자율성과 독자성을 강조하는 유형의 국가변형론(Hirst and Thompson, 1999)은, 정치와 국가가 자율적인 것이라면 국가가 대부분의 경우 어떻게 경제적 과정과 공명하여 국가 기능의 탈국민화·지구화를 추진하게 되는지를 설명하지 못한다. 이는 정치와 경제를 분리하면서도 동시에 이들이 어떻게 연관될 수 있는지를 (인정은 하지만) 해명하지는 못하기 때문이다. 그 결과 국민국가가 경우에 따라 그리고 부문별로 경제적 또는 지구적 압력에 강력하게 종속되어 선택의 폭이 크게 제한될 수 있다는 것을 놓칠 수도 있다(예를 들면 급박한 금융위기 전개 상황, 폐쇄적·고립적 국가의 제한된 선택지 등).

이렇게 지구화의 틀 안에서 국가를 한계 짓는 지구화-경제편향적 입장은 경제가 정치에 종속되는 상황(정치와 국가가 지구화를 압도하고 거스르는 상황)을, 그리고 지구화 속에서 국가의 독립성을 강조하는 국가-정치편향적 입장은 정치가 경제에 종속되는 상황(경제 및 지구화가 국가 및 정치 논리를 근본적으로 압도하고 거스르는 상황)을 잘 포착할 수 없다. 예를 들면 헬드 등(Held et al., 1999: 9)은 “지구화하는 세계에 관여하는 정합적인 전략들을 정부들이 추구함에 따라 국가의 형태와 기능은 (지구화하는 세계에 - 필자 삽입) 적응해야 한다”라고 쓰고 있는데, 이는 지구화와 국민국가의 관계를 적응의 관계로 협소하게 파악하는 위험을 안고 있다. 하지만 그럼에도 현실을 포착하기 위해 국가변형론이 경제주의나 국가중심주의적 설명의 요소들을 선택적으로 들여오게 된다면 그것은 국가중심주의와 국민국가 쇠퇴론 사이에서 배회하는 절충주의가 될 것이다.

예를 들면 허스트와 톰슨은 지구화 속에서의 개별 국민국가의 정치적 자율성을 강조하면서 국민국가 수준의 경제통치가 여전히 중요하다고 주장한다. 그럼에도 그들은 개별 국민국가의 경제적 역량이 여러 측면에서 제한된다는 것을 인정할 수밖에 없다(Hirst and Thompson, 1999: 219~226, 256~257).

요약하면, 국가변형론의 여러 조류는 국가의 변형을 경제적 지구화라는 필연적 과정에 대한 일정한 한계 내에서의 (상대적으로) 자율적인 정치적 대응으로 이해하며, 그 결과 그 밖의 현실은 포착하지 못하거나, 포착하더라도 국가중심주의와 국민국가 쇠퇴론 사이에서 아슬아슬한 줄타기를 하게 되기 쉽다.

3. 정치-경제 이분법의 비판과 전략-관계론적 대안

1) 정치-경제의 이분법에 대한 비판

이제까지 국가론의 맥락과 정치-경제의 관계라는 관점에서 지구화와 국민국가의 관계에 대한 세 가지 입장들을 비판적으로 검토했다. 경제주의는 지구화에 따른 국가의 전반적인 후퇴를, 국가중심주의는 국민국가의 건재와 더불어 국민국가의 지구화 촉진을, 그리고 국가변형론은 지구화에 대한 국민국가의 적응을 지구화 속의 국민국가 상으로 제시한다. 이러한

〈표 1-1〉 지구화와 국민국가에 대한 세 가지 해석 유형

	경제주의 · 글로벌리즘	국가중심주의	국가변형론
경제의 자기조정 능력	유 / 무	무	유 / 무
지구화의 동인	경제논리(이윤추구)	국가논리	경제논리 + 국가논리
국민국가의 작동적 자율성	종속성: 경제>정치	자율성: 경제<정치	상대적 자율성
국민국가의 경제적 통치역량	무 - 무력	유 - 지구화 주도	제한적 - 지구화에 적응 제한적 틀 속의 차이
국민국가의 역할 / 개입	정치적·경제적 후퇴 → 초국적 통치기구 등장	적극적 개입과 변형	경쟁국가적 변형; 정치적·제도적 지원 및 설계 → 초국적 통치기구
지구화의 수준	지구경제의 도래	국제화의 심화	지구화·국제화 과정

필자의 해석[6]을 표로 정리하면 <표 1-1>과 같다.

이 세 가지 입장들은 물론 각자 일말의 진실을 담고 있다. 분명 한편으로 국가는 지구화에 의해 약화되고 후퇴하는 것처럼 보이고, 다른 한편으로 국가는 지구화를 적극적으로 추진하면서 개입형태를 변화시키고 있는 것으로 보이기도 한다. 문제는 지구화와 국가를 실체화하는 이분법적 이론

6) 이 글이 이하에서 제시하는 분류는 언뜻 보면 헬드 등(Held et al., 1999)이 제시한 과대지구화론(hyper-globalism), 회의론(scepticism), 변환론(transformationalism)이라는 분류와 동일한 것으로 보일지도 모른다. 하지만 헬드 등이 지구화의 정도에 대한 입장을 주된 기준으로 하여 상이한 이론적 입장들을 구분한 것이라면, 이 글은 지구화 과정보다는 정치와 경제의 관계, 그리고 지구화 속의 국민국가의 자율성, 역량, 변환, 공간적 조직에 대한 입장을 기준으로 구분하고 있다. 따라서 헬드 등의 구분과 구별되는 독자적인 해석이다. 예를 들면 헬드 등은 허스트와 톰슨(Hirst and Thompson, 1999)을 회의론자라는 과대지구화론의 반대편에 위치시키지만, 이 글은 앞에서 보았듯이 그들의 국가에 대한 서술에 주목하여, 그들을 헬드 등과 같이 경제주의와 국가중심주의 사이에 위치한 '국가변형론자'로 구분한다. 각주 5) 참조.

틀 내에서는 이러한 국가의 복합적인 변화과정을 종합하는 것은 불가능하다는 것이다. 지구화 속의 국민국가는 과연 한편으로는 쇠퇴하거나 지구화에 적응하면서, 다른 한편으로는 지구화를 주도하거나 지구화에 저항할 수는 없는 것일까? 하지만 이 이론들은 이렇게 복합적인 국민국가의 변환을 이론화하는 대신 본질론적 서술을 제시하고 있다. 이는 이들이 사실상 지구화와 경제, 그리고 국가와 정치를 동일시하면서, 경제-지구화와 정치-국가 중 어느 한쪽을 자율적인 것으로 다른 쪽을 종속적인 것으로 파악하거나, 또는 양자를 서로로부터 (사실상 또는 상대적으로) 자율적인 것으로 취급하기 때문이다.

그 결과 정치와 경제의 관계가 마치 주체와 객체의 이분법적 관계인 것처럼 상정되고, 지구화와 국민국가의 관계가 본질적으로 대립적인 것처럼 제시되며, 논쟁은 국민국가의 자율성, 통치역량, 역할이 유지(강화)되느냐 약화되느냐 하는, 즉 '이것이냐 저것이냐' 하는 이분법적 구도 속에서 진행된다. 즉, 경제현상의 정치적 본질에 대한 숱한 립 서비스에도 불구하고 여전히 암묵적·실제적으로 경제적 지구화와 국민국가는, 그리고 좀 더 근본적으로 경제와 정치는 대립과 영합(zero-sum)의 관계로 나타난다. 이 비판은 경제적 요인과 정치적 요인을 모두 고려하고 동시에 둘 사이의 상호작용을 인정하지만 그럼에도 암묵적인 '상대적 자율성'의 가정 속에서 국가의 정치적 자율성과 경제적 종속성을 적당히 얼버무림으로써 경제주의나 국가중심주의 편향을 보이거나 절충주의에 빠지게 되는 일부 '국가변형론'에도 해당된다.

이러한 이분법적 구도의 문제점은 다음과 같다. 첫째, 정치-경제를 대립시키는 이분법은, 경제적 지구화가 본질적으로 국가-정치적인 과정인 동시에 경제적 지구화와 그것을 추구하는 사회세력의 힘에 의해 국민국가가 제약되기도 하는 엄연한 이중의 현실을 이론적으로 동시에 설명하지 못한다. 달리 말하면 지구화와 국민국가 사이의 자율성 및 상호의존이 동시적으로 교차하는 역동적 관계를 설명하지 못하는 것이다.

둘째, 정치-경제의 이분법 속에서 지구화와 국민국가 각각은 본질적으로 자율적(주체적)이거나 종속적(객체적)인 속성을 띤 것으로 그려진다. 따라서 경제주의와 국가중심주의의 경우는 국가(정치)나 시장(경제) 어느 한 쪽만으로는 경제 운영이 가능하지도 않고 지구화를 이해할 수도 없다는 것을 종종 간과한다. 또한 경제주의, 국가중심주의, 국가변형론 모두에서 국가는 어떻든 하나의 의지적 주체로 그려지는 경향이 있다. 그 결과 기업에 의해 주도되는 지구적 경제과정과 국민국가적 정치과정의 바깥에 있는 세력(시민단체, 노동 등)의 실천적 개입의 여지는 극도로 축소되어 보이게 된다.

셋째, 그 결과로 이러한 이분법적 구도에서는 지구화에서 나타나는 권력과 부의 비대칭성이 국민국가와 경제의 자율성, 역량, 전략, 그리고 공간적 조직을 지구화에 일치하지 않는 수준으로까지 차별화시키고 다양화할 수 있는 반면에, 다른 한편으로 때로는 지구화가 지구화에 역행하려는 국가조차도 구속할 수 있는 강력한 힘이 될 수도 있다는 것이 종종 간과된다.

2) 전략-관계적 접근법

국가변환에 대한 본질주의적 설명과 그 밑바탕을 이루는 암묵적인 또는 실제적인 정치와 경제의 이분법을 뛰어넘기 위해서는 정치와 경제, 국가와 지구화의 내적 연관을 밝히고, 그러한 연관 속에서 생겨나는 지구화와 국민국가의 특성과 경향이 가지는 불균등하고 일시적인 성격을 이해해야 한다. 사실 국가와 자본주의 경제, 그리고 정치와 경제는 단독으로 존재할 수 없고, 실제로 그 경계는 불분명하고 변동한다(cf. Wood, 1981; Mitchell, 1991). 따라서 정치와 경제는 분리되어 나타나지만, 좀 더 넓은 사회관계의 일부분으로서 서로 결합되어 있고 그러한 결합 속에서만 존재할 수 있다. 마찬가지로 경제적 지구화와 국민국가도 사실은 서로 긴밀히 결합되어 있고 따라서 대립적인 것으로 볼 수 없다. 즉, 국가와 지구화를 독립적 의사 및 권력을 행사하는 주체, 또는 어떤 본질적인 사회적 기능을 수행하는 객체, 사물이거나 계급적 이해관계를 단순히 반영하는 도구로 이해해서는 안 된다. 그러므로 무엇이든 또는 자율성, 종속성, 상대적 자율성과 같은 것이 있다면, 그것은 본질적으로 또는 선험적으로 거기에 있는 것이 아니라, 변동하는 구체적 사회적 관계 속에서 출현한 것이다. 즉, 그것들은 다른 것들을 설명하는 변수들이기 이전에 먼저 설명되어야 하는 변수들인 것이다.

필자는 정치와 경제의 이분법을 비판하는 이러한 이론적 관점이 국가이론의 영역에서 제솝(Jessop, 1990, 2001, 2008)에 의해 체계화된 전략-관계론적 접근법(strategic-relational approach)과 친화성을 가지고 있다고 생각하며, 따라서 이 접근법을 이용해 지구화와 국민국가의 변환을 이해하려고 한다. 이 접근법의 간략한 내용은 다음과 같다.

첫째, 자본주의 국가와 정치경제의 작동은 국가형태와 가치형태 그 자체에 의해 결정되는 것이 아니며, 그 형태에 내용을 부여하(려)는 폭넓은 사회관계 속의 여러 전략들에 의해 규정된다. 둘째, 그럼에도 특정한 국가형태와 가치형태는 여러 상이한 전략들이 할 수 있는 것들에 대해 어떤 한계를 부여한다. 다시 말하면 특정한 국가와 경제적 관계는, 역사적으로 누적되고 제도화된 구조 및 여러 사회세력들이 각축하는 국면적 정세 속에서 특정한 종류의 정치적·경제적 전략에 좀 더 큰 특권이 부여되는 '전략적 선택성(strategic selectivity)'을 가지고 있다. 셋째, 따라서 이러한 구조와 전략의 상호관계 속에서 자본주의 국가와 경제의 성격은 원칙적으로는 정해져 있지 않으며, 사회관계의 구체적 내용에 따라 달라진다.

그러나 이 글이 이러한 제솝의 전략-관계론(Jessop, 1990, 2001, 2008)을 단순히 소개하거나, 제솝 자신의 지구화와 국민국가에 대한 견해(Jessop, 2002a, 2002b)를 소개하는 것은 아니다. 그 이유는 다음과 같다.

첫째, 비록 제솝에 의해 최초로 체계화되었다 하더라도 전략-관계론은 반드시 제솝의 이론만을 가리키는 것은 아니며, 좀 더 넓은 이론적 관점을 포괄해서 부르는 명칭으로 쓰일 수 있다. 필자와의 인터뷰(Jessop, 2006)에서 밝혔듯이 제솝은 전략-관계적 접근법을 '발명(invent)'하지 않았다. 그것은 차라리 '발견(discover)'된 것이었다. 이 이론은, 이전에는 '전략-관계론'이라고 불린 적이 없는, 자본주의 정치경제와 국가를 일관되게 사회적 관계로 파악하는 『자본론』과 「루이 보나파르트의 브뤼메르 18일」의 마르크스, 『옥중수고』의 그람시, 그리고 『국가, 권력, 사회주의』의 후기 풀란차스 이론의 연장선상에 있는 것이다(마르크스, 1990, 1997; Gramsci, 1971; Poulantzas, 1978).[7] 또한 제솝은 푸코의 권력론 또한 전략-관계론의 일종으

---

7) 마르크스에 따르면 자본이 자본(=자기증식하는 가치)으로 존재하는 것은 노동자와 생산수단의 분리 및 계급투쟁이라는 역사적으로 특정한 사회관계 속에서이며 '생산 일반'은 존재하지 않고 '특수한 생산'만이 존재한다. 그람시에 따르면 포괄적인 의미에서 국가란 '정치사회+시민사회'로서 국가권력의 행사는 협소한 국가기구의 틀을 넘어서 있다. 풀란차스에 따르면 국가는 '계급과 계급분파 간 세력관계의 응축'이고, 제솝에 따르면 국가 권력이란 '형태가 규정된, 세력균형의 응축'이자 '사회관계'이다.

로 볼 정도로 전략-관계론의 외연을 넓게 잡고 있다(Jessop, 2008). 뿐만 아니라, 전략-관계론은 최근 제솝 이외의 학자들에 의해서도 널리 사용되고, 발전되고 있다(e.g. Hay, 1996, 2002; Jones, 1999; Brenner, 2004). 둘째, 비록 제솝 자신이 지구화와 국민국가의 변화에 대한 견해(Jessop, 2002a, 2002b)를 비교적 명확히 표명한 바 있지만, 그는 지구화 속의 국민국가의 자율성, 통치역량 등을 직접적인 연구 주제로 삼은 적이 없으며, 더구나 국가 변형과 국가 공간의 재조직화에 대해서는 전략-관계론과는 그다지 어울리지 않는 다소 일면적인 설명을 제시하고 있다.

즉 앞으로 보겠지만 지구화와 국민국가의 변모에 대한 제솝 자신의 설명은 전략-관계론이 가지는 이론적 함의를 완전히 발현시킨 것은 아닌 것이다. 따라서 이 글은 제솝의 이론적 영향을 인정하지만 동시에 그것에 국한되지 않고 좀 더 넓은 의미에서의 전략-관계론적 입장을 취하면서, 제솝의 분석에서 충분히 개진되지 못했던 지구화와 국민국가의 변모에 대한 전략-관계론적 설명을 더욱 발전시키는 것을 목적으로 한다. 이하에 제시되는 내용은 제솝의 이론에 상당부분 내포되어 있다고 할 수는 있어도, 필자가 아는 한에서는 대부분 제솝에 의해 명시적으로 서술되지 않았거나 불완전하게 개진된 내용들이다.

3) 전략-관계론의 확장과 재구성

이 글은 다음과 같은 방식으로 전략-관계론을 재구성하고 그것을 지구화와 국민국가의 관계에 확대 적용한다. 첫째, 정치와 경제의 관계라는 측면에서 전략-관계론을 재구성한다. 둘째, 전략-관계론을 통해 지구화와 국민국가의 관계를 살피며, 특히 국가론의 몇 가지 중심주제인 국가 자율성, 국가 역량, 국가 역할 변환, 그리고 공간 재조직을 이해하려고 한다.

(1) 전략-관계론적 시각으로 본 정치와 경제의 관계

전략-관계론이 자본주의 국가와 정치경제의 작동을, 폭넓은 사회관계 속에서 국가형태와 가치형태에 내용을 부여하려는 상이한 전략들의 각축에 의해 설명한다면, 그것은 정치와 경제가 전략을 매개로 폭넓은 사회관계 속에 포함되어 상호 연관될 수밖에 없다는 것, 그리고 정치와 경제는 '동일한' 사회적 권력 과정의 두 측면이라는 것을 의미한다. 예를 들면 특정한 축적전략(이를테면 민족주의적 경제정책)은 자본의 관점에서는 경제적 전략이지만, 국가의 관점에서는 국가권력의 행사와 유지를 지지하는 정치적 전략일 수 있다.

정치와 경제의 경계는 모호할 뿐 아니라 끊임없이 변동하며, 바로 이 때문에 동전의 양면같이 국가의 변화는 경제의 변화를, 경제의 변화는 국가의 변화를 함축한다. 따라서 국가권력은 경제적 관계 속에 파묻혀(embedded) 있으며, 반대로 자본축적도 정치적 관계 속에 파묻혀 있다. 그러므로 정치적인 것은 경제적인 것에 불가결한 것이며, 그 역도 성립하고, 따라서 둘은 동시적으로 변화한다. 하지만 그렇다고 해서, 둘이 반드시 동일한 방향으로 움직이는 것도 아니다. 왜냐하면 근대적인 사회적 권력의 행사 속에서 나타나는 정치(국가형태)와 경제(자본/가치형태)의 분리는 둘 간의 호혜적인 상호작용을 선험적으로 보장하지 않기 때문이다.[8)]

---

8) 이러한 문제의식은 국가도출(Staatsableitung) 논쟁을 통해 '형태가 기능을 문제시한다(form problematizes function)'라는 명제로 표출되었다. 이는 정치권력과 경제권력이 서로를 기능적으로 필요로 하지만 그 취하는 형태(국가와 자본)가 다르기 때문에 정치권력이 경제권력의 요구에 부합하여 기능하는 데 한계가 있다는 뜻이다

따라서 전반적 사회관계의 지리적·공간적 맥락과 역사적 변동에 따라 국가와 자본주의 경제의 성격이 변화하며 국가의 자율성과 종속성 또한 달라진다. 그러므로 전략-관계적 접근법은 사회관계에 대한 분석으로부터 국가권력과 자본주의 정치경제, 그리고 이들 사이의 관계를 이해하려고 한다. 예를 들어 어떤 국가가 경제적 압력에 대해 (상대적으로) 자율적인 모습으로 나타난다면, 이는 전략적 선택성을 지닌, 즉 특정한 전략이 좀 더 특권화되는 사회관계 속에서 국가에 일정 정도의 전략적 통일성이 나타나기 때문일 것이다. 반대로 어떤 국가가 경제적 압력에 대해 종속적이고 무력한 것으로 나타난다면 그것은 그 국가가 전략적 통일성 또는 적합성을 결여하고 있기 때문일 것이다. 다시 말해, 현실에서 나타나는 국가의 자율성이나 통치역량은 선험적으로 미리 주어진 어떤 본질적인 것으로서 존재하는 것이 아니다. 그것은 오직 특정하고도 구체적인 사회적 관계와 전략적 맥락 속에서만 생성되고 따라서 일시적으로만 지속되거나 장기적으로 소멸할 수 있는 '관계적 자율성/역량(relational autonomy/capacity)'이라 할 수 있을 것이다.

(2) 전략-관계론적 시각에서 본 지구화와 국민국가

이러한 정치와 경제의 불가분한 연관성과 (그러나 반드시 호혜적이지만은 않은) 상호작용을 이해하면, 우리는 지구화와 국민국가를 다음과 같이 파악할 수 있게 된다. 첫째, 지구화를 경제적 과정, 그리고 국민국가를 정치적 과정과 등치시킬 수 없다. 지구화도 국민국가도 정치와 경제가 통합되어 나타나는 과정인 것이다. 둘째, 이렇게 볼 때 현실적으로 지구화

(cf. Jessop, 1990).

는 국민국가를 우회하기보다는 경유하여 진행될 수밖에 없다. 지구화는 경제적 과정일 뿐 아니라 정치적 과정이며, 국민국가도 정치적 과정일 뿐만 아니라 경제적 과정이다.

셋째, 따라서 어느 하나(지구화)가 강화된다고 해서 다른 하나(국민국가)가 반드시 약화되지는 않는다. 경제적 지구화가 정치적인 것을 경유하는 한, 그것은 정치적 지구화를 강화할 수도 있고 국민국가를 강화할 수도 있다. 넷째, 이렇게 볼 때 지구화와 변환하는 국민국가의 속성을 결코 단일하거나 통일된 것으로 볼 수 없다. 그것은 국내 및 국제 수준에서의 폭넓은 사회관계 속에서 결정되는 것이다. 바꿔 말하면, 지구화와 국민국가 양자를 포괄하는 좀 더 폭넓은 사회관계로부터 분석을 시작하는 전략-관계론에서 볼 때, 지구화와 국민국가를 직접적으로 연관시켜 서로 간에 어떤 선형적이거나 일정한 패턴을 찾으려는 시도는 잘못된 것이다.

지구화 과정과 국민국가는 직접적으로가 아니라 폭넓은 사회관계를 매개로 하여 관련되므로 서로 부의 관계뿐 아니라 정의 관계도 가질 수 있다. 특히 지구화와 국민국가를 규정하는 사회관계가 워낙 다양하기 때문에, 국가변형론이 제시하는 지구화에 대한 국민국가의 다양한 적응에 주목하는 인식틀로는 실제의 국민국가 변동의 다양성을 이해하는 데 한계가 있다. 전략-관계론적 관점에서 볼 때 지구화 속의 국민국가는 단순히 지구화에 맞추어 변형하는 것이 아니라, 한편으로는 쇠퇴하거나 지구화에 적응하고 다른 한편으로는 지구화를 주도하거나 지구화에 저항하는, 좀 더 폭넓은 스펙트럼 속에서 탈국민국가적 경향(post-national and post-statal tendencies)과 국민국가적 (반)경향(national and statal counter-tendencies)이 중첩된 다양하고 복합적인 모습으로 나타난다.

지구화와 국민국가의 변환에 대한 이러한 해석은 제솝의 저술에서도 비교적 쉽게 유추할 수 있는 내용이다(Jessop, 2002a, 2002b, 2008). 하지만 제솝은 지구화 속에서의 국민국가의 작동적 자율성과 경제적 통치역량이라는 문제를 직접적으로 논한 적이 없다. 그리고 아마도 그 결과로 국가의 역할 및 개입형태 변화 그리고 공간적 특성의 변화라는 문제에 대해서는 오히려 전략-관계론과 모순된다고 할 수도 있을 정도로, 지구화라는 경향성의 틀에 갇힌, 여전히 일면적인, 스펙트럼이 협소한 설명을 제시하는 경향이 있다. 따라서 다음 절에서는 국민국가의 작동적 자율성, 경제적 통치역량, 역할 및 개입형태의 변화, 그리고 공간적 특성의 변화라는 주제들과 관련한 제솝의 입장을 비판적으로 재구성하면서, 전략-관계론을 좀 더 철저히 적용한다면 이런 문제들을 어떻게 이해해야 하는지를 서술하도록 하겠다.

4. 지구화와 국민국가 변환의 복합적 성격

1) 지구화의 동인

전략-관계론적 관점에 따르자면, 지구화는 주어진 구조와 폭넓은 사회적 관계 속에서 일어나는 여러 행위자들 간의 상호작용으로부터 출현하고 선택되는 전략이자 전략적 과정으로 이해된다. 제솝은 지구화를 여러 개의 중심, 스케일, 시간성, 원인, 그리고 형태를 가진 과정으로 규정하고, 지구적 상호의존의 증가를 지구화의 구조적 측면으로, 그리고 전 지구적으로 행위를 조정하려는 노력을 지구화의 전략적 측면으로 서술한다(Jessop, 2008: 178~179). 그러나 지구화에 대한 이러한 규정은 구체적인 지구화의 구조와 전략에 대한 분석, 다시 말해 어떠한 전략들이 지배적으로 지구화에 내용을 부여해왔으며 어떤 지구적 구조를 형성해왔는지에 대한 구체적인 전략-관계론적 분석을 결여하고 있다. 물론 슘페터주의 경쟁국가/레짐, 포스트포드주의, 신자유주의 등에 대한 분석이 있지만, 이는 지구화 분석의 맥락에서 제시된 것이 아니었다. 제솝의 분석은 생산과 국민국가에 초점을 맞춘 결과 금융화와 지구적 통치의 측면을 놓치는 경향이 있다. 그렇다면 제솝이 놓친 지구화의 측면은 어떤 것이었는가? 여기서 본격적인 분석을 시도할 수는 없지만, 그 일부 단면이나마 간략히 제시하면 다음과 같다.

지구화의 동인은 흔히 상품 및 노동시장의 공간적 확대가 기업과 소비자에게 주는 이익, 또는 이윤율의 저하에 따른 자본수출이라는 제국주의 논리에 의해 설명되어왔다(cf. Levitt, 1983; Harvey, 1982). 그러나 이러한 경제주의적 설명은 기업과 금융의 지구화라는 것이 정치적·담론적인 과정에 의해서 매개된다는 것에 그다지 주의를 기울이지 않는다. 지구화는 동시에 정치경제적인 기획에 의해 추동된 과정이었다. 실제로 1970년대의 경제위기 및 케인스 복지국가의 위기는 그 자체로 신자유주의적 지구화를 결정짓지 않았으며, 그것은 영국과 미국에서 등장한 대처리즘(Thatcherism)과 레이거노믹스(Reaganomics)로 통칭되는 여러 담론들과 정책적 아이디어들의 승리와 확산에 의해 매개된 것이었다(Hay, 1996; Blyth, 2002; 홀, 2007; van der Pijl, 1997). 그것은 실로 이윤율 저하를 빌미로 한 '자본의 반격'이었을 뿐 아니라 보수주의적 담론 전략과 결합된 소득 재분배와 지배를 위한 지배계급의 '정치적 프로젝트'였다(뒤메닐·레비, 2006; 홀, 2007; Harvey, 2005). 사실 1970년대의 위기 속에서도 평균적 기업의 자본축적을 초과하는 '지배적 자본'의 '차등적 축적(differential accumulation)'은 지속되고 확대되어왔다는 연구결과도 있다(비클러·닛잔, 2004). 그리고 이러한 신자유주의적 정치 프로젝트와 축적전략 속에서 형성된 지구적 구조의 한 측면은, 기축통화 달러의 미 금융시장으로의 환류를 특징으로 하는 이른바 '달러-월스트리트 체제(Dollar-Wall Street regime)'에 의해 규정되었다(고완, 2001). 이처럼 지구화는 세계 자본주의의 발전과 그것에 대한 국가와 자본의 전략적 대응을 통해 진행되어온 것으로 경제적 압력에 따른 필연도 아니고 국가 의지에 의한 것만도 아니며, 그렇다고 경제적 압력의 한계 내에서 이뤄지는 국가의 대응인 것도 아니었다. 그것은 신자유주의적인 것을 포함한 여러 세력과 전략의 각축 속에서 신자유주의적인 전략적 선택성이 형성되고 변화되는 과정이었다.

2) 국가의 작동적 자율성

제솝은 지구화 속에서의 국가의 작동적 자율성에 대해서 직접적으로 언급한 바 없다. 그러나 우리는 이 문제에 관한 그의 입장을 충분히 유추할 수 있다. 그는 전략-관계론에서 구조와 전략의 구분이 절대적이지 않다고 주장한다. 따라서 동일한 것도 한 행위자에게는 매우 강한 구조적인 힘을 지닌 것으로 다른 행위자에게는 덜 구조적인 것으로 나타날 수 있다(Jessop, 2006). 마찬가지 이유로 그는 지구화의 압력을 받고 있는 것은 국가 그 자체가 아니며, 지구화를 발생시키는 과정들은 특정한 유형의 국가 및 국가 역량에만 압력을 가할 수 있고 따라서 지구화는 국가의 여러 다른 부분에 서로 다른 압력을 가한다고 주장한다. 예를 들면 빛의 속도로 움직이는 금융자본의 이동은 국민국가의 '시간적 주권(temporal sovereignty)'을 약화시키고, (상대적으로 시간이 더 걸리는) 민주주의적 정치 리듬을 위협하며, 관료적·기술적 합리성에 대한 의존성을 증가시킨다. 그러나 이러한 상황은 반대로 국민국가가 대내적으로 좀 더 쉽게 권위적인 의사결정을 내리고 실행할 수 있게 하는 빌미를 제공할 수도 있다(Jessop, 2008: 190~191). 이렇게 볼 때 지구화의 압력이 국가의 모든 부문의 자율성을 제약하는 것은 아니라는 것이 제솝의 입장이라 할 수 있다. 왜냐하면 국가의 작동적 자율성에 대한 제약은 부분별로 나타나며, 대외적 자율성의 제약이 대내적 자율성의 증가를 낳을 수 있기 때문이다.

다음으로 제솝에 따르면 어떤 국가(이를테면 미국과 영국을 포함한 G-7 국가)는 지구화를 주도적으로 추구할 수 있는 반면 다른 국가(이를테면 제3세계)는 지구화에 수동적으로 적응하거나 희생자가 된다(Jessop, 2008: 191). 이는 국가별로 국가의 작동적 자율성에 차이가 난다는 것을 뜻한다.

마지막으로 제솝이 언급한 바는 없지만, 국민국가는 지구화를 추진하면서 동시에 그것에 종속될 수도 있다. 지구화를 추진한 강대국도 시간이 지남에 따라 의도하지 않은 지구화의 결과, 예를 들면 시간적 주권에 대한 제약 등에 종속될 수 있는 것이다. 즉, 국가의 자율성은 시기별로 다르게 나타날 수 있다. 요약하면 전략-관계론의 관점에서 볼 때 지구화 및 경제적·사회적 제약으로부터 자유롭게 정책을 집행할 수 있는 국가 자율성은 영역별, 국가별, 시기별로 매우 다르게 나타나는 것으로 개념화된다.

3) 국가의 경제적 통치역량

지구화 속에서의 국가의 경제적 통치역량에 대해서도 제솝은 직접적으로 언급한 바 없다. 그러나 우리는 작동적 자율성의 경우에 비추어서,

전략-관계론적 관점에서 볼 때 국가의 경제적 통치역량도 영역별, 국가별, 시기별로 다르게 나타난다고 추론할 수 있다. 첫째, 국가의 경제적 통치역량은 영역별로 다르게 나타날 수 있다. 왜냐하면 경제적 통치역량에는 거시경제 조절능력, 산업발전 및 변형의 능력 등 여러 차원이 있기 때문이다(Weiss, 1998). 따라서 지구화에 따라 특정한 부문에서 국민국가의 경제적 통치역량이 제한될 수 있지만 그것이 전반적인 국가 역량의 약화를 수반한다고 볼 수는 없으며, 국가의 경제적 통치역량을 판단할 수 있는 일률적 잣대도 존재하지 않는다. 예를 들면 지구화는 국가의 거시경제 조절에 따른 고용창출 능력을 약화시키는 경향이 있지만 그렇다고 해서 국가가 다른 방식(산업정책이나 근로연계 복지정책 등)을 통해 고용을 창출할 가능성이 반드시 차단되는 것은 아니다(cf. Jessop, 2002a: 154).

둘째, 작동적 자율성에도 국가 간 차이가 있는 것처럼 경제적 통치역량에도 국가 간 차이가 있다는 점을 유념할 필요가 있다. 즉, 상대적으로 경제적 통치역량이 강한 국가가 있는 반면에 통치역량이 약한 국가가 있을 수 있다. 그리고 나라별로 통치역량의 약화되는 측면과 강화되는 측면이 다를 것이다. 예를 들면 국제 기축통화인 달러에 대해 조폐권을 가진 미국과 달러를 수입해야 하는 한국의 금융/외채위기 대처 능력에는 차이가 날 수밖에 없다(cf. 고완, 2001). 요약하면 전략-관계론적 시각에서 볼 때, 국가 자율성의 경우와 마찬가지로 국가 역량 또한 영역별, 국가별, 시기별로 매우 다르게 나타난다. 그리고 그 결과 신자유주의적 지구화라는 게임 속에서 적응과 주도에 성공하는 국가와 실패하는 국가들 외에도, 그러한 게임 밖에서 나름대로 성공하고 실패하는 국가들(예를 들면 최근의 베네수엘라, 아프리카 '제4세계'의 약탈국가 등)도 있을 수 있는 것이다.

4) 국가의 역할과 개입형태 변환

제솝은 국가의 경제정책, 사회정책, 지역적·공간적 분업의 관리, 그리고 시장실패에 대한 보완이라는 네 가지 차원에서 지구화 시대의 선진자본주의 국가의 역할 및 경제적·사회적 개입형태 변환에 대한 체계적인 진단을 내린 바 있다(Jessop, 2002a). 그는 수요관리 및 완전고용, 대량소비규범, 사회복지, 국민경제, 하향식 통치(government)를 특징으로 했던, 서구 대서양 포드주의 발전모델하에서의 케인스적 복지 국민국가(Keynesian welfare national state)가, 공급 측면의 혁신과 유연성, 시장적·생산적 복지, 탈일국적 경제, 협치(governance)를 특징으로 하는 슘페터적 경쟁국가와 근로연계복지 탈국민체제(Schumpeterian competition state and workfare post-national regime)로 이행하고 있다고 주장한다. 제솝은 물론 자신의 분석을 전후 대서양 자본주의라는 역사적·지리적으로 제한된 범위에 국한시키고 있으며, 국가형태 분석의 차원에서 이념형을 제시하고 있다는 것을 분명히 하고 있다.

그러나 필자의 견해로는, 선진자본주의 국가의 변환에 대한 이러한 서술에는 전략-관계론이 주목하는 (국가의 개입형태를 포함한) 정치적·경제적 전략들의 다양성과 특수성이 잘 나타나 있지 않으며 여전히 너무 일면적인 듯하다. 첫째, 제솝은 슘페터적 전략과 신자유주의 전략을 충분히 구별하지 않는다. 그는 지구적 신자유주의를 추진하거나 그것에 대응하는 슘페터적 전략의 하위 유형으로 신자유주의, 신조합주의, 신국가주의, 신공동체주의 전략 등을 제시한다(Jessop, 2002a: 259~267). 신자유주의에 대한 대응으로서 슘페터적 전략이 제시되는 한편 슘페터주의의 하위 유형으로 다시 신자유주의가 제시되는, 이러한 순환론적인 구분에서는 슘페터주의와 신자유주의가 사실상 구별되고 있지 않다. 즉, 산업적 혁신을 위한 국가의 개입과, 장기적인 산업적 혁신과는 긴장관계에 있는 금융화/탈규제 전략이 충분히 구별되지 않고 있는 것이다. 그리고 그 결과는 서구 자본주의 국가들을 슘페터적 경쟁국가로 과잉 단순화하는 것이다.

둘째, 제솝의 진단에는 풀란차스가 '권위적 국가주의(authoritarian statism)'라는 개념을 통해 후기 저작에서 주목했던, 서구 자본주의 국가에 새롭게 등장한 정치적 대표형태(form of representation: 정치사회가 사회를 대표·대의하는 방식)에 대한 분석이 빠져 있다(cf. Poulantzas, 1978). 물론 국가가 경제와 사회에 개입하는 방식을 가리키는 개입형태와 국가가 사회를 대표하는 방식을 가리키는 대표형태는 분석적으로 구별될 수 있다. 그러나 정치와 경제 사이의 불가분한 관계를 감안한다면, 대표형태란 결국 국가권력이 사회적 권력관계를 조직하는 방식을 가리키고, 따라서 개입형태이기도 한 것이다.

그러므로 좀 더 일관된 전략-관계론적 관점에서 볼 때 국가의 역할 및 개입형태의 변화에는 ① 경제적·사회적 차원뿐 아니라 정치적 차원도 있으며, ② 나라별로 각 차원에 따라 개입의 수준과 내용에 차이가 있을 수 있다. 지구화 속에서 상이한 국가들은 각기 위치한 고유한 사회적 세력관계에 따라 권위주의, '포스트민주주의', 자유주의, 사회민주주의 등 다양한 정치적 개입형태를 취했으며, 슘페터주의, 신자유주의 금융화 전략 등과 같은 자본축적의 지구화에 순응적인 전략 외에 보호주의, 고립주의 등과 같은 반대적인 전략도 종종 사용했다.

5) 지구화와 국민국가의 공간적 수준

앞서 보았듯이 경제주의는 지구적 스케일(global scale)[9]에 주목하여 자본축적 공간이 원리상 지구적 스케일로 확장되었다는 것을 강조하고, 국가중심주의는 국민적 스케일(national scale)에 주목하여 지구화를 국민국가 간 경제적 관계의 심화로 파악하는 경향이 있다. 하지만 최근 지리학계의 논의처럼 경제적 지구화란 자본축적의 공간이 지구적·국민적 수준 외에도 지방적(local)·지역적(regional) 수준 등 좀 더 다양한 수준으로 재조직되는 것을 의미한다. 즉, 국가와 기업은 경제활동을 전략적으로 여러 다른 스케일로 분산시키고 조정하여 매우 다양한 형태의 지구화가 진행될 수 있다 (Dicken, 2003; Collinge, 1999).

또한 정치적 측면에서 볼 때 지구화는 국제통화기금, 세계은행, 세계무역기구, G-7 또는 G-20, 그리고 세계경제포럼(World Economic Forum) 같은 초국적 통치 및 협의기구의 역할 강화(cf. Cammack, 2003), 그리고 지방적·지역적 수준의 노동 분업과 관련한 지방정부나 지역적 협의체/통치기구의 역할 강화를 수반한다. 다시 말하면 문자 그대로의 지구화도 국제화도 아닌 여러 다양한, 즉 지방, 국경, 지역, 초국적 스케일들이 정치적·경제적 공간으로 등장하여 서로 복잡한 관계를 맺게 되는 이른바 글로컬라이제이션(glocalization)이 진행된다. 그리고 이러한 정치적·경제적 공간의 형성은

---

9) 공간적 스케일(scale)은 지리학에서 상대적인 길이, 넓이, 거리, 크기 등을 나타내기 위해 쓰는 말이다(지구적·지역적·국민적·지방적 스케일이라는 말이 자주 쓰인다). 범위나 규모라고 번역되기도 하나, 경제학 등에서 사용되는 용어와 혼동될 수 있기 때문에 지리학계에서는 번역하지 않고 '스케일'이라고 원어 그대로 표현하는 경우가 많으며 이 글도 그러한 관행에 따랐다.

단순히 경제적 합리성에 따라 이뤄지는 것이 아니라 주어진 세력관계 속에서, 다양한 공간 전략과 프로젝트들이 경쟁하는 복잡한 정치적·사회적 과정을 통해 이뤄진다(Swyngedouw, 1997; Brenner, 2004). 예를 들면 자국 내 생산기술 패러다임의 성격과 노사관계의 성격 등에 따라 자본의 이동성과 지구화 방식은 미국과 일본에서처럼 상이할 수 있다(Ruigrok and van Tulder, 1995).

제솝에 따르면 이러한 지구적인 공간의 재구조화 속에서 근대국가의 국민적 영토성은 과거와 같은 절대적으로 지배적인 경제적·정치적 공간의 지위를 더 이상 누리지 못한다. 하지만 그렇다고 지구적 스케일과 같은 다른 스케일들이 국민적 스케일을 대체하는 것은 아니다['스케일의 상대화(relativization of scale)'](Jessop, 2002a: 179~181). 그렇다면 국민적 스케일은 지구화 속에서 어떤 지위를 부여받을까? 제솝에 따르면, 초국민적 국가(supranational state)가 없는 상황에서 국민국가는 여러 상이한 스케일들 간의 관계/위계를 (재)접합하는 데에서 핵심적 역할을 할 수 있다(Jessop, 2002a: 201~202).

이것은 제솝이 공간적 분업의 결정과정 및 기타 국가의 정치적·경제적 기능을 지배적으로 규정하는 것이 여전히 국민적 스케일에서의 사회적·정치적 관계일 수 있다고 주장함을 의미한다(Jessop, 2002a: 211~213). 물론 그럴 수 있으며 현실적으로도 국민국가는 여전히 매우 중요한 정치적 단위이다. 그러나 이러한 주장은 적어도 원칙적으로는 '폭넓은 사회관계(wider social relation)' 속에서 국가를 이해하는 전략-관계론과 긴장 관계에 있다. 왜냐하면 이 관계에는 단지 국내적 관계뿐 아니라 국제적 관계 또한 들어가기 때문이다. 사실 국민국가의 전성기에조차도 스케일들 간의 관계는 국내적 수준에서뿐 아니라 국제적 수준에서 결정되는 측면이 컸다

(e.g. 월러스틴, 2005; Gramsci, 1971).[10] 그러므로 좀 더 철저한 전략-관계론은 국민적 스케일에 어떤 일반적인 특권적 지위를 부여하기 이전에, 그렇게 국민적 공간의 사회관계에 특권을 부여하는 지구적인 사회적 과정, 즉 국민적인 공간선택성(spatial selectivity)을 먼저 설명해야 할 것이다(cf. Jones, 1997).

6) 탈국민국가적 경향과 국민국가적 반경향

이제까지의 논의를 요약하면 지구화 과정 속에서 국민국가의 자율성, 통치역량, 개입형태 및 영토성은 한편으로 약화와 후퇴의 모습을 보이면서 동시에 다른 한편으로는 강화와 적극적 개입의 모습을 보인다. 이를 우리는 탈국민국가적 경향성과 국민국가적 (반)경향성의 결합으로 이해할 수 있다. 그런데 이는 분명히 제솝의 주장에서 영감을 얻은 것이지만 그것과는 근본적으로 다른 것이고 그보다 더 전략-관계론적이다. 먼저 제솝의 주장을 살펴보자. 제솝은 먼저 지구화에 따라 국가에 나타나는 세 가지 경향을 제시한다. 첫째, 국민국가의 통치권한과 기능은 (유럽연합 등과 같은) 초국민적 국가와 (접경지역의 지방자치체와 같은) 지방정부 등의 여러 다른 공간적 수준으로 재배분된다['국가의 탈국민화(denationalization of the state)']. 둘째, 시장의 실패를 교정하는 정치적 조정방식은 많은 부분 하향식 통치(govern-

10) 월러스틴의 세계체제론은 중심부, 주변부, 반주변부라는 불균등한 발전의 양상을 국내적 정치가 아닌 세계 수준의 통합된 시스템으로부터 설명한 바 있다. 또한 그람시도 "국제관계는 국민국가 내부의 관계들과 얽히고설켜 새롭고 고유하며 역사적으로 구체적인 조합을 창출한다"고 지적한 바 있다(Gramsci, 1971: 182). 제솝도 초국적적인 사회관계의 중요성을 인정하고 있지만(Jessop and Sum, 2001), 국가이론가로서 아무래도 국민국가 중심주의로부터 완전히 벗어나지 못한 듯싶다.

ment)에서 기업조직 간 네트워크 또는 민간(기업 또는 NGO)과의 공사협력(public-private partnership)을 포함한 협치(governance)로 이동한다〔'정치제도의 탈정부화(destatization of the political system)'〕. 다시 말해 국가의 지배 역시 통치 위주에서 시장의 자기조정, 통치, 협치의 다양한 조합으로 상대화된다. 셋째, 초국적이고 역외적인 요인들 및 국제통화기금, 세계은행, 세계무역기구 등과 같은 국제기구와 다국적 컨설팅 회사 및 신용평가회사 등 외국의 지식과 기관들이 국가의 정책에 영향력을 행사한다〔'정책레짐의 국제화(internationalization of the policy regime)'〕(Jessop, 2002a: 193~201).

그러나 이러한 세 가지 탈국민국가적 경향은 세 가지 국민국가적 반경향에 직면한다. 첫째, 국가성의 탈국민화에 대해 국민국가는 어떤 권한과 기능이 어느 스케일에 이양될지를 통제하여 여러 다른 공간적 스케일들 간의 위계와 관계를 설정하려고 한다. 둘째, 국민국가는 통치적 개입을 포기하지 않을 뿐 아니라 국가의 권한을 상·하위 수준으로 재분배하는 협치를 도입하는 경우에도 그 규칙을 정하는 역할, 즉 메타거버넌스(meta-governance)를 수행한다. 셋째, 국민국가들은 (가상의) 국익을 위해 IMF, WTO 등과 같은 국제적 정책 레짐의 운영과 발전에 영향력을 행사하려고 한다(Jessop, 2002a: 201~204; cf. 성경륭, 2003).

제솝에게 이러한 경향성과 반경향성은 동전의 양면과 같은 것이다. 즉, 이 둘은 (신자유주의적) 지구화를 위해 기능적으로 필요한 것을 국민국가가 보상·충족시키는 방식으로 상호 보완적인 관계를 이루고 있다. 하지만 이것이 의미하는 바는 제솝이 국가변형론자들처럼 지구화 속의 국민국가 변환을 '지구화'라는 틀 안에 가두어 이해하고 있다는 것이다. 왜냐하면 이러한 반경향성이 그 자체로 의미를 갖기보다는 지구화의 기능적 필요에 부응하는 부속적 경향으로서 제시되고 있기 때문이다. 그러나 국민국가의

〈표 1-2〉 지구화 속의 국민국가의 세 가지 경향성과 반경향성

경향성	반경향성
- 국가의 탈국민화 - 정치체계의 탈정부화 - 정책 레짐의 국제화	- 국가의 스케일 간 접합(interscalar articulation) - 국가의 메타거버넌스 - 국가의 국제정책 레짐 참여

자료: Jessop(2008: 210).

〈표 1-3〉 지구화 속의 국민국가의 경향성

탈국민국가적 경향성	국민국가적 (반)경향성
- 국가의 탈국민화	- 국가의 국민화
- 비국가적 스케일 접합	- 국가에 의한 스케일 간의 접합
- 정치체계의 탈정부화	- 정치체계의 정부화
- 비국가 행위자의 메타거버넌스	- 국가의 메타거버넌스
- 비국가 행위자의 국제정책 레짐 참여	- 국가의 국제정책 레짐 참여
- 정책 레짐의 국제화	- 정책 레짐의 국민화

변환이 반드시 지구화의 기능적 필요에 부응할 까닭은 없다. 전략-관계론의 문제의식 중의 하나는 '형태가 기능을 문제시한다(form problematizes function)'이고, 구조적 제약에도 불구하고 전략적 대응의 다양성(이 글의 맥락에서는 반지구화 전략의 가능성)을 최대한 인정하는 것이기 때문이다.

제솝이 공간적 재구조화 등과 관련해서는 국민국가의 역할을 강조하는 입장을 보이는 반면에 지구화 속의 국민국가의 변화를 파악하는 데서는 지구화를 주도적 경향으로 파악하는 것은, 그가 다른 국가변형론과 마찬가지로 국가중심주의와 경제주의 사이에서 절충주의의 위험에 빠지는 동시에 몇 가지 중요한 현실을 간과했다는 것을 의미한다. 좀 더 철저한 전략-관계론은 어느 때는 국가중심주의적 입장을 취하고 다른 때는 초지구화론을 취하는 대신, 있는 그대로의 반지구화 및 국민국가적 경향성을 인정하면서 모든 것을 지구적인 정치경제적 사회관계 속에서 파악해야 한다.

따라서 현대 세계에서는 제솝이 자신의 분석에서 많은 부분 간과(표에서 음영으로 표시된)했던, <표 1-3>과 같이 진정으로 탈국민국가적이고 국민국가적인 경향성들이 교차하고 결합되어 나타난다.

물론 이제까지 지구화가 지배적인 과정이었던 것은 사실이다. 그러나 현대 세계의 변동은 국민국가가 지배적인 과정이기도 했다. 지구화는 미국을 위시한 선진자본주의(혹은 제국주의) 국가에 의해 주도되어왔다(cf. 고완, 2001; Harvey, 2003). 또한 지구화에도 불구하고 우리는 여전히 국민적 영토 주권국가와 민족 정치공동체의 상상에 강력하게 속박되어 있으며 국민국가는 계속하여 등장하고 있다(Anderson, 1991; Neocleous, 2003; Mann, 1993). 그러므로 지구화하는 국가, 국민국가, 반지구적 고립/폐쇄국가, 제국주의적 국가, 도시국가, 지구적 국가(global state), 초국가(superstate) 등의 여러 담론과 가능성과 전략과 실체적 현실들이 복합적으로 존재한다.

그렇다고 하여 스케일 간 접합과 메타거버넌스의 주요 행위자에 국가만 있는 것은 아니다. 여기에는 삼변회(Trilateral Commission), 세계경제 포럼 등과 같은 여러 비국가 초국적 네트워크 또한 참여한다(cf. van der Pijl, 1998). 지구화라 불렸던 과정은 사실 신자유주의나 지구화 또는 국민국가에 순응적인 것만을 포함하지 않는 복수의 권력들과 전략들이 복합적으로 작용하는 과정이었던 것이다.

이제까지 확장되고 재구성된 지구화와 국민국가에 대한 전략-관계론적 해석과 (제솝의 제한적인 전략-관계론적 분석을 포함한) 국가변형론적 해석을 비교하면 <표 1-4>와 같다.

국가변형론은 국가의 자율성, 통치역량, 개입형태, 공간 조직화를 지구화라는 경향성의 틀 안에서 제한적으로 파악하는 반면, 제솝의 전략-관계론적 분석은 국가의 차별성과 다양성을 인정하면서도 특정한 형태의 국가

〈표 1-4〉 확장 · 재구성된 전략-관계론

	국가변형론	제솝의 전략-관계론	확장 · 재구성된 전략-관계론
지구화의 동인	경제논리 + 국가논리	전략과 전략적 선택성	전략과 전략적 선택성
국민국가의 작동적 자율성	상대적 자율성	영역 / 기능, 국가별 차이(유추)	영역 / 기능, 국가, 시기별 차이(명시)
국민국가의 경제적 통치역량	제한적 - 지구화에 적응 제한적 틀 속의 차이	영역 / 기능별 차이(유추)	영역 / 기능, 국가, 시기별 차이(명시)
국민국가의 역할 / 개입	경쟁국가적 변형; 정치적·제도적 지원 및 설계 → 초국적 통치기구	슘페터주의 경쟁국가(신자유주의, 신조합주의, 신국가주의, 신공동체주의)	더 다양한 형태들 - 슘페터주의, 신자유주의 경쟁국가와 종속국가 등의 개입형태 / 권위주의, 포스트민주주의, 자유주의, 사회민주주의 대표형태
국가의 공간 조직 및 국민적 · 탈국민적 경향성	지구화 / 국제화 과정	탈국민화(스케일의 상대화 / 탈국민국가화 + 국민국가적 조정)	탈국민화(스케일의 상대화 / 탈국민국가화 / 국민국가화 + 국가적 / 비국가적 조정)

와 탈국민화를 과도하게 강조한다. 즉, 이들은 지구화의 국민국가의 변형을 몇 가지 용어들(음영 부분)로 축소하여 묘사하는 경향이 있는 것이다. 반면에 확장·재구성된 전략-관계론은 지구화와 국민국가 변형 과정에 좀 더 많은 다양성을 열어놓는다. 즉, 국가의 자율성, 통치역량, 개입형태, 공간조직화 모두 다양하고 차별적이고 복합적인 것으로 파악한다. 다음에 볼 한국의 신자유주의적 지구화 사례는 국가변형론적인 국민국가에 대한 해석이 놓치고 있는 것이 무엇인지를 시사한다.

5. 사례: 한국의 신자유주의적 지구화

1997년 경제위기 이후 한국의 사례는 지구화 시대의 국가 자율성과 통치역량이 일률적이지 않으며 여러 상반된 경향성들의 균형을 통해 이해해야 됨을 보여주는 좋은 사례라 할 수 있다. 개발국가적 유산과 신자유주의적 지구화의 영향이 교차하면서 복합적인 양상이 나타나고 있기 때문이다. 따라서 다른 국가와의 비교분석의 결여라는 단점에도 불구하고 한국 국가의 자율성과 통치역량 등에 대한 분석은, 지구화가 국가의 힘을 일률적으로 약화시킨다거나 지구화에도 불구하고 국가의 힘은 건재하다거나, 또는 지구화에 국가가 적응하고 있다는 식의 담론을 정면으로 반박한다.[11)]

1) 사회적 세력관계와 전략적 선택성

경제위기 이후 이른바 IMF 체제가 성립하면서 한국의 사회적 세력관계는 새로운 균형에 도달하게 된다. 첫째, 국내 정책과정 및 경제에 대한 외부세력의 영향력이 강화되었다. 위기 초기에 국가정책은 미국의 한국시장 개방에 대한 이해관계를 반영하는 IMF 구제금융조건에 구속되었으며, 금융 및 자본시장 개방에 따라 외국인 투자자들의 경제 및 관계(官界)에 대한 영향력 또한 강화되었다(cf. 이찬근, 2004; 이정환, 2006; 임종인·장화식, 2008). 둘째, 경제 관료들의 신자유주의 개혁에 힘이 실림으로써 민주화, 자유화 및 노동운동의 성장으로 인해 생성된 국가-재벌-노동의 일종의

11) 이하의 한국 국가에 대한 서술은, 지구화 속의 국민국가의 변화를 이해하는 데서 전략-관계론의 적실성을 예시하기 위한 목적으로 작성된 것이다. 지구화와 한국 국가의 변화에 대한 본격적인 분석은 별도의 연구를 필요로 한다.

'파국적 균형(catastrophic equilibrium)' 때문에 이전에 모두 실패했던 기업, 금융, 노동 개혁이 관철될 수 있게 되었다(cf. IMF IEO, 2003).

셋째, 일부 재벌들이 몰락했지만 재벌들 사이의 격차가 심화되면서 삼성, 현대, LG, SK 등 대재벌로의 경제력 집중은 오히려 심화되어 대재벌의 사회구조적 힘은 국가를 압도할 정도가 되었다(cf. 홍덕률, 2006; 이상호, 2006). 넷째, 재무적 건전성과 금융부문의 회복을 우선시한 IMF 체제하의 개혁은 오랜 기간 관치를 받아왔던 금융부문을 국가로부터 실질적으로 자립하게 만들었다. 다섯째, 노동운동 조직의 힘은 상대적으로 약화되었다. 이렇게 변화된 세력관계 속에서 한국 정치경제는 신자유주의적 지구화로의 결정적인 문턱을 넘었으며, 그 결과 탈규제, 금융개방 및 자유화, 노동유연화 등이 진행되었다(지주형, 2007).

2) 한국 국가의 자율성, 통치역량, 역할 변화, 공간적 구조

이제 개발국가로부터 신자유주의 국가로 변모한 한국 국가의 자율성, 통치역량, 개입형태 및 공간성은 다음과 같은 복합성을 띠게 되었다. 첫째, 국가의 자율성은 일률적으로 감소하거나 증가하는 대신 부문과 영역별로 다르게 변화했다. 국가 자율성은 여러 가지로 분류 가능하지만, 여기서 우리는 분석의 편의상 그것을 국가에 가해지는 압력의 종류에 따라 국외적 압력으로부터의 대외적 자율성, 국내적 압력으로부터의 대내적 자율성, 지배적 계급 및 사회세력으로부터의 도구적 자율성, 그리고 경제적 환경-구조로부터의 구조적 자율성의 네 가지로 나누어 검토하려고 한다. 즉, 2×2 행렬에 위치시킬 때 국가의 자율성은 대내구조적 자율성, 대외구조적 자율성, 대내도구적 자율성, 대외도구적 자율성으로 나뉠 수 있을 것이다.[12] 이러한 틀 속에서 1997년 경제위기 전후 한국 국가를 분석하면 다음과 같다.

우선 위기 이전 한국 국가의 대외적 자율성은 미국의 개방 압력에 대해 나름대로 잘 대처했다는 점에서 위기 이후와 비교해 상당히 높았지만, 대내적으로는 재벌, 노동 등의 반발로 인한 개혁의 실패와 정경유착의 심화에서 볼 수 있듯이 도구적 자율성이 상당히 약화된 상태였다고 할 수 있다. 하지만 위기 및 김대중 정부 초기 국면에서는 외환보유고의 고갈, 위기 전개의 속도 등으로 인해 국가의 시간적 주권 및 대외구조적 자율성은 심각하게 제약되었다. 반면에 경제관료들이 IMF 구제금융 조건에 그동안 실패했던 개혁내용을 삽입하고 IMF의 권고보다도 더 오래 긴축재정을 유지했던 데서 보듯이 IMF에 대한 대외도구적 자율성은 위기에 대한 대외구조적 자율성만큼 제약되지는 않았다고 할 수 있다(cf. Mathews, 1998; 김수길 외, 2003; IMF IEO, 2003). 한편 비상 상황, IMF의 개입, 개혁담론의 확산은 오히려 재벌과 보수 세력 및 경제 침체 및 사회위기 상황으로부터 국가의 대내도구적 및 대내구조적 자율성을 증가시켜 강력한 구조조정을 가능하게 했다. 하지만 이러한 자율성은, 신자유주의적 구조개혁, 외국투자자들의 등장, 대재벌로의 경제력 집중심화 및 전략적 중요성의 증가로 인해 김대중 정부 후반기부터 다시 변화한다. 먼저 금융시장 개방 및 자유화의 결과, 한국경제와 세계금융과의 연관이 심화됨

12) 이러한 구별과 용어는 손호철(1990)에서 차용한 것이지만, 손호철처럼 도구적 자율성을 '지배계급의 직접 통치, 개입, 통제로부터 자유로운 자율성'으로, 구조적 자율성을 단기적 또는 장기적으로 "단순히 지배계급의 반대에도 불구하고 이들의 이익에 반하여 행동할 수 있는 자율성"으로 정의하지 않는다. 왜냐하면 '세력관계의 균형'으로서의 국가는 지배계급뿐 아니라 여러 세력들과 직간접적으로 관계를 맺으며, 지배계급의 이익 이외의 다른 구조적 압력에도 직면하기 때문이다.

으로써 한국 국가의 대외구조적 자율성은 더욱더 약화된다. 외국 언론과 자본의 움직임에 의해 정책이 좀 더 제약되게 된 것이다. 대외도구적 자율성은 김앤장 등을 매개로 한 경제관료와 외국자본과의 새로운 커넥션 형성(임종인·장화식, 2008)이라는 제약요인에도 불구하고 IMF 체제 졸업으로 인해 상대적으로 강화되었다고 볼 수 있다. 반면 대내도구적 및 대내구조적 자율성은 대재벌권력의 강화 및 내수경제의 악화로 인해 거꾸로 감소한다. 이와 같이 한국의 국가 자율성은 지구화에 의해 일률적으로 강화 또는 약화된 것이 아니라 시기별, 종류별로 다르게 나타났다.

둘째, 경제위기 이후의 한국 국가의 통치역량 또한 일률적으로 약화되는 대신 영역별로 약화와 강화의 모습을 보이고 있다. IMF 위기를 가져온 한국 국가의 통치역량을 신비화할 필요는 없을 것이다. 즉, 개발국가의 유산과 새로운 신자유주의 전략 사이의 제도적 불일치, 그리고 어떠한 의미 있는 개혁도 불가능하게 한 국가-재벌-노동의 세력관계는 국가의 통치역량을 약화시켰고 이것이 위기의 큰 원인이 되었다(정태인, 1998; 김상조, 1998). IMF 위기 이후의 구조조정 과정은 이러한 제도적 불일치를 어느 정도 해소하고 세력 간 균형을 이동시켰으며, 그 결과 한국 국가의 통치역량에도 유의미한 변화가 일어났다. 물론 IMF 위기 이후의 신자유주의적 지구화는 국내 금융시장의 미국 및 해외 금융시장과의 동조화 및 교란, 제조업의 성장잠재력 약화, 고용의 양적·질적 저하, 사회적·경제적 양극화를 낳았고, 한국 국가도 이러한 문제들을 해결하는 데 지극히 취약한 모습을 보였다(e.g. 이병천, 2001; Crotty and Lee, 2002; 신장섭·장하준, 2004). 물론 최근 한국이 겪고 있는 경제위기의 기저에는 이러한 변화가 놓여 있다. 하지만 동시에 한국 국가가 중앙은행 독립 및 금융감독기관 통합, 그리고 부채비율 감축 및 BIS 자기자본 비율의 제고 등을 통해 제조업 및 금융기관의 투명성 및 재무건전성을 강화했다는 것을 과소평가해서는 안 된다(cf. Pirie, 2005).

또한 한국 국가가 이전과 달리 막대한 외환보유고를 유지하고 있고, 단기외채를 모니터링하고 외환위기 가능성에 대해 이전보다 신속히 대처할 수 있게 되어 부족하나마 외환·외채 위기에 대한 대응력을 키웠다는 것, 그리고 그 결과 1997년과 같은 수준의 파국적인 국가부도 상황을 맞을 가능성은 상당히 낮아졌다는 것도 유념할 필요가 있다.[13] 따라서 지구화와 더불어 한국 국가의 경제통제 능력과 산업발전 역량이 제약된 것도 사실이지만, 지구화 전략의 위험에 대한 대비 내지 면역력도 동시에 어느 정도는 증가해왔다고 할 수 있다.

셋째, 경제위기 이후 신자유주의적 지구화와 더불어 한국 국가의 경제적·사회적 개입 또한 일률적으로 후퇴한 것이 아니라 영역별로 다른 양상을 보인다. 한국의 국가는 탈규제와 더불어 개발국가적 금융억압은 사라졌으나, 경기침체에 대응하기 위한 케인스적 재정지출은 증가한 모습을 보인다(신장섭·장하준, 2004). 또한 정책 결정과정에서 민간과의 협력과 협치를 증대시키려는 시도에도 불구하고 노동개혁 과정에서 노동에 대한 억압은 지속되었으며, 지식정보산업 인프라 구축, 자본통합시장법 제정 및 빅뱅 등을 통한 금융산업 발전정책, 협치 도입 등 여러 측면에서 국가는 적극적인 개입을 했다(국정브리핑 특별기획팀, 2008). 그러나 이는 선진국 금융자본의 하위파트너로 편입하는 종속적 신자유주의의 면모를 띤 것이었다(손호철, 2006). 따라서 한국 국가는 신자유주의적으로 개입영역과 양식을 바꾸

13) 최근의 환율 급상승, 즉 사실상의 외환위기는 국가의 구조적 역량보다는 민간부문의 해외차입 급증 그리고 정책적 대응상의 오류에 기인하는 것이다(cf. 유종일, 2008: 61~68).

었으나, 그것은 한국이 위치한 독특한 국제적·국내적 맥락의 특수성을 반영한 것이었다.

넷째, 신자유주의적 지구화는 한국의 국가와 경제의 주요 활동 반경을 문자 그대로 전 지구로 확장시키지도 않았고 그렇다고 국민적 영토 내에 가두지도 않았다. 물론 금융 및 자본시장 개방 및 외국인 직접투자 자유화 조치는 일반적인 지구적 스케일과의 연관성 속에서 이뤄진 것이지만, 한국 국가는 그것 외에도 여러 세력들의 각축 속에서 양자 간 자유무역협정, 인천경제자유구역, 제주국제자유도시, 여의도와 강남을 중심으로 한 금융허브 계획, 지방 균형발전 등 좀 더 구체적이고 특징적인 국제적·지역적·지방적 스케일의 자본축적 전략을 추진했다(cf. 국정브리핑 특별기획팀, 2008). 즉, 여러 스케일이 부상하지만 국민적 스케일이 대체되지는 않는 스케일의 상대화가 발생했고 전략-관계적 경로의존성 속에서 국가는 이들 간의 관계를 특정한 방향으로 조정하는 역할을 수행하고 있는 것이다(cf. Park, 2005).

이 절의 논의를 요약하면 한국의 국민국가는 자율성, 통치역량, 개입형태, 공간 조직의 측면에서 영역별, 시기별로 다양하고 차별적인 모습을 보였으며 지구화의 과정 속에서 일률적으로 강화·확대되거나 약화·후퇴하지 않은 것으로 보인다. 위에서 언급한 지구화 과정 속에서의 국민국가의 세 가지 경향성, 반경향성과 관련하여 말하면 지방 균형발전, 협치, FTA 등을 통해 분명히 국가의 탈국민화, 정치제도의 탈정부화, 그리고 정책 레짐의 국제화가 한국에서 어느 정도 진행되었다고 할 수 있지만 이는 어디까지나 국민국가 수준의 전략과 통제하에서 추진된 것이었다. 더구나 이렇게 표면상 경쟁력 강화를 위한 재구조화 속에서도 한국 국가는 외국 금융자본의 요구에 부응하는 종속적인 신자유주의 국가의 모습을 띠기도 한다. 따라서 국가쇠퇴론, 국가건재론, 국가변형론 등과 같은 기존의 해석틀에서 제시되는 신자유주의 최소국가, 개발국가, 촉매국가, 또는 슘페터적인 탈국민 경쟁국가/체제와 같은 일면적인 규정들 중 어느 하나만으로는 한국 국가의 복합적인 특성을 파악하기 힘들 것이 분명하다. 신자유주의 최소국가나 슘페터적인 탈국민 경쟁국가/체제이기에는 너무 개입적이거나 국민주의적이고, 개발국가나 촉매국가이기에는 지구화·금융화에 대해 너무 종속적인 면모를 보이기 때문이다.

6. 결론

이 글의 목적은 지구화 속의 국민국가에 대한 지배적인 해석으로 등장한 국가변형론을 포함해, 지구화의 주요 이론을 비판하고 새로운 대안적 해석으로서 전략-관계론을 제시하는 것이었다. 이 글의 결론을 요약하면 다음과 같다. 첫째, 지구화에 대한 주요한 이론들은 지구화와 국민국가의 관계를 국가(정치) 대 시장(경제)이라는 이분법적·대립적 틀 속에서 파악하고, 지구화 과정 속의 국민국가의 자율성, 역량, 개입형태, 공간적 (재)조직화를 일반화되고 본질적인 용어로 기술한다. 그리하여 경제주의는 지구화에 따른 국가의 전반적인 후퇴를, 국가중심주의는 국민국가의 건재와 더불어 국민국가의 지구화 촉진을, 그리고 국가변형론은 지구화에 대한 국민국가의 적응을 지구화 속의 국민국가 상으로 협소하게 제시한다. 이러한 이론화로는 지구화 속의 국민국가 변환의 폭넓은 스펙트럼과 복합적 성격을 포착하지 못한다. 국가를 주체나 객체로 간주하거나 또는 자율성, 종속성, 적응성과 같은 본질적인 특성을 부여함으로써 현실에서 공존하는 모순적으로 보이는 특성을 동시에 개념화하는 데 곤란을 겪는 것이다.

이에 대한 대안으로 이 글은 비판적으로 재구성한 전략-관계론을 지구화와 국민국가에 좀 더 철저하고 일관되게 적용했다. 그리고 이를 통해 지구화가 폭넓은 사회적 관계 속에서 정치적 과정과 경제적 과정이 서로 맞물리는 과정이며, 지구화 속에서의 국민국가 변환이 지구화라는 일반적 경향성 속에 가둘 수 없는 다양한 형태와 수준, 그리고 복합성을 드러낸다는 것을 보였다. 지구화 속의 국민국가는 국가별, 시기별, 영역별로 자율성, 통치역량, 개입, 스케일 등의 측면에서 다른 모습으로 나타나는 것이다.

전략-관계적 이론틀에서는, 국가의 자율성이 사회관계 및 관련 영역, 시기에 따라 달라지므로, 국가가 경우에 따라 자율적 주체인 것처럼 나타나고 종속적 객체인 것처럼 나타나는 것이 오히려 자연스러운 것이다. 또한 국가의 경제적 역량도 자기조정적 시장경제나 국가형태/제도 어느 한쪽에 달려 있다기보다는 사회적 세력관계 및 전략의 적합성에 달려 있는 것으로 파악된다. 따라서 국가는 국제적 위계 속에서의 위치에 따라, 그리고 국가 개입의 영역에 따라 지구화를 주도하기도 하고 지구화에 수동적으로 적응하기도 하며 지구화에 저항하기도 하는 식으로 그 형태가 변화한다. 따라서 지구화 속의 국민국가는 지구화의 틀 안에 갇혀 있지 않다. 그것은 지구화 속에서 쇠퇴하거나 적응하거나 또는 지구화를 주도할 뿐 아니라 지구화에 역행하고 저항하는 복합적인 모습을 보이며, 그 결과 지구화라 불리는 과정 속에는 탈국민국가적 경향성과 국민국가적 (반)경향성이 공존한다. 한국의 사례는, 지구화 속에서의 국가 자율성, 통치역량, 형태, 공간적 조직이 국가변형론과 같은 기존 이론에 의해서 포착될 수 없을 정도로 여러 다른 수준과 복합적 양상을 보여준다는 것을 시사한다.

이렇게 보았을 때 현재와 같은 전 세계적 금융위기 속에서 지구화냐

국가냐 하는 이분법적 언어게임에 빠지는 것은 오류이다. 한편에서 지구화는 필연이며 세계를 표준화하고 '평평'하게 만든다고 주장하거나, 반대로 지구화에 새로운 점은 없다거나 (국민)국가는 건재하고 효과적이라 주장하면서 신자유주의적 지구화에 대한 대안을 (국민)국가로 상정하는 것은 이데올로기화된 흑백논리에 빠지는 것이다. 전자는 신자유주의적 지구화와 국민국가의 밀접했던 관계를 놓치며, 후자는 (국민)국가의 자율성과 역량을 객관적으로 평가할 수 없게 한다. 더구나 이러한 지구화 대 (국민)국가의 이분법은 공황과 불평등 등 자본주의적 모순에 대한 선택가능한 대안의 폭을 자본주의적 지구화의 심화, (국민)국가의 복원과 방어, 또는 (시장에 대한 적합한 규율을 포함한) 국민국가의 변형 등으로 좁혀버린다. 이와 대조적으로 정치-경제의 이분법을 넘어선 전략-관계적 접근법은 이것들 중 어느 것도 진정한 대안으로 보지 않는다. 지구화와 국민국가 변환의 전략적 다양성은 지구화와 국가의 이름을 빌려 진행되는 그 어느 것도 역사적 필연이 아니라는 것, 그리고 대안은 단순히 지구화 아니면 국가라는 양자택일의 문제가 아니라는 것을 알려준다.

📖 참고문헌

고완, 피터(Peter Gowan). 2001. 『세계 없는 세계화: 금융 패권을 통한 미국의 세계 지배전략』. 홍수원 옮김. 시유시.

국정브리핑 특별기획팀. 2008. 『참여정부 경제 5년: 한국 경제 재도약의 비전과 고투』. 한스미디어.

김상조. 1998. 「김영삼 정부의 개혁실패와 경제위기」. 이병천·김균 엮음. 『위기, 그리고 대전환: 새로운 한국경제 패러다임을 찾아서』. 당대

김수길·이상렬·이정재·정경민. 2003. 『금고가 비었습디다: DJ 정권 5년의 경제실록』. 중

앙M&B.

김윤태. 1999.「동아시아 발전국가와 지구화」. ≪한국사회학≫, 제33집 제1호.

뒤메닐, 제라르·도미니크 레비(Gerard Duménil and Dominique Lévy). 2006.『자본의 반격: 신자유주의 혁명의 기원』. 이강국·장시복 옮김. 필맥.

류석춘·왕혜숙. 2007.「외환위기는 발전국가를 변화시켰는가: 공적 자금을 중심으로」. ≪한국사회학≫, 제41집 제5호.

마르크스, 카를(Karl Marx). 1990.『자본론(상·하)』. 김수행 옮김. 비봉출판사.

_____. 1997.「루이 보나파르트의 브뤼메르 18일」.『칼 맑스 프리드리히 엥겔스 저작선집 2』. 김세균 감수. 박종철출판사.

베버, 막스(Max Weber). 2007.『직업으로서의 정치』. 전성우 옮김. 나남출판.

비클러, 심숀·조나단 닛잔(Simshon Bichler and Jonathan Nitzan). 2004.『권력 자본론: 정치와 경제의 이분법을 넘어서』. 홍기빈 옮김. 삼인.

성경륭. 2003.「국민국가의 위기와 재편: 제3차 국가형성에 관한 연구」. 경남대학교 극동문제연구소. ≪한국과 국제정치≫, 제19집 제1호.

손호철. 1990.「국가 자율성 개념을 둘러싼 제 문제들: 개념 및 이론적 문제를 중심으로」. ≪한국정치학회보≫, 제23집 제2호.

_____. 1998.「국가론의 시각에서 본 IMF 개혁: 김대중 정권의 재벌개혁을 중심으로」. ≪한국과 국제정치≫, 제14집 제1호.

_____. 2006.「세계화와 한국 국가의 성격변화」. 서강대학교 동아연구소. ≪동아연구≫, 제51호.

신장섭·장하준. 2004.『주식회사 한국의 구조조정: 무엇이 문제인가』. 창비.

월러스틴, 이매뉴얼(Immanuel Wallerstein). 2005.『월러스틴의 세계체제 분석』. 이광근 옮김. 당대.

윌레츠, 피터(Peter Willetts). 2003.「세계정치에서 초국가 행위자와 국제기구」. 존 베일리스·스티브 스미스(John Baylis and Steve Smith) 엮음.『세계정치론』. 하영선 외 옮김. 을유문화사.

유종일. 2008.『위기의 경제: 금융위기와 한국 경제』. 생각의나무.

이병천. 2001.「전환기의 한국 경제와 김대중 정부의 구조조정 실험: 글로벌 스탠더드와 구체제의 악조합」. 이병천·조원희 엮음.『한국 경제, 재생의 길은 있는가: 구조조정 실험의 평가와 전망』. 당대.

이상호. 2006.「97년 위기와 재벌의 경제력집중: 일반집중의 추이를 중심으로」. ≪사회경제평론≫, 제26권.

이수연·김영미. 2005. 「세계화와 국민국가의 복지정책 자율성: 다국적 제약자본이 우리나라 제약정책 결정에 미친 영향을 중심으로」. ≪한국사회복지학≫, 제57권 제3호.

이정환. 2006. 『투기자본의 천국 대한민국』. 중심.

이찬근 엮음. 2004. 『한국 경제가 사라진다』. 21세기북스.

이혜숙. 2002. 「지구화와 국민국가의 전망」. 경상대학교 사회과학연구원. ≪사회과학연구≫, 제20집 제1호.

임종인·장화식. 2008. 『법률사무소 김앤장: 신자유주의를 성공 사업으로 만든 변호사 집단의 이야기』. 후마니타스.

정태인. 1998. 「한국 경제위기와 개혁과제」. ≪동향과 전망≫, 제36호, 153~182쪽.

정희남. 1995. 「자본의 범세계화, 자본의 자율성, 그리고 국가 자율성: 한국의 토지정책을 사례로」. ≪한국행정학회지≫, 제28집 제4호.

지주형. 2007. 「위기관리와 변동의 정치사회학: IMF 경제위기와 신자유주의적 발전경로의 형성」. ≪한국사회학≫, 제41집 제5호.

홀, 스튜어트(Stuart Hall). 2007. 『대처리즘의 문화정치』. 임영호 옮김. 한나래.

홍기빈. 2006. 『투자자-국가 소송: FTA의 지구정치경제학』. 녹색평론.

홍덕률. 2006. 「재벌 권력, 어제 오늘 그리고 내일」. ≪역사비평≫, 제77호.

Abrams, Philip. 1988. "Notes on the Difficulty of Studying the State." *Journal of Historical Sociology*, 1(1).

Althusser, Louis. 1969. *For Marx*. London: Allen Lane.

Althusser, Louis and Etienne Balibar. 1977. *Reading Capital*, 2nd ed. London: NLB.

Anderson, Benedict. 1991. *Imagined Communities: Reflection on the Origins and Spread of Nationalism*, Revised ed. London: Verso.

Blyth, Mark. 2002. *Great Transformations: Economic Ideas and Institutional Change in the Twentieth Century*. Cambridge: Cambridge University Press.

Brenner, Neil. 2004. *New State Spaces: Urban Governance and the Rescaling of Statehood*. Oxford: Oxford University Press.

Cammack, Paul. 2003. "The Governance of Global Capitalism: A New Materialist Perspective." *Historical Materialism*, 11(2).

Castells, Manuel. 1996. *The Rise of the Network Society*. Oxford: Blackwell.

Cerny, Philip G. 1996. "Globalization and Other Stories: The Search for a New Paradigm for International Relations." *International Journal*, 51(4).

Chang, Ha-Joon. 2003. *Globalization, Economic Development, and the Role of the State*. London: Third World Network.

Collinge, Chris. 1999. "Self-Organization of Society by Scale: A Spatial Reworking of Regulaiton Theory." *Environment and Planning D: Society and Space*, 17(5).

Crotty, James and Kang-Kook Lee. 2002. "A Political-economic Analysis of the Failure of Neo-liberal Restructuring in Post-crisis Korea." *Cambridge Journal of Economics*, Vol.26.

Dicken, Peter. 2003. *Global Shift, Reshaping the Global Economic Map in the 21st Century*, 4th ed. London: Sage Publication.

Foucault, Michel. 1991. "Governmentality." in G. Burchell(ed.). *The Foucault Effect: Studies in Governmentality*. Nemel Hempstead: Harvester Wheatsheaf.

Gramsci, Antonio. 1971. *Selections from the Prison Notebooks*. London: Lawrence & Wishart.

Granovetter, Mark. 1985. "Economic Action and Social Structure: The Problem of Embeddedness." *American Journal of Sociology*, 91(3).

Hardt, Michael and Antonio Negri. 2000. *Empire*. Cambridge, MA: Harvard University Press.

Harvey, David. 1982. *The Limits to Capital*. Oxford: Blackwell.

_____. 2003. *New Imperialism*. Oxford: Oxford University Press.

_____. 2005. *A Brief History of Neoliberalism*. Oxford: Oxford University Press.

Hay, Colin. 1996. *Re-Stating Social and Political Change*. Buckingham: Open University Press.

_____. 2002. *Political Analysis: A Critical Introduction*. London: Palgrave.

Held, David, Anthony McGrew, David Goldblatt and Jonathan Perraton. 1999. *Global Transformations: Politics, Economics and Culture*. Cambridge: Polity Press.

Hirst, Paul and Grahame Thompson. 1999. *Globalization in Question: The International Economy and the Possibilities of Governance*, 2nd ed. Cambridge: Polity Press.

IMF IEO(Independent Evaluation Office). 2003. *IMF and Recent Capital Account Crises: Indonesia, Korea, Brazil*. Washington, DC: International Monetary Fund.

Jessop, Bob. 1990. *State Theory: Putting Capitalist States in Its Place*. Cambridge: Polity Press.

_____. 2001. "Institutional (Re)Turns and the Strategic-Relational Approach." *Environment and Planning A*, 33.

_____. 2002a. *The Future of the Capitalist State*. Cambridge: Polity Press.

_____. 2002b. "Globalization and the National State." in S. Aronowitz and P. Bratisis(eds.). *Paradigm Lost: State Theory Reconsidered*. Minnesota: University of Minnesota Press.

_____. 2006. "The Strategic-Relational Approach: An Interview with Bob Jessop." May 18th(미발표).

_____. 2008. *State Power: A Strategic Relational Approach*. Cambridge: Polity Press.

Jessop Bob and Ngai-Ling Sum. 2001. "Pre-Disciplinary and Post-Disciplinary Perspectives on New Political Economy." *New Political Economy*, 6.

Jones, Martin. 1997. "Spatial Selectivity of the State? The Regulationist Enigma and Local Struggles over Economic Governance." *Environment and Planning A*, 29.

_____. 1999. *New Institutional Spaces: Training and Enterprise Councils and the Remaking of Economic Governance*. London: Jessical Kingley Publishers/Regional Studies Association.

Levitt, Theodore. 1983. "The Globalization of Markets." *Harvard Business Review*, May~June.

Luhmann Niklas. 1989. *Ecological Communication*. Cambridge: Polity Press.

Mann, Michael. 1984. "The Autonomous Power of the State: Its Origins, Mechanisms and Results." *European Journal of Sociology*, 25.

_____. 1993. "Nation-States in Europe and Other Continents: Diversifying, Developing, Not Dying." *Daedalus*, 12(3).

Mathews, John A. 1998. "Fashioning a New Korean Model out of the Crisis: the Rebuilding of Institutional Capabilities." *Cambridge Journal of Economics*, Vol.22.

Mitchell, Timothy. 1991. "The Limits of the State: Beyond Statist Approaches and Their Critics." *American Political Science Review*, 81(1).

Neocleous, Mark. 2003. *Imagining the State*. Maidenhead: Open University Press.

Ohmae, Kenichi. 1992. *The Borderless World: Power and Strategy in the Interlinked Economy*. new ed. New York: Fontana.

_____. 1995. *The End of the Nation State: the Rise of Regional Economies*. New York: Harper Collins.

Park, Bae-Gyoon. 2005. "Spatially Selective Liberalization and Graduated Sovereignty: Politics of Neo-Liberalism and 'Special Economic Zones' in South Korea." *Political Geography*, 24(7).

Pirie, Iain. 2005. "The New Korean State." *New Political Economy*, 10(1).

Polanyi Karl. 1957. *The Great Transformation: The Political and Economic Origins of Our Time*. Boston: Beacon Press.

Poulantzas, Nicos. 1973. *Political Power and Social Classes*. London: NLB.

_____. 1978. *State, Power, Socialism*. London: NLB.

Reich, Robert B. 1992. *The Work of Nations*. New York: Vintage Books.

Robinson, William I. 2004. *A Theory of Global Capitalism: Production, Class, and State in a Transnational World*. Baltimore: The Johns Hopkins University Press.

Ruggie, John Gerard. 1982. "International Regimes, Transactions and Change: Embedded Liberalism in the Postwar Economic Order." *International Organization*, 36(2).

Ruigrok, Winfried and Rob van Tulder. 1995. *The Logic of International Restructuring*. London: Routledge.

Scholte, Jan Aart. 1997. "Global Capitalism and the State." *International Affairs*, 73(3).

_____. 2005. *Globalization: A Critical Introduction, 2nd ed. London: Palgrave Macmillan.*

Strange, Susan. 1986. *Casino Capitalism*. New York: Basil Blackwell.

Swyngedouw, Erik. 1997. "Neither Global nor Local: 'Glocalization' and the Politics of Scale." in K. Cox(ed.). *Spaces of Globalization*. New York: Guildford Press.

van der Pijl, Kees. 1998. *Transnational Classes and International Relations*. London: Routledge.

Weiss, Linda and John M. Hobson. 1995. *States and Economic Development: A Comparative Historical Analysis*. Cambridge: Polity Press.

Weiss, Linda. 1998. *The Myth of Powerless State: Governing the Economy in a Global Era*. Cambridge: Polity Press.

Wood, Ellen Meiksins. 1981. "The Separation of the Economic and the Political in Capitalism." *New Left Review*, 127.

제2장

지구화 시대 정치공동체의 변화

'신중세론'의 비판적 이해

이화용
경희대학교 법학전문대학원 조교수

1. 서론

국가의 쇠퇴 혹은 종언이 자주 회자되고 있다. 기본 정치단위로 인식되어오던 영토 국가가 국경을 넘는 자본주의의 거대한 팽창으로 위축 혹은 퇴각되고 있다는 것이다. 이러한 국가 쇠퇴론이 최근 들어 처음으로 제시된 것은 아니지만 지구화와 맞물려 더욱 본격적으로 전개되기 시작했고 도처에서 힘을 받고 있다. 자본, 금융, 무역이 국경을 넘어 작동하고 국가 이외의 여타 정치 행위자들이 활동하는 지구화 시대, 국가의 역할과 비중이 점차 변화되고 있음은 분명하다.

국가가 추진하고 결정했던 일에 비정부 행위자들이 개입하는 비중이 높아지고 국가가 채택하는 주요 정책이 온전히 특정 국가의 자율적인 결정사항이 아니라 국제적 조직이나 기구의 그것들과 관련된 경우가 증가

* 이 글은 ≪국제정치논총≫, 제48권 제1호에 실린 논문이다.

하는 현 상황은 그러한 변화를 감지케 한다. 1997년 한국의 경험에서 보듯이 IMF, 세계은행, WTO 등 초국가기구가 일련의 국제적 규범, 규칙, 원리, 규제 등을 결정하는 일은 이제 더 이상 새로운 현상이 아니다. 국가는 이 같은 초국가 규제기구들의 결정뿐 아니라, 한편으로는 환경, 인권 등 새롭게 부상하는 지구적 문제에 대응하고 다른 한편으로는 공동체 구성원의 점증하는 다양한 요구 등을 충족시켜야 하는 어려운 상황에 직면해 있다. 반면 국가의 능력과 역할, 자율성은 점차 축소되는 듯하며 국가의 권위와 정당성, 국가에 대한 충성도 의문시되고 있다. 이런 맥락에서 볼 때, 지구적 수준에서 일어나고 있는 여러 변화들이 국가 경계선을 넘어 이루어지면서 주권국가의 위상을 변화시킨다는 주장(Cox, 1981: 126~155; Rosenau, 1990)이 결코 과장은 아니다.

지구화 시대 정치공동체의 변화, 곧 포스트 국가체제에 관한 학문적 관심이 증대하는 것도 이런 상황과 무관하지 않다. 즉, 지구적 경제의 작동과 국가의 약화로 인해 근대국가의 기능에 대한 의문이 점점 가시화되면서 포스트 국가에 대한 관심이 고조되었다. 근자에 논의되어온 '신중세론(New Medievalism)'의 지적 설득력도 이러한 배경 속에서 주목받고 있다. '신중세론'이란 영토 국가들로 구성된 근대국가 체제가 쇠퇴하고 서양 중세의 세계 시스템이 부활하고 있음을 주장하는 국제관계학의 한 담론이다. 아직도 국가의 기능과 역할의 중요성을 강조하며 국가의 변화 자체를 거부하고 있는 입장에서 본다면, 신중세론은 단지 상상적인 허구에 불과할지도 모른다.

그러나 국가가 더 이상 정치, 경제, 안보 등의 문제를 독자적으로 해결할 능력을 갖기 어렵고 다문화주의가 특정 국가에만 한정된 현상이 아니며 유럽연합 등의 초국가기구와 다양한 국제기구가 괄목할 만한 성장을 보이고 있는 상황에서, 신중세는 오늘날의 정치질서를 특징짓고 향후 정치공동체의 변화를 읽어내는 적실성 있는 하나의 준거틀이 될 수 있다. 이를 위해, 신중세론이 일순간 관심을 끄는 수사학적 트렌드를 넘어 정치공동체에 관한 역사학적이고 이론적인 접근을 통해 좀 더 포괄적인 논의로 확장될 필요가 있다. 지금껏 국내외에서 이루어져 온 신중세론은 주로 국제정치학자들의 몫이었다. 신중세론의 논의에서뿐 아니라 다른 여타 담론의 영역에서도 그러하듯이, 역사적 이해가 포함된 사회과학적 담론은 우리에게 더욱 풍부하고 통찰력 있는 상상력과 유연한 사고를 제공한다. 좀 더 치밀한 학문적 고찰을 통해 신중세론이 한낱 정치적 수사가 아닌, 탈국가체제의 상황을 묘사하고 미래 정치질서의 향방을 시사해줄 수 있는 의미 있는 하나의 준거틀이 되기를 기대한다.

이 글은 이 같은 문제의식을 토대로 지구화 시대 정치공동체 질서의 대안적 형태로 제기되는 신중세론에 대해 비판적으로 검토하고자 한다. 역사에 대한 인식이 빈약했던 국제정치학계에 근자에 등장한 신중세론은 환영할 만한 담론이지만, 이것이 좀 더 유의미한 내용을 갖추기 위해서는 단순화된 역사 지식에 의한 비유를 넘어 역사에 대한 깊은 철학적 이해가 수반되어야 한다. 이 글은 이러한 목적을 위해 내딛는 발걸음의 하나이다. 이 글은 크게 다음과 같은 두 가지 사항에 초점을 맞춘다. 하나는 신중세론이 주장하는 서양 중세 역사의 내용에 관한 비판적 검토이며, 다른 하나는 신중세론의 현재적 함의에 대한 고찰이다.

구체적으로 이 글은 다음과 같이 구성되어 있다. 첫째, 지구화의 의미와 특징을 짚어보고 지구화에 따른 국가체제의 변화를 살펴본다. 둘째, 불, 다나카, 크라토크빌 등 신중세론의 이론가가 주장하는 서양 중세의 특징, 즉 중층적 권위구조와 보편적 규범에 대해 설명하고, 셋째, 이들이 제시한 서양 중세의 특징을 비판적으로 검토한다. 마지막으로, 왜 지금 신중세론인가를 질문하며 신중세 담론의 현재적 함의와 대안적 질서의 가능성을 밝히고, 결론에서는 변화하는 세계질서 속에서 신중세 담론이 우리에게 주는 의의를 언급하면서 글을 매듭짓는다.

2. 지구화와 국가체제의 변화

일반적으로 지구화란 '거리나 영토적 경계와 상관없이 상호작용의 네트워크가 작동하는 중첩적 관계'라 정의되고 있다. 사회관계 및 네트워크가 폭넓게 확장되어 다양한 국면에 걸쳐 이루어진 강력하고 신속한 변화는 이전과 구별되는 몇 가지 뚜렷한 상황을 낳았다. 그중 으뜸은 국가 간 국경을 벗어난 경제적 상호의존성의 심화이다. 지구화가 경제적 영역에 미친 변화와 영향력은 각별하다. 초국가적인 생산, 무역, 금융 네트워크의 형성은 경제의 탈국가화를 가져온 동시에 신자유주의에 근거하는 지구적 시장법칙을 확대시키고 있다. 문화적 영역에서 지구화의 영향력 또한 만만치 않다. 지구촌에서 일어나는 많은 교류와 서구식 소비주의 패턴, 경제적 이동 등으로 인해 전 지구적 동질화와 다양한 문화의 교차가 동시에 나타나고 있다.

다각도의 지각 변동을 이끌고 있는 이러한 지구화의 특성은 무엇인가? 크게 역사의 연속성 혹은 단절로 보는 입장으로 나누어 설명할 수 있다. 전자의 경우, 지구화는 자본주의 역사와 함께 진행되어왔다. 아리기는 1970~1980년대 자본주의 팽창이 14세기 이래 나타난 세계적 규모의 자본축적의 연장이라고 주장한다(Arrighi, 1994: 300). 브로델, 월러스틴

등도 자본주의 체제의 시점에 관해서는 서로 다른 의견을 보이나 자본주의가 내재하고 있는 세계화의 속성을 주장한다는 점에서는 공통적이다(Braudel, 1981: 24; Wallerstein, 1979: 19). 나아가 오늘날 세계화는 통합된 미국 국민경제가 정보기술 부문, 국가기구의 국제화, 계급구조의 변화 등과 함께 세계화된 체제로 변화하는 것이라는 탭의 주장이나, 지구화를 19세기 영국, 20세기 미국으로 대표되는 패권국가가 자유주의 국제 경제 정책을 활성화시키기 위해 취한 정책의 산물이라 보는 길핀의 주장 역시 지구화를 자본주의의 관계 속에서 과거와 현재의 영속성의 결과로 파악한 것이다(Tabb, 2001: 64; Gilpin, 1987).

반면 오늘날 진행되고 있는 지구화를 이전과는 다른 맥락에서 이해되어야 하는 최근의 새로운 현상이라 보는 입장 또한 강한 설득력을 갖는다. 헬드(D. Held)에 의하면, 오늘날 지구화의 핵심이 미국식 신자유주의적 경제 확대와 관련이 있기는 하나 세계경제가 정보와 커뮤니케이션 기술이 제고하는 새로운 인프라와 탈규제 및 자유화 정책을 통해 지구화될 수 있었던 것은 20세기 말이다. 오늘날 국경을 넘는 상호연계성의 범위와 강도는 이전과는 다른 수준을 보이며 사회적 권력 및 하부구조와 경제, 정치를 비롯한 많은 영역에서 파급효과를 갖는다. 각 영역에서 나타나는 변화의 형태와 동학은 이전과는 다른 특이성을 보이고 그 변화들은 복합적인 상호작용의 결과라는 점이 현대의 지구화를 이전의 것과 구별 짓는다(Held, 1999: 414~418). 지구화를 역사의 연속성 혹은 단절로 보는 입장에서 드러나는 양자 간 차이점 중 하나는 자본주의와 국가의 변화에 대한 것이다. 전자는 지구화가 특정 국가 혹은 블록에 의한 자본주의 팽창임을 제안하는 반면, 후자는 개별 국가 단위를 넘어선 탈영토성을 주장한다. 하지만 어느 경우이든 지구화가 가져온 가장 중요한 특징이 국가 위상의 변화임을 상정한다.

국가란 일반적으로 '특정 영토 내에서 최고의 주권을 갖고 공동체의 구성원에 대해 강제력을 행사할 수 있는 합법적 정치체'라고 정의된다. 권력과 시장이 작동하는 정치적·경제적 장(場)의 단위인 국가는 정치·경제 질서를 위해 배타적인 구속력을 행사하고, 국가의 구성원은 통일된 일원적인 권력에 충성하면서 정치적 의무를 행해왔다. 일반적으로 세계의 지형을 영토적 경계에 따라 국민국가로 나눈 시발점은 베스트팔렌 조약(1648년)이라고 알려져 있다. 주지하듯이 베스트팔렌 조약은 중세적 질서의 소산(消散)을 시사하는 동시에 사법적 관할권과 정치적 권위, 주권 행사가 영토에 근거하는 국가로 전환됨을 의미하는 상징적 계기(moment)이다. 이후 국제 질서는 영토 국가에 의해 효과적으로 유지되고 능률적으로 통제되는 국가 체제로 구성되어왔다.[1)]

베스트팔렌 질서에 변화가 일고 있다. 국가의 배타적인 권위와 권한 행사가 이전과 같지 않다. 신자유주의의 경제적 지구화는 국가의 정책 결정과 규제보다 자유로운 세계경제 질서와 다자 간 경제 감시 및 감독을 위해 지구적 차원의 메커니즘을 발전시킨다. WTO, 세계은행, IMF 등이 제시하는 시장 법칙과 국제적 경제규제가 그러한 예들이며 이들에 대한 거센 반세계화 운동은 그들의 위상을 반증하는 것이기도 하다. 그뿐 아니

1) 베스트팔렌 조약은 30년전쟁의 결과로서, 유럽이 신성로마제국의 황제에 의해 지배되는 단일 가톨릭 제국이라는 관념을 해체시키고 가톨릭의 보편적 권위와 개별적 군주의 권위가 병립했던 중세의 이중적 구조를 대신하여 중앙집권적 국가의 등장을 공식적으로 알리는 신호로 이해되어왔다. 그러나 과연 베스트팔렌 조약을 통해 신성로마제국의 전통적 구조가 해체되고 유럽이 새로운 질서, 즉 주권국가 체제로 이행해갔는지에 관해서는 좀 더 유보적인 자세를 견지할 필요가 있다. 그러한 유보적 자세에 관해서는 Osiander(1994)를 참조할 것.

라 난민과 망명자의 이동과 신흥 경제지역으로 노동력 흐름의 증가, 환경 문제, 문화적 상호교류의 증대 등으로 인해 새롭게 등장한 문제들은 국가에 더 많은 능력과 역할을 요구하나 국가는 이를 충족시키는 데 분명한 한계를 노정한다. 지구적 통신 네트워크의 발달과 더불어 지구적 문제에 대한 세계적 공감대가 확산되고 지구적 연대들도 증가 추세이다. 또한 국가주권 체계 속에서 만들어진 민족주의나 자결, 자족 등의 가치 외에 인권, 환경, 지속가능한 개발 등의 새로운 가치들이 더욱 공감을 얻고 있다.

정치적인 면에서도 국내적으로는 국가하위 권위체들, 곧 지방정부, 기업, NGO, 국외적으로는 정부 간 기구, 국제기구, 다국적기업, 국제 NGO 등이 서로 얽혀 복잡한 관계의 그물망을 형성하면서 다자간 거버넌스를 만든다. 이들 세력은 분석적으로는 국내와 국외로 구분될 수 있다 할지라도 실제로는 서로 얽혀 복잡한 관계의 그물망을 형성한다. 그러나 다양한 세력들에 의해 중첩적으로 네트워크화된 초국적 혹은 지구적 세력들의 행태와 행위들에 관한 체계적인 규명은 매우 어려워 보인다. 폰 라이트(Von Wright)는 아예 초국적인 성격의 조직과 세력은 불명료한 정체(polity)이며 통일된 체계 혹은 질서를 형성하지 않는다고 주장한다. 나아가 이는 국민국가의 소멸과정에서 나타나는 '새로운 세계적 무질서'라고 단정하며 이 무질서를 혼란과 당황이라는 단어로 설명한다(바우만, 2003: 124~125).

무질서의 세계 도래라는 이러한 주장과 달리, 신중세론은 오늘날의 변화를 새로운 세계의 질서로 분석한다. 근대국가의 정치적 지형 변화, 곧 다양한 권위체의 등장에 따른 새로운 정치체계로의 변화를 상상하며, 신중세론은 새로운 정치공동체와 질서에 대한 밑그림을 제시한다. 신중세론은 무엇을 그렸는가?

3. 신중세론의 이론적 개요

신중세론이란 지구화 시대 현대 국민국가 체제를 대신하여 나타나는 중층적이고 다원적인 권위구조 모델이 중세적인 정치관행 및 조직들과 많은 공통점을 지닌다는 점에서 오늘날의 정치질서를 상징적으로 일컫는 명칭이다. 신중세 담론의 불을 지핀 것은 헤들리 불(Hedley Bull)이다. 불은 1970년대 후반 자신의 저서 *The Anarchical Society*에서 여러 국가하위 조직과 국가 간 기구가 국가와 같은 권위를 얻고자 하는 상황에 주목하며 이를 설명하기 위해 신중세의 개념을 사용했다.

불은 "만약 민족국가(국민국가)가 시민에 대한 권위와 자신의 추종자들에게 명령할 능력을, 한편으로 세계적·지역적 권위와 다른 한편으로 하위국가 또는 하위 민족적 권위와 분점하게 된다면, 그리하여 주권 개념을 적용할 수 없을 정도가 된다면 신중세적 형태의 보편적 정치질서가 등장했다고 말할 수 있을 것"이라 주장하며 이를 '신중세주의'라고 명명했다(Bull, 1977: 254~266).

신중세론의 선두주자 격인 불은 국가의 지역통합 가능성, 국가의 해체, 사적인 단체에 의한 국제적 폭력의 부활, 초국가주체의 우월성, 세계의 기술적 통합 등의 조건이 이루어진다면 주권국가를 기반으로 하는 국제체제를 대신할 수 있는 새로운 국제 시스템, 곧 신중세적 정치질서가 가시화될 수 있으리라 보았다. 그러나 불은 당시에는 위의 조건들이 기존의 국가 중심적 국제체제를 뒤집을 수 있을 정도로 충족된 것은 아니어서 신중세의 지배적인 국제적 통치구조가 형성될 것이라는 점에서는 회의적인 입장이었다. 다시 말해 신중세적 세계란 당시로는 그 가능성이 상당히 희박하지만 잠정적으로 도래할 수도 있는 상상의 대안적 정치질서일 뿐,

실제로는 주권국가와 이에 기반을 둔 국제체제가 지속될 것이라고 예측했다(Bull, 1977: 264~276).

이와 대조적으로 근대 국민국가 체제의 약화, 복합적이고 중층적인 국제체제의 출현, 세계 시스템 내의 상호의존의 상승으로 인해 오늘날 세계질서가 신중세라 부를 만한 시스템으로 이행하고 있음을 지적하며 좀 더 적극적인 신중세론을 개진한 학자로는 다나카 아키히코(田中明彦)가 있다. 다나카에 의하면, 20세기 후반 세계 시스템은 상호의존의 밀도 상승으로 인해 국가의 영역성과 주권이 강조되는 국가 중심의 근대적 담론만으로 분석할 수 없는 단계에 들어섰다. 다나카는 이처럼 변화하는 세계 시스템이 마치 다양한 주체와 네트워크가 존재했던 중세와 유사하다는 의미에서 이를 신중세적 세계라고 했다(다나카 아키히코, 2000).

변화하는 세계질서를 관찰하며 잠재적인 대안적 정치질서로 신중세를 언급한 불이나 즉각적인 현재적 질서로서 신중세론을 제시한 다나카와는 구별되게, 구미 국제관계학계에서 신중세의 담론은 1980년대 후반에 일어난 냉전의 종언, 지구화의 빠른 진행 속에서 좀 더 새롭게 부각되기 시작한 주권 문제와 관련하여 제시되었다(이혜정, 2004: 137~145). 다시 말해 크라토크빌(F. Kratochwil)과 홀(R. Hall), 러기(J. Ruggie) 등의 중세에 대한 관심은 변화하는 세계를 신중세로 규명하기 위해서라기보다 탈냉전 혹은 지구화 시대 주권 개념의 의미 변화 혹은 근대적 국제질서의 변화를 규명하려는 목적에서 등장한다.

크라토크빌은 영토를 근간으로 하는 근대적 주권이 초역사적인 개념이 아니라 경계의 다양한 역사적 사례의 하나임을 보여주려는 의도에서 중세를 거론하며(Kratochwil, 1986: 27~52), 홀의 경우 역시 중세에 대해 근대와의 차별성을 갖는 시기로서 관심을 갖는 것이지 오늘날의 세계를 개념화하기 위해 거론하는 것은 아닌 듯하다(Hall, 1997: 591~622). 국제관계의 근대성에 관한 규정과 더불어 국제체제의 역사적 변화에 대한 분석틀을 제시해온 미국의 대표적인 국제정치학자 러기도 주권이라는 기준을 가졌던 근대와는 다른 시기로서 중세를 말한다. 중세에는 다양한 정치단위들을 구분하는 하나의 보편적 원칙이 부재한 반면 근대는 주권이라는 기준을 가졌음을 주장하면서 중세와 근대의 차별성을 강조한다(Ruggie, 1983: 261~285).

중세와 근대의 구분을 주장하는 이들과 달리, 국제관계 연구에서 실제적인 중세 논쟁을 일으킨 장본인인 피셔는 11세기의 프랑스 부르군드 남부 마코네 지역의 귀족 관계를 연구한 결과, 서양 중세 역시 폭력, 자조, 권력균형 등이 만연했음을 주장했다. 이는 곧 중세 봉건시대의 갈등이 근대국가의 그것과는 본질적으로 차이가 없음을 시사한다(Fisher, 1992: 427~466). 피셔의 주장은 근대 연구가의 그것과는 다르지만 피셔의 중세 연구 또한 근대와의 지속성을 규명하기 위함이었다는 점에서 그들과 공통점을 보인다.

국제정치학자의 중세에 대한 관심이 베스트팔렌 조약 이후 형성된 영토에 기반을 둔 근대 주권 연구와 관련이 있든, 불과 다나카처럼 근대 정치질서의 대안으로 나타났든 이들이 묘사하는 중세의 모습은 크게 다르지 않다. 즉, 이들이 제시하는 서양 중세의 특징은 중층적 권위와 보편적 규범의 작동으로 간명하게 정리될 수 있다.

먼저 중층적 권위에 대해 살펴보면, 유럽의 중세에는 교황, 신성로마제국의 황제, 군주, 봉건영주, 제후와 기사들, 추기경과 대주교, 베네치아와 피렌체 등의 북부 이탈리아 자치 도시국가, 파리와 볼로냐 대학 등 다양한 권위체들이 존재했고 이들은 각자 자신들의 자율적 영역을 가졌다. 이러한 복합적인 질서를 가졌던 중세는 배타적인 영토 내에서 주권국가의 일원적인 권력이 통일된 법체계에 의해 일사불란하게 행사되는 근대국가와는 달리, 권리와 의무에 대한 복잡하고 복합적이며 중첩적인 관할권이 경쟁적으로 행사되었다.[2)]

그뿐 아니라 충성심과 정치적 정체성도 자신들의 정치적 조직의 우선성에 따라 다원화되었지 특정 조직에 일방적이고 배타적인 방식으로 규정되지 않았다. 영토와 주체의 관계도 상당히 유동적이고 복잡하여 근대의 상호 배타적인 영토를 근간으로 정당화되는 국가의 일원적인 권력관계와 매우 대조되었다(Bull, 1997; 다나카, 2000; Kratochwill, 1986: 29~36). 요컨대 중세는 국가의 통치가 배타적으로 미치는 지리적 경계 및 국민이 확정되어 있는 영토 국가의 시대와는 확연히 다른 시대였다.

둘째, 권위의 다양한 주체라는 점에서 중첩적 권위구조를 보였던 것과는 대조적으로, 신중세론은 중세 유럽에 보편적 이데올로기가 작동되었음을 상정한다. 즉, 정치적으로는 신성로마제국, 종교적으로는 기독교의 보편적 이데올로기가 두 축이 되어 서양 중세를 견인했다는 것이다. 신중세론에 의하면 주체들 사이의 다원주의적 현실과 이데올로기상의 보편주의가 항상 정합적인 것은 아니었고 정치적 보편주의와 종교적 보편주의 간에 경쟁도 일어났지만, 보편적 이념의 부재에서 연유하는 정치적 이데올로기의 극심한 대립은 유보될 수 있었다고 한다(다나카 아키히코, 2000: 190~191; Kratochwill, 1986).

이러한 이해를 근간으로 신중세론은 지구화 시대 전개되고 있는 다양한 정치 행위자의 활동과 이념적 갈등의 약화라는 오늘날의 특성이 서양

2) 유럽 중세의 개괄에 대해서는 Southern(1993)을 보라.

중세의 특성, 곧 중층적 권위구조 및 보편적 규범의 존재와 상당한 유사성을 갖는다고 주장한다. 즉, 신중세론은 오늘날 전개되고 있는 지구적 네트워크의 복합성과 광범위함으로 인해 정치적으로 근대국가와 같은 강력한 구심체는 약화되는 대신 지방정부, 기업, NGO, 정부 간 기구, 국제기구 등 다양한 세력이 움직이고 있음을 주목한다. 그뿐 아니라 극단적인 정치적 이념의 대립 소멸과 자유민주주의의 대세론을 피력한다. 신중세론은 오늘날 보이고 있는 다양하고 어느 정도 동등한 권력관계 구조와 탈냉전의 양상이 마치 권위 주체가 다원화되고 권력이 독점화되지 않았으며 보편적 가치가 작동했던 서구 중세와 유사하다고 주장한다. 또한 향후 정치공동체의 형태나 국제질서 관계도 이러한 방식으로 가리라는 전망 속에서 현대 정치질서의 특징을 새로운 중세로 개념화한다.

권위 주체와 이데올로기에 대한 중세적 특징을 차용하여 제기되는 신중세론은 비국가적인 혹은 초국가적인 주체의 중요성이 부각되고 근대와 같은 이데올로기의 갈등이 첨예하게 보이지 않는 지구화 시대를 살펴보는 데 유용한 분석틀을 제공한다. 다양한 정치적 행위자와 이데올로기 갈등의 약화라는 특성을 보이는 오늘날, 새로운 중세의 비유는 적실성 있어 보인다. 구체적으로, 지구화 시대에 국경의 의미가 퇴색하고 불분명해지면서 영토 국가들로 구성된 근대적인 국제체제가 쇠퇴하고 중세의 세계 시스템이 부활하고 있다는 주장은 주목할 만한 지적임에 분명하다.

그러나 이 같은 지적이 중세사회 모습에 대한 묘사에 그치거나 지구촌이 다시금 중세시대로 돌아가고 있다는 흥미로운 타임머신 수준의 이야기에 머물러서는 안 될 것이다. 신중세의 담론은 오늘날 우리가 목도하고 있는 지구화로 인한 정치공동체의 변화가 중세의 그것과 어떤 점에서 같고 다른지를 설명하고, 나아가 그 유사성과 차이의 함의를 밝혀냄으로써 정치공동체 변화의 방향을 제시하는 실제적인 이론적 길잡이의 하나로 제시될 필요가 있다. 신중세론에 대한 비판적 논의가 필요한 이유가 여기에 있다.

4. 신중세론의 비판적 검토

신중세론자들이 일반적으로 전제하는 중층적 권위와 보편적 규범을 중세적 특징으로 일반화시키기에 중세는 매우 길었고 복잡했으며 정치적 스펙트럼은 다양했다. 천 년이라는 서양 중세의 역사를 두 가지 특징으로 정리하는 것은 중세의 두드러진 면모를 간명하게 부각시킨다는 점에서는 의미가 있지만, 중세의 내재적 역동성을 얼마나 제대로 전달할 수 있는가 하는 점에서는 회의적이다. 서양 중세를 주체의 다원화와 보편적 이데올로기의 축으로 특징짓는 것은 매우 단선적인 설명일 뿐이다. 이 절에서 이루어지는 신중세론에 대한 비판적 검토는 앞 절에서 언급된 서양 중세의 두 가지 특징을 대상으로 신중세론의 지나친 일반화를 지적하고, 그로부터 비롯되는 중세의 권위구조와 보편성 등의 문제를 논의한다.

1) 중층적 권위의 정치학

신중세론에 의하면 서양 중세는 교황과 황제, 봉건영주, 자치 도시국가 등의 다양한 권위체가 존재했고 이들 중층적 권위체 간의 권한 경쟁이 있었던 시대라고 한다. 이는 곧 중세의 중층적 권위체들이 중세인의 삶을 다각적으로 지배 혹은 관할함을 의미한다. 신중세론자들이 주장하는 오늘날의 다원적 거버넌스 구조와 중세 지배구조의 유사성은 바로 이 점에 근거한다. 신중세론자들이 분명하게 명시하고 있는 부분은 아니라 할지라도 이러한 주장 속에는 중층적 권위체 간의 수평적인 권위구조가 전제된다. 왜냐하면 그런 전제가 상정되지 않고서는 중층적 권위체들 간의 권한 경쟁이란 어렵기 때문이다.

신중세론자들이 준거하는 중세의 다양한 중층적 권위체에 대한 주장이 일견 설득력이 있으나, 서양 중세의 역사는 그렇게 간단하게 일반화되지 못하는 어려움과 복잡함을 안고 있다. 다시 말해 신중세론의 중세에 관한 설명 속에는 중세 기간 동안 시기별, 지역별로 이들 중층적 권위체들 사이에서 끊이지 않았던 주도권 확보를 위한 정치적 대립과 분쟁, 그리고 다양한 갈등 유형이 제대로 드러나지 않는다.

필자는 이 항에서 신중세론자들의 주장처럼 서양 중세에 다중적인 관할권 경쟁이 있었다 할지라도 실제로 중세의 권위구조는 그 중심에 교황과 황제가 자리한 매우 위계적인 구조였고, 따라서 권위체의 수평적 관계를 상정하는 오늘날의 다원적 거버넌스 구조와는 다름을 보여주고자 한다. 그리하여 중세의 중층적 권위구조를 오늘날의 거버넌스 구조의 유추 근거로 제시함은 양자의 역사적 맥락의 차이를 간과하는 문제점을 노정하고 있음을 지적하고자 한다. 이를 위해 먼저 서양 중세의 중층적 권위체들의 권한 행사 혹은 관할권 경쟁도 교황과 황제라는 중세 권위의 두 축에 의해 제한되었음을 밝힘으로써 중세의 위계적인 권위구조를 주장한다.

313년 콘스탄티누스 황제의 기독교(Christianity) 공인이라는 역사적 사실은 서양 중세에서 이루어질 속권(정치적 영역)과 교권(종교적 영역) 간의 피할 수 없는 만남을 예고하는 것이었다. 일찍이 5세기 말 교황 겔라시우스(Gelasius)는 중세의 교권과 속권의 관계를 이론적으로 규정한 양검론(Two

Swords Theory)을 제시한 바 있다. 이 이론은 사제의 책임이 왕의 그것보다 더 비중을 갖는다는 전제하에서, 세속적 문제와 정신적 문제의 관할권이 각기 제국과 교회에 있으며 서로 이를 인정함을 주장했다(*Decretum*, Dist. xcvi. c.10; Friedberg ed., 1959: col.34).

서양 중세에서 교황과 황제의 중층적 권위는 카롤링 제국의 샤를마뉴 황제의 대관식에서 좀 더 상징적으로 보여준다. 역사적으로 800년 크리스마스 예배에서 교황 레오 3세는 프랑크 왕 샤를마뉴에게 로마 황제의 대관을 수여했다. 외관상으로 이 대관식은 교권과 속권의 수장인 교황과 황제의 조화로운 관계를 보여주는 듯했다. 그러나 실제 이 황제 대관식은 중세 내내 교회와 제국의 관계를 규정하는 여러 해석의 근원이 되었다(타이어니 외, 1986: 136~137).

제국의 황제 지위보다는 카롤링 왕조에 더 많은 관심을 갖고 있던 샤를마뉴에게 대관식을 거행한 교황의 정확한 의도는 알 수 없으나, 위상이 불안정했던 교황 레오가 정치적 보호자를 얻기 위한 정치적 계산이 내재되어 있었음에는 이의가 없다. 이후 교황과 황제의 갈등이 첨예해지면서, 중세 내내 이 관행은 대관식의 역사적 기원 혹은 취지와는 상관없이 두 지배 권력의 주도권 싸움에서 각자의 명분을 정당화하는 데 지속적으로 사용되었다. 예컨대 교황의 전능권을 강하게 주장했던 교황 이노켄티우스 3세(Innocentius III, 1198~1216)는 신성로마제국의 황제 선거에서 7인의 선제후는 단지 선거 과정에 불과하고 실질적인 황제 임명권은 역사적으로 샤를마뉴 황제를 도유하고 대관한 교황에게 있다고 했다(Innocent III, *Corpus Iuris Canonici* II: col.80.). 이 해석과 함께 그레고리 5세 이후 확립된 선제후에 의한 황제 선거는 합법적이며 교황의 역할은 단지 이미 선출된 자를 대관식을 통해 인가하는 형식적 절차에 불과하다는 입장이 팽팽하게 맞섰다

(Marsilius, 1993: Ch.11～12).

11세기의 서임권 투쟁은 이러한 교황과 황제 두 권위체의 주도권 싸움이 좀 더 극명하게 표면화된 것이었다. 황제의 성직자 임명은 카롤링 왕조 시대부터 관행화된 황제 통치임무의 하나로 자리 잡았다(Kantorwicz, 1997: Ch.3). 11세기 말 교황 그레고리우스 7세와 황제 하인리히 4세 간의 서임권 투쟁은, 표면적으로는 그레고리 7세가 황제의 가신으로 복무하는 봉건적 주교체계(proprietary ecclesial system)[3]가 갖는 타락을 막고자 한 주교 개혁운동이었다. 그러나 서임권 투쟁은 이 목적 이면에 평신도인 왕에 의한 주교 임명권을 제거하려는 혹은 주교를 평신도 권위로부터 독립시켜 교황 중심의 교회를 도모하려는 복잡하고 다양한 의도를 갖고 있었다.[4] 황제에 의한 성직자 임명권에 도전하는 서임권 투쟁은 그레고리우스의 속인(俗人) 성직 서임 금지칙령 공표, 하인리히의 그레고리우스 비난을 위한 독일 주교단 소집, 그레고리우스의 하인리히 파문과 하인리히의 카노사 굴욕 등 밀고 당기는 일련의 과정을 거친다.

서임권 투쟁은 카노사에서 하인리히가 교황에게 무릎을 꿇은 굴욕 이후에도 대립이 끊이지 않아 그레고리우스와 하인리히의 타협에 불만을 가진 독일의 제후들이 루돌프(Rudolf)를 황제로 선출하기도 했다. 그러나 하인리히가 다시 그레고리우스를 추방하고 클레멘트 3세를 교황으로 추대하는 것으로 사건이 귀결됨으로써 황제의 성직자 임명권은 유지될 수 있었다(타

---

3) 당시 주교의 역할은 종교적 기능뿐 아니라 봉건제 구조 속에서 봉건적 가신으로서의 임무도 병행했고 군주가 주교를 임명하는 성직 서임의 관행이 자리 잡고 있었다.

4) 그 외에도 교황과 황제의 서임권 투쟁은 독일 왕국의 군주와 자치도시들 사이의 긴장으로 파악되기도 한다. 서임권 투쟁의 연구접근에 관해서는 Keen(1986: 105～106)을 참조할 것.

이어니 외, 1986: 228~235; Brooke, 1936: Ch.II, 51~85).

그러나 12세기 말 교황주의 입장은 더욱 강하게 제시되었다. 교황 이노켄티우스 3세는 세속권이 갖는 지배권을 인정하지만, 이것이 세속적 영역에서 황제나 왕의 완전한 독립적 권한을 의미하는 것은 아님을 강조했다. 나아가 이노켄티우스 3세는 교황이 세속적인 문제에서 속권의 수장이 내린 결정을 재가하는 최후의 판단권을 갖고 있으므로 속권도 교황의 통제하에 있다고 주장했다("Solitae", *Corpus Iuris Canonici* II: col.196~198). 이러한 입장은 이노켄티우스 4세와 보니파키우스 8세(Bonifacius VIII)에 이르러 더욱 극단화되어 이른바 교황수장제(papal monarchy)가 적극적으로 개진되었다(Friedberg ed., 1959: 1245~1246).

그러나 교황주의자들이 주장하는 교황수장제, 즉 속권에 대한 교권의 우월성 주장이 중세사회에 아무런 저항 없이 받아들여진 것은 결코 아니었다. 그 주장에 대한 가장 큰 도전은 황제, 속권으로부터 나왔음은 물론이다. 교회에 대한 왕의 세금 징수권 금지를 둘러싸고 시작되었던 보니파키우스 8세와 프랑스의 왕 필립 4세 간의 대립과 중세 교권과 속권의 갈등사에서 가장 치열했던 싸움인 교황 요한 22세와 루드비히 황제 간의 접전이 이 시기에 일어난 것은 결코 우연이 아니었다.

중세시대 교황과 황제 두 권위체 간 갈등의 요체는 결국 교권과 속권의 주도권(주권) 확보, 즉 누가 이 땅에서 최고 지배권을 가질 것인가로 요약될 수 있다. 교황 혹은 황제의 이러한 주도권 싸움은 또한 중세의 여타 권위체들의 권한 행사에도 함의를 갖는다. 이 함의는 교황 혹은 황제가 권위의 핵심에 서 있는 상황에서 다른 권위체의 권한이 제한될 수밖에 없음을 의미한다. 앞서 설명한 11세기 말 교황의 서임권 투쟁이 성공하지 못한 이유는 황제의 거친 반발과 대응 외에도 황제의 주교 임명권의 포기만큼이나 주교들의 봉토와 세속 사법권의 포기도 어려웠기 때문이다. 다시 말해 주교는 교회법에 따라 선출되지만, 한편으로 봉신으로서 왕에게도 세속 사법권을 받아야 하는 이중적 관계를 유지해야 했고 이러한 상황에서 주교의 권한이 교황과 황제 혹은 왕의 지배권으로부터 완전히 자유로울 수는 없다는 것이다.

중세의 최고 권위체인 교황 혹은 황제로 인해 여타 권위체들의 권한 행사가 제한적이었다는 주장은 중세의 중층적 권위체의 하나인 자치도시 국가의 경우에서도 뒷받침될 수 있다. 이탈리아 도시국가는 1183년 황제 프레드릭 1세가 롬바르드 동맹과 맺었던 '콘스탄스 협약(Peace of Constance)'을 통해 자신들의 권리를 얻어냈다. 제국에서 파견되는 집정관(consul) 대신 포데스타(podesta)라는 행정관을 도시국가가 선출하는 것이 이탈리아 북부 도시국가의 일반적인 제도가 되었다("Peace of Constance", 1893: 411~418). 사실 황제 프레드릭 2세 사후 제국의 지배권은 이탈리아 북부지역에서 실제로 그리 영향력 있는 것은 아니었다. 그럼에도 여전히 제국은 이 지역에서 도시국가의 정체를 합법화시키는 권위를 갖고 있었고 도시국가의 왕은 황제의 제국적 판결권을 받아들였다(Canning, 1983: 4).

신중세론의 주장처럼 중세에는 다양한 권위체들이 있었고 이들이 국가라는 중앙집권적 정치체에 의해 조정, 통제된 것은 아니었다. 교권과 속권의 수장인 교황과 황제의 권위가 강하게 작용하는 서양 중세에서, 중층적 권위체들은 어느 면에서 국가보다 더욱 강한 권한과 권위를 가진 그들의 지배권으로부터 벗어나기 어려웠다. 이로 인해 권위체들 간의 다중적 관할권 경쟁이란 신중세론에서 말하듯이 그리 자유로운 것은 아니었다.

2) 보편성의 중세

신중세론에서 제시된 중세의 보편성은 기독교와 신성로마제국에 의해 표상된다. 그러나 신중세의 담론은 이들이 왜 보편적이며 얼마나 보편적인가에 대한 규명 없이 단지 이들을 보편적 이데올로기로 제시하고 있을 뿐이다. 이는 학계의 중세 보편성에 대한 합의를 전제로 그러할 수 있다는 점에서는 일견 수긍이 가는 부분이기도 하다. 그러나 서양 중세에서 지배적인 정신적 이념으로서 기독교가 실제로 얼마나 중세인에게 보편적인 이념이었는지 또한 정치적으로 신성로마제국이 얼마나 보편성을 담보하고 있었는지는 학문적으로도 단일하게 합의된 바가 없다.

예컨대 신성로마제국의 성격에 관한 논쟁들, 즉 제국을 보편적인 기독교 이념의 구현 혹은 고대 로마제국의 계승자로 보는 입장(Ficker, 1966: 6~7) 혹은 일개 독일 왕가의 역사로 폄하하는 입장(Thompson, 1928), 프러시아 중심주의에서 비롯된 독일의 과도기적 정치조직체로 보는 입장, 반대로 이를 독자적인 유연한 정치체로 보는 입장 등 다양한 해석이 진행되고 있다(김준석, 2006: 64). 따라서 기독교와 신성로마제국을 보편적 이데올로기로 확고하게 단언하거나, 이에 대한 문제 제기 자체를 허용하지 않을 이유는 없다. 설사 서양 중세의 역사에 대한 합의가 있다 할지라도 역사에 대한 해석은 다각적으로 제시될 수 있다. 이런 의미에서 신중세론의 중세, 특히 보편성에 대한 문제 제기 역시 유효하다.

서양 중세의 주권 문제를 연구한 윌크스는 서양 중세의 교권과 속권 간 갈등의 본질이 근본적으로 정치적 권위의 기원에 관한 문제임을 놓쳐서는 안 된다고 주장한 바 있다(Wilks, 1963: 237). 여기서 '정치적'이라 함은 정권의 획득과 같은 협소한 의미가 아니라 공동체를 통치할 수 있는 포괄적 능력으로 이해될 필요가 있다. 포괄적 능력은 중세의 보편성(universitas)과 무관하지 않다. 이러한 중세 보편성의 획득은 다름 아닌 누가 신의 대리자로 인정되는가에 달려 있었다. 교권과 속권에서 자신의 위상을 정당화하기 위한 논리와 역사적 사건들에 대한 해석들이 치열하고 끊임없이 제시되는 이유도, 최고 주권의 정당성 확보를 위해 교권과 속권의 대립과 갈등의 골이 깊었던 것도 신의 허락을 통해 보편적 권위를 확보하려는 데 그 목적이 있었다. 이런 의미에서 교황과 황제 권력의 갈등이 지속되었다는 것은 어느 쪽이든 포괄적 능력, 곧 보편성이 획득되지 않았음을 가리키는 것이기도 하다. 중세에 보였던 교권과 속권의 갈등 그 자체가 보편성 획득을 위한 투쟁이었으며 그 투쟁의 공과에 따라 보편적 이념의 획득 여부가 결정되기도 했다.

중세 보편성에 대한 갈등은 교황과 황제 간의 대립과 경쟁 속에서만 볼 수 있는 것은 아니다. 교황과 황제, 두 수장 간의 권력싸움 외에 그들의 권력에 대한 제한이 교회 내부와 정치 영역에서 각기 일어났다는 사실도 이를 뒷받침한다. 14세기 후반에서 15세기 초에 부상했던 공의회주의(conciliarism)는 교회 내의 교황 권력에 강력한 제한을 가하고자 한 예이다(Canning, 1996: 174). 14세기 후반 서구 교회는 우르바누스와 클레멘트 7세를 로마와 아비뇽에서 각기 교황으로 내세우는 혼란을 보였다. 교회의 대분열(The Great Western Schism)로 불리는 이 사건은 거의 40년 동안 서구 교회와 유럽 국가의 분열을 지속시켰다. 대분열로 인한 위기를 교황이 아닌 모든 신자 집합체로서 공의회라는 대의체를 통해 봉합하고자 했던 노력은 비록 실패로 끝났다 할지라도 교황 혹은 교회의 보편성에 대한 강한 문제 제기이자 도전이라 할 수 있다(Tierney, 1956).

한편 황제 역시 정치 영역 내에서 권력에 대한 도전을 받는다. 제국의 황제와 지역공동체 왕의 갈등이 빈번히 일어났는데, 이 둘 간의 관계에서 점차 왕의 권한이 확보되어갔다. 이탈리아 도시국가의 이데올로기를 연구한 울프는 중세시대 제국이라는 보편적 이념과 영토적으로 제한된 영역인 이탈리아 도시국가, 즉 지역적 특수주의를 대립적인 이분법으로 보는 것은 잘못이라고 지적한 바 있다. 이탈리아 도시국가가 제국에 대해 보였던 태도는 상황에 따라 상당히 유동적이었다는 것이다(Woolf, 1913: 382~383). 고대 로마 법전에서 율법학자들이 황제를 지칭했던 'princeps'는 13세기에는 자신보다 더 우월한 상위자(superior)를 갖지 않는 지배자를 지칭하는 용어로 사용되었다(Pennington, 1967: 90~91). '상위자를 인정하지 않는 도시 그 자신이 왕(princeps)이다(civitas quae superiorem non recognoscit, sibi princeps)'는 14세기 이탈리아 도시국가와 황제의 관계를 잘 나타내주고 있는 어문이다. 도시국가들은 정치적 영역에서의 보편적 수장(dominus universalis)이라는 제국의 명분을 법적으로(de jure) 인정하면서 자신들의 주권을 실제로(de facto) 획득하는 방식으로 제국과의 관계를 조정해나갔다(Bartolus, 1562: 419).

신중세론은 보편적 권위체인 교황과 황제에 대한 이러한 도전의 역사에 대해서는 전혀 관심을 두지 않는 듯하다. 그뿐 아니라 신중세론은 중세 보편성에 대한 단순화된 주장을 오늘날의 상황에 가감 없이 적용한다. 즉, 신중세론에 의하면 중세는 교회와 신성로마제국의 보편성으로 인해 사회 내 대립과 갈등이 덜했는데 이는 이데올로기의 분열과 대립의 쇠퇴를 보이고 있는 오늘날의 상황과 유사하다는 것이다. 그러나 신중세론은 왜 오늘날 이데올로기의 분열과 대립의 약화 혹은 쇠퇴가 일어나는지에 관한 원인 설명 혹은 이러한 쇠퇴를 불러온 보편성의 존재에 대해서는 함구한다. 오늘날 이데올로기의 분열과 대립의 양상이 진정 신중세적 질서라

명명되기 위해서는, 그 외양적 모습에 대한 묘사 외에 그 모양새를 만든 역사적 원인이 설명되면서 무엇이 같고 다른지를 밝혀야 한다.

필자가 유추하기에는, 신중세론자들이 오늘날의 분열과 대립이 약해지는 모습이 중세와 유사하다고 주장하더라도 그 원인을 중세의 경우처럼 보편주의의 작동에서 찾을 것 같지는 않다. 구미 국제관계학계에서 이루어진 신중세론의 담론이 탈보편주의를 지향하는 탈냉전 혹은 탈근대의 맥락에서 전개된 점을 상기한다면, 오늘날 약화되고 있다는 대립과 갈등의 원인을 보편주의에서 찾는 것은 매우 역설적으로 들리기 때문이다. 외형적 모습이 중세와 유사하다는 비유로써 포스트-베스트팔렌 국제체제의 특성을 상징적으로 묘사하는 것으로는 충분하지 않다.

위에서 지적했듯이 서양 중세 역시 대립과 분열의 격동기였기에 교회와 신성로마제국이라는 보편적 권위의 축만으로 사회의 갈등이 잠재워질 수는 없었다. 이 지점에서 중세의 권력 투쟁도 근대와 다를 바가 없다는 피셔의 주장은 주목할 만하다. 그러나 권력관계의 영원성을 지적한 것은 그의 통찰일지 모르나, 피셔는 중세와 근대의 대립과 갈등관계의 내재적 차이를 구별하지 못하고 양자를 동일한 수준의 권력 작동으로 이해했다는 점에서 치명적 오류를 보여준다. 피셔의 주장과 달리, 중세 교권과 속권의 갈등은 근대적 의미의 정치권력을 획득하는 데 있지 않았다. 중세 두 권위체의 대립은 신으로부터 비롯된 최고 권위, 보편성을 획득하기 위한 투쟁이었다(Wilks, 1963: 237).

그러나 중세의 보편성은 중세의 여러 지점에서 도전받는 보편성이었다. 설사 그 보편성이 많은 중세인이 받아들인 보편성이었다 할지라도, 과연 그것이 얼마나 진정한 포괄성을 가졌느냐 하는 질문에 우리는 확신 있게 답할 수 없다. 이 점에서 서양 중세의 기독교와 신성로마제국이 갖는 보편성의 의미를 새롭게 성찰하는 것은 분명 의미가 있다. 중세의 존재적 기반인 신으로부터 권위를 부여받았고 당시 중세인들이 이를 수용했다는 사실이 역사적·철학적으로 이들에게 진정한 보편성을 보장하지 않는다. 종교적으로 중세의 기독교, 정치적으로 신성로마제국이 자신들의 종교적·정치적 이념과 차이를 보이는 부분에 대해 얼마나 포용적이었느냐는 여기서 깊게 다룰 수 있는 문제는 아니지만, 적어도 보편성에 대한 깊은 역사적·철학적 성찰에 대한 질문은 계속되어야 한다. 이러한 역사적·철학적 성찰이 국제질서의 담론이라 해서 생략될 수 있는 것은 아니며 오히려 세계적 변화의 와중에 있는 우리에게 더욱 필요하고 절실한 과제이다.

5. 신중세론의 함의: 국가 이후?

신중세론의 요체는 서양 중세의 두 가지 특징을 근거로 중세와 오늘날의 변화가 상당히 유사함을 지적하며 향후 정치질서와 공동체의 미래를 제시한 데 있다. 신중세론이 말하는 역사적 사실이 정합성을 갖느냐를 검토하는 작업만큼이나 왜 신중세론인가, 즉 신중세의 담론을 통해 얻고자 하는 현재적 의미가 무엇인가를 이해하는 것이 중요하다. 신중세론은 중세 통치구조가 황제, 교황, 봉건 영주와 그 밖의 여러 주체들에 의해 다원적이고 서로 복잡하게 연관되어 있다고 말한다. 신중세론에서는 그러한 다원적인 지배구조가 마치 지구화 시대의 국가, 국제기구, 비정부기구, 다국적기업 등으로 구성되는 다자적 권력관계와 유사하다고 이해한다.

국가에 의해 지탱되었던 정치체제 틀의 변화로 인해 국가 이후 정치질서와 정치공동체를 구상함과 관련하여 신중세론이 갖는 현대적 함의는,

주로 향후 정치질서가 서양 중세처럼 국가 이외의 여러 행위자들의 권위가 중첩적인 다자적 거버넌스로 발전하고 있다는 주장에 있다.

우리에게도 잘 알려진 『국가의 퇴각(The Retreat of the State)』이라는 책을 통해 국민국가의 위상 변화를 일찍이 예측했던 스트레인지에 의하면 금융, 안보, 특히 지식과 생산구조 영역에서 국가들이 이전에 가졌던 통제를 잃어버린 지 오래되었다고 한다. 대신 국가가 아닌 비국가, 초국가 권한기구들이 자원의 권위적 배분에 주요 역할을 수행하고 있다는 것이다(Strange, 1996). 그러나 실제로 스트레인지가 자신 있게 제시하는 만큼의 강도로 국민국가가 퇴각하고 있지는 않다. 오히려 이러한 퇴각의 조짐과는 반대로 국가의 잔영은 여전히 강하게 남아 움직인다. 국내적으로 정치적·경제적 위기에 대한 해법을 국가 아닌 다른 곳에서 찾지 않으며, 지구적 문제에 대한 많은 논의도 국가 간 협력을 기반으로 하는 다자주의의 틀에서 이루어진다.

현실주의 학자들이 주장하듯이 국민국가는 여전히 정치공동체의 지배적 유형이자 국제관계의 핵심적 위치를 차지한다. 거세지는 내셔널리즘의 흐름도 국가주권의 약화에 대한 반증의 예로 자주 언급된다. 시장의 개방과 자유로운 이동의 지구화가 일어나는 한편으로, 경제적 지구화의 진전과 함께 자국의 산업 보호를 위한 무역 정책과 일자리와 관련한 이주에 대한 강한 반대가 일고 있다. 반세계화를 주도하는 세력의 일부가 자국에서 일자리 상실을 두려워하는 선진국의 노동자들이라는 것도 어느 정도 설득력 있게 들린다. 일국 내에서는 진보적인 성향을 보이는 노동조합과 정치적 정당이라 할지라도 국경을 넘어서까지 자신들의 관용을 보이지는 않는다. 유럽연합 역시 연합 구성원에게만 자유로운 이동과 무역을 보장할 뿐이다.

지구화 현상으로 인해 무제한적이고 분리될 수 없는 배타적인 형태의 국가주권의 공적 권력은 분명 도전을 받고 있다. 지구화가 국가의 의사결정, 제도적·분배적·구조적 권한에 영향력을 행사함으로써 국가주권 및 자치, 자율성 개념이 재고되기 때문이다. 역사적으로 근대국가와 시장경제는 같은 배를 탔던 파트너로서 시장경제는 국가라는 정치적 틀 없이 원활한 작동이 어려웠다. 이러한 경제적 틀이 변화를 겪고 있는 상황에서 파트너로서의 국가 역할의 변화가 놀랄 만한 일은 아니다. 그러나 국가는 단지 시장만을 이유로 물러나지는 않는다. 국가를 대신하는 다자적 거버넌스가 부상하고 있다 할지라도, 신중세론자들이 주장하듯이 21세기에 다수의 행위자들이 비교적 동등한 영향력을 행사하는 신중세적 정치질서가 만들어질 것인지의 문제에 대해서는 그리 낙관적이지 않다.

서양 중세가 '비교적 동등한 영향력을 행사하는 정치질서'가 아니었듯이 오늘날의 거버넌스 체제도 여러 권위체들이 비교적 동등한 영향력을 행사하리라는 점에서는 회의적이다. 물론 다자적 거버넌스는 국가와 같이 배타적인 중앙집권적 권위를 상정하지 않으며 공동의 실천과 목표를 추구하는 참여자들 사이의 상호 협력을 강조한다. 다자적 거버넌스의 용어 자체는 동등한 영향력 행사라는 민주적 거버넌스의 의미를 내포하고 있다. 그러나 주지하듯이 UN과 세계은행, IMF 등의 주요 국제기구와 같은 거버넌스 주체들의 결정 과정은 지구화와 다자적 거버넌스 체제가 중층적 권위가 존재하는 다원적이고 공평한 권력관계를 결과한다는 주장에 쉽게 동조하지 못하게 만든다.

요컨대 신중세론이 상정하듯이, 다자적 거버넌스의 발전이 필연적으로 국가의 약화를 의미하지 않으며 마찬가지로 그 역도 아니다. 근래 사적 폭력이라 일컬어지는 테러 등이 늘어나나 국가에 의한 폭력수단의 정당한 독점은 변함이 없다. 고도로 위험한 세계에서 군사적 위험을 가하는 것도 국가이지만 시민들에게 안전을 보장할 수 있는 것도 국가라는 점에서 국가는 여전히 '긍정적'이다. 개인적·공동체적 정체성 형성에도 국가는 핵심적 자리를 차지한다. 민족주의에 대한 강조가 정치적 측면에서 예전보다 덜하다 할지라도 문화적·심리적으로 인간의 조직을 구조화하는 데 여전히 중요함은 부정할 수 없다. 또한 국가 스스로도 국제적 협력과 공조를 통해 자신의 권한을 유지하고 강화시킨다(Keohane, 1984). 지구화에 대항하여 국가 스스로가 집합적 행동을 도모하기도 하며 지구화에 협조하는 방식으로 자신의 생존 방식을 찾기도 한다. 지구화 시대 통치구조가 어느 단일체가 아닌 복합적인 단위들로 이루어졌다는 점에서 서양 중세와 지구화 시대의 형태가 유사하다는 주장은 통치구조를 구성하는 구성단위들의 개별적 특성과 그 단위들의 연계성의 근거를 언급할 수 있을 때 더욱 설득력 있을 것이다. 이런 맥락에서 중세의 통치구조 단위들은 절대성과 배타성의 근대 주권 개념에 근거하지 않은 정치적 단위들(units) 간의 상호관계인 반면, 오늘날의 다자적 거버넌스는 여전히 국가체제를 전제한다는 차이에 주목할 필요가 있다.

실제 신중세론이 줄 수 있는 지구화 시대 정치공동체의 미래에 관한 함의는 국가의 퇴각 혹은 다자적 거버넌스의 작동에만 있지 않다. 국가가 여전히 유효한 상황에서 현대적 지구화의 큰 과제 중 하나는 영토적으로 고착된 국민국가 체제와 초국적 조직을 어떻게 조화시킬 것인가이다. 여기서 필자는 신중세론의 다른 함의를 중세의 크고 작은 단위의 여러 공동체(왕국/자치도시)들로 구성된 포괄적인 정치적 통합체, 즉 제국에서 찾아본다. 이는 제국을 정당화하기 위함이 아니라 그런 패러다임의 적실성에 관해 재고해보는 계기를 갖기 위해서이다.

신중세론에서 언급된 신성로마제국은 보편적 지배의 의미를 갖던 로마제국의 이념적 후예이다. 신성로마제국은 이탈리아 북부 도시국가와의 관계에서 보듯이 제국 밖에서 다른 정치체들의 오랜 독립성을 위협할 위치에 있지 않았고 황제의 지위는 관행과 정착된 법적 과정의 결과이지 실제 권력을 향유한 것은 아니었다. 제국 내의 다양한 구성단위들의 독자적 외교 권리 역시 제국의 헌정질서에서 전통적으로 부여된 것이었다. 역사적으로 서로마제국은 476년 종말을 보았으나 로마제국의 이념은 정치적·종교적으로 이후에도 지속되었다(Folz, 1969: 4~5; Bryce, 1928: 375~377). 로마제국이란 특정 제국인 '로마의 지배'가 아니라 '전 세계 혹은 대부분의 지역에 대한 보편적 왕국'의 의미를 갖는다. 서양 중세의 제국이 포스트 국가 시대에 줄 수 있는 시사점으로, 크고 작은 단위의 여러 공동체들로 구성된 포괄적인 정치적 통합체, 곧 제국과 제국 내의 다원적 권위구조의 구도가 주목될 만하다. 신성로마제국 내에서 비교적 동등한 관계를 유지할 수밖에 없었던, 느슨하게 결속된 일종의 연합체 메커니즘(김준석, 2006: 72~73)에서 신중세론의 유의미한 함의를 찾을 수 있다는 말이다.

그러나 역사적으로 제국의 특성이 다자적 거버넌스 구도의 유지보다는 특정 정치체의 확장이라는 점에 있었음을 기억하다면, 제국이 갖는 정치적 역할에 관한 긍정적 평가를 확신할 근거는 없다. 다만 기왕의 제국 역사보다 지금이 더 긍정적인 이유는 그런 방식이 오늘날 우리 정치공동체가 취할 수 있는 공존을 위한 해법이기 때문이다. 그럼에도 다자적 권력의 네트워크를 아우르는 제국의 권위를 오늘날 어느 정치적 권위체가 갖고 있는가 혹은 가질 수 있는가에 대해 답하지 못하는 것도 사실이다.

6. 결론

신중세론은 국가의 약화된 위상과 국가의 비배타적인 권위라는 점에서 오늘날의 국제질서와 권위구조가 근대국가 출현 이전 중세 유럽의 그것과 유사하다고 본다. 신중세론에 따르면 특정 조직체에 의한 권위의 독점은 이제 지구화 시대의 특징이 되지 못한다. 국가이든 초국가적 권위체이든 최고의 권위, 주권을 갖기 어려우며 따라서 어떠한 형태의 충성심도 절대적이지 못할 거라는 전망을 내린다. 그럼에도 신중세론이 설명하고 있는 중세는 빈약한 역사적 이해를 보이고 있으며 그들이 규정하는 중세의 특징도 너무 단순화되었다는 비판을 피하기 어렵다. 또한 신중세론의 예측과 달리, 향후 세계질서와 정치공동체의 형태가 국가와 무관하게 전개되지 않으리라는 주장과 그러한 정황이 곳곳에서 보이고 있다.

정치공동체의 전형이 반드시 오늘날과 같은 정치적 주권에 기반을 둔 근대 국민국가의 형태여야 할 필요는 없다. 주지하듯이 근대국가는 자본주의와 가장 잘 맞는 정치체제였다. 이제 근대국가의 형체를 만들고 뒷받침했던 자본주의가 변화하듯이 국가의 변화 역시 자연스럽고 필연적인 것인지도 모른다. 그런 변화의 핵심은 정치공동체의 절대적인 최고의 권위가 국가에만 존재한다는 생각, 곧 국가주권 개념의 전환이다. 신중세론의 분석과 전망은 변화하는 세계질서 체제를 조망하는 대안적인 틀을 제공하며 현재 국가체제의 문제점과 미래 정치공동체의 방향을 설정하는 데 국가가 아닌 다른 방식의 공동체를 시사할 수 있다는 점에서 고무적이다.

영토 국가의 위상이 국내외적으로 변화하며 정치적 권위구조를 다원주의적인 관점에서 파악해야 한다는 지적은 국제질서의 변화뿐 아니라 미래 정치공동체의 변화와 그 방향, 곧 정치공동체의 재구성을 가늠하는 데에서도 충분히 시사적이다. 이는 다원적 권력의 구조가 필연적으로 민주적이거나 정당한 질서를 창출한다는 보장이 없기에 다원적 권력체를 아우를 수 있는 보편적 권력의 존재가 요구되는 지구화 시대에 더욱 그러하다. 이 점에서 특히 다원적인 통치체의 수렴 가능성을 보여주는 서양 중세는, 지구화로 인해 국가의 영토와 주권을 기반으로 하는 근대국가 체제가 중대한 도전에 직면하면서 미래의 새로운 정치공동체 형태를 설명하고 비전을 제시하기 위해 적극적으로 사용될 수 있는 주요한 역사적 자료이기도 하다. 그러나 보편성에 대한 깊은 역사적·철학적 성찰은 중세를 넘어 끊임없이 비판적으로 이루어져야 할 과제이다. 신중세론이 우리에게 주는 가장 큰 의미는 바로 이러한 문제에 대한 질문과 그것에 답해보려는 시도, 그리고 무엇보다 그러한 성찰에 인색했던 국제정치학계의 역사적·철학적 빈곤에 대한 경각일지도 모른다.

국가란 역사적으로 발전된 주요 정치적 공동체의 하나이지 그것이 정치공동체의 모든 것이 될 수는 없다. 이런 맥락에서 신중세론의 검토는 미래 방향에 관한 국가 헤게모니에 도전할 수 있는 주요 방식을 제공한다. 이것이 곧 국가의 쇠퇴를 가리키거나 그 방식이 성공할 수 있음을 보장하는 것은 아니다. 그러나 적어도 이런 시도를 통해 정치공동체의 형식에 관한 지적·실천적 융통성을 확보할 수 있다. 지구화 시대 세계질서와 정치공동체의 재구성이 어떠한 방향으로 진행되리라고 현 단계에서 확신을 갖고 말하기 어렵다. 하지만 신중세론에 대한 비판적 검토와 이해는 우리에게 정치공동체의 변화와 새로운 정치공동체의 구조와 방향을 살피고 조망해볼 수 있는 계기를 제공해준다.

참고문헌

김준석. 2006. 「'연방적 국가'의 탄생: 중세 말~근세 초 독일 국가 형성과정의 재조명」. ≪국제정치논총≫, 제46집 제4호.

바우만, 지그문트. 2003. 『지구화, 야누스의 두 얼굴』. 김동택 옮김. 한길사.

다나카 아키히코. 2000. 『새로운 중세: 21세기의 세계 시스템』. 이웅현 옮김. 지정.

이혜정. 2002. 「웨스트팔리아와 국제관계의 근대성: 러기의 비판적 이해」. ≪국제정치논총≫, 제42집 제2호.

_____. 2004. 「주권과 국제관계 이론」. ≪세계정치≫, 제25집 제1호.

타이어니, 브라이언 외. 1986. 『西洋中世史: 유럽의 형성과 발전』. 이연규 옮김. 집문당.

헬드, 데이비드 외. 2002. 『전 지구적 변환』. 조효제 옮김. 창비.

Arrighi, G. 1994. *The Long Twentieth Century: Money, Power, and the Origins of Our Times*. London: Verso.

Bartolus. 1562. *Commentaria on Digestum Novum*. Basileae.

Braudel, F. 1981. *The Structures of Everyday Life: the Limits of the Possible*. translated by M. Kochan. London: Collins.

Brooke, Z. N. 1936. "Gregory VII and the First Contest Between Empire and Papacy." *The Cambridge Medieval History* V. Cambridge: Cambridge University Press.

Bryce, J. 1928. *The Holy Empire*. London: Macmillan.

Bull, H. 1977. *The Anarchical Society*. London: Macmillan.

Canning, J. 1983. "Ideas of the State in Thirteenth and Fourteenth-Century Commentators on the Roman Law." *Transactions of the Royal Historical Society*, 5th ser.33.

_____. 1996. *A History of Medieval Political Thought 300~1450*. London: Routledge.

Cox, R. 1981. "Social Forces, States and Wolrd Orders: Beyond International Relations Theory." *Millenium Journal of International Studies*, Vol.10, No.2.

Ficker, J. 1966. "The Holy Roman Empire Paralleled Medieval Germany's Rise and Fall." *The Holy Roman Empire in the Middle Ages*. translated by R. E. Herzstein. Massachusetts: D. C. Heath and Co.

Fisher, M. 1992. "Feudal Europe, 800~1300: Communal Discourse and Conflictual Practices." *International Organization*, Vol.46, No.2.

Folz, R. 1969. *The Concept of Empire in the Western Europe from the Fifth to the Fourteenth*

Centuries. London: Edward Arnold.

Friedberg A. ed. 1959. *Corpus Iuris Canonici* I. repr. Graz.

Gilpin, R. 1987. *The Political Economy of International Relations*. Princeton: Princeton University Press.

Hall, R. B. 1997. "Moral Authority as a Power Resource." *International Organizations*, 51.

Held, D. 1999. *Global Transformations: Politics, Economics and Culture*. Cambridge: Polity.

Innocent III. "Venerabilem." *Corpus Iuris Canonici* II.

Kantorwicz, E. H. 1997. *The King's Two Bodies*. Princeton: Princeton University Press.

Keen, M. 1986. *Medieval Europe*. London: Penguin.

Keohane, R. 1984. *After Hegemony: Cooperation and Discord in the World Political Economy*. Princeton: Princeton University Press.

Kratochwil, F. 1986. "Of Systems, Boundaries, and Territoriality: An Inquiry into the Formation of the State System." *World Politics*, 39-1.

Marsilius of Padua. 1993. *De Translatione Imperii*. translated by Nederman, Cary, J. Cambridge: Cambridge University Press.

Osiander, A. 1994. *The States System of Europe, 1640～1990: Peacemaking and the Conditions of International Stability*. Oxford: Clarendon Press.

"Peace of Constance". 1893. *Monumenta Germaniae Historica, Constitutiones et Acta Publica Imperatorum et Regnum* I. Hanover.

Pennington, K. 1967. *The Prince and the Law 1200-1600: Sovereignty and Rights in the Western Legal Theory*. Berkeley: University of California Press.

Rosenau, J. N. 1990. *Turbulence in World Politics*. Princeton: Princeton University Press.

Ruggie, J. G. 1983. "Continuity and Transformation in the World Polity: Towards a Neorealist Synthesis." *World Politics*, 35.

"Solitae(Decretals i.33.6)." *Corpus Iuris Canonici* II.

Southern, R. W. 1993. *The Making of the Middle Ages*. London: Pimlico.

Stranage, S. 1996. *The Retreat of the State*. Cambridge: Cambridge University Press.

Tabb, William, K. 2001. *The Amoral Elephant: Globalisation and the Struggle for Social Justice in the Twenty-First Century*. New York: Monthly Review Press.

Thompson, J. W. 1928. *Feudal Germany*. Chicago: The University of Chicago Press.

Tierney, B. 1956. *Foundations of the Conciliar Theory*. Cambridge: Cambridge University Press.

Wallerstein, I. 1979. *The Capitalist World-Economy*. Cambridge: Cambridge University Press.

Wilks, M. 1963. *The Problem of Sovereignty in the Later Middle Ages*. Cambridge: Cambridge University Press.

Woolf, C. N. S. 1913. *Bartolus of Sassoferrato*. Cambridge: Cambridge University Press.

제3장

유럽연합과 국가성의 전환

조절이론의 네오그람시안적 확장을 통한 접근

구춘권

영남대학교 정치외교학과 조교수

1. 서론

유럽연합(EU)의 모습은 비단 일반 시민들에게만 수수께끼처럼 비치는 것이 아니다. 그것의 본성은 사회과학자들에게도 여전히 논쟁적이다. 대부분의 정치학자들은 유럽연합이 일종의 국가로서 분석될 수 없다는 사실에 동의한다. 그렇다고 유럽연합이 단순한 국제기구는 아니다. 최소한 유럽연합은 "국가보다는 약하더라도 국제기구보다는 훨씬 강력하며"(Keohane and Hoffman, 1990: 279), "연방에 미치지는 못하더라도 레짐 이상"(Wallace, 1983)의 것이기 때문이다. 유럽연합은 정치적으로 연방국가와 국가연합의 중간 지점 어딘가에 놓여 있는 아주 '독특한 체계(System sui generis)'로 얘기된다.

법률적 측면에서도 유럽연합의 모습이 혼돈스럽기는 마찬가지이다. 유

* 이 글은 ≪국제정치논총≫, 제44권 제2호에 실린 논문이다.

럽연합은 국민국가가 갖는 '포괄적 권능(Allzuständigkeit)'을 부여받고 있지 못하며, 따라서 제한된 목표들을 기능적으로 지향하는 조약들로 구성되어 있을 뿐이다(Nicolaysen, 1991: 28). 이 점을 강조할 때 유럽연합은 법률적 차원에서 일종의 '목적연합(Zweckverband)'에 불과하다. 그러나 공동체법이 갖는 초국가성(Supranationalität) — 즉 공동체법의 자율성 및 직접적 효력, 그리고 이의 국내법에 대한 우선성 — 에 주목한다면 유럽연합은 결코 기능적 조약의 차원으로 축소되어 이해될 수 없다. 더욱이 지난 2004년 10월 29일 유럽연합 회원국들의 정부 수반들은 유럽연합 헌법에 서명했고, 유럽연합은 최소한 형식상 국가에 좀 더 근접한 모습을 갖출 전망이다.

유럽연합은 정치적·법률적 차원에서만 혼돈스러운 것이 아니다. 오늘날 또는 미래의 세계질서에서 유럽연합이 수행할 역할과 관련된 논쟁에서도 유럽연합의 위상은 아주 대조적이다. 어떤 논자들은 유럽연합에서 미국 주도의 세계화 논리에 대한 견제, 또는 대안까지 발견하는가 하면(Derrida and Habermas, 2003), 어떤 논자들은 유럽연합을 세계화 과정을 추가적으로 추동하고 가속화하는 '플랫폼'으로 여기기도 한다(Rötger, 1997). 이러한 대조적 진단은 유럽연합의 정치적·군사적 역할과 관련해서도 등장한다. 일련의 비관적인 논자들이 유럽연합을 재래식 전쟁에서조차 더 이상 독자적인 방위능력을 갖추지 못한 '군사적 난쟁이'로 비유하면서 "전략적 측면에서조차 얼토당토않은 모습"(케이건, 2003: 121)을 보이고 있다고 개탄하는 반면, 좀 더 낙관적인 논자들은 유럽연합에서 탈군사화된 현대적 안보정책의 미래를 발견하기도 한다(Czempiel, 2002: 187~199).

유럽연합의 형태, 특성, 정치적·경제적·사회적 역할, 그리고 세계질서에서의 위상 등과 관련된 대조적인 이해와 전망은 두말할 나위 없이 논쟁 참여자들의 상이한 이론적 분석틀 및 세계관과 관련된 문제일 것이다.

그러나 이 혼돈은 유럽통합의 다면적·복합적·모순적인 발전 그 자체로부터도 등장하고 있다. 특히 최근 20여 년 동안 유럽통합이 그 목표는 물론, 통합방식, 정책결정 과정, 초국가적 기구들의 권능에 이르기까지 근본적이고 심원한 변화를 겪어왔다는 사실을 고려할 때, 유럽연합에 대한 혼란스러운 이해는 반드시 놀라운 것도 아니다. 이 변화의 구체적 모습들을 여기서 일일이 열거할 수는 없지만, 최소한 다음과 같은 상황에 주목할 필요가 있다.

우선 경제적 통합이 결정적으로 심화되었다. 유럽통합의 초기에 단지 문서상으로 존재했거나(자유로운 역내시장을 목표로 언급한 1957년의 로마조약) 구상으로만 논의되었던(공동화폐의 도입을 목표로 한 1970년대 초반의 베르너 플랜) 상황이 그동안 현실로 정착했다. 1979년 유럽통화제도(EMS) 설립을 계기로 다시 활성화된 경제적 통합은 1985년 이후 역내시장을 준비하는 작업으로, 그리고 1989년 이후 경제화폐연합의 실현을 위한 작업으로 발전했다.

공동화폐의 도입이 가시화되던 1998년 카르디프에서 열린 유럽연합의 정상회담은 유럽금융시장의 통합을 새로운 목표로 제시했다. 금융자유화의 단계를 넘어 실질적으로 통합된 금융시장을 실현하기 위한 방안이 구체적으로 논의되면서, 일련의 단계적인 조치들이 도입되는 것이 오늘날 유럽의 경제적 통합의 현실이다(Bieling and Steinhilber, 2002).

경제적 통합만큼 극적이지는 않을지라도 정치적 측면에서도 주목할 변화가 일어나기 시작했다. 특히 초기의 유럽통합이 실질적으로 미국에 의해 입안되고 주도되었다는 사실을 기억한다면, 냉전체제 종식 이후 일어난 변화는 가히 혁명적이라고도 할 수 있다. 1991년 마스트리히트에서 열린 정상회담은 공동외교안보정책(CFSP)을 유럽연합조약에 명문화했다.

1992년 페테스베르크에서 1999년 헬싱키에 이르는 일련의 회의를 통해 유럽안보방위정책(ESDP)은 더욱 구체적인 모습을 부여받았다. 얼마 전 미국의 이라크전쟁을 놓고 회원국들이 균열적인 모습을 보였지만, 궁극적으로 유럽연합의 독자적인 방위체제, 즉 유럽안보방위연합(ESDU)을 실현하기 위한 조치가 모색되고 있는 것도 최근의 현실이다.[1)] 또한 유럽연합의 헌법이 유럽연합 차원의 외무부장관을 확정한 사실도 CFSP에 대한 강력한 의지를 표현한 것으로 해석될 수 있다.

마지막으로 주목할 점은 유럽연합의 지속적인 확대이다. 1981년 그리스, 1986년 스페인과 포르투갈이 회원국으로 가입하면서 남쪽으로 확장하기 시작한 유럽연합 — 당시는 유럽공동체(EC)로 불렸다 — 은 1995년 과거 EFTA(European Free Trade Association)에 속했던 스웨덴과 핀란드 — 그리고 오스트리아 — 를 받아들이면서 유럽의 북쪽으로 확대되었다. 2002년 12월 유럽연합의 코펜하겐 정상회담은 폴란드, 헝가리, 체코, 슬로바키아, 슬로베니아, 라트비아, 리투아니아, 에스토니아를 망라한 8개의 동유럽 국가들 및 말타와 사이프러스가 새로운 회원국이 될 것임을 공표함으로써 유럽연합은 옛 동구권 '현존 사회주의' 국가들로 확대되었다. 유럽연합은 2007년 불가리아와 루마니아를 회원국으로 받아들임으로써 유럽의 남쪽으로도 확대되었다. 전후 서유럽의 6개 국가들로부터 시작된 유럽통합은 21세기에 들어 유럽 대륙의 동서남북을 망라하는 27개의 국가들로 확대되었다.

---

1) 2003년 4월 29일 브뤼셀에서 열린 독일, 프랑스, 벨기에, 룩셈부르크의 4자회담이 이러한 모색의 예이다. 4자회담은 군사적 통합을 위한 7개 항목의 카탈로그를 제시했는데, 이는 1999년 헬싱키에서 결정된 신속대응군(회원국들이 갹출로 구성될 일종의 모자이크식 부대)의 수준을 넘어, 유럽안보방위연합을 목표로 한 공동의 군대를 창출하는 것을 의도하고 있다.

유럽통합의 심화와 확대는 유럽에서 새로운 국가성을 출현시키고 있다. 그런데 이 국가성은 대단히 독특한 성격의 것으로, 균질적인 것이기보다는 파편적인 것이며 일괄적이기보다는 선택적으로 등장하고 있다. 새로운 유럽적 국가성의 출현은 국민국가적인 국가성의 전환과 동시에 진행되었다. 케인스주의적 또는 조합주의적으로 지칭되던 전후 국민국가적 국가성은 오늘날 신자유주의적 국가성에 의해 대체되었다.

유럽통합은 이 국민국가적 국가성의 전환과정에서 일종의 지렛대 역할을 수행했다. 또한 유럽통합의 역동적인 전개와 함께 유럽에서는 국민국가를 넘어선 새로운 국가성이 정착하고 있다. 그 결과 오늘날 유럽적 수준과 국민국가적 수준은 더 이상 분리가능한 상호보완적인 영역으로 이해될 수 없으며, 유럽통합 자체가 이미 새로운 국가성의 일부로 이해되어야 한다는 것이 이 논문의 핵심적 주장이다. 요컨대 유럽연합은 '국가성이 없는 정부'(Wallace, 1996)라기보다는 오히려 독특한 국가성을 지닌 새로운 성격의 통치체로 파악되어야 할 것이다.

이 글은 다음과 같이 구성된다. 우선 2절에서는 최근 통합이론의 발전경향을 점검하고 이 글의 분석틀을 소개한다. 네오그람시안적으로 확장된 조절이론이라는 이 글의 분석틀은 '확장된' 권력개념에 기반을 둠으로써 통합의 전체적인 모습을 재구성할 수 있음은 물론, 국가성의 전환을 가져온 국내적·세계질서적 차원을 동시에 조명하는 이점을 제공한다. 물론 이러한 접근은 오늘날 선호되는 다양한 미시적 설명모델들에 의해 '거대담론'이라는 비난을 받을 수 있겠지만, '나무를 보되 숲을 보지 못하는' 오류를 회피할 수 있게 할 것이다. 3절은 국가성의 전환과 유럽연합의 통합양식 변화를 분석한다. 이 분석은 3단계로 진행되는데, 우선 케인스주의적 국가성과 보조적 통합양식의 특성을 주목한 뒤, 신자유주의적 국가성의 발전과 유럽통합의 구조변화를 분석할 것이다. 마지막 단계의 과제는 유럽연합의 새로운 국가성에 대해 논의하는 것이다.

2. 통합이론의 최근 발전경향과 조절이론의 네오그람시안적 확장

유럽통합을 분석하는 이론은 유럽통합 자체가 다면적·복합적·모순적인 만큼 다양하게 등장해왔다. 유럽통합의 초기이론, 즉 전통적 통합이론은 대략 1980년대 중반까지의 유럽통합을 설명하는 데 유효했던 것으로 보인다. 전통적 통합이론의 발전에서도 다음과 같은 두 가지 흥미로운 특징이 발견된다(구춘권, 2001: 419). 첫째, 통합이론 또는 통합과 관련된 담론이 특정 시기의 지배적인 통합양식과 밀접하게 연계되어 등장했다는 사실이다. 물론 이 연계는 통합이론이 통합양식의 특성을 반영하며 등장한다는 수동적 차원에서뿐 아니라, 통합이론이 통합양식의 관철과 확산에 영향을 준다는 적극적 의미에서도 이해되어야 할 것이다. 둘째, 통합이 순조롭게 진행되었던 시기에는 연방주의적 목표를 수용한 (신)기능주의론이 우세했고, 통합이 정체 또는 위기에 빠지는 시기에는 국민국가 중심의 정부교섭론이 전면에 등장했다. 그러나 1980년대 중반 이후 유럽통합의 역동적인 전개와 더불어 이러한 구분의 의미는 상대화되었으며, 실로 다양한 통합이론들이 출현했다.

최근에 등장한 다양한 통합이론들에 대한 상세한 논의는 이 논문의 주제를 벗어나는 것이지만,[2] 그럼에도 지배적인 통합이론들의 발전경향을 지적하는 것은 이 글의 주제와 무관한 것이 아니다. 대표적으로 신현실주의, 신기능주의, 신연방주의 입장에서 전통적 통합이론의 문제의식을 확장시키고 변형시킨 여러 이론들이 등장했으며, 여러 패러다임들의 절충을 시도하려는 노력 역시 눈에 띈다.

우선 최근에 등장한 정부 간 협상론은 국내정치와 국제정치의 연계를 고려하는 방향으로 발전했다. 전통적인 정부 간 협상론이 국내정치의 문제를 일종의 블랙박스로 남겨두었던 데 비해, 현대적인 정부 간 협상론은 국내정치의 차원을 통합이론의 주요 변수로 파악한다. 예컨대 모라브직은 국제적 정책조정에 대한 '수요'가 국내정치의 결과물이며, 국제협력의 '공급'이 정부 간 협상을 통해 이루어짐을 강조하고 있다(Moravcsik, 1993).[3] 기본적으로 정부 간 협상론의 전통에 서 있지만, 이를 신기능주의적으로 확장하려는 시도는 슈나이더와 벨레에 의해 제출되었다(Schneider and Werle, 1989). 이들은 유럽통합을 일종의 '기술관료적 체제'의 형성과정으로 정의하면서, 집행위원회나 유럽법원과 같은 기구들의 초국가적 자치를 인정하는 신기능주의적인 초국가주의의 방향으로 논지를 발전시켰다. 그럼에도 통합의 핵심은 여전히 정부 간의 협상이라는 시각을 포기하지 않는다.

신기능주의적 전통에 선 이론들 역시 최근 다양한 방향으로 발전했다. 우선 파급효과의 자동성에 대한 일방적 강조보다는 행위자들의 선호, 전략, 태도, 그리고 정체성에 의해 만들어지는 정치적 파급효과를 강조하는 논의들이 등장했다(Finnemore and Sikkink, 1998: 887~917). 요컨대 기능적

2) 최근의 통합이론들을 조망할 수 있는 가장 유용한 연구는 Rosamond(2000)와 Jachtenfuchs and Kohler-Koch Hrsg.(2003)이다. 국내문헌으로는 진시원(2004)을 참조할 수 있다.

3) 국내에서는 최진우(1997); 장훈(1999)의 연구가 이 관점을 수용하고 있다.

연계는 자동적인 것이 아니라 국민국가들 또는 다른 행위자들에 의해 매개됨으로써 만들어진다는 것이다. 따라서 통합과정은 항상적인 확산으로 특징지어지지 않으며, 통합과정의 후퇴(이른바 'spill-back') 및 위기 역시 최근의 신기능주의적 분석에서 고려대상이다(Busch, 1996). 다른 한편 신기능주의적 통합이론을 구성주의적으로 재구성하려는 시도도 등장했다. 이 시도는 구성주의의 문제의식을 수용함으로써 신기능주의가 갖는 결정론적인 함정을 비껴나가면서, 동시에 구성주의를 유럽통합의 분석에 적용하는 체계적인 연구 프로그램으로 구체화시키려는 목표를 내세우고 있다(김학노, 1999, 2001).

마지막으로 신연방주의 역시 통합을 일회적인 입헌적 행위로 이해했던 전통적 문제의식을 넘어 통합의 점진적이고 과정적인 성격을 강조하는 방향으로 발전했다. 예를 들어 베젤스는 공적 자원들의 점차적인 융합현상에 주목하면서 '융합된 연방국가론'을 제시한다(Wessels, 1992). 즉, 그는 통합의 진전과 함께 행정적 측면에서는 물론 정치적 지도의 차원에서도 국민국가와 공동체의 구분이 점차 사라지는 것을 유럽통합의 본질적 현상으로 이해하고 있다. 그럼에도 그의 논의가 신기능주의적 접근과 구별되는 점은 초국가적 단위의 형성이 정치적 엘리트들의 의도적인 선택 — 즉 신기능주의처럼 'form follows function'이 아니라 — 임을 강조하는 데 있다.

새로운 통합이론들은 자신이 서 있는 이론적 패러다임의 차이가 있지만 초국적 단위의 중요성을 공통적으로 강조하고 있다. 유럽통합의 지속적인 확대와 심화가 가져온 변화는 모든 통합이론들에서 반추되고 있는 셈이다. 이러한 상황은 최소한 유럽통합의 형태와 관련하여 일정한 이론적 수렴의 가능성을 열어놓고 있다. 즉, 이론적 패러다임의 차이를 넘어 유럽연합을 다차원적 통치체계(multi-level governance system)로 이해하려는 접근이 오늘날 광범위하게 수용되고 있는 것으로 보인다. 다차원적 체계 접근은 유럽통합에서 국민국가의 핵심적인 역할을 부정하지 않으면서, 다른 한편으로는 구체적인 정책영역에 따라 유럽적·국민국가적·지방적 차원에서 어떤 역할분담이 이루어지는지에 대해 주목함으로써 정책형성의 복합적이고 역동적인 과정을 설명하려는 시도이다(이호근, 2001). 이 접근에서는 특히 '네트워크(network)'라는 개념이 핵심적인 것으로 보인다.

다차원적 체계 접근은 시장과 국가 사이에 존재하는 사회의 조직형태로서 네트워크라는 개념을 도입함으로써 통합과정의 수평적·수직적 연계형태를 밝히고, 나아가 국민국가적인 국가성의 진환은 물론 유럽연합 차원의 국가성을 표현하는 새로운 정치적 조직형태들을 분석하는 것을 이론적 목표로 내세우고 있다(Jachtenfuchs and Kohler-Koch, 1996: 39).

다차원적 체계 접근의 의의는 우선 기존 통합이론의 딜레마, 즉 이론적 패러다임을 통해 실질적인 통합과정이 굴절되어 비치는 상황을 극복할 수 있는 '중립적인 분석틀'을 제공했다는 점에서 찾을 수 있다(König, Rieger and Schmitt, 1996: 15). 또한 이 분석틀을 통해 유럽적 차원의 상대적 독자성과 회원국들의 주권에 의한 유럽정책의 제한 사이의 긴장관계가 서술될 수 있으며, 나아가 회원국들의 정책이 점차 세밀화되고 고도로 법제화된 제도적 연결망 안으로 편입되는 과정이 묘사될 수 있다. 요컨대 다차원적 체계 접근은 초국가적 제도들의 형성을 단순히 확인하는 차원을 넘어 "유럽의 다차원적 체계를 규정하는 정치적·과정적·제도적 구성요소들의 독특한 추동력 및 갈등, 긴장관계"(König, Rieger and Schmitt, 1996: 16)를 서술하는 적합한 틀을 제공하고 있다. 이러한 장점이 있지만 다차원적 체계 접근은 유럽통합의 전체적인 모습을 분석하는 데는 다음과 같은 문제점이 있다.

주지하듯이 다차원적 체계 접근은 국가의 위계적 통제능력이 점차 네트워크화된 사회구조 안으로 이동한다는 최근의 국가이론적 모델을 수용한 것이다. 이에 따르면 "국가는 좀 더 밀집된 내부사회적·초국적 교섭관계들의 틀에 묶임으로써 일면적인 위계적 통제들은 협소하게 제한"(Scharpf, 1992: 108)되며, 따라서 "설령 오늘날 정치적 통제가 가능하더라도 이는 더 이상 단일한 행위자에 의해 수행되지는 않으며, 통제자원들의 일정한 부분을 보유하거나 공유하는 집단적 또는 협력적 행위자들의 결합에 의해서만 가능하다"(Scharpf, 1989: 14).

그러나 권력의 광범위한 분산이라는 다차원적 체계 접근의 이론적 전제는 사회에 대한 국가의 구성적 영향력,[4] 그리고 국가와 사회세력·계급·집단들 사이의 관계를 분석틀로부터 사라지게 한다. 초국적 교섭관계의 틀에 의해 대외적인 권력정치가 제한되고, 내부사회적 교섭관계로 대내적인 지배체계가 분산되면서 권력관계들은 점차 '무정형(amorph)'의 것이 되며, 따라서 연구자의 관점으로부터도 소멸된다(Röttger, 1997: 76). 정치는 사회관계로부터 분리되고, 정치적 체계는 더 이상 사회관계의 표현으로 이해되지 않는다. 여기서 시장, 사회, 국가는 완전히 자율적인 단위로 이해되고 있으며, 이들 사이의 관계는 전혀 이론화되지 않는다.

다차원적 체계 접근은 시장, 국가, 사회의 관계를 그 상호작용의 과정을 통해 묘사하기는 할지라도, 이 상호작용을 추동하는 실질적 힘에 대한 분석을 시도하지는 않는다. 그 결과 정치와 사회의 관계 또는 정치와 경제의 관계는 다차원적 체계 접근에서 다분히 기계적이며 기능적이다. 여기서 제도는 사회적 모순과 갈등을 이미 이론적으로 해소할 수 있는

---

4) 이에 대한 상세한 논의는 Poulantzas(1978)를 참조할 것.

특권을 부여받으며, 따라서 통합에서 등장하는 긴장과 갈등은 기껏해야 '중재의 문제' 또는 '비동시성의 문제'일 뿐이다. 즉, 통합의 정치적·과정적·제도적 형태에 대한 과도한 집착은 통합의 사회적 내용 및 이와 관련된 긴장과 갈등을 외면하게 만들고 있다. 다차원적 체계 접근은 새롭게 등장하는 통합의 정치적 형태들에 대한 세밀한 묘사에 성공하고 있지만, 이 통합의 사회적 내용에 대해서는 함구하고 있는 셈이다.

주지하듯이 오늘날 유럽연합은 여러 층위들 및 다양한 단위들을 포괄하는 유럽적 국가성의 일부로 이해되어야 한다. 바로 이 점에서 다차원적 체계 접근은 유럽적 국가성의 조직형태를 묘사할 수 있는 유용한 분석틀을 제공했음에도, 정치에 대한 협소한 이해, 즉 사회관계로부터 분리된 통치(governance)의 차원으로 정치의 의미가 축소됨으로써 통합의 전체적인 모습을 재구성하는 데는 한계가 있는 것으로 보인다. 실제로 지난 50년 동안 유럽통합의 역사적 과정은 단선적인 발전과정이라기보다는 위기와 단절 및 재도약을 내포하는 과정이었고, 여기서 위기와 단절은 단순히 '비동시성' 또는 '중재의 문제'라는 차원에서 분석되기 어려운 성격의 것이다. 예컨대 유럽통합의 근본적인 변화를 가져왔던 1970년대 중반의 위기는 정치적인 것이자 경제적인 것이었으며, 국내적인 것이자 지구적인 것을 의미했다.

위기와 단절을 포함하는 통합과정의 역동성을 설명하기 위해서는 정치와 사회 및 경제의 관계에 대한 기능적 이해를 넘어선 이론적 분석틀이 필요하다. 그러나 이 분석틀은 권력 개념에 대한 인식론적 전환을 전제하고 있다. 즉, 현재의 통합 형태를 묘사하기 위해 통치의 차원으로 축소되는 권력 개념이 아닌, 정치권력을 사회적 기반 및 경제적 토대와 연관시켜 사고하는 이론적 분석틀이 요구된다. 정치권력을 사회와 경제로부터 분리해내는 것이 아니라 이를 시민사회의 동의·갈등·투쟁 및 경제구조의 발전·위기·변화와의 조응관계로서 이해하는 이른바 '확장된' 권력 개념은 통합이론의 지평을 확대할 수 있을 것이다.

'확장된' 권력 개념은 권력을 사회적 행위자들의 행위맥락으로부터 독립된 자원, 매개, 수단, 소유의 측면에서 정적으로 정의하는 것이 아니라,[5] 권력을 본질적으로 동적인 사회현상으로 이해하는 것이다. 개인들 또는 사회집단들 및 계급들이 자신의 행동을 통해 직접적 또는 간접적으로 다른 개인들 또는 사회집단들 및 계급들의 행동에 영향을 끼칠 수 있을 때, 그들은 권력을 소유하고 있다고 할 것이다.

물론 권력이 행사되는 형태들 및 수단들은 대단히 다양하며, 그것들의 사회적 내용과 특성 역시 가변적이다. 사회적 권력이 구체적으로 어떻게 행사되며, 어떤 전략들이 선택되고, 이러한 시도들이 과연 성공적인지의 여부는 상당 부분 사회·경제적이며 정치·제도적인 조건들의 맥락에 의해 규정된다(Bieling, 2003: 44). 이러한 '확장된' 권력 개념에 기초하여 정치, 경제, 사회를 이론적으로 상호연관된 것으로 이해하려는 시도는 다음과 같은 두 가지 이론적 흐름에 의해 독자적으로 등장했다. 비판적 정치경제학의 전통을 잇고 있는 조절이론과 비판적 국제정치경제학의 주류로 부상

---

5) 물론 권력은 아주 보편적 현상이기에 수많은 권력 개념이 서로 경쟁하고 있는 것이 사실이다. 국제관계 이론이나 통합이론의 영역에서도 상이한 이론적 설명 시도들만큼이나 다양한 권력 개념들이 존재한다. 그렇다고 이들의 다양한 서술이 국제적인 권력관계의 구조와 조직에 대한 탄탄한 이론적 구상을 기반으로 등장하는 것 같지는 않다. 이 권력 개념들의 상당수는 단순하고 피상적이며, 현상을 묘사하는 차원에 그칠 뿐이다. 예컨대 정치적 협상체계에서 "먼저 제안하는 자가 문제정의 및 행동의제를 규정"한다는 정도로 권력 개념이 단순화된다면, 이를 통해 협상의 과정은 묘사될 수 있을지 몰라도 협상의 내용 및 이의 사회적 결과는 애당초 분석틀로부터 멀어지게 될 것이다(Heritier, 1995: 10).

한 네오그람시안적 접근이 바로 그것이다.

우선 조절이론은 축적체제, 즉 미시경제적 차원은 물론 거시경제적 차원의 재생산과 관련된 다양한 요소들이 어떻게 제도적·법적·문화적 차원과 관련된 조절양식에 상호 조응하는지를 분석하는 것을 이론적 중핵으로 삼고 있다. 아글리에타의 표현을 빌리자면 조절이론은 "추상적인 경제법칙들에 대한 탐구가 아니라, 경제적 혹은 비경제적인 새로운 형태들을 만들어내는 사회관계들의 전환에 관한 연구"(Aglietta, 1979: 16)이다. 한마디로 말해 조절이론은 축적체제 또는 재생산 양식이 사회관계들의 전환에 어떻게 조응해서 변화하는지를 분석하는 연구이다. 여기서 중요한 사실은 이 조응(articulation)이 기능적인 관계가 아니라 긴장과 갈등을 내포하는 일련의 영향요인들의 상호작용의 산물로서 이해된다는 점이다.

조절이론의 핵심적 구상은 사회세력들 또는 계급들 사이의 투쟁과 갈등 및 이의 정치적·국가적 매개과정을 '조절(regulaton)'이라는 개념을 통해 경제적 축적과정에 연계시키는 것이다. 이러한 접근은 이론적으로도 대단히 의미 있는 작업이며 여러 가지 혁신을 약속하고 있다. 우선 사회과학의 전통적 딜레마로 여겨진 구조와 행위라는 이분법적 사고가 '조절'이라는 개념을 통해 극복될 수 있어 보인다. 또한 정치와 경제를 동등한 관계에서 분석할 수 있는 범주들을 제공함으로써 조절이론은 모든 형태의 정치적·경제적 환원론을 뛰어넘을 수 있다. 나아가 시민사회의 담론의 성격, 정치적 투쟁의 의미 등도 비결정론적인 방식으로 파악될 수 있을 것이다. 조절이론은 역사에 대한 목적론적 이해를 거부하며, 따라서 과거에 대한 개방적 이해는 물론 미래에 대해 열려 있는 접근을 시도한다.

이와 같은 이론적 장점에도 불구하고 조절이론은 한 가지 결정적인 약점을 가지고 있다. 조절이론의 관심이 무엇보다 일국적 또는 국민국가적인 축적체제 발전의 분석에 집중되어 있다는 사실이다. 여기서 초국민경제적 또는 초국민국가적인 것의 의미는 부차적이다. 물론 조절이론 역시 국민국가적 재생산 양식의 지구적 경제 또는 세계질서와의 연관을 언급하고 있지만, 이는 주어진 외적인 것의 성격이 더 강하다. 초국적 관계들 및 매개과정과 관련하여 조절이론은 국민국가적 차원과 국제적 차원을 구분하는 일종의 이원론적 구상에 근접하고 있다(Bieling and Deppe, 1996: 487). 따라서 조절이론이 유럽통합의 분석틀로 활용되기 위해서는 그 문제의식이 확장되지 않으면 안 된다. 즉, '확장된' 권력 개념에 기반을 둔 정치, 경제, 사회에 대한 관계론적 이해가 초국적 차원으로 확대되고, 동시에 초국적 관계들과 국민국가적 관계들의 연계형태들이 밝혀질 때 조절이론은 통합이론으로서 적용될 수 있을 것이다.

그런데 흥미롭게도 조절이론의 형성과 거의 같은 시기에 이와 유사한 문제의식을 국제관계 분석에 적용하려는 시도가 등장했다. 이후 네오그람시안적 접근으로 알려진 콕스의 획기적인 연구가 바로 그것이다. 콕스는 마르크스주의의 속류화에 저항했던 그람시의 감옥에서의 고민의 성과였던 헤게모니 개념의 도입을 통해 국제관계 이론의 인식론적 전환을 시도했다. 콕스는 헤게모니 개념에 의존해 신현실주의적 패권 개념 — 즉 사회·경제로부터 분리된 권력 개념을 대외정치적 차원으로 확장시킨 — 에 대한 대안적인 분석틀을 제시하고자 했다. 이와 같이 탄생한 초국적(transnational) 헤게모니 개념은 단순히 정치적인 것이 아니고, 또한 경제적인 것만도 아니며, 정치적·경제적·시민사회적 차원을 모두 포괄하는 것이어야 한다.[6] 콕스

6) "국제적 차원에서 헤게모니는 단순히 국가들 간의 질서만이 아니다. 그것은 모든 국가들을 관통하여 다른 종속적 생산양식들을 연계시키는 지배적 생산양식으로 이루어진 세계경제의 질서이다. 그것은 또한 다양한 국가들의 사회계급들을 연결시키

에 따르면 초국적 헤게모니 성립의 관건은 궁극적으로 국제적 차원에서 등장한 사회세력들의 연합이 정치적·경제적·시민사회적 — 도덕적·문화적·이데올로기적 측면을 포괄하는 — 차원에서 지도를 확보하고 동의를 재생산할 수 있는가의 여부에 달려 있다. 즉, 초국적 헤게모니는 초국적인 사회세력들의 연합이 '확장된' 권력에 기반을 두고 자신의 이해를 일반적으로 수용하는 관념·규범·규칙·제도들로 보편화하는 데 성공함으로써 만들어지는 것이다.

네오그람시안적 접근의 핵심적 구상은 초국적 헤게모니 개념을 통해 국제정치와 국내정치의 엄격한 구분을 극복하면서, 국제정치와 국내정치, 나아가 국제정치와 사회적 행위의 연계형태를 밝혀내는 데 있다. 물론 이는 쉬운 작업은 아니다. 초국적 권력관계들의 복잡한 차원들을 일단 분석적으로 구분한다고 하더라도, 이 구분된 영역들의 상호연관을 구체적으로 제시하는 것은 간단한 과제가 아니다. 또한 지방적·국민국가적·유럽적, 나아가 지구적 차원에서 구축된 권력관계들이 공간적으로 어떻게 조응하는지를 밝히는 것도 대단히 어려운 작업임은 물론이다. 그러나 이 어려움은 이론 자체의 완벽성을 추구함으로써 완화될 성격의 것은 아니며, 오직 구체적 분석을 통해서만 해결될 문제로 보인다.

네오그람시안적으로 확장된 조절이론이라는 이 글의 분석틀은 자신의 이론적 모태와 마찬가지로 구체적인 사회경제적 과정으로부터 추상된

는 국제적 사회관계들의 총체이다. 세계 헤게모니는 사회적 구조, 경제적 구조, 정치적 구조로 묘사될 수 있으며, 단지 이들 중 하나가 아니라 반드시 세 가지 전부여야 한다. 나아가 세계 헤게모니는 국가들 및 국경을 넘어 행동하는 시민사회 세력들 행동의 일반 규칙들, 그리고 지배적 생산양식을 유지하는 규칙들의 기저에 놓여 있는 일반적 규범·제도·기제들을 통해 표현된다"(Cox, 1996: 137).

분석모델을 만들려고 시도하지 않는다. 이 접근은 경제주의적 또는 정치주의적 환원론을 배격하며, '확장된' 권력 개념에 기반을 두고 유럽통합을 분석하려고 시도한다. 네오그람시안적으로 확장된 조절이론의 분석틀은 무엇보다 역사적 맥락의 중요성을 강조하면서, 국내적·국제적 차원에서 등장한 사회경제적 발전·위기 및 이의 정치적 매개과정이 어떤 식으로 유럽연합 통합양식의 변화, 즉 국민국가적 차원과 유럽적 차원의 연계형태의 변화를 가져오는지를 조명하는 시도에 다름 아니다.

3. 국가성의 전환과 통합양식의 변화

앞에서 논의한 '확장된' 권력 개념을 수용할 때, 국가성의 문제는 더 이상 정치제도 또는 정치체계의 차원에서만 분석되지 않는다. 국가성의 전환은 정치체계의 문제일 뿐 아니라 문화적 헤게모니와 정치적 담론들이 경쟁하는 시민사회의 문제이자, 나아가 경제적 재생산과 연관된 문제이다. 아래에서는 서유럽 국가들의 국가성 전환과정을 유럽연합 통합양식의 변화와 관련시켜 분석할 것이다. 이 분석은 다음과 같은 세 가지 단계로 이루어진다.

첫째, 전후 서유럽 국가들에서 형성된 국가성의 특징은 '케인스주의적'인 것으로 압축된다. 이 시기 유럽연합의 통합양식은 국민국가적인 축적체제의 안정화를 지원하는 '보조적' 통합양식으로 특징지을 수 있다. 둘째, 1970년대를 경과하면서 전후 유럽통합의 성격을 규정짓던 구조에 변화가 일어난다. 한편 국민국가 중심적인 성장모델이 위기에 빠지며, 다른 한편으로 미국의 초국적 헤게모니의 성격이 변질된다. 서유럽 국가들에서는 케인스주의적인 것에서 '신자유주의적'인 것으로 국가성의 전환이 일어나며, 유럽통합의 의미는 미국의 초국적 헤게모니 ― 더 이상 안정적인 국제경제·금융질서를 제공하지 못하는 ― 를 대체할 지역적 협력구도의 구축이라는 측면에서도 조명된다. 셋째, 오늘날 유럽연합의 국가성은 개별 국가들의 국민국가적 국가성과 함께 유럽적 국가성을 구성하고 있다. 따라서 유럽연합의 새로운 국가성의 특성을 분석하는 것은 마지막 과제이다.

1) 케인스주의적 국가성과 보조적 통합양식

조절이론에서 흔히 '독점적 조절'로, 그리고 콕스에 의해서 '신자유주의적 국가'(Cox, 1987: 219~230)[7]로, 좀 더 일반적으로 '복지국가' 또는 '사회국가'로 지칭되는 전후 서유럽 국가들의 국가성 특징은 케인스주의적으로 특징지어진다. 서유럽에서 케인스주의적 국가성의 발전과 관련해서는 이미 수많은 연구들이 제출되었고, 굳이 여기서 이를 반복할 이유는 없을 것이다. 아래에서의 논의는 네오그람시안적으로 확장된 조절이론이라는 분석틀이 케인스주의적 국가성의 형성과 관련하여 주목하는 측면을 지적하는 데서 그친다.

우선 이 시기 서유럽은 팍스 아메리카나라는 전후 등장한 미국 중심의 헤게모니적 질서에 편입되어 있었다. 당시 미국은 압도적인 생산능력과 생산성을 보유하고 있었을 뿐 아니라, 이 경제적 우위를 물질적 양보의

7) 여기서 '신자유주의적 국가'는 흔히 이해되는 신자유주의와는 다른 내용을 담고 있다. 콕스는 19세기 자유주의적 국가와 달리 좀 더 많은 국가 개입을 실현하지만, 여전히 세계경제에 개방적인, 국민국가적인 복지국가를 '신자유주의적 국가'로 지칭했다.

기반으로 활용했다. 흔히 '제한된 자유주의(embedded liberalism)'(Ruggie, 1982)로 지칭되는 이 시기 미국이 구축한 독특한 국제 정치경제 질서는 서유럽의 국민경제들을 좀 더 자유로운 무역질서(완전한 자유무역체제라기보다는 많은 예외 조항을 인정했던 GATT 체제) 안으로 끌어들였고, 이들에게 자본의 유·출입 및 외환거래의 통제가 가능한 안정적인 국제금융 질서(브레턴우즈 체제)를 제공했다. 미국은 또한 나토(NATO)를 통해 서유럽 국가들을 정치적·군사적 영향력의 틀 속으로 묶을 수 있었다. 나아가 서유럽의 시민사회는 할리우드, 자가용, 코카콜라 등으로 상징된 미국식 생활방식을 선망했을 뿐 아니라 이를 점차 실현했다.

미국의 초국적 헤게모니 또는 '확장된' 권력 — 양자 모두 정치·경제·시민사회 전반에 걸쳐 있다 — 에 기반을 두어 미국적 생산방식(포디즘)은 서유럽으로 확산되었고, 미국에서 발전된 조절형태('뉴딜'을 모범으로 한 개입국가) 역시 서유럽 국가들로 퍼져나갔다. 즉, 미국식 사회발전 모델을 구성했던 기술, 제도, 문화, 규범 등이 서유럽에서 적극적으로 모방되고 수용되었던 것이다. 당시 서유럽에는 자신의 이해를 대서양 관계의 연장선 위에서 정의하는 이른바 '애틀랜틱'[8] 헤게모니 블록이 출현했고, 이 시기 유럽통합 역시 이 블록의 커다란 영향력 아래 진행되었다.

둘째, 케인스주의적 국가성의 발전은 전후 서유럽 국가들에서 등장한 반파시즘 및 평화에 대한 광범위한 시민사회의 합의에 기반하고 있었다. 파시즘의 대두와 전쟁의 경험은 무엇보다 자유주의적 자본주의의 참담한 실패의 결과로 비쳤고, 사회적 연대 및 기회균등을 내용으로 하는 '사회주

8) 판 데어 필은 이 시기 미·유럽관계를 '애틀랜틱' 지배블록의 형성으로 특징지은 바 있다(van der Pijl, 1984).

의적'[9] 담론이 시민사회에서 점차 헤게모니적으로 되었다. 전후 새롭게 짜인 시민사회의 담론 구도는 기존 좌·우의 대립을 상당 부분 완화시키면서, 일종의 '계급 타협'이 성립되는 사회적 배경이 되었다. 이 '계급 타협'은 고용주들과 노동자 조직들 사이의 암묵적·명시적 합의를 통해서도 표현되었는데, 고용주들은 생산성의 발전에 상응한 실질임금의 상승에 동의했고, 노동자 조직들은 미래의 투자에 충분할 정도의 이윤 몫에 합의했다.

셋째, 축적체제 또는 재생산 양식과 관련된 케인스주의적 국가성의 핵심은 경제에 대한 광범위하고 강력한 개입이다. 전후 서유럽에서 포드주의적인 노동조직 원리의 도입과 확산은 거대한 생산성의 상승을 가져옴으로써 대량 생산의 기반이 되었고, 케인스주의적 국가의 총수요 관리정책은 공급의 팽창에 상응한 유효수요를 창출하는 데 성공함으로써 자본주의의 황금시대를 열었다. 이 시기에 등장한 놀라운 성장역동성은 생산성 상승과 실질임금 상승 간의 긍정적 연관효과에 기반을 둔 것이다. 케인스주의적 국가는 극도로 낮은 실질이자율을 유지함으로써 생산자본의 활동에 금융자본의 이해를 종속시켰고, 실물자본의 원활한 축적에 기초한 완전고용을 실현하려고 노력했다. 그 결과 1960년대 서유럽의 평균 실업률은 완전고용 상태에 가까운 1.5% 선에 머물렀다.

케인스주의적 국가의 광범위한 경제적 개입에 대한 합의는 당시 좌파와

---

9) 물론 이 '사회주의'는 소련과 동구권에서 실현된 '현존 사회주의' 체제의 국가사회주의적 질서와는 대조적인 것으로, 민주주의와 인권, 시장경제, 교섭의 자유, 기회균등, 사회적 안정과 연대 등을 주요 내용으로 했다. '기독교적 사회주의', '사회적 시장경제', '민주주의적 사회주의' 등의 사회주의는 당시 서유럽 대부분의 정당들의 강령에서 발견될 수 있는 핵심적인 정치적 구호였다.

우파를 초월했던 것으로, 양자의 차이는 원칙의 차이라기보다는 원칙을 구체적으로 실현하는 데서 등장하는 강조점의 차이였다. 예를 들어 좌파는 사회국가 및 적극적인 공공부문, 대자본에 대한 통제와 강력한 노동조합을 요구했던 반면, 우파는 시장, 근대화, 그리고 민간경제를 지원하는 공공부문을 선호했으며 노동조합을 어느 정도 두려워했던 것이다.

1950~1960년대 미국의 초국적 헤게모니와 케인스주의적 국가성 아래서 유럽공동체의 핵심적 기능은 국민국가 중심적인 축적체제를 안정화시키는 것이었다(Ziltener, 2000: 85~88). 특히 케인스주의적 국가성이 지배적인 상황에서 유럽공동체의 통합양식이 복지국가적 성격을 띠었을 것이라는 점은 충분히 상상해볼 수 있다. 이 시기 공동체 차원에서 가장 큰 비중을 차지했던 것은 공동농업정책이었는데, 여기서도 국민국가 중심적인 성장모델을 사회정책적으로 지원하는 당시 통합양식의 특성을 확인할 수 있다(Rieger, 1996: 401~408).

유럽경제공동체 조약 제39조는 공동농업정책의 목표로서 생산성의 향상, 농업종사 인구의 소득 보장, 시장의 안정화, 소비자들의 합리적 이해를 고려하는 선에서 식량공급의 확보 등을 지적하고 있는데, 그러나 여기서도 가장 중요한 목표는 농민들의 소득 보전이었다. 공동농업정책은 농업 자립화를 위한 농산물 증산정책 또는 국내 농업시장을 보호하기 위한 관세정책의 의미를 넘어 사회적·정치적 안정을 도모하기 위한 복지정책의 성격을 강하게 지녔던 것이다. 그 결과 유럽공동체 국민국가들의 농업은 시장경제의 법칙이 적용되지 않는 예외적 영역, 즉 일종의 '공공재적' 영역으로 인식되고 있었다.[10)]

10) 1950년대 초반에 논의된 농산물 시장의 통합이 실패했던 것도 바로 이러한 상황

이 시기 공동농업정책은 농민의 소득 보전을 일차적 목표로 강력한 규제를 통해 세계시장으로부터 광범위하게 보호받는 농업시장을 실현하는 동시에 농업의 구조변화를 촉진하는 방향으로 개입했다.

공동농업정책과 함께 이 시기 유럽공동체의 주요한 정책영역이었던 에너지 분야에서도 통합양식의 지원적·보조적 성격은 확인될 수 있다. 1951년 유럽석탄철강공동체(ECSC)의 결성을 가져온 슈만 플랜(Schuman Plan)은 회원국들의 심각한 석탄 부족 및 철강의 과잉공급을 공동으로 조절하려는 경제적 이해관계로부터 출발했다. ECSC 조약은 당시 케인스주의적 국가성이 일반적으로 수용되는 상황에서 강력한 개입 및 규제, 나아가 계획화 — 특히 프랑스의 요구로 — 의 요소까지 담고 있다. 그럼에도 ECSC는 회원국들의 경제적 이해관계로부터 정의된 부문적 통합을 의미했을 뿐이며, 이를 넘어선 영역에서 유럽적 차원의 역할은 미미한 것이었다. 즉, ECSC는 나중의 유럽원자력공동체(EURATOM)와 같이 생산방식의 포드주의화가 수반할 엄청난 에너지 수요를 확보하기 위한 공동체적 차원의 지원 또는 보조였다고 할 수 있다.[11]

공동에너지정책과 공동농업정책은 1950~1960년대 유럽공동체의 지

과 관련이 있음은 물론이다. 이에 대해서는 김승렬(2004)을 참조할 것.

11) ECSC의 초국가적 구성원칙은 회원국들의 의도였다기보다는 미국의 영향력의 결과인 것으로 알려져 있다. 미국은 루르 지역의 철강 생산 통제라는 정치적·군사적 고려 때문에 초국가적 구성원칙에 집착했던 것이다. 미국의 영향력은 슈만 플랜의 입안과정에서도 지대한 것이었는데, 위난드에 따르면 슈만 플랜의 중요한 문구들은 미국 외교관들과 전문가들의 조언 아래 파리의 미 대사관에서 작성되었다고 한다. 슈만 플랜은 클레이튼 법(Clayton Act)과 같은 미국의 반트러스트 법의 내용을 상당 부분 담고 있었고, 따라서 미국을 모범으로 한 경쟁정책의 시작으로 평가된다(Winand, 1993: 52).

〈표 3-1〉 보조적 통합양식과 경쟁적 통합양식

	보조적 통합양식	경쟁적 통합양식
핵심 분야	농업정책 및 에너지정책, 관세장벽의 제거를 통한 자유무역지대의 실현	역내시장, 구조정책, 연구·기술 분야에서 현대화 지향적인 협력형태의 창출
지배적 조절원칙	조화	규제적 경쟁, 신자발주의(neo-voluntarism)
경제정책적 지향	실물경제의 성장 및 소득 보전	자유화 및 화폐적 안정
경쟁정책적 지향	완화된 경쟁	초국적 기업협력의 촉진
통화정책	1971년까지 브레턴우즈 체제	EMS를 통한 안정화, 통화연합
구조정책	농업정책 이외에 존재하지 않음	선택적 활성화를 위한 구조기금, 취약한 지역들의 경제를 역내시장으로 연결
대외경제관계	상대적 폐쇄	광범위한 개방
유럽적 차원의 정치적 · 제도적 특성	정부들 간 통제에 기반한 초국가성	점차 탈집중화되는 다차원적 체제, 제도적 분화 및 유연화의 가능성
유럽적 차원의 이해매개 형태	부문별 조합주의	다원화, 공식화 정도가 낮은 협상단위들, 로비
미국의 영향력	초기 통합에서 주도적 역할, 직접적 영향력	간접적 영향 및 개방 요구
유럽적 차원의 주요 기능	국민국가적인 발전에 대한 지원 및 보조	개방, 탈중심화, 탈국가화, 새로운 지향 등을 통해 국가성의 전환에서 전략적 기능을 수행

자료: Ziltener(2000: 92).

배적인 통합양식의 모습을 보여준다. 이 통합양식의 특징은 국민국가 중심적인 성장모델을 공동체적 차원에서 외연적으로 보조하는 것이었다. 케인스주의적 국가성이 지배적인 상황에서 유럽공동체의 회원국들은 유사한 조절양식을 통해 국내시장의 성장을 추구하는 정책을 폈고, 따라서 유럽공동체는 일종의 발전된 자유무역지대 이상의 의미를 지니지 못했다. 그리고 이 자유무역지대에서조차 유럽공동체 회원국들 사이의 경쟁은 — 예컨대 오늘날의 생산입지경쟁과 비교할 때 — 본질적으로 취약한 것이었다. 당시만 해도 환율적응을 통한 대외경쟁력의 조정이 가능했고, 다양한 형태의 비관세적 장벽을 통해 국내 산업을 일정 수준 보호할 수 있었기 때문이다. 요컨대 높은 생산성과 높은 실질임금 간의 상호작용에 기초한 국내시장 지향적인 성장모델이 작동하는 한에서, 유럽통합의 기능과 의미는 이 성장모델을 외연적으로 지원하는 것에 지나지 않았다(이호근, 2000: 280). 따라서 이 시기 통합양식은 보조적 통합양식으로 지칭될 수 있으며, 1980년대 중반 이후 지배적으로 된 경쟁적 통합양식에 비해 <표 3-1>과 같은 특징을 보이고 있다.

2) 신자유주의적 국가성의 발전과 유럽통합의 구조변화

늦어도 1983년 3월 프랑스에서 좌파연정의 야심찬 정책들이 철회되는 순간, 서유럽에서 신자유주의의 대세적인 흐름을 더 이상 의심하는 사람은 없었다. 1970년대 중반 위기 이후 지속된 경제적 정체 — 더 정확히 스태그플레이션(stagflation) — 는 자본주의 황금시대의 종언을 의미하고 있었다. 이 경제위기는 평등, 복지, 연대와 같은 전후 시민사회적 합의를 깨뜨리기에 충분할 정도로 심각한 것이었다. 높은 인플레이션과 더불어 노동자들은 실질임금의 하락에 직면했으며, 경제위기는 또한 그들을 대량 실업으로 내몰았다. 거기에 1980년대 초반 다시금 심각한 불황이 찾아왔다. 인플레이션을 억제하고 공급 측에 대한 지원을 통해 경제를 활성화하겠다는 신자유주의적 약속이 호소력 있게 들렸고, 노동계급을 포함한 일반 시민들은 이 약속에 표를 던졌다. 1982년까지 벨기에, 네덜란드, 덴마크, 영국 등 실업률이 10%를 넘어 가파르게 상승한 곳에서부터 신자유주의자들은 가장 빨리, 그리고 가장 강력하게 힘을 얻기 시작했다. 당시 프랑스 좌파연정은 공동체 전체에서 지배적이 되어가는 신자유주의적 흐름에 저항하는 마지막 보루로 비쳤는데, 케인스주의적 위기정책의 실패와 함께 신자유주의는 유럽의 광범위한 사회세력들에게 불가피한 것으로 받아들여졌다.

그런데 같은 시기에 미국의 초국적 헤게모니 역시 심각한 동요에 빠진다. 1973년 브레턴우즈 체제의 극적인 붕괴와 함께 달러는 안정적인 국제금융 질서를 담보하는 기축통화의 역할을 상실하면서 평가절하를 거듭했다. 달러의 평가절하에도 불구하고 미국의 무역수지는 지속적으로 커져갔으며, 급격한 경쟁력의 저하에 직면한 미국경제는 더 이상 매력적인 모델로 보이지 않았다. 다른 한편 미국의 베트남 개입은 자국의 도덕성에 먹칠을 했을 뿐 아니라 패전의 결과 헤게모니 국가로서 미국의 위상은 불가피하게 약화되었다. 미국의 초국적 헤게모니의 특성이 변질되고 있다는 사실은 1980년 레이건 행정부의 출범 이후 좀 더 극적으로 드러난다. 역설적이게도 미국은 자신이 국제적으로 확산시켰던 사회발전 모델을 붕괴시키는 데도 가장 선두에 섰다.

1970년대 중반 이래 미국에서 시작된 임금소득에 대한 공격은 1980년대 들어 통화주의라는 극단적인 경제정책으로 이어졌다. 레이건 행정부는 자신의 출범 이전에 불과 0.3%였던 장기실질이자율을 1983년 8.1%까지 끌어올렸다. 이 혹독한 이자율과 더불어 극적인 교정이 이루어졌는데, 레이건 행정부는 9개월 만에 카터 정권에서 이룬 공업성장을 모조리 소멸시켰던 것이다(-10%). 이 파급은 또한 국제적이었다. 이자율의 상승이 가져온 "경쟁적 정체정책이라는 오도된 메커니즘은 중심부에서 유지되고 있던 경제성장을 소멸시켰고, 미테랑의 프랑스와 같은 좀 더 사회민주주의적인 국가나 경쟁력이 가장 강한 수출국(일본)까지 타파했다"(리피에츠,

1991: 206).

국제적(미국 헤게모니의 변질), 그리고 국내적(심각한 경제위기와 불황) 차원에서 동시에 등장한 위기는 유럽통합에서 일종의 구조변화를 의미했다. 요컨대 유럽통합의 의미를 국민국가 중심의 성장모델을 지원하는 성격으로 한정시켰던 구조들이 1970년대를 거치면서 근본적으로 변모한 것이다. 이 구조변화는 특히 다음과 같은 측면에서 진행되었다.

우선 미국의 초국적 헤게모니의 변질과 함께 서유럽에 대해 미국이 가진 영향력의 성격이 변모했다. 미국은 더 이상 서유럽에서 확장된 권력에 기반을 둔 채 시민사회·경제·정치 전반에 걸쳐 영향력을 행사할 수 있는 위치가 아니었다. 베트남전쟁은 1960년대 말 학생들을 급진화시켰을 뿐 아니라 서유럽 시민사회에 반미 분위기를 확산시켰다. 미국의 경제적 우위 또한 점차 하강하고 있었다. 1960년대를 거치며 유럽과 일본의 기업들은 미국시장을 크게 잠식했고, 급기야 1969년 미국은 20세기 들어 최초의 무역적자(40억 달러)를 기록했다.

1960년대 중반 이후 국제금융시장에서 누적되는 달러는 세계화폐로서 달러의 안정성에 대한 의문을 증폭시켰고, 1968년 '금 풀(Gold Pool)'은 사실상 — 공식적으로는 1971년 8월에 — 해체되었다.[12] 정치적으로도 냉전

---

12) 달러의 불안정에 따른 유럽통화들의 무질서한 재평가가 유럽경제공동체를 위험에 빠뜨릴지 모른다는 우려는 1970년 베르너 플랜(Werner Plan)이라고 불린 야심찬 구상을 등장케 한다. 그러나 1980년까지 3단계에 걸쳐 경제통화연합을 완성하겠다는 이 계획은 무참한 좌절을 경험하며, 1970년대 중반 유럽통합은 다시 국민국가화의 길을 걷게 된다. 요컨대 경제통화연합의 기본적 합의가 주어지지 않는 상황에서 등장한 베르너 플랜이 실패한 결과, 국제적·국내적 차원에서 등장한 위기에 대한 대응은 통합의 강화보다는 일단 일국적 차원에서 다양한 반위기 전략을 추진하는 것으로 나타났다.

체제의 경직성에 물꼬를 트려는 독자적 노력이 특히 서독 정부의 주도로 등장했다. 1969년 브란트(Willy Brandt) 정부는 '동방정책(Ostpolitik)'이라는 적극적인 대동구권정책을 시작했고, 소련·동독 및 동유럽 여러 국가들과 무력 사용의 거부, 기존 국경의 인정을 내용으로 하는 일련의 협정들을 체결했다. 물론 같은 시기 미·소관계도 유화국면에 들어서지만, 어쨌든 키신저(Henry Kissinger)조차 본의 '분리된 특수한 정책'과 '과도한 협상의 위험'을 우려할 정도로 브란트의 동방정책은 적극적인 것이었다(Bierling, 2003: 155). 나토를 축으로 한 미국의 군사적 영향력은 냉전시기 여전히 강력한 것이었지만, 1973년 유럽안보협력회의(CSCE)의 출범과 함께 나토의 의미는 상대화되었다. 실제 대부분의 서유럽 국가들은 1980년대 초반 레이건 행정부의 소련에 대한 대결노선 — 이른바 '신냉전' — 에 거리를 두었으며, CSCE를 통한 대안적 안보, 즉 협력안보의 추구를 포기하지 않았다. 그리고 이는 냉전체제가 평화적으로 극복될 수 있었던 중요한 요인이었음은 물론이다(구춘권, 2003: 37~40).

둘째, 포드주의적 축적체제의 경제적 위기는 시민사회에서도 세력관계의 변화를 가져왔다. 자본과 노동의 세력관계는 전자에 유리한 방향으로 재편되고 있었다. 기업단체들은 위기에 대한 케인스주의적 국가의 무능을 효과적으로 부각시켰고, 동시에 시장에 대한 열광적 기대를 불러일으키는 데 성공했다. 1930년대 초반 세계경제 대공황의 경험 이후 역사의 무대에서 사라진 것으로 보였던 경제적 자유주의가 이제 신자유주의라는 이름 아래 극적으로 부활한 것이다.[13] 자본은 또한 유럽통합에 대한 긍정적인 담론의 형성에 주도적으로 기여했다.[14] 역내시장의 창출, 즉 단일시장

---

13) 홉스봄(1997)은 이를 20세기의 역사적 수수께끼의 하나로 지적한다.

프로젝트는 유럽공동체 전체에서 시민들 대다수에게 열광적으로 수용되었다. 단일시장 프로젝트를 동반한 담론은 대부분 낙관적인 신자유주의적 현대화론의 시각에서 작성되었으며, 시장중심적인 정책이 수반할 문제점에 대해서는 대단히 절제된 논쟁만이 벌어졌다.

반면 노동은 서유럽의 모든 국가들에서 수세 국면에 빠졌다. 20세기 최대의 '노동조합의 위기'가 시작된 것이다. 대량 실업의 등장, 새로운 생산기술의 적용, 삶의 개인주의화 및 전통적 계급문화의 소멸, 노동관계의 유연화, 자본 측을 지원하는 국가의 정책 등 이 모든 변화들은 노동조합의 위상을 위축시키는 것이었다(Deppe, 1985). 다른 한편 포드주의적 발전시기 내내 지속된 '생활세계의 식민화'(Habermas, 1981)는 다수의 대중을 전통적인 사회적 규범 및 연관들로부터 분리해냄으로써 대단히 모순적인 사회적 조건들 아래 놓이게 했다. 이는 환경·여성·소수자 운동 등 다양한 형태의 신사회운동을 등장케 했고, 이와 함께 전통적인 좌·우 구분의 의미는 결정적으로 약화되었다. 예컨대 보수주의자들이 기업의 편에 서서 공간개발을 주장하는 반면, 급진주의자들이 환경보존의 차원에서 개발을 거부하는 역설적인 상황이 등장한 것이다.

셋째, 경제적 재생산과 관련해서도 일련의 변화가 일어났다. 국민국가 중심적인 성장모델이 위기에 빠지면서 초국적 경제의 의미가 좀 더 중요해졌다. 1960년대 중반 이래 형성되기 시작한 유로달러시장은 포드주의적

---

14) 특히 유럽라운드테이블(European Round Table)은 이러한 담론의 형성에 지대한 영향을 미쳤다. 1982년 볼보 회장 길렌함머의 '유럽을 위한 마샬 플랜', 1984년 필립스 회장 데커의 '유럽 1990'은 이 초국적기업연합의 잘 알려진 문건들이다. 특히 데커의 보고서는 1985년 유럽공동체 집행위원회가 제출한 '백서'의 핵심을 구성했다(van Apeldoorn, 2000: 189~221).

축적체제의 위기와 더불어 생산적으로 투하되지 않는 화폐자본 — 메트로 달러(Metro-Dollar) — 의 규모가 커지면서, 그리고 또한 석유수출국가들의 경상수지 흑자 — 페트로 달러(Petro-Dollar) — 가 유입되면서 거의 극적으로 커졌다. 순수 유럽 통화시장의 규모는 1964년에 약 140억 달러 정도였는데, 1973년에는 약 1,600억 달러로, EMS의 도입이 결정된 해인 1978년에는 거의 5,000억 달러로 증가했다. 화폐적 축적이 자립화[15]하면서 오프쇼어(offshore) 금융은 마치 날개를 단 듯 부상했다. 다른 한편 국내시장의 협소함을 인식한 서유럽의 초국적 기업들은 그 활동무대를 유럽으로 — 그중 몇몇은 지구적으로 — 넓혔다. 이들은 초국적인 영업망을 통해 공급친화적인 생산지적 이점들을 최대한 활용하는 전략을 구사할 위치에 놓이게 되었다. 주요 시장에 근접한 생산지의 확보, 저렴한 원료의 지속적인 공급, 그 밖에 싼 노동력, 사회하부구조, 세제혜택 등등의 활용은 이 전략의 핵심적인 구성요소들이다. 서유럽에서 초국적 기업의 약진은 이미 심화된 역내 교역의 확대와 함께 — 공동체 역내 무역의 비중은 수출의 경우 1957년 37.2%에서 1987년 58.7%로, 수입의 경우 같은 해 35.2%에서 58.8%로 각각 상승했다 — 일종의 '유로 자본주의(Euro-Kapitalismus)'(Beckmann, Bieling and Deppe Hrsg., 2003)의 출현을 준비하고 있었다.

넷째, 서유럽의 모든 국가들에서 케인스주의적 국가성은 신자유주의적 국가성으로 — 그 강도와 시기의 차이는 있을지라도 — 전환되었다. 신자유주의적 국가성의 관철과 함께 일어난 가장 주목할 사실은 자본주의적 축적과정에서 국가의 역할이 결정적으로 변모했다는 점이다. 과거 케인스주의적

15) 화폐적 팽창은 금융적 불안정을 수반하기 마련이다. EMS는 물론 이후의 유럽통화연합 역시 이러한 금융적 불안정에 대응하려는 성격이 강했음은 물론이다(구춘권, 2000).

국가성이 경제에 대한 광범위한 수요 중심의 개입을 통해 실물경제의 성장 및 완전고용의 창출을 시도했던 반면, 신자유주의적 국가성은 선택적인 공급 중심의 개입을 통해 자본에 좀 더 유리한 가치증식 조건을 제공하고자 한다.

그런데 이 국가성은 흔히 오해되듯이 경제적 개입을 포기하면서 시장에 의해 대체되는 것이 아니라, 기업의 경쟁력이 의존하는 생산조건들의 개선을 체계적으로 지원한다. 지역적·지구적 차원에서 개방적인 경제가 출현하면서 특정 국가의 경쟁력은 생산의 하부구조 및 지식자원에 크게 의존하게 되었는데, 이 하부구조 및 자원의 질은 국가의 산업·기술·구조·교육정책 등의 결과임은 물론이다. 신자유주의적 국가성의 확산은 국가의 존재의미를 박탈시킨 것이 아니라, 축적과정에서 국가의 기능과 역할을 크게 변모시킨 것이라 할 수 있다.[16] 요컨대 경제적 재생산 관계에 조응하는 새로운 조절형태들이 국제적·국내적 권력관계의 변화와 함께 등장한 것이다. 뒤에서 논의하겠지만 특히 유럽연합은 이 새로운 조절형태들의 형성에서 중요한 매개역할을 수행하고 있다. 그런데 국가와 자본의 관계와 달리, 국가와 노동의 관계는 신자유주의적 국가성이 지배적인 상황에서조차 더 복잡한 모습을 띠며 변화하고 있다.

서유럽 대부분의 국가들에서 극단적으로 노동배제적인 영·미식 신자유주의는 관철되지 않았다. 1990년대 초반에 우려되었던 서유럽 노동관계의 '미국화' 또는 '일본화'는 현실로 등장하지 않은 것이다. 일반적으로 기업차원에서 조절의 의미가 격상되었지만, 이 경향이 완전히 탈중앙화된 노동

16) 여러 학자들은 이 신자유주의적 국가성을 '경쟁국가(Wettbewerbsstaat)'라는 개념 아래 담으려 시도했다.

관계로의 수렴을 가져오지는 않은 것으로 보인다. 오히려 노동관계는 놀라울 정도의 국민국가적 제도의 안정성 및 경로 의존성을 보이며 변화하고 있다.

유럽연합은 지난 20년 동안 노동조합들에게도 다양한 참여의 가능성들을 개방했고, 오늘날 유럽적 차원에서 노사 간 또는 노사정 간에 광범위한 제도적 네트워크가 형성되어 있다. 낙관적인 학자는 여기서 '경쟁적 연대(competative solidarity)'(Streeck, 2000)의 가능성을 발견하는 한편, 비관적인 학자는 이러한 발전을 신자유주의적 기저 위의 '상징적 유로 자본주의(symbolischer Euro-Kapitalismus)'(Schulten, 2000)로 특징짓는다.

유럽통합의 구조변화, 즉 미국 헤게모니의 변질과 신자유주의적 국가성의 발전은 1950~1960년대와 비교해 유럽통합에 질적으로 다른 의미를 부여했다. 유럽통합은 더 이상 국민국가 중심적인 성장모델을 외연적·보조적으로 지원하는 것이 아니라, 유럽적 차원의 신자유주의적·통화주의적 재편을 내용으로 하는 일종의 새로운 헤게모니 프로젝트를 의미했다. 요컨대 미국의 초국적 헤게모니를 대체할 — 군사적 차원에서가 아니라 경제적·금융적 차원에서 — 지역적 협력구도의 구축 및 이를 통한 새로운 경제적 역동성의 창출, 그리고 금융적 안정의 회복이 새로운 헤게모니 프로젝트의 핵심내용으로 부상한 것이다.

3) 유럽연합의 새로운 국가성

새로운 헤게모니 프로젝트는 1979년 EMS의 설립, 1985년 단일유럽의정서(SEA)의 채택을 통한 역내 공동시장의 창출, 그리고 1992년 마스트리히트 조약의 조인을 통한 유럽통화연합(EMU)의 실현을 통해 관철되었다.

〈표 3-2〉 신자유주의적 재편의 헤게모니 프로젝트

	유럽통화제도(EMS)	역내 공동시장	유럽통화연합(EMU)
구조적 변화 및 문제인식	- 브레턴우즈 체제의 붕괴 - 세계경제위기 - 환율변동의 불안정	북미(미국) 및 동아시아(일본)와의 지구적 경쟁에서 유럽경제의 취약함	- 전 지구적인 금융적 불안정 - 금융시장 및 독일 분데스방크의 영향력 - 통일 독일에 대한 정치적 통제
전략적 이해관계	환율의 급격한 변동을 막아보려는 서독과 프랑스의 타협	생산성 향상, 경쟁력 개선, 역내시장의 창출 및 탈규제화를 통한 경제성장	다양한 이해관계와 전략 - 단일시장의 완성과 낮은 거래비용(초국적 기업들) - 유럽화폐정책에 대한 영향력 확보 및 독일 마르크의 지배적 역할에 대한 견제(프랑스) - 안정적 통화의 확보와 엄격한 화폐·재정정책(독일) - 견실한 예산정책의 정당화(이탈리아)
담론의 내용과 형태	국제통화관계 및 화폐의 안정성에 대한 기술관료적 담론	- 신자유주의적 현대화의 담론 - 시장중심적인 정책의 성격에 대한 절제된 논쟁	- 경제조정의 담론(위로부터 밑으로) - 사회복지의 담론(밑으로부터 위로)
정서적 반응	무관심과 냉담	- 유럽의 미래에 대한 열정적 희망 - 기대되는 경제적·사회적 이득으로 인한 긍정적 태도	유럽통합의 성격 및 사회적 결과에 대한 근심과 불안의 확산

자료: Bieling and Steinhilber(2000: 127).

유럽통합을 유럽적 공간 내의 초국적 헤게모니 프로젝트로 이해하는 것은 다음과 같은 측면에서 의미 있는 작업이다.

우선 통합을 경제주의적(신기능주의) 또는 정치주의적(정부 간 협상론)으로 환원할 필요 없이, 구조는 물론 전략을 동시에 고려하는 접근이 가능해진다. 즉, 새로운 통합의 목표가 등장하는 구조적 배경은 물론, 이를 추진하는 세력들의 이해관계, 나아가 어떠한 담론을 통해 통합이 관철되고, 또한 대중들은 이를 어떻게 정서적으로 수용하는지 등의 문제가 헤게모니 개념 안으로 수용될 수 있다(<표 3-2>). 또한 유럽적 공간에서 진행되는 정치적·경제적·시민사회적 초국화의 과정이 국민국가적·지구적 차원의 변화와 연관되어 분석될 수 있다. 강조하지만 헤게모니는 '확장된' 권력에 상응한 개념이고, 따라서 통합을 정치적·제도적 측면에 한정시키지 않고 시민사회의 세력관계 및 경제적 재생산 구조의 변화와 연관된 정치적 매개과정으로 이해할 수 있게 한다.

주지하듯이 '유럽의 국가화' 또는 유럽에서 국가성이 출현하는 과정은 매우 복잡한 모습을 띠고 있다. 과거 국민국가에서 국가성의 형성이 균질적이며 — 최소한 형식적 측면에서 — 일회적인 입헌적 행위를 통해 가능했던 반면, 오늘날 유럽에서 국가성이 발전하는 과정은 특정 영역에 따라 선택적으로, 그리고 동일한 영역에서조차 선행그룹과 후발그룹을 만들어 내며 상이한 속도로 진행되고 있다.[17] 이는 유럽연합의 국가성 발전이 국민국가적 및 유럽적 타협구조, 시민사회의 세력관계 및 담론투쟁, 그리고 유럽적 경제의 재생산 방식과 연관되어 이루어지기 때문이다. 이러한 복합적 구도에서 지체와 불일치는 예외적인 경우가 아니라 오히려 통합에 내재적인 논리임은 물론이다. 유럽적 국가성의 형성에서 등장하는 이러한 긴장과 갈등은 '확장된' 권력 또는 헤게모니 개념을 통해 가장 적확하게 묘사될 수 있다.

---

17) 유럽연합은 화폐통합에서도 두 가지 속도(선행그룹과 후발그룹)를 경험한 적이 있으며, 향후 유럽안보방위연합에서도 이와 유사한 경로를 거칠 것을 예측해볼 수 있다.

유럽적 국가성의 출현과 관련하여 우리는 특히 다음과 같은 맥락을 주목해야 한다. 유럽이라는 공간에서 '확장된' 권력의 재생산과 관련하여 국민국가적인 행위영역, 즉 국민국가의 기구들과 그 대표자들은 여전히 중심적인 역할을 수행하고 있다. 그러나 급속히 진행된 경제관계들의 초국화 및 지구화와 함께 국민국가의 행위능력은 중요한 여러 측면에서 제한되거나 새롭게 정의되고 있다. 특히 국제적 경쟁력의 향상이라는 목표와 관련해서 오늘날 국민국가적 기구들의 조직과 기능방식은 이미 광범위하게 전환되었고, 신자유주의적 국가성이 정착한 실정이다. 서유럽에서 지구화의 추동 및 국민국가적 재편의 과정은 유럽연합을 통해 여러 측면에서 형성되고 구조화되고 있다. 오래전에 이미 슈타츠가 지적한 것처럼 유럽연합은 "자본증식의 국제화(무역, 투자, 금융관계들) 및 국민국가적 시장들의 협소함과 국민국가의 벽 사이의 모순들"(Statz, 1989: 16)을 공동의 경제공간 창출 및 국가기능의 부분적인 공동체화 — 특히 무역·경쟁·화폐정책의 영역에서 — 를 통해 대응하는 일종의 행위·중재영역이다. 따라서 유럽연합은 단순히 자유화, 탈규제화의 기계로 이해될 수 없다. 오히려 유럽연합은 신자유주의적 국가성의 발전에 조응해 여러 층위와 영역에서 등장한, 파편화된 공동의 유럽적 국가성으로 지칭될 수 있다. 경쟁적 통합양식(<표 3-1>)을 통해 표현되는 유럽연합에 구현된 새로운 국가성의 특성은 다음과 같은 성격의 것이다.

첫째, 오늘날 유럽연합은 국민국가적인 조절의 재편에 광범위하게 관여하고 있다. 달리 말하면 신자유주의적 국가성은 유럽연합을 매개로 정착하고 있다. 즉, 유럽연합은 과거 포드주의적 축적체제 시기 국내시장 지향적인 성장모델의 보조적 지원으로부터 벗어나 이제 유럽적 차원에서 포스트포드주의적인 축적체제의 형성을 적극적으로 매개한다. 예를 들어 유럽연합은 공급 측의 구조적 경쟁력을 체계적으로 개선하기 위해 기술 분야의 협력을 주도하며, 특히 첨단기술 부문에서 경쟁력을 지닌 유럽기업들의 성장을 지원하는 것을 목표로 다양한 형태의 전략적 동맹을 촉진한다. 사회정책과 관련해서도 유럽연합은 개인의 성취와 효율, 경쟁력에 기반을 둔 사회복지, 노동시장과 임금의 유연화 등을 유도하는 프로그램을 적극적으로 추진한다(이호근, 2000: 285). 오늘날 유럽연합은 일종의 탈국민국가화된 '슘페터적 성취체제'(Jessop, 1995: 29)로 발전하면서, 유럽적 차원에서 경쟁지향적인 조정자의 역할을 수행하고 있다.

둘째, 유럽연합의 새로운 국가성의 정착을 통해 관철되는 경제적 변화의 내용은 신자유주의적이며 통화주의적이다. SEA를 통한 역내시장의 창출, 마스트리히트 조약에 의거한 EMU의 완성은 신자유주의적·통화주의적 유럽통합의 핵심 내용이자 주목할 성과라고 할 수 있다.[18] 우선 통합된 공동시장은 역내 무역을 보다 활성화[19]시켰을 뿐 아니라 직접투자 — 대부분 합병과 결합의 형태로 이루어졌다 — 를 대폭 증가시켰다. 그 결과 오늘날 많은 산업 부문들에서 하청 및 판매기업들을 포괄하여 유럽 곳곳의 생산입지들을 연결시키는 유럽적 기업연합들의 네트워크가 출현하고 있다. 다른 한편 EMU의 실현은 브레턴우즈 체제의 붕괴 이후 환율의 급격한 변동에 대응해 결성된 EMS의 연속적 발전이기도 하지만, 공동화폐의 창출과정이 무엇보다 엄격한 화폐적 안정성을 위주로 진행된 사실을 고려할 때, 유럽 전반에서 통화주의의 득세를 반영하고 있다. 질테너는 이와

18) 질은 이러한 조약들에 의한 유럽의 시장중심적이며 경쟁지향적인 재편의 법적·제도적 공고화를 '신입헌주의(new constitutionalism)'로 지칭했다(Gill, 1998).

19) 역내 교역의 비중은 단일시장의 실현과 함께 1983년 56.2%에서 1997년 62.3%로 늘어났다(Lintner, 2001: 40).

관련하여 1990년대의 통합을 '유로통화주의(Euromonetarismus)'로의 이행으로 특징지은 바 있다(Ziltener, 1999: 132). 요컨대 회원국 통화들 및 이 통화들 사이의 화폐적 안정성이 유럽통합의 중요한 목표로 정의되고, 경제성장과 고용창출, 실물경제적 수렴이 부차적으로 이해되거나 시장에 의해 해결될 것으로 기대되는 상황이 새로운 국가성의 정착과 함께 관철된 경제적 통합의 지배적인 모습이다.

셋째, 유럽연합의 새로운 국가성은 더 이상 초국가적인 권력 중심의 구성을 지향하는 것으로 보이지 않는다. 따라서 과거의 유럽합중국은 더 이상 유럽통합의 이상적인 모델이 아니다. 나사원적 체계 접근이 잘 묘사하듯이 오늘날 유럽연합의 정책결정은 정부 간 교섭의 경로에만 의존하지 않으며, 다양한 단위들과 제도들의 참여를 허용하고 있다. 유럽연합의 국가성은 국민국가 위에 군림하기보다는 그 옆에 존재하면서 새로운 과제를 수행하는 일종의 개방된 정치체계에 근접해 보인다. 이러한 변화를 툄멜은 "유럽통합의 좀 더 현대화된 유형"의 출현으로 지칭하면서, 그 특징을 "경제의 국제화·현대화 과정을 조종하면서 동반하고, 회원국가들 간의 모순적인 개별 이해들을 중재하면서 통합하는 것"으로 이해했다(Tömmel, 1989: 30).

넷째, 유럽연합의 새로운 국가성의 발전과 함께 유럽적 시민사회의 맹아 형태들 역시 출현하고 있다. 오늘날 유럽연합은 셀 수 없이 많은 네트워크들 및 정보채널들로 둘러싸여 있다. 이들은 유럽연합에 특수한 전문지식을 제공할 뿐 아니라 추가적으로 정당성을 부여하는 역할을 수행한다. 정당, 기업단체, 노동조합 및 비정부기구들과 같은 다양한 시민사회의 조직들은 물론 학자, 전문가 집단 등의 참여와 결속은 오늘날 유럽적 통치구조의 중요한 특징으로 자리 잡았다.

물론 사회세력들은 직접적 연계를 통해 유럽연합에 영향력을 행사할 수도 있으며, 이는 예컨대 기업인들의 유럽라운드테이블에서와 같이 대단히 강력할 수도 있다. 유럽적 시민사회는 오늘날 지배적인 유럽연합의 국가성을 공고화하는 역할을 수행하고 있지만, 다른 한편으로는 지배적 국가성에 구현된 제도들과 조절형태를 비판하고 변화시킬 수 있는 일종의 투쟁의 영역으로 발전할 가능성도 담고 있다.

4. 결론

유럽연합의 형태, 특성, 역할에 대한 혼돈된 이해와 전망에도 불구하고, 유럽통합은 1980년대 중반 이후 특히 경제적 영역에서 본질적인 심화와 공간적인 확대를 경험했다. 이러한 변화는 최근의 통합이론들에서 초국적 단위의 중요성이 공통적으로 강조되고 있다는 사실에도 반영된다. 특히 유럽연합을 다차원적 통치체계로 이해하려는 시도는 오늘날 이론적 패러다임의 차이를 넘어 광범위하게 수용되고 있는 것으로 보인다. 다차원적 체계 접근은 유럽통합의 정치적·과정적 형태를 탁월하게 묘사할 수 있는 장점을 가지고 있지만, 사회관계로부터 분리된 통치의 차원으로 정치의 의미가 축소됨으로써 통합의 전체적인 모습을 재구성하는 데는 한계가 있는 것으로 보인다.

위기와 단절을 포함하는 통합과정의 역동성을 설명하기 위해서는 정치와 사회 및 경제의 관계에 대한 기능적 이해를 넘어선 이론적 사고가 필요하다. 우리는 확장된 '권력' 또는 초국적 헤게모니와 같은 개념이 정치권력을 시민사회의 동의·갈등·투쟁 및 경제구조의 발전·위기·변화와의 조응관계로서 파악하려 시도한다는 점에 주목했다. 이 글이 의존한 네오그람시안적으로 확장된 조절이론이라는 분석틀은 국민국가적·지구적 차원에서 등장한 사회경제적 발전·위기 및 이의 정치적 매개과정이 유럽통합의 질적인 변화를 가져왔음을 잘 드러내고 있다.

1980년대 중반 이후 유럽통합의 역동적인 전개와 함께 오늘날 유럽이라는 공간에서는 새로운 국가성이 출현하고 있다. 그런데 이 국가성은 대단히 독특한 성격의 것으로, 균질적인 것이기보다는 파편적인 것이며 일괄적이기보다는 선택적으로 발전한다. 새로운 유럽적 국가성의 출현은 국민국가적인 국가성의 전환과 동시에 진행되었다. 전후 구축된 케인스주의적 국가성은 오늘날 신자유주의적 국가성에 의해 내체되었으며, 유럽연합은 이 국민국가적 국가성의 전환과정에서 일종의 지렛대 역할을 수행했다. 유럽연합은 경제관계의 초국화 및 국민국가적 시장의 협소함 사이에 존재하는 모순들에 대해 공동의 경제공간 창출 및 국가기능의 부분적인 공동체화를 통해 대응하려는 시도로 특징지을 수 있다.

서유럽에서 지구화의 추동 및 국민국가적 재편의 과정은 여러 측면에서 유럽연합을 통해 형성되고 구조화된다. 따라서 유럽연합은 단순히 자유화, 탈규제화의 기계라기보다는 신자유주의적 국가성의 발전에 조응해 여러 층위와 영역에서 등장한, 파편화된 공동의 유럽적 국가성의 일부로 이해되어야 한다. 이러한 유럽적 국가성의 출현과 함께 오늘날 유럽적 수준과 국민국가적 수준은 더 이상 분리가능한 상호보완적인 영역으로 이해될 수 없으며, 유럽통합 자체가 이미 새로운 국가성의 일부를 구성하고 있다.

참고문헌

구춘권. 2000. 「화폐적 축적의 자립화: 포드주의의 위기와 국제금융시장의 팽창」. ≪한국정치학회보≫, 제34집 제3호.

_____. 2001. 「유럽연합의 통합양식 변화와 비판적 통합이론의 도전」. ≪한국정치학회보≫, 제35집 제3호.

_____. 2003. 「냉전체제의 극복과 집단안보의 잃어버린 10년」. ≪국제정치논총≫, 제43집 제2호.

김승렬. 2004. 「푸른 유럽(Europe verte): 유럽 국민국가들의 농업정책과 농산물시장통합(1950~1954)」. ≪역사와 경계≫, 제53집.

김학노. 1999. 「신기능주의 통합이론의 구성주의적 재구성」. ≪한국정치연구≫, 제9집.

_____. 2001. 「마스트리히트 사회정책협정 형성과정: 구성주의적 신기능주의 설명」. ≪한국정치학회보≫, 제35집 제3호.

리피에츠, 아랑. 1991. 『기적과 환상』. 도서출판 한울.

이호근. 2000. 「유럽 통합과정과 사회정책」. ≪한국정치학회보≫, 제34집 제3호.

_____. 2001. 「세계화 경제 속의 국가의 변화와 서유럽 다층적 통치체제의 발전」. ≪한국정치학회보≫, 제35집 제2호.

장훈. 1999. 「세계금융시대의 국가전략: 영국과 프랑스의 유럽통화연합 정책형성의 정치」. ≪국가전략≫, 제5권 제1호.

진시원. 2004. 「유럽연합에 대한 이론적 고찰: 경쟁이론들의 장·단점 비교연구」. ≪한국정치학회보≫, 제38집 제2호.

최진우. 1997. 「유럽경제통화통합의 동인과 정치적 쟁점」. ≪국제정치논총≫, 제36집 제3호.

케이건, 로버트. 2003. 『미국 vs 유럽: 갈등에 관한 보고서』. 세종.

홉스봄, 에릭. 1997. 『극단의 시대: 20세기의 역사』. 까치.

Aglietta, Michel. 1979. *A Theory of Capitalist Regulation. The US Experience*. London: Verso.

Beckmann, Martin, Hans-Jürgen Bieling and Frank Deppe(Hrsg.). 2003. *"Euro-Kapitalsmus" und globale politische* Ö*konomie*. Hamburg: VSA.

Bieling, Hans-Jürgen and Frank Deppe. 1996. "Internationalisierung, Integration und politische Regulierung." in Jachtenfuchs and Kohler-Koch(Hrsg.). *Europäische Integration*. Opladen: Leske+ Budrich.

Bieling, Hans-Jürgen and Jochen Steinhilber. 2000. "Hegemoniale Projekte im Prozeß der europäischen Integration." in dies.(Hrsg.). *Die Konfiguration Europas. Dimensionen einer kritischen Integrationstheorie*. Münster: Westfällisches Dampfboot Verlag.

_____. 2002. "Finanzmarktintegration und Corporate Governance in der Europäischen Union." *Zeitschrift für Internationale Beziehungen*, Vol.9, No.1.

Bieling, Hans-Jürgen. 2003. "Die neue europäische Ökonomie. Transnational Machtstrukturen und Regulationsformen." in Beckmann, Bieling and Deppe(Hrsg.). *"Euro-Kapitalsmus" und globale politische Ökonomie*. Hamburg: VSA.

Bierling, Stephan. 2003. *Geschichte der amerikanischen Außenpolitik*. München: Verlag C. H. Beck.

Busch, Klaus. 1996. "Spill-over-Dynamik und Spill-back-Potential in der europäischen Währungsintegration. Ein Beitrag zur Integrationstheorie." in Jachtenfuchs and Kohler-Koch(Hrsg.). *Europäische Integration*. Opladen: Leske+ Budrich.

Cox, Robert W. 1987. *Production, Power and World Order. Social Forces in the Making of History*. New York: Columbia University Press.

_____. 1996. "Gramsci, Hegemony and International Relations: An Essay in Method(1983)." in Robert W. Cox and Timothy J. Sinclair(eds.). *Approaches to World Order*. Cambridge: Cambridge Univ. Press.

Czempiel, Ernst-Otto. 2002. *Weltpolitik im Umbruch. Die Pax Americana, der Terrorismus und die Zukunft der internationalen Beziehungen*. München: Beck.

Deppe, Frank. 1985. *Ende oder Zukunft der Arbeiterbewegung?* Köln: Pahl-Rugenstein.

Derrida, Jacques and Jürgen Habermas. 2003. "Nach dem Krieg. Die Wiedergeburt Europas." *FAZ*, vom 31. 05.

Finnemore, Martha and Kathryn Sikkink. 1998. "International Norm Dynamics and Political Change." *International Organization*, Vol.52.

Gill, Stephen. 1998. "European Governance and New Constitutionalism. Economic and Monetary Union and Alternatives to Disciplinary Neoliberalism in Europe." *New Political Economy*, Vol.3, No.1.

Habermas, Jürgen. 1981. *Theorie des kommunikativen Handelns*. Frankfurt am Main: Suhrkamp.

Heritier, Adrienne. 1995. *Die Koordination von Interessenveilfalt im europäischen Entscheidungsprozeß und deren Ergebnis. Regulative Politik als "Patchwork"*. MPIFG Discussion

Paper 95/4.

Jachtenfuchs, Markus and Beate Kohler-Koch(Hrsg.). 2003. *Europäische Integration*. 2. Aufl. Opladen: Leske+Budrich.

Jachtenfuchs, Markus and Beate Kohler-Koch. 1996. "Regieren im dynamischen Mehrebenensystem." in dies.(Hrsg.). *Europäische Integration*. Opladen: Leske+ Budrich.

Jessop, Bob. 1995. "Die Zukunft des Nationalstaates: Erosion oder Reorganisation? Grundsätzliche Überlegungen zu Westeuropa." in *Europäische Integration und politische Regulierung - Aspekte, Dimensionen, Perspektiven*, FEG-Studie, Nr. 5. Marburg.

König, Thomas, Elmar Rieger and Hermann Schmitt. 1996. "Einleitung der Herausgeber." in dies.(Hrsg.). *Das Europäische Mehrebenensystem*. Frankfurt/New York: Campus.

Keohane, Robert and Stanley Hoffman. 1990. "Conclusions. Community Politics and Institutional Change." in William Wallace(ed.). *The Dynamics of European Integration*. London/New York: Pinter Publishers.

Lintner, Valerio. 2001. "The Development of the EU and the European Economy." in Grahame Thomson(ed.). *Governing the European Economy*. London: Sage.

Moravcsik, Andrew. 1993. "Preferences and Power in the European Community. A Liberal Intergovernmentalist Approach." *Journal of Common Market Studies*, Vol.31, No.4.

Nicolaysen, Gert. 1991. *Europarecht*. Baden-Baden: Nomos Verl.

Poulantzas, Nicos. 1978. *Staatstheorie. Politischer berbau, Ideologie, Sozialistische Demokratie*. Hamburg: VSA.

Rötger, Bernd. 1997. *Neoliberale Globalisierung und eurokapitalistische Regulation. Die politische Konstitution des Marktes*. Münster: Westfälisches Dampfboot.

Rieger, Elmar. 1996. "Agrarpolitik: Integration durch Gemeinschaftspolitik?" in Jachtenfuchs and Kohler-Koch(Hrsg.). *Europäische Integration*. Opladen: Leske+ Budrich.

Rosamond, Ben. 2000. *Theories of European Integration*. Houndmills: Palgrave.

Ruggie, John G. 1982. "International Regimes, Transactions, and Change: Embedded Liberalism in the Postwar Economic Order." *International Organization*, Vol.36, No.2.

Scharpf, Fritz W. 1989. "Politische Steuerung und politische Institutionen." *PVS*, Vol.30, No.1.

_____. 1992. "Die Handlungsfähigkeit des Staates am Ende des Zwanzigsten Jahrhunderts." in Beate Kohler-Koch(Hrsg.). *Staat und Demokratie in Europa*. Opladen: Leske+

Budrich.

Schneider, Volker and Raymund Werle. 1989. "Vom Regime zum korporativen Akteur. Zur institutionellen Dynamik der Europäischen Gemeinschaft." in Beate Kohler-Koch(Hrsg.). *Regime in den internationalen Beziehungen*. Baden-Baden: Nomos.

Schulten, Thorsten. 2000. "Zwischen nationalem Wettbewerbskorporatismus und symbolischem Euro-Korporatismus." in Bieling and Steinhilber(Hrsg.). *Die Konfiguration Europas. Dimensionen einer kritischen Integrationstheorie*. Münster: Westfällisches Dampfboot Verlag.

Statz, Albert. 1989. "Die Entwicklung der europäischen Integration. Ein Problemaufriß." in Frank Deppe u.a.(Hrsg.). *1992 - Projekt Europa. Politik und Ökonomie in der europäischen Gemeinschaft*. Köln: Pahl-Rugenstein.

Streeck, Wolfgang. 2000. "Competative Solidarity. Rethinking the 'European Social Model'." in Karl Hinrichs u.a.(Hrsg.). *Kontingenz und Krise. Institutionenpolitik in kapitalistischen und postsozialistischen Gesellschaften*. Frankfurt/New York: Campus.

Tömmel, Ingeborg. 1989. "Europäischer Binnnenmarkt und mediterrane Peripherie." *PROKLA*, Heft 75.

van Apeldoorn, Bastiaan. 2000. "Transnationale Klassen und europäisches Regieren: Der European Round Table of Industrialists." in Bieling and Steinhilber(Hrsg.). *Die Konfiguration Europas. Dimensionen einer kritischen Integrationstheorie*. Münster: Westfällisches Dampfboot Verlag.

van der Pijl, Kees. 1984. *The Making of an Atlantic Ruling Class*. London: Verso.

Wallace, William. 1983. "Less than a Federation, More than a Regime." in Helen Wallace (ed.). *Policymaking in the European Community*. Chichester: Wiley.

_____. 1996. "Government without Statehood. The Unstable Equilibrium." in Helen Wallace and William Wallace(eds.). *Policymaking in the European Union*. Oxford: Oxford University Press.

Wessels, Wolfgang. 1992. "Staat und (westeuropäische) Integration. Die Fusionsthese." in Michael Kreile(Hrsg.). *Die Integration Europas*, PVS-Sonderheft 23. Opladen: Westdeutscher Verlag.

Winand, Pascaline. 1993. *Eisenhower, Kennedy and the United States of Europe*. New York: St. Martin's Press.

Ziltener, Patrick. 1999. *Strukturwandel der europäischen Integration. Die Europäische Union und die Veränderung von Staatlichkeit*. Münster: Westfälisches Dampfboot.

_____. 2000. "Die Veränderung von Staatlichkeit in Europa." in Bieling and Steinhilber(Hrsg.). *Die Konfiguration Europas. Dimensionen einer kritischen Integrationstheorie*. Münster: Westfällisches Dampfboot Verlag.

제2부

지구화 시대 탈민족주의 · 탈국가주의 이론과 사상

제4장

알렉스 캘리니코스의 반자본주의 사상

정성진
경상대학교 경제학과 교수

1. 서론

이 글은 알렉스 캘리니코스(Alex Callinicos)의 반자본주의 사상과 전략을 검토하는 것을 목적으로 한다. 마르크스주의 정치학자로서 캘리니코스의 주요 저술은 우리나라에도 이미 20여 년 전부터 대부분 소개되어 진보진영에 잘 알려져 있다.[1] 하지만 캘리니코스의 사상을 학술적 차원에서 소개하거나 검토한 연구는 거의 없다. 이는 아마도 우리나라 학계에서 캘리니코스

---

* 이 글은 ≪마르크스주의 연구≫, 제5권 제2호에 실린 논문을 수정·보완한 것이다.

1) 캘리니코스의 단행본 중 현재까지 한국어판으로 출판된 것은 무려 13권이나 된다: 『알튀세르의 마르크스주의』(1976), 『마르크스주의의 미래는 있는가?』(1982), 『마르크스주의와 철학』(1983), 『마르크스의 혁명적 사상』(1983), 『역사와 행위』(1987), 『트로츠키주의』(1990), 『포스트모더니즘에 반대하여: 마르크스주의적 비판』(1990), 『역사의 복수』(1991), 『노동조합에서 사회주의자들』(1995), 『이론과 서사: 역사철학에 대한 성찰』(1995), 『평등』(2000), 『반자본주의 선언』(2003), 『미국의 세계 제패 전략』(2003).

와 같은 국제사회주의 경향(International Socialist Tendency: IST)[2]의 정치에 대해 우호적이거나 학문적 관심을 갖는 학자들이 드물기 때문일 것이다. 학계에서는 예외적으로 캘리니코스·정성진(1999)[3]이 1999년까지 캘리니코스의 사상을 대담 형식으로 개관한 적이 있지만, 1999년 '시애틀 전투' 이후 반자본주의 이론과 전략의 구체화를 중심으로 한 캘리니코스의 사상은 전혀 검토되지 못했다. 하지만 캘리니코스는 1999년 이후에도 『평등』(2000), 『제3의 길 비판』(2001), 『미국의 세계 제패 전략』(2003), 『반자본주의 선언』(2003), 『비판의 자원』(2006) 등 주목할 만한 저작들을 간행했다.

그뿐만 아니라 캘리니코스는 21세기 마르크스주의적 사회주의의 흐름을 주도하고 있는 IST의 국제적 중심인 영국 사회주의노동자당(Socialist Workers Party: SWP)의 중앙위원 및 저항의 세계화(Globalize Resistance) 운영위원으로서 1999년 시애틀 전투 이후 대안세계화 운동(alterglobalization movements)[4]과 반전운동 및 국제 급진 좌파의 재구성 작업에 본격적으로 개입하면서 수많은 정세 분석 문건들을 발표했다.

이 글은 아직 국내외 학계에서 거의 검토된 바 없는 1999년 이후 캘리니코스의 사상을 개관 평가함으로써 이 부분에서 기존 연구의 공백을 메울 것이다. 또 국제적으로 대안세계화 운동의 흐름을 주도하고 있는 대표적

---

2) IST는 제4인터내셔널(Fourth International: FI)과 함께 오늘날 세계 트로츠키주의 운동의 양대 흐름의 하나이다. IST와 FI에 대한 캘리니코스의 비교 분석으로는 Callinicos(1990)를 참조할 것.

3) 1999년까지 캘리니코스가 간행한 단행본으로서 한국어판으로 출판되지 않은 것으로는 『남아프리카공화국: 개량과 혁명 사이에서』(1988), 『인종과 계급』(1993), 『마르크스주의와 새로운 제국주의』(1994), 『사회이론: 역사적 개관』(1999) 등이 있다.

4) 여기서 대안세계화 운동이란 통상 반세계화 운동이라고 불리는데, 캘리니코스(Callinicos, 2003c)는 이를 '반자본주의 운동'이라고 명명한다.

활동가의 한 사람이기도 한 캘리니코스의 사상을 검토하는 것은 21세기 사회운동의 새로운 흐름으로 주목받고 있는 대안세계화 운동의 주요 쟁점을 이해하고 향후 발전 방향을 모색하는 데 유용한 시사를 제공할 것이다.

먼저 2절에서는 캘리니코스의 반자본주의 이론을 가치와 윤리, 공황론, 제국주의론 및 참여계획경제론으로 나누어 주요 내용과 쟁점을 검토한다. 3절에서는 캘리니코스가 이론적으로 대변하고 있는 SWP의 반자본주의 운동 전략을 국가 권력, 공동전선, 혁명정당 및 이행기 강령의 쟁점을 중심으로 검토한다. 특히 캘리니코스 및 SWP와 자율주의, 개량주의, 프랑스의 혁명적 공산주의 동맹(Ligue Communiste Revolutionnaire: LCR) 간에 형성되고 있는 쟁점을 검토한다.[5] 끝으로 4절에서는 캘리니코스와 SWP로 대표되는 마르크스주의적 사회주의 경향이 1999년 이후 반자본주의 운동의 발전에서 이룩한 성과와 과제 및 우리나라 반자본주의 운동 건설과 관련하여 제공하는 시사점을 논의한다.

2. 반자본주의의 이론

1999년 이후 캘리니코스가 수행한 이론적 작업은 크게 사회주의의 가치와 윤리, 공황론, 제국주의론 및 참여계획경제론 등 네 영역에서 이루어졌다고 할 수 있는데, 이 절에서는 이 영역들에서 캘리니코스의 기여를 차례대로 검토한다.

---

5) SWP와 LCR 간의 논쟁을 국제 좌파의 통합 문제를 중심으로 국내에 소개한 것으로는 원영수(2004)가 있다.

1) 사회주의와 윤리

1999년 이전 캘리니코스는 자신의 방법론의 주요 구성요소 중 하나로 알튀세르의 철학과 '분석 마르크스주의'를 비판적으로 수용한 바 있다.[6] 이러한 입장은 21세기 들어서도 유지되는 듯하다. 예컨대 캘리니코스는 홀로코스트(나치의 유태인 말살 정책) 문제를 다룬 2001년 논문에서 '홀로코스트'를 독일 자본의 경제적 이해관계의 논리로 설명하려는 일부 마르크스주의 역사가들의 접근을 비판하고, 이 문제는 나치의 인종주의 및 프티부르주아 대중운동으로서 파시즘의 이데올로기적 영향 등을 종합적으로 고려해야 제대로 설명될 수 있다고 주장한다(Callinicos, 2001b).[7]

21세기 들어서 캘리니코스는 관심 영역을 바스카(R. Bhaskar)의 비판적 실재론(critical realism)과 롤스(J. Rawls)의 '자유주의적 평등주의론(liberal egalitarianism)', 정의론으로까지 확대하여 이들의 문제의식의 합리적 핵심을 수용한다. 기존 마르크스주의에 '도덕의 결핍(ethical deficit)'을 이들이 보충해줄 수 있다는 이유에서이다(Callinicos, 2006c).

21세기 마르크스주의 이론의 발전에서 새로운 주목할 만한 경향은 아서(Arthur, 2002) 등으로 대표되는 '헤겔주의적 마르크스주의' 혹은 '새로운 변증법(New Dialectic)'인데, 캘리니코스는 이들에 대해서는 매우 비판적이다. 캘리니코스는 여전히 비데(Bidet, 2007)와 같은 알튀세르주의자들의

---

6) 예컨대 Callinicos(1976) 및 Callinicos(1989)가 그것들이다.

7) 캘리니코스는 독일 자본과 나치의 관계는 전자가 후자를 결정하는 관계가 아니라 '갈등적 동반자 관계(conflictual partnership)'로 이해되어야 하며 '홀로코스트'에서 나치 이데올로기가 수행한 '중층결정적 역할(overdetermining role)'을 이해하는 것이 중요하다고 강조한다(Callinicos, 2001b: 395, 403).

『정치경제학 비판 요강』 및 『자본론』 해석을 수용하면서, 헤겔의 변증법은 "인식론적 지주인 동시에 장애"라고 간주한다(Callinicos, 2005d).[8] 캘리니코스는 아서(Arthur, 2002)에 대해 '자본-노동'의 관계 및 '다수 자본'의 관계로 특징지어지는 '자본의 관계성(relationality of capital)'에 대한 인식이 부재하다고 비판한다(Callinicos, 2005d: 56).

물론 캘리니코스처럼 비판적 실재론, 자유주의적 평등주의론을 우호적으로 수용하는 것이 SWP에 합의된 입장은 아니다. 예컨대 하먼(Harman, 2007)은 캘리니코스에서 변증법이 주변화되었다고 비판한다.

어쨌든 2000년 이후 캘리니코스 사상에서 특징적인 것은 "우리는 케이크를 가지면서도 동시에 먹을 수도 있다"(Callinicos, 2001c)면서, 마르크스주의와 도덕적 혹은 윤리적 가치가 양립 불가능한 것이 아님을 강조하는 것이다.[9] 캘리니코스는 "규범적 문제들을 추구하는 것이 마르크스주의의 거대한 지적 강점인 설명적 사회이론을 포기하도록 요구하는 것은 아니"라고 하면서, "자본주의에 대한 이론적으로 유의미한 마르크스주의적 비판과 자본주의를 정의롭지 못하다고 규탄하는 윤리적 원칙이 결합"(Callinicos, 2006c: 220~221)되어야 한다고 주장한다.

캘리니코스는 『반자본주의 선언』(2003)에서 사회주의적 반자본주의 운동이 기초해야 할 가치로서 ① 정의, ② 효율성, ③ 민주주의, ④ 지속가능

8) "헤겔의 『논리학』은 한때는 마르크스의 방법의 형성에서 구성적 역할을 했지만 이내 장애로 되었고 『자본론』의 서술 과정에서 (최소한 부분적으로) 극복되어야만 했다"(Callinicos, 2005d: 57).

9) LCR의 벵세(D. Bensaid)는 이에 대해 "마르크스의 비판을 정의론과 혼합하려는 시도는 분필과 치즈를 섞는 것과 마찬가지이다"라고 비판한다(Callinicos, 2006c: 221 재인용).

성 등 네 가지를 제시한다. 그는 『평등』(2000)에서 사회주의적 반자본주의의 가치를 더 상세하게 논의한다.

2) 공황론

1999년까지 캘리니코스는 공황론은 IST 경향의 정초자인 클리프(T. Cliff, 1917~2000)의 영구군비경제론과 마르크스의 이윤율의 저하경향 이론을 절충한 하먼의 공황론을 그대로 채택한 것이라고 할 수 있다. 하지만 캘리니코스의 공황론은 브레너(R. Brenner)의 『혼돈의 기원』(1998) 출판을 계기로 한 '제2차 브레너 논쟁'에 대한 개입(Callinicos, 1999) 이후, 영구군비경제론보다는 마르크스의 이윤율의 저하경향 이론 쪽으로 강조점을 이동한다. 하지만 캘리니코스는 마르크스의 이윤율의 저하경향 법칙의 해석에서 야페(D. Yaffe)와 같은 '근본주의자'들처럼 '자본일반'의 논리에서 곧바로 이윤율의 저하경향을 도출하는 것이 아니라, 브레너와 유사하게 '다수 자본', 즉 경쟁의 추상수준과 이윤율의 저하경향의 관련을 강조한다.

그러나 브레너의 경우 '다수 자본' 간의 경쟁이 제품 가격에 대한 하방 압력 증대를 통해서 이윤율을 저하시키는 측면을 강조한다면, 캘리니코스는 '다수 자본'의 경쟁적 기술혁신이 초래하는 자본의 유기적 구성의 고도화가 이윤율을 저하시키는 측면을 강조한다. 그럼에도 2000년 이후 캘리니코스는 물론 하먼을 비롯한 SWP의 경제위기 분석은 브레너의 논의를 대체로 수용하는 것으로 보인다. 예컨대 캘리니코스(Callinicos, 2006e)는 파니치(L. Panitch)와 진딘(S. Gindin)의 미국 헤게모니 강화론을 비판하기 위한 주된 논거로서 브레너의 이윤율 저하 위기론을 원용하고 있으며, 2007년 여름 이후 미국의 서브프라임 모기지 부실로 인한 경제위기 분석에서도 브레너의 이윤율 저하 위기론 및 '쌍둥이 거품 붕괴론'에 의존한다(예컨대 Callinicos, 2007f 참조).

3) 제국주의론

캘리니코스는 마르크스의 자본주의 분석의 핵심을 자본과 노동 간의 관계(자본일반) 및 다수 자본의 관계(경쟁)를 동시적으로 고려한 데서 찾는다. 캘리니코스는 부하린(N. Bukharin)의 제국주의론은 이와 같은 마르크스의 자본주의 분석의 핵심을 발전시킨 것이라고 높이 평가하고, 이를 자신의 제국주의론의 기본적 관점으로 채택한다.

캘리니코스는 자본주의 생산양식에 필수적인 '다수 자본'의 경쟁이 세계적 차원에서 불균등 발전을 격화시킨다는 사실을 중시한다. 또한 자본주의 세계체제에서는 세계화에도 불구하고 세계국가의 경향이 아니라 '국가의 복수성(plurality of states)' 및 이들 복수의 국가들로 구성되는 '국가 간 체제(inter-state system)'와 이들 간의 '지정학적 경쟁(geopolitical competition)'이 필수적이라고 주장한다(Callinocos, 2007a). 캘리니코스에 따르면, 이 때문에 세계화는 동시에 '무장한 세계화'가 될 수밖에 없다. 캘리니코스는 "마르크스주의적 관점에서 볼 때 제국주의는 두 가지 형태의 경쟁 — 자본들 간의 경제적 투쟁과 국가들 간의 지정학적 경쟁 — 이 융합할 때 발생한다"(Callinicos, 2007e: 7)라고 정식화한다.

캘리니코스의 제국주의론은 제국주의 국가 간 '지정학적 경쟁'의 현재성을 강조한다는 점에서, 세계화에 따라 국민국가가 약화된다든지, 제국주의 국가 간 경쟁이 소멸한다고 주장하는 네그리(A. Negri) 등 자율주의자들의 『제국』론과 정면으로 대립된다(Callinicos, 2001d, 2006f). 캘리니코스는 최근의 세계화를 시장근본주의의 전 세계적 확산이나 금융세계화 등 주로 경제적 세계화로 이해하는 ATTAC(금융거래과세 시민연합)이나 자율주의와 같은 반자본주의 운동 내부의 다수 견해에 반대한다. 캘리니코스는 세계화 과정에서 제국주의 국가들 간의 정치적·군사적 갈등, '지정학적 경쟁'이 격화되고 있음을 강조하는 동시에, 오늘날의 세계화는 무엇보다 '미국 제국주의의 새로운 얼굴'로 이해되어야 한다고 주장한다(Callinicos, 2002b, 2003d, 2005a, 2005e). 하지만 캘리니코스는 파니치와 진딘(Panitch and Gindin, 2006) 등의 미국 최강 제국주의론(super-imperialism)에 대해서는 제국주의 국가 간의 '지정학적 경쟁'을 부정했다는 이유로 비판적이다. 반면 캘리니코스는 아리기(G. Arrighi) 등의 세계체제론을 부분적으로 수용하여, 21세기 들어 유럽연합과 중국의 대두에 따른 미국 헤게모니의 위기 경향을 인정한다(Callinicos, 2006e).[10)]

한편 캘리니코스는 이슬람 급진주의에 대해서 이들의 반제국주의적 경향에 주목한다. 이로부터 캘리니코스는 국제 급진 좌파는 이슬람 급진주의의 반제국주의 투쟁과 연대해야 한다고 주장한다(Callinicos, 2007b). 이슬람 급진주의 체제의 착취적·억압적·반동적 성격을 이유로 이들의 반제국주의 투쟁과 연대하는 것을 거부하는 자율주의, 자유주의, 좌익 공산주의의 입장, 혹은 질베르 아쉬카르(G. Achcar) 등 LCR의 양비론적 입장에 대해 캘리니코스는 비판적이다(Callinicos, 2005g).

---

10) 캘리니코스는 페트라스(J. Petras)나 벨트마이어(H. Veltmeyer)처럼 세계화를 제국주의와 동일시하거나 미국 제국주의의 음모로 환원하는 경향에 대해서도 비판적이다. 왜냐하면 세계화와 제국주의를 동일시하는 것은 '장기 지속(la logue duree)'과 같은 "장기적 경제과정이 제국주의적 프로젝트를 촉진하거나 저해하는 방식을 탐구하는 것을 봉쇄"하기 때문이다(Callinicos, 2007e: 64).

캘리니코스는 또 독점자본주의 단계론과 같은 유형의 자본주의 발전단계론을 여전히 지지하면서, '정세(conjuncture)'와 구별되는 '국면(phase)' 혹은 '획기(epoch)'의 의의를 인정해야 한다고 주장한다(Callinicos, 2001e, 2005c). 이로부터 캘리니코스는 제국주의와 구별되는 '세계화' 개념, 심지어 네그리와 하트의 '제국' 개념에도 일정한 합리적 핵심이 있다고 인정한다.[11] 최근 하먼은 하비(D. Harvey)나 뒤메닐(G. Dumenil) 혹은 아리기 등을 긍정적으로 평가 수용하는 캘리니코스와는 달리, 이들의 금융화론이나 신자유주의 축적체제론을 마르크스주의 공황론의 입장에서 비판한다(Harman, 2008b). 하먼의 하비, 뒤메닐 및 아리기에 대한 비판은 자본주의 발전단계론 그 자체에 대한 비판을 함축하는 것으로 해석될 수 있다.

4) 참여계획경제론

1999년 이전 캘리니코스 및 토니 클리프를 비롯한 SWP 사상을 다른 좌파들과 구별하는 핵심적 징표는 이들이 옛 소련 동유럽 블록, 즉 스탈린주의 체제를 모종의 사회주의나 노동자 국가가 아니라 자본주의의 한 유형, 즉 관료적 국가자본주의로 규정하는 데 있었다.

하지만 1999년 이후 캘리니코스는 옛 소련 동유럽의 사회 성격 규정, 혹은 스탈린주의에 대한 평가는 중요하지 않다고 주장한다. "스탈린주의 문제에 대해 특정한 조직이 취하는 입장이 새로운 운동〔반자본주의 운동__

11) "마이클 하트와 토니 네그리가 쓴 좋은 책인 『제국』은, 그들의 분석에 우리가 얼마나 동의하는지 동의하지 않는지의 문제와는 상관없이 현대자본주의의 구별적 특징을 다루었다는 점에서 중요하다. 『제국』이 발전시키려 하는 이와 같은 종류의 이해 없이는 우리는 눈먼 장님처럼 헤맬 것이다"(Callinicos, 2007d: 37).

필자]을 향하는 지향에 대한 믿을 만한 지표가 되지 못한다"(Callinicos, 2002c)는 것이다. 캘리니코스는 1999년 시애틀 전투 이후 전 세계적으로 고양되고 있는 반자본주의 운동과 결합하고 이를 발전시키기 위해 전략적으로 사고하는 것이 중요하다고 주장한다. 그래서인지 1999년 이후 캘리니코스의 작업에서 옛 소련 동유럽 체제에 대한 평가라든가, 소련 국가자본주의론의 이론적·실증적 발전, 혹은 '21세기 사회주의' 상의 구체화를 위한 이론적 작업은 많지 않다.

하지만 캘리니코스는 최근 국제적으로 활발하게 이루어지고 있는 '21세기 사회주의' 대안 모델의 구상 작업 중 드바인(P. Devine)과 앨버트(M. Albert) 등의 참여계획경제론에 대해서는, 이것들이 '아래로부터 사회주의', '노동자 계급의 자기해방'의 입장을 구현한 것이라고 긍정적으로 평가한다(Callinicos, 2006b). 캘리니코스는 일부 좌파들이 지지하고 있는 시장사회주의론으로는 시장이 필연적으로 야기하는 착취와 불평등 및 경제·생태 위기를 막을 수 없다고 주장하고, 시장 자체를 근원적으로 지양하고 이를 참여계획경제로 대체할 것을 주장한다.

캘리니코스는 계획경제는 필연적으로 관료화되어 민주주의를 침해하게 된다는 상투적인 비판에 맞서, 계획경제에는 수직적·관료적 계획경제 모델만 있는 것이 아니고 아래로부터의 수평적·민주적 계획, 참여계획경제도 있다고 응수한다. 이와 같은 논지는 『역사의 복수』(1990)에서 이미 피력된 바 있지만, 『반자본주의 선언』(2003)에서 더 구체화된다. 캘리니코스는 아래로부터 수평적·민주적 계획의 사례로서 드바인의 '협상조절 모델'과 앨버트의 『파레콘(Parecon)』 모델을 소개하고, 이들의 노동자 자주관리 원리를 적극적으로 수용한다.

그러나 참여계획경제론자들 중 앨버트는 캘리니코스가 마르크스주의를 지지하고 있는 점을 비판한다. 앨버트에 따르면, 마르크스주의는 공산당 관료와 같은 이른바 '조절자 계급'의 이데올로기이기 때문에 반자본주의 혁명이 마르크스주의 원칙에 의거하여 성공적으로 수행된다 할지라도 '조절자 계급'이 지배하는 새로운 계급사회가 도래할 뿐이며, 참된 의미의 노동해방은 달성되지 않을 것이라고 비판한다.

그러나 이와 같은 비판에 대해 캘리니코스는 고전 마르크스주의는 앨버트가 주장하듯이 '조절자 계급'의 이데올로기이기는커녕 '아래로부터 사회주의' 정신을 구현한 기층 노동자 계급의 자기해방의 이데올로기라고 주장한다(Callinicos, 2004a).

3. 반자본주의 운동의 정치와 전략

캘리니코스는 1999년 시애틀 전투 이후 반자본주의 운동에서 지배적인 두 경향인 자율주의 및 개량주의와의 논쟁을 통해서 반자본주의 운동의 정치와 전략을 구체화한다. 이 과정에서 주요한 쟁점이 된 것은 국가 권력, 공동전선, 혁명정당, 이행기 강령 등의 문제이다.

1) 국가 권력

1999년 시애틀 전투 이후 대안세계화 운동에서 주요 흐름의 하나를 형성하고 있는 자율주의에서 국가 권력의 문제는 회피된다. 예컨대 네그리와 함께 대표적인 자율주의자인 홀로웨이의 저술(Holloway, 2002)에서 잘 보여주듯이 이들은 국가중심적 변혁전략은 자본주의 체제의 유지로 귀결될 수밖에 없다면서 이에 반대한다. 홀로웨이는 '노동자 국가'라든지 '국가의 급진적 민주화'라는 개념 자체가 부조리한 것이라고 거부한다. 또한 당이라는 조직형태는 기존 국가의 위계적 구조를 재생산할 수밖에 없다고 거부한다.

그러나 캘리니코스는 국가 권력의 문제를 피해가서는, 또 기존의 국가 권력에 도전하고 이를 분쇄하지 않고서는 근본적 사회변혁은 불가능하다는 고전 마르크스주의 입장을 분명하게 천명한다. 캘리니코스는 "우리가 국가를 무시할 수 있다고 해서, 국가가 우리를 무시하는 것은 아니다" (Callinicos, 2006c: 256)라며 국가 권력에 정면으로 도전하고 이를 분쇄하는 전략 및 이의 추진 주체로서 혁명정당은 여전히 필수적이라고 주장한다.

반면 프랑스 LCR의 뒤랑(Durand, 2006)은 이에 유보적이다. 뒤랑은 다음과 같이 주장한다.

> 대안세계화 운동은 그 조직적 혁신 및 사회세력의 다양성에서 오늘날 노동자 운동과 사회운동의 반체제적 저항으로의 수렴의 주요한 궤적이다. 그 속에서 헤게모니 사명을 갖는 역사적 블록이 형성될 수 있다. 이 정치적 공간은 러시아혁명으로부터 물려받은 틀을 넘어서기 위한 이론적 논쟁이 수행되기 위한 준거틀이 되어야 한다. 두 가지 전략적 가설 — ① 정치적 행동의 시간성(temporality): 결정적 순간으로서 혁명을 배타적으로 준비해서는 안 되고, 사회변혁의 과정을 가동해야 하며, 그 속에서 혁명적 위기는 한 단계일 뿐이다. ② 국가 권력을 장악하기 위한 일회적 대결의 궤적 대신 '전략적 공간의 다원성': 이는 상호 연관되면서도 부분적으로 자율적인 논리와 동학을 따른다 — 을 구체화하는 것이 필요하다.

그러나 캘리니코스는 현대의 저항 운동이 국가 권력의 문제를 회피할 수 있다고 보는 것은 잘못이라고 반박한다. 캘리니코스는 대안세계화 운동을 지배하고 있는 세계화 담론에서는 국민국가의 쇠퇴 명제가 상식으로 되어 있지만, 이는 사실과 부합되지 않는다고 주장한다. 캘리니코스는 세계화 담론은 신자유주의 세계화의 전 지구적 확산이 미국이라는 특정한 국가가 추진했던 규제완화, 유연화, 개방 정책 덕분이라는 사실을 망각한 것이라고 비판한다. 오늘날 자본주의 국가는 국민적 경제공간의 관리자라기보다 경쟁력과 구조조정의 조직자로서 인식되고 있지만, 여전히 핵심적인 사회정치적·경제적 행위자이며, 지난 수년 동안 미국이 행사한 막강한 군사력은 국가가 아직 퇴각하지 않았음을 상기시켜주고 있다는 것이다.

캘리니코스에 따르면 유럽연합 헌법에 대한 프랑스 국민투표 부결은 쿠벨라키스(S. Kouvelakis)가 말한 '정치적인 것의 승리'를 입증한다. 프랑스에서 대안세계화 운동은 헌법에 반대하는 캠페인을 펼침으로써 정치적 영역에 결정적으로 진입했다는 것이다. ATTAC 지도자들은 "유럽연합 반대(No!)" 캠페인의 승리를 자신들의 공으로 돌리지만, 캘리니코스는 당과 정치적 전개 — 특히 사회당(PS)의 분열 및 유럽헌법 반대를 위한 사회당 지도부와 공산당(PCF) 및 LCR의 공동전선 — 가 이러한 승리를 가져오는 데 결정적 역할을 했다고 평가한다.

캘리니코스는 국가와 '정치적인 것(the political)'의 회피 불가능성은 21세기 반자본주의 운동이 가장 진전된 라틴아메리카의 경험에서 확증되었다고 주장한다(이하 Callinicos, 2006a 참조). 2001년 12월 아르헨티나 대중봉기에 참여한 자율주의를 비롯한 급진 좌파의 상당 부분은 이른바 '사회운동의 자율성'이란 명목으로 대통령 선거를 무시했는데, 그 결과 키르슈너(N. Kirchner) 판 페론주의 정치가 주도권을 잡게 되었다. 키르슈너는 한편에서는 IMF에 반대하는 국가주권의 방어자로 행세하면서, 다른 한편에서는 '피케테로스' 운동(실업자 운동)을 분열시켜 체제내화했다.

반면 볼리비아에서 사유화에 반대하는 투쟁은 신자유주의를 표방하는 대통령들과의 연이은 대결로 발전했다. 2005년 5~6월 운동은 볼리비아 가스회사의 재국유화 요구로 집중되었는데, 이 역시 국가에 대한 요구였다. 자율주의자들이 애호하는 근거인 사파티스타가 '사회적 자유주의(social liberalism)'로 전락한 민주혁명당(PRD)과의 암묵적 동맹을 청산하고 2006년 대선에 참여하기 위한 캠페인을 시작했던 것은 이 점에서 매우 시사적이다.

캘리니코스는 향후 반자본주의 운동의 발전을 위해서는 국가 권력의 문제를 회피하고 혁명정당의 역할을 부정하며 "사회운동을 정치를 초월한 어떤 중립적 공간으로 생각"하는 "자율주의적 사회운동 이데올로기와의 절연이 요청"(Callinicos and Nineham, 2007)된다고 결론짓는다.

2) 공동전선과 혁명정당

1999년 시애틀 전투 이후 캘리니코스와 SWP는 반자본주의 운동의 건설 및 이를 위한 공동전선의 건설을 가장 중요한 과제로 설정했다. 이는 '당건설(party building)'에 집중했던 1970~1980년대 SWP의 노선으로부터 결정적 선회라고 할 수 있다. 1999년 시애틀 전투 이후 캘리니코스는 반자본주의 운동의 세계적 고양과 지난 세기말 이후 사민주의의 '사회적 자유주의'로의 우경화에도 불구하고 개량주의의 지속이라는 조건이 공동전선의 실천을 필수적으로 요청한다고 보았다.

급진 좌파의 주요한 전략적 과제는 사민주의 정당의 노동자 계급 기반을 획득하는 것이다. 초기〔레닌 시대__필자〕 코민테른이 이러한 목적을 달성하기 위해 주조한 핵심적 도구인 공동전선은 오늘날도 여전히 유효하다 (Callinicos, 2003b).

1999년 시애틀 전투에 개입, '당건설'로부터 대중운동과의 결합으로의 강조점 이동 과정에서, 이러한 선회에 반대했던 미국의 국제사회주의 조직(International Socialist Organization: ISO)은 IST로부터 분리한다. 반면 캘리니코스를 비롯한 SWP는 사회주의 동맹(Socialist Alliance) 및 스코틀랜드 사회주의당(SSP)에 개입, 리스펙트(Respect)[12] 건설(2004) 등에서 보듯이, 선거정치, 의회정치에 적극적으로 개입한다. 이와 함께 캘리니코스를 비롯한 SWP는 '저항의 세계화'와 같은 반신자유주의 운동 공동전선, 전쟁저지연합(Stop the War Coalition: StWC)과 같은 반전운동 공동전선 건설에도 매진한다. 또 캘리니코스와 SWP는 국제 급진 좌파의 연대, 통합 및 재정렬(realignment) 작업에도 역점을 두기 시작하여, 2002년부터 프랑스 LCR과 공동으로 ≪국제사회주의 경향 토론회보(IST Discussion Bulletin)≫를 간행하기 시작했다.[13]

캘리니코스와 SWP는 공동전선 구축의 필요성을 역설하면서도 동시에

12) 리스펙트(Respect)는 Respect, Equality, Socialism, Peace, Environment, Community, Trade Unionism의 머리글자를 딴 명칭이다.

13) ≪국제사회주의 경향 토론회보≫의 가장 최근호는 2006년 7월에 간행된 8호이며, 그 후에는 간행되고 있지 않다. 이는 2006년 이후 대안세계화 운동이 소강 국면으로 들어가고, 이와 관련하여 다른 한편에서 SWP가 2002년부터 추구해온 LCR과의 연대를 중심으로 한 급진 좌파의 국제적 공조가 이완 내지 균열되고 있는 사정을 반영한다.

혁명정당 건설을 여전히 중시한다. 캘리니코스는 또 당과 사회운동을 이분법적으로 대립시키면서 사회운동만의 유효성을 강조하는 반자본주의 운동 내의 경향들(예컨대 자율주의)에 대해 반대하고, 혁명적 사회주의자들에 대해 당과 사회운동은 양자택일적인 것이 아니며 양자 모두 필요하다고 강조한다(Callinicos, 2003b: 7).

캘리니코스는 반자본주의 운동 고양의 조건에서도 노동자 계급 전체를 대표한다는 이른바 '범좌파정당(broad party)'의 건설로 충분한 것이 아니며, 노동자 계급 중 선진적·혁명적 부분에 한정된 혁명정당 건설이 여전히 필수적이라고 주장한다.

> 폭넓고 다소 모호한 강령의 기초 위에서 조직하는 것은 때로 대중적 혁명정당을 건설하는 과정에서 필수적 국면일 수도 있다. 하지만 느슨한 정당이 진정한 정당〔혁명정당__필자〕을 대신할 수는 없다(Callinicos, 2002c).

그러나 LCR 등 제4인터내셔널 계열은 캘리니코스와 SWP의 입장에 대항하여 혁명정당 건설이 더 이상 유효하지 않게 되었다면서 범좌파정당 건설 노선을 특권화한다. LCR의 영국 조직인 국제사회주의 운동(International Socialist Movement: ISM)이 주도했던 스코틀랜드 사회주의당(Scottish Socialist Party: SSP)은 범좌파정당 건설의 대표적 사례이다.

LCR은 지난 세기말 이후 신자유주의가 득세하면서 '제3의 길' 및 '사회적 자유주의'에서 보듯이 사민주의 정당들이 '부르주아화'되어 개량주의가 소멸했고, 이로부터 고전 마르크스주의 조직 전략에 핵심적인 '혁명과 개량의 구별' 및 이에 근거한 혁명정당과 공동전선의 이중적 건설 전술이 더 이상 유효하지 않게 되었으며, 그 대신 개량과 혁명의 문제에 대해 특정한 입장을 취하지 않는, 즉 "전략적으로 한계를 설정하지 않는(strategically non-delimited)" 범좌파정당이 21세기 진보의 새로운 조직형태로 타당하게 되었다고 주장한다. 예컨대 LCR 계열의 스미스(Smith, 2003)는 다음과 같이 주장한다.

> SWP, LCR 등과 같은 유형의 혁명조직을 현재와 같은 형태로 건설하는 것은 불필요하게 되었으며, 이들 조직은 폭넓은 사회주의당의 건설에 기여해야 하며 그 당 안에서 경향들(currents)로서 기능해야 한다. …… 오늘날 혁명적 마르크스주의자들은 폭넓은 사회주의당을 건설하면서 그 안에서 자신들의 마르크스주의적 입장을 방어해야 한다. 그리고 '입당주의적(entrist)' 관점에서 혁명적 분파를 건설할 목적이 아니라, 당 전체를 전진시키면서 생겨나는 문제들을 당 전체와 함께 해결하기 위한 목적을 가져야 한다.

그러나 캘리니코스는 스미스와 LCR의 범좌파정당 건설론의 전제인 '개량주의 종언' 명제 자체가 사실과 부합되지 않는다고 지적한다. 사민주의 정당들이 쇠락하고 있는 것은 사실이지만 그렇다고 해서 이들 정당이 완전히 '부르주아화'되었다고 단정하는 것은 옳지 않다는 것이다. 최근 사민주의 정당들과 조직 노동계급 간의 연계가 이완된 것은 사실이지만 완전히 끊어졌다고 볼 수는 없다는 것이다.[14)]

---

14) 캘리니코스는 20세기 초 영국의 노동당에 대해 레닌이 부여했던 규정인 '자본주의적 노동자당'이라는 규정이 오늘날 사민주의 정당들에 대해서도 여전히 타당하다고 본다. 왜냐하면 이들은 "자본주의에 대한 노동자들의 저항을 표현하면서도

또 존 리스(Rees, 2002)가 지적하듯이 범좌파정당 전술은 개량과 혁명의 구별의 원칙 자체를 부정한다는 점에서, 또 공동전선에 기초한 공동행동이 필요함에도 당의 우위를 특권화한다는 점에서 반자본주의 운동의 조직 전술로서 자멸적이다.

한편 캘리니코스는 최근 분열한 영국의 '리스펙트'에 대해 그것은 혁명정당이 아니라 '특별한 종류의 공동전선(united front of a special kind)'이라고 규정한다.

> 리스펙트는 다수의 연합이지 단일한 당이 아니다. …… 리스펙트는 연합적·연방적 조직으로서 개인으로도 가입할 수 있고, 조직들도 자신의 자율성을 유지하면서 가입할 수 있다. 강령은 상대적으로 최소한인데, 이는 리스펙트가 다원적 조직으로서 다양한 관점들이 공존할 수 있음을 뜻한다(Callinicos, 2004c).

즉 리스펙트는 가능한 한 느슨한 연합적 구조로 유지되어야 한다는 것이다. 그 이유는 다음 두 가지이다. 첫째, 느슨해야 다양한 반자본주의 정치 세력을 끌어들일 수 있으며, 둘째, 신자유주의에 대한 저항과 사민주의의 위기가 교차되면서 사민주의 정당으로부터 떨어져 나온 난민들이 서식할 수 있게 하려면 정치적·조직적으로 충분히 열려 있어야 하기 때문이다.[15] 즉 리스펙트는 어디까지나 공동전선이지 혁명정당이 아니다. 따

그 저항을 체제의 틀 내로 봉쇄하려고 노력하는 정당들"(Callinicos, 2003b)이기 때문이다.

15) 리스펙트의 위상에 대한 이와 같은 캘리니코스 및 SWP의 규정에 대한 LCR 계열의 비판으로는 Thornett(2004, 2008) 및 Smith(2003, 2008)를 참조할 수 있다. 이

라서 최근 캘리니코스와 SWP가 리스펙트와 같은 선거연합 건설에 역점을 두었던 것을 두고, 혁명정당으로서 SWP 자신을 강화하는 노력을 부차화한 것이라고 오해해서는 안 된다. 캘리니코스는 "리스펙트를 건설하는 것, 하지만 동시에 SWP를 리스펙트의 일부로서 또 리스펙트를 좀 더 효율적이게 하는 수단으로서 건설하는 것"(Callinicos, 2004c)이 필요함을 강조한다.

캘리니코스와 SWP의 조직 전략은 한마디로 "3중의 동심원(three concentric circles)" 구조로 묘사될 수 있다. 즉, "운동을 구성하는 대중적 공동전선을 건설하는 것(무엇보다도 'StWC'), 이러한 운동들로부터 출현하는 광범위한 정치적 대안으로서 리스펙트를 건설하는 것, 이러한 대규모 구성체들을 전진시킬 수 있는 조직화된 혁명적 투사들의 중핵으로서 SWP를 건설하는 것"(SWP, 2005)이다.

따라서 SWP가 리스펙트 안에 들어가서 활동하는 것이 독립적인 혁명적 전망과 조직을 청산해야 함을 뜻하는 것은 아니다. 왜냐하면 "새로운 좌파 구성의 정치적 및 조직적 이질성 때문에 주요 전략 문제"를 놓고, 예컨대 "중도좌파 정부 참여를 놓고 벌어진 이탈리아 재건공산당(PRC) 내부 논쟁, 독일의 '좌파당(Linkspartei)' 내부에서 민사당(PDS)과 라퐁텐느의 비중의 문제 등"이 제기될 수 있는데 이러한 문제들에 효과적으로 대처하기 위해서는 "LCR이나 SWP 같은 당들이 넓은 저항 운동 내부에서 또 급진 좌파의 정치적 구성 내부에서 조직화된 혁명적 마르크스주의 흐름을 계속 건설하는 것은 필수적"(Callinicos, 2006a)이라는 것이다.

들은 리스펙트는 진정한 의미에서 공동전선이 아니라 SWP의 '프론트(front)'에 불과했다고 비판한다.

그러나 LCR의 스미스(Smith, 2008)는 2006년 이후 반자본주의 운동의 소강 국면 및 2007년 리스펙트의 분당 사태를 기점으로 하여 1999년 시애틀 전투 이후 SWP의 대중운동으로의 전환 순환이 끝나고, 다시 '당건설 모드'로 선회한 것이 아닌가 하는 추측을 제기한다. 하지만 이는 억측에 불과하다. 캘리니코스는 최근 반자본주의 운동이 처한 소강상태를 돌파하기 위해서도 공동전선의 구축과 확대가 절실하다고 강조한다.

> 혁명적 마르크스주의 전통에서 발전시켜온 공동전선(united front)의 개념이 지금까지 지배했던 모델보다 나은 지침을 민주적 역동적 운동 선설을 위해 제공할 수 있을 것이다. 공동전선은 상이한 세력들이 공통된 하지만 제한된 행동강령을 중심으로 결집하는 것이다. 이 세력들은 서로 다르기 때문에 정치강령에서 이견이 있을 것이며 공동행동을 추구하는 방법에서도 다를 수 있다. 그러나 이들이 제한된 그리고 상대적으로 특정한 목표를 중심으로 결집하는 한, 그러한 동맹은 정치적으로 포섭적이며 실천적인 행동 일치의 기회를 극대화할 수 있다. 이들은 행동을 중심으로 결집되었기 때문에 상이한 전략과 전술의 실험장이 될 수 있다(Callinicos and Nineham, 2007).

캘리니코스와 SWP의 조직 전략에 대해 제기되는 또 하나의 쟁점은 당과 분파의 관계 문제이다. 캘리니코스는 '분파' 결성의 자유를 인정하면서도 LCR의 벵세 외(Bensaid et al., 2003)와는 달리, 혁명정당의 경우에는 분파가 영구적으로 제도화되는 것에 대해 반대한다. 영구적 분파는 주요한 결정적 정세에서 혁명정당의 개입을 비효율적으로 한다는 이유에서이다. 캘리니코스는 이런 맥락에서 민주집중제(democratic centralism)의 원칙은 혁명정당의 원리로서 21세기에도 여전히 유효하다고 주장한다.

3) 행동강령

1999년 시애틀 전투 이후 SWP의 대중운동으로의 선회와 함께 이행기 강령 혹은 '행동강령'의 정식화가 요청되었는데, 캘리니코스의 『반자본주의 선언』(2003)은 이를 집약한 것이다. 캘리니코스는 『반자본주의 선언』에서 수평적·민주적 계획과 같은 '최대 강령'을 구현하기 전에 반자본주의 운동이 현실 운동에서 주력해야 할 '행동강령'으로서 ① 제3세계 부채의 즉각적인 탕감, ② 토빈세 도입, ③ 자본 통제의 회복, ④ 보편적인 기본소득 도입, ⑤ 주당 노동시간 단축, ⑥ 공공 서비스 보호와 재국유화, ⑦ 누진세, ⑧ 이민 통제 폐지, ⑨ 환경 재앙을 막기 위한 프로그램의 도입, ⑩ 군산복합체 해체, ⑪ 시민적 자유 방어 등 11가지를 열거한다. 이 행동강령들은 1999년 시애틀 전투 이후 고양된 반자본주의 운동에서 제출된 각종 투쟁 슬로건과 요구들의 정수를 뽑아낸 것들이다.

그런데 캘리니코스의 『반자본주의 선언』에 대해 급진 좌파 일부는 개량주의라는 비판을 제기하고 있다. 예컨대 노동자자유동맹(Workers' Liberty)의 폴 햄튼(Hampton, 2003)은 캘리니코스의 『반자본주의 선언』이 마르크스와 엥겔스의 『공산당 선언』을 본뜨고 있지만, 『공산당 선언』에서 비판된 '공상적 사회주의'를 지지하는 것이라고 주장한다. 그 이유로 캘리니코스가 사회주의를 자본주의의 객관적 모순에 기초하여 형성되는 변혁 주체에 기초지우기보다, 이른바 반자본주의 가치들로부터 도출했다는 점을 지적한다.

영국 공산당의 킷 로빈슨(Robinson, 2003)과 사회주의 미래 운동(Movement for a Socialist Future)의 필 샤프(Sharpe, 2003)는 캘리니코스가 제시한 행동강령 중 ② 토빈세 도입과 ③ 자본 통제의 회복은 기본적으로 민족개량주의적 요구로서 트로츠키의 이행기 강령과 아무런 공통점이 없다고 주장한다. 샤프는 이 강령들은 노동자 투쟁에 기초하여 제출된 것이 아니라 부르주아 정부에 단순히 요구될 뿐이며, 자본주의 체제의 틀 내에서 얼마든지 수용될 수 있고, 또 이 강령들이 실현된다 하더라도 노동자들의 생활조건이 개선되는 것도 아니기 때문에, 노동자 투쟁의 고양에 기여하여 사회주의로의 이행의 가교 역할을 하는 트로츠키의 이행기 강령과는 이질적이라고 주장한다. 이들에 따르면, 캘리니코스의 『반자본주의 선언』은 "반자본주의 운동에서 공상적 및 개량주의적 강령을 채택하여 이를 공식적인 마르크스주의 용어로 분장"한 "기회주의"이다.

프랑스의 트로츠키주의자 아르투(Artous, 2006)도 이와 유사한 맥락에서 『반자본주의 선언』의 행동강령을 다음과 같이 비판한다.

> 11개의 즉각적인 최소 요구들의 이행기적 효과는 그렇게 명확하지 않다. 이들은 자본주의적 소유관계에 대해서는 어렴풋하게만 언급하고 있으며 정치권력은 전혀 다루고 있지 않다. 캘리니코스의 11개 제안과 비교하면 1970년대 프랑스 사회당과 공산당의 공동정부 강령이 더 단호하게 반자본주의적이다. 다소 급진적인 즉각적 요구와 당이 자처하는 혁명적 관점 간에 큰 격차가 존재한다.

하지만 캘리니코스의 11개 행동강령이 '공상적 사회주의'라고 비판하는 것은 근거가 없다. 캘리니코스는 사회주의를 결코 윤리적 가치들로부터 도출하지 않았다. 캘리니코스는 신자유주의적 세계화의 모순과 적대가

1999년 시애틀 전투 이후 대두한 반자본주의 운동의 배경이 되었으며, '21세기 사회주의'의 성공을 위해서는 조직 노동운동이 이와 같은 반자본주의 운동과 결합해야 함을 역설하고 있다.

캘리니코스가 반자본주의, 사회주의의 필요성을 가치와 윤리에 기초하여 근거지우고 풍부화한 것은 오히려 마르크스주의 이론의 창조적 발전으로 평가되어야 한다. 또 캘리니코스의 『반자본주의 선언』 전체에 흐르고 있는 노동자 국제주의의 정신을 감안할 때 이를 '민족개량주의', '기회주의'라고 비판하는 것 역시 근거가 없다.

캘리니코스 자신은 아르투의 비판에 대해 자신의 11개 행동강령이 "사유화된 산업의 재국유화를 제안하는 것 — 물론 이것도 우리가 지금까지 목격한 가장 선진적인 신자유주의 반대 운동인 2005년 5~6월 볼리비아의 봉기가 바로 이 요구에 집중하고 있음을 감안하면 결코 작은 문제가 아니다 — 이상으로 사회적 소유 문제에 직접적으로 손을 대고 있지 않은 것은 사실"(Callinicos, 2006a)이라고 인정한다. 그러면서도 캘리니코스는 이것들이 단지 "즉각적인 최소 요구들"이라는 아르투의 비판에 대해 "만약 그렇게 생각한다면 그는 우리와 다른 세계에 살고 있는 사람일 것"이라고 응수한다. 캘리니코스는 "진지한 강령이라면 투쟁과 대중의식의 현주소에서부터 출발해야 하며, 추상적 원리로부터 자신의 요구를 도출해서는 안 된다"라고 주장하고, "이러한 요구들을 위한 현실적 투쟁은 개별적으로든 총체적으로든 지금 여기 신자유주의적 제국주의 시대에서는 현재 존재하고 있는 자본의 논리와 직접적으로 충돌할 것"(Callinicos, 2006a)이라고 전망한다.

사실 캘리니코스의 11개 행동강령은 아르투가 나름대로 이행기 강령이라고 내세운 민주화 및 '탈상품화(decommodification)' 강령과 부합된다고 할 수 있다. 예컨대 시민들이 사회적으로 인정된 생존 요구를 충족할 수 있는 수준으로 보편적 기본소득이 도입된다면, '노동력의 상품화'는 근본적으로 약화될 것이다. 사실 민주화와 탈상품화는 신자유주의에 진지하게 저항하는 한 사회적 소유의 발전을 통한 소유관계의 변화를 요청하는 반자본주의, 탈자본주의로 나아갈 수밖에 없다.

캘리니코스는 오히려 아르투와 같은 자신의 비판자들이 여전히 이행기 강령에 관한 정통 트로츠키주의의 신화, 즉 "이행기 강령이 어떤 마법적 성질을 갖고 있어서 그것을 요구하면 현재의 투쟁이 자본주의 전복과 연결될 수 있다는 생각"에 사로잡혀 있어서, 모든 강령은 끊임없이 변화하는 정치적·경제적 맥락의 역동적인 관계 속에서 발전해야 한다는 사실을 보지 못하고 있다고 반박한다.

4. 평가와 함의

캘리니코스는 SWP의 다른 주요 이론가들과 함께 1999년 시애틀 전투 이후 대안세계화 운동에서 마르크스주의적 사회주의 흐름을 주도하면서, 그 조직형태로서 혁명정당과 공동전선의 건설이론을 체계화하고 반자본주의 행동강령을 정식화하는 데서 핵심적 역할을 했다. 나아가 캘리니코스는 반자본주의 운동의 가치, 공황론, 제국주의론, 참여계획경제론 등의 영역에서 고전 마르크스주의의 이론을 정교하게 발전시켰다.

캘리니코스는 지난 세기말 이후 각종 비마르크스주의·반마르크스주의 진영의 비판으로부터 고전 마르크스주의의 혁명적 전통을 이론적으로 방어하면서도, 이러한 비판의 합리적 핵심을 수용하여 고전 마르크스주의의 이론과 정치를 풍부하게 하는 데도 중요한 기여를 했다. 캘리니코스는

1999년 시애틀 전투 이후 "다시 마르크스로(Return to Marx)"라는 구호로 요약되는 새로운 지적 급진화가 대체로 '레닌을 소독 처리한 마르크스로의 복귀'라는 특징을 갖는 것에 반대하고 '자본주의에 대한 전략적 분석의 중요성', '정치의 중심성', '정치조직의 필수성'(Callinicos, 2007d)으로 요약되는 레닌(및 트로츠키)의 사상의 현재성을 강조하면서, 고전 마르크스주의 전통이 21세기에도 여전히 유효하다고 주장한다.

캘리니코스의 이론적 성취는 SWP와 IST 경향의 정초자인 클리프가 수행했던 '소련 국가자본주의론', '영구군비경제론' 및 '일탈한 영구혁명론' 등을 핵심적 요소들로 한 '연구 프로그램'의 획기적인 전환에 기초하여, 동일한 패러다임의 틀 내에서 이룩한 개선으로 간주될 수 있으며, 그 자체 새로운 이론적 지평을 개척한 것은 아니다. 또 앞서 보았듯이 1999년 이후 알튀세르의 반자본주의 이론과 전략은 사회주의적 가치와 윤리의 자리매김 문제나 알튀세르주의, 스탈린주의, 세계체제론 등의 수용 문제, 혁명정당에서 분파 형성권의 문제 등 몇 가지 주요한 지점에서, 고전 마르크스주의 입장 내에서도 이견이 제시될 수 있다. 하지만 알튀세르의 철학이든, 분석 마르크스주의이든, 포스트모더니즘이든, 비판적 실재론이든, 자유주의적 평등주의론이든, 역사사회학이든 각종 비마르크스주의·반마르크스주의 이론들에 대해 항상 열린 자세로 접근하고, 이들에 대해 어떤 외재적인 이데올로기적 기준으로 재단하는 것이 아니라 이들의 논리적 일관성이라는 내재적 기준에 입각하여 음미 평가하고 그 합리적 핵심과 접합하는 방식을 통해서 고전 마르크스주의의 영역을 확장하고 풍부하게 한 것은 캘리니코스 자신의 고유한 독창적 기여라고 인정해야 할 것이다. 『역사와 행위』(2004년 재판 간행)와 『비판의 자원』(2006)은 그 전형이라고 할 수 있다.

1999년 시애틀 전투 이후 캘리니코스와 SWP가 발전시키고 있는 반자본주의 운동의 이론과 전략은 우리나라 진보운동과 관련해서도 중요한 함의를 갖는다. 예컨대 최근 논의되고 있는 세계경제위기에 대한 좌파의 대안 문제, 특히 '사회주의 정당' 건설 등의 문제와 관련하여 마르크스주의적 사회주의 입장에서의 개입을 대표하는 캘리니코스와 SWP의 접근 방식은 우리나라 반자본주의 운동의 발전을 위해서 적지 않은 이론적·실천적 시사를 제공할 수 있을 것이다.

참고문헌

원영수. 2004.「국제 좌파운동의 현황과 과제: 좌파 통합 움직임을 중심으로」. ≪진보평론≫, 제22호.

정성진. 2008.「알렉스 캘리니코스의 반자본주의 이론과 전략」. ≪마르크스주의 연구≫, 제5권 제2호.

캘리니코스, 알렉스·정성진. 1999.「신자유주의라는 야만을 넘어서」(캘리니코스와의 대담). ≪창작과 비평≫, 제106호.

Albritton, R. et al.(eds.). 2001. *Phases of Capitalist Development*. Palgrave.

Arthur, C. 2002. *The New Dialectic and Marx's Capital*. Brill.

Artous, A. 2006. "The LCR and the Left: Some Strategic Questions." *IST Discussion Bulletin*, No.7.

Ashman, S. and Callinicos, A. 2006. "Capital Accumulation and the State System: Assessing David Harvey's The New Imperialism." *Historical Materialism*, Vol.14, No.4.

Bensaid, D. 2007. "The Return of Strategy." *International Socialism*, No.113.

Bensaid, D. et al. 2003. "A Letter from LCR Comrades." *IST Discussion Bulletin*, No.2.

Bidet, J. 2007. *Exploring Marx's Capital*. Brill. 박창렬·김석진 옮김. 2003.『'자본'의 경제학 철학 이데올로기』. 새날.

Budgen, S. et al.(eds.). 2007. *Lenin Reloaded: Toward a Politics of Truth*. Duke University

Press.

Callinicos, A. 1976. *Althusser's Marxism*. Pluto Press.

_____. 1989. *Marxist Theory*. Oxford University Press.

_____. 1990. *Trotskyism*. Open University Press.

_____. 1999. "Capitalism, Competition and Profits: A Critique of Robert Brenner's Theory of Crisis." *Historical Materialism*, No.4.

_____. 2000. *Equality*. Cambridge. 선우현 옮김. 2006. 『평등』. 울력.

_____. 2001a. *Against the Third Way*. Polity.

_____. 2001b. "Plumbing the Depths: Marxism and the Holocaust." *The Yale Journal of Criticism*, Vol.14, No.2.

_____. 2001c. "Having Your Cake and Eating It." *Historical Materialism*, Vol.9.

_____. 2001d. "Toni Negri in Perspective." *International Socialism*, No.92.

_____. 2001e. "Periodizing Capitalism and Analyzing Imperialism." in Albritton et al.(eds.).

_____. 2002a. "Marxism and Global Governance." in Held and McGrew(eds.).

_____. 2002b. "The Actuality of Imperialism." *Millenium*, Vol.31, No.2.

_____. 2002c. "Regroupment, Realignment and the Revolutionary Left." *IST Discussion Bulletin*, No.1.

_____. 2003a. "A Letter to LCR Comrades." *IST Discussion Bulletin*, No.3.

_____. 2003b. "Regroupment and the Socialist Left Today." *IST Discussion Bulletin*, No.2.

_____. 2003c. *An Anti-Capitalist Manifesto*. Polity. 정성진·정진상 옮김. 2003. 『반자본주의 선언』. 책갈피.

_____. 2003d. *The New Mandarins of American Power*. Polity. 김용욱 옮김. 2004. 『미국의 세계 제패 전략』. 책갈피.

_____. 2003e. "Egalitarianism and Anticapitalism: A Reply to Harry Brighouse and Erik Olin Wright." *Historical Materialism*, Vol.11, No.2.

_____. 2004a. "Movement Building 2004: Vision and Strategy." An Exchange Between Michael Albert and Alex Callinicos, www.zmag.org.

_____. 2004b. "Marxism and the International." *British Journal of Politics and International Relations*, Vol.6.

_____. 2004c. "The European Radical Left Tested Electorally." *IST Discussion Bulletin*, No.5.

_____. 2004d. *Making History*. 2nd ed. Brill.
_____. 2005a. "Imperialism and Global Political Economy." *International Socialism*, No.108.
_____. 2005b. "Can We Change the World without Taking Power." *International Socialism*, No.106.
_____. 2005c. "Epoch and Conjuncture in Marxist Political Economy." *International Politics*, Vol.42.
_____. 2005d. "Against the New Dialectic." *Historical Materialism*, Vol.13, No.2.
_____. 2005e. "Iraq: Fulcrum of World Politics." *Third World Quarterly*, Vol.26.
_____. 2005f. "Sympathy for the Devil? John Holloway's Mephistophelian Marxism." *Capital & Class*, No.85, Spring.
_____. 2005g. "Letter to Gilbert Achcar." www.internationalviewpoint.org.
_____. 2006a. "What Does Revolutionary Strategy Mean Today?" *IST Discussion Bulletin*, No.7.
_____. 2006b. "Alternatives to Neoliberalism." *Socialist Review*, July.
_____. 2006c. *The Resources of Critique*. Polity.
_____. 2006d. "G.A. Cohen and Critique of Political Economy." *Science and Society*, Vol.70, No.2.
_____. 2006e. "Making Sense of Imperialism: A Reply to Leo Panitch and Sam Gindin." *International Socialism*, No.110.
_____. 2006f. "Antonio Negri and Temptation of Ontology." in Murphy and Mustapha(eds.).
_____. 2007a. "Does Capitalism Need the State System." *Cambridge Review of International Affairs*, Vol.20, No.4.
_____. 2007b. "Middel East: Imperial Assault on and Tasks for the Left." Interview with A. Mehrdad, www.istendency.net.
_____. 2007c. "Forward to the English Translation of Jacques Bidet's Que faire du 'Capital'?" in Bidet.
_____. 2007d. "Leninism in the Twenty-first Century?: Lenin, Weber, and the Politics of Responsibility." in Budgen et al.(eds.).
_____. 2007e. "Globalization, Imperialism and the Capitalist World System." in Held and McGrew(eds.).
_____. 2007f. "What's Behind the Credit Crisis." *Socialist Review*, No.2081, December.

Callinicos, A. and Nineham, C. 2007. "At an Impasse? Anti-Capitalism and Social Forums Today." *International Socialism*, No.115.

Durand, C. 2006. "For a New Strategic Model." *IST Discussion Bulletin*, No.7.

Hampton, P. 2003. "An Anti-Capitalist Manifesto." Alliance for Workers' Liberty.

Harman, C. 1984. *Explaining the Crisis*. Bookmarks. 김종원 옮김. 1995. 『마르크스주의와 공황론』. 풀무질.

_____. 2007. "Dialectic of Morality." *International Socialism*, No.113.

_____. 2008a. "The Crisis in Respect." *International Socialism*, No.117, Winter. 이수현·김용욱 옮김. 「영국 리스펙트의 분당 사태」. "맞불". www.contefire.or.kr.

_____. 2008b. "Theorising Neoliberalism." *International Socialism*, No.117, Winter.

Held, D. and McGrew, A. 2002. *Governing Globalization*. Polity.

_____. 2007. *Globalization Theory: Approaches and Controversies*. Polity.

Holloway, J. 2002. *Change the World Without Taking Power*. Pluto. 조정환 옮김. 2002. 『권력으로 세상을 바꿀 수 있는가』. 갈무리.

Murphy, T. and Mustapha, A. 2006. *The Philosophy of Antonio Negri 2: Revolution in Theory*. Pluto.

Pantich, L. and Gindin, S. 2006. "'Imperialism and Global Political Economy' - A Reply to Alex Callinicos." *International Socialism*, No.109.

Rees, J. 2002. "The Broad Party, the Revolutionary Party and the United Front." *International Socialism*, No.97.

Robinson, K. 2003. "Valuable but Flawed." *Weekly Worker*, No.488, January 10.

Sharpe, P. 2003. "Theory and Practice of the Socialist Workers Party - A Critical Assessment." *Movement for a Socialist Future*.

Smith, M. 2002. "Where is the SWP Going?" *International Socialism*, No.97.

_____. 2003. "The Broad party, the Revolutionary Party and the United Front: A Reply to John Rees." *International Socialism*, No.100.

_____. 2008. "Broad Parties and Narrow Visions." *Socialist Unity*, January.

Socialist Workers Party. 2005. "International Perspectives." *IST Discussion Bulletin*, No.7.

Thornett, A. 2004. "A Reply to Alex Callinicos." *Socialist Outlook*, Autumn.

_____. 2008. "A Reply to Chris Harman on Respect." *International Viewpoint*, No.396, January.

제5장

대안적 세계화와 비국가로서 국가

가라타니 고진의 세계공화국을 중심으로

박영균
서울시립대학교 도시인문학연구소 HK연구교수

1. 서론: 자본의 지구화와 세계혁명

자본의 지구화는 지구촌을 무한경쟁의 전쟁터로 만들어놓았다. 사람들은 오직 하나의 세계화만을 보고 있다. 그것은 자본의 지구화이다. 자본은 그들이 만든 세계를 들이대며 사람들에게 말한다. 세계화는 불가피한 현실이라고 말이다. 사람들은 그것이 그들이 살아가는 엄중한 '현실'이기 때문에 그것을 받아들인다. 오직 주어진 현실만을 보는 자들은 현행적인 것, 현동적인 것에 포로가 된다. 여기서 자본의 지구화에 대항하는 '꿈'은 몽상이 되며 피안의 세계로 밀려난다. 대신 그 공허함의 장소를 채우는 것은 자본의 욕망이다. 자본은 달콤한 속삭임을 던진다. "부자 되세요." 그리하여 사람들은 스스로 자본에게 자신의 권력을 넘겨준다.

거기에는 윤리나 유토피아적 꿈이 없다. 지젝(Zizek)이 말하듯이 오직

---

* 이 글은 ≪문화과학≫, 제54호에 실린 논문이다.

거기서 자신을 대신하는 것은 '향락적인 아버지', 부친 살해 이전의 '방탕한 아버지'일 뿐이다. 오늘날 '온갖 편법과 탈법으로 부를 축적한 땅부자들'에게 자신의 욕망을 일체화시키고 그 권력 앞에 무릎을 꿇고 있는 한국의 현실을 보라! 여기에는 '문화'가 없다. 대신에 부르주아의 문명, 냉혹한 약탈과 전쟁의 문명이 존재할 뿐이다.

> 부르주아지는 모든 민족들에게 망하고 싶지 않거든 부르주아지의 생산양식을 채용하라고 강요한다. 그들은 소위 문명을 도입하라고, 즉 부르주아가 되라고 강요한다. 한마디로 부르주아지는 자본의 모습대로 세계를 창조하고 있는 것이다(마르크스·엥겔스, 1995: 404).

자본의 증식욕구가 오늘날 세계화된 지구촌을 만들어가고 있다는 것은 분명하다. 자본은 시장 없이 존재할 수 없다. 자본은 '가치를 증식하는 가치'이기 때문에 이 증식의 욕구 없이 생존할 수 없다. 그것은 공동체를 파괴하며 끊임없이 근대적 계몽이성의 '합리화'를 강요하면서 시장을 개발한다. 자본은 세계시장의 개발을 통해서 모든 나라들의 생산과 소비를 범세계적인 것으로 탈바꿈시켜왔다. 가라타니 고진(柄谷行人)이 말했듯이 "근대의 세계시장에 이르러서야 비로소 진정한 의미에서 하나의 세계, 더 이상 외부가 없는 세계가 성립한 것"(가라타니 고진, 2007: 15)이다. 그것은 분명히 '혁명'적이다.

> 굳고 녹슨 모든 관계들은 오랫동안 신성시되어온 관념들 및 견해들과 함께 해체되고, 새롭게 형성된 모든 것들은 정착되기도 전에 낡은 것이 되어버린다. 모든 신분적인 것, 정체적인 것은 증발되어버리고 모든 신성한

것은 모독당한다(마르크스, 1995: 403).

> 낡은 지방 및 민족적 자급자족과 고립 대신에 민족들 상호 간의 전면적 교류와 전면적 의존이 등장한다. 그리고 이는 물질적 생산에서나 정신적 생산에서나 마찬가지이다. 개별 민족들의 정신적 창작물은 공동재산이 된다. 민족적 일면성과 제한성은 더욱더 불가능하게 되고, 많은 민족적·지방적 문학들로부터 하나의 세계 문학이 형성된다(마르크스, 1995: 404).

세계화는 자본의 생산물이다. 그러나 이 혁명은 인간적인 사회와 자립적이고 개성적인 개인들을 생산하는 혁명이 아니다. 이 혁명은 오히려 개성과 자유를 폐기한다. 여기서 자유로운 자는 자본이며 활동하는 개인들은 오히려 비자립적이고 비개성적이다(마르크스, 1995: 405). 그것은 자본의 세계화가 바로 자본의 가치, 자본의 욕망, 자본 권력의 세계화일 뿐이기 때문이다. 마르크스가 말했듯이 여기서 현재를 지배하는 것은 과거이며 활동적 개인들이 창조한 거대한 생산력은 오히려 활동적 개인들을 지배하는 거대한 권력이다. 그것은 필연적으로 중앙집권적이며 전제적이다. 따라서 자본의 지구화는 다른 세계화의 모색 없이 야만적인 세계를 향할 수밖에 없다.

세계혁명에 대한 유토피아적 꿈은 이로부터 나온다. 그것은 자본이 이룩한 혁명을 부정하지 않으며 그 혁명의 생산 위에서 "인간적 사회 또는 사회적 인류"(마르크스, 1995: 189)의 창조를 꿈꾼다. 좌파는 세계주의자들이다. 그러나 이 세계주의는 공상적이지 않다. 마르크스가 지적하듯이 자본은 '현실'적으로 민족국가의 낡은 틀을 파괴하기 때문이다. 문제는 이 현실이 전 지구적 자본의 거대한 권력 아래에서 창조되는 천박한 이윤

증식의 세계화라는 점에 있다. 오늘날의 거대한 자본 권력, 대통령보다 더 강력한 삼성 이건희 회장의 권력은 사회화된 생산력, 과거의 역사를 만들어온 모든 세대의 협력적 산물인 거대한 생산력을, 사회적 협력이 창조한 공동의 지적 재산을 사적으로 전유한 결과이다. 우리는 우리가 만든 그 힘 앞에서 무릎을 꿇고 있다. 따라서 세계주의는 세계혁명을 요구한다. 그것은 윤리적인 권리의 문제일 뿐 아니라 현실적인 문제이다.

그러나 좌파는 역사적으로 이런 세계혁명을 성공적으로 수행하지 못했다. 가라타니는 이 세계혁명의 실패가 두 가지 이유 때문이라고 본다. 첫째는 자본보다 더 근원적인 화폐관계에 주목하지 못했기 때문이며, 둘째는 국가를 내재적인 계급 모순에 의해 발생된 것으로 보았기 때문이다. 따라서 그는 근본적으로 토대-상부구조의 역사유물론을 해체하고 칸트적 방식을 따라 타자의 타자성이라는 윤리학을 도입한다. 그것은 내성적인 사유 안으로 들어오는 타자가 아니라 칸트의 물자체와 같이 그 밖에 있는 타자로서, 현실적인 것, 실정적인 것, 자연적인 것, 과학적인 것에 괄호를 치도록 한다.[1] 이 타자는 자유의 요청으로서 '타자를 수단으로서만이 아니라 동시에 목적으로 대하는' "윤리적-실천적인 사유"를 수행하도록 한다 (가라타니 고진, 2008: 211).

1) 내성적 반성일 뿐이라는 독아론에 대한 비판과 '타자의 타자성', 괄호 묶기에 대한 구체적인 논의는 가라타니 고진(1998a)을 참조할 것.

2. 가라타니 고진의 자본=네이션=스테이트 넘어서기

오늘날 자본을 넘어선 대안사회를 사유하는 사람들이 보는 적(敵)은 두 가지이다. 하나는 이미 자본의 지구화에 의해 해체되면서도 오히려 국가 간의 대립을 통해서 민족적 공동체를 재생산하고 있는 국민국가, 또는 민족국가라는 틀이며, 다른 하나는 모든 교환체계를 화폐 중심으로 전일화하는 등가교환의 체계이다. 권력은 미시화하고 생체화한다. 여기서 권력은 더 이상 국가와 같은 거시권력의 틀 속에서 작동하지 않으며 오히려 일상의 미시권력의 촉수들로 변환되어 작동하는 과정 속에서 거시권력의 중심을 감추거나 해체하고 있다. 그러나 이런 거시권력의 분산 또는 해체는 해방을 향하지 않는다. 과거 1950~1960년대 대량 생산-대량 소비 체제 속에서 국가 권력은 미시적인 일상의 권력으로 진화하면서 자본의 욕망을 미시화하고 생체화했으며 '생체-생활권력'이 되었다.

여기서 미시적인 '생체-생활권력'을 작동시키는 기저의 체계는 근대 자본주의가 생산하는 상품-화폐 체계이다. 상품 교환의 체계는 화폐의 등가성, 전제적 권력 속에서 작동한다. 여기서 배제되고 사라지는 것은 '불가산집합'이며 '특이성'이며 '장소'이다. 상품-화폐의 전일적 지배 코드화는 근대적인 국민국가의 '부르주아의 집행위원회'로서의 역할도, 대외적인 공동체에 대한 방어와 구획 속에서 이루어지는 분배의 역할도 담당하지 않는다. 국가는 이미 상품-화폐의 동등화 과정 속에서 미시적 권력으로 일상적 권력이 되었으며 더 이상 중심성을 가지고 있지 않고, 대외적인 경계도 가지고 있지 않다.

따라서 가라타니도 이 두 가지의 적에 집중한다. 그는 "자본과 국가 중에 어느 쪽이 근원적인가라는 물음은 우문"(가라타니 고진, 2007: 208)이라고 하면서 두 가지의 서로 다른 기원을 추적한다. 이를 위해 가라타니는 우선 두 가지의 마르크스주의적 테제를 기각한다. 첫째, 생산 중심의 패러다임이다. 가라타니는 생산이 아니라 교환체계, 유통관계에서 오늘날 자본주의의 문제를 보고자 한다.

둘째, 계급적 모순에 근거한 국가 권력의 문제 설정을 기각한다. 가라타니는 국가가 공동체 내부에서 발생하지 않는다고 주장한다. 그것은 공동체와 공동체 사이에서 발생한다. 이것은 국가에 대한 새로운 문제 설정을 함축한다. 즉, 국가를 더 이상 혁명적 수단 또는 활용의 대상으로 설정하지 않는다는 것을 의미한다. 대신에 가라타니가 주목하는 것은 교환체계와 서로 이질적인 기원을 가지고 있는 '자본=국가의 결혼'이다.

여기서 가라타니가 말하고 있는 자본은 '노/자의 적대적 구조'로서의 자본이 아니다. 그것은 화폐로서의 자본이다. 그에게 좀 더 근원적인 문제는 교환관계를 화폐의 전일적 체계로 등질화하는 근대적 교환체계이다. 그는 이미 『마르크스 그 가능성의 중심』에서 이것을 '화폐의 형이상학'이라고 비판했다(가라타니 고진, 2001: 115). 화폐는 일반적인 등가물, 가치 교환의 전제적인 등가물이 됨으로써 그 스스로 일반적인 척도가 된다. 그것은 모든 것을 양화하며 일반화된 규준이 된다. 여기서 화폐는 현상형태에서 가치의 교환자로, 본질적으로는 노동의 담지자로 등장하며 현상과 본질을 이원화한다. 따라서 가라타니는 화폐형태가 사회적 관계라는 가치형태의 '관계(차이)'(가라타니 고진, 2001: 99)를 은폐하는 '초월적인 이데아'(가라타니 고진, 2001: 48)라고 비판한다.

물론 그렇다고 가라타니가 노동 가치에 따라 구현되는 새로운 화폐체계를 말하고 있는 것은 아니다. 오히려 그가 보기에 이런 투명한 교환체계는 계획경제-중앙통제적 권력을 낳을 수밖에 없다. 그가 추구하는 것은 타자의 타자성, 차이를 나눌 수 있는 교환체계이다. 그에게 가치형태는 하나의 관계, 차이에 근거한 구조, 체계이며 차이는 상호 상이한 체계들 사이의 교환을 의미한다. 따라서 그는 노동가치가 아니라 '차이', 체계 간의 교환에 주목한다. 그는 잉여가치를 창출하는 것은 생산영역에서의 잉여노동-잉여가치가 아니라 유통-상품교환의 공간적인 차이와 산업생산 내부에서의 시간 차이를 통해서 획득되는 것이라고 본다. 따라서 그는 생산영역 안의 잉여가치를 통해서 규정되었던 노/자 간의 적대적 구조를 해체하고 상품-교환의 인류학적 체계들을 비교 검토하는 것으로 나아간다. 그에게 역사적으로 존재했던 교환관계는 아래와 같이 증여의 호혜제, 수탈과 재분배, 화폐에 의한 교환, 어소시에이션이라는 네 가지 형식이다(가라타니 고진, 2006: 460).

1. 증여의 호혜제	농업공동체의 내부	네이션	우애
2. 수탈과 재분배	봉건국가	국가	평등
3. 화폐에 의한 교환	도시	자본(시장경제)	자유
4. 어소시에이션	어소시에이션	어소시에이션	어소시에이션

여기서 그가 주목하는 것은 공동체 내적으로 이루어지는 교환체계로서 '증여의 호혜제'와 공동체 사이에서 이루어지는 교환체계인 '수탈과 재분배'이다. 국가는 공동체 내부의 모순이나 구조 속에서 발생하는 것이 아니라 오히려 이들 공동체 사이의 교환에서 발생한다. 따라서 그는 국가의 발생적 위치 또한 교환관계 속에서 찾는다. 그것은 기존의 마르크스주의가 생산 내부의 적대적 모순, 계급관계에서 이를 찾았던 사고방식을 뒤집는 것이다. 아울러 그는 마르크스주의를 포함하여 기존의 어소시에이션 운동[2]이 실패했던 원인 또한 국가의 문제를 내재적인 것에서 찾는 국가론의

부재 또는 내재적 국가론의 한계 때문이라고 보고 있다.

그는 촘스키의 구분을 따라 국가의 유형을 '리버럴리즘, 복지국가자본주의, 국가사회주의, 리버테리언 사회주의'로 구분하고 앞의 세 가지가 자본, 네이션, 국가 중 어느 쪽에 종속되는 반면 리버테리언 사회주의는 이를 벗어나려는 운동으로 평가한다(가라타니 고진, 2007: 17~18, 22).[3] 그러나 이런 리버테리언 사회주의(어소시에이션이즘)은 "자본, 네이션, 국가에 대한 인식의 결여"로 실패했다. 따라서 그는 "국가가 공동체나 사회 속에서 생겨난다는 관점"이 "국가를 그 내부에서 폐기할 수 있다는 사고로 인도"한다고 비판하면서 '국가의 자립성'에 주목한다(가라타니 고진, 2007: 64). 이것은 곧 국가의 폐기, 또는 비국가로의 이행이 내재적인 모순을 해결하는 과정을 통해서 얻어질 수 없으며 국가론에 대한 새로운 인식을 필요로 한다는 점을 의미한다.

가라타니가 보는 현대국가는 자본=네이션=스테이트가 하나로 결합된 것이다. 여기서 자본과 국가라는 두 개의 이질적 요소를 결합시키는 요소는 '네이션'이다. 자본주의는 화폐에 의한 교환체계로서, 세계화폐의 발전을

---

2) "어소시에이션이즘은 상품교환 원리가 존재하는 도시적 공간에서 국가나 공동체의 구속을 거부함과 동시에 공동체에 있는 호혜성을 고차원적으로 회복하려는 운동이다"(가라타니 고진, 2006: 183).

3) 이를 도표화하면 다음과 같다.

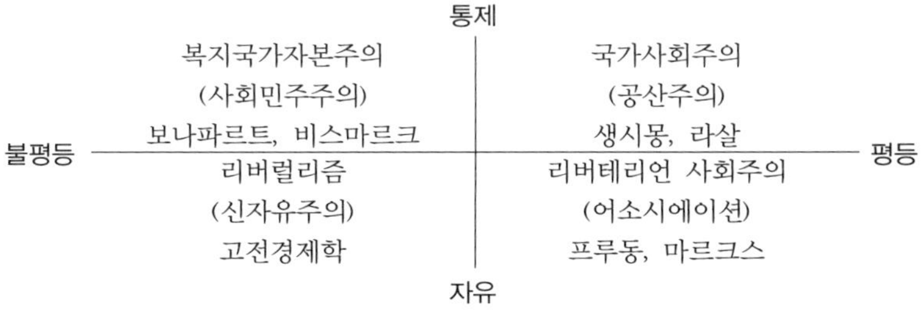

	통제	
	복지국가자본주의 (사회민주주의) 보나파르트, 비스마르크	국가사회주의 (공산주의) 생시몽, 라살
불평등		평등
	리버럴리즘 (신자유주의) 고전경제학	리버테리언 사회주의 (어소시에이션) 프루동, 마르크스
	자유	

가져오면서 기존의 공동체를 파괴한다. 또한 이는 현실 자본주의 경제가 초래하는 격차, 자유와 평등의 결여를 불러올 수밖에 없다. 이런 결여를 메우는 것이 바로 '상상된 공동체'로서의 '네이션'이다. 그러나 네이션은 상상일 뿐이다. 네이션의 기반이 되는 감정은 공동체 내부의 교환에 있었던 호혜성이다(가라타니 고진, 2007: 171). 따라서 프랑스혁명에서 나타난 '우애'란 바로 이와 같은 호혜성에 기초한 어소시에이션 운동의 표현이었다.

그러나 이런 어소시에이션 운동은 자본=네이션=국가의 덫에 걸려 결국 네이션=스테이트에 통합되었다. '우애'는 내셔널리즘이 된 것이다(가라타니 고진, 2007: 189). 따라서 가라타니는 두 가지의 전략을 제시한다. 하나는 자본으로 전화하지 않은 교환체계를 만드는 것이며 다른 하나는 국민국가를 해체하는 것이다. 여기서 양자의 전략에 공통적으로 적용되는 규칙은 상품-화폐의 전일적 교환체계를 '호혜적 교환체계'로 바꾸는 것이다. 그러나 이것은 원시사회에 존재하는 호혜적 교환과는 다른 것이다. 상품-화폐적 교환은 개인을 자유로운 계약적 주체로 만들었기 때문이다. 따라서 대안적인 호혜적 교환체계는 진정한 자유, 특이성을 기반으로 하여 이루어지는 상호 부조적이면서도 독사성이 유지되는 교환체계여야 한다. 개인의 독자성을 가장 잘 보여주는 것은 슈티르너(Stirner)의 에고이스트 연합이다. 이것은 곧 어소시에이션 운동이 무정부주의적 운동을 기반으로 한다는 것을 의미한다.

가라타니는 들뢰즈(Deleuze)나 네그리(Negri)처럼 특수성-일반성 대 특이성-보편성, 개별자-공동체 대 단독자-사회를 대립[4]시키고 특이성과 단독자에 근거한 대안 사회의 건설을 주장한다. 대안 사회는 "국가(공동체)

4) 이에 대한 구체적인 철학적 논의는 가라타니 고진(1998a, 1998b, 2002)을 참조.

안에 속하는 것이 아니라 공동체를 넘어선, 즉 사회적 관계와 교통의 강목을 통해 존재하는 교통공간이다. …… 단독자만이 사회적이다”(가라타니 고진, 1998: 154). 그가 생각하는 사회는 ‘교통공간이며 상호 교환되는 공간’이다. 그렇다고 그가 국가나 사회적으로 조직되는 거시적 집단체를 거부하면서 소규모 공동체 운동을 지지하는 것은 아니다. 오히려 그는 오늘날의 포스트모더니즘적 운동들을 무정부주의라고 비판하면서 “국가를 지양한다는 것은 일종의 국가(사회적 국가)를 형성하는 일”(가라타니 고진, 2006: 503)이라고 주장한다.

따라서 그가 생각하는 어소시에이션은 프루동과 칸트의 윤리학에 포함되어 있는 것으로서, 기존 공동체처럼 구성원들을 내적으로 강제하는 공동체가 아니라 차이에 따른 호혜적 증여가 이루어질 뿐만 아니라 외적으로 공동체 상호 간에 배타성이 없는 공동체이다. 그것은 단독자들의 고유성이 승인되면서도 그것들이 상호 교환되는, 공동사회(Gemainscaft)도 아니고 이익사회(Gegellscaft)도 아닌 ‘사회적 국가’이다. 이를 위해 가라타니는 다음의 세 가지의 방안을 제시하고 있다. 하나는 1982년 린턴이 고안한 LETS(지역 교환 거래제도)와 같은 ‘현금이 아닌 서비스나 재화’의 호혜적 교환이 ‘서로 모르는 사람들 사이에서 광범위하게 이루어지는’ 대안적 통화 시스템(가라타니 고진, 2006: 57~58)이며 다른 하나는 ‘노동자=소비자’가 ‘일하지 않는 것과 사지 않는 것’을 동시에 하면서도 살아갈 수 있는 대체기관으로서 ‘생산-소비협동조합’이다(가라타니 고진, 2006: 60).

그러나 이것만으로 ‘사회적 국가’가 건설되는 것이 아니다. 가라타니는 ‘중심’을 가져야 한다고 말한다. “그렇지 않으면 ‘어소시에이션의 어소시에이션’이 될 수 없고 기껏해야 자본=네이션=스테이트 안에서 국소적으로 반항하는 작은 운동 또는 미적 운동밖에 되지 않는다”(가라타니 고진,

2006: 503). 그것은 오늘날 세계가 자본의 압력을 따라 세계를 자본의 지배 속으로 몰아넣고 있기 때문이다.[5] 여기서 핵심은 '자본=네이션=스테이트'이다. 그는 일국의 사회주의 혁명도, 동시적 세계혁명도 오히려 국가에 의한 산업자본주의의 융성을 초래했다고 비판한다. 또한 그는 오늘날 세계화된 비국가조직이나 네트워크가 많이 만들어지고 있음에도 자본에 대항하는 각국의 운동이 국가에 의해 단절되고 있다고 비판한다. 따라서 오늘날 세계화된 현실에서 일국의 사회주의 혁명도, 동시적 세계혁명도 가능하지 않다고 주장한다.

대신에 그는 '자본=네이션=스테이트'의 포획망으로부터 벗어날 수 있는 적극적인 '위로부터'의 운동이 필요하다고 본다. "사회주의는 국가에 대한 아래로부터의 혁명에 의해 실현된다고 생각되어왔다. 그러나 그것만으로는 불충분하다는 것은 명료하다. 동시에 국가를 '위로부터' 꼼짝 못하게 하는 시스템을 형성하는 것이 불가결하다"(가라타니 고진, 2006: 204). 그것은 "국가들을 위로부터 억압하는 것", 다시 말해서 국가들이 국제연합에 "주권을 양도함"으로써 성립하는 칸트의 '세계공화국'이라는 이념(가라타니 고진, 2006: 203)에 따르는 것이다. 따라서 그는 각국에서 일어나는 '아래로부터'의 운동과 국가들을 "'위로부터' 억압하는", "'아래로부터'와 '위로부터'의 운동의 연계에 의한 새로운 교환양식에 기초한 글로벌 커뮤니티(어소시에이션)"(가라타니 고진, 2006: 225)를 제안하고 있다.

---

5) 가라타니는 '국민국가가 쇠퇴한다'는 네그리와 하트가 주장하는 '제국론'을 비판하고 '제국'을 '세계시장'으로 재해석한다. 그가 보기에 국민국가는 쇠퇴하는 것이 아니라 강화되며 지역공동체의 형성은 "세계자본주의(세계시장)의 압력하에 일부 국가들이 결속하여 '광역국가'를 형성"하는 것이라고 본다(가라타니 고진, 2006: 215).

3. 세계공화국의 이념과 국가의 해체 전략

가라타니에게 대안세계화는 큰 틀에서 두 가지 전략, 즉 국가들을 '위로부터의 억압하는 운동'과 '아래로부터 형성되는 새로운 호혜적 교환양식의 구축'에 있다. 이것은 곧 세계공화국의 이념 속에서 현재의 자본=네이션=스테이트라는 '보로메오의 매듭', 즉 네이션이라는 상상력이 묶고 있는 결합을 '위'와 '아래'로부터 해체해 들어가는 것이다. 여기서 네이션이 가지고 있는 상상력, 화폐라는 세계종교는 세계윤리로 변환되며 세계윤리는 칸트의 '세계공화국'이 된다. 그러나 그것은 '구성적인 것'이 아니다. 그것은 '규제적'이다. 따라서 가라타니는 '타자를 목적으로 대우'하며 '자유로워지라'는 칸트적 이념을 따라 한편으로 화폐관계에 근거하고 있는 자본의 재생산을 '호혜적 관계'로 해체하면서, 다른 한편으로 공동체 간의 대립에 근거하여 내적 동질성을 낳았던 국가를 위로부터 해체하는 전략을 취하고 있다.

여기서 이룩되는 '사회적 국가'는 기존의 국가가 아니다. 그것은 마르크스주의적 용어로 '비국가'이다. 적어도 가라타니는 '비국가인 국가'라는 모순적인 국가를 상상하고 있는 것이다. 물론 이때의 국가는 기존의 이른바 '정통'을 자처했던 마르크스주의에서 주창되었던 국가가 아니다. '정통' 마르크스주의에서도 국가는 사회화되기를 원했다. 그러나 이런 국가의 사회화는 거꾸로 뒤집힌 것이었다. 그들은 '선정치혁명 후사회혁명'이라는 관점을 취했다. 여기서 사회혁명을 추진하는 것은 국가 권력이었다. 그들은 국가 권력을 장악하여 사적 생산수단을 국유화한 이후 사회혁명을 수행한다는 프로그램을 가지고 있었다. 이것은 제2인터내셔널 이후 전개된 사민주의 계열이든, 제3인터내셔널을 주도했던 소비에트의 혁명적 계열이든 간에 동일하게 '국가 권력'에 사회혁명의 결정권을 주었다.

그러나 그것은 알튀세르가 이미 지적했듯이 '마르크스주의의 위기'를 불러왔다. 사민주의 계열에서 혁명은 구조개혁론과 같은 국가 권력 장치에 포획되는 계기가 되었으며 소비에트로 대표되었던 혁명적 계열 또한 국가 관료적 지배체제로 흡수되는 결과를 낳았다. 그들에게 국가는 레닌이 말했던 '혁명의 본질적인 문제'일 뿐 아니라 더 나아가 코뮤니즘으로 이행하는 데 반드시 거쳐야만 하는 이행기에서의 핵심적인 수단이었다. 그것이 곧 정치혁명을 사회혁명으로 발전시키는 데 국가 권력이라는 도구를 통해서 시민사회를 흡수하는 것이었다. 따라서 그 결과는 알튀세르가 말했듯이 "정치사회를 통한 시민사회의 지배-흡수", 곧 "당이 곧 국가로 되는 단계", 즉 전체주의화된 "소련"이었다(알튀세르, 1992: 78~83).

오늘날 마르크스주의 국가론에 대한 비판과 해체, 그리고 전복은 여기서 시작된다. 이들이 주목하는 것은 토대로 환원될 수 없는 국가라는 영역이다. 들뢰즈가 보기에 국가는 자본과 병행적으로 움직이는 독자적인 지배 권력이 되었으며 가라타니에게 국가란 공동체 내부에서 발생하는 것이 아니라 공동체 외부에서, 공동체와 공동체 사이의 교환에서 발생하는 것이다. 따라서 이들이 주목하는 것은 노/자의 적대적 구조가 아니다. 노동자는 이미 자본-임노동의 관계 속에서 자본의 공리체계 내부에, 자본의 지배가 생산하는 지배체계의 내재적 항(項)으로 존재한다. 가라타니는 전통 마르크스주의의 두 가지 입장, 즉 자본과 임노동의 생산 내적 모순에 근거한 혁명과 국가를 장악한 이후 국가를 이용하여 사회혁명을 수행하는 혁명을 기각함으로써 이런 비판과 해체의 노선을 공유한다.

대신에 가라타니는 첫째, 생산이 아니라 '소비'에서 혁명의 역동성을 찾으며, 둘째, 국가에 대한 외적인 해체 전략을 취한다. 그는 자본주의 사회에서 생산과 소비가 분리되어 있다는 점에 주목한다(가라타니 고진, 2006: 481). 그러나 이런 생산과 소비의 분리에 주목하면서 소비 영역에서 혁명적 역동성을 찾는 것은 르페브르 이후 좌파, 특히 카스텔이나 하비 등에서 나타나는 특징적인 흐름 중에 하나라는 점에서 이들과 다르지 않다. 가라타니가 지닌 독특함은 이 소비의 영역 문제를 노동력의 재생산, 카스텔의 '집합적 소비(collective consumption)'나 하비의 '건조환경(built environment for consumption)'과 같은 문제로 다루지 않고 생산 밖의 교환-유통 영역에서 다룬다는 점이다. 이들 좌파를 포함하여 마르크스주의에서 소비의 문제를 다루는 전통적 방식은 자본의 생산과 재생산에 있다. 그러나 가라타니는 이것을 기각하고 잉여가치가 나오는 것을 교환 영역에서 찾는다. 따라서 그는 교환 영역에서 '소비'가 이루어지지 않으면 자본의 가치증식은 파괴될 것이라고 본다.

아울러 이것은 다시 국가와 관련된 좌파적 투쟁에 대한 가라타니의 독특함을 낳는다. 가라타니의 독특함은 소비의 문제를 생산 영역이 아니라 교환 영역에서 찾음으로써 전통적인 생산과 재생산의 영역 안에서 이루어지는 노동력 재생산의 문제를 국가와 결합시키는 방식을 폐기한다는 점에 있다. 예를 들어 카스텔의 '집합적 소비'는 주택, 의료, 교육 등의 공공재와 관련되어 있고, 하비의 '건조환경'은 기술, 과학, 행정의 직접적인 노동과정에 대한 기술적이고 사회적인 조정뿐 아니라 교육, 건강, 복지, 경찰, 이데올로기와 같은 기능들을 포함하고 있다. 따라서 카스텔과 하비는 다양한 도시의 시민운동을 '공공 영역'에 대한 개입과 투쟁의 문제로 바라볼 수 있게 했다. 그러나 가라타니는 이런 식의 국가에 대한 개입이나 압력을 거부한다. 오히려 그는 '사지 말라'고 말한다.[6] 대신에 그는 LETS와 같은 대안적 통화체계라든가 생산-소비협동조합을 통해서 '소비도', '생산도'

새로운 유형의 교환 방식으로 만들어가라고 말한다.

다음으로, 가라타니는 들뢰즈를 비롯한 중심을 거부하는 혁명 전략과 다르게 국가 그 자체를 거부하지 않는다. 그는 정확히 '사회적 국가', 새로운 국가의 창조를 역설하고 있다. 이런 측면에서 가라타니의 전략은 비록 무정부주의적 전통에 서 있지만 무정부주의적인 것으로 환원되지 않는다. 이것은 다른 측면에서, "정치사회를 시민사회로 재흡수한다"(그람시, 1993: 268)는 그람시의 전략과 연결되어 있다.

여기서 문제의 핵심은 '비국가로서 프롤레타리아 혁명', 또는 '비국가로서 사회적 국가'의 건설이다. '비국가'는 국가 권력 장치 그 자체로부터 나오지 않는다. 그것은 국가에 자율적이고 독립적인 사회혁명의 자율성, 사회 권력의 자치적 권력화·정치화, 사회 권력에 의한 국가 권력의 대체, 또는 그것의 재흡수로부터 나온다. 가라타니가 제시하는 호혜적 원칙에 근거한 LETS와 같은 대안적 통화체계라든가 생산-소비협동조합은 바로 이런 코뮌 권력의 자기 통치화를 의미한다.

그러나 가라타니는 여기서 더 나아간다. 그는 계급지배를 위한 폭력 장치이자 이데올로기 장치라는 점, 그리하여 "시민사회 자체가 국가(권력 장치)이고 문화 헤게모니 장치"(가라타니 고진, 2006: 458)라는 점을 그람시가 보았다는 것에서 공헌을 인정한다. 그럼에도 그는 그람시나 그 이후 푸코 등의 논의가 국가 권력을 시민사회에서의 권력의 그물망으로 환원시

6) 이와 관련하여 가라타니는 네그리가 "잉여가치가 생산과정에서만 존재한다는 통념을 따르고 있고 『자본론』을 잘못 읽고 있다"고 비판(가라타니 고진, 2006: 483)하면서 네그리-하트의 "노동력을 팔지 말라"는 노동거부와 함께 "자본제 생산물을 사지 말라"고 말한다(가라타니 고진, 2006: 498). 이것은 가라타니가 생산 영역에서 노동자의 주체화를 찾는 것이 아니라 오히려 소비 영역에서 노동자의 주체화를 찾기 때문이다.

켰다고 비판한다. 그가 보기에 "세계자본주의에서 절대주의 국가가 다른 국가와 벌이는 경합 속에서 나타난 것처럼 오늘날에도 국가는, 그 내부가 아무리 사회민주적이라 하더라도 외부에 대해서는 패권주의적이다"(가라타니 고진, 2006: 459). 따라서 그는 주권의 포기와 같은 '위로부터의 강제', '위로부터의 억압'이 필요하다고 주장한다.

그렇기 때문에 가라타니의 전략은 부르주아 국가의 내적 모순에 근거한 혁명 전략이라기보다 국가에 대한 외부적 개입에 집중되어 있다. 또한 그의 전략은 자본주의 생산 내적 모순보다는 유통-교환체계에서의 격차 또는 빗겨남에 주목하고 있다. 가라타니의 혁명 전략이 지닌 새로움과 그 한계는 바로 여기서 나타난다. 가라타니는 국가와 자본의 증식이 지닌 모든 체계의 기본적인 출발점을 화폐-상품 교환체계에서 찾고 있다. 그러나 이것은 화폐가 자본으로 전화한다는 측면에서 역사-논리적으로 화폐는 자본의 원인이지만 자본주의 생산양식이 선 이후의 화폐는 구조-논리적으로 자본의 결과가 된다는 점, 즉 화폐의 원인은 자본이 된다[7])는 점을 간과하는 결과를 낳는다. 게다가 공동체 사이의 교환에서 발생하는 국가에 대한 관점도 국가의 해체를, 그것이 서 있는 내재적 토대, 즉 계급관계의 측면을 소홀히 함으로써 국가의 공동체적 지배가 지닌 모순을 간과하는

7) "마르크스는, ① 대상이 발생하는 발전 국면에서의 원인의 결과로의 변천 및 그 역(전제의 법칙으로서의, 모양 짓는 것의 모양 지어진 것으로서의, 조건 짓는 것의 조건 지어진 것으로서의 변천 및 그 역)과 ② '발전된 대상'의 발전에서의 원인의 결과로의 변천과 그 역을 구별한다. ①의 경우에서 현상 A는 오직 일시적인 경과 속에서만 현상 B의 전제, 원인, 조건이다. 그러므로 현상 B의 실현은 현상 A의 새로운 실현을 반드시 불러일으키며 그것에 의해 현상 A는 현상 B — 현상 A의 원래의 결과였던 — 의 결과(효과, 산물)로 나타난다. 이제, 원래는 현상 B의 원인인 현상 A가 현상 B의 결과, 즉 산물로 바뀐다. 원인은 결과가 되고 결과는 원인이 된다"(젤레니, 1989: 103).

잘못을 낳고 있다.

이것은 가라타니가 '모순의 변증법'을 폐기하고 '차이'와 '사이(공간)'의 철학을 고집하기 때문이다. 가라타니는 이를 통해서 차이와 호혜적 교환의 원리라는 새로운 영역을 '비국가'와 관련하여 제기한다. 그러나 그렇게 함으로써 그는 자본과의 직접적인 적대적 관계를 소홀히 취급한다. 자본은 사회화된 생산능력을 전유함으로써 사회 권력과 정치 권력을 창출하고 국가 권력을 미시화하며 일상을 지배한다. 오늘날 국민국가는 네그리가 말하듯이 쇠퇴하거나 해체되는 것이 아니다. 그것이 쇠퇴하거나 해체되는 것처럼 보이는 것은 국민국가가 자본의 시녀가 되었기 때문이다.

오늘날 자본은 지구촌에서 외부 없는 유일자, 국경을 넘어 사회화하는 거대 생산능력을 움켜진 절대 권력이 되어가고 있다. 더 이상 국가는 국경을 중심으로 내부적 공동체를 지배하는 권력의 핵심이 아니다. 오히려 오늘날 권력의 핵심은 국가를 지배하는 '자본'이다. 자본은 국경을 넘어 인종과 민족의 경계를 허물고 자본의 상품화 속에 모든 존재를 코드화하고 포획한다. 한때 국경이라는 경계 안에서 주권적 개인들을 틀어쥐고 공공복지와 생활 소비를 창출했던 국가는 오히려 자본의 절대 권력을 위해 봉사하는 시녀가 되어가고 있다.

그러나 바로 그렇기 때문에 계급적 지배 장치로서 국가는 '보편이해로 선언된 특수이해, 계급이해'를 좀 더 본질적으로 드러낼 수밖에 없다. 특히 이것은 오늘날 지구화된 국제자본, 제국주의적 국가의 힘을 이용한 자본의 세계 재패 전략에서 본질적으로 드러날 수밖에 없다. 이런 의미에서 오늘날 자본의 지구화가 드러내는 모순은 국가에 중첩적으로 응축된다.

문제는 이 모순을 반자본의 혁명으로, 사회혁명과 정치혁명의 동시적 과정으로, 대안사회의 코뮌적 양식으로 발전시키는 데 있다. 그러나 가라타니는 오늘날 대표=재현(representation)=대의제를 비판하는 들뢰즈나 네그리를 따라 부르주아 민주주의의 이 모순을 파고들지 않는다. 대신에 그는 국가를 경유하는 모든 혁명 전략을 폐기한다. 특히 그는 국가 권력을 이용한 국유화와 같은 혁명 전략을 부정한다. 그러나 베네수엘라 혁명이 보여주듯이 국가는 오늘날 더욱 중요한 혁명적 수단이 되어가고 있다. 그것은 두 가지 측면에서 그러하다.

첫째로, 국가 권력의 보편이해라는 이데올로기적 기능을 이용하여 사회화된 생산능력을 전유하는 부르주아의 부를 제한하거나 박탈하고 그 부를 민중의 생활과 문화를 위한 것으로 바꾸어놓을 수 있다는 점이며, 둘째로, 자본의 지구화가 창출하는 지역블록과 제국주의적 지구화에 대항하는 인민주권의 공동체적 권리를 확산시킴으로써 대항적인 지구화 전략을 만들어낼 수 있다는 점이다.

4. 볼리바르 혁명의 교훈과 대안세계화의 전략

베네수엘라 혁명을 선두로 하여 진행되는 남미의 볼리바르 혁명은 미국에 의해 강요된 신자유주의 정책의 실패와 인민적 생활의 파탄에 대한 저항의 성격을 지니고 출발했다. 그럼에도 그런 저항이 국가 권력을 향하고 국가 권력을 통해서 진행되는 것은 그것이 대외적으로 대립과 경쟁의 성격을 지니고 있지만 바로 이런 성격이 대내적으로는 일국의 보편이해, 또는 인민의 생활을 관리하고 책임지는 역할과 정당성을 강제하기 때문이다. 따라서 자본에 의해 진행되는 신자유주의 지구화에 대항하는 반신자유주의, 반세계화 운동은 미시적 차원에서 소규모 공동체 운동이나 소비자운동, 사회운동의 영역을 넘어서 일차적으로 국가 권력을 향할 수밖에 없다. 베네수엘라의 볼리바르 혁명은 이런 모순 속에서 발전한 혁명이다.

그 모순이 어떻게 등장하는가는 각국의 상황과 역사적 맥락 속에서 다른 특수성을 지닌다. 차베스의 군사 반란과 실패, 그리고 제헌의회를 통한 국가 개조와 선거혁명은 이런 남미의 특수성을 반영한다.[8] 베네수엘라의 '선거혁명'이 마치 21세기 혁명 전략의 모범인 것처럼 이야기하는 사람들은 그것이 그 사회의 역사적 맥락 속에 위치하는 전술적인 차이라는 것을 망각한 것이다. 그러나 마찬가지로 의회 전술과 국가를 활용하는 전술을 부정하는 가라타니와 같은 입장도 전략적 수준의 문제와 전술적 수준의 문제를 혼동한 것일 뿐이다. 베네수엘라 혁명은 철저하게 '부르주아적 대의제'를 이용하면서 법적 형식을 통해서 혁명을 진행시켜가고 있으며 베네수엘라의 기간산업인 석유산업을 국유화함으로써 그 재원을 가지고 인민의 복지와 자율적 운동들을 활성화시키고 있다.

물론 전략적으로 베네수엘라 혁명은 "가난을 끝장내는 유일한 방법은 빈민들에게 권력을 주는 것"이라는 차베스의 믿음에 따라 이루어지고 있다. 그것은 곧 '위로부터 통치하는 국가'가 아니라 인민들 자신에 의해 통치되는 국가의 건설을 의미한다. 차베스는 "민중들이 중간 매개 없이,

---

8) 제헌의회를 마치 모든 혁명 전략의 기본적 형태처럼 이야기하는 일부의 주장도 이런 특수성을 보지 못한 것이다. 이른바 1958년 '푼토피호 협정' 이후 베네수엘라에서는 민주행동당과 기독교사회당이 번갈아 집권하는 양당 중심체제를 40년간 유지했다. 신자유주의로 대중의 삶은 파탄 지경이었지만 권력은 양당체제로 유지되었던 것이다. 따라서 대중들의 분노는 기존 정치체제와 그것을 떠받치는 헌법 자체를 향하고 있었다. 이것은 차베스 이전의 1989년 카라카소 이후 결성된 좌익세력 간의 연합전선인 '애국전선'의 핵심 전술이 제헌의회였다는 점에서 확인될 수 있다. 물론 제헌의회가 선거혁명에서 매우 중요한 역할을 한다는 것은 분명하다. 그럼에도 제헌의회-선거혁명을 고집하는 것은 혁명의 역동성을 단선화하는 것이다.

대의체계 없이 자신의 발전 계획을 직접 짜고 감독하고 실행할 수 있어야 한다"(베네수엘라 혁명 연구모임, 2006: 168)고 말한다.

그러나 이와 같은 대중의 자치, 대중권력의 자기 통치적 코뮌들, 스페인의 정치 분석가인 카를로스 모네데로가 "베네수엘라 21세기 사회주의를 건설하는 도구"라고 말했던 '주민자치위원회'는 중앙의 국가 권력을 배제하면서 이루어진 것이 아니다. 차베스 또한 국가사회주의나 국가의 관료화라는 위험을 부정하지 않는다. 그럼에도 베네수엘라에서의 혁명은 '분권화'나 '소규모 공동체 운동'에만 의존하지 않는다. 그것은 "중앙의 총괄적 계획"과 함께 조정, 지원이 이루어지는 전 국민적 자치조직의 다양화와 직접민주적 운영, 그리고 전체 공동체에 대한 책임을 강조하는 방식으로 이루어지고 있다(김병권 외, 2007: 3장).

혁명의 예술(art)이다. 그것은 현실의 모순적 역동성 위에서 움직이기 때문이다. 베네수엘라 혁명은 대중권력을 창출하려는 기본적인 원칙하에 구체적인 상황과 맥락 속에서 발생하는 모순을 최대한 이용하면서, 그 모순의 증폭을 통해서 원칙을 구현하는 전술을 구사하고 있다. 그것은 '혁명 속의 혁명'이자 연속적인 정치적·사회적·문화적 혁명이다. 차베스의 베네수엘라 혁명은 일거에 부르주아 장치를 제거하지도, 한꺼번에 모든 사유재산을 몰수하지도 않았다. 그것은 철저하게 헌법과 제도적 장치들을 이용하면서 이루어졌다. 물론 이것이 지속적으로 가능했던 것은 제헌의회를 통해서 만들어진 '볼리바리안 헌법'이 있었기 때문이다.

차베스는 1998년 12월 첫 대통령 당선 이래 제헌의회 선거를 포함하여 11번의 전국적 선거와 투표를 통해서 혁명을 이끌어왔다. 물론 가장 최근에 있었던 2007년 12월 '21세기 사회주의' 건설을 구체화했던 제헌의회 선거는 실패했지만 그 또한 인민의 선택이라는 점에서 대중의 역동성을 어떻게 조직하고 정치적으로 주체화하는가의 과제를 남기는 것이라고 할 수 있다.

따라서 문제의 핵심은 대중의 역동성을 조직화하는 대중의 정치화에 있다. 베네수엘라 혁명의 토양은 이런 대중들의 정치적 조직화, 자기 통치화, 생활의 자기 조직화에 있다. 그 핵심에 볼리바리안 서클이 있다. 대선에서 승리를 뒷받침했던 차베스 자신의 정치조직인 MBR-200(볼리바르 혁명운동), 2004년 대통령 소환 투표에서 승리를 안겨다준 UBEs(선거전투단위) 등은 2002~2003년에 이르는 반혁명 쿠데타에 대항하는 계급투쟁의 역동적 산물이다. 차베스는 이런 투쟁의 과정을 인민의 조직화로 전화시켰다. 차베스는 2001년 11월 49개의 개혁법안을 공포하고 반혁명 쿠데타를 진압하면서 베네수엘라국영석유회사(PDVSA)의 구조조정과 기존 관료층에 대한 대대적인 물갈이를 단행했다.

그것은 계급투쟁의 역동성을 이용한 공동경영과 노동자 통제의 강화를 도입한 것이다. 그리고 이런 계급투쟁의 역동성 속에서 각종 주민 참여조직들, 토지위원회나 주민자치위원회, 각종 협동조합 등을 건설했다. 따라서 볼리바르 혁명은 국가의 지도를 통해서 관제적으로 조직을 만드는 것이라기보다 계급투쟁의 과정 속에서 자치적 대중 권력체들을 만들어가는 것이라고 할 수 있다.

그러나 이런 대중적인 조직화는 대중의 욕망에 대한 경제적·물질적·생활적인 공급 없이 이루어질 수 없다. 이런 경제적인 재원은 국유화된 석유산업으로부터 나온다.[9] 베네수엘라는 석유산업의 이익을 기반으로

---

9) 사람들은 베네수엘라 혁명이 가능했던 것은 석유 때문이라고 말한다. 그러나 문제는 석유 자체가 아니다. 석유는 '악마의 배설물'이 될 수도 있으며 '축복의 씨앗'이 될 수도 있다. 석유는 사회적 자원이며 사회화된 생산의 영역이다. 따라서 문제의

각종 '미션'들을 수행했다. 이것은 국가의 계획적인 지원과 민중 참여, 그리고 자율적인 의사결정을 결합시켜서 민중 주체의 정치적·경제적·사회적·문화적 혁명을 수행하도록 한다. 차베스는 석유뿐 아니라 광물과 같은 천연자원을 이용하여 다른 산업의 발전뿐 아니라 사회적 공공성을 높이기 위한 각종 프로젝트를 시행하고 있다.

협동조합을 만드는 사람들에게 재원을 지원하고 제조업, 농업, 서비스업, 각종 복지시설들을 통합하는 협동조합 클러스터뿐 아니라 공동경영에 대한 인센티브, 그리고 교육 미션, 의료 미션, 유통시장 미션 등 다양한 미션들을 통해서 일자리를 창출하여 실업률과 빈곤율을 떨어뜨리고 기업의 사회적 공공성을 높여가고 있다. 따라서 베네수엘라 혁명은 국가 권력을 배제한 아래로부터의 혁명이 아니라 오히려 국가 권력을 이용한 위로부터 혁명을 통해 아래로부터의 혁명을 지지, 지원하고 '위로부터의 혁명을 통해서 획득한 권력'을 대중의 권력으로 전화시키는 혁명이라고 할 수 있다.

그러나 그런 정치적·경제적·사회적 혁명을 위해서는 대중적 가치가 필요하다. 베네수엘라의 보편적 가치는 '사회적 경제'라는 독특한 베네수엘라 경제 시스템의 구축으로 모아지고 있다. 사회적 경제는 기업의 사회적 연대성을 강화하고 기업의 이윤을 사회화하는 '사회적 생산기업'과 자기 스스로 조직하고 관리하면서 미국에 대해 정치경제적인 독립성을

핵심은 사회화된 생산 능력을 사회화하는 것에 있다. 이런 측면에서 국유화라는 문제 설정은 '석유'냐 아니냐와 무관하게 사회주의 혁명에서 물질적 조건을 확보하는 문제이다. 또한 베네수엘라의 외교, 국제동맹에서 사용하는 석유의 값싼 공급이라든가, 상호 물물교환 방식의 교류도 단지 '오일달러'를 통한 과시나 선심성 외교로 볼 일이 아니다. 그것은 호혜적 교환의 방식으로서, 자본주의와 전혀 다른 교환의 방식을 보여주는 것이다.

유지하는 '내생적 발전 모형'으로 구성되어 있다. 다양한 소유 형태를 가진 협동조합, 공동경영, 국유기업은 기업의 이윤을 사회화하는 '사회적 생산기업'으로서 '수익성'의 가치 이전에 연대성, 협조, 보완성, 호혜성, 공평성, 지속가능성의 가치 등을 따라야 한다. 따라서 베네수엘라의 '사회적 경제' 개념은 가라타니 식으로 이야기하면 가치증식을 목적으로 하는 화폐교환 원리가 아니라 호혜적이면서 사회적인 교환 모델이라고 할 수 있다. 그리고 이것은 가라타니 식으로 '사회적 국가'를 건설하는 방향이라고 할 수 있다.

그러나 이 국가는 가라타니의 주장처럼 주권을 포기하는 것이 아니라 오히려 주권을 강화하는 방식을 통해서 이루어지고 있다는 점에서 다르다. 이것은 반미-반신자유주의라는 대안적 지역협력체를 건설하려는 노력을 통해서 나타나고 있다. 차베스는 미국 주도의 FTAA(Free Trade Area for the American)에 대항하여 ALBA(Bolivarian Alternative for the Americans)를 구축하고 있다. 2004년 베네수엘라와 쿠바 단 두 나라에서 시작한 ALBA는 현재 볼리바르와 니카라과가 합류하여 4개의 정회원 국가로 확장되었으며 이외에도 에콰도르, 우루과이, 도미니카공화국, 세인트키츠가 참관국으로 참여하고 있다.

물론 이것은 '볼리바르적 전통'이라는 이들의 역사적인 문화의 공통성이 있기 때문에 더욱 가능한 문제이기도 하지만 이들을 함께 묶고 있는 것은 반미-반신자유주의 전선이다. 따라서 대안세계화의 시작은 주권의 포기가 아니라 진정한 인민 주권의 회복이라는 관점에서 시작되었다. 물론 이런 측면에서 주권의 강화는 가라타니가 우려하는 대로 국가 간의 대립과 경쟁을 낳을 수 있다.

그러나 이런 주권의 강화가 반드시 대립과 경쟁으로 발전하는 것은 아니다. 문제는 이들 간의 공통성을 형성하고 있는 반미-반신자유주의라는 지역블록의 형성이 어떤 원리를 통해서 만들어지는가이다. 이 측면에서 가라타니의 우려와 반대로 베네수엘라의 지역블록 내부의 교환관계는 호혜적 원리들을 가져오는 방식으로 이루어지고 있다. 베네수엘라의 석유외교가 부르주아에게 오일달러의 과시나 선심성 외교로 비추어지는 것은 그들과 전혀 다른 방식의 교환체계를 이해하지 못하기 때문이다. ALBA는 '시장 거래' 대신에 '연대 거래'를 실시한다는 점에서 독특한 교환 원리를 가지고 있다(김병권 외, 2007: 354).

예를 들어 베네수엘라가 쿠바에 석유를 제공하는 대신에 쿠바가 의료를 제공했던 것처럼 상호 이익의 경제적 보완성을 높이는 방식으로 현물거래를 한다. 게다가 상호 협력의 초점도 회원국 국민들의 무상의료와 무상교육, 토지 재분배와 식량안보, 국영기업 육성, 경제적 독립과 대안매체를 통한 남미 정체성 확보, 노동운동과 학생운동, 사회운동의 장려, 친환경적 사업 등에 맞추어져 있다. 그러므로 대안세계화를 건설하는 혁명의 과정은 단선적이지도 명확하지도 않다. 그것은 현실의 모순을 기반으로 하여 대중의 역동성을 조직하는 과정 자체가 모순적이기 때문이다.

현재 베네수엘라의 볼리바르 혁명이 최종적으로 성공할 수 있을지는 누구도 장담할 수 없다. 그럼에도 그것은 혁명의 좌초를 향한 오류를 재생산하고 있음을 의미하는 것이 아니라 오히려 대중의 자기 통치, 자치화, 권력화를 조직하는 혁명의 역동성이 지닌 위험들과 계급투쟁의 복잡함을 의미할 뿐이다. 따라서 그 경로는 다양할 수 있다. 문제는 이 경로의 다양성을 '인민의 자율적 권력'으로 만들어가는 정치라는 예술에 있다. 베네수엘라 혁명의 미래는 여기에 놓여 있다.

최근 차베스가 21세기 사회주의를 위한 엔진의 하나로 지목한 베네수엘라 통합사회당(PSUV)이 출범했다. 비록 출범의 과정에서 12월 개헌 투표가 실패하기는 했지만 그것은 "지금 이 순간 우리는 할 수 없었다"는 차베스의 말처럼 미래를 결정짓는 것은 아니다. 문제는 '인민'이다. "진실로 혁명적 운동이 범한 오류는 현명한 중앙위원회가 절대적으로 오류를 저지르지 않는 것보다 훨씬 큰 성과를 가져오는 것"(룩셈부르크, 1989: 134)이라는 로자 룩셈부르크(Rosa Luxemburg)의 이야기처럼 인민의 정치화가 모든 혁명의 성패를 가늠할 것이다. 따라서 문제는 반국가(anti-states)냐 친국가(pro-states)냐, 또는 반제도냐 제도냐에 있지 않다. 문제의 핵심은 그 권력 장치가 무엇을 하는 권력인가이다.

이런 의미에서 '비국가로서 국가'는 권력의 사용이나 기존 장치의 활용에 있는 것이 아니라 그것이 '인민권력', 단지 계급이나 인민의 이해를 대리하거나 대표하는 권력이 아니라 대의제라는 매개 없는, 인민 자신의 직접 통치 권력을 생산하는 데 사용하는 자기 파괴적 국가, 자기 모순적 국가여야 한다. 그것은 발리바르(Balibar)가 말했듯이 "현실적 모순", "하나의 모순적인 현실, 사회주의 사회에서 '지배계급'의 역할을 수행하는 프롤레타리아트의 상황과 마찬가지의 모순적인 현실"(발리바르, 1988: 145)에서 나오는 것이다. 여기서 핵심은 국가 권력이 '대표자'가 아니라 '인민의 권력의지'를 조직하는 조력자이며 안내자여야 한다는 점이다. 따라서 그것이 행동하는 방향은 언제나 인민의 자기 통치적 권력체로서 '코뮌'의 활성화와 '코뮌'에 의한 기존 국가장치의 파괴를 향해야 한다.

5. 결론: 대안세계화를 향한 비제도적 투쟁

베네수엘라 혁명이 보여주듯이 21세기 사회주의 혁명에서도 자본주의적 생산이 지닌 내적 모순은 혁명의 동력이다. 그것은 사회화된 생산력이 사회주의 혁명의 물질적 토대이기 때문이다. 정치-문화적 혁명은 현대문명의 이 거대한 생산력을 사회화하는 권력적 강제 없이 이루어질 수 없다. 그것은 사회화된 생산력을 인민의 생활과 욕망을 위해 사용하는 그 순간에 인민적인 권력의지와 인민적인 부로 전화될 수 있다. 그런 의미에서 가라타니가 '교환관계'로 초점을 이동시키는 순간 놓쳐버린 '생산 내적 모순'은 여전히 혁명의 동력이 발산되는 핵심적인 장소이다. 그는 이것을 놓쳐버림으로써 국가를 단순한 '악'의 대상, 단절의 대상으로만 설정하는 오류를 범했다.

그럼에도 가라타니는 오늘날 신자유주의적 지구화가 펼쳐놓는 자본의 위험과 삶의 교통 양식이 지닌 문제들을 새롭게 개방했다. 그것은 생산-소비의 이원화와 자본의 근원적 한계 지점이다. 가라타니는 생산자이자 소비자로서의 노동자라는 특성에 주목한다. 그것은 오늘날 일상의 삶을 자본의 욕망으로 포획하거나 굴절시키는 인간적 삶의 파괴와 위협이 존재하기 때문이다. 가라타니는 자본의 한계가 드러나는 것으로 노동력과 자연을 들고 있으며 인류의 긴급한 과제로 "전쟁과 환경 파괴, 경제적 격차"(가라타니 고진, 2007: 224)를 이야기하고 있다. 이것은 자본이 자연까지 포함하여 외부 없는 유일자가 됨으로써 '생명' 그 자체를 위협하기 때문이다. 오늘날 유전자변형·조작식품, 광우병 파동 등 먹을거리를 포함하여 일상의 삶, 자연적 생명 그 자체가 위협받고 있다.

그러나 이런 생명의 파괴조차 계급 모순과 무관하지 않다. 울리히 벡

(Ulrich Beck)이 말했듯이 오늘날 환경문제의 핵심은 빈곤의 문제이다. 국제적으로 빈국과 부국, 국내적으로 계급 간의 격차는 환경에서의 빈부 격차를 재생산한다. 이른바 '웰빙족'의 자연친화적 삶은 부르주아들의 성역이 되며 그들의 성역과 단절된 빈국과 가난한 자들의 생활공간은 산업개발의 폐해와 오물덩어리들로 가득 찬 게토가 되어가고 있다. 여기서 모순은 중첩된다. 환경, 먹을거리, 교육, 의료 등 노동력 재생산의 문제는 자연파괴의 문제와 중첩되면서 '생명'의 파괴로 이어지고 있다. 따라서 대안세계화의 전략적 방향은 생산-소비의 문제를 결합한 총체적인 사회혁명이 될 수밖에 없다. 사회혁명은 가라타니가 말하는 것처럼 자본과 질적으로 다른 방식의 삶의 양식을 구축하는 것이다. 그것은 '차이'와 '단독자'에 근거한 코뮌의 형성이다.

그러나 이 코뮌은 공동체적 단일성 안에 묶여 있는 공동체가 아니다. 그것은 공동체 밖으로 향하는 개방적인 공동체여야 하며 그런 의미에서 공동체는 인류적이고 사회적이어야 한다. 호혜적 교환의 원칙은 공동체 내부만이 아니라 공동체 간의, 국가 간의 교류에서도 적용되어야 한다. 베네수엘라와 쿠바의 교류, 그리고 ALBA는 이 가능성을 보여준다. 소비운동이 세계적이어야 한다는 가라타니의 주장은 이와 같은 국제적인, 호혜적인 교통의 가능성을 현실화하는 하나의 방편이 될 수 있으며 사회운동은 이런 삶의 문제를 통해서 국제적인 반자본적 전선을 구축해야 한다. 그것은 단순한 자본과 임노동의 모순에 근거한 국제주의만이 아니라 '환경, 빈곤, 전쟁, 생명권을 포함하는 인권'과 같은 사회적 문제들에 대한 국제주의를 요청한다.

그러나 이런 투쟁은 본질적으로 사회혁명적인 성격에만 놓여 있는 것이 아니다. 그것은 마르크스가 말했듯이 '정치혁명'이 되어야 한다. 이미 마르크스는 파리코뮌을 보면서 사회혁명과 정치혁명의 결합 가능성, 혁명의 두 측면에 주목했다(Marx, *MEW 17*: 557~558). 물론 마르크스는 바쿠닌을 비롯하여 '사회혁명'만을 주창하는 코뮤나르드에 대항하여 '정치혁명'을 강조했다. 그러나 그것은 사회혁명을 부정한 것이 아니었다. 그에게 좀 더 중요한 것은 이 사회혁명이 정치혁명이라는 점에 있었다. 세계화 속에 존재하는 모순, 자본의 시녀가 된 국가 내적 모순과 자본의 세계화가 불러일으키는 사회혁명적 이슈들은 계급 모순과 중첩되면서 이미 포기해 버린 국가의 보편적 가치에 대한 저항들로 집약된다. 따라서 국가에 대한 대항 전략은 가라타니처럼 외부에서, 또는 국제연합과 같은 강제성을 통해서 주어지는 것이 아니라 본질적으로 국가 내적인 모순 속에서 형성될 수밖에 없다. 이런 내적 저항과 국가의 변혁 작업 없이 이루어지는 국제연합의 외적 강제는 오히려 오늘날 미국의 주도성이 보여주는 것처럼 제국주의적 침탈의 도구로 변질되어버릴 수 있다.

그러므로 국가에 대한 변혁 작업은 '비국가로서 국가', 가라타니 식으로 '사회적 국가'를 건설하는 작업이 되어야 한다. 따라서 그것은 소규모 공동체 운동이나 자주관리 운동으로 분권화될 수 있는 것이 아니다. 왜냐하면 생산-소비 간의 갈등, 생산기업 간의 갈등, 노동자 대중과 분리된 노동귀족과 자주관리기업 간의 대립을 낳을 수 있기 때문이다. 문제는 베네수엘라가 보여주듯이 '사회적 연대성'과 공동체성, 그리고 '사회주의적 책임'을 자각하는 것이다. 따라서 레보위츠(Lebowitz)가 말하듯이 "사회주의를 건설하기 위해 근본적으로 새로운 유형의 교환", "개인의 필요성"이 "공동체적 필요와 공동체적 목적에 기반하고 있는 교환으로의 근본적인 재정향", "진정한 계획, 위로부터의 계획"이 아니라 "조정된 사회적 자주관리의 발전"이 필요하다(레보위츠, 2008: 200). 여기서 문제는 계획

그 자체, 또는 사회 전반에 대한 계획에 있는 것이 아니라 위로부터 강제된 계획이냐 인민의 자기 통치적 계획이냐에 있다. 이를 위해 "사회의 주체적 민주주의와 현장의 주체적 민주주의", "생산단위와 사회의 연대를 생산단위 자체로 통합"해야 한다(레보위츠, 2008: 206). 베네수엘라 혁명의 미래가 여기에 달려 있다는 것은 명백하다.

그렇기 때문에 '사회적 국가'는 부르주아적 장치와 이데올로기, 민주주의라는 보편적 가치가 유발하는 내적 모순을 부정하지 않으면서, 오히려 이와 같은 장치들을 활용하는 제도적 투쟁을 통해서 이미 낡아버린 기존의 국가장치와 관료제적 장치들을 파괴하는 '비제도적 투쟁'이 되어야 한다. 가라타니를 비롯한 반의회주의, 반제도주의자들은 의회-선거나 제도적 공간, 공적 영역의 재구축 작업 등을 부정하지만 그것은 양가성(ambivalence)을 갖는다. 문제는 이 양가성이 자기 파괴를 향하도록 하는 전술이다. 여기서 비제도적 투쟁은 '반(anti)제도적'이지 않으며 제도와 반제도의 경계에서 '비국가', '반제도'의 영역을 넓혀가는 투쟁이다.

이런 의미에서 사회주의 혁명은 전략적으로 국가 권력의 장악을 목표로 하지 않은 비제도적인 혁명이다. 그것은 인민 대중이 권력의 실질적인 운영과 계획의 주체이자 국가 권력이 되게 함으로써 국가를 스스로 파괴하는 정치혁명이다. 따라서 이 전략적 목표를 향해가는 전술적 문제는 단순히 국가 권력에 대해 '안티테제'로 서는 것에 있지 않다. 그것은 오히려 어떻게 오늘날 우리에게 주어진 현실 속에서 발견되는 모순들의 중첩을 이용하여 다시 '인민을 주체화하고, 정치적인 주체로서 인민의 집합적 권력의지'를 창출하여 그들 스스로를 대체권력으로 만들고 권력 그 자체가 되게 하는가에 있다.

📖 참고문헌

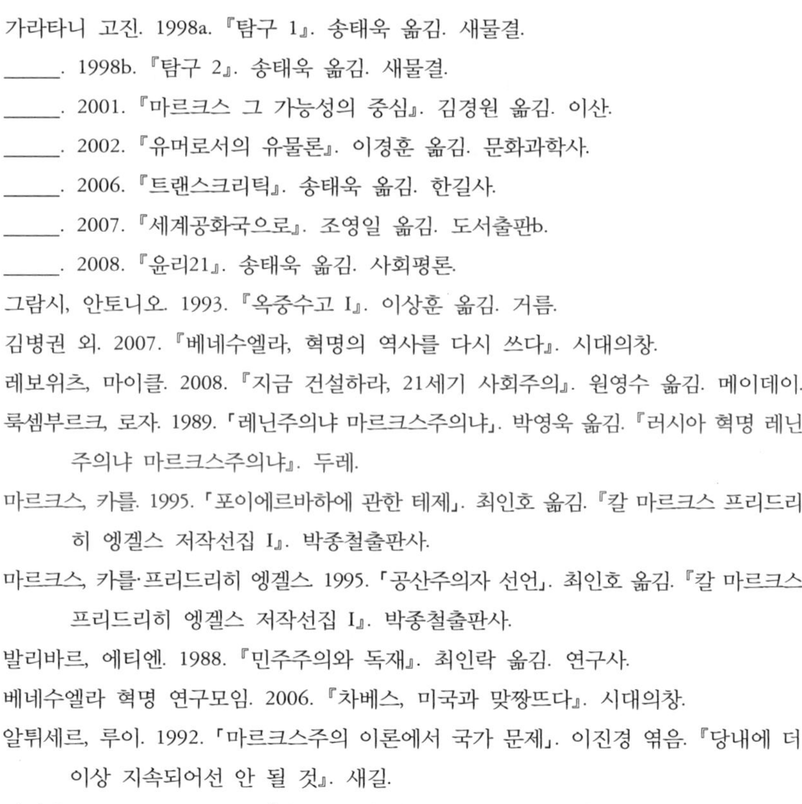

가라타니 고진. 1998a. 『탐구 1』. 송태욱 옮김. 새물결.

_____. 1998b. 『탐구 2』. 송태욱 옮김. 새물결.

_____. 2001. 『마르크스 그 가능성의 중심』. 김경원 옮김. 이산.

_____. 2002. 『유머로서의 유물론』. 이경훈 옮김. 문화과학사.

_____. 2006. 『트랜스크리틱』. 송태욱 옮김. 한길사.

_____. 2007. 『세계공화국으로』. 조영일 옮김. 도서출판b.

_____. 2008. 『윤리21』. 송태욱 옮김. 사회평론.

그람시, 안토니오. 1993. 『옥중수고 I』. 이상훈 옮김. 거름.

김병권 외. 2007. 『베네수엘라, 혁명의 역사를 다시 쓰다』. 시대의창.

레보위츠, 마이클. 2008. 『지금 건설하라, 21세기 사회주의』. 원영수 옮김. 메이데이.

룩셈부르크, 로자. 1989. 「레닌주의냐 마르크스주의냐」. 박영욱 옮김. 『러시아 혁명 레닌주의냐 마르크스주의냐』. 두레.

마르크스, 카를. 1995. 「포이에르바하에 관한 테제」. 최인호 옮김. 『칼 마르크스 프리드리히 엥겔스 저작선집 I』. 박종철출판사.

마르크스, 카를·프리드리히 엥겔스. 1995. 「공산주의자 선언」. 최인호 옮김. 『칼 마르크스 프리드리히 엥겔스 저작선집 I』. 박종철출판사.

발리바르, 에티엔. 1988. 『민주주의와 독재』. 최인락 옮김. 연구사.

베네수엘라 혁명 연구모임. 2006. 『차베스, 미국과 맞짱뜨다』. 시대의창.

알튀세르, 루이. 1992. 「마르크스주의 이론에서 국가 문제」. 이진경 엮음. 『당내에 더 이상 지속되어선 안 될 것』. 새길.

젤레니, J.(J. Zeleny). 1989. 『마르크스의 방법론』. 이기홍 옮김. 까치.

Marx, K. *MEW 17*. s.557~558.

제6장

반폭력의 문제설정과 인간학적 차이들

에티엔 발리바르의 포스트마르크스적 공산주의

서관모
충북대학교 사회학과 교수

1. 서론

마르크스주의의 발본적 쇄신을 통한 유효한 재구성 작업이 절박한 과제로 제기된 지 오래이지만 이 작업에서 중대한 진전을 이룬 이론가는 손에 꼽을 만하다. 에티엔 발리바르는 이들 중 하나인데, 루이 알튀세르를 넘어서서 중요한 독자적인 이론적 진전을 이룬 1990년대 이래의 그의 작업은 단편적으로만 소개되어왔다. 이 글에서는 계급 모순으로 환원되지 않는 '인간학적 차이들'을 이론에 도입하고 '반폭력의 문제설정'에 입각하여 '정치의 개조' 작업을 수행하고 새로운 공산주의 상을 소묘하는 발리바르의 진행 중인 작업의 개요를 소개하고자 한다. 여기서는 그의 용어, 개념, 테제들을 그가 제시한 그대로 충실히 인용하여 정확한 소개가 되도록 노력할 것이다.

---

* 이 글은 ≪마르크스주의 연구≫, 제5권 제2호에 실린 논문이다.

발리바르의 정치 개조의 문제설정은 마르크스적인 '변혁(transformation)의 정치'와 전(前)마르크스적인 '해방(émancipation)의 정치', 그리고 포스트마르크스적인 '시민인륜(civilité)의 정치'의 절합(節合)이라는 도식으로 구체화된다. 이 도식이 제출되기에 이른 맥락에 대한 이해를 돕기 위해 먼저 마르크스적 정치 개념의 핵심적 곤란의 하나를 이루는 마르크스주의의 '이론적 아나키즘'이라는 쟁점에서 소개를 시작할 것이다. 이어 알튀세르의 이데올로기의 문제설정에 기반을 둔 것이지만 알튀세르의 구조적 인과성 도식을 벗어나는 발리바르 자신의 새로운 역사적 인과성 도식과 발리바르가 독자적으로 제출하는 반폭력의 문제설정을 소개한다. 마지막으로 그가 국제주의의 오늘의 형상이라는 쟁점, 그리고 평등의 확립(institution)에 의해 폐지될 수 없는 차이의 유형인 인간학적 차이들이라는 쟁점들과 관련하여 제출하는 포스트마르크스적 공산주의에 대한 가설들을 소개할 것이다.

2. 국가의 사멸에서 국가의 발본적인 민주적 전화로

1968년 혁명과 더불어 마르크스주의의 종래 형상은 종언을 고하며, 1989년 '국가 공산주의'도 종언을 고한다. 발리바르는 1970년대 말부터 알튀세르의 마르크스주의를 넘어서는 독자적인 이론작업을 수행한다. 그의 이러한 이론적 진화는 마르크스주의의 '국가 사멸'의 기획을 국가의 발본적인 민주적 전화(transformation)의 기획으로 대체하는 데서 출발한다.

마르크스는 공산주의를 한편으로는 국가의 종언, 다른 한편으로는 상품관계의 종언과 동일시한다. 마르크스의 이러한 공산주의관을 단적으로 표현해주는 것이 '자유로운 생산자들의 연합'이라는 정식이다.[1] 이러한 마르크스적 공산주의는 1936년의 소비에트 헌법에서, 그리고 1976년 프랑스 공산당 22차 당 대회에서 '프롤레타리아 독재'의 기각을 통해 실질적으로 사멸했다.[2]

발리바르(1992a)는 '현실 사회주의'를 '국가 공산주의'로 명명한 바 있거니와[3] 마르크스의 '반국가주의적' 공산주의관에 비추어 이 국가화된 공산주의는 얼마나 기괴한 괴물인가! 마르크스적 '반국가주의'의 관점에서 이러한 사회주의적 국가주의를 비판하고 비난하기는 쉽다. 그러나 마르크스주의적 국가주의와 관련한 이론적 곤란의 원천은 마르크스 자신에게 있다. 그는 국가주의적이지 않으며 동시에 아나키즘과도 구분되는 자신의 담론을 결코 안정화시킬 수 없었기 때문이다.[4]

마르크스의 국가 사멸의 기획, 즉 계급투쟁을 통한 계급적대의 전진적 소멸, 그리고 국가의 전진적 '사멸(Absterben)'의 기획은 아나키즘(특히 아나코생디칼리즘)의 국가 폐지(abolition)의 기획과 분명히 구별된다. 그러나 이 두 기획의 차이가 아무리 중요하다 해도, 양자는 국가와 정치의 종언이

---

1) '자유로운 생산자들의 연합'이라는 표현을 마르크스 자신이 직접 쓰지는 않았다. 그것은 노동자들의 "연합을 통한 혁명적 결합(revolutionäre Vereinigung durch die Assoziation)"(『공산당 선언』, *MEW* 4, s.474), "자유로운 인간들의 연합(ein Verein freier Menschen)"(『자본 1』, *MEW* 23, s.92), "연합된 생산자(die assozierten Produzenten)"(『자본 3』, *MEW* 25, s.456, 828) 등과 같은 표현들을 결합한 정식이다.

2) 프롤레타리아 독재 기각에 대해 전통적 마르크스주의의 입장에서 가한 최선의 이론적 비판 중 하나가 발리바르(1976: 30~37)의 비판이다.

3) 참고로 '국가 공산주의(state communism)'는 바쿠닌이 마르크스주의를 라살주의와 싸잡아 비판할 때 '국가사회주의'와 함께 사용한 용어이다.

4) 이 부분에 대한 논의는 발리바르(1983b: 279~282)에 의거한 것이다. 이하 마르크스와 엥겔스를 함께 언급해야 할 경우가 대부분이나, 마르크스만을 거명하여 논한다.

라는 핵심적인 관념을 공유한다. 단적으로, 바쿠닌이 마르크스의 국가주의(국가사회주의)를 비판할 때에 마르크스는 진정한 의미의 아나키라 칭할 만한 것을 원용하는 것(마르크스·엥겔스, 1872: 148) 외에 다른 수단을 갖지 못했으며, 바쿠닌을 비판하는 마르크스의 논리는 바쿠닌의 논리를 전도시킨 것일 뿐이다. 자본을 국가의 산물로 간주하고 자본의 철폐를 국가의 철폐의 결과로 간주하는 바쿠닌과 반대로 마르크스는 국가를 자본의 산물로 간주하고 국가의 철폐를 자본의 철폐의 결과로 간주하는 것이다(엥겔스, 1872: 339 참조). 요컨대 마르크스는 국가주의/아나키즘의 거울반사 관계의 덫에서 벗어나지 못했다.

이러한 곤란의 원천은 공산주의를 국가와 정치의 종언과 동일시하는 마르크스의 항상적인 테제에 있다. 이 목적론적 테제는 마르크스주의가 공산주의적 정치, 또는 그것의 다른 이름인 프롤레타리아 정치를 사고하는 데에서 해결 불가능한 이론적 장애로 작용한다. 공산주의 사회에서의 국가의 기능에 관련된 『고타 강령 비판』의 언급(마르크스, 1875: 385)은 마르크스가 이 테제의 내재적 난점을 어렴풋이 느끼고 있었음을 보여주지만, 그 난점은 그에게서 끝내 가시화되지 않는다.

주지하듯이 알튀세르는 마르크스주의를 모든 목적론(teleology 또는 finalism, 역사의 의미/방향에 대한 이데올로기)에서 분리하려고 노력했다.[5] 그의 '모순의 복잡성, 과잉결정'이라는 관념, '무의식적인 것으로서의 이데올로기' 개념, 구조적 인과성 도식 등은 모든 종류의 역사철학('역사 속의 철학'에 대비되는 '역사에 대한 철학')과 양립 불가능한 것이다. 그러나

5) 알튀세르 학파가 마르크스주의를 모든 목적론 또는 메시아적 종말론에서 분리하려고 노력한 반면 데리다는 목적론과 메시아적 종말론을 분리하려고 한다. 이 점에서 데리다와 알튀세르가 형성하는 이단점에 대해서는 발리바르(2006)를 참조할 것.

알튀세르는 자신의 전복적인 개념들과 테제들의 함의를 끝까지 추구할 수 없었다. 어떤 면에서, 그는 그것들의 파괴력을 두려워하고 항상 자기검열을 했다고 할 수 있다. 이로부터 알튀세르의 이론 작업의 내재적 모순들이 나온다.[6)]

알튀세르에 따르면 이데올로기는 영원하며 이데올로기 없는 투명한 사회로서의 공산주의란 이데올로기적인 개념이다. 이데올로기가 영원하다면 이데올로기적 국가장치도, 나아가 국가장치 일반과 따라서 국가도 영원한 것이 된다. 알튀세르는 이데올로기의 종언, 정치의 종언이라는 관념과 사회적 관계가 부재한 투명한 사회인 공산주의라는 공산주의관을 부단히 비판했다.

이러한 그의 관점에서 보면 국가 없는, 국가가 '개인들의 자유로운 연합'으로 대체된 공산주의란 정확히 이데올로기적인 관념이다. 이데올로기와 마찬가지로 국가는 소멸의 대상이 아니라 전화의 대상일 뿐이다. 그는 1978년의 글에서 다음과 같이 썼다.

> 우리는 그(마르크스)에게서 점점 더 비판되지만 항상 배후에 깃들어 있는 것이 눈에 보이는 역사철학이라는 관념, 한정된 생산 양식들의 일련의 '전진적 시대들(progressive Epochen)'의 계기(繼起) 속에 체현된 역사의 의미/방향이라는 관념, 공산주의의 투명성으로 나아가는 관념을 발견한다. 우리는 마르크스에게서 '필연의 왕국'에 뒤이은 '자유의 왕국(『자본 3』, 제48장)'이라는 이러한 관념론적 표상을, 거기서는 국가나 상품관계들과 마찬가지로 쓸모없게 되어버리는 사회적 관계들을 개인의 자유로운 발전이 대체하게

6) 알튀세르의 모순들에 대해서는 발리바르(1988b, 1991a, 1991b)를 참조할 것.

될 공동체의 신화를 발견한다(알튀세르, 1978: 49~50, 강조는 필자).

이 글을 쓰기 전까지 그는 국가 사멸에 관해 적어도 형식적으로는 전통적 입장을 고수했으나 실질적으로는 이 글의 입장이 그의 이론적 관점과 수미일관하다고 보아야 한다. 그러나 그는 당 문제에 대해서는 이 글의 입장과 모순적인 태도를 견지했고, 이것이 1978년에 발리바르의 비판 대상이 된다.

발리바르는 1976년까지는 국가와 당 문제에 대해 마르크스와 레닌의 입장에 충실했다. 그의 입장은 1976년 프랑스 공산당의 프롤레타리아 독재 폐기를 비판하기 위해 쓴 『프롤레타리아 독재에 대하여』에서 정연히 제시된다. 여기서 그는 국가장치 파괴(destruction) 테제를 단호하게 변호한다(발리바르, 1976: 79, 99~100). 그러나 그의 책에서 주목해야 할 것은 이 파괴의 대상이 프롤레타리아트에게 순수하게 외적인 것이 아니라는 언급이다. 그는 "프롤레타리아트의 계급투쟁은 현존 사회적 관계들의 외부에서 전개되지 않기 때문에 …… 노동자 계급의 당은 부르주아 국가 '기계'의 외부에, 바로 정치적인 이데올로기적 국가장치의 게임의 외부에 있을 수 없다"라고 했다(발리바르, 1976: 82, 번역 수정). 이러한 시각에서 그는 당이 국가의 외부에 있어야 한다는 알튀세르의 주장(알튀세르, 1977: 83~84)을 비판하게 된다.

당이 근본적으로 국가 외부에 있어야 한다는 것은, "대중들 속에서의 활동을 통해서"라고 명확히 한다 하더라도, 무슨 뜻인가? …… 우리는 여기서 당은, 자신이 목표로 하는 종극목적(telos, le but final; 공산주의=국가의 사멸)에 따라서 자기 자신에게 부과하는 규칙들(régles)의 산물인 당원들의

(혁명적) 의지의 효과에 불과하다는, 따라서 당은 사회적 관계들 속에서 자신이 점하는 장소를 '자유롭게' 선택할 수 있다는, 게다가 스스로 자신의 '내부'와 '외부'를 정의할 수 있다는, 관념적(그리고 관념론적) 당관을 보게 되지 않는가?(Balibar, 1979: 82).

당이 부르주아 국가의 외부에 있을 수 없다는 테제는 그가 전에 이미 제출한 것이다. 추가된 것은 주의론(主意論)적이고 목적론적인 당관에 대한 비판인데, 이 비판은 이후의 '국가장치의 파괴/국가 소멸 테제의 기각'을 예상하게 하는 것이다. 당 문제에 대한 알튀세르와 발리바르의 1978년의 이러한 대립의 에피소드는 알튀세르의 모순 중 한 면을 보여주는 사례라 할 수 있다. 마르크스주의적 역사철학을 발본적으로 비판하면서 동시에 당이 국가 외부에 있기를 희망한 것, 이것이 알튀세르의 정치적 모순들 중 하나였다.[7)]

발리바르는 1970년대 말 이래 몇 년간 마르크스를 다시 읽으면서 마르크스 이론의 내재적 모순, 특히 그것의 역사철학적 측면을 전면적으로 분석하는 작업을 하며, 그 성과가 『마르스크주의에서의 이데올로기의 동요』(1983e)에 집약된다.[8)]

결국 우리는 여기서 엥겔스가 하나의 목적론에 대항하여 또 다른 목적론

---

7) 그러나 알튀세르는 1980년의 발작 이후에 쓴 유고들에서 극적으로 반목적론적인 '마주침의 유물론' 또는 '우발성의 유물론'을 전개한다.

8) 발리바르의 『대중들의 공포』(1997)의 제3부 『마르크스주의에서의 이데올로기의 동요』에 실린 네 편의 논문(「관념론의 교대군」, 「세계관들」, 「붙잡을 수 없는 프롤레타리아트」, 「정치와 진리」)을 볼 것. 또한 발리바르(1981, 1988a)도 참조.

을 구사함을 본다. 그리고 이러한 조건들 속에서 우리는 '부정의 부정'으로서의 '수탈자의 수탈'이라는 마르크스의 유명한 구절이 그 출발점을 이루는 사회주의로의 경향에 대한 엥겔스의 '변증법적' 서술과 관련하여, 그가 '국가의 종언 일반(la fin)'이라는 비목적론적 관념(conception), 또는 역사의 종언은 아닐 국가의 어떤 종언(une fin)이라는 비목적론적 관념이라는 해결할 수 없는 문제에 다시 봉착했음을 발견할 때 귀결하는 이론적 모호성에 너무 놀라지 말아야 한다(발리바르, 1983a: 249~250).

즉 역사의 종언이라는 목적론에 대항하면서 동시에 국가의 종언으로서의 공산주의라는 관념을 유지하려는 마르크스와 엥겔스의 입장은 유지될 수 없다는 것, 다시 말해 '공산주의=국가 사멸'을 역사의 종극목적으로 설정하는 한 마르크스주의는 역사철학일 수밖에 없다는 것이다.

발리바르는 마르크스가 국가/사회, 자본/노동, 속박/자유, 위계/평등, 공적 이해/사적 이해, 계획/시장과 같은 일련의 정치적 대립쌍들에 의해 전체적으로 구조화된 부르주아 이데올로기적 공간에 사로잡혀 있었던 것이 이론적 곤란의 원천임을 밝힌다. 마르크스가 갇혀 있던 국가주의/아나키즘이라는 대립쌍은 바로 부르주아 이데올로기의 이러한 이원적 구조에서 유래한다. 발리바르는 마르크스가 이러한 이데올로기적 공간에 사로잡혀 있었고 그리하여 과학/이데올로기, 진리/허위의 철학적 반정립을 한편으로는 해체하면서도 근본적으로 이 반정립에서 벗어나지 못했음을 밝힌다. 동시에 그는 마르크스가 수행한 '노동과정과 국가 사이의 이론적 단락(短絡)'이 그러한 반정립의 해체의 길을 제시한다고 주장한다(발리바르, 1983b).[9]

발리바르는 '마르크스주의의 이론적 아나키즘'의 문제를 내용상으로는 이미 1970년대 말에 제기한 셈이지만, 이 표현을 명시적으로 사용한 것은 그 후의 일이다. 그는 이와 관련된 자신의 이론적 전환에 대해 다음과 같이 쓴 바 있다.

> 나는 (1976년의 저작 『프롤레타리아 독재에 대하여』에서 썼듯이) 민주주의 자신의 계급적 경계들을 넘어서는 민주주의의 일반적 발전형태가 국가장치의 해체(파괴, démantèlement)라고, 그리고 일반적으로 말해서 국가의 사멸이라고 쓰지 않을 것이다. …… 오늘날 나는 마르크스주의와 자유지상주의적(libertaire) 전통 전세가 공유하는, 이론적 아나키즘(사회주의적인 것이든 아니든 간에)이라 부를 수 있을 것이, 적어도 그것의 이론의 관점에서 볼 때에, 마르크스주의가 짧게 잡아도 나치즘과 대결하던 시절 이래로 직면해왔으며 그것으로부터 결코 빠져나오지 못한 위기를 장악하여 해결할 수 없었던 무능력에 주된 책임이 있다고 믿는다(Balibar, 1993: 157).

마르크스의 국가 사멸 테제의 문제점과 관련한 발리바르의 관심은 현실의 부르주아 국가의 전화에 대한 대응에서 마르크스주의가 무능력했다는 점에 집중된다. 국가에 대해 전무 아니면 전부의 도식으로 접근하는 마르크스주의의 이론적 아나키즘은 그가 "마르크스의 사고의 반역사적 역사주의 또는 역사 없는 역사성"(발리바르, 1983b: 305)이라 부른 것과 상관적인

9) 1990년대에 들어 발리바르는, 마르크스가 정치와 경제를 단락시킴으로써 정치와 그 '타자'의 도발적인 동일화에 의거하는 획기적인 '정치의 타율성' 이론을 구축했으나 바로 이 이론이 오늘날 다시 질문의 대상이 된다고 주장하고(Balibar, 1994a: xi; 발리바르, 1995c: 235), '타율성의 타율성'에 조응하는 '시민인륜으로서의 정치' 개념을 가공해낸다(발리바르, 1996b).

것이다. 발리바르는 마르크스의 경우에 "자본주의의 역사성에 대한 비판적 인식(자본주의적 관계는 '자연적'인 것도 '영원한' 것도 아니며, 한정된 기원의 산물이고, 내적 모순들을 내장하고 있다는 사실의 인식)의 대가가 역설적으로 자본주의 자체의 역사를 사고하고 분석하지 못하는 무능력"이라고 주장한다. 이러한 무능력은 자본주의의 역사에서 자본-임노동관계가 새로운 형태들을 취해간다는 것을 마르크스가 결코 진정으로 사고할 수 없었다는 것을 의미한다. 자연히 마르크스주의는 이 자본-임노동관계의 전화와 상관적인 부르주아 국가 형태의 전화를 제대로 사고할 수 없었다.

자본주의와 부르주아 국가의 전화에 대한 사고에서 마르크스주의가 보인 무능력의 다른 편에 있는 것이 프롤레타리아 당에 대한 목적론적·본질주의적 이해이다. 발리바르는 당 형태를 "계급투쟁 조직의 유일한 본질적 형태"로 간주하는 당 관념을 기각하고 당 형태를 계급투쟁 조직의 "정세적 형태"로 상대화시킴으로써(발리바르, 1983b: 303), 알튀세르의 망설임을 넘어서서 역사철학적 마르크스주의를 완전히 기각한다.

마르크스의 텍스트를 지배하는 것은 목적론적 도식이지만, "오늘의 상태를 지양하는 현실적인 운동"으로서의 공산주의라는 『독일 이데올로기』의 정식과 공산주의에서의 국가의 기능에 대한 『고타 강령 비판』의 언급 등 명시적인 반목적론적인 진술들이 산재한다. "그의 텍스트 또는 체계나 교리라기보다는 흔적의 말소로서의 텍스처(texture)"에는 목적론에 대한 비판이 현존한다(발리바르, 2006: 90). 발리바르는 마르크스의 사고의 비목적론적인 요소들을 전개시킴으로써 국가 사멸의 기획을 국가의 발본적인 민주적 전화의 기획으로 대체하고자 했다. 그러나 이러한 전환은 그의 더 큰 이론적 진화의 한 부분을 구성할 뿐이다. 그의 이론작업은 국가와 따라서 변혁(transformation)으로뿐 아니라 '인간학적 차이들'로,

그리고 '반폭력(anti-violence)의 정치'로서의 '시민인륜(civilité)[10]의 정치'로 확대된다.

3. 새로운 역사적 인과성 도식과 반폭력의 문제설정

알튀세르는 단선적 인과성을 포기하면서 모순의 과잉결정, 이데올로기적 구조의 자율성 등의 관념들을 도입했지만, 그의 마르크스주의는 계급투쟁을 '최종심급'으로 본다는 점에서 "정통적"이었다(Balibar, 1999). 처음부터 '과잉결정'과 '최종심급' 간의 모순은 알튀세르의 역사적 인과성 도식의 곤란이 집약적으로 표출되는 지점이었다. 알튀세르는 '사회적 전체'의 환원 불가능한 복합성을 표현하는 과잉결정이라는 관념을 무기로 하여 역사에 대한 총체적 이론, 닫혀 있는 이론인 역사철학을 해체하려 했지만, '최종심급'은 그의 역사적 인과성 도식을 다시 닫힌 것으로 만드는 작용을 했다. 발리바르는 알튀세르의 사고에 잔존하는 목적론적 측면을 제거하여 알튀세르의 공산주의 상을 다음과 재구성한다.

> 하나의 생산 양식으로서 공산주의는 자본주의적 발전의 모든 '계기'에서(모든 '단계'에서) 자본주의의 모순들 속에 착근된 하나의 가능성이며 그 이상도 그 이하도 아니다. 또 하나의 생활양식, 사회적 관계들을 체험하는

---

10) 발리바르의 civilité 개념은 그 다의성 때문에 만족스러운 번역이 불가능하다. 그것을 '시민인륜'이라고 번역한 이유에 대해서는 『대중들의 공포』(1997)의 「용어 번역에 대하여: '시민인륜'과 '의념(notion)'」을 보라. 이 '시민인륜'이라는 번역어는 '문명성'이라는 함의를 잘 표현해주지 못한다는 단점이 있다.

또 하나의 방식, '지배적 보편성'에 반대하는 하나의 반역으로서 공산주의는 단지 부르주아적 이데올로기뿐 아니라 모든 이데올로기의 역사 속에 항상 존재하는 하나의 가능성이다. …… 공산주의 혁명이 의존하는 것은, 자본주의가 미리 결정된, 이러저러한 형태의 '성숙성'에 도달했다는 필연성은 아니다. '성숙해야' 하는 것, 그것은 착취로부터 파생되는 정치적 모순들이지, 자본의 집적률이 아니다(발리바르, 1991a: 188~189).

이렇게 알튀세르 자신의 모순으로부터 건져낸 '알튀세르의 공산주의'는 비가역적으로 포스트마르크스적이다. 이는 그것이 후에 발리바르가 마르크스의 '사회주의적 공산주의'라 부르는 진화론적 공산주의관의 발본적 부정이라는 점에서 그러하다. 발리바르는 착취, 계급투쟁 개념을 포기하지 않으면서 "그 인과성이 예정된 주체의 운명을 표현하는 것이 아니라 '최종심급에서'조차 결코 서로 같지 않은 대중과 계급의 모순적 절합(articulation)을 표현하는 역사적 과정이라는 비판적 개념"(발리바르, 1983c: 336)[11]을 발전시키고자 하는 과정에서 계급투쟁 외에도 보편적인 사회적 적대들이 존재함을 인정하기에 이른다.

그는 '화해 불가능한 모순으로서의 적대'에 대한 알튀세르의 사고[12]에서 더 나아가 보편적 적대가 복수로 존재함을 승인한다(발리바르, 1988a,

---

11) 마르크스에게 존재하는 '계급과 대중 사이의 비목적론적 변증법' 요소의 확대전개라는 관점에서 발리바르의 이론작업을 소개한 서관모(2005)를 참조할 것.

12) "알튀세르는 적대를 구조적 인과성의 핵심으로 파악한 것으로, 그리고 마르크스에게서 적대라는 걸출한 범주를 읽어낸 것으로 보인다. …… 적대의 이름 아래 그는 그가 '기원도 목적도 없는 과정'이라 부른 것을, 즉 기원적 주체를 요청하거나(예컨대 노동을 인간본질과 동일시하기) 적대의 종극적 제거를 요청하지 않는 화해 불가능한 모순을 사고한 것이다"(Balibar, 1996: 116~117).

1989b, 1992b, 1996a; Balibar, 1994a). 그는 계급투쟁을 유일한 근본적인 또는 보편적인 사회적 적대로 파악하는 전통 마르크스주의를 기각하고 성적 차이(또는 성의 차이, la différence des sexes) 및 지적 차이(la différence intellectuelle)와 같은 '커다란' 인간학적 차이들을 계급 모순과 똑같이 결정적으로 중요한 사회적 '모순들' 내지 분할들로 파악한다.13)

이 두 가지 인간학적 차이들 중에서 성적 차이라는 주제는 여성주의 이론가들 특히 뤼스 이리가레(Luce Irigaray)에 의해 높은 수준의 이론화가 되어 있고 윤소영 교수가 잘 소개해왔으므로(특히 윤소영, 2007 참조) 설명이 필요 없을 것이나 발리바르 자신이 세시한 '지적 차이' 개념은 약간의 설명이 필요하다.

지적 차이는 마르크스에 이어 그람시, 알튀세르, 알프레트 존-레텔(1970)과 같은 "철학자적인 마르크스주의자들 대부분"이 그것의 "역사적 해결을 공산주의의 근본적인 특성으로 항상 간주"했으나(발리바르, 1993b: 81~83) 계급분할로 환원되지 않는 별개의 분할 내지 '모순'으로서 이론화시킬 수 없었던 것이다. 지적 차이는 마르크스주의자들이 '육체노동과 정신노동의 분할'이라는 개념을 통해 접근하고자 한 하나의 현실이다.14) 마르크

---

13) 중요한 인간학적 차이에는 또 다른 것들이 있다. 발리바르는 인종주의의 효과로서의 종족적 갈등 역시 보편적인 갈등이라 보지만, 그것에 성적 차이, 지적 차이와 동등한 지위를 부여하지는 않는다. 그 밖에 성적 기호의 차이, 건강인과 병자의 차이, 연령의 차이 등 인간학적 차이의 목록은 길다.

14) 마르크스와 엥겔스는 '육체적(körperliche) 노동/정신적(geistige) 노동'(『독일 이데올로기』, 『고타 강령 비판』)과 함께 '물질적(materielle) 노동/정신적(geistige) 노동'(『독일 이데올로기』, 『잉여가치학설사』)이라는 개념쌍을 사용한다['손노동(Handarbeit)'이라는 용어도 사용하지만, 사용되는 맥락이 다르다]. 마르크스의 이 '육체노동과 정신노동의 분할'이 프랑스어와 영어 문헌에서는 '손노동(le travail manuel; manual labor)과 지적 노동(le travail intellectuel; intellectual labor)의

스는 『독일 이데올로기』에서 이 '분할'을 계급적대들의 최종의 토대로서 파악했지만[15] 착취에 대한 과학적 이론을 추구하는 과정에서 이 개념은 포기되고 생산 양식과 생산관계라는 개념으로 대체된다.

그러면서도 『고타 강령 비판』에서는 '육체노동과 정신노동의 대립'의 소멸이 '공산주의 사회의 더 높은 단계'를 정의하는 지표로 제시된다. 이와 관련된 마르크스의 딜레마는 자본주의적 생산관계의 발전을 '육체노동과 정신노동의 분할'에서 분리하는 것이 불가능하면서도, 양자를 동일시하는 것, 하물며 착취를 그 분할로 환원하는 것은 마찬가지로 불가능하다는 데에 있다.

마르크스로 하여금 '육체노동과 정신노동의 분할' 개념을 포기하게 만든 것, 즉 사회적 적대들을 계급투쟁으로 환원하게 만든 것은 그가 로크, 스미스에게서 물려받은, 노동을 인간의 본질적 활동으로 조정(措定)하는 '노동의 인간학'이다. 이러한 노동의 인간학은 "인간사회란 일반적 이익에 토대를 두고 있는 것이 아니라 적대의 조절에 토대를 두고 있다"고 보는 마르크스의 사회적 적대의 문제설정과 결합되어 "노동을 인간과 사회적 관계들의 본질로, 유일하게 적대를 결정하는 근본적 실천으로" 간주하게 만들었고(발리바르, 1988a: 282), 계급 분할로 환원되지 않는 '육체성'과 '정신성' 내지 '지성(지식성)'의 분할을 이론화시킬 수 없게 했다. 발리바르는 마르크스의 노동의 인간학을 단순히 기각하는 것이 아니라 '인간학적

분할'로 번역되는데, 전자가 표현하는 '육체성'과 '정신성'의 대립이라는 쟁점이 후자에서는 다소 다른 뉘앙스를 지닌 '육체성(manualité)'과 '지성(intellectualité)'의 대립이라는 쟁점으로 표현된다. 발리바르의 '지적 차이'는 이 두 쟁점을 모두 포괄하는 것이다.

15) 이하의 논의는 발리바르(1983d, 1985)에 의거한다.

차이'라는 관념을 도입하여 그 한계를 넘어서고자 한다.

발리바르에 따르면, 근대 정치에서 '억압'되어온 이 인간학적 차이들은 불평등과는 다른 것들이라는 부정적 공통점과, "평등 속에서의 차이의 권리로서" "해방되어야 할" 것들이라는 긍정적 공통점을 갖는다. 이 차이들의 해방(libération)은 "권리의 평등 속에서의 차이의 중립화로서가 아니라", "차이 자체인 어떤 평등, 특이성들(singularités)의 상보성과 상호성인 어떤 평등의 생산"으로서 이루어져야 한다.

그는 '지적 차이' 내지 '지식(savoirs)의 불평등'을 "대중과 엘리트의 차별적 재생산이자 사회적 활동들을 구획하고 위계화시키기 위한 교육제도들의 활용이자 동시에 '육체적(manuel)' 생활양식을 희생시키는 권위로의 경향 및 지향으로서의 '지적' 생활양식의 정당화"로 파악하고, 지적 차이를 창출하는 것은 불평등이지만 이 불평등에 대한 투쟁이 차이들의 제거(annulation)로 귀결할 수는 없다고 주장하고, 지적 차이와 관련된 해방적 실천의 과제로 "지식의 중립화와 재분배", "공적 공간에서의 표현의 권리라는 점에서 유식자들과 무식자들 사이의 등가성의 확립", "지성(intelligence)과 지식(savoir) 사이의 상징적 분리의 확립"을 든다(발리바르, 1989b: 31~33, 번역 수정).[16]

---

16) 지성(intelligence)과 지식(savoir)의 동일화는 지성의 근거를 광의의 앎이 아닌 지적인 지식에 한정함으로써 무식자인 대중의 지성을 부정하게 만드는 심대한 효과를 초래한다. 그것은 지식 및 이데올로기의 영역에서의 구조적 폭력에 대한 인식을 억압하며, "폭력과 지성의 이분법을 야기"하고 직접적으로는 무식자 대중에 의하여 행사되는 물리적 폭력만을 폭력으로 규정하게 하여 "지식인들이 폭력의 경제로부터 스스로를 제외하고 배제되"도록(발리바르, 1995a: 222) 만든다. 여기서 상론할 수는 없지만, 공동체와 관련되는 성적 차이에서는 '특이성의 추가(supplément)'가 과제인 반면, 소유와 관련되는 지적 차이에서는 '특이성의 빼기(soustraction)'가 과제라는 중요한 차이가 있다(발리바르, 1989b: 32). 물론 이것이 '성적 차이의

성적 차이, 지적 차이에 대한 이와 같은 인식은 마르크스적 정치 개념의 개조를 요구하며, 마르크스의 단선적인 변증법적 인과성 도식을 대체할 새로운 역사적 인과성 도식을 요구한다.

발리바르는 이 새로이 구성될 인과성 도식이 "역사성의 보충물 또는 보완물처럼 작동하는 토대와 상부구조의 합" 대신에 "양립 불가능하면서 동시에 분리 불가능한, 설명의 두 토대들로서의 주체화(sujétion) 양식(또는 '일반화된 이데올로기 양식' 내지 '일반화된 이데올로기')과 생산 양식(또는 '일반화된 경제 양식' 내지 '일반화된 경제')의 결합이 되어야 한다고 말한다 (Balibar, 1993: 160).[17] 이 도식은 마르크스의 경제적 적대의 문제설정과 스피노자의 이데올로기적 갈등성의 문제설정의 절합 위에 정식화된 것이다.[18] 발리바르는 주체화 양식과 생산 양식의 결합의 필연성을, 어떠한

추가, 지적 차이의 제거'를 뜻하는 것은 전혀 아니다.

17) 주체화 양식(la mode de sujétion)이란 "상징적 구조들의 작용하에서의 주체의 구성 양식"을 말하는데, 여기서 sujétion은 '복종'과 '주체화(주체로 되기)'라는 이중의 의미를 가짐에 유의해야 한다. 즉, '주체화 양식'은 '주체화/복종 양식'이다. 발리바르는 "주체화(sujétion)의 형태들"을 "복종(sujétion)의 형태들의 상관물들인 한에서의 주체화(subjectivation)의 형태들"로 정의한다(Balibar, 1994b: 89). 영어로는 용어가 구분되어 "subjection(sujétion)"은 "subjugation(sujétion)의 상관물인 한에서의 subjectivation(subjectivation)"이 된다. 참고로, 발리바르는 1983년에 이미 "마르크스가 표현한 바와 같이 국가의 모든 역사적 형태가 생산관계들의 형태와 이데올로기적 관계들의 형태로 이중의 '토대'를 갖는다"고 말한 바 있다(발리바르, 1983e: 178, 각주 57. 이 각주는 『대중들의 공포』에 실린 판본에서는 삭제되었다).

18) 이 점에서 발리바르의 철학은 '스피노자적-마르크스주의적'이지만, 동시에 그것은 '헤겔적-마르크스주의적'이다(그가 마르크스주의자인 한 그의 철학이 헤겔적-마르크스주의적이라는 것은 너무도 당연한 일이다). 발리바르의 헤겔적-마르크스적 '부정성'에 대한 준거는, 그리고 스피노자에게는 '보편성'의 한 종류(이상적·관념적 보편성)에 조응하는 '부정성이라는 전복적 요소'에 대한 인식이 없다는 주장은

역사적 조건 속에서도 상상적인 것(이데올로기)의 효과들은 현실적인 것(경제적 적대)을 통해서만, 그리고 수단으로 해서만 나타날 수 있으며, 현실적인 것의 효과들은 상상적인 것을 통해서만, 그리고 수단으로 해서만 나타날 수 있다는 데에서 찾는다. 정치의 두 '타자'인 경제와 이데올로기는 각각 '타자의 타자'를 통해서만 효과를 나타낼 수 있다는 것이다.

> 이러한 입장은 내가 역사유물론의 영역 안에서 견지해온 다음과 같은 테제와 수미일관하다: 상상적인 것의 구성체들 또는 주관적 구성체들은 경제와 정치의 반영 또는 상부구조가 아니며, 오히려 경제와 정치의 정신적(psychic) 질료, 의지대로 조작될 수 없는 질료이다. 따라서 행위한다는 것은…… 법칙, 과학, 제도를 수단으로 하여 역사와 인간성을 '제어'하는 것, 형성하는 것, 심지어 조직하는 것이 아니다. 행위한다는 것은 많은 경기자들과 때로는 속이거나 술책을 쓰면서, 이데올로기와 경제의 위험을 무릅쓰고 또 이 위험에 대항하면서 게임을 하는 것이다(Balibar, 1993: 163).

이렇게 상상적인 것의 구성체들, 즉 이데올로기가 "의지대로 조작될 수 없는" 경제와 정치의 질료인 이상, '필연의 지배'로부터 '자유의 지배'로의 이행, "사회적 관계들도 이데올로기도 없는 젖과 꿀과 포도주와 장미의 땅으로의 이행"이란 있을 수 없고, 반대로 "자유의 실현, 필연의

1990년대 초 이래 여러 글에서 반복되어온 것이다. 발리바르(1992c, 1995c, 1996a), Balibar(1994a, 1996, 2001a) 참조. 발리바르는 "마르크스 또는 헤겔과는 별로 관계가 없으며, 오히려 스피노자, 더욱이 프로이트로부터 …… 유래"한 알튀세르적 이데올로기 개념(발리바르, 1991a)과 이데올로기의 문제설정을 유지한다. 그것은 그의 새로운 역사적 인과성 도식, 그리고 폭력/시민인륜에 대한 논의의 이론적 기반이 된다. 근래의 예로 Balibar(2004a)를 참조할 것.

영역 안에서의 최대한의 자유의 실현"이 있게 될 뿐이다(Balibar, 1993: 162). 그의 이러한 입장은 정확히 알튀세르의 이데올로기의 문제설정의 논리적 귀결이라 할 수 있다.

1990년대 초 이래의 발리바르의 작업의 중심에는 폭력에 대한 새로운 철학적 성찰이 자리 잡고 있다. 이러한 성찰의 출발점을 이루는 것은 프롤레타리아 독재의 딜레마란 폭력 그 자체의 폭력적 폐지로서의 혁명적 정치의 딜레마라는 인식이다. 폭력과 관련한 마르크스주의의 딜레마는 "정치를 폭력(경제적 소외의 폭력과 국가의 폭력)의 지배로부터 벗어나게 하기 위하여 정치를 재정초해야 하며, 다른 한편으로는 인민에 반하여 폭력을 행사하는 세력들, 그룹들, 장치들을 대항폭력에 의해 제거하지 않고서는 정치의 재정초를 달성할 수 없다는 이중적 테제에 혁명적 정치가 전형적으로 지배된다"는 데에 있다(발리바르, 1992c: 183~184).

폭력에 대한 그의 성찰은 자본주의의 구조적 폭력과 해방적 정치에 내재된 폭력만이 아니라 강한 의미의 정치 자체를 불가능하게 하는 '초주체적'이고 '초객관적'인 극단적 폭력을 대상으로 한다. 폭력에 대한 심오한 성찰을 제시한 철학자들이 여럿 있지만, 발리바르의 작업의 차별성은 그가 마르크스의 사회적 적대의 문제설정 위에서 그러한 성찰, 이론화를 수행한다는 데 있다. 그의 문제의식은 다음과 같은 서술에서 잘 드러난다.

> 극단적 폭력은 제도들에 맞서(against) 출현하는 것만큼이나 제도들로부터(from) 출현하며, 폭력적 정치와 비폭력적 정치 사이에서, 또는 힘(force)과 법 사이에서 택일하는 것과 같은 '절대적' 결정들(decisions)에 의해 이 원환에서 탈출하는 것은 불가능하다. 이 원환에서 벗어나는 유일한 '길'은 **폭력의 정치**를 발명하는 것, 또는 **폭력이라는 이슈**를, 즉 폭력의 형태들과

한계들을, 폭력의 조절과, 행위자들 자체에 대한 폭력의 사악한 효과들을 정치 개념과 정치의 실천에 도입하는 것이다. …… 특히 그것은 폭력이라는 이슈와 반폭력의 전략을 해방적(emancipatory) 정치 바로 그 안으로 도입한다는 것을 의미한다(Balibar, 2002a: xi~xii).

'비폭력'과 '대항폭력'의 순환을 이론적으로 극복하는, 폭력에 대한 또 다른 유형의 부정으로서의 '반폭력'의 문제설정의 구성에서 발리바르의 출발점은 다시 마르크스의 아포리아이다. 마르크스가 "사회적 관계들의 '생산'의 역사적 구조 속에서 폭력의 역사적 반복의 규정적 조건들을 확인하고 예상"한다는 점에서 "다른 어떤 혁명적 이론가에게서보다 마르크스에게서, '전부 아니면 전무'라는 식의 비폭력 아니면 대항폭력이라는 문제설정이 아니라, 적어도 경향적으로 반폭력의 문제설정이 구성"되지만, 동시에 "본질 그리고 본질의 소외에 대한 인간학적 테제"는 다시금 마르크스로 하여금 "폭력 그 자체의 폭력적 폐지로서의 혁명적 정치의 '초월론적 연역'에" 이르게 한다는 것이다(발리바르, 1992c: 188~189).[19)]그리고 마르크스에 뒤이어 "사회주의적이고 반제국주의적인 최초의 혁명들이 '프롤레타리아 독재'의 이름으로 권력을 장악하려 한 이래로, 정치적

---

19) 발리바르는 헤겔적-마르크스적인 소외의 도식 자체는 아니라 해도 소외와 분리 불가능한 '부정성'이라는 의념(notion)과 관련한 문제를 알튀세르가 해결하지 못했음을 지적한다. 부정성이라는 의념 없이는 구조적 적대를 발본적인 저항의 형태들을 취하는 화해 불가능한 어떤 것으로 정식화시킬 현실적 가능성이 없는데, 주체를 기각하는 알튀세르의 구조적 인과성 도식이 부정성 의념과 양립 가능한가, 즉 "주체 없는 부정성" 또는 "주체 없는 소외"를 사고하는 것이 가능한가 하는 어려운 질문이 제기된다는 것이며, 자신도 이에 해답이 없다는 것이다(Balibar, 1996: 118~119).

수단과 목표는 극단적 폭력이 해방의 정치의 핵심에 구축되는 데 일조했다"는 것이다(Balibar, 2004b: 115).

발리바르가 제시하는 이론적 대안은 반폭력을 조직하는 것, 즉 "다양하고 동시에 상호 의존적인 폭력 형태들에 반대하는 집단적 '투쟁'을 정치의 중심에 놓는 것"이다. 그것은 특히 현시대에 들어와 "안전과 불안전, 공적 폭력과 사적 폭력, 군사적 폭력과 경제적 폭력 사이의 구별들, 심지어 인간적 폭력과 이른바 '자연적' 재앙 사이의 구별들이 경향적으로 소멸되고 있기 때문에, (법에 의해) 폭력을 단순히 조절하는 것도, (국가에 의해) 그것을 외부로 격퇴시키는 것도, (혁명에 의해) 그것의 원인들을 제거하는 것도 이제 더 이상 문제가 될 수 없"기 때문에 더욱 그러하다는 것이다(발리바르, 1992d: 105). 그렇다고 반폭력을 조직한다는 것이 혁명을 포기한다는 것은 아니다. 그것은 혁명의 대상인 국가나 경제뿐 아니라 혁명 그 자체를 '문명화'시키는 것, '문명적'이게 만드는 것이다(Balibar, 2004b).[20] '혁명을 문명화시킨다'는 것은 더 많은 민주주의, 더 많은 시민인륜을 추구한다는 것이다.

4. 국제주의, 인간학적 차이들과 공산주의

발리바르는 '설명의 두 토대로서의 주체화 양식과 생산 양식'이라는 역사적 인과성 도식과 '반폭력'의 문제설정 위에서 새로운 정치 개념을 가공함으

20) 혁명의 문명화와 국가의 문명화(civiliser l'Etat, civiliser la Révolution)라는 테제는 Balibar(2001b)에서 제시된 것이다.

로써 자신의 '정치의 개조'의 문제설정을 한 걸음 더 구체화시킨다. '정치의 자율성'이라는 관념에 조응하는, 루소로 대표되는 '해방(émancipation)'으로서의 정치("근본적인 개인적 권리들의 집합적 쟁취")로도, '정치의 타율성'이라는 관념에 조응하는, 마르크스로 대표되는 '변혁'으로서의 정치("지배의 사회적 구조들 및 권력관계들의 사회적 변혁")로도 환원되지 않는, '타율성의 타율성'이라는 관념에 조응하는 '시민인륜으로서의 정치'가 그것이다. 시민인륜은 "정치적 행위자들 간의 갈등의 인정·소통·조절을 막는 극단적 폭력의 형태들의 감축을 통한, 정치적 행위의 가능성 자체의 조건들의 생산"을 지칭한다(Balibar, 2001c: 183~184).

> 시민인륜의 정치는 정치의 가능성의 조건들에 대한 정치입니다. 폭력의 진행을 예방하고, 중단시키는 것을 사명으로 하는 모든 개입이야말로 시민인륜 정치의 예입니다. 시민인륜의 정치는 어떤 의미에서 '반폭력'의 정치이며, 정치의 가능성 자체를 파괴하는 폭력에 대한 저항입니다. …… 사회변혁이라는 관념은 폭력에 맞서야 하는 필수적인 저항에 대해 충분히 주장하지 않습니다(Balibar, 2002b).

'폭력의 정치'를 역으로 정식화시킨 것인 '시민인륜으로서의 정치', 즉 '반폭력의 정치'는 '동일성들의 폭력' 그 자체를 대상으로 한다.[21] 그렇다고 '시민인륜' 개념이 사회 내의 갈등과 적대에 대한 억압이라는 관념을

21) '동일성들의 폭력'은 종족 간 형태, 민족 간 형태, 종교 간 형태 등 여러 형태를 취한다. 그 의미를 이해하기 위해서는 나치즘, 신나치주의, 옛 유고슬라비아 지역과 아프리카 여러 나라의 종족적 갈등, 아파르트헤이트, 구미의 반이슬람주의, 동성애자에 대한 공격 등과 같은 극단적인 사례를 상기해보는 것이 좋을 것이다.

동반하는 것은 아니다. 시민인륜의 정치는 해방의 정치, 변혁의 정치를 대체하는 것이 아니라 그것들과 절합되어야 하는 것이다. '해방', '변혁', '시민인륜'이라는 이 세 가지 정치 개념 각각은 다른 것들을 전제하며, 그것들은 절합되어야 하지만, 그 절합의 단일한 모델, 단일한 길은 존재하지 않는다(발리바르, 1996b: 72).

발리바르는 새로운 역사적 인과성 도식과 반폭력의 문제설정에 입각하여 자신의 포스트마르크스적 공산주의의 윤곽을 소묘한다. 우선 그는 역사에 존재한 세 가지 공산주의를 식별한다(발리바르, 1998: 65~67). ① 13~14세기의 청빈형제회(프란체스코회 엄격파)의 '가난 개념과 형제애 개념의 결합'에 근거한 공산주의〔탈영유(dé-propriation)에 기초하는 프란체스코적 공산주의〕, ② 14세기 이탈리아 도시국가의 하층계급의 투쟁에서 시작하여 고드윈, 바뵈프, 블랑키에 이르기까지 발전한 인간주의적 또는 '부르주아적' 공산주의(근본적인 '평등자유'에 기초를 둔 혁명적 공산주의), ③ 생산물과 생산력의 재영유, 노동의 의식적 조직화로의 이행으로서의 사회주의적 또는 '프롤레타리아적' 공산주의(노동력의 사회적 재영유에 기초를 둔 마르크스주의적 공산주의)가 그것이다.

마르크스의 사회주의적 공산주의는 "생산력과 인간적 생산성의 필연적 조직화, 자본주의적 생산 양식에 원리적으로 반대하여 그것의 내재적 모순을 해결하고 그것이 담지하는 사회화를 인간 개인들의 공동의 생활양식으로 승격시키는 생산 양식"으로서의 공산주의라는 관념에 기초를 둔다(발리바르, 1998: 62~63). 이러한 관념으로부터 '역사의 주체'로서의 프롤레타리아트라는 표상과 따라서 프롤레타리아의 '역사적 사명'이라는 테제가 직접적으로 도출된다. 레닌에 와서 마르크스주의적 공산주의는 진화주의적·역사철학적인 사회주의적 공산주의로서 고정된다. 사회주의는 잠재적인 공산주의로 간주되고 공산주의는 사회주의의 귀결이자 완성으로 간주된다. 공산주의의 경제적 조건들은 자본주의의 '성숙성'으로부터, 또 그 주체적 조건들은 '계급의식'의 총체적 지배로부터 출현하는 것으로 이해된다. 알튀세르가 그 해체를 시작했고 발리바르가 그 해체를 완료한 것은 이러한 사회주의적 공산주의관이다.

발리바르는 이러한 목적론적·진화주의적인 사회주의적 공산주의의 종언을 확인하고, 포스트마르크스적 공산주의에 대한 가설을 국제주의의 오늘의 형상이라는 쟁점, 그리고 평등의 확립에 의해 폐지될 수 없는 차이의 유형인 인간학적 차이들이라는 쟁점들과 관련하여 제출한다(발리바르, 1998: 70~78).[22]

발리바르가 포스트마르크스적 공산주의의 구성요소로 드는 것은 우선 국제주의이다. 그는 오늘날 국제주의가 "세계 속에서 저항들과 해방운동들을 서로 교통시키려는 일정한 능력, 또는 이전의 공산주의관과 새로운 공산주의관의 결합을 묘사하는 실천적인 보편주의를 구성하려는 일정한 능력 속으로 연장된다"고 주장한다(발리바르, 1998: 72).[23] 자본주의 경제의 극단적인 불균등 발전은 도시 생활의 불안전에서 다양한 유형의 '내부적'이고 '외부적'인 전쟁들을 거쳐 절멸적인 인종주의에 이르는 일반화된 폭력의 형태를 출현시킨다. 이러한 일반화된 폭력과 관련하여 '부정적인

22) Balibar(2006: 153~155)의 관련 논의도 참조.

23) 발리바르의 이러한 입장은 네그리의 입장과 대비된다. 네그리가 '경계들의 부재'(하트·네그리, 2001: 19)를 특징으로 한다는 '제국'의 진보성을 내세우는 반면, 발리바르에게 문제는 "경계들의 민주화"(Balibar, 1998: 180), 즉 "경계들의 통제자들, 즉 국가들이나 초민족적 제도들 자체에 대해 행사할 수 있는 민주적 통제"이다(발리바르, 1993c: 457).

방식으로' 소묘되는 공산주의는 무엇보다도 '반폭력'이다. 그것은 "폭력에 대한 저항에서의 연대이고, 세계 사회의 '평화화' 또는 '문명화' 형태들의 발명에서의 연대"이다.

이 연대는 민족적 동일성, 문화적 동일성, 심지어 계급적 동일성의 전화 없이는 생각될 수 없는데, 이 동일성의 전화와 관련하여 공산주의라는 관념이 환기하는 '공동의 존재/본질(공동체, Gemeinwesen, êrtre-en-commun)'은 국경의 지양으로, 즉 "개인과 집단에 대한 국가의 재량적 권력을 표현하는 제도로서의 국경을 민주화하는 능력"으로 나타난다. 국제주의의 이러한 재활성화와 구체화를 통해 공산주의는 사회주의적 전화의 결과 또는 종극목적이 아니라, 자본주의적인 노동의 조직화에 대한 사회주의적 대안의 '객관적'이고 '주체적'인 조건으로 나타난다.

국제주의는 "마르크스적 공산주의가 지향했던 저 '반(反)유토피아'의 가장 유토피아적 측면"(발리바르, 1998: 71)이다. 『공산당 선언』이 부르주아 진영의 민족 공동체에 대립시킨 계급 공동체의 '이상적 형태'는 "마르크스가 보기에 유일하게 현실적인 국제주의였던 프롤레타리아 국제주의"이다(발리바르, 1995c: 239). 그러나 사회주의의 역사에서 국제주의는 언제나 하나의 이상으로서 염원되어왔지만, 현실적으로는 거의 완전히 부정되어왔다. 그리하여 발리바르(1992e: 444)는 "노동자 국제주의의 시간이 끝난 것 같다"라고 말한다.

노동자 국제주의 또는 사회주의적 국제주의의 시간의 종언을 선언한 발리바르는 "사회주의인가 야만인가"라는 로자 룩셈부르크의 질문을 "국제주의인가 야만인가"라는 질문으로 전위시킨다. 그는 이것이 오늘날 "국제주의에 도달하기 위해 사회주의를 경유해야 할 필요는 없음"을 함축하는 정식이라고 말한다(Balibar, 2002b). 그는 평화주의, 반인종주의, 생태주의 등에서 포스트민족적 국제주의가 산개적으로 추구되고 있음에 주목하며, 새로운 국제주의는 더 이상 무매개적으로 하나의 '계급적 토대'에 기반을 두지 않는 것이어야 한다고 주장한다. 그는 "비록 국제주의가 계급과 계급투쟁의 내용을 보존한다고 하더라도 국제주의의 형태는 자율화되어야 할 것이며, 그렇게 되기 위해서 국제주의는 그 이름이 발명되어야 하는 하나의 정치적 동일성을 찾아내야 할 것"이라고 한다(발리바르, 1992e: 444).

발리바르는 국제주의에 대한 새로운 규정에 이어 근대정치에서 억압된 성적 차이와 지적 차이 등과 같은 인간학적 차이들이라는 범주를 도입하여 공산주의를 새로이 정의한다. 그는 사회적 물질성의 유일한 토대를 노동에서 찾고 소외의 도식에 입각하여 소유/고유성(property)의 변증법적 회복으로서의 '수탈자의 수탈(expropriation)'을 지향하는 목적론적·종말론적 공산주의관을 기각한다.

발리바르는 평등에 대한 프롤레타리아적 요구는 계급폐지 요구이며 그 밖의 모든 평등에 대한 요구는 필연적으로 불합리한 것이라는 『반뒤링』 제10장의 엥겔스의 주장에 주목하면서(Balibar, 1989: 43)[24] 정치투쟁으로서의 계급투쟁은 "정치의 보편적 언어, 즉 시민성(citoyenneté, citizenship)의 언어 속에서만 정식화될 수 있다"고 본다(발리바르, 1989a: 205). 그는 시민성의 역사적 전화와 관련하여 '비동시대성' 속에 현존하는 '정치의 세 개의 시기'를 구분한다. 시민 개념이 자유인/노예 등과 같은 인간학적 차이들에 종속해 있는 고대적 시기와, 인간과 시민 개념이 잠재적으로

24) "동등한 권리는 원리상 여전히 부르주아적 권리"라는 『고타 강령 비판』의 마르크스의 테제도 참조할 것.

동일시되어 정치에 대한 권리가 모든 인간에게 개방되는 근대적 시기, 일반화한 시민성을 토대로 하는 추상적 또는 유적 인간 개념의 지양이라는 질문이 제기되는 이른바 '탈근대적' 시기가 그것이다(발리바르, 1989b: 37). 오늘날 추구되어야 할 시민성은 "인간학적 차이에 의해 과잉결정되고 이러한 차이의 제도적 자연화와 그 부정 혹은 형식적 중립화 같은 것과는 동시에 구별되는 이러한 차이의 변형으로의 명시적 경향을 갖는 시민성"이다(발리바르, 1989b: 32). 발리바르는 시민성 형태의 역사적 전화에 대한 자신의 논의를 공산주의에 대한 논의로 연장한다. 그는 마르크스적 공산주의를 포함한 모든 역사적 공산주의관들의 '동일성 없는 불변요소(un invariant sans identité)'(발리바르, 1998: 67)[25]로서 '개인주의와 사회화 사이의 대립' 내지 '개인성과 공동체의 대립'의 지양을 든다. 개인성의 모델과 관련하여 마르크스적 공산주의를 한계에 봉착하게 만든 것이 바로 인간학적 차이들 내지 분할들, '모순들'이다.

근대 정치의 혁명적 언술은 인간과 시민의 동일화 및 자유와 평등의 동일화에 의해 특징지어지는데(발리바르가 말하는 프랑스 인권선언의 '평등자유 명제'), 이 동일화는 계급투쟁의 두 진영에서 각각 반정립적인 상이한 종류의 공동체(또는 '우애')와 소유라는 매개를 통해서만 제도적으로 안정화된다. 이 매개항을 이루는 것은 부르주아 진영에서는 민족 공동체와 자본주의적 소유이며, 프롤레타리아 진영에서는 계급 공동체와 (자본주의적 소유에 대립하는) 개인적 노동에 기초를 둔 소유이다(발리바르, 1989b: 26~28).[26] 그런데 공동체에 의한 매개에서는 성의 차이라는 분할 내지

25) 발리바르는 과거에 바디우와 발메스(A. Badiou et F. Balmès)가 제시한 '공산주의적 불변요소(invariant)' 개념에 대해 문제 제기를 하면서 이 개념을 제시한다.

26) 발리바르(1995c: 239)도 참조할 것.

'모순'이 억압되며, 소유에 의한 매개에서는 지적 차이, 즉 '지적' 지식(savoir 'intellectuel')과 '육체적' 활동(activité 'corporelle')의 분할 내지 '모순'이 억압된다.

이러한 인간학적 차이들 내지 '모순들'이 점차 정치적 질문이 되면서 마르크스적 정치를 포함한 근대 정치는 그 한계들로 인도된다. 왜냐하면 "일반적으로 정치적 의식과 담론 밖으로 밀려난(억압된, refoulées hors de), 전혀 다른 유형의 모순들 혹은 분할들은 바로 개인성의 모델을, 즉 개인 일반이 인류의 표본으로 표상될 수 있는 가능성 자체를 고발하기 때문이다"(발리바르, 1989b: 30, 번역 수정). 남성과 여성은 개인이라는 하나의 주체성의 모델로 환원되지 않으며, 이것은 유식자와 무식자의 경우에도 마찬가지이다. 이러한 환원 불가능한 인간학적 차이들을 사상한 개인성 모델에 기반을 둔 마르크스의 공산주의, 다시 말해서 개인성과 공동체의 대립 지양의 마르크스적 방식이 한계에 봉착했다는 것이다.

인간과 시민의 동일화와 자유와 평등의 동일화에 기반을 둔 근대 정치의 혁명적 시민성을 부르주아 진영을 비롯한 지배세력들은 부단히 보수적으로 해석해낸다. 발리바르는 이러한 보수적 해석 자체가 소유 및 공동체의 특수적 조직(자본주의적 소유 및 민족 공동체)과 그것을 정당화하는 특수적 이데올로기에, 그리고 개인들의 특이성을 구성하는 요소들인 성적 차이 및 지적 차이라는 커다란 인간학적 차이들의 억압에 기반을 두고 있다고 본다. 그는 이 중에서 전자는 더 자유롭고 덜 권위적인 공동체의 조직과 소유의 더 평등한 분배를 위한 투쟁, 특히 사회주의적 운동을 통해 우리가 맞서 싸울 수 있으나, 인간학적 차이들의 억압은 근대적 개인관의 완전한 개조를 통해서만 극복될 수 있다고 주장한다(Balibar, 1992: 12).

인간학적 차이들과 관련하여 발리바르는 '미래의(de l'avenir) 공산주의'

가 아니라 '생성 중인(en devenir) 공산주의'에 대한 자신의 가설적 정의를 다음과 같이 제시한다.

> 그 가설이 여기서 드러나는 수많은 실천들, 유토피아적이라기보다는 푸코가 제안한 헤테로토피아적이라는 형용사가 들어맞는 실천들 속에서 실천적으로 추구되는 공산주의는 마르크스의 가설들 — 비록 사변적인 가설들이지만 — 에서 멀리 떨어져 있다. 그것은 인간학적 차이들의 문명화이고, 이 차이들의 '공유화(mise-en-commun)', 또는 집단적 허구로서의 인류의 구성에 대한 이 차이들의 공헌 …… 의 공유화이다(발리바르, 1998: 77~78, 번역 수정).

오늘의 공산주의에 대한 발리바르의 이러한 가설은 극단적 폭력 또는 '잔혹'의 현상들이 일반화되는 오늘날의 상황에 준거한다. 세계시장에서 과잉인구의 '간접적 절멸', '일회용 인간'의 생산과 같이 자본주의 경제의 극단적인 불균등 발전이 초래하는 '초객관적' 폭력과, 타자 전체에 대해 총체적으로 배타적이고, '우리'와 '자기' 내부의 이타성(異他性)의 그 모든 흔적을 제거함으로써 자기의 고유한 실현을 강제하는 동일성의 '초주체적' 폭력(발리바르, 1996b: 60)이 일반화되는 상황이 그것이다.

마르크스는 당대의 역사적·사회적 조건 속에서 '개인성과 공동체의 대립의 지양'의 한정된 몇 가지 측면들만을 검토할 수 있었다. 발리바르는 프롤레타리아 국제주의를 넘어서는 국제주의를 도입하고 마르크스의 노동의 인간학을 넘어 인간학적 차이가 기입된 개인성의 새로운 모델과 따라서 공동체의 새로운 모델을 도입하여 '개인성과 공동체의 대립의 지양'의 새로운 중요한 측면들을 포함시킨 포스트마르크스적 공산주의

상의 윤곽을 그린다.

발리바르의 관점에서 공산주의는 '사회주의적' 또는 '집산주의적'인 것도, '개인주의적' 또는 '자유주의적'인 것도 아니다(Balibar, 2001d). 공산주의는 "어떤 분업도 어떤 개인성의 '추상화 과정'도 완전히 폐지할 수는 없는 공동체"를 추구하는 것에 머무르지 않고, "개인성의 재건, 공동의 존재 그 자체가 필연적이게 만드는 특이성의 무한한 발전"을 추구한다. 개인성의 재건 면에서, "극한적으로 사고한다면 공산주의는 또한 하나의 개인주의이다"(발리바르, 1998: 69). 이러한 발리바르의 사고는 소유와 관련하여 공산주의를 개인성의 재건으로 정의할 때의 마르크스의 사고[27]와 정확히 일치한다. 단 발리바르는 개인성과 공동체의 대립 지양을 보편적 소유 및 영유(appropriation)의 관점에서만이 아니라 인간학적 차이들의 관점에서 사고한다.

공산주의에 대한 이러한 가설들을 통해 발리바르가 추구하고자 하는 목표는 "마르크스를 넘어서, 동시에 '개인성과 공동체 사이의 대립의 지양'이라는 마르크스의 인간학적 전망을 유지하면서, 공산주의를 다시 시작"하는 것이다(발리바르, 1998: 78). 그것은 보편적인 소유 및 영유, 프롤레타리아 국제주의를 넘어서는 확장된 국제주의, 반폭력, 인간학적 차이들의 문명화·공유화로서 정의되는 공산주의이다.

27) 마르크스는 "협동노동과 공동소유를 토대로 하는 개인적 소유의 재건"에 대해 말한다(「자본주의적 축적의 역사적 경향」, 『자본 1』).

5. 마르크스와 함께, 그리고 마르크스를 넘어서

'총체적 세계관(레닌)'으로서의 마르크스주의는 죽었고, 그러한 마르크스주의에 입각하여 사고되고 실천된 공산주의도 죽었지만, 마르크스주의와 마르크스적 공산주의는 순수하고 단순하게 소멸하지 않는다. 발리바르는 마르크스주의의 무효화될 수 없는 요소들을 마르크스를 넘어서 발전시키고, 마르크스적 공산주의의 기각할 수 없는 윤리적 이상들의 실현의 조건들을 사고하여 공산주의를 재활성화시키고자 한다.

결론에 대신하여 발리바르가 '정치의 개조'라는 일반적인 문제설정을 공유하는 몇몇 다른 공산주의 철학자들과 구별되는 지점들을 식별하여 그의 작업의 차별성을 부각시켜보려 한다.

발리바르에게 마르크스주의에서 무효화시킬 수 없는 것은 사회적 적대의 문제설정이고, 적대에 의해 구조화되는 것으로서의 사회적 관계 개념이다. 계급투쟁 개념이 그러한 것인데, 이는 그것이 총체화될 수 없는 것으로서 이해되는 한도 내에서 그러하다. 마르크스주의에 대한 그의 이러한 입장은 그를 마르크스적인 사회적 관계 개념 자체를 기각하는 바디우(A. Badiou)나 랑시에르(J. Rancière) 같은 다른 포스트알튀세르적 공산주의자들과 구별해주는 지표이다. 이들은 사회적 적대라는 의념(notion) 자체를 기각하지는 않으나 마르크스의 '관계의 존재론'과 따라서 적대에 의해 구조화되는 것으로서의 사회적 관계 개념을 기각한다.

발리바르는 국제주의를 포스트마르크스적 공산주의의 기각할 수 없는 핵심적 구성요소로 든다는 점에서 또 다른 포스트마르크스적 공산주의자 네그리와 구별된다. 발리바르와 네그리는 프롤레타리아 국제주의의 시대가 종언을 고했다고 보는 점에서 일치한다. 그러나 '제국주의로부터 제국으로의 이행', '초월적인 근대의 민족국가 주권을 대체하는 제국이라는 내재적 주권 형태의 등장'을 강변하는 네그리에게 국제주의는 어떠한 것이든 단순히 시효만료된 것이다. 그의 '제국' 개념이 새로 등장하는 현실의 어떤 요소들을 묘사해주는 면이 분명히 있지만, 적대들의 조절의 심급으로서의 국가라는 현실에 대한 그의 맹목, 그리고 초민족적 민족주의를 포함한 민족주의가 여전히 '총체적 세계관'으로서 작동하고 있는 현실에 대한 그의 맹목은 공산주의 기획의 정치적 무능력의 주요 원천들 중의 하나이다.

발리바르는 보편적 소유 및 영유의 관섬에서 구성되는 마르크스의 공산주의를 단순히 기각하는 것이 아니라 소유 및 영유와 함께 인간학적 차이들의 관점에서 공산주의를 사고한다는 점에서, 영유가 아니라 탈영유의 관점에서 공산주의를 사고하는 데리다 및 낭시와 구별된다.[28)]

발리바르가 제시하는 공산주의 상이 예로 든 이들 철학자들의 공산주의[29)] 상보다 어떤 '이론적' 기준에서 우월하다고 할 수는 없다.[30)] 그러나 그가 마르크스의 사상의 핵심에, 마르크스적 정치의 이상에 충실하면서 동시에 그것을 넘어서 공산주의의 재활성화를 추구하는 철학자라는 점은 확언할 수 있다.

---

28) 발리바르는 '인간의 탈영유(dé-propriation)'를, '고유성(le propre)과 소유(propriété)의 논리로부터의 인간의 자유화를, 그리고 그것으로부터 귀결하는 동일성을 지향하는' 공산주의가 낭시(Jean-Luc Nancy, '한가한 공동체')와 데리다〔'메시아적' 탈영유(exappropriation)라는 일반적 주제〕의 이론화에서 오늘날 다시 발견된다고 말한다(발리바르, 1998: 66, 번역 수정).

29) 여기에 들뢰즈·가타리의 공산주의를 추가하고 싶다.

30) 그러나 네그리는, 그가 제시하는 공산주의 상과는 별도로 이론적 정합성이라는 면에서(서관모, 2007 참조) 이들과 같은 반열에 이르지 못한다.

발리바르의 반폭력의 문제설정은 해답이라기보다는 질문이다. 그의 '시민인륜'의 정치 개념이 공산주의적 실천의 효과적인 무기가 되기 위해서는 그가 지금까지 행해온 것보다 훨씬 넓고 깊은 분석을 통해 구체화되어야 한다. 인간학적 차이들의 '존중(이리가레)'을 넘어서는 '공유화'의 형태들은, 다시 말해 인간학적 차이들을 공산주의에 기입하는 구체적인 방안들은 발명되어야 한다. 그럼에도 마르크스와 함께, 그리고 마르크스를 넘어서 정치와 공산주의를 사고하고 실천하려는 이들에게 발리바르의 작업은 가장 중요한 이론적 자원의 하나가 될 것이다.

참고문헌

마르크스, 카를. 1875.「고타 강령 초안 비판」.『칼 마르크스·프리드리히 엥겔스 저작선집 4』. 1995. 박종철출판사.

마르크스, 카를·프리드리히 엥겔스. 1872.「인터내셔널의 이른바 분열」.『칼 마르크스·프리드리히 엥겔스 저작선집 4』. 1995. 박종철출판사.

발리바르, 에티엔. 1974.「잉여가치와 사회계급: 정치경제학 비판 서설」.『역사유물론 연구』. 1989. 푸른산.

_____. 1976.『민주주의와 독재』. 1988. 연구사.

_____. 1981.「조우커 마르크스」.『역사유물론의 전화』. 1993a. 민맥.

_____. 1983a.「세계관들」.『대중들의 공포』. 1997. 도서출판b.

_____. 1983b.「붙잡을 수 없는 프롤레타리아트」.『대중들의 공포』. 1997. 도서출판b.

_____. 1983c.「정치와 진리」.『대중들의 공포』. 1997. 도서출판b.

_____. 1983d.「마르크스주의의 '육체노동과 지적 노동의 분할' 개념과 계급투쟁」.『역사유물론의 전화』. 1993a. 민맥.

_____. 1983e.「마르크스주의에서 이데올로기의 동요」(구 번역본).『역사유물론의 전화』. 1993a. 민맥.

_____. 1985.「지식인, 이데올로그, 이데올로기」.『역사유물론의 전화』. 1993a. 민맥.

_____. 1988a.「계급투쟁에서 계급 없는 투쟁으로?」.『역사유물론의 전화』. 1993a. 민맥.

_____. 1988b. 「알튀세르여, 계속 침묵하십시오!」. 윤소영 편역. 『루이 알튀세르, 1918~1990』. 1991. 민맥.

_____. 1989a. 「마르크스라는 이름의 자코뱅?」. 『대중들의 공포』. 1997. 도서출판b.

_____. 1989b. 「'인간의 권리'와 '시민의 권리': 평등과 자유의 근대적 변증법」. 윤소영 엮음. 『'인권의 정치'와 성적 차이』. 2003. 공감.

_____. 1991a. 「비동시대성」. 발리바르 외. 『알튀세르와 마르크스주의의 전화』. 1993. 이론출판사.

_____. 1991b. 「(철학의) 대상: '절단'과 '토픽'」. 발리바르 외. 『알튀세르와 마르크스주의의 전화』. 1993. 이론출판사.

_____. 1992a. 「공산주의 이후의 유럽」. ≪이론≫, 제1호.

_____. 1992b. 「'세계'는 변화했는가?」. ≪이론≫, 제11호. 1995.

_____. 1992c. 「반폭력과 '인권의 정치'」. 『마르크스의 철학, 마르크스의 정치』. 1995. 문화과학.

_____. 1992d. 「소유에 대하여」. 발리바르 외. 『알튀세르와 마르크스주의의 전화』. 1993. 이론출판사.

_____. 1992e. 「모호한 동일성들」. 『대중들의 공포』. 1997. 도서출판b.

_____. 1993a. 『역사유물론의 전화』. 서관모 편역. 민맥.

_____. 1993b. 「마르크스의 철학」. 『마르크스의 철학, 마르크스의 정치』. 1995b. 문화과학.

_____. 1993c. 「경계란 무엇인가」. 『대중들의 공포』. 1997. 도서출판b.

_____. 1995a. 「지식인들의 폭력: 반역과 지성」. 『마르크스의 철학, 마르크스의 정치』. 1995b. 문화과학.

_____. 1995b. 『마르크스의 철학, 마르크스의 정치』. 윤소영 옮김. 문화과학.

_____. 1995c. 「스피노자, 루소, 마르크스: 정치적인 것의 자율성에서 정치의 타율성으로」. 진태원 옮김. 『스피노자와 정치』(1985). 2005. 이제이북스.

_____. 1996a. 「보편적인 것들」. 『대중들의 공포』. 1997. 도서출판b.

_____. 1996b. 「정치의 세 개념: 해방, 변혁, 시민인륜」. 『대중들의 공포』. 1997. 도서출판b.

_____. 1997. 『대중들의 공포: 마르크스 전과 후의 정치와 철학』. 최원·서관모 옮김. 2007. 도서출판b.

_____. 1998. 「공산주의 이후에 어떤 공산주의가 오는가?」. 윤소영 옮김. 『마르크스의 '경제학 비판'과 소련 사회주의』. 2002. 공감.

_____. 2006. 「목적론 대 종말론: 알튀세르와 데리다의 유예된 대화」. 윤소영 옮김. 『일반화된 마르크스주의의 경계들』. 2007. 공감.

발리바르, 에티엔 외. 1993. 『알튀세르와 마르크스주의의 전화』. 윤소영 편역. 이론.

서관모. 2005. 「계급과 대중의 변증법과 발리바르의 마르크스주의 개조 작업」. ≪마르크스주의 연구≫, 제2권 제2호. 경상대 사회과학연구원.

_____. 2007. 「하트와 네그리의 제국으로의 이행론에 대한 비판적 검토」. ≪사회과학연구≫, 제24권 제2호. 충북대 사회과학연구소.

알튀세르, 루이. 1977. 「로사나 로산다와의 대담: 마르크스주의 이론에서 국가 문제」. 이진경 엮음. 『당내에서 더 이상 지속되어서는 안 될 것』. 1992. 새길.

_____. 1978. 「오늘의 마르크스주의」. 서관모 엮음. 『역사적 마르크스주의』. 1993. 새길.

엥겔스, 프리드리히. 1872. 「Theodor Cuno에게 보낸 편지(1872. 1. 24)」. 『칼 마르크스·프리드리히 엥겔스 저작선집 4』. 1995. 박종철출판사.

윤소영. 2007. 『일반화된 마르크스주의의 쟁점들』. 공감.

존-레텔, 알프레드. 1970. 『정신노동과 육체노동』. 1986. 학민사.

하트, 마이클·안토니오 네그리. 2000. 『제국』. 2001. 이학사.

Balibar, É. 1979. "État, parti, transition." *Dialectique*, Vol.27.

_____. 1989. "Citoyen sujet."(Reponse à la question de J.-L. Nancy: Qui vient après le sujet?) *Cahiers Confrontation*, No.20.

_____. 1992. "Avant-propos." *Les frontières de la démocratie*. La Découverte.

_____. 1993. "The Infinite Contradiction." *Yale French Studies*, No.88. Yale University Press. 1995.

_____. 1994a. "Preface" to *Masses, Classes, Ideas: Studies on Politics and Philosophy before and after Marx*. Routledge. 김정환 옮김. 1998. 「대중, 계급, 사상」. 『대중과 폭력: 1991년 5월의 기억』. 이후.

_____. 1994b. "Sujétions et libérations." *Cahiers Intersignes*, n°8-9.

_____. 1996. "Structural Causality, Overdetermination, and Antagonism." in A. Callari et al(eds.). *Postmodern Materialism and the Future of Marxist Theory*. Wesleyan University Press.

_____. 1998. "Frontières du monde, frontières de la politique." *Nous, citoyens d'Europe?* 2001. La Découverte.

_____. 2001a. "Machiavel tragique." www.univ-lille3.fr/set/sem/BalibarMachiavel. html.

_____. 2001b. "Gewalt." http://ciepfc.rhapsodyk.net/article.php3?id_article=49.

_____. 2001c. "Violence et mondialisation: Une politique de la civilité est-elle possible?."

Nous, citoyens d'Europe? La Découverte.

_____. 2001d. "Sed intelligere." *Lignes*, No.4.

_____. 2002a. "Preface" to *Politics and the Other Scene*. Verso.

_____. 2002b. "Internationalisme ou barbarie." 양창렬 옮김. 「국제주의인가 야만인가: 발리바르 인터뷰」. ≪자율평론≫, 제13호(www.jayul.net/view_article.php?a_no=790&p_no=1).

_____. 2004a. "Violence et civilité. Sur les limites de l'anthropologie politique." Alfredo Gomez-Muller, dir., *La question de l'humain entre léthique et l'anthropologie*. L'Harmattan.

_____. 2004b. "Outline of a Topography of Cruelty: Citizenship and Civility in Era of Global Violence." *We, the People of Europe?: Reflection on Transnational Citizenship*. Prinston University Press. 임필수 옮김. 「잔혹성의 지형학에 관한 개요: 세계적 폭력시대의 시민성과 시빌리티」. http://journal.pssp.org/bbs/view.php?board=journal&id =1058.

_____. 2006. "Communisme et citoyenneté. Réflexions sur la politique d'émancipation à partir de Nicos Poulantzas." *Actel Marx*, No.40.

제3부

지구적 민주주의와 시민권

제7장

민주주의의 지구적 차원

'지구적인 민주주의 정체(政體)'의 형성과 그 사회화

조희연

성공회대학교 사회과학부 교수

1. 서론

지구적 질서는 한국인에게 대단히 '신비화된' 영역이다. 유엔 사무총장을 배출한 나라에서 지구적 질서를 최대한 적응해야 하는 '주어진(given)' 것으로 인식하는 것 자체가 어떤 의미에서 문제 현실일 수 있다. 1997년 외환위기 당시 IMF가 제시하는 정책권고(고금리 정책 등)나 대출조건 등에 대해 일부가 '재협상'론을 제기했는데, 그들은 '나라의 역적(逆賊)'처럼 매도되었고 재협상론은 바로 철회되었다.

이는 경제위기 상황에서 불가피하게 받아들일 수밖에 없다는 현실론을 기반으로 하는 인식이기보다는 서구가 주도하는 각종 국제질서와 국제기구를 '자연적 질서'로 보는 '물신화(物神化)적 인식'과 다를 바 없다고 생각된다. 이러한 물신화된 인식 때문에 한국에서 배출된 유엔 사무총장은

31) 이 글은 ≪경제와 사회≫, 제79호에 실린 논문이다.

아무런 독자적인 '지구적 개혁 의제'가 없는 '무난한' 총장이 되는 것이다. 노벨 경제학상을 받은 스티글리츠(Joseph Stiglitz)가 자신의 세계은행 경험에 기초해 세계은행의 '민주적 거버넌스'의 필요성을 제기하고 있으며, 그것보다 더 강한 비판적 어조로 IMF의 비민주성과 반투명성, 비책임성 등을 질타하고 국제경제 질서의 개혁을 요구하고 있는 것(스티글리츠, 2002: 8장)은 우리에게 성찰의 단서를 제공한다.

이런 점에서 현재 우리의 삶을 규정하고 있는 지구적 차원의 질서 자체를 쟁점화(problematize)하고 — 국내의 운동 과정에서 그러하듯 — '개혁해야 할 대상'으로 보는 사고가 요구된다고 하겠다. 아마 1997년 경제위기 때 IMF의 정책권고를 조금이라도 변경시켰다면 — 지금은 IMF조차도 고금리 정책 같은 경우는 실패라는 것을 인정하고 있다 — 수백만의 실업자가 당했던 고통을 상당 부분 경감시킬 수 있었을 것이다. 현재 이른바 신자유주의적 지구화라고 하는 '지구적 차원의 경제적 흐름'도 그것을 개혁의 대상으로 바라보고 변화시킨다면 우리가 일국적으로 겪는 많은 고통도 대대적으로 경감될 수 있을 것이다.

1999년 시애틀 전투로 상징화되는 반세계화 운동의 영향으로 그 대척점에 선 '다보스 포럼'에서도 현재의 '경제적 지구화'를 어떻게 보완할 것인가(주지하다시피 반세계화 투쟁 때문에 WTO의 각료회담이 본격적인 의제 논의나 합의를 하지 못하고 산회한 경우가 많기 때문에 최소한 '회의도 못하는' 상황은 벗어나야 하므로), 지구적 질서 자체를 어떻게 '지속가능한' 방향으로 개혁할 것인가 하는 논의가 봇물을 이루고 있다. 그 반대편에 서 있는 세계사회포럼에서 지구적 질서에 대한 다양한 대안적 논의가 쏟아지는 것은 두말할 나위도 없다.

이 글은 바로 이런 문제의식에서 지구적 질서에 대한 '민주주의적 원칙에 기초한 재구조화'의 필요성과 과제를 이론적·원리론적으로 탐색하는 것이다. 단지 여기서는 지구적 정체에 대해 좀 더 진전된 현실적인 제도적·경험적 논의를 하기 위한 '전제적' 논의에 집중하고자 한다. 이를 위해 먼저 지구적 차원에서의 민주주의의 필요성을 논한 후 지구적 수준에서의 민주주의의 과제를 지구적 민주주의 정체의 형성, 그것의 사회화로 정식화하고 이를 구체화하게 된다. 따라서 이 글은 한편으로는 이론적이기도 하고 다른 한편으로는 규범적이기도 하다.

2. 지구적인 민주주의 정체의 형성

1) 지구화와 민주주의

인간사회는 특정한 형태와 작동방식을 갖는 정치적 공동체를 구성한다. 그것을 정체(polity)라고 한다면 민주주의는 특정한 정체의 구성원이 정치적 의사결정 과정에 평등하게 참여하도록 하는 제도이다. 정치라는 것이 적대적·갈등적 성격을 갖는 집단적 의제를 처리하는 공적 과정이라고 할 때 민주주의는 바로 이 정치에 — 정치의 주체이자 객체가 되는 — 민(民)이 평등하게 참여하도록 하는 것을 이상으로 한다.[1] 이 근대 민주주의는 국민국가라는 공간이 정체의 범위로 진행된다는 점에서 이를 '국민국가적 민주주의(national democracy)'라고 표현할 수 있다.

1) 민주주의의 개념적 문제에 대해서는 해리슨(Harrison, 1993); 달(1998); 조희연(2006)을 참조할 것.

주지하다시피 이러한 국민국가적 민주주의는 지구화에 의해 새로운 도전에 직면하고 있다. 필자는 지구화의 핵심적 성격을 '인적·물적 교류의 초국경적 확산'이라고 본다. 이러한 교류의 결과 과거와는 다른 적대적·갈등적 의제가 나타나게 되고 바로 이것을 둘러싼 상호작용과 소통, 협의, 쟁투가 나타나고 있다. 물론 이러한 초보적이고 불완전한 '지구적 정치'에 민주주의의 원리를 적용하는 것은 충분히 의제화되어 있지 않다.

지구적 정치에 민주주의를 실현하는 문제를 사고하는 것은 지구화로 인해 국민국가적 질서 내에 존재하는 정치적 주체들이 일방적으로 영향을 받고 있으나 그들이 다시 그 영향에 대해 영향을 미칠 수 없는 '비(非)주권자'적 지위에 놓여 있다는 사실 때문이다. 어떤 의미에서 국민국가적 질서 내에서 설정된 주권의 무력화이다. 이는 민주주의의 기본 원리에 비추어 민주주의의 심대한 괴리 상황을 만들어낸다.

영(Young, 1990)에 따르면 민주주의의 이상과 현실 간의 괴리는 두 가지 차원에서 나타난다. 첫째는 국민국가 자체가 이미 인종적·민족적 차이(정주 외국인이나 외국인 노동자 등)를 갖는 존재로 구성되어 있는데, 이들은 '존재'할 뿐 국민국가적 '정치공동체'의 주권적 존재로서 위치지어지지 않는다는 것이다. 둘째는 WTO를 포함해 이미 지구촌에 사는 많은 주체를 규정하는 구조와 흐름이 작동하고 있는데도 이 존재들이 그러한 구조와 흐름에 영향을 미치지 못하는 존재로 무력화되고 있다는 것이다. 이 점은 그녀가 설명하는 민주주의의 기본 전제이자 원리에 반한다.

그녀에 따르면 모든 사회에서 민주주의적 정체의 구조가 규범적 정당성을 갖게 되는 것은 사람들이 그 정체 내에서 이루어지는 결정에 스스로 참여할 수 있다고 느낄 때이다. 따라서 현 단계 "정의의 원칙이 적용되는 관계의 범위가 지구적"(Young, 2000: 249)이므로 정체의 범위는 지구적이

되어야 한다. 이런 견지에서 영향은 받는데 자신이 결정자로서 영향을 미칠 수 없는 상황은 민주주의의 원리 자체에 반하는 것이 된다. 이미 국경을 넘는 상호 의존성과 상호 영향이 존재하는 상황 속에서 민주주의의 경계를 국민국가로 한정하는 것은 시대에 뒤떨어진 것이다. 그런 점에서 지구적 범위를 전제로 하는 민주주의가 작동해야 하는 것이다.

하트와 네그리에 따르면 전 지구적 수준에서, 그리고 인간 삶의 전 영역 — 생체·생명·삶의 생산 — 에 이르기까지 '외부가 없는' 새로운 주권적 권력이 행사되고 있다.[2] 지구적 수준의 새로운 전개는 이미 국민국가적 주권권력이 형해화되고 새로운 주권권력이 대중의 삶을 규정하고 있는 것이다. 아감벤(2008: 321~324)의 표현을 빌리자면 이미 지구적 수준에서 국민국가적 주권질서에 의해 규율되지 않는(예컨대 미국 부시 정부가 만든 관타나모 수용소를 상기해보자) — 예외 상태를 결정하는 힘으로서의 — 주권적 힘이 대중의 삶을 '벌거벗은 삶(bare life)'으로 치환하고 있다고 표현할 수 있다. 이는 필자의 표현으로 하면 지구적 민주주의 원리에 의해 규율되지 않는 권력이 작용하고 있는 것이다. 이런 점에서도 우리는 지구적 차원의 민주주의에 대면하게 된다.

통상 지구화에 따른 정치적 변화의 한 현상으로 이른바 '권력(권위)의 재분배'를 이야기한다. 이는 지구화의 도전 속에서 국민국가가 가지고

---

3) 하트·네그리(2001: 239)는 지구적 민주주의 자체를 직접적으로 다루지 않지만, 국민국가적 주권형태(national form of sovereignty)가 제국적 주권형태(imperial form of sovereignty)로 대체되고 있으며 이는 전 지구적 수준에서, 그리고 인간 삶의 전 영역 — 생체·생명·삶의 생산 — 에까지 '외부가 없는' 새로운 주권적 권력이 행사되고 있다고 본다. 제국은 '혼합된 구성, 단일한 권력 중심의 부재, 외부의 부재' 등으로 특징지어진다. 현 세계는 제국주의적 질서가 그랬던 것처럼 불균등하며 위계적이지만, 그 분할의 선은 민족국가적 경계를 따라서 작동하는 것은 아니다.

있던 권력과 권위가 지구적 차원과 (하위)지역적 차원으로 '재분배'된다는 의미이다. 이는 민주적 협의(deliberation)와 의사결정의 유일한 장소(site)로서의 국민(민족)국가의 독점이 '종식'되고(Swift, 2002: 91), 지역적·지구적 수준에서 새로운 정치의 장소가 출현하고 있음을 의미한다. 이러한 변화에 대응해 지역적 수준의 민주주의(local democracy)에 대한 논의가 확장되고 있지만 반대로 지구적 수준에서의 민주주의에 대한 논의는 많지 않다.

필자는 민주주의를 고정화된 어떤 제도 체계가 아니라 사회적·계급적 각축 과정 혹은 투쟁 과정의 구성물이라고 규정한다. 이런 견지에서 보면 근대 민주주의는 형식적으로는 동일한 외양을 띠고 있지만, 질적 측면에서는 사회적·계급적 관계와 투쟁에 영향 받으면서 크게 변화해왔음을 알 수 있다. 필자는 '급진민주주의'[3]적 시각에서 민주주의를 단순히 국민국

---

3) 급진민주주의는 민주주의의 잠재적인 '평등의 원리' — 일인일표주의에서 표현되는 바와 같은 — 를 급진적으로 확장함으로써 정치적·경제적·사회적 차원에서의 배제, 불평등, 차별을 극복하고자 하는 지향이라고 표현할 수 있겠다. 현실 속의 민주주의는 언제나 그 '외부'를 가지고 있다. 현실이 내포하는 특정한 관념과 제도, 권력관계는 특정한 의제와 사람, 집단, 목소리, 요구와 이해를 민주주의의 '내부'에서 실현하는 것을 제약한다. 특히 정치적·경제적·사회적 권력의 독점 여부가 이러한 민주주의의 외부를 존재하게 한다. 급진민주주의는 바로 이러한 민주주의의 내부와 외부의 경계를 부단히 변화시킴으로써 민주주의의 외부를 내부화하는 것을 지향한다. 통상 급진민주주의라고 할 때 라클라우(Ernesto Laclau)와 무페(Chantal Mouffe)의 급진민주주의론을 연상한다(무페·라클라우, 1990; Mouffe, 1996; 무페, 2006). 이들의 급진민주주의는 그들의 포스트마르크스주의적 논의와 결합되면서 계급적 적대로 환원되지 않는 다양한 사회적 적대, 생산관계적 차원으로 환원되지 않는 정치적·이데올로기적 차원의 자율성, 프롤레타리아 이외의 다양한 사회적 주체의 독자적 지위 등 중요한 통찰을 제공했다.

그러나 라클라우와 무페 식의 급진민주주의는 경제주의와 환원주의에 대한 성찰적 반성에서 더 나아가 또 다른 '담화 환원주의'적 경향, 총체화에 대한 비판에서 탈총체화의 경향을 드러내는 것, 다양한 사회적 주체의 인정에서 주체성의 구조적

가적 차원이 아니라 지역적·지구적·생활세계적 차원으로 급진적으로 확장해야 한다는 문제의식(조희연, 2008; 조희연·김동춘 엮음, 2008: 56~59)을 가지고 있다. 특별히 현 단계 민주주의는 지구화의 도전 속에서 새롭게 자기를 재구성해야 하는 과제, 즉 일종의 '구성투쟁'의 과제에 직면해 있다고 본다.

지구적·국제적·초국경적 차원에서 우리의 삶에 영향을 미치는 의사결정을 둘러싼 정치적 현상과 과정이 출현하고 있음에 대응해 여러 다른 맥락에서 논의가 전개되고 있다. 다른 표현이지만 '글로벌 거버넌스(global governance)'(CGG, 1995; 주성수, 2000), '지구화에 따른 초국가적 현상'(Jessop, 2002; Shore, 2005), 지구적 반자본주의 투쟁(캘리니코스, 2003; Rupert and Smith, 2002), '범지구적 정치(cosmopolitics)'(Archibugi, 1998; 2003), 지구적 차원의 민주주의(Held, 1995, 2004) 등도 그러한 예가 될 것이다. 필자는 지구적 차원에서 급진적으로 민주주의를 구성·재구성하기 위한 지적·현실적 투쟁이 필요하다는 전제하에서 지구화에 대응하는 '지구적 대항정치'론의 시각에서 지구적 차원의 민주주의론이 정초되어야 한다고 보는 것이다.[4]

근거를 방기한 점, 필연성에 대한 비판에서 우연성의 논리로 환원하는 등의 새로운 문제점을 드러내고 있다고 생각된다(우드, 1993; 제솝, 1985: 4장 11절). 라클라우와 무페의 급진민주주의를 '자유주의적 급진민주주의'로 규정한다면 일종의 '좌파 급진민주주의론'이 필요하다고 하겠다. 급진민주주의의 이론적 정립과 급진민주주의 관점에서 한국 민주화와 아시아 민주화에 대한 분석에 대해서는 조희연·김동춘 엮음(2008), 조희연 엮음(2008)을 참조할 것.

4) 지구화를 둘러싸고는 다층적인 수준에서 입장 차이가 존재한다. 필자는 지구화 자체에 대해 친(親)지구화론적 입장과 반(反)지구화론적 입장을 나눌 수 있으며, 반지구화의 지향과 관련해서는 민족주의적 입장과 국제주의적 입장(globalist), 토착공동체주의적 입장으로 나눌 수 있다고 본다. 헬드와 맥그루(Held and McGrew, 2002:

2) 지구적 정체 형성의 근거

그렇다면 지구적 수준에서의 민주주의(지구적 민주화)의 핵심 과제를 어떻게 정식화할 수 있을까? 필자는 이러한 과제의 핵심적인 것으로 '지구적인 민주주의 정체(政體)'의 형성, 그리고 '지구적인 민주주의 정체'의 사회화를 설정한다.[5]

먼저 지구적 차원의 민주주의를 실현하는 일차적 과제는 지구적 민주주의 '정체'의 형성으로 정식화될 수 있다. 돌이켜보면 인류의 정치적 발전 과정은 정체의 '광역화(廣域化)' 과정이었다.[6] 서구 근대사회의 성립 과정

98~117)는 친지구화론자를 신자유주의자, 신자유주의적 국제주의자, 제도적 개혁론자로, 반지구화론자를 지구적 변형론자, 국가주의 겸 보호주의자, 마르크스주의 등 급진주의자 등으로 나누고 있다. 헬드 외(1999: 697)는 지구화를 바라보는 시각을 자유주의적 국제주의, 급진적 공화주의, 세계주의적 민주주의로 유형화한다. 캘리니코스(2003)는 반세계화 운동의 지향을 넓은 의미의 '반자본주의' 운동으로 보고 이를 마르크스의 『공산당 선언』의 분류와 유사하게 반동적 반자본주의, 부르주아적 반자본주의, 지역주의적 반자본주의, 개혁적 반자본주의, 자율주의적 반자본주의, 사회주의적 반자본주의 등으로 나누고 있다. 정성진(2003)은 반세계화 운동의 내부 입장 차이를 중심으로 지역주의, 국제적 케인스주의, 제3세계 민족주의, 자율주의, 사회주의로 나눈다. 지구적 금융에 대한 지구촌 시민사회의 입장과 관련해 고립주의자, 지지자, 개혁론자, 대안론자로 나누는 데사이 외(2004)의 입장도 참고할 수 있다. 워터맨(Waterman, 2004)은 세계화에 대응하는 입장을 워싱턴 컨센서스적 입장에 따르는 입장, 포스트 워싱턴 컨센서스(Post-Washington Consensus)를 따르는 개혁주의적 입장, 제3세계 민족주의적 입장, 지구적 정의운동(global justice movement)로 나누고 있다.

5) 영은 글로벌 민주주의의 논리를 경험론적 논리, 규범론적 논리, 운동론적 논리로 나눈다(Young, 2000: ch. 7). 필자의 이 글은 규범론적 논리와 운동론적 논리를 결합한다고 할 수 있겠다.

6) 지구적 정체의 광역화는 그만큼 내부 집단 간의 갈등을 '살육(殺戮)적 갈등'에서 '경쟁적 갈등'으로 전환하게 된다. 국민국가는 그 국민국가 내의 시민적 동일성을

을 보자. 전(前)근대사회의 기본 구조는 '국지적(局地的) 시장권 — 정치권력과 무력의 지방적 분산체계 —, 순응적 백성으로 구성된 농촌사회'로 정식화할 수 있다. 이러한 기본 구조를 출발점으로 근대 부르주아지의 성장과 함께 국지적인 지방적 경계를 넘어 시장권이 확장되고 그와 함께 근대 자본주의적 국민경제로의 통합이 일어나게 되었고, 이를 기초로 한 정치권력과 무력의 근대 민족국가적 통합이 이루어졌다. 이러한 경제적·정치적 통합에 대응해 아래로부터 프롤레타리아 운동, 사회주의 운동 등 각종 근대적 운동이 출현해 근대 민족국가에 민주주의를 강제해내고 — 그 민주주의의 한 구성 내용으로서 — 자본주의적 국민경제를 규율하는 공적·사회적 기제가 만들어지게 되었다.

현재 지구화의 과정은 일차적으로 자본 운동의 초국경화와 '국민경제의 세계경제로의 통합' 과정으로 전개되고 있다. 서구 근대화 과정의 동학과 질적 성격은 현대 지구화 과정에서의 그것과는 단순 비교할 수 없다는 점을 인정하면서도, 앞서의 근대화 과정에 유추해 지구화의 동학의 성격을 도출해본다면, 현재 다양한 국민경제의 지구적인 경제적 통합이 진행되고 있고 이를 기초로 향후 정치적 통합 과정과 그 정치적 통합체에 공적·사회적 성격을 각인하는 투쟁이 전개될 것이다. 필자는 근대화 과정에서의 국민국가적인 정치적 통합에 대응하는 것이 '지구적인 민주주의적 정체'의 형성이라고 보고, 나아가 근대 자본주의적 국민경제에 대한 공적·사회적 규율기제가 만들어지는 과정에 대응하는 것이 '지구적 정체의 사회화'

전제로 하기 때문에 살육 자체는 그만큼 반(反)국가적 행위가 된다. 마찬가지로 지구적 정체는 바로 지구적 공동체 구성원의 시민적 동일성을 형성하게 되고, 이는 국제형사재판소(ICC)에서 처벌하게 되는 '반인도주의적 범죄'가 더욱 광범위하게 실체화되는 효과를 갖는다.

과정이라고 본다.

그러나 근대화 과정과 달리 지구화 과정에서는 국민국가의 경계를 넘어 지구적 정체 — 국민국가적인 공간적 경계를 뛰어넘는 정체 — 를 형성하는 과정에, 그리고 세계경제를 규율하는 공적·사회적 기제를 만드는 과정에 어떻게 아래로부터의 민중적 세력이 개입하고 이니셔티브를 발휘할 것인가 하는 점이 중요하다고 생각된다. 돌이켜보면 근대화 과정에서 정치적 통합 과정은 상징성만을 가지고 있던 왕이나 대부르주아지의 지원을 받는 — 강력한 물리력을 갖는 — 최강 영주와 최강 지방 권력에 의해 주도되었다. 민중적 세력은 근대 국민국가 형성을 주도하는 세력에 의해 동원되는 존재였다. "민족의 이름으로 권력이 민중을 전유하는"(임지현, 2001: 115~125) 역사가 전개되었다. 그러고 나서 '위로부터' 주도되는 국민국가적인 정치적 통합에 대응하는 '아래로부터의' 저항운동이 전개된 것이다. 필자는 지구적인 경제적 통합을 주도하고 있는 초국적 대자본과 — 그들이 근거를 두고 있는 — 강력한 국민국가 엘리트가 지구적인 정치적 통합 자체를 주도하는 경로보다는 그 통합 자체에 대한 '아래로부터의 구성투쟁'이 필요하다고 보는 것이다.[7] 여기서 지구적 민주주의의 한 차원으로 '지구적인 민주주의 정체' 형성의 의제를 설정하고자 하는 것이다.

물론 이러한 지구적 정체는 하나의 '제도 형성'의 문제가 아니며, 그 제도를 구속력 있는 것으로 만드는 '관계와 합의'의 기반을 형성해가는 과정이라고 할 수 있다. 이것은 한편에서 국민국가의 경계를 따라 분절화

7) 이 점에서 필자는 유럽연합 형성과정에서 좌파가 스스로를 유럽연합의 형성과정 자체에 대한 저항집단으로 정립한 것에 대해 비판적인 시각을 가지고 있다. 유럽연합에 대한 공적·사회적 규제로서의 민주주의적 요구에 대해서는 마르틴·슈만(1997)의 부록을 참조할 것.

되어 있는 연대 관계를 초국경적 통합성 속의 하위 연대 관계로 재설정(예컨대 지구적 정체에서 국민국가는 연방제적인 구도에서의 주(州)의 위상을 가질 것으로 상상해볼 수 있다)해가는 과정이며, 그러한 관계를 가능하게 하는 합의 형성과정이라고 할 수 있다. 이런 점에서 일종의 '정치적 사회구성'의 과정이다. 따라서 지구적 민주주의 체제를 구축하기 위해서는 지구촌 구성원이 합의할 수 있는 공유된 목표의 확립(예컨대 인권, 반인도주의적 범죄의 처벌, 지속가능성이나 경제적 불평등의 규제 등), 지구촌 공동체가 공유하는 규칙과 준칙의 상호관계 및 그 중요성에 대한 합의(예컨대 교토의정서에 의한 환경기준이 국제무역에서 얼마나 중요한 기준으로 작용할 것인가 등), 국민국가의 주권과 지구촌 공동체의 합법적 개입의 범위에 대한 합의(인종청소와 같은 반인도주의적 범죄에 대한 처벌의 구속력 등), 물리력이 아닌 지구촌의 합의적 규범의 민주적 절차의 창출(일국일표주의와 일달러일표주의의 긴장 등) 등에서 구속력 있는 합의 과정이 필요하고, 이 과정에 개입해야 한다(조희연, 2007b: 290~295). 지구적인 민주주의 정체의 형성과정은 바로 이러한 다양한 수준에서의 합의투쟁 혹은 구성투쟁이라고 해야 할 것이다. 지구적인 민주주의 정체의 형성을 위한 노력은 이러한 합의와 구성 과정에서 친(親)민중적 — 초국적 대자본에 친화적인 것이 아니라 — 성격을 강화하는 실천이라고 할 수 있다.

이러한 지구적 정체에 '코스모폴리탄 민주주의(cosmopolitan democracy)'라는 개념으로 접근하는 헬드에 따르면 국제적인 수준에서도 일국적인 수준과 동일하게 자율에 기초한, 자유·자결을 보장하는 민주적인 코스모폴리탄 정체(cosmopolitan polity)를 형성할 수 있으며 또 그래야만 한다고 보고 있다. 헬드가 이야기하는 '코스모폴리탄(cosmopolitan)'의 의미는 한편으로는 국민국가 혹은 지구적 차원이든 국가적 행위자든 혹은 비국가적 행위자든 모두가 파괴해서는 안 되는 기준과 경계를 설정하는 기본 가치라는 것을 의미하고, 다른 한편으로는 '국민국가를 넘어 원칙적으로 정치권력의 성격과 형태에 광범위한 결과를 미치는 권력과 권리, 제약을 창출하는 정치적 규제 및 입법의 제반 형태'를 의미한다(Held, 2004: 170). 그는 이런 바탕에서 국민국가적 수준의 사회민주주의가 실현되었던 것처럼, 지구적인 사회민주주의적 협약을 이루어낼 수 있다고 본다(Held, 2004: ch. 4).

3) 지구적인 민주주의 정체의 제도적 형태에 대한 검토

이러한 지구적인 민주주의 정체의 제도적 모형은 — 현재로서는 규범적이고 초보적이기는 하지만 — 몇 가지 논의를 통해 구체화해볼 수 있다. 필자는 지구적 정체의 국가형태적 차원에 주목하는 '세계연방'론, 지구적 정체의 의회적 차원을 중시하는 '세계의회'론, 지구적 정체의 경제관계적 토대와 경로를 중시하는 '세계공화국'론으로 유형화해 서술함으로써 예비적인 모형의 근거를 서술하고자 한다.

먼저 세계연방(World Federation)론[8]은 반세계화 운동의 실천적 흐름에서 제시되어 운동의 의제로 제기되고 있다. 이는 현재의 국민국가를 지구

8) 세계연방주의운동(The World Federalist Movement: WFM; www.wfm.org)은 뉴욕에 본부를 둔 국제적 운동이다. 1947년 설립된 이 운동은 '세계정부를 향한 캠페인'을 계속해왔으며, 산하에 지구정책연구소(Institute for Global Policy)를 두고 있다. 유엔 경제사회이사회의 특별협의권을 갖는 단체(Special Consultative Status)로서 1998년 로마 선언 이후 구체화된 — 반인도주의적 범죄에 대해 국민국가적 경계를 넘는 관할권을 갖는 — 국제형사재판소(ICC)를 설립하기 위한 국제적 민간 캠페인에도 주도적으로 참여했다.

적 연방의 하위 정치단위로 다시 위치짓는 초국경적 연방을 사고한다. 이 관점에서 볼 때, 현재의 글로벌 거버넌스 체제는 의사결정 과정에 현저한 민주주의적 결함(democratic deficiencies)을 가지고 있다고 본다(카터, 2007: 32). 그런 점에서 현재의 글로벌 거버넌스 체제의 급진적인 민주적 개편이 요구된다. 현재의 글로벌 기구는 국민국가 체제를 전제로 일국일표주의(one-nation-one-vote)의 원리 위에 세워져 있고 거기에 부수적 제한사항으로 제2차 세계대전 이후 강대국의 비토권을 인정하는 식으로 작동하고 있다. 그러나 이미 전후의 세계질서는 제2차 세계대전 직후의 강국 간의 권력관계에서 변화하고 있으며, 국민국가적 질서에서 초국민국가적 질서로 이행하는 과도기적 상황에 놓여 있기 때문에 새로운 조정이 필요하다고 본다. 이러한 글로벌 거버넌스의 재조정이라는 목표를 향해 다양한 흐름이 각축하고 있다. 즉, 한편에서는 타협적으로 새로운 강대국이 자신의 권력을 현재의 개혁된 유엔 체제의 틀 내에서 반영하도록 하는 흐름(일본의 안전보장이사회 참여 등), WTO와 같이 자본의 힘에 기초해 정치의 규제를 받지 않는 경제 일변도의 국제적 질서를 구축·실행하는 흐름이 있는 반면, 시민사회 및 민중의 힘에 기초해 새로운 글로벌 체제의 급진적 재구축을 도모하는 흐름, 혹은 지구화를 계기로 좀 더 근본적으로 반자본주의적 체제 변화를 도모하는 흐름 등이 있다.

이러한 각축 속에서 현재의 지구화는 과거의 국민국가 체제를 전제로 한 글로벌 체제를 무력화시키면서 일달러일표주의(one-dollar-one-vote)에 기초한 WTO와 같은 조직이 출현했으며 브레턴우즈 체제라고 할 수 있는 IMF나 세계은행이 정치적·사회적 규제를 받지 않으면서 — 국민국가 체제의 이완과 초국민국가적 체제의 과도기에 — 자신의 논리를 관철시켜가는 식으로 전개되고 있다.

이들은 민주주의의 기본 원칙을 "경제가 사회(민중의 삶)에 미치는 영향을 정치를 통해 규제하는 것이다"라고 보고 있다. 단지 이러한 민주주의의 기본 원칙이 지구적 차원에 관철되고 있지 않은 것이다. 민주주의라고 할 때 앞의 영이나 헬드의 논의에서 볼 수 있는 바와 같이 정치적 의사결정에서 그 의사결정의 영향을 받는 존재가 의사결정의 주체로 참여해야 하는 원리 위에 기초하고 있어야 한다. 세계연방론에 따를 때 민주주의의 기본 원리와 원칙을 지구적 차원에 적용한다면, 현재 유엔과 같은 국제조직을 국민국가 정부 대표만의 기구에서 민중 대표적인 차원 혹은 의회적 차원을 도입하는 식으로 급진적으로 민주화해야 한다.

기존 유엔의 긍정적인 측면을 살리면서 새롭게 민주적으로 개편하는 과제와 동시에 새로운 초국민국가적인 주체의 참여성을 보장하는 방향으로 개편하는 과제에 대면해야 한다. 이를 위해 유엔을 정부 대표 간의 협의기구에서 의회도 참여(유럽연합처럼 의회총회를 만드는 것)하도록 하거나,[9] 시민사회를 대표하는 NGO가 실질적으로 참여할 수 있도록 하는 등의 개혁이 이루어져야 한다.

이들은 더 나아가 평화, 안보, 환경, 지속적 발전, 인권 등을 다루는 다른 기구들이 강화되어야 하고 그런 점에서 경제사회이사회의 강화가 필요하며 경제적·사회적 쟁점에 대한 관할권과 권한을 갖는 식으로 강화되어야 한다는 점, 지구적인 환경 공공재(commons)를 보호하기 위해 해양 및 대기 오염, 온난화 등 지구적 위협에 대응하는 구속력을 갖는 환경조직

9) 좌파 학자 중에서 하트와 네그리 같은 경우 현존 초국가적 질서의 제도적 맹아로서 유엔을 적극적으로 파악한다. 즉, "국제적인 사법적 구조에서 전 지구적인 사법적 구조로 이어지는 계보학에서 하나의 돌쩌귀로서 기능한다"(하트·네그리, 2001: 29)라고 이야기하고 있다.

을 강화해야 한다는 점, 토빈세 등을 포함해 유엔 등 국제기구의 독자적인 재정조달 수단이 정착되어야 한다는 점, 각종 국제기구 내에 의회적 차원이 도입되어야 한다는 점, 지구촌 시민사회의 구체화와 지구촌 시민사회의 참여를 보장하는 방향으로 제도를 변경하고 지구적 차원에서 기업의 책임성(Corporate Accountability)을 강제하는 구속력 있는 규범을 제정할 것 등을 주장하고 있다.[10)]

필자는 이러한 세계연방론이 제기하는 지구적 민주주의의 '연방제적 국가형태'를 중시하면서도 이들이 기존의 국제조직의 해체적 재편보다는 '개혁적 확장'을 제기한다는 점에서 한계를 지니고 있다고 생각한다. 세계연방론은 '세계연방'의 제도적 형태를 더욱 급진적으로 사고해야 하는데도 현존 글로벌 거버넌스 체제의 개혁 의제를 확장하는 방식으로 사고하고 있는 것이다.[11)]

---

10) 세계연방은 국민국가에 비해 훨씬 중층적으로 구성될 것이다. 서구 근대 국민국가는 이전의 지역적 정체를 확장하는 과정이었고, 이는 이전의 지역적 정체에 비해서 훨씬 다층적인 구조를 갖는 정체라고 할 수 있다. 마찬가지로 우리가 지구적 정체를 상상한다면 이는 훨씬 다층적인 구성을 갖는 정체로 현실화될 것이다. 네그리가 제국의 헌법적 모형으로서 로마제국과 미 연방헌법을 주목(하트·네그리, 2001: 412~415)하는 것도 이러한 지구적 정체의 중층성을 인정하기 때문으로 보인다.

11) 헬드는 코스모폴리탄 정체의 구체적인 단기적·중장기적인 제도적 실현 과제까지 논의한다. 지구적 민주주의의 제도적 구현 방안은 어떤 형태로 실현될 것인가? 한 예로 그는 코스모폴리탄 민주주의의 제도적 과제로서 정치적 차원에서는 유엔 안전보장이사회의 개혁, 유엔에 정부 대표만이 아닌 민중을 대표하는 의회적 차원의 설치(second chamber), 유럽연합과 같은 정치적 지역정치체의 확장, 글로벌 협약을 위한 초국적인 국민투표제의 사용, 국제법정의 강제적 관할, 새로운 국제적인 인권법원이나 국제형사법정의 설립, 지역적·지구적 수준에서 새로운 경제적 조정기구의 설립(유엔 내 가칭 '경제사회안전보장이사회'와 같은 기구의 설치 등), 국제적인 군사기구의 확립 등을 들고 있다(Held, 1995: 271~272).

다음으로 세계의회 모델은 지구적 정체의 민중 합의적 성격을 강조한다. 물론 이는 세계연방론에서도 공유하고 있다. 그 발상 중 하나를 조지 몽비오(George Monbiot)의 논의에서 찾아볼 수 있다. 그는 "전쟁과 평화의 중개수단과 국민국가 간의 관계를 바꾸고 '강압에 기초해 세워진 세계질서'를 '민주주의에 근거해 아래로부터 출현하는 세계질서'로 교체하는 것이 필요하다"라고 말한다. 민주주의의 기본 이상이 민중이 자기 삶에 영향을 미치는 결정을 스스로(혹은 근대 정치의 틀 내에서는 자신이 뽑은 대표자에 의해) 내리고 — 그 일부로서 — 그 결정에 자신이 영향력을 행사하고자 하는 것이라고 할 때, 현재의 지구적 질서는 비민주적이며 이러한 대의성을 갖지 못하고 있다는 것이다. 특히 세계연방론에서도 지적하듯 유엔, 그중에서도 안보리의 경우 유엔 창설국의 힘의 관계와 이해관계를 반영한 것으로서 지구적인 민중의 대표성이 없으며 그들의 의견이 대의되는 기제가 없다. 이런 점에서 '지구적인 민주주의 혁명'이 필요하다. 그 핵심이 바로 세계의회 건설이다.

그는 다소 구체적으로 이러한 세계의회의 작동 방식에 대해서도 안을 제시한다. 예컨대 지구상의 모든 성인에 투표권을 부여하는 것을 비롯해 국경을 가로지르는 선거구의 획정 등을 제시하고 있다. 그는 이러한 지구적 정체의 형성과정은 그에 상응하는 경제적 평등을 전제로 해야 한다고 보고 이를 실현하는 기제로서 "국가 간 무역을 관할하는 규칙을 바꿔서 부유한 나라에서 가난한 나라도 상당량의 부가 이전되도록 하는" 공정무역기구의 설립과 — 케인스가 제안한 — 채권국이 그들의 흑자를 채무국에서 소비하도록 하는 '세계청산동맹'을 동시적 추진 과제로 제시하고 있다(몽비오, 2006: 5~6장). 이 세계의회론은 지구적 정체에 대한 민중적 합의가 의회 형성의 형태로 구체화되어야 한다고 보는 점에서 지구적 정체의 중요한 기초를 제시하고 있다고 할 수 있다.

세 번째로 세계공화국 모델은 칸트(Immanuel Kant)의 고전적인 '세계공화국'론을 가라타니 고진(柄谷行人)이 계승·확장하는 식으로 입론되고 있다. 그는 월러스틴(Immanuel Wallerstein)의 분류를 받아 안아 근대 이전의 세계제국에 대한 분석과 근대 이후의 세계경제에 대한 분석을 시도한다. 그는 근대 세계경제에 대한 원리론적 분석을 통해 '자본=네이션=국가'가 접합되어 있는 근대 세계체제에서 어떻게 세계공화국이 형성될 수 있을 것인지를 제시한다. 가라타니는 국가와 자본, 네이션은 전혀 다른 관계원리와 조직원리에 기초하고 있다고 본다. 그는 네 가지 역사적인 교환양식으로서 호수(증여와 답례), 재분배(탈취와 재분배), 상품교환(화폐와 상품), 교환 X(이상적 교환)을 나누고(가라타니 고진, 2007: 35), 이를 네이션, 국가, 자본, 어소시에이션(association)과 대응시키고 있다. 그리고 교환 X에 기초한 어소시에이션을 이상적인 형태로 본다. 이는 국가사회주의의 오류를 넘어선 새로운 공동체적 교환양식이다(가라타니 고진, 2007: 50). 결국 가라타니는 국가에 대응한 세계공화국을, 그리고 자본에 대응하는 새로운 교환양식으로서의 — 세계공화국의 관계적 기초로서 — 어소시에이션을 사고하고 있다고 할 수 있다. 그는 탈근대적 사회를 어소시에이션적 교환양식에 기초해 국가주권이 양도된 세계공화국으로 상상(想像)한다.

이러한 세계공화국의 형성은 단순히 아래로부터의 변혁 시도만으로는 이루어질 수 없다. 국가는 자본으로 환원될 수 없는, 혹은 내부적 관계로만 환원될 수 없는 — 다른 국가에 대항하는 존재로서의 — '자립성'을 갖고 있으므로, 외부의 위협을 명분으로 한 국가의 강화가 초래될 수도 있기 때문이다. 여기서 칸트의 세계공화국론에 기대어 국가를 넘어서기 위한 방도로서 "국가들이 주권을 국제연합에게 양도하여 국제연합을 강화·재편성"(가라타니 고진, 2007: 225)하는 경로를 상정한다. 실제로 전쟁, 환경파괴, 경제적 불평등 확대 등의 긴급 과제가 이러한 이행을 가속화할 것으로 보고 있다. 필자의 시각에서 볼 때 가라타니의 논의는 세계공화국 자체를 과도하게 유토피아적으로 파악하고 있다. 세계공화국 자체의 형상과 성격이 앞서도 필자가 지적했듯 계급적·사회적 투쟁의 결과적 구성물인데도 이를 '목적론적 목표 지점'으로 상정하는 한계를 지니고 있다고 할 수 있다.

이상의 세계연방, 세계의회, 세계공화국은 현재로서는 규범적 지향이라고 할 수 있지만 지구적 정체의 구체적 상을 그리려고 했다는 점에서 적극적인 의의를 가지고 있다고 생각된다. 또한 세계연방론은 지구적 정체의 정부적 차원을, 세계의회론은 지구적 정체의 의회적 차원을, 세계공화국론은 지구적 정체의 이념적 지향과 그 교환관계적 기초를 지적하고 있는데, 이는 지구적 정체의 구성적 요소라 할 수 있다.

필자는 앞서 지적했듯 지구적 정체를 구성해가는 것은 자본 운동의 지구화와 세계경제의 통합성 증대에 기초한 지구적인 정치적 통합의 과정이 되어야 하고, 또한 — 형성된 지구적 정체가 — 지구적 자본 운동에 지구적 민중의 의사를 대표해 구속력을 행사하는 결정을 할 수 있기 위해서는 지구적 정체의 형성 자체에 의회적 계기가 주어져야 한다고 본다. 물론 그것이 이루어지는 방식으로 특정한 경로만을 상정할 필요는 없다고 생각된다. 가라타니는 이 점에서 국민국가의 권력이 지구적 정체에 양도되는 경로를 상정하고 있다. 세계연방론처럼 현존하는 초국경적 정체 — 유엔과 같은 — 의 급진적 재구성을 통해서도 형성될 수 있을 것이다. 즉, 지구적인 경제적 통합에 대응하는 지구적 정체의 형성과정은 다양한 경로를 가질 수 있다고 본다.

3. 지구적인 민주주의 정체의 사회화[12)]

다음으로 이러한 지구적 정체의 형성과정은 그 자체로 진보적 의미를 담는 것은 아니다. 앞서 근대화 과정에 대한 비유에서 서술했듯 경제적 통합의 진전에 따르는 정치적 통합과 동시에 그것에 사회성을 각인하는 아래로부터의 계급적·사회적 투쟁이 있어왔다. 지구화 과정에서 지구적인 민주주의 정체가 어떤 사회적 성격을 갖는가 하는 것은 상호 결합되어 있지만 별개의 과제로 인식되어야 한다. 지구화의 과정은 현존 세계체제 내의 사회적·경제적 위계성과 불평등이 전이·확장되는 과정이기 때문이다. 이 점에서 세계연방론, 세계의회론, 세계공화국론은 지구적 정체의 형성 경로와 그 관계의 기초를 새롭게 조명하고 있으나 세계연방, 세계의

---

12) 사실 사회 속에는 구성원 간의 '적대성'에 기반을 둔 다양한 '정치적인 것(the political)'이 존재한다. 문제는 그처럼 다양한 정치적인 것들이 민주주의 혹은 민주주의 정치의 내부에 모두 반영되지는 않는다는 것이다. 민주주의의 사회화는 바로 이러한 민주주의의 '외부를 내부화'하는 과정을 의미한다. 쉽게 이야기하면 민주주의의 주체인 사회구성원들(그들로 이루어지는 사회)의 요구와 이해가 민주주의적 정치과정 내에 더 많이 반영되고, 민주주의 내부에 존재하는 다양한 사회경제적 하위 주체가 사회적·경제적 자원을 더 많이 향유하고 사회경제적 배제를 더 적게 경험하는 방향으로 변화하는 것을 의미한다. 유사하게 제프 일리(2008: 58)는 "making social of democracy"라는 표현을 사용한다(조희연·김동춘·유철규, 2008: 62~66). 필자는 이 글에서 이 '민주주의의 사회화'를 지구적 차원으로 확장하는 것을 제시하고 있는 것이다. 여기서 사회화는 혁명적 입장에서부터 개혁적 입장에 이르기까지를 포괄하는 광의의 개념으로 사용한다. 현재 반세계화 운동 내에는 WTO를 포함한 국제적 체제에 대한 해체(nix)적 입장에서부터 개량(fix)적 입장에 이르기까지 다양한 입장들이 존재한다. 1987년 6월 민주항쟁에서 파시즘에 대한 개혁적 입장과 혁명적 입장이 연합전선을 형성하고 있었듯이, 지구적 정체의 사회화를 위한 운동은 신자유주의 지구화 시대의 일종의 '일반민주주의투쟁'의 성격을 띠고 있다고 생각된다.

회, '국민국가의 주권 양도를 통한 세계공화국'의 형성 자체가 초국민국가적 정치질서의 형성을 둘러싼 아래로부터의 길과 위로부터의 길의 각축이라는 점을 충분히 고려하지 못하고 있다고 생각된다. 이런 점에서 지구적 차원의 민주주의는 사회적·경제적 불평등에 대한 공적·사회적 규제장치를 만드는 '지구적 정체의 사회화' 노력 속에서 비로소 가능해진다.

1) 지구적 정체의 민족적 · 인종적 · 종족적 위계화의 극복 과제

먼저 지구적 정체의 사회화를 위한 노력은 지구적 정체 내부에서의 민족적·인종적·종족적 차이에 의한 사회적 불평등을 공적·사회적으로 규제하는 기제의 개발로써 구체화될 수 있다. 지구적 통합 과정은 현존 세계체제의 위계성이 그대로 전이·확대되는 과정이기 때문에 지구적 정체 내에서 여러 종족·인족·민족은 상이한 위치를 강요받는다. 이러한 새로운 위계성은 역으로 개별 국민국가 내에 반영되어 세계체제의 위계상 하위에 존재하는 국가의 국민은 그들이 이주하는 국가의 공동체하에서 열등한 지위의 존재로 위치지어지게 된다.

초국경적 노동이동에 따라 새로 진입하는 이주노동자들이 이주하는 국가에서 — 사회경제적 불평등을 강제당하는 — 하위집단의 위치를 강요당하는 것이 단적인 예가 될 것이다. 지구화 시대의 새로운 배제와 주변화 기제가 민족적·인종적·종족적 경계를 따라 새롭게 작동하는 셈이다.

흥미로운 것은 바로 이러한 배제의 기제로 시민권과 국적이 작용하게 된다는 것이다. 서구 근대화 과정에서 시민권은 국민국가적 경계 내에 존재하는 모든 구성원에게 권리를 — 최소한 형식적으로는 — 보편적으로 적용하는 통합과 평등의 범주로 정립되었다. 물론 그것은 시장의 불평등에 의해 실체적으로는 한계지어지고 왜곡되었다. 이제 지구화 시대에 시민권 — 민족주의적인 입장에서 폐쇄적으로 규정된 시민권 — 이 역으로 배제의 범주로 작용하게 된 것이다. 돌이켜보면 근대화 과정 자체도 사실 이질적인 지역공동체가 '광역의 국민국가'로 통합되는 과정이었고, 이런 점에서 근대화는 한 특정 국민국가 내에서 지역적·인종적·종교적 이질성이 증대하는 과정이었다. 어떤 의미에서 그 이질성을 가로질러 '국민'적 통합을 이루기 위해 시민권은 중요했다.

이런 점을 연장해보면 지구화 과정은 국민국가적 통합 과정을 뛰어넘는 이질성의 증대 과정이고 이질성 간의 충돌이 증폭되는 과정이다. 이런 점에서도 정체의 광역화에 따르는, 그리하여 구성원의 이질성이 증대하는 조건에 대응하는 '동질화의 보편적인 기준'이 설정될 필요가 있다. 이런 점에서 시민권의 확장이 필요하다.13)

이미 시민권과 국적 그 자체는 지구화의 과정에서 도전을 받고 변용을 겪고 있다. 지구화의 맥락에서 국민국가는 인적 교류의 초국경화가 확대되는 속에서 '시민권과 국적의 탈영토화'가 아니라 '시민권과 국적의 재영토화'의 노력도 전개하고 있다. 예컨대 시민권이나 국적 획득의 장벽을 낮추는 식의 노력이나 제한적으로 이중국적을 부여하는 것 등이다.14)

---

13) 하트와 네그리에 따르면 '주권의 재영토화'가 아니라 '주권의 탈영토화'를 반영하는 제도적 질서를 형성해야 한다. 이런 인식에서 볼 때 '지구적 차원에서 민주주의의 가능성'을 현실화하는 것은 대단히 중요한 과제가 된다. 그들이 지구적 의제로서 제시하는 '글로벌 시민권'이나 모든 비물질적 노동자에게 적용되는 '사회적 임금', 정보·소통·정서 등 새로운 '생산수단'에 대한 전유권(하트·네그리, 2001: 513) 등은 지구적 차원의 민주주의적 질서가 구체화되지 않는 한 실현될 수 없는 것이라고 할 수 있다. 글로벌 시민권, 사회적 임금권, 재전유권으로 정식화된 다중의 요구는 필자의 시각에서는 지구화 시대의 '지구적인 민주주의 정체'의 실현을 위한 '일반 민주주의'적 요구라고 생각된다.

시민권의 확장은 장기적으로는 '지구적 시민권' 자체를 형성해내는 과제로, 중·단기적으로는 개별 국민국가의 시민권 개방화의 형태로 진전될 것이다. 전자와 관련해 네그리와 하트는 세계를 분할하는 선이 민족국가적 경계를 따라서 작동하지 않는 상황에서, 그 결과 국지적 저항전략 혹은 민족주의적 저항전략의 실효성이 약화되는 상황에서, 그리고 복수성과 구성적 저항성을 갖는 다중이 출현하고 있는 상황에서 전 지구적 시민권은 제국의 새로운 복수적인 저항 주체로서의 다중이 공간적 한계를 넘어 자신을 정치적 주체로 조직화하기 위한 과정이자 그것의 조건을 만드는 요구이며, "탈근대성의 조건 속에서, 근대의 근본적인 헌법원리 — 권리와 노동을 연결하고 그래서 자본을 창조하는 노동자에게 시민권으로 보상하는 그러한 근대적 원리 — 를 주장하는 것"이라고 말하고 있다(하트·네그리, 2001: 506).

후자와 관련해서는 현재와 같이 국경을 넘는 이동의 권한이 일부의 특권이 아니라 보편적인 권리로 되어야 하며, "시민권이 출생에 따라 결정되는 것이 아니라 일정 기간의 거주에 따른 권리가 되어야 한다"(캘리니코스, 2003: 182). 이제 시민권의 개념은 특정한 국민국가의 구성원에게 특정한 권리와 의무를 부여하는 협소한 개념에서 개인의 삶의 요구와

---

14) 지구적 정체의 형성 경로가 대단히 장기적인 경로를 밟을 것이라는 점에서 볼 때, 현재의 국민국가적 국적을 개방화하는 방향의 중·단기적 노력이 필요하다고 생각된다. 한국과 같은 혈통적 동일성을 강조하는 나라에서는 강력한 '단일국적주의'가 존재하며, 국적의 획득을 위해서는 결혼과 같은 혈통적 관계를 중시하고 진입을 위해서는 강력한 '동화주의(同化主義)적 검증'을 하게 된다. 이런 점에서 중·단기적으로는 — 이중국적이나 삼중국적을 폭넓게 허용하는 — 국적의 개방화에 대한 고민도 필요할 것이다. 한국의 국적 문제와 이중국적에 대해서는 최경보(2001)를 참조할 것.

이해에 영향을 미치는 상호연계된 의사결정 영역에서의 동등한 권리와 의무를 갖는 세계질서의 대안적 원칙으로 확장되어 이해될 필요가 있다 (Held, 2004: 114~116).

현재 지구화 시대의 민주주의는 어떤 의미에서 지구화에 의해 제기되는 '차이의 도전'을 동반하고 있다. 이런 도전에 진보적으로 응전해 시민권이 '보편적인 인권'과 '차이의 권리(the right to be different)'(Mullard, 2004: ch. 3)를 내포하는 것으로 확장되어야 한다. 그것은 지구화의 도전 속에서 근대적 시민권의 개념이 국민국가의 국적과 일체화되는 상태를 넘어서는 것을 의미한다. 그렇지 않을 때 국민국가는 이른바 '동일성의 독재(the tyranny of sameness)'(Held, 1996: 330~332)에 매몰되는 위험에 처하게 된다. 지구적 정체의 사회화의 과제는 민족적·종족적 '타자'를 시민권의 이름으로 민주주의의 '외부'에 위치하는 존재로 만드는 현존 민주주의 상태를 넘어서는 것이다.

2) 지구적 자본 운동에 대한 지구적인 민주주의적 규제

다음으로 지구화의 과정이 현존 세계체제의 경제적 불평등이 전이·확대되는 과정임을 감안할 때 지구적 정체의 형성 노력은 지구화하는 자본 운동에 대한 지구적 차원의 공적·사회적 규제장치를 만드는 식으로 구현되어야 한다.

자본 운동의 '탈영토화'(딜릭, 1998: 155)와 지구화는 그 자체가 '자연적'·객관적 과정만이 아니며 '특정한 형태의 지구적 질서'를 만들기 위한 정치사회적 과정이라고 할 수 있다. 즉, 현재 지구화를 주도하는 초국적 대자본과 그것이 근거를 두고 있는 — 미국을 비롯한 — 패권적 국민국가는 초국경적 자본 운동에 대한 장애물이 최소화된 일종의 '자유방임주의적인 지구적 질서'를 구현하고자 한다. 과거 국민국가적 질서를 공간적 기초로 이루어지던 자본 운동에는 다양한 정치적·이념적·기술적 장벽 — 예컨대 국가사회주의의 존재 — 이 있었다. 이제 그러한 장벽이 완화되어 초국적 자본 운동이 가능하게 되면서 이들은 민주주의적 규제장치가 없는 '시장 만능주의적인 지구적 정체'를 지향하고 있는 것이다.

지구적 정체의 사회화는 민주주의의 지구적 차원으로의 확장을 통해 바로 이러한 초국적 대자본이 지향하는 시장 만능주의적인 지구적 질서를 대체하는 '사회화된' 지구적인 경제적 질서를 만드는 것이 된다. 이것은 지구화의 맥락에서 시장이 작동하는 새로운 틀과 규칙을 새롭게 형성하는 과정이 된다. 신자유주의적 지구화의 흐름 속에서 '자기조정적이며 자기 완결적인 시장'이라는 신화가 확산되고 있다면, 지구적 차원에서 시장에 대한 사회적·공적 규제의 확립을 위한 노력은 시장의 확산에 대응해 그 파괴성을 정정하고자 하는 '이중적 운동'(폴라니, 2009: 248)이 지구화 시대에 재현되는 것이라고 표현할 수 있다.

사실 민주주의는 근대 체제 속에서 자본주의적 사회적 관계에 의해 특정한 형태로 구체화되었다. 자본주의에 대한 최대의 도전은 역설적으로 "민주주의에 대해 자본주의가 쳐놓은 한계"(Wood, 1995: 11~12)를 넘어 확대하는 것이다. 민주주의는 국민국가적 질서 내에서의 형식적 민주주의나 자유주의와 동일시될 수 없다. 이런 의미에서 자본주의와 민주주의의 관계가 지구화의 맥락에서 새롭게 재사고되어야 한다.

현재의 경제적 지구화에 대한 공적·사회적 규제는 국제경제 질서와 국제금융 질서 자체에 대한 해체적 재편과 함께 가야 한다. 지구적 정체의 사회화 노력은 세계은행이나 IMF와 같은 조직이 글로벌 금융 거버넌스의 중심이 되는 구조를 새롭게 재편하는 것을 포함한다. 만일 유엔총회 같은 것이 더욱 강화된다면 세계은행이나 IMF 등 국제금융 및 경제기구에 대한 거시적 통제권을 갖는 새로운 제도적 형태도 구상해볼 수 있다.[15)] 의제상으로도 개발, 무역, 원조, 금융, 다국적기업의 활동 등 전반에 걸쳐 이루어져야 한다. 이러한 자본 운동에 대한 사회적 규제는 가까이는 초국경적 금융자본 이동에 대해 세금을 부과하는 것을 기초로 한 '토빈세 레짐'을 구성하는 것에서부터(Patomaeki, 2001), 제3세계의 외채를 탕감한다거나 하는 노력으로도 나타날 수 있다.[16)] 국제투기자본의 이동에 대해 어떤 형태로든 초국경적 규제가 필요하다는 것은 반세계화 운동을 통해

15) 세계사회포럼 진영 내부에서도 최근 다양한 '대안' 그룹이 확장되고 있다. 새로운 지구적 민주주의 체제에서 유엔을 재구성할 것인가 해체적으로 재편할 것인가는 쟁점 중 하나이다. 반세계화 진영의 대표적인 대안적 연구인 국제세계화포럼(International Forum on Globalization)의 보고서에서도 "재구조화된 UN 체제하에서 글로벌 거버넌스를 통일하는 것"을 제안하고 있다(IFG, 2002: 221~224). 대안을 주창하는 선언 중 하나인 런던 선언은 2004년 4월 1일 발표한 「또 다른 세계를 가능하도록 하기 위한 국제기구체계의 개혁」에서 아래와 같이 말한다. "현재 여러 부문에서 광범한 지지를 받고 있는 제안에 따르면, 유엔 경제사회이사회를 변화시켜 각종 유엔 기구, 프로그램, 브레턴우즈 기구, WTO에 대해 효과적인 통제권을 갖는 경제사회환경 안전보장이사회(Economic, Social and Environmental Security Council)를 만드는 것, IMF와 세계은행의 경우 설립 당시의 원래 과제(IMF의 경우 세계 화폐, 거시경제적 균형 유지, 세계은행의 경우 재건설과 발전 지원)로 복귀하고 내부에 민주적인 의사결정 과정을 확립하며 그것이 유엔 내에 효과적으로 통합되도록 해야 한다. WTO는 유엔 내에 재설립되어야 하며, UNCTA와 협력하에 인권 및 세계의 사회적·환경적 기준에 부응하는 세계무역정책을 수립해야 한다. 나아가 동시에 유엔은 세계금융거래를 규제하기 위한 프레임을 확립하기 위해 긴급한 조치를 취해야 한다"(World Campaign for In-Depth Reform of the System of International Institutions, 2004).

16) 글로벌 거버넌스의 쟁점에 대해서는 주성수(2000)를, 반세계화운동과 관련된 쟁점에 대해서는 조희연(2004: 2부 7장)을 참조할 것.

이미 광범위하게 쟁점화된 바 있다. 한국 외환은행 헐값 매각사건은 국제 투기자본의 심각성을 쟁점화한 예이다.

앞서 서술했듯 국민국가 내부에서 경제적 차원으로 확장되었던 민주주의는 역진(逆進)하거나 무력화의 위험에 노출되어 있다. 현재 지구화는 국민국가 내부에서 자본주의와 시장에 대한 공적 규제를 무력화하면서 시장 만능주의적 방향으로 국민국가의 내부 관계를 변화시키고 있다. 헬드가 지적하는 대로 다양한 권력의 센터, 다양한 권력의 영역에서 이루어지는 불평등은 국민국가 내부에서 제도화되었던 — 필자의 표현으로는 계급적·사회적 투쟁을 통해 획득되었던 — 민주주의적 기본 권리에 의해 보장되는 평등성을 허구화하게 된다. 이런 점에서 지구적 차원에서 자본 운동에 대한 공적·사회적 규제와 함께 지구화의 부정적 영향을 상쇄하는 국내적 조치가 필요함은 두말할 나위가 없다.

현재 국제경쟁력 강화라는 명분으로 기존 국민국가적 계급관계 속에서 확립된 자본주의와 시장에 대한 안전망조차 붕괴되는 상황이 나타나고 있으며, 그 결과 이른바 '20 대 80 사회'라는 양극화 현상이 국내외적으로 확대되고 있다. 이것은 지구화로 인해 개별 국민국가 내에서 축적체제의 성격이 "신자유주의적 양극화 축적체제"(이병천, 2007)로 작동하기 때문에 나타나는 현상이다. 이런 점에서도 지구적 정체의 사회화가 지구적 차원에서 실현되도록 하는 것과 함께 국민국가적 수준에서의 — 지구화의 해체효과를 상쇄하는 — 보완적 사회화 조치가 병행되어야 할 것이다.

지구적 정체의 사회화를 위한 투쟁은 궁극적으로 '지구적 상품화'(McNally, 2006, 2008)에 대응하는 지구적 공공재의 실현으로까지 확장되어야 한다. 어떤 의미에서 현재의 신자유주의적 지구화의 과정 속에서 촉진되는 '지구적 상품화'는 남반부의 많은 나라에서 '전근대적인' 형태로 존재하는 공공재와 — 근대적 질서 속에서 자본 운동에 대한 공적·사회적 규제를 통해 정착한 — 일종의 '근대적 공공재(최저임금제나 각종 사회적 임금이 예가 될 것이다)'에 대한 해체 과정이다. 남반부 산림의 벌목, 물의 사유화, 전기나 가스와 같이 국유화되어 있던 분야의 민영화 등이 바로 이러한 예가 될 것이다. 결국 현재의 지구화에 의해 촉진되는 지구적 상품화 때문에 파괴되고 있는 '전근대적·근대적 공공재'를 방어해 지구적 공공재의 형태로 전화하고 새로운 지구적 공공재의 창출로 나아가는 것이 바로 지구적 정체의 사회화의 핵심적인 내용이 될 것이다.[17)]

4. 결론

이 글은 지구적 차원에서 민주주의의 원칙을 적용하는 지구적 민주주의의 당위성과 그 구현 방향을 이론적·원리론적으로 규명해보려는 시도였다. 이를 위해 먼저 필자는 민주주의가 하나의 고정된 제도 체계가 아니라 사회적·계급적 각축 과정 혹은 투쟁 과정의 구성물이라는 점을 서술하고 지구화로 인해 기존의 국민국가적 민주주의가 재구성되지 않을 수 없는

---

17) 맥낼리(McNally, 2006, 2008)는 지구화는 자유무역의 문제가 아니라 '상품 형태의 지구적 확장' 과정으로 보고 있다. 그는 지구화를 신(新)인클로저 운동(New Enclosures)으로 본다. 남반부의 수많은 민중을 토지에서 분리시켜 프롤레타리아화하는 과정으로 전개되고 있기 때문이다. 이처럼 상품화와 신인클로저에 대항해 공공재(the Commons)를 요구하는 투쟁으로 확장되어야 한다고 본다. 공공재는 사실 유엔의 CGG(1995: 214~216)와 UNDP(1999)에서도 제시된 바 있다(주성수, 2000). 공공재는 비경쟁성과 비배제성을 갖는데, 필자는 공공성, 그것의 물질적 표현으로서의 공공재는 '국가의 계급성'에도 불구하고 사회적·계급적 투쟁을 통해 강제된 비사유적 성격을 가지고 있다고 규정한다(조희연, 2007a).

도전을 받고 있음을 지적했다.

여기서 지구적 차원에서 민주주의를 진보적으로 구성하기 위한 '지구적 대항정치'론의 시각에서, 지구적 차원의 민주주의의 핵심 과제를 필자는 '지구적인 민주주의의 정체 자체의 형성'과 그것의 사회화로 정리했다. 먼저 지구적 민주주의를 현실화하기 위해서는 지구적 민주주의 '정체'의 형성 자체가 필요함을 지적했다. 인류의 정치적 발전 과정은 정체의 '광역화' 과정이었다고 할 때, 지구화에 대응하는 지구적 정체의 형성 과제가 제기됨을 지적했다.

나아가 필자는 이러한 지구적인 제도적 형태를 지구적 정체의 국가형태적 차원에 주목하는 '세계연방'론, 지구적 정체의 의회적 차원을 중시하는 '세계의회'론, 지구적 정체의 경제관계적 토대와 경로를 중시하는 '세계공화국'론을 검토함으로써 구체화하고자 했다. 세계연방론은 지구적 정체의 정부적 차원을, 세계의회론은 지구적 정체의 의회적 차원을, 세계공화국론은 지구적 정체의 이념적 지향과 그 교환관계적 기초를 지적하고 있기 때문에 이러한 논의를 통해 지구적 정체의 원리적 구체성을 심화하고자 했다.

다음으로 근대화 과정에서의 국민국가적 정치적 통합에 대응하는 것이 '지구적인 민주주의적 정체'의 형성이라고 한다면, 근대 자본주의적 국민경제에 대한 공적·사회적 기제가 만들어지는 과정에 대응하는 것이 '지구적 정체의 사회화' 과정이라고 보고 이를 논의했다. 필자는 경제적 통합의 진전에 따르는 정치적 통합과 동시에 그것에 사회성을 각인하는 아래로부터의 계급적·사회적 투쟁이 근대화 과정에서와 같이 지구적 차원에서도 이루어져야 함을 지적했다.

이는 지구화의 과정은 현존 세계체제 내의 사회적·경제적 위계성과 불평등이 전이·확장되는 과정이기 때문이다. 따라서 지구적 차원의 민주주의는 사회적·경제적 불평등에 대한 공적·사회적 규제장치를 만드는 '지구적 정체의 사회화' 노력 속에서 비로소 가능할 수 있다. 이를 위해 두 가지를 지적했는데, 먼저 지구적 정체 내부에서의 민족적·인종적·종족적 차이에 의한 사회적 불평등을 공적·사회적으로 규제하는 기제의 개발이 필요하고 그 하나의 예로서 시민권의 확장이 필요함을 지적했다. 시민권의 확장은 장기적으로는 '지구적 시민권' 자체를 형성해내는 과제로, 중·단기적으로는 개별 국민국가의 시민권 개방화의 형태로 진전될 수 있음을 지적했다.

다음으로 지구화 과정이 현존 세계체제의 경제적 불평등이 전이·확대되는 과정임을 감안할 때, 지구적 정체의 형성 노력은 지구화하는 자본운동에 대한 지구적 차원의 공적·사회적 규제장치를 만드는 식으로 구현되어야 한다는 점을 지적했다.

필자의 입장에서 지구적 민주주의에 대한 논의는 결국 지구화의 현실 속에서 변화하는 '정치적 현대성'의 현실적 형상이 어떻게 구체화될 것인가, 나아가 실천적으로 — 진보적 형상이 되도록 하기 위해서는 — 어떤 관심과 노력이 필요한가를 다루는 것이라고 할 수 있다. '인적·물적 교류의 초국경적 확산' 과정으로서의 지구화 과정이 시장 만능주의적 질서 혹은 국민국가적 질서 내의 사회적 적대와 차별이 확대재생산되는 질서가 아니고 최소한의 인간적 질서가 되도록 하기 위해서는 초보적이고 불완전한 '지구적 정치'에 민주주의를 확대하고 관철하려는 관심과 노력이 다양한 시각에서 이루어져야 한다고 생각한다.

마지막으로 이 글은 지구적 정체에 대해 좀 더 진전된 현실적인 제도적·경험적 논의를 하기 위한 '전제적' 논의로서의 성격을 가지고 있기 때문에 정작 중요한 지구적 민주주의의 제도적·경험적 논의는 다루지 못했다. 한계로 지적하지 않을 수 없다. 또한 이 글에서는 지구적 민주주의의 실현 과정의 복합성을 충분히 다루지 못했다. 이 글에서 필자가 주장하는 '지구적 정체와 그것의 형성·민주화와 사회화'에 동의하더라도 이론적·원리론적 근거를 제시하는 것만으로 그것이 현실화될 수는 없다. 지구적 통합 과정 속에서 권력위계상 하위에 속하는 사람들이 자동적으로 지구적 민주주의를 요구한다는 보장도 없다.

서구의 근대화 과정에서도 보듯이 제국주의적 질서의 팽창 과정이 근대성으로 무장했던 것처럼 현 단계 지구적 정체와 지구적 민주주의의 실현 의제 자체가 현 단계 서구적 패권의 확장이 될 수 있는 가능성도 있다. 또한 약소민족이나 약자 집단이 '전통주의'적 저항이나 토착주의적 이탈의 저항 등 다양한 저항을 해왔다는 점을 고려할 때 지구적 민주주의의 실현 과정은 모순적이고 복합적인 방식으로 전개될 수밖에 없다. 이 점을 이 글에서 충분히 고려하지 못했음을 밝혀둔다.

📖 참고문헌

가라타니 고진. 2007. 『세계공화국으로』. 조영일 옮김. 도서출판b.

김호기. 2008. 「이명박 정부와 사회통합적 세계화」. ≪사회비평≫, 2008년 봄호.

달, 로버트. 1998. 『민주주의』. 김왕식 외 옮김. 동명사.

데사이, 메그나드 외. 2004. 「반자본주의 운동」. 헬무트 안하이어 외. 『지구시민사회: 개념과 현실』. 조효제 외 옮김. 아르케.

딜릭, 아리프. 1998. 『전 지구적 자본주의에 눈뜨기』. 설준규·정남영 옮김. 창비.

마르틴, 한스 피터·하랄트 슈만. 1997. 『세계화의 덫: 민주주의와 삶의 질에 대한 공격』. 강수돌 옮김. 영림카디널.

몽비오, 조지. 2006. 『도둑맞은 세계화: 지구 민주주의 선언』. 황정아 옮김. 창비.
무페, 샹탈. 2006. 『민주주의의 역설』. 이행 옮김. 인간사랑.
무페, 샹탈·어네스토 라클라우. 1990. 『사회변혁과 헤게모니』. 김성기 외 옮김. 도서출판 터.
백승욱. 2003. 「'제국'과 미국 헤게모니, 전 지구화: 세계체계 분석을 통한 『제국』 읽기」. ≪경제와 사회≫, 제60호.
송백석. 2007. 「데이비드 헬드의 지구적 사민주의 전략 비판」. 『지구화와 자본주의 국가』. 한국학술정보.
스티글리츠, 조지프 E. 2002. 『세계화와 그 불만』. 송철북 옮김. 세종연구원.
_____. 2008. 『인간의 얼굴을 한 세계화』. 홍민경 옮김. 21세기북스.
아감벤, 조르조. 2008. 『호모 사케르: 주권 권력과 벌거벗은 생명』. 박진우 옮김. 새물결.
우드, 엘린 메익신즈. 1993. 『계급으로부터의 후퇴』. 손호철 편역. 창작과비평사.
이병천. 2007. 「양극화의 함정과 민주화의 깨어진 약속: 동반성장의 시민경제 대안을 찾아서」. 이병천 엮음. 『세계화 시대 한국자본주의: 진단과 대안』. 한울.
일리, 제프. 2008. 『The Left 1848~2000: 미완의 기획, 유럽 좌파의 역사』. 유강은 옮김. 뿌리와이파리.
임지현. 2001. 「한반도 민족주의와 권력담론」. 『이념의 속살』. 삼인.
정성진. 2003. 「반세계화의 세계화」. ≪황해문화≫, 겨울호.
제솝, 밥. 1985. 『자본주의와 국가』. 이양구 외 옮김. 돌베개.
조희연. 2004. 『비정상성에 대한 저항에서 정상성에 대한 저항으로』. 아르케.
_____. 2006. 「지구촌 민주주의와 국민국가 민주주의에 대안적 재구성 원리 탐색: 지구촌 민주주의론 서설」. 신영복·조희연 엮음. 『민주화 세계화 이후 한국 민주주의의 대안 체제 모형을 찾아서』. 함께읽는책.
_____. 2007a. 「'이제 국민은 없다' '이제 시민은 없다': 새로운 사회운동적 화두로서의 공공성, 그 성격과 위상」. ≪참여사회≫, 제11호.
_____. 2007b. 「'돌진적 개방'과 대안적 지구화」. 학술단체협의회 엮음. 『한·미 FTA와 한국의 선택: 신자유주의를 넘어서』. 한울.
_____. 2008. 「'신보수정권' 앞에서, '급진민주주의'의 관점에서 본 광주 5·18」. 성공회대 민주주의와사회운동연구소·전남대 5·18연구소·5·18재단 주최 민주화운동 제28주년 기념 학술 심포지엄 " '5·18 정신'을 다시 생각한다: 새로운 성찰적 시각에서"(2008.5.26).
조희연 엮음. 2008. 『복합적 갈등 속의 한국 민주주의: '정치적 독점'의 변형』. 한울.

조희연·김동춘 엮음. 2008. 『복합적 갈등 속의 아시아 민주주의: '정치적 독점'의 변형』. 한울.

조희연·김동춘·유철규. 2008. 「'민주화 이후 민주주의'의 복합적 갈등과 위기에 대한 새로운 접근」. 조희연·김동춘 엮음. 『복합적 갈등 속의 한국 민주주의』. 한울.

주성수. 2000. 『글로벌 거버넌스와 NGO』. 아르케.

최경보. 2001. 「이중국적 등 국적에 따른 어려운 법률문제들」. 오윤경 외. 『현대국제법질서』. 박영사.

카터, 에이프릴. 2007. 『직접행동: 21세기 민주주의, 거인과 싸우다』. 조효제 옮김. 교양인.

캘리니코스, 알렉스. 2003. 『반자본주의 선언』. 정성진·정진상 옮김. 책갈피.

폴라니, 칼. 2009. 『거대한 전환: 우리 시대의 정치·경제적 기원』. 홍기빈 옮김. 도서출판 길.

하트, 마이클·안토니오 네그리. 2001. 『제국』. 윤수종 옮김. 이학사.

헬드, 데이비드. 1989. 『민주주의의 모델』. 이정식 옮김. 인간사랑.

헬드, 데이비드 외. 1999. 『전 지구적 변환』. 조효제 옮김. 창비.

Archibugi, Daniele. 1998. "Principles for cosmopolitan democracy." in Daniele Archibugi, David Held and Marin Kohler(eds.). *Re-imagining Political Community: Studies in Cosmopolitan Democracy*. Stanford: Stanford Univ. Press.

Archibugi, Daniele(ed.). 2003. *Debating Cosmopolitics*. London: Polity Press.

Bhagwati, Jagdish. 1997. "Globalizaton, sovereinty and democracy." in Axel Handenius(ed.). *Democracy's Victory and Crisis*. Nobel Symposium No. 93, Cambridge: Cambridge Univ. Press.

_____. 2005. *In Defense of Globalization*. NY: Oxford Univ. Press.

CGG(the Commission on Global Governance). 1995. *Our Global Neighborhood*. NY: Oxford Univ. Press.

Hardt, Michael and Antonio Negri. 2001. "Adverntures of the Multitude: Response of the Authors." *Rethinking Marxism*, Vol. 13, No. 34(Fall/Winter).

_____. 2004. *Multitude: War and Democracy in the Age of Empire*. NY: The Penguin Press.

Harrison, R. 1993. *Democracy*. London: Routledge.

Held, David. 1995. *Democracy and the Global Order: From the Modern State to Cosmopolitan Governance*. Stanford: Stanford Univ. Press.

_____. 1996. *Models of Democracy*. Stanford: Stanford Univ. Press.

_____. 2003. "Global Social Democracy." in Anthony Giddens(ed.). *The Progressive Mani-*

festo. London: Polity Press.

_____. 2004. *Global Covenant: The Social Democratic Alternative to the Washington Consensus*. Cambridge: Polity Press.

Held, David and Anthony McGrew. 2002. *Globalization/Anti-Globalization*. London: Polity Press.

IFG(nternational Forum on Globalization). 2002. *Alternatives to Economic Globalization*. San Francisco: Berrett-Koehler Publishers, Inc.

Jessop, Bob. 2002. *The Future of the State*. Cambridge: Polity Press.

McNally, David. 2006. *Another World is Possible: Globalization and Anti-Capitalism*. Winnipeg and London: Arbeiter Ring Publishing and Merlin Press.

_____. 2008. "Another World is Possible: Struggles against Global Commodification forms of Class Struggle in the Age of Globalization." presented to the International Conference on 'Ideas and Strategies in the Alterglobalization Movement' hosted by Institute for Social Sciences, Gyeongsang Univ. Seoul, 23 May 2008.

Mullard, Maurice. 2004. *The Politics of Globalisation and Polarisation*. Cheldtenham, UK: Edward Elgar, Ch. 3.

Mouffe, Chantal. 1996. *Dimensions of Radical Democracy: Pluralism*. London: Verso.

Patomaeki, Heikki. 2001. *Democratizing Globalization: The Leverage of the Tobin Tax*. London: Zed Press.

Rupert, Mark and Hazel Smith(eds.). 2002. *Historical Materialism and Globalization*. London: Routledge.

Sen, Jai and Peter Waterman(eds.). 2007. World Social Forum: Challenging Empire.

Shore, Cris. 2005. "The State of the state in Europe, or, 'what is the European Union that Anthroplogists should be mindful of it'?" in Christian Krohn-Hansen, Knut G. Nustad(eds.). *State Formation: Anthropological Perspectives*. London: Pluto Press.

Swift, Richard. 2002. *The No-Nonsense guide to Democracy*. London: New Internationalist Publications.

UNDP. 1999. *Human Development Report 1999*.

Waterman, Peter. 2004. "The Global Justice and Solidarity Movement." Jai Sen et al.(eds.). *Challenging Empires: World Social Forum*. New Delhi: The Viveka Foundation.

Wood, Ellen Meiksins. 1995. *Democracy against Capitalism: Renewing Historical Materialism*. Cambridge: Cambridge Univ. Press.

World Campaign for In-Depth Reform of the System of International Institutions. 2004. "Reforms of the System of International Institutions to Make Another World Possible." London Declaration, 1 April 2004. www.ubuntu.upc. edu/pdf/declaracio_eng.pdf.

Young, Irish Marion. 1990. *Justice and the Politics of Difference*. Princeton: Princeton Univ. Press.

_____. 2000. *Inclusion and Democracy*. NY: Oxford Univ. Press.

Zizek, Slavoj. 2001. "Have Michael Hardt and Antonio Negri Rewritten the Communist Manifeston for the Twentieth Century?" *Rethinking Marxism*, Vol. 13, No.3/4.

제8장

탈근대적 시민권 제도와 초국민적 정치공동체의 모색

최 현
제주대학교 사회학과 조교수

1. 서론

이 글은 국민국가의 틀을 뛰어넘어 초국민적 정치공동체(transnational political community)를 모색하거나 기획하는 학자와 정치집단은 무엇보다도 초국민적 시민권 제도에 대한 명확한 비전을 가져야 한다는 점을 지적한다.[1] 국민적 시민권 제도(national citizenship)는 근대 국민국가의 필수불가결한 핵심요소(the linchpin of a nation-state)로서 지역, 계층, 언어의 차이를 뛰어넘어 국민의 언어적·문화적 통일성과 소속감을 확보함으로써 국민

* 이 글은 ≪경제와 사회≫, 第79호에 실린 논문이다.

1) 이 글에서 필자는 '국제적 또는 국가 간의(international)'라는 용어와 구분해 '초국민적 또는 초국가적(transnational)'이라는 용어를 사용한다. '국제적'이 국민국가 사이의 협력에 기초한 어떤 것을 의미하는 데 반해 '초국민적(또는 초국가적)'은 국민국가를 뛰어넘는 어떤 것을 의미하며 따라서 '지역적(regional)' 또는 '지구적(global)'이라는 의미로 사용된다(기든스, 2003; Giugni, 2002).

정체성을 형성하고 국민의 결속을 유지하는 제도였다.[2)] 이러한 역사적 경험은 국민 정체성이 국민국가와 국민적 시민권 제도를 형성했던 것이 아니라 국민국가와 국민적 시민권 제도가 국민 정체성을 형성했다는 것을 보여준다.[3)]

이러한 역사적 경험에 비추어볼 때, 초국민적 정체성이 초국민적 정치공동체와 초국민적 시티즌십을 가져올 것이라고 판단하기보다 초국민적 정치조직·공동체와 시민권 제도가 초국민적 정체성을 가져올 것이라고 판단하는 것이 옳을 것이다.[4)] 이처럼 정체성이 먼저인가 시민권 제도와 정치공동체가 먼저인가를 판단하는 것은 초국민적 정치공동체를 형성하는 전략을 규정하는 매우 중요한 문제이다. 만약 전자가 먼저라면 동아시아 공동체를 향한 첫걸음은 역사를 공유하는 작업이 되어야 할 것이며, 후자가

2) 시티즌십(citizenship)은 원래 시민권 제도와 시민의식(정체성)이라는 두 가지 의미를 함께 내포하고 있는데, 이 글에서는 맥락에 따라 시민권 또는 시민권 제도, 시민의식 등 다른 용어를 사용했다. 시티즌십의 의미에 대한 좀 더 자세한 논의는 최현(2006)을 참조할 것.

3) 이는 겔너(Ernest Gellner)가 『민족과 민족주의』에서 전개했던 논지와 일치한다(겔너, 1988). 국민 형성에 뒤늦게 참여한 일본이나 독일뿐 아니라 가장 먼저 국민을 형성했던 영국, 미국, 프랑스의 역사적 경험을 통해서도 이러한 주장의 정당성을 확인할 수 있다. 시민권 제도와 국민 정체성의 형성에 대한 역사적 연구로 일본과 독일에 관한 논의는 최현(2007), 이케가미(Ikegami, 1995), 브루베이커(Brubaker, 1992)를, 프랑스의 사례는 웨버(Weber, 1976)를 참조할 것. 하지만 이러한 주장이 시민권 제도가 국민 정체성 형성을 위한 충분조건이라는 것을 의미하지는 않는다. 신화와 언어, 역사의 경험과 인식 등 문화적 요인도 국민 정체성 형성에 매우 중요한 역할을 했다(Smith, 2000). 그러나 문화적 요인에 의해 형성된 느슨한 전근대적 정체성을 강력한 국민적 정체성으로 환골탈태시킨 것이 바로 국민적 시민권 제도였다는 것은 거의 논란의 여지가 없다.

4) 유럽공동체의 형성과정도 이러한 판단을 뒷받침한다(한국유럽학회 유럽시민권연구단, 2004).

먼저라면 동아시아 공동체의 운영 원리나 제도에 대한 비전을 마련하는 것이 첫걸음이 되어야 하기 때문이다. 그런데 최근 한국에서 활기를 띠고 있는 동아시아 공동체에 대한 논의는 대부분 정체성에서부터 동아시아 공동체가 발전하는 것을 전제하고 있다. 즉, 동아시아 문화의 공통성과 오랜 역사 관계를 강조하고, 그것을 발전시킴으로써 동아시아 공동체를 형성할 수 있다고 주장한다(김교빈, 2006; 김성국, 2006; 이유선, 2006).

국민국가로 나뉘어 있는 상황에서 국민 정체성보다 강력하거나 적어도 그와 유사한 공통의 정체성을 형성하는 것은 근본적으로 불가능하다. 따라서 이러한 방식으로 동아시아 공동체에 접근하는 것은 동아시아 공동체를 실제로 형성하는 작업은 미룬 채 문화 교류를 강조하는 데 그칠 가능성이 크다.

이에 반해 백영서와 그의 동료 학자들은 동아시아 정치공동체만이 동아시아 정체성을 형성할 수 있다고 보고, 동아시아 공동체를 형성하기 위한 핵심 주체인 동아시아 국민국가 간의 관계를 분석하고 있다(백영서 외, 2005). 이들의 논의는 동아시아 공동체 논의를 상당히 진전시켰지만, 시민권 제도와 정치공동체의 밀접한 관계를 간과했기 때문에 벽에 부딪혔다. 이들은 동아시아 공동체가 어떻게 작동해야 하는가 하는 비전을 제시할 수 없었기 때문에 동아시아 공동체 건설의 과제 대신 동아시아에서의 평화 공존이라는 과제를 제시하는 데 그치고 있다. 동아시아 공동체를 실현하기 위해서는 무엇보다도 먼저 초국민적 시민권 제도를 매개로 다양한 문화적·인종적·사회적·계급적 갈등을 해소하고 민족들의 공존을 보장할 수 있는 초국민적 공동체의 비전을 제시해야 하는 것이다. 그것을 실현하기 위해 국민국가가 어떻게 협력하고 절충할 것인가 하는 문제는 그 다음에 해결해야 할 문제이다.

이런 문제의식에서 이 글은 초국민적 시민권 제도의 대체적 모습을 예측하는 것을 목적으로 한다. 마르크스는 『정치경제학 비판을 위하여』의 서문에서 "더 발전한 새로운 생산 관계들은 자신의 물질적 존재 조건들이 낡은 사회 자체의 태내에서 부화되기 전에는 결코 자리를 차지하지 않는다"(마르크스, 1992: 478)라고 주장했는데, 이러한 입장이 이 글이 시도하는 과학적 예측의 방법론적 기초가 된다. 국민국가 자체의 태내에서 부화하지 않으면 초국민적 시민권 제도는 현실화되지 않을 것이다. 따라서 국민국가의 시민권 제도를 분석하고, 그 속에서 부화를 기다리는 초국민적 시민권 제도의 배아세포를 찾아내는 것이 초국민적 시민권 제도의 비전을 마련하는 올바른 길이다. 국민국가 안에서 생겨났지만 문화적으로 단일한 국민이라는 한계를 뛰어넘는 집단인지적 시민권 제도(group-differentiated citizenship)와 다문화 시민권 제도(multi-cultural citizenship), 지구 시민권과 인권에 대한 국제적 담론 등이 앞으로 초국민적 시민권 제도를 형성할 주요 후보이다.[5)]

이 글은 시민권 제도의 발전 과정을 살펴보고, 그 속에서 보편주의적이고 개인주의적이며 국민국가에 의존하는 근대적 시민권 제도의 한계를 비판하며, 성장하고 있는 집단인지적 시민권 제도, 다문화 시민권 제도, 다국적 시민권 제도(이중국적과 영주권 제도 등), 지구 시민권에 대한 담론이 가지는 의미를 초국민적 시민권과의 관계 속에서 평가할 것이다.

---

5) 이 글에서 다문화 시민권 제도는 집단인지적 시민권 제도의 한 형태이다. 집단인지적 시민권 제도는 정치공동체 내의 모든 정체성 집단(identity group)을 대상으로 하지만 다문화 시민권 제도는 대개 종족 집단(ethnic group)만을 대상으로 하기 때문이다. 하지만 미국 등 몇몇 나라에서 다문화 시민권 제도와 집단인지적 시민권 제도는 동의어로 사용된다(킴리카, 2005). 영주권과 초국민적 또는 탈근대적 시민권 제도의 관계는 욥케(Joppke, 1998)를 참조할 것.

2. 개념의 정의와 관계

이 글에서 사용하는 초국민적 정치공동체는 국민국가가 통합해 형성된 다민족·다국민의(multinational) 중앙정부를 가진 정치공동체를 의미한다. 세계시민권을 실현하는 지구공동체는 초국민적 정치공동체의 궁극적 모델일 수 있다. 그리고 유럽공동체와 같은 지역공동체는 초국민적 정치공동체의 현재적 모습일 수 있다. 하지만 유럽공동체는 아직까지 국민국가 사이의 협력으로 유지되는 연합적인 공동체로서 국민국가처럼 단일한 제도와 강력한 결속력을 가진 공동체가 아니라는 점에서 초국민적 정치공동체의 싹으로 간주될 수 있을 것이다(킴리카, 2005).

이 글은 탈근대적 시민권 제도(post-modern citizenship)와 근대적 시민권 제도(modern citizenship)의 단절과 연속성을 함께 강조하며, 탈근대적 시민권 제도를 급진화된 근대적 시민권 제도(modern citizenship radicalized)로 정의한다. 종교전쟁 와중에서 세속화와 합리주의의 영향 아래 탄생한 근대적 시민권 제도는 정의와 인권을 실현하는 근대국가의 핵심요소로 발전했다. 근대성의 주요 원리인 탈연고주의, 탈혈연주의, 정교분리, 보편주의가 시민권 제도의 운영 원리였다. 즉, 개인의 권리를 결정할 때 출신 지역과 계급, 인종, 성, 종교 등에 대해서는 전혀 고려하지 않고 개인의 능력과 태도 등 보편적인 기준만을 적용한다는 것이다.

그러나 최근 발전하고 있는 시민권 제도는 사회적 소수자를 보호하기 위해 연고주의, 혈연주의, 특수주의를 적극 수용하고 있다. 예를 들면 미국 정부는 흑인이나 여성, 멕시코 출신자, 하층계급 출신에게 취업과 진학 등에 혜택을 주는 적극적 조치(affirmative action)를 시민권 제도의 일부로 채택하고 있다. 이처럼 1970년대 이후 발전한 새로운 시민권 제도의 운영 원리가 근대적 시민권 제도의 운영 원리나 근대성과 충돌하기 때문에 학자들은 이러한 새로운 시민권 제도를 탈근대적인 것으로 간주한다.

이러한 새로운 시민권 제도는 피부색, 종교, 성, 출신 지역, 계급 등에 따라 사람을 평가하는 전근대사회로 퇴보하는 결과를 가져왔다는 비판을 받기도 한다(Kymlicka, 1995). 하지만 이러한 새로운 시민권 제도의 특수주의는 특권을 유지하는 역할을 했던 전근대사회의 특수주의와 달리 불평등을 시정하고 정의를 적극적으로 실현하는 원리로 근대적 합리성에 부합하는 것이기도 하다. 즉, 새로운 시민권 제도는 근대성을 더 높은 차원에서 실현하는 것이기도 하다. 따라서 선진 민주주의 사회에서 소수자와 약자를 위한 특수주의는 시민권 제도의 보편적 원리로 자리 잡고 있다. 근대적 시민권 제도와 새로운 탈근대적 시민권 제도 사이의 단절과 연속에 대한 역사적 접근은 근대성(modernity)과 탈근대성(post-modernity) 사이의 관계를 이해하는 데도 도움을 준다. 피어슨(1998)이 지적했듯 시민권 제도는 근대성의 중요한 요소이기 때문이다.

근대성을 둘러싼 논쟁은 각각의 근대적 제도와 문화의 변화에 대한 논쟁으로 다양한 측면에서 전개되고 있지만, 핵심적인 것은 계몽주의 기획(Enlightenment Project)의 전제인 "이성의 보편성과 과학적 설명의 보편적 성격"에 대한 평가 또는 태도와 관련된 것이다(맥그루, 2000). 홀·헬드·맥레넌은 근대성을 자신만의 독자적인 변화와 발전 유형을 갖는 제도의 집합으로, 다시 말해 "민족국가[국민국가와 같은 의미_필자] 및 국가 간의 국제 체제, 사적 소유권 위에 서 있는 역동적이며 팽창주의적인 자본주의 경제 질서, 산업주의, 사회의 조직과 규제를 담당하는 대규모 관료체계의 성장, 세속적이며 물질주의적이고 합리적이며 개인주의적인 문화 가치의 지배, 그리고 사적 영역과 공적 영역 사이의 공식적 분리"(홀·헬드·맥레넌, 2000:

12)라는 특징을 갖는 제도의 집합으로 정의한다. 이 글에서는 맥그루의 정의와 홀·헬드·맥레넌의 정의를 종합해 근대성을 "합리주의와 보편주의 또는 그 영향 아래 형성된 제도의 집합"으로 정의한다.

리오타르(Jean-Françcois Lyotard)와 바우만(Zygmund Bauman) 같은 학자는 계몽주의 기획의 근대적 한계를 비판하면서 근대성과 탈근대성 사이의 불연속성을 강조하며, 하버마스(Jürgen Habermas), 듀스(Peter Dews), 기든스(Anthony Giddens)는 기존 계몽주의 기획이 가진 한계를 인정하면서도 근대성 안에 있는 합리적 '성찰'을 통해 계몽주의 기획이 탈근대에도 유의미하다고 주장함으로써 근대성과 탈근대성 사이의 단절보다는 연속성을 강조한다(맥레넌, 2000). 이런 맥락에서 기든스(1999)는 탈근대적인 것을 좀 더 급진화된 근대적인 것으로 파악하는데, 이 글에서는 탈근대성을 급진화된 근대성으로 보는 기든스의 정의를 따른다. 앞에서 살펴보았듯 탈근대적 시민권 제도는 근대적 시민권 제도와 단절되면서 동시에 그것을 발전시킨 것이기 때문이다.

마지막으로 짚고 넘어갈 것은 탈근대적 시민권 제도와 초국민적 시민권 제도의 정의와 상호관계이다. 이 글에서 탈근대적 시민권 제도와 초국민적 시민권 제도는 근본적으로 동일한 대상에 대한 두 가지 정의이다. 단지 맥락과 시점에 따라 다른 용어를 사용할 뿐이다. 앞에서 설명했듯 근대성이 국민국가를 포함하는 제도의 집합이기 때문에 탈근대적 시민권 제도가 초국민적 시민권 제도를 포함하는 것은 당연하다. 하지만 초국민적 시민권 제도가 탈근대적 시민권 제도와 같다는 주장에 대해서는 이의를 제기할 수 있다. 국민국가가 근대성을 형성하는 하나에 불과하다면, 초국민적 시민권 제도 역시 탈근대적 시민권 제도의 한 요소일 뿐 같은 것은 아닐 수 있기 때문이다. 그러나 초국민적 시민권 제도도 탈국민적 시민권 제도의 대부분을 포함하기 때문에 이 둘은 동일하다. 국민국가가 단지 근대성의 한 요소가 아니라 핵심적 요소이자 기본적 토대이기 때문에 국민국가를 뛰어넘는 것은 근대성을 뛰어넘는 문제와 대체로 일치하기 때문이다.

초국민적 시민권 제도는 단순히 국민국가가 통합을 통해 지역적 혹은 집단적 한계를 극복하는 것만으로 형성될 수 없고 다양한 민족과 국민의 공존을 보장해야 형성될 수 있다. 이는 보편주의와 개인주의 등 근대성의 기본 원리를 뛰어넘을 것을 요구한다. 국민국가가 모여 새로운 지역공동체를 형성한다고 해도 근대적 보편주의와 개인주의의 원리에 따라 집단의 권리, 문화적 권리를 수용하지 않는다면 소수민족의 저항 때문에 지역공동체를 발전시키기는커녕 유지하기도 어려울 것이다. 따라서 초국민적 시민권 제도는 집단인지적 시민권 제도 같은 탈근대적 시민권 제도를 대부분 내포한다. 결론적으로 초국민적 시민권 제도는 본질적으로 탈근대적 시민권 제도와 동일한 것이다. 하지만 논의 전개 과정에서는 국민국가의 틀을 극복하려는 제도에 대해서는 초국민적 시민권 제도라는 용어를, 내부의 소수 집단에 대해 보편주의를 적용하는 문제를 극복하려고 마련한 제도에 대해서는 탈근대적 시민권 제도라는 용어를 구분해 사용한다.

3. 근대국가 및 시민권 제도의 형성과 국민 정체성

1) 근대국가 및 시민권 제도의 형성

천부인권설이 프랑스혁명 이전부터 발전해왔지만, 하늘이나 신 또는 자연이 인간에게 권리를 보장한 적은 한 번도 없었다. 현실에서 인간의 권리는 근대 국민국가에 의해 시민권 제도가 마련됨으로써 보장되었다. 예를 들면 미국에서는 독립전쟁(1775~1783년)을 통해 세워진 국가가 시민의 권리를 보장하기 시작했고, 영국은 청교도혁명(1642~1649년)과 명예혁명(1688~1689년)을 통해 생겨난 입헌군주정부가 시민에게 권리를 부여하기 시작했다. 프랑스에서는 프랑스혁명(1789~1799년) 결과 생겨난 프랑스공화국이 인간과 시민의 권리선언(The Declaration of the Rights of Man and the Citizen)을 공포하고 그것을 뒷받침하는 시민권 법과 제도를 만듦으로써 프랑스공화국의 시민 또는 프랑스에 거주하는 사람들이 인권을 가지게 되었다(조효제, 2007; 차병직, 2003).[6] 나폴레옹 전쟁 이후 국민국가와 시민권 제도는 유럽 여러 나라로 확대되었고, 이에 따라 새로 국민국가의 시민이 된 사람도 인권을 갖게 되었다.

국민국가는 문화공동체와 정치공동체의 일치, 다시 말해 국가의 문화적 통일성을 지향한다. 따라서 — 비록 극히 예외적인 한두 개 국가를 빼고 거의 모든 국민국가가 이러한 지향을 실현하지 못하지만 — 국민국가라고 불리는데, 여기서 국민은 문화공동체를, 국가는 정치공동체를 의미한다. 이처럼 근대국가가 국민국가의 형태를 띠게 된 것은 그것이 탄생했던 시기 서유럽의 역사적 조건 때문이었다. 근대 국민국가 형성 당시 사회변동의 핵심 동력이었던 자본주의는 되도록 넓은 상품시장, 이동하고 대체할 수 있으며 따라서 자유롭고 동질적인 노동력, 그리고 이 두 가지를 안정적으로 제공할 국가를 필요로 했다.

하지만 당시 이러한 동질적 노동력을 생산해내기 위해 사용할 수

---

6) 조효제(2007)에 따르면 프랑스 헌법은 권리의 주체를 시민만이 아니라 인간으로 규정하고 있었다. 이는 자연법의 영향이 강했기 때문이다. 하지만 프랑스 정부가 현실에서 프로이센 주민에게 인권을 보장할 수 없었던 것은 당연하다.

있는 최첨단 대중매체는 신문과 책 등 활자 인쇄물에 지나지 않았고 이러한 매체를 안정적으로 제공할 수 있는 교통망도 제한되어 있었다. 이러한 한계 때문에 상품 및 노동시장과 그것을 보호하는 국가는 기존의 문화적 동질성에 의존해야 했고, 그 결과 시장과 정치공동체는 지리적 특성과 그것에 의해 구획된 전통적인 문화적 특성에 의해 구획되었다(겔너, 1988; 앤더슨, 2002). 1648년의 베스트팔렌 조약이 명목상으로나마 존재하고 있던 신성로마제국에 종말을 고한 후 18세기부터 20세기까지 대략 200년 동안 유럽에 하나의 통일 공화국을 건설하려는 시도는 실패했다. 정치적·경제적 공동체의 경계는 문화적 공동체의 경계와 대체로 일치하게 되었고 국민국가는 전형적인 근대국가의 위치를 차지하게 되었다.

17세기부터 19세기까지 유럽과 아메리카에는 영국을 선두로 미국, 프랑스 등 국민국가가 형성되기 시작했으며, 19세기 말에 이르면 유럽과 북아메리카의 대부분이 국민국가 체제에 편입되었다. 유럽의 제국주의가 아시아, 아프리카, 신대륙으로 팽창해가자 국민국가는 전 세계로 확산되었고, 1919년 성립된 베르사유 체제는 국민국가를 세계질서의 기본 단위로 승인했다. 따라서 근대 세계에서 인간으로 인정받기 위해서 인간은 우선 특정 국민국가의 시민이 되어야 했다. 특정한 국민국가의 시민이 되지 못한 인간은 인간으로서의 권리를 포기한 채 살아가거나 자신을 시민으로 보호해줄 국가를 건설해야 했다. 따라서 제1차 세계대전 이후 자신의 국가를 가지지 못한 식민지와 반식민지 주민 사이에 민족주의 운동이 들불처럼 번져나갔으며, 자신을 보호해줄 국가를 형성한다는 논리를 내세운 민족주의는 터무니없는 이념적 빈곤에도 불구하고 20세기 세계에서 가장 영향력 있는 이념이 될 수 있었다.

국민국가 체제를 공고히 하려는 시도는 국민국가 안팎에서 동시에 진행되었다. 근대 국민국가는 시민권 제도를 확립해 시민의 권리를 보호하고 문화적 동질성과 정체성을 유지하기 위해 자국 시민의 범위를 확정했다. 이를 위해 여권, 각종 신분증, 국민등록제도가 개발되어 자국 시민과 외국인이 국경을 넘어 이동하는 것을 통제했을 뿐 아니라 자국 영토 내에서 외국인과 자국 시민의 경계를 분명히 했다(Torpey, 2000). 동시에 국민국가는 국제협약을 통해 국경을 넘어 이동하는 자국 시민과 외국인의 경계선을 분명하게 그었다. 즉, 1930년 헤이그 협약은 무국적자와 이중국적자를 배제하는 원칙을 수립했고, 이는 국민국가를 기초로 하는 베르사유 체제를 뒷받침했다(서철원, 2004; 이철우, 2004).

2) 국민적 시민권 제도와 국민적 정체성 형성

근대국가의 성원은 권리의 주체로서 국민(national) 또는 시민(citizen)으로 불린다. 이와 달리 봉건적 국가와 절대 왕정 국가 같은 전근대적 국가의 성원은 통치의 대상 혹은 국왕의 재산이었기 때문에 백성 또는 신민(subject)이라고 불린다. 신민은 국가에 조(租)·용(庸)·조(調) 등의 의무는 가지지만 권리는 없는 존재였다. 근대국가를 통해 통치 대상에 지나지 않던 신민이 주권을 가진 시민으로 거듭난 것이다. 그리고 이를 가능하게 한 핵심요소가 바로 시민권 제도이다(피어슨, 1998; Jacobson, 1997).

근대국가는 시민권 제도를 통해 국민의 경계를 확정하고, 조세제도와 모병제도를 통해 국민에게서 필요한 자원을 제공받았으며, 그 자원을 이용해 국민의 권리를 보장했다. 모든 국민에게 안전과 기본권, 참정권, 교육과 복지 서비스를 제공함으로써 문화적 동질성과 국민 정체성을 형성한 것이다. 평등한 시민권과 문화적 동질성은 국민으로 하여금 동료 시민에게 유대감을 느끼게 했으며, 국가 공동체에 소속감과 충성심을 가진 국민을 재생산하는 데 기여했다. 시민권 제도는 개인으로서의 시민이 국민이라는 집단과 자신을 동일시하게 만든 결정적 조건이었다. 따라서 시민권 제도가 국민 정체성과 국민이라는 공동체를 형성했다고 할 수 있다.

이 때문에 시민권 제도는 근대적 국민 정체성의 기초로 간주된다(Jacobson, 1997: vii). 하지만 국민 정체성 형성과정은 국민국가가 외국인과 자기 국민의 경계를 분명히 하고 외국인을 소유권, 선거권, 피선거권, 사회보장 등 자국 시민이 가지는 권리에서 배제하는 과정이기도 하다(Brubaker, 1992). 앞서 언급했듯 시민과 비시민을 구분하기 위해 신분증과 등록제도를 정교하게 발전시켰고, 이에 따라 국가는 국민의 범위를 확정할 수 있었다. 국가는 이제 더욱 효과적으로 자원을 사용할 수 있게 되었다. 자국 국민에게는 더 많은 자원과 서비스를 제공할 수 있게 된 것이다. 국가는 자국 시민에게만 신체의 자유와 언론·출판·결사의 자유뿐 아니라 선거권과 피선거권 등의 정치적 권리와 교육, 일자리, 복지 등 문화적·사회적 권리를 보장하고, 모든 국민에게 공평하게 납세의 의무, 국방의 의무 등을 부과함으로써 시민권 제도를 공고하게 만들었다.

시민권 제도에는 신분등록제, 시민 사이의 법적 평등, 표준어 교육, 역사 및 지리 교육, 전통문화 보호 제도, 상호부조와 복지 서비스 등이 포함된다. 시민권 제도는 평등한 기회, 법적 지위, 교육을 통해 생활 속에서 국민 공동체 이미지를 만들어냈다. 그리고 표준어 보급과 전통적 대중문화의 보호 속에서 성장한 언론·출판 등 대중매체를 통해 국민에게 이러한 공동체 이미지를 각인시킨다. 시민권 제도가 근대적 국민을 형성하고 재생산한다(Brubaker, 1992).

3) 근대적 시민권 제도의 발전[7)]

마셜의 연구는 사회적 소수자의 투쟁이 시민권 제도를 어떻게 발전시켜 왔는가를 보여주는 구체적 사례이다(Marshall, 1964). 그는 특히 노동자 계급이 영국에서 시민권 제도를 어떻게 발전시켰는가를 보여준다. 마셜에 따르면 영국의 시민권 제도 발전 과정은 다음의 세 시기로 구분될 수 있다.

첫 번째 시기인 18세기 영국에서 시민권은 자유권적 기본권(civil rights)을 의미했을 뿐이다.[8)] 두 번째 시기인 19세기에 시민권은 정치권(political rights)을 포함하게 되었다. 마지막으로 20세기에 시민권은 사회권(social rights)까지 포함하게 되었다. 특히 20세기에 시민권이 사회권으로 확대되는 과정은 시민권 제도의 근본적 변화를 수반했다. 즉, 19세기까지 시민권 제도는 개인으로서의 시민이 이익을 위해 자유롭게 경쟁할 수 있는 조건을

---

7) 근대적 시민권 제도에 대한 평가는 근대적 국가에 대한 특정한 시각과 밀접한 연관을 가지고 있다. 피어슨(1998)이나 쿠르베타리스(2003)가 지적했듯 자본주의, 시민사회, 국가의 관계는 크게 시민사회의 지배력을 강조하는 다원주의론, 시장의 지배력을 강조하는 마르크스주의, 국가의 자율성과 지배력을 강조하는 엘리트이론, 신자유주의, 제도주의 국가론, 절충적인 현실주의와 조합주의 국가론 등이 있고 이러한 입장은 시민권 제도에 대한 이해에도 직접 영향을 미친다. 필자는 마르크스주의자처럼 시민권 제도를 자본주의와 계급투쟁의 산물로 보지만, 제도주의자들처럼 시민권 제도의 발전이 권력의 불평등을 줄이는 데 기여해왔다고 긍정적으로 평가한다. 그러나 현대국가도 여전히 권력을 불평등하게 분배하고 있으며 이러한 부정의는 시민사회의 정치적 활성화를 통해서만 해결될 수 있다고 본다는 점에서 국가를 중립적인 것으로 보는 보수적·기능주의적 국가관과 명백한 차이를 가진다. 시민권 제도에 대한 다양한 국가론의 평가에 대해서는 터너(1997)를 참조할 것.

8) 'civil rights'는 시민적 권리, 자유권, 자유권적 기본권 등으로 번역되는데, 여기서는 자유권적 기본권으로 번역했다.

보장하는 데 한정되어 있었으나, 20세기 이후 발전하기 시작한 시민권 제도는 경쟁으로 생겨난 경제적·계급적 불평등이 시민의 자유를 억압한다는 것을 인식하고 이를 시정하려 했다.

19세기까지 시민권 제도가 개인주의, 보편주의, 자유방임주의를 맹신했다면, 20세기 중반 이후에는 현실적 요구 때문에 계급이라는 시민의 경제적 소속 집단을 고려함으로써 개인주의와 보편주의에서 벗어난 시민권이 등장하기 시작했다. 노동자의 단결권, 단체교섭권, 파업권이 인정되고, 최저임금이 보장되었으며, 노동권과 최저생활보장권 등이 시민권에 포함되었나. 이전의 개인주의적·보편주의적 시민권 제도 사상은 특권층에 대한 반대를 통해 발전했고 시민을 출신, 계급, 지역, 인종, 성에 따라 차별할 수 없도록 함으로써 역사적으로 진보적인 역할을 했다. 하지만 20세기에 들어와 인류는 보편주의적 시민권 제도가 경제적 약자인 노동자 계급의 필요를 충족시키지 못한다는 것을 깨닫고 이를 수정하기 시작했다.

사회권을 처음으로 도입한 1919년 독일 바이마르공화국 헌법은 "사회적·경제적 강자의 경제활동에 대해 적극적인 제한 규정을 도입하고 사회적·경제적 약자에게는 사회권을 보장한다"라고 '계급 차별적' 원리를 명시하고 있다. 노동자 계급의 요구에 따라 사회권이 도입되는 등 개인주의적·보편주의적 시민권 제도에 변화가 있기는 했지만, 시민권 제도의 개인주의와 보편주의에 대한 근본적 도전은 이후의 과제로 넘겨졌다(Young, 1998).

4. 탈근대적 시티즌십의 발전

탈근대적 시민권 제도의 발전에는 민주주의와 인권의 확장에 대한 요구라는 사회 내부의 요인과 지구화에 따른 국가 간 이민의 확대라는 사회 외부의 요인이 동시에 기여했다. 우선 국가 안에서 자유권적 기본권이 보장되고 보편주의에 따라 모든 성인 남녀에게 선거권이 부여된 후에도 여전히 완전한 시민권을 가지고 있지 못하다고 느꼈던 노동자 계급, 그리고 여성, 흑인, 동성애자, 장애인 등 사회적 소수자가 자신을 포용할 수 있는 시민권 제도를 관철하기 위해 정치적·이념적으로 투쟁했다.

그 결과 1990년대 이후 개인주의적·보편주의적 시민권 제도를 뛰어넘는 새로운 집단인지적 시민권 제도와 원리가 등장하게 된다. 반 구스테렌(Van Gunsteren, 1998)의 말을 빌리자면, 새로운 시민권 제도는 시민을 이익을 타산하는 개인이 아니라 다양한 경제적·문화적 배경을 가지고 경쟁하는 동시에 정치공동체에 대해 책임을 지는 주체로 바라보는 데서 생겨났다. 이 점이 연고주의에서 벗어나기 위해 개인의 가족적·문화적 배경을 고려하지 않고 보편성을 강조했던 근대적 시민권 제도와 새로운 시민권 제도가 결정적으로 달라지는 부분이다.

동시에 지구화는 국가 사이에 이민을 증가시키고 시장 통합을 촉진함으로써 국민국가의 문화적 통일성을 약화시키고 초국민적 공동체 형성을 촉진하는 결과를 가져왔다. 하지만 세계 곳곳에서 터져나오는 종족 갈등, 민족주의 투쟁, 분리주의 운동, 인종 청소 등 문화적 정체성을 둘러싼 갈등은 초국민적 공동체를 통합할 시민권 제도와 원리에 대한 합의를 확보하지 못했을 경우 다민족 국가나 초국민적 공동체를 형성하는 것이 오히려 파국을 가져올 수 있다는 것을 보여주었다.

1) 탈근대적 시민권 제도 발전의 조건

(1) 민주주의의 발전과 탈근대적 시민권 제도의 발전

시민권 제도는 앞서 언급했듯 국가와 시민의 관계를 규정하며, 국가 안에서 시민이 얼마나 자유로운가를 보여주는 지표가 된다. 인류는 적어도 미국 독립과 프랑스혁명 이후 200여 년에 걸쳐 다양한 방식으로 시민권 제도를 발전시켜왔다. 현재까지 시민권 제도는 다양한 사회적 소수자가 겪는 차별을 해소하고 그들을 국가 및 정치공동체에 통합시키는 핵심적 제도로 발전해왔다(Walzer, 1983). 앞서도 언급했듯 시민권 제도를 통해 사회적 불평등을 완화하거나 해소하려는 노력은 특히 사회권과 집단인지적 권리를 인정하는 데까지 발전했다. 이에 대해 개인주의자들은 사회권과 집단인지적 권리의 보장이 근대 시민권 제도의 보편주의를 위반함으로써 역차별과 평등권 침해를 가져왔으며, 사회적 소수자의 집단의식을 강화함으로써 그들을 국가에 통합시키기보다 분리시켰을 뿐이라고 공격한다. 예를 들어 흑인 비율을 할당해서 백인에 비해 성적이 낮은 흑인이 명문대에 진학하거나 좋은 직장에 취업할 수 있도록 하는 적극적 조치는 백인을 부당하게 차별하는 것이며, 스페인어 사용자에게 문화권을 보장하는 것은 그들이 미국 주류문화를 습득하는 것을 막는다는 주장이다.

하지만 집단인지적 시민권 제도는 전근대적 연고주의로 회귀하는 것이 아니라 개인주의적 보편주의를 뛰어넘어 '자유와 평등'이라는 보편적 가치를 실현하는 데 도움을 주며, 단기적으로 집단의식을 강화하고 불평등에 따른 균열을 노출시키지만 장기적으로 부당한 불평등을 줄임으로써 통합에 기여하기 때문에 필요한 제도이다(킴리카, 2005; Eller, 1997; Young, 1998).

(2) 지구화와 탈근대적 시민권 제도의 발전

과학기술의 발전은 국민국가를 형성시킨 기술적·경제적 조건을 변화시켰다. 특히 통신 및 정보 기술과 교통의 급속한 발전에 따라 최근 30~40년 사이에 전 지구적 시장이 형성되었다. 인류는 제트기, 크고 빠른 화물선 등을 통해 사람과 재화를 전 세계 어디나 지속적으로 제공할 수 있게 되었다. 이제 동네 구멍가게에만 가도 하와이산 파인애플, 필리핀산 바나나, 칠레산 포도주 등을 살 수 있게 되었다. 30년 전부터 만들어지기 시작한 전 지구적 위성통신 체계와 인터넷은 지구촌 어디에서나 사람들이 실시간으로 서로 접촉할 수 있도록 만들었다. 전 지구적 상호의존성이 심화되면서 지구적 사회관계가 생겨나고 있다(기든스, 2003). 이러한 시장과 사회관계의 변화를 지구화라고 부르는데, 지구화는 국민국가에도 영향을 미치고 있다. 앞서 언급했듯 최초로 국민국가가 형성되었던 유럽에서 유럽공동체라는 일종의 초국민적 정치공동체가 형성된 것은 이러한 지구화가 국민국가를 극적으로 변화시킬 수 있다는 것을 보여주는 실례이다.

그만큼 극적이지는 않지만 지구화의 영향으로 세계 거의 모든 국가의 주민이 문화적·인종적으로 매우 다양해졌다. 주민들이 종족적·문화적(ethno-cultural)으로 매우 동질적이었던 한국도 최근에는 외국인 이주자와 국제결혼으로 종족적·문화적 다양성을 가지게 되었다. 근대 시민권 제도는 영토와 시민의 일치에 기초해 운영되었다. 영토 내에 살고 있는, 특정한 문화적 정체성을 가진 시민에게 시민권 제도와 권리를 부여했었다. 하지만 지구화는 영토와 시민을 분리했다. 외국에 가서 살고 있는 시민의 권리를 본국 정부가 보장할 수 없고, 거주국 정부가 그의 권리를 보장하고 있다. 그 결과 국가와 시민, 정체성과 법적 권리가 분리되었다. 그러한 분리를 단적으로 보여주는 것이 이중국적과 영주권이다. 영주권자는 다른 국가의 시민이지만, 거주국에서 거의 완전한 시민으로 대접받을 수 있다.

이중국적을 인정하는 국가도 점점 늘어나는 추세이다. 제이콥슨(Jacobson, 1997)에 따르면 영주권자와 이중국적자의 증가는 배타적으로 자국 시민을 규정함으로써 유지되어왔던 근대적 시민권 제도가 탈근대적 변형을 겪고 있다는 것을 보여주는 현실적 증거이다. 영주권이나 이중시민권은 국민국가에 의해 보장된다는 점에서 탈근대적 또는 초국민적 시민권 제도와 거리가 멀다는 비판(Joppke, 1998)도 있지만, 영주권이나 이중시민권이 국적과 권리를 분리시키고 다중적 국민 정체성 또는 지구시민적 정체성을 가져옴으로써 국민국가의 틀을 약화시키는 측면이 있다.

또 지구화가 국적이라는 특수주의적 기준이 아니라 인간됨(personhood)이라는 보편주의적 기준에 따라 인간의 권리를 보장해야 한다는 담론이 국제적으로 힘을 얻도록 자극하는 측면도 있다(Soysal, 1994). 이러한 담론의 확산은 국민적 시민권 제도를 지구적 시민권 제도로 변화시키는 데 기여하고 있다. 근대 시민권 제도는 국민국가라는 한계에 갇혀 자국 시민과 외국인을 차별했는데, 이러한 차별은 과거에는 너무나 당연했던 것이다. 그런데 국적에 관계없이 인간의 권리를 보장하자는 인권 담론이 지구적으로 확산되면서 여러 국가가 국제인권협약을 체결했다.

이에 따라 많은 국민국가에서 국민과 외국인이 가진 권리의 차이는 이전에 비해 훨씬 줄어들었다. 외국인을 차별하는 것이 점점 더 어려워지고 있는 것이다. 국민이지만 외국에 있으면서 국가 발전에 전혀 기여하는 바가 없는 사람이 있는가 하면, 외국인이지만 자국 노동시장에 참여하고 세금을 내는 사람도 있다. 이 경우 외국 국적을 가지고 있는 사람이지만 한국의 발전에 기여하고 있고 앞으로도 그러길 원하는 사람에게 시민권을 부여하지 않는 것은 부당하다는 것이 자명해졌기 때문이다. 적어도 이

점에서 지구화는 시민권 제도의 탈근대화에 기여하고 있는 것으로 보인다.

(3) 종족 갈등과 다문화 시민권 제도

동유럽에서 사회주의가 몰락한 이후 오랫동안 한 나라의 시민으로 살아왔던 사람들이 종족 갈등(ethnic conflicts)으로 갈라져 다른 종족에 대한 학살을 자행했다. 종족 갈등이 확산된 것은 소수 종족에 대한 다수 종족의 억압이 최근 악화되었기 때문이라기보다 종족의 문화권과 자결권이 국제사회에서 보편적 인권의 일부로 인정된 결과이다. 로널드 로버슨(Ronald Roberson)이 "특수주의의 보편화 또는 보편주의의 특수화"라고 부른 현상인 것이다.

특정한 문화, 언어, 종족성은 특정 종족 집단에 속한 사람들만이 갖는 속성이지만 문화, 언어, 종족성을 가진다는 것은 인간의 보편적 속성이라는 사실이 인정받게 되었다(Soysal, 1994). 그 결과 소수 종족이 자신의 문화, 언어, 종족성을 유지할 문화권과 자치권, 그리고 자신에게 영향을 미치는 중앙정부의 결정을 거부할 권리가 보편적 인권의 일부로 인정되어야 한다는 주장이 국제적 인권 담론 속에서 힘을 얻어가고 있다. 이러한 국제적 변화에 기대어 문화권, 자치권 등을 정치적으로 인정받으려는 소수 종족의 노력이 이루어지고 있으며, 이것이 현재 종족 갈등을 확대시키고 있다.

유럽공동체를 통해 초국민적 정치공동체의 싹을 틔웠던 서유럽은 동유럽이라는 타산지석을 통해 초국민적 정치공동체 안에서 종족 갈등이 가지는 위험성을 확인했으며, 종족의 다양성을 수용하고 그 다양성을 유럽공동체 발전의 토대로 활용할 수 있는 방안을 모색했다. 이 과정에서 시민권 제도가 국민국가 내의 다양한 문화적·언어적·종족적 갈등을 해소하고 국민 정체성을 형성하는 데 결정적인 역할을 해왔던 것을 확인했지만, 동시에 문화적·언어적 단일성에 의존해 그러한 단일성을 지속적으로 생산했던 국민국가의 시민권 제도의 한계도 확인했다(킴리카, 2005; Brubaker, 1992; Joppke, 1995).

여기서 문화적·종족적 다양성을 허용하면서 정치적 정체성을 형성할 수 있는 다문화 시민권 제도라는 대안이 등장했다(Eller, 1997; Kymlicka, 1995, 2004). 사실 다문화 시민권 제도는 이민자로 이루어진 미국, 캐나다, 호주 등 몇몇 국가에서는 국민국가의 틀 내에서 이미 부분적으로 도입되던 것이었다. 이전에는 다문화 시민권 제도가 매우 예외적인 것으로 생각되었지만, 현재에는 좀 더 보편적인 시민권 제도로 인정받고 있으며, 탈근대적이고 초국민적 정치공동체의 시민권 제도에 대해 모색하고 있는 학자와 정책 입안자에게 많은 시사점을 주고 있다.

2) 탈근대적 시민권 제도의 내용

앞서 살펴보았듯 근대적 시민권 제도에 대한 도전은 크게 두 가지 방향에서 제기되었다. 곧 국민국가 내부의 집단 가운데 개인주의적인 근대 시민권 제도가 공정하지 못하고 자신들을 배제하거나 억압한다고 느끼는 집단이 개인주의적, 혹은 남성 중심적, 혹은 소위 정상인 중심적, 주류문화 중심적 근대 시민권 제도의 정당성에 의문을 제기했다. 외부에서 들어온 이민자들도 근대 시민권 제도의 배타성에 대해 비판하고 도전했으며, 이에 국민국가 내부의 시민 또는 초국적 기구가 동조하고 있다. 고전적 의미에서는 국민(또는 민족)이 될 수 없는 집단이 자신을 국민이라 부르고 있다. 게이나 레즈비언이 퀴어 국민(Queer Nation)을 요구한다. 청각장애인은 독특한 문화와 언어를 가진 국민적 소집단(national sub-group)으로 자신을 규정하고, 여러 원주민은 부족이 아니라 국민으로 유엔에 대해 투표권을 요구한다. 이에 따라 '국민'은 점점 더 상대화되고 그 구분은 애매해진다. 국민은 강렬한 상징으로 때로는 익숙한 용어로 여전히 중요하지만, 국적에 상관없이 인간이라는 존재 그 자체에 따라 권리를 인정받는 사람이 많아짐에 따라 국민적 시민권 제도는 의미를 잃어가고 있다(Soysal, 1994).

게다가 지구화와 국제이민은 많은 나라를 다종족 국가로 만들었다. 비근한 예로 단일 민족국가의 대표적인 예였던 대한민국에서도 외국인 노동자의 유입과 국제결혼의 증가로 다종족 사회로 이행하고 있다는 것을 보여주는 징후가 나타나고 있다. 2007년 현재 외국인 장기 체류자가 전체 인구에서 차지하는 비율은 1.48%로 아직 낮지만, 1990년 이후 5년마다 그 비율이 두 배씩 증가한 것에서 알 수 있듯 그 증가속도는 매우 빠르다(법무부, 2007). 외국인 이민자 2세 또는 3세에게 시민권을 부여하는 등 많은 나라에서 시민권 제도는 좀 더 개방적으로 변화하고 있으며, 이러한 조건에서 국민의 문화적 통일성에 의존해서 형성되었고 그러한 통일성을 유지하는 것을 목적으로 하던 근대적 시민권 제도가 더 이상 유지될 수 없는 것은 너무나 당연하다. 이 때문에 다문화 시민권 제도와 집단인지적 시민권 제도가 더욱 중요해지고 있으며, 이를 모태로 탈근대적·초국민적 시민권 제도가 모습을 드러내고 있다.

탈근대적 시민권 제도는 시민 내부의 다양성을 존중하기 위한 방안을 도입한다. 다양성을 수용하기 위해 집단인지적 시민권 제도는 소수자를 보호하는 세 가지 권리를 보장하는데, 여기에는 ① 자치권과 집단 대표권, ② 다문화권, ③ 차별보상권이 포함된다. 자치권은 소수 집단이 스스로를 위해 자신의 문화를 자유롭게 유지·발전시킬 수 있도록 일정한 지역적 관할권 또는 정치적 자율성을 가질 수 있는 권리이며, 집단 대표권은 중앙정부의 정책 결정에 소수 집단이 자신의 대표를 참여시킬 권리이다. 다문화권은 소수 집단이 주류 사회에서 경제적·사회적·정치적 차별이나 불이익의 위협을 받지 않고 자신의 신체적·문화적 특징을 표출할 수 있는 권리이다.

마지막으로 차별보상권은 소수 집단이 주류 사회에서 정치적으로 목소리를 낼 수 있는 기회를 제공하거나, 과거 또는 현재에 소수 집단으로서 겪어야 했던 차별을 보상하고 불평등을 시정하기 위해 잠정적으로 소수 집단에게 일정한 특권을 제공한다. 예를 들면 소수 집단에게 국회 의석의 일부를 할당하는 제도나 소수 집단의 성원에게 대학 입학과 공무원 취업 문턱을 낮춰주는 적극적 조치 등이 차별보상권과 관련된 제도이다(왈저, 2001; Kymlicka, 1995: 26~33; Young, 1998).

특히 중요한 것은 자치권과 집단 대표권이다. 그것은 소수 집단 성원이 자기 조직화를 통해 집합적인 권력행사(empowerment)의 경험을 만끽하게 하고, 집합적 경험을 통해 다양한 집단으로 이루어진 정치공동체 안에서 자신의 위치를 성찰적으로 이해할 수 있도록 한다. 따라서 이것은 소수 집단이 진정으로 정치공동체의 일원이 되게 하는 전제조건인 것이다. 이러한 집단인지적 시민권 제도가 단지 정치공동체 또는 국가를 지배하는 다수 집단이 소수 집단을 효과적으로 지배하기 위한 책략에 그치지 않기 위해 소수 집단은 자신에게 직접 영향을 미치는 특정 정책에 대해 거부권(veto power)이나 분리권을 가져야 한다(Young, 1998).

이러한 권리는 정치공동체 또는 국가가 소수 집단의 거부나 분리를 피하기 위해 그들의 요구를 적극 수용하도록 강제할 것이다. 그리고 집단 대표권과 자치권은 소수 집단이 정치공동체에 적극 참여할 수 있도록 정책이 어떻게 그들에게 영향을 미칠 것인지를 분석하고 정책을 제안할 수 있는 능력을 길러주는 데 기여한다. 따라서 집단 대표권과 자치권은 소수 집단의 자율성을 보장하면서 집단이 속한 정치공동체에 대한 소속감을 형성하는 데 매우 중요하다.

3) 탈근대적 시민권 제도의 한계

정체성과 공동체 의식이 합리성, 공정에 대한 의식, 타협의 정신, 중재를 받아들이는 태도 등 민주적인 정치공동체에 반드시 필요한 미덕을 증진시킨다는 것은 광범위하게 받아들여지고 있다(킴리카, 2005; Kymlicka, 1995). 그런데 집단인지적 시민권 제도는 소수 종족의 독자적 정체성과 공동체 의식을 강화시키기 때문에 국가공동체에 대한 소수 종족의 소속감과 정체성을 약화시킬 것이라는 비판이 끈질기게 제기되고 있다. 롤스(John Rawls)처럼 매우 진보적인 학자도 이에 대한 우려를 표명한다. 다민족 국가의 자치권이나 집단 대표권 등 집단인지적 시민권 제도는 국가의 공동체 의식과 정체성을 확보하기 위한 시도를 위태롭게 할 수 있다는 것이다.

하지만 경험적 연구에 따르면 자치권이나 집단 대표권에 대한 거부가 종족 갈등의 수준을 고조시키는 반면 자치에 대한 허용과 집단 대표권의 보장은 폭력적 갈등의 발생을 방지하는 것으로 나타났다(킴리카, 2005; Kymlicka, 1995). 다종족 국가에서 중앙정부가 공통의 정체성을 부여하려는 노력은 번번이 실패했고 오히려 폭력적 갈등을 야기했을 뿐이다. 다종족 국가의 중앙정부가 소수 종족이 고유의 독자적인 정체성을 갖는 것을 막기 위해 교육과 미디어를 통해 공통의 정체성을 고취하는 정책을 폈을 때 그 결과는 항상 실패로 돌아갔으며, 소수 종족은 그들 고유의 정체성을 어떻게든 유지하기 위해 저항해왔다. 자치는 폭력적 갈등을 막는 매우 유용한 방안이었다. 집단인지적 시민권 제도는 자치권과 집단 대표권을 인정함으로써 폭력적 갈등을 막는 데 이바지해왔다.

하지만 다종족 국가에서 자치는 공통의 정체성을 강화시켜 갈등의 뿌리를 없애는 대신 집단 사이의 매우 형식적인 협력만을 얻어냄으로써 결국 분리와 독립으로 나아가는 징검다리 역할을 할 뿐이라는 우려가 여전히 팽배해 있다. 이것은 현재까지의 집단인지적 시민권 제도가 롤스의 비판에서 자유롭지 못하다는 것을 보여준다. 지금까지 발전된 집단인지적·다문화적·초국민적 시민권 제도는 공공선을 증진하고 정의를 실현함으로써 국민국가를 뛰어넘어 초국민적 연대의 의식을 구현하는 데는 턱없이 부족한 것이 사실이다.

만일 한 정치공동체 내에서 종족 간에 타협할 수 없는 문화적 차이가 있다면, 또는 소수 집단이 주류문화로 동화되기를 거부한다면 분리는 피할 수 없다. 노르웨이와 스웨덴의 경우처럼 개인의 자유와 복지를 증진시키고 사유권을 손상하지 않는 평화적인 방식의 분리라면 충분히 고려할 만하다. 그러나 하나의 정치공동체가 내부적 분열에 의해 분리해야 할 경우나 분리하지 않은 상태에서 계속 싸울 경우 자원과 토지의 배분 등 다양한 갈등 상황이 있을 것이다. 초국민적 정치공동체를 형성했을 때 종족 간 대량 학살이 일어나거나 폭력적 분리 등이 발생하는 경우 파생될 문제는 예측을 불허한다. 따라서 우리는 초국민적 정치공동체를 형성하기 이전에 종족의 다양성을 보장하고 소수 집단이 분리를 선택하지 않을 만한 초국민적 시민권 제도와 그 운영 원리를 모색하고 그 비전을 제시해야 한다. 국민 정체성이 국민적 시민권 제도 위에서 형성되었듯 초국민적 연대의식은 초국민적 시민권 제도 위에서 생겨날 것이다. 아직까지 초국민적 시민권 제도나 탈근대적 시민권 제도의 모습은 그 위용을 드러내지 않고 있지만 집단인지적 시민권, 다문화 시민권, 영주권과 이중국적 등 현실에서 성장하고 있는 탈근대적 시민권과 초국민적 시민권의 싹에서 우리는 그 모습을 상상해야 한다.

5. 결론: 초국민적 공동체 형성과 탈근대적 시민권 제도

현실은 다문화 혹은 다종족 정치공동체가 외부의 침략이 아니라 내부의 갈등과 분규로 파국을 맞을 수 있다는 것을 보여주었다. 이것은 기존의 국민국가가 문화적 단일성이라는 전제 위에서 운영되었기 때문에 문화적·종족적 다양성을 다룰 수 있는 원리나 제도를 충분히 내포하고 있지 못했기 때문이다. 유럽공동체라는 초국민적이고 따라서 다민족·다문화적인 정치공동체가 형성되었지만, 1960~1970년 이전에 이미 다민족 정치공동체를 형성했던 러시아, 유고슬라비아 등은 비슷한 시기에 (심지어 인종청소라는 극단적 형태로 폭발하기도 했던) 민족적·문화적 갈등으로 분열되어 여러 개의 국민국가로 재편되었다. 서로 모순되는 이러한 두 현상이 제기하는 공통의 교훈은 초국민적 정치공동체를 형성하는 것보다 그것을 유지하는 것이 훨씬 힘들다는 것이다. 그리고 다양한 종족적·문화적 집단을 포괄하는 정치공동체를 유지하기 위해서는 내부의 소수자를 소외시키지 않을 만큼 민주주의를 발전시켜야 하며, 문화적 다양성을 수용할 수 있는 이념 및 제도와 정치 문화를 확립하는 것이 반드시 필요하다는 것이다. 이러한 요구를 충족시키기 위해 학자들이 이론의 창고에서 끄집어내 새 생명을 불어넣은 것이 바로 시민권 제도이다. 시민권 제도는 국민국가가 근대사회에서 시민을 보호하고 시민 정체성을 형성하기 위해 발전시킨 제도였지만, 최근 학자들은 탈근대적 시민권 제도를 모색함으로써 초국민적 정치공동체와 지구(또는 지역) 시민 정체성을 형성하기 위한 전략적 도구를 마련하려 노력하고 있다(킴리카, 2005).

동아시아 공동체를 기획하기 위해서는 문화적 동질성을 확보하려는 노력보다 정치공동체 안에 문화적 다양성을 인정하고 소수민족에게 소외감을 느끼지 않도록 할 수 있는 정치제도와 원리를 먼저 고민해야 한다. 왈저(2001)가 지적했듯 모든 정치공동체는 특정한 가치와 정체성 및 문화적 특성을 전제로 유지된다.[9] 따라서 초국민적인 동아시아 공동체도 문화적 단일성은 아니라도 일정한 문화적 동질성과 정체성 그리고 연대의식 없이 유지될 수 없다. 하지만 이러한 것들은 궁극적으로 초국민적 공동체 안에서만 확보될 수 있기 때문에 문화적 동질성을 확보한 후 초국민적 정치공동체를 형성하는 방식은 실패할 수밖에 없다.

따라서 초국민적 공동체를 형성하려는 노력은 초국민적 공동체와 시민권 제도에 대한 상상에서부터 시작되어야 할 것이다. 그리고 초국민적 시민권 제도를 상상하는 데 국민국가 내에서 발전해온 집단인지적 시민권 제도, 다문화 시민권 제도, 영주권 제도 등 외국인의 권리 보호 제도 등의 현실적 경험이 도움이 될 것이다.

9) 정치공동체가 다양한 문화적 요구를 어디까지 수용할 수 있으며 어느 정도의 문화적 동질성을 확보해야 유지될 수 있는가 하는 문제는 다문화주의를 수용하는 과정에서 나타나는 핵심적 쟁점이다. 이에 대한 좀 더 상세한 논의는 왈저(2001: 4장)를 참조할 것.

참고문헌

겔너, 어네스트(Ernest Gellner). 1988. 『민족과 민족주의』. 이재석 옮김. 예하.

기든스, 앤서니(Anthony Giddens). 1999. 『포스트 모더니티』. 이윤희·이현희 옮김. 민영사.

_____. 2003. 『현대사회학』. 김미숙 외 옮김. 을유문화사.

김교빈. 2006. 「한국의 동아시아공동체론: 동양철학의 관점으로 본 동아시아공동체론」. ≪오늘의 동양사상≫, 15.

김성국. 2006. 「동아시아의 근대와 탈근대적 대안: 동아시아 공동체론의 심화를 위하여」. ≪사회와 이론≫, 9.

마르크스, 카를(Karl Marx). 1992. 『칼 마르크스·프리드리히 엥겔스 저작선집 2』. 최인호 외 옮김. 박종철출판사.

맥그루, 앤서니(Anthony McGrew). 2000. 「전지구 사회?」. 스튜어트 홀·데이비드 헬드·앤서니 맥그루 엮음. 『모더니티의 미래』. 전효관·이수진 외 옮김. 현실문화연구.

맥레넌, 그레고어(Gregor McLennan). 2000. 「계몽주의 기획의 재조명」. 스튜어트 홀·데이비드 헬드·앤서니 맥그루 엮음. 『모더니티의 미래』. 전효관·이수진 외 옮김. 현실문화연구.

백영서 외. 2005. 『동아시아의 지역질서: 제국을 넘어 공동체로』. 창비.

서철원. 2004. 「이중국적자의 법적 문제」. ≪서울국제법연구≫, 제11권 제1호.

앤더슨, 베네딕트(Benedict Anderson). 2002. 『상상의 공동체: 민족주의의 기원과 전파에 대한 성찰』. 윤형숙 옮김. 나남출판.

왈저, 마이클(Michael Walzer). 2001. 『자유주의를 넘어서』. 김용환 외 옮김. 철학과현실사.

이유선. 2006. 「동아시아 공동체의 가능성과 시민사회」. ≪사회와 철학≫, 11.

이철우. 2004. 「이중국적의 규범적 평가」. ≪법과 사회≫, 제27호.

조효제. 2007. 『인권의 문법』. 후마니타스.

차병직. 2003. 『인권의 역사적 맥락과 오늘의 의미』. 지산.

최현. 2006. 「한국 시티즌십(Citizenship): 1987년 이후 시민권 제도의 변화와 시민의식」. ≪민주주의와 인권≫, 제6권 제1호.

_____. 2007. 「근대국가와 시티즌십: 오키나와인의 사례」. ≪지방사와 지방문화≫, 제10권 제1호.

쿠르베타리스, 게오르게(George A. Kourvetaris). 2003. 『정치사회학』. 박형신·정헌주 옮김. 일신사.

킴리카, 윌(Will Kymlicka). 2005. 『현대 정치철학의 이해: 자유주의, 마르크스주의, 공동체주의, 시민권이론, 다문화주의, 페미니즘』. 장동진·장휘·우정열·백성욱 옮김. 동명사.

피어슨, 크리스토퍼(Christopher Pierson). 1998.『근대국가의 이해』. 박형신·이택면 옮김. 일신사.

터너, 브라이언(Bryan Turner). 1997.『시민권과 자본주의』. 서용석·박철현 옮김. 일신사.

헬드, 데이비드(David Held). 2000.「자유주의, 맑스주의, 민주주의」. 스튜어트 홀·데이비드 헬드·앤서니 맥그루 엮음.『모더니티의 미래』. 전효관·이수진 외 옮김. 현실문화연구.

홀, 스튜어트(Stuart Hall)·데이비드 헬드·그레고어 맥레넌. 2000.「서론」. 스튜어트 홀·데이비드 헬드·앤서니 맥그루 엮음.『모더니티의 미래』. 전효관·이수진 외 옮김. 현실문화연구.

한국유럽학회 유럽시민권연구단. 2004.『통합유럽과 유럽시민권』. 높이깊이.

Brubaker, Rogers. 1992. *Citizenship and Nationhood in France and Germany*. Cambridge. Mass.: Harvard University Press.

Eller, Jack David. 1997. "Anti-Anti-Multiculturalism." *American Anthropologist*, Vol.99, No.2.

Giuguni, Marco G. 2002. "Explaining Cross-National Similarities among Social Movements." in J. Smith and H. Johnston(eds.). *Globalization and Resistance: Transnational Dimensions of Social Movements*. Lanham, Md.: Rowman & Littlefield.

Ikegami, Eiko. 1995. "Citizenship and National Identity in Early Meiji Japan, 1868~1889: A Comparative Assessment." in C. Tilly(ed.). *Citizenship, Identity and Social History-International Review of Social History*. Supplement; 3. Cambridge; New York, NY: Cambridge University Press.

Jacobson, David. 1997. *Rights across Borders: Immigration and the Decline of Citizenship*. Baltimore: Johns Hopkins University Press.

Joppke, Christian. 1995. "Toward a New Sociology of the State: On Roger Brubaker's Citizenship and Nationhood in France and Germany." *Archives Europeennes De Sociologie*, Vol.36, No.1.

_____. 1998. *Challenge to the Nation-State: Immigration in Western Europe and the United States*. Oxford, England; New York: Oxford University Press.

Kymlicka, Will. 1995. *Multicultural Citizenship: A Liberal Theory of Minority Rights, Oxford*

Political Theory. Oxford, New York: Clarendon Press, Oxford University Press.

_____. 2004. "Multicultural States and Intercultural Citizens." *Theory and Research in Education*, Vol.1, No.2.

Marshall, T. H. 1964. *Class, Citizenship, and Social Development; Essays*. 1st ed. Garden City, N.Y.: Doubleday.

Smith, Anthony D. 2000. *The Nation in History: Historiographical Debates About Ethnicity and Nationalism, The Menahem Stern Jerusalem Lectures*. Hanover, NH: University Press of New England.

Soysal, Yasemin Nuhoglu. 1994. *Limits of Citizenship: Migrants and Postnational Membership in Europe*. Chicago: University of Chicago.

Torpey, John. 2000. *The Invention of the Passport: Surveillance, Citizenship, and the State*. Cambridge University Press.

Van Gunsteren, Herman R. 1998. *A Theory of Citizenship: Organizing Plurality in Contemporary Democracies*. Boulder, Colo.: Westview Press.

Walzer, Michael. 1983. *Spheres of Justice: A Defense of Pluralism and Equality*. New York: Basic Books.

Weber, Eugen Joseph. 1976. *Peasants into Frenchmen: The Modernization of Rural France, 1870~1914*. Stanford, Calif.: Stanford University Press.

Young, Iris Marion. 1998. "Polity and Group Difference: A Critique of the Ideal of Universal Citizenship." in G. Shafir(ed.). *The Citizenship Debates: A Reader*. Minneapolis: University of Minnesota Press.

제9장

탈국가적 시민권은 존재하는가

이철우
연세대학교 법학전문대학원 교수

1. 서론

2008년 1월 비판사회학회는 '지구화 시대 탈국가적 상상력'이라는 제하의 학술대회를 개최했다. 국가·민족·시장·시민사회의 글로벌한 재편성 속에서 민주주의와 사회운동의 전망을 모색하는 학술행사의 관심사에는 시민권의 변화가 포함되었다. 이 글은 그 학술대회를 추동한 문제의식에 자극되어 사후에 준비되었다. 이 글이 던지는 질문은 학술대회의 대주제에서 보이는 '탈국가적'이라는 수식어가 오늘날 시민권의 현실을 특징짓고 성격을 규정하는 데 적용될 수 있는가이다. 시민권이 탈국가화된다는 것은 인민이 국가의 소속을 넘어 세계시민으로서 권익을 향유하는 지위를 가지게 된다는 것, 어느 국가에 소속되어 있는지가 권익을 배분하는 주된 기준이 되지 않는다는 것을 뜻한다. 국민국가에 소속, 즉 국적(nationality)

* 이 글은 ≪경제와 사회≫, 제79호에 실린 논문을 수정·보완한 것이다.

과 동일시되거나 그와 불가분의 관계에 있는 시민권의 개념 및 제도를 초극하는 '탈국가적 시민권'이 과연 도래하고 있는가?

이 글의 논지를 미리 밝히자면, 탈국가적 시민권을 말하는 것은 시기상조 또는 비현실적이라는 것이다. 즉, 그것은 미래의 이상으로 지향될 수 있을지는 몰라도 인류가 실현했거나 누적적으로 실현해가고 있다고 볼 수 없다는 것이다. 그러한 논지를 개진함에 있어 이 글은 논의를 다음과 같이 제한한다. 첫째, 세계사회, 국가, 인민의 관계를 이루는 여러 실재 중 공식적 제도의 차원에 논의를 한정한다. 둘째, 제도적 차원에서 시민권의 변화를 논하는 기존 연구들을 분석하고 비판하는 방식을 통해 취지를 전달한다.

시민권은 시티즌십의 몇 가지 번역어 중 하나이다. 시티즌십은 법적으로 제도화된 공동체에 소속된 지위나 그러한 소속에 바탕을 두고 누리는 권리 또는 부여받는 권리와 의무의 총체를 뜻한다. 그러나 때로는 시민의 의식과 덕성, 바람직한 행동규준을 뜻하는 말로도 쓰이고, 정치공동체에의 적극적 참여를 가리키기도 하며, 연대와 정체성의 농담(濃淡, thickness)을 판단하는 기준으로 사용되기도 한다(이철우, 2004a: 51~56; 2004d; 최현, 2006, 2008; Bosniak, 2000: 456~488; Isin and Turner, 2002: 4; Smith, 2002: 105~106). 이 글에서는 시티즌십을 정치적으로 조직화된 공동체에 소속된 지위와 그에 수반되는 권리와 의무의 총체를 뜻하는 말로 좁게 정의하고, 시민권이란 번역어로 이를 나타낸다. 그 이유는 시티즌십이라는 용어로서 표상되는 실재들이 지나치게 다양하고 광범위하여 지시대상을 명확히 정의하지 않으면 논의가 매우 모호하게 될 수 있고, 여러 차원의 현실 중 법적 제도를 우선시하는 것은 제도화된 소속으로서의 시민권과 그 개념에 체현된 담론이 인간의 행위와 관계를 경계 짓는 데 실질적인 힘을 행사하기 때문이다. 즉, 인구를 포섭하고 배제하는 제도화된 권력의 실재성을 심각하게 인식하자는 취지이다.

지구화에 의해 변모하는 시티즌십의 모습을 포착하기 위해 연구자들은 글로벌, 코스모폴리탄, 국제적, 세계적, 포스트내셔널(postnational), 트랜스내셔널(transnational) 등의 수식어를 시티즌십 앞에 부가한다. 이 중 포스트내셔널과 트랜스내셔널의 두 수식어는 시티즌십의 제도적 차원에서 보이는 변화를 표상하는 반면 나머지는 그 의미가 분명치 않거나 세계인으로서 갖는 공통의 관심, 연대감과 정체성을 강조하기 위해 사용되는 경우가 많다. 제도화된 시티즌십으로서 시민권의 변화를 관심 대상으로 삼는 이 글에서는 포스트내셔널로 수식되는 시티즌십의 면모에 주목한다. 연구자들이 말하는 포스트내셔널 시티즌십은 국민국가에 소속된 지위로서의 시민권을 '넘어선다' 또는 거기에서 '벗어난다'는 뜻에서 '탈국가적' 시민권의 의미를 갖는다. 두 용어 모두 한 시대에서 다른 시대로 이행한다는 함의를 가지고 있다. 가끔 '트랜스내셔널'이라는 용어를 국가를 넘어선다는 뜻으로 사용하기도 하나 시민권 및 이주 연구에서 그것은 국민국가를 초월하는 것이 아니라 여러 개의 국민국가를 넘나든다는 의미로 정착되었으며 한국에서는 이를 '초국가적'이라 번역하는 것이 일반적이다(이철우, 2008a: 34).

탈국가적 시민권 또는 포스트내셔널 시티즌십의 도래를 말하는 문헌 중 가장 주목을 받은 것은 1994년에 출간된 야스민 소이살(Yasemin Soysal)의 『시민권의 한계(Limits of Citizenship)』이다. 여기서 소이살은 전후 유럽의 이민 정착을 소재로 국민국가에 닻을 내린 전통적 시민권 개념을 '대체(supersede, supplant)'하는 '포스트내셔널 멤버십'이 등장했음을 역설했다. 그러한 시민권의 징후는 다음 두 경향에서 찾을 수 있다. 첫째는 인간이 누리는 권리의 배분이 세계적 차원의 규범에 근거하게 되었다는 것이다. 즉, 인간은 더 이상 국적에 따라 국가법이 제공하는 권리만 누리는 것이 아니라 인간의 보편적 지위에 기초해 국제인권법이 보장하는 권리를 향유한다. 이로써 국민과 외국인의 구별이 상대화된다. 둘째는 인간의 소속이 다중화·다층화되고 있다는 것이다. 인간은 수직적으로는 국가 외에도 지방에서부터 글로벌한 차원에 이르기까지 여러 층위의 공동체에 소속되고 수평적으로는 여러 국가와 다양한 방식으로 유대를 맺는다. 즉, 경계가 유동적인 멤버십을 누린다. 이러한 징후는 전통적 시민권의 개념과 제도가 퇴조하고 있음을 확신하는 연구자들이 공통적으로 주목해왔다.

소이살 못지않게 세계 학계의 논의를 자극한 제이콥슨(David Jacobson)도 그의 저서 『국경을 가로지르는 권리들(Rights across Borders)』에서 보편적 인간지위(universal personhood)에 기초한 국제인권규범의 발전에 의해 국민과 외국인의 구별이 해체되고 인간이 영토 국가에 얽매이지 않는 복수의 유동적 소속을 누리면서 국적과 결합된 시민권이 중요성을 상실하고 있다고 진단했다(Jacobson, 1997).[1)]

---

1) 소이살과 제이콥슨이 과연 탈국가적인 '시민권'의 도래를 말하고 있는지에 대해서는 의문이 제기될 수 있다. 소이살은 그의 저서를 『시민권의 한계』라 명명했고, 거기에서 '내셔널 시티즌십'을 대체하는 '포스트내셔널 멤버십'이 도래했다고 말함으로써 국가에의 소속을 본질적 속성으로 하는 전통적 시민권 개념은 그대로 둔 채 새로운 성격의 멤버십을 시티즌십에 대비시키는 듯한 인상을 준다. 그러나 같은 저서에서도 드물게 '포스트내셔널 시티즌십'이라는 용어를 사용했고 그 후의 글에서는 의도적으로 용어를 병용함으로써 새로운 시티즌십 모델이 있음을 시사한다(Soysal, 1994: 3; 1996, 1997). 제이콥슨의 저술에서는 포스트내셔널 시티즌십이라는 용어 자체가 등장하지 않는다. 그의 주저 『국경을 가로지르는 권리들』이 '이민과 시티즌십의 쇠락(Immigration and the Decline of Citizenship)'이라는 부제를 가진 데서 보듯 그는 시민권의 퇴조를 말할 뿐 새로운 성격의 시민권이 도래함을

이 글에서는 탈국가적 시민권 테제 및 그것을 보완하거나 배척하는 논평을 비교 분석하는 한편 시민권의 현실과 변화 양상을 논점에 따라 살펴본다. 그러한 탐구는 흐트러진 개념을 재정의하고 인류가 경험하고 있는 변화를 해석하기 위한 관점과 도구를 준비하기 위함이다.

2. 국제인권법과 국가주권

소이살과 제이콥슨은 각각 다음과 같이 말한다.

> 내가 '포스트내셔널'이라 부르는 이 새로운 모델은 다른 논리와 실천을 반영한다. 종전에는 국민적 권리로 정의된 것들이 인간지위(personhood)에 기초해 정당화되는 권익이 되고 있다. 이 모델의 규범적 틀과 정당성은 세계적 층위의 조직화 원리로서 인권을 찬양하는 초국가적 담론과 구조에서 도출된다(Soysal, 1994: 3).

> 초국가적 이주는 국민국가의 멤버십, 즉 시민권을 지속적으로 침식한다. …… 시민권의 가치 절하는 보편적 '인간지위'를 전제로 하는 국제인권 코드의 중요성을 증가시키는 데 기여한다. …… 시민권의 가치 절하, 그리고 주권적 통제와 국민국가의 자결권의 약화는 이러한 국가〔이민수입국_ 필자〕의 정당성에 의문을 불러일으킨다. …… 초국가적 이주가 시민과 외

말하지는 않는다. 그러나 그가 지목하는 현상들은 소이살이 말하는 포스트내셔널 멤버십(시티즌십)과 중복된다.

국인의 구별을 동요시키면서 국가들은 점진적으로 (유엔인권조약이나 유럽 인권협약 같은) 국제인권법에 의거하게 되었다. 국가들은 더욱더 인간을 인간으로서만 고려할 뿐 국가의 책무를 자기 시민에게만 제한하지 않는다 (Jacobson, 1997: 8~9).

1948년 유엔총회는 세계인권선언(Universal Declaration of Human Rights)을 채택함으로써 그간 국가의 배타적 관할에 속해온 인권 문제가 인류의 보편적 문제임을 선언했다. 1966년 시민적 및 정치적 권리에 관한 국제규약(International Covenant on Civil and Political Rights, 이하 시민·정치적권리규약)과 경제적·사회적·문화적 권리에 관한 국제규약(International Covenant on Economic, Social and Cultural Rights)이 체결됨으로써 권고적 효력만을 가진 세계인권선언의 이념이 법적 구속력 있는 국제법규로 전화했다. 1980년대 말부터 냉전체제가 붕괴되고 민주화가 곳곳에서 진행됨에 따라 그간 이념적·정치적 대립에 의해 달리 표상되었던 인권에 대한 보편적 확신이 형성되었다(이근관, 2000).

이로써 국민국가를 기본 단위로 하는 권리 배분 체계가 상위 질서에 자리를 내준 것인가? 탈국가적 시민권 관념에 비판적인 학자는 국적과 무관한 권리 배분의 근거와 장치로서 국제인권규범의 역할을 과대평가해서는 안 된다고 말한다. 보스니악(Bosniak, 2000: 468)은 유럽인권재판소(European Court of Human Rights)를 제외하면 국가의 인권법 준수를 강제할 국제적 기관이 없음을 지적한다.[2] 시민·정치적권리규약 제1차 선택의정

2) 미주인권재판소(Inter-American Court of Human Rights)에는 사인(私人)이 직접 제소할 수 없다. 단, 인권재판소에 대한 제소권자이면서 준사법기구인 미주인권위원회(Inter-American Commission on Human Rights)에는 직접 제소할 수 있다. 아프

서(Optional Protocol)는 규약상의 권리를 침해당한 개인이 인권위원회(Human Rights Committee)에 통보(communication)할 수 있게 하고 있으나 그에 대한 위원회의 결정, 즉 견해(view)는 권고적 효력만을 갖는다(정인섭, 2000).[3] 소이살과 제이콥슨도 국제인권규범을 강제할 글로벌한 기구가 없으며 보편적 인간지위에 기초한 권리는 국민국가의 제도를 통해 확보되고 실현됨을 인정한다(Soysal, 1994: 143; Jacobson, 1997: 11; 1998). 그러나 여전히 권리 실현의 근거는 국제인권규범이라는 것이다.

이를 반박하는 사람들은 과연 인권 선진국이 국제인권법의 명령에 의해 인권을 보장하고 있는지 의문을 제기한다. 유럽평의회(Council of Europe)의 주도에 의해 체결된 유럽인권협약(European Convention for the Protection of Human Rights and Fundamental Freedoms)은 나름대로 유럽을 관통하는 권리장전으로서 효능을 발휘하지만, 국가의 상위에 있는 규범이 일방적인

리카인권 및 인민집단권재판소(African Court on Human and Peoples' Rights)에서는 사인제소사건에 대한 관할권 수용을 선언한 국가의 국민만이 직접 제소할 수 있다. 현재 이 법원은 아프리카연합재판소(Court of Justice of the African Union)로 흡수되었다.

3) 과거에는 이 기구를 유엔인권위원회(Commission on Human Rights)와 구별해 '인권이사회'로 불렀으나 2006년 3월 옛 인권위원회가 폐지되고 인권이사회(Human Rights Council)가 설치된 후 정부는 이 기구를 '인권위원회'라고 부른다. 이근관(2000)은 위원회 견해가 법적 구속력을 갖느냐 갖지 않느냐는 이항대립적 판단을 비판하면서 직접적 구속력을 인정하는 국가도 존재하고 그 밖에 많은 국가가 견해에 상당한 비중을 부여한다는 점을 지적한다. 그러나 무엇이 바람직한가를 떠나서 법의 현실을 직시한다면 위원회 견해에 어느 정도의 힘을 부여하느냐도 아직은 국가의 선택에 맡겨져 있음을 부정할 수 없다. 시민·정치적권리규약과는 달리 경제적·사회적·문화적 권리에 관한 국제규약은 권리 침해를 당한 개인이 인권위원회에 통보하는 절차를 두고 있지 않았으나 2008년 12월 유엔총회가 개인통보절차를 도입하는 내용의 동 규약 선택의정서를 채택했다.

압력을 행사하기보다는 유럽 각국 헌법 전통의 공통적 요소를 권리의 근원으로 삼고 있다.[4] 한편 미국에서 인권의 신장은 거의 전적으로 미합중국 헌법에서 동력을 구해왔다(Bosniak, 2000: 460~461). 조약의 국내법적 직접효력을 인정하는 국가에서도 인권조약을 직접 적용하기보다는 국내법 해석의 기준이나 참고자료로 삼고 직접적 준거는 국내법에서 찾으려 하는 경향이 있음은 국가주권에 집착하는 사법적 아비투스의 건재를 보여준다.[5]

국제인권규범을 활용하는 사람들의 동기를 거론하며 탈국가성 테제에 의문을 제기하는 연구도 있다. 설동훈 등의 연구는 이주노동자와 여성의 인권 신장을 위해 싸우는 한국 인권운동가의 담론을 통해 국제인권규범이 선진화라는 민족주의적 목표를 위해 원용되고 정당화됨을 보여주면서 소이살과 제이콥슨을 비판한다(Seol, Skrentny and Lee, 2002).

탈국가적 시민권론자들이 주목하는 것은 인권 일반의 신장이 아니라 외국인의 권리이다. 소이살은 "국민에게만 귀속되었던 권리가 이제는 외국인에게 연장됨으로써 내셔널 시티즌십의 기초를 와해시키고 있다"

4) 일각에서는 유럽인권협약의 사법적 실현을 목적으로 하는 유럽인권재판소가 지나치게 소심해 당사국이 이미 보호하고 있는 권리에 한해서만 적극성을 보인다고 비판한다(Joppke and Marzal, 2004: 837).

5) "세계 대부분의 나라에서 인권은 국내법에 의해 집행되거나 전혀 집행되지 않는다" (Sassen, 2006: 309). 한국은 국제법과 국내법 간 일원적 체계에도 불구하고 인권조약의 직접효력을 가급적 인정하지 않으려는 경향을 보인다(조용환, 2008). 미국은 시민·정치적권리규약 중 실체적 권리에 관한 제1-27조가 자기집행적이 아님을 명시적으로 선언했으며 이 규약의 선택의정서에는 가입조차 하지 않았다. 욥케는 이민의 권리에 대한 독일 법원의 태도에 대해 보편주의가 아니라 공동체주의적 견지에서, 특수한 역사적 배경에서 유래하는 권익을 헌법의 개념과 원칙에 기대어 보호하는 것으로 해석했다(Joppke, 1999: 272).

(Soysal, 1994: 137)라고 말한다. 제이콥슨도 "사회적·시민적(civil)·경제적, 심지어 정치적 권리도 국적이 아닌 거주에 근거하게 되었다"(Jacobson, 1997: 9)라고 가세한다. 그들은 국제인권법의 규범력에 의해 그러한 변화가 일어났다고 본다. 과연 그러한가?

국가의 행위에 대한 국제규범의 통제가 강화되었다고 해도 출입국 관리에서 행사되는 국가주권은 요지부동이다. 국가는 국경을 넘는 생산요소의 이동을 적극 관리하는데, 상품·자본·서비스에 비해 노동력 이동에 대한 국제적 레짐(regime)의 형성은 터무니없이 낮은 수준에 머물러 있다(Ghosh, 2000). 거주 이전의 자유를 규정하는 시민·정치적권리규약 제12조는 입국의 자유를 의도적으로 배제했고, 1985년 유엔총회 결의로 채택된 비국민인권선언(Declaration on the Human Rights of Individuals Who Are not Nationals of the Country in Which They Live)은 국가의 출입국 관리 입법권을 제한하지 않음을 명시했다.[6)]

국가는 외국인의 입국에 대해 결정권을 행사할 때 철저하게 공리적 계산에 기초하며, 이민에 대한 허용의 폭은 국내 사회세력들의 취약하고 가변적인 연합(coalition)에 의존한다.[7)] 물론 국가의 출입국 관리 주권도 몇 가지 인권 원칙에 의해 제한을 받는다. 대부분의 인권조약은 차별금지의 원칙을 선언하고 있다. 그러나 출입국 관리에서는 입국허가 대상

---

6) Art. 2(1), Declaration on the Human Rights of Individuals Who Are not Nationals of the Country in Which They Live, G.A. res. 40/144, annex, 40 U.N. GAOR Supp.(No.53), U.N. Doc. A/40/53(1985).

7) 홀리필드는 냉전 말기 OECD 국가들의 비교적 개방적인 이민정책은 인권옹호세력과 시장옹호세력의 특이한 연합이라는 조건 속에 가능했다고 본다(Hollifield, 2000: 88~94).

집단의 차별이 일상화되어 있다. 계급적 차별은 수입 노동력의 기준을 정할 수 있는 절대적 재량권에 의해, 그리고 소지하는 여권, 즉 국적에 따른 차별은 국가안보 또는 체류외국인 관리에 대한 판단 속에 응당 이루어지는 것으로서 새삼 의문시할 필요조차 없다.

인종이나 종족적(ethnic) 속성에 의한 차별도 흔하다. 한국의 「재외동포의 출입국과 법적 지위에 관한 법률」에서 보듯 외국인 집단을 구별해 과거 국적 또는 특별한 종족적 유대를 가진 집단을 출입국과 국내 활동 면에서 우대함으로써 결과적으로 그러한 연고가 없는 외국인 집단을 차별하는 것이 차별 금지에 반하지 않느냐는 의문도 제기되지만, 그러한 사례는 세계적으로 적지 않으며 관련국 사이에 외교적 마찰이 빚어지는 드문 경우를 제외하면 그에 대한 국제적 규제는 미미하다.[8)]

가족 결합의 원칙도 많은 인권조약이 담고 있는 가족 보호의 원칙에서 도출할 수 있고 비국민인권선언 제5조 제4항이 이를 선언하고 있지만, 그것을 구체화하는 이주노동자권리협약(International Convention on the Protection of the Rights of All Migrant Workers and Members of Their Families)은 선진국이 가입하지 않아 무력한 상태이며 이주노동을 규율하는 ILO 협약들도 가족 결합을 보장할 의무를 부과하고 있지 않다(Goodwin-Gill, 2000: 176). 오히려 가족 결합을 보장한다면 국내 사법부가 헌법에 근거를 두고 그리한다(Joppke and Marzal, 2004).

출입국 관리에 대한 가장 확립된 국제적 규제는 난민 보호이다. 그러나 난민의 지위에 관한 협약(Convention Relating to the Status of Refugees) 및

---

8) 동유럽의 재외동포법에 대한 정인섭(2003)의 연구는 국제규범의 규제력을 상당히 인정하지만 소위 '혈연외국인(kin-foreigners)'에 대한 우대 사례는 생각보다 많으며 그것을 문제 삼는 경우는 그다지 많지 않다(이철우, 2008a: 51).

동 의정서에 의한 난민 보호는 국가주권을 제한하지 않으려는 관심을 명백히 드러낸다. 보호는 박해받는 개인이 국적국 또는 상주국에서 벗어났을 때만 가동되고, 난민 인정은 당사국의 자율에 맡겨져 있으며 이를 심사하는 국제적 절차는 존재하지 않는다(Loescher, 1999).

요컨대 국민국가는 여전히 사람의 이동을 통제하는 수단을 굳건히 보유하고 있고, 국민국가에 국가성(stateness)을 부여하는 감시와 통제의 기법과 장치는 강고하게 존속하고 있다(Torpey, 2000). 그러나 출입국 관리와 이민에서 국가가 거의 절대적 권한을 갖는다 해도 이민에 대한 국가의 통제가 제약을 받는 것 또한 사실이다. "노동자를 요청했더니 인간이 왔다"라는 유럽인들의 말이 시사하듯 일단 이입된 인구에 대해서는 일정한 권리의 보장이 불가피하다(Hollifield, 2000: 93). 그러한 권리 보장은 과연 시민권의 탈국가화를 보여주는가?

3. 외국인의 권리

앞서 본 대로 소이살과 제이콥슨은 시민권의 구성요소로 여겨지는 시민적·정치적·사회적 권리를 외국인도 향유할 수 있게 되었음에 환호한다. 시민적 권리는 시민·정치적권리규약에서 보듯이 자유권을 의미하는바, 비국민권리선언 제5조는 생명권, 신체의 자유, 프라이버시와 통신의 자유, 사상·양심·종교의 자유, 출국의 자유, 표현 및 집회의 자유, 재산소유권, 국내 거주 이전의 자유 등을 외국인에게도 보장해야 한다고 규정한다. 그런데 외국인이 이런 권리를 누리는 것을 마치 새로운 변화인 것처럼 말하는 것은 우스꽝스럽다.

욥케가 지적하듯 자유권으로서의 시민적 권리는 1789년 인간과 시민의 권리선언(Déclaration des droits de l'homme et du citoyen) 이래 시민만이 아니라 인간의 권리로서 줄곧 인정되어왔다. 이를 외국인에게도 보장하는 것은 근대 국민국가의 구성원리인 자유주의적 입헌주의에서 당연히 도출되는 것이지 국가법을 상위에서 규제하는 국제규범에 의한 것이 아니다 (Joppke, 1998: 26).[9] 욥케는 사회적 권리가 외국인에게 개방된 것도 최근의 일이 아니라고 일침을 놓는다. 비스마르크(Otto von Bismarck)의 사회입법에서도 국적이 아닌 노동시장에의 참여 여부를 기준으로 사회적 권리가

---

9) 이러한 비판을 개진하면서 욥케는 약간의 오류를 범하고 있다. 그는 1804년 프랑스 민법 제7조가 시민적 권리의 행사가 시티즌십과 무관함을 선언했다고 해석하고 이를 국민국가의 초기부터 외국인이 시민적 권리를 향유한 것을 보여주는 예로서 언급한다(Joppke, 1999: 271). 그러나 프랑스 민법전이 말하는 'droits civils'은 민사적 권리를 뜻하며 자유권을 의미하는 시민적 권리(civil rights)와 동일하지 않다. 또 이 조항은 그러한 권리가 헌법에 의해 부여되는 공권과 무관하다는 뜻을 규정할 뿐 외국인이 누릴 수 있다고 말하고 있지 않다. 오히려 동법 제8조는 민사적 권리를 국민의 권리로 선언하고, 제11조는 상호주의에 의해 외국인도 민사적 권리를 향유할 수 있다고 규정했다(1804년 프랑스 민법전 원문은 www.assembleenationale.fr/evenements/code-civil-1804-1.asp 참조). 그러나 이러한 오역이 욥케의 반론을 무력화하는 것은 아니다. 민사적 권리의 향유와 보편적 인간지위 사이에 친화력이 있음은 프랑스 민법전 기초위원이었던 포르탈리스(Jean-Etienne-Marie Portalis)의 말에서도 엿볼 수 있다. "통상은 모든 나라, 모든 지방의 사람을 결합시키고 뒤섞이게 했다. …… 그리하여 외국인은 정의롭게 그리고 인도적으로 대우받게 되었다. 민족 간의 관계는 더욱 증가하고, 이제 사람들은 시민으로서는 하나의 특수한 사회에만 속하지만 사람으로서는 인류의 일반사회에 속한다는 것을 이해하게 되었다. 그 결과 정치적 제도는 여전히 각 나라의 구성원에 고유한 것으로 남아 있지만 …… 민사 제도에는 외국인도 다소 참여할 수 있게 되었다"(포르탈리스, 2003: 109~110). 외국인도 '다소간' 참여할 수 있다고 말하기는 했지만 통상의 발달에 의해 외국인도 보편적 인간지위를 누리게 되었다는 어법은 오늘날의 글로벌리스트나 탈국가적 시민권론자들과 크게 다르지 않다. 그런 언설은 국민국가와 함께 늘 존재해왔다.

배분되었다는 것이다(Joppke, 1999: 271~272).

탈국가적 시민권론자들은 한편으로는 외국인이 과거부터 누려온 권리를 과소평가하면서 다른 한편으로는 그들이 현재 누리는 권리를 과대평가한다. 비국민인권선언 제8조는 작업장의 안전, 급여, 건강보호, 사회보장, 교육, 휴가 등과 관련한 권리를 외국인에게 보장하도록 요구하는데, 권리의 보장이 국내법에 따르고 '국제적 의무'에 기속된다고 한 제5조와는 달리 국내법령에 따라 보장한다고 말할 뿐이다.

외국인의 사회적 권리는 늘 감축의 위험에 시달린다. 소이살이 탈국가적 멤버십 테제를 처음으로 제기했을 때는 1990년대 전반기에 유럽과 미국에서 기승을 부린 반이민 정서가 정책으로 전환하기 전이었다. 제이콥슨은 『국경을 가로지르는 권리들』에서 200만 명의 멕시코계 불법 체류자를 사면한 1986년의 이민개혁통제법(Immigration Reform and Control Act)이 노출한 이민 통제의 어려움, 1990년대 전반기 합법 이민의 낮은 귀화 성향 등을 거론하면서 시민권의 가치가 절하되어 있음을 주장했다. 그는 심지어 불법 체류자의 공공의료 및 공교육 혜택을 박탈하려 한 1994년 캘리포니아의 주민발안(Proposition) 제187호에 대해서도 그것이 불법과 합법 이민만을 구별하고 결과적으로 합법 외국인과 국민의 차이를 상대화함으로써 시민권의 가치절하를 드러냈다고 설명했다(Jacobson, 1997: 105).

그러나 제이콥슨은 시민권의 가치절하를 역전하려는 1996년의 두 입법을 다루지는 못했다. 일명 복지개혁법(Welfare Reform Act)이라 불리는 인적 책임 및 근로기회 조정법(Personal Responsibility and Work Opportunity Reconciliation Act)과 불법이민개혁 및 이민책임법(Illegal Immigration Reform and Immigrant Responsibility Act)은 합법 이민자의 의료, 식료 공급, 노인 및 장애자 지원 등 복지 혜택을 대폭 축소했는데, 이는 그동안 영주권자가 누리는 혜택이 많아 시민권과 영주권의 격차가 좁혀지고 시민권의 가치가 절하되었던 것에 대한 반동으로, 영주권의 가치를 낮춤으로써 상대적으로 시민권의 가치를 절상시키기 위한 시도였다.10)

복지개혁법의 제정을 전후한 반이민적 분위기 속에서 라틴아메리카 출신 이민자의 귀화율은 급등했다(이철우, 2004c: 265~267). 이는 이민자의 낮은 귀화 성향에서 시민권의 퇴조를 읽어내던 탈국가론자들이 예상하지 못한 사건이었다. 이를 목도한 제이콥슨은 그의 저서 1997년 판 서문에서 복지개혁법에 대한 평가는 시기상조이며, 그 배경과 효과는 전통적 시민권의 쇠락이라는 자기의 관점에 여전히 합치한다고 강변했다(Jacobson, 1997: viii~ix).

탈국가적 시민권론자들은 국적 없이도 거주와 경제활동에서 일반 외국인에 비해 안정된 권리를 누리는 정주 외국인, 특히 영주권자의 지위를 지칭하는 데니즌십(denizenship)에 주목한다. 권리 향유에서 신민(subject)과 외국인의 중간에 위치하는 지위를 나타내는 이 영국 중세법의 범주는 하마르에 의해 분석적 개념으로 개발, 유통되었다(Hammar, 1990). 제이콥슨은 데니즌십이 시민권이 아니라 거주에 기초해 권리를 향유하는 지위라는 점에서 소이살이 말하는 포스트내셔널 멤버십의 한 양상이라고 평한다(Jacobson, 1997: 70). 정작 소이살은 데니즌십이 영토와 연고에 근거하는 이상 여전히 영토 국가적 틀에서 벗어나지 못한다고 비판한다(Soysal, 1994: 139). 그러나 용어 사용이 어떻든 국적 없이 권리를 누리는 데니즌의 모습

---

10) 셔크(Schuck, 1998: 193~194)는 복지개혁법이 양당의 컨센서스에 의해 제정되었음에 주목하면서 그것이 뉴딜(New Deal) 이후 사회정책상 가장 큰 변화에 해당하는 사건이라고 평가했다. 영국도 1999년의 비호이민법(Asylum and Immigration Act)에서 일정 기간이 지나지 않은 이민자의 복지 혜택을 대폭 제거했다(Aleinikoff and Klusmeyer, 2002: 68).

은 소이살이 포스트내셔널 멤버십의 징후로 보는 것과 일치한다.

탈국가적 모델로서 데니즌십에 주목하는 데 대해 욥케는 어리둥절하다는 반응이다. 주변화된 집단의 지위를 이상적으로 그린다는 것이다(Joppke, 1998: 25). 데니즌십은 준시민권(quasi-citizenship) 또는 '변형된 시민권'으로 묘사되지만(Castles and Davidson, 2000: 94~97; 최현, 2003: 149) 시민권의 본질적 요소로 간주되는 정치적 권리의 향유는 제한되어 있다. 시민·정치적권리규약 제21조와 제22조, 유럽인권협약 제11조 등이 보호하는 집회와 결사의 자유는 독일, 스위스, 오스트리아와 같은 선진국에서조차 원칙적으로 국민에게 한정된 권리로 좁게 정의된다.[11] 선거권은 더욱 제한되어 있다. 2005년 기준으로 전 세계 45개국이 일정 요건을 갖춘 외국인에게 모종의 선거권을 부여하는 법제를 가지고 있는 것으로 조사되었는데, 그중 국정선거권을 부여하는 국가는 뉴질랜드, 말라위, 칠레, 우루과이 4개국뿐이다(Bauböck, 2005: 684~685).[12] 지방선거권을 인정하는 나라도 절반 이상은 유럽연합 회원국이며, 그중 비회원국 국민에게도 개방하는 나라는 극히 적다. 외국인의 표현·집회·결사의 자유 보장, 지방선거권 부여 등을 위해 유럽평의회의 주도로 1992년 체결된 외국인의 지방공공생활 참여에 관한 협약(Convention on the Participation of Foreigners in Public Life at Local Level)은 11개국이 서명해 8개국만이 비준했고, 그중 두 나라는 지방선거권 관련 조항을 유보했다.[13] 독일은 많은 외국인이 거주하지만 유럽연합

11) 프랑스는 1981년이 되서야 외국인에 대한 제한을 폐지했다(Hammar, 1990: 131; Aleinikoff and Klusmeyer, 2002: 43, 106).

12) 영국이 아일랜드와 영연방 국가의 국민에게 국정선거권과 피선거권을 부여하고 아일랜드가 영국 국민에게 국정선거권을 부여하는 것, 포르투갈이 브라질인에게 그렇게 하는 것은 역사적인 이유에 따른 예외적인 경우로서 제외했다.

시민이 아니라면 지방선거권도 행사할 수 없다. 연방헌법재판소가 외국인에게는 지방선거권을 부여하는 것마저 위헌이라 결정했기 때문이다(Neuman, 1992: 283~291; Joppke, 1999: 194~199).[14] 이와 달리 일본 최고재판소는 지방자치단체가 조례로 외국인에게 지방선거권을 부여하는 것이 위헌이 아니라 판정했으나 투표를 할 수 있게 하는 절차는 입법화되지 않았다(이윤환, 2001: 100~103).

미국에서도 일부 소도시를 제외하면 외국인은 선거에 참여할 수 없다. 흥미로운 것은 미국에서는 건국에서부터 1920년대까지 150년간 연방 통치 지역 및 22개의 주에서 백인인 외국인은 지방, 주, 또는 연방선거에 참여할 수 있었다는 사실이다(Hayduk, 2004: 505~507). 정주 외국인의 지방참정권을 부르짖는 목소리가 높아지고 권리의 확대가 예상되지만 분명한 것은 외국인의 권리가 지구화의 진전에 의해 누적적으로 증대된 것이 아니라는 점이다.

4. 소속의 다중성

소이살은 소속의 유동성과 다중성을 탈국가적 시민권의 중요한 양상으

---

13) 알바니아, 덴마크, 핀란드, 아이슬란드, 이탈리아, 네덜란드, 노르웨이, 스웨덴이 비준했고 알바니아와 이탈리아는 지방선거권을 유보했다(Convention on the Participation of Foreigners in Public Life at Local Level, European Treaty Series - No. 144, Council of Europe Treaty Office, http://conventions.coe.int).

14) 소이살도 이를 언급하지만 추세에 어긋나는 사건으로 취급하는 듯하다(Soysal, 1994: 128).

로 보았고, 그 예로서 국적 없이 거주에 기초해 권리를 누리는 데니즌의 면모를 거론하는 한편 이중국적의 증가 또한 그러한 징후로 주목한다(Soysal, 1994: 141).[15] 데니즌십의 강화는 국적과 분리된 시민권의 개념을 구축하는 데 중요한 경험적 단서를 제공하는 것이 사실이다. 그러나 이중국적은 다른 논리에 기초하고 있다. 하마르(Tomas Hammar)는 이민 통합의 두 모델로서 데니즌십 모델과 귀화 모델을 서로 대안적이면서 보완적인 유형으로 제시한다. 그는 브루베이커(Rogers Brubaker)를 인용해 시민권을 국적의 형태로 외부에 가시화되는 '외적 국가멤버십'과 국가가 내부적으로 제공하는 권리를 향유하는 지위인 '내적 국가멤버십'으로 구별하고, 데니즌십은 내적 멤버십과 비공식적 멤버십을 외적 멤버십과 무관하게 강화하는 것임에 비해 귀화 모델은 이들을 공식적 시민권에 일치시키는 것이라 말함으로써 양자를 대비시킨다.

이중국적의 용인은 귀화 모델의 중심적 수단이다(Hammar, 1990). 이 모델은 국가의 경계를 넘어 유동적인 관계와 네트워크를 갖는 사람들의 지위를 전통적 시민권 개념에 합치하도록 재규정하는 것이다. 반이민적인 복지개혁법을 통해 데니즌의 권리를 감축하려 한 미국은 '시민권 미국(Citizenship USA)' 캠페인을 벌이면서 이중국적이 허용됨을 홍보해 귀화를 독려했다. 외국에서의 인구 유입에 의해 희석될 수 있는 대(對)인민장악력을 공고화하려는 국가주권의 '재영토화' 동기를 읽을 수 있다(이철우, 2008a: 42~46). 뒤늦게 복지개혁법의 함의를 논해야 했던 제이콥슨은 이를 전통적 시민권이 쇠락하고 있다는 자신의 진단에 여전히 합치하는 현상이

15) "포스트내셔널 멤버십의 유동성을 보여주는 또 다른 징표는 유럽 곳곳에서 이중국적 취득이 증가하고 있다는 점이다"(Soysal, 1996: 22).

라 말하면서 멕시코를 비롯한 이민 송출국이 이중국적을 용인하게 되었음을 근거로 든다(Jacobson, 1997: viii~ix; 1998: 454). 여기에는 이중국적이 주권과 시민권의 본질을 훼손한다는 가정이 깔려 있다.

그러나 재외국민의 이중국적을 용인한 멕시코 등의 정책은 해외로 이주한 자국민이 현지에 정착하면서도 모국의 영향력에서 벗어나지 않게 하려는 주권의 '탈영토화' 전략이자 원격민족주의(long-distance nationalism)의 집행이다(이철우, 2008a: 31~42). 보스니악이 강조하듯 이중국적이 증가하는 것은 탈국가적 현상이 아니라 "시민권의 국가적 소재가 여러 개 생겨나고" 시민권이 "다국적화"되는 것을 보여줄 뿐이다(Bosniak, 2000: 462~463; 2002: 1003).

5. 소속의 다층성

인간이 국가의 상하위에 형성된 여러 층위의 정치공동체에 소속됨을 탈국가적 시민권의 징후로 보는 사람들은 유럽연합을 최고의 사례로 예찬한다(Soysal, 1994: 147~151). 1993년 11월 유럽연합조약(마스트리히트 조약)이 발효함으로써 종래의 경제공동체를 포괄하는 국가연합이 창설되었고 연합의 시민권이 공식적으로 확립되었다.[16] 유럽연합의 시민은 경제공동

16) Art. 2, Treaty on European Union; Arts. 17-22, Treaty Establishing the European Community. 여기에서는 2003년 개정 이후의 조문을 인용한다. 2007년 체결된 리스본 조약(Treaty of Lisbon)이 발효하면 이 조약들은 개정되고 'Treaty Establishing the European Community'는 'Treaty on the Functioning of the European Union'으로 개칭된다.

체에서 보장되어온 노동자의 자유이동을 넘어 인간으로서 거주 이전의 자유를 누리게 되었고, 회원국 어느 곳에서나 유럽의회(European Parliament) 의원의 선거권과 피선거권, 거주지의 지방선거권과 피선거권을 행사할 수 있게 되었으며, 국적국의 공관이 없는 비회원국에서 다른 회원국의 외교적 보호(diplomatic protection)와 영사보호(consular protection)를 받을 수 있다.[17)]

그러나 조약은 이러한 국가상회적(supranational) 시민권이 "국가적 시민권을 보충하는 것이며 대체하는 것이 아님"을 명시적으로 확인하고 있다.[18)] 유럽연합시민권은 회원국 국적을 전제로만 발생한다. 그 결과는 국적에 따른 비회원국 국민의 배제이다. 유럽연합시민권에서 탈국가성을 찾으려는 데 의문을 제기하는 사람들은 회원국 국적을 초월하는 권리의 확대가 없는 한 유럽연합시민권은 국가적 시민권이 유럽 수준에서 실현되는 것, "기존 시민권 레짐의 논리를 넓은 영토로 이전한 것"에 불과하다고 말한다(Schmidtke, 2001: 13; Martiniello, 2000; Joppke, 1998: 29~30; Bosniak, 2000: 457~459). 회원국은 출입국 관리와 관련한 주권의 감소에 대해 특히 거부의 태도를 보여왔다. 또 이 분야에서 공조가 이루어지는 경우 비회원국 국민에 대해 더한 배제로 귀결되는 경우가 많다. 난민에 대한 통제는 좋은 예이다.

유럽 국가들은 1990년 더블린 협약(Dublin Convention)과 셍겐 협약(Schengen Convention)을 체결했다. 그 후 유럽연합이 창설되고 이전에 유럽공동체의 관할 분야가 아니었던 출입국, 이민정책, 난민 보호에 대해 연합

17) Arts. 18-20, Treaty Establishing the European Community.

18) Art. 17(1), Treaty Establishing the European Community.

이 관할권을 가지게 되었다. 이를 배경으로 2003년 더블린 규정(Dublin Regulation)이 채택되었다. 이러한 장치는 난민 신청을 최대한 제약하고 인정 기준을 엄격하게 하기 위한 것이다. 난민 신청을 당사국 중 1국으로 한정하고, 소위 안전한 출신국(safe countries of origin)과 안전한 제3국(safe third countries)에서 입국하는 난민을 기계적으로 거부하는 데 합의한 것이다(Goodwin-Gill and McAdam, 2007: 396~403).

셍겐 협약은 1985년 상호 간 통행을 자유화하기 위한 목적으로 5개국이 체결한 셍겐 협정(Schengen Agreement)을 심화해 집행하는 것으로서 내부적 통행의 자유화 외에도 단일한 기준의 국경 관리를 주요 목표로 한다. 1995년 발효한 이 협약과 1985년 협정, 기타 부수적 협정으로 구성되는 셍겐 법제(Schengen acquis)는 1998년 암스테르담 조약(Amsterdam Treaty)에 의해 유럽연합의 법제 속에 흡수됨으로써 유럽요새(Fortress Europe)의 장벽 내지는 연합의 역내외를 가르는 "새로운 철의 장막(new Iron Curtain)"이 되었다(Töth, 2006). 유럽연합은 '주권의 공동출자(pooling of sovereignty)'를 수반하는바, 출입국 관리에서의 공조는 보편적 기준의 강제에 의한 주권의 감소라기보다는 각 회원국의 주권적 통제를 유럽 차원으로 확대하고 보장해주는 것으로 보는 것이 적절하다.

셍겐 협약 제5조는 당사국 중 어느 한 국가의 "공공질서, 국가안보, 국제관계에 위협"이 되는 외국인을 당사국 모두가 원칙적으로 입국시키지 못하도록 규정하고 있다.[19] 즉, 각 당사국의 기준이 전체의 기준으로 확대됨으로써 주권을 공동출자한 국가들의 국경 관리가 배가되는 것이다. 셍겐 협약은 공동의 정보 시스템(Schengen Information System)을 마련했는데,

---

19) Art. 5(1)(e), Convention Implementing the Schengen Agreement of 14 June 1985.

이는 각국이 비축한 출입국 관리 정보를 공유하기 위함이다(Rigo, 2005: 7). 이는 전통적 의미의 주권의 공동출자뿐 아니라 국가가 행정권력 속에 전유한 규율권력(disciplinary power) 및 통치성(governmentality)의 공동출자이자 그것의 협력적 강화를 뜻한다.

그렇다면 유럽연합의 내부인, 즉 유럽연합 시민의 지위는 어떠한가? 유럽 시민권이 국가적 시민권을 초극하는 것이 아님은 유럽 시민에게 국적국이 아닌 거주국의 국정선거에 참여하는 권리를 제공하지 않는다는 점에서 드러난다. 전술한 대로 유럽 시민권은 회원국 국적을 요건으로만 발생하는데, 국적을 정하는 기준은 회원국의 고유 권한에 속한다. 그 결과 누가 시민권자인가, 시민권에 수반되는 권리의 행사를 할 수 있는가 없는가와 관련해 불균등이 야기된다. 예컨대 유럽의회 선거권자는 각 회원국 선거법에 따라 정해지므로 각국이 재외국민의 선거권을 제한하는 정도에 따라 같은 유럽 시민 사이에도 차별이 일어난다.[20)]

유럽 시민권자를 정하고 권리의 행사 가능성을 결정하는 것이 개별 국가의 주권에 속하는 현실에서 탈국가성을 찾는 것은 무리이다. 흥미로운 것은 유럽통합이 국민과 외국인을 준별하는 국민국가의 시민권 전형(典型)을 확산하는 데 기여했다는 점이다. 국왕의 신민(subject)이라는 개념으로 제국의 인민을 파악하던 영국은 제2차 세계대전 후에도 오래도록 국적과 합치되는 시민권의 개념을 갖지 않았고 시민과 외국인 사이에 여러 자격

---

20) 프랑스인은 해외에서 영주하더라도 해외에서 유럽의회 선거권을 행사할 수 있으나 영국인은 15년 이상 해외에 거주하면 선거권을 상실하며 아일랜드인은 해외에 거주하는 이상 투표할 수 없는데, 이런 불균형을 시정하기 위한 규칙은 아직 없다. 국적법과 선거법의 국가별 상위는 이중국적자 또는 다른 회원국에 거주하는 자가 유럽의회 선거에서 2회 이상의 선거권 행사를 할 가능성을 발생시키는바 이를 금지하는 규정은 존재한다(이철우, 2008b: 282~283 참조).

범주를 두고 있었다. 그러나 유럽공동체법상의 권리자 확정의 필요 때문에 지위를 복잡하게 등급화하는 자국의 국적법 체계를 가로질러 일도양단으로 국적 유무를 판별해 누가 국적자인지를 유럽공동체에 통보해야 했다(이철우, 2004b: 238~239).

국가의 하위에 형성된 정치공동체에의 소속에서 탈국가적 시민권을 도출할 수 있는지의 문제는 어떠한가? 이 문제는 외국인의 지방참정권과 관련해 극명하게 드러난다. 국민주권주의라는 헌법상의 원칙이 있다 해도 데니즌에게 지방참정권을 부여하는 것은 주민의 지위가 국민의 지위에서 도출되지 않는다는 논리에 의해 가능하다. 그러한 주민의 지위가 어느 정도로 안정된 것인지는 이미 살펴보았다. 분명한 것은 지방권력의 강화가 국민의 삶을 규율하는 힘의 분산을 가져올 수는 있어도 국적에 따른 타자의 배제를 완화하지 않는다는 점에서 국민국가적 시민권을 약화시키는 것이 아니라는 점이다. 국가 권력의 약화와 지방권력의 강화가 보편적 인간지위에 기초한 외국인의 주민권 강화로 귀결되지 않는 경우는 허다하다. 지방으로 권력이 이양되는 결과 외국인 주민의 지위가 더욱 불안정해질 수 있음은 캘리포니아 주민발안 제187호 등 미국의 경험이 보여준다. 셔크(Schuck, 1998: 211~221)는 미국사를 통해 이민에 대한 주(州)의 권한을 연방이 흡수함으로써 외국인의 지위가 강화되었음을 언급하면서 복지국가의 퇴조에 의한 주의 권한 강화가 외국인 보호의 약화로 귀결될 수 있음을 경고한다.[21)]

21) 셔크는 비록 캘리포니아 주민들의 반이민적 발안이 법원의 판결에 의해 좌절되었지만 향후에는 그런 시도가 저지되지 않을 수 있음을 우려한다.

6. 글로벌 시민사회의 시티즌십?

소이살과 제이콥슨이 주목한 것은 제도와 권리 차원에서 일어나는 변화이다. 이 글에서는 그러한 차원의 탈국가적 시민권 또는 포스트내셔널 시티즌십의 가능성에 대해 회의적인 견해를 밝혔다. 그렇다면 그 외의 개념적 차원에서 탈국가적 시티즌십을 말하는 것은 적절한가?

그린피스(Greenpeace)에 가입해 국가를 초월해 세계 환경을 위해 힘쓰는 것, 이주노동자가 거주국 NGO 활동가와 연대를 구축하는 것, 다시 말하자면 정치적 실천과 연대 및 정체성이 국직을 초월하는 것을 강조하기 위해 탈국가적 시티즌십을 말한다면 그에 해당하는 사례는 수다하다(Bosniak, 2000: 470~488). 그러나 과연 그런 의미로 시티즌십이라는 용어를 사용하는 것이 필요하고 타당한가?[22] 혹자는 이 글 및 여기에서 분석, 평가하고 있는 기존 연구들이 취한 느슨한 의미의 제도주의적 접근이 지나치게 법적·제도적 지위로서의 시티즌십 개념에만 사로잡혀 글로벌한 과정에 참여하는 사람들의 행위주체성(agency)을 소홀히 한다고 비판할지 모른다. 정치적으로 조직화된 공동체들의 경계를 넘나드는 사람들의 실천을 탐구하면 법적으로 제도화된 시민의 지위가 얼마나 실효성이 있는가, 아니면 형해화되었는가를 알 수 있을 것이다. 그렇지만 그러한 실천이 시티즌십=시민권을 의미 있게 하는 실재들이라 해도, 그 자체에 시티즌십이라는 개념의 지위를 부여하는 것이 어떤 이점이 있는지는 알 수 없다.

아이와 옹(Ong, 1999)은 동남아 출신 화교 사업가들과 그 가족이 태평양

---

22) 탈국가론자들은 "분화되지 않은 시티즌십 개념을 사용하거나 주장하는 바에 부합하는 시티즌십의 차원만을 뽑아낸다"는 비판을 받는다(Martiniello, 2000: 355).

을 가로질러 복수의 국가와 복수의 시민사회를 넘나들며 경제적 자본, 문화자본, 사회자본을 다양한 방식으로 축적, 활용하는 것을 묘사하면서 그러한 실천 전략을 유도하는 조건을 '신축적 시티즌십(flexible citizenship)'이란 용어로 묘사했다. 그러나 여기에서 정확히 시티즌십이 무엇이며, 그 용어가 무슨 분석적 유용성을 갖는 것인지는 알 수 없다.[23] 이를 비판하는 폭스는 시티즌십이라는 용어의 사용 방식을 권리에 기초한 접근과 행위자에 기초한 접근으로 구분하고, 후자로써 말하고자 하는 현상들을 시티즌십으로 부르기에는 부족하다고 비판한다.[24] 정치적 실천, 의식, 덕성, 연대와 아이덴티티는 시민공동체의 실태 또는 시민자격 부여의 기준이 되는 요소들이지만 그것 자체를 시티즌십이라 말하는 것은 세간의 어법을 옮겨놓는 것으로는 몰라도 분석 도구로서는 적합하지 못하다.[25]

분석 도구로서 문제가 있다면 정치적 함의는 어떠한가? 시티즌십을 법적 차원에 개념적으로 묶어둔 후 탈국가적 시티즌십의 존재를 부정하는

---

23) 한편 옹은 그의 저서 중 "새로운 주권의 지대들(Zones of New Sovereignty)"이라는 장에서 말레이시아를 비롯한 동남아 국가들이 지구화의 조건 속에 국가-자본의 동맹을 집행하는 방식으로 영토를 복수의 서로 다른 심도의 주권지대로 차별화하고 다양한 방식으로 인구를 취급함을 흥미롭게 보여주면서 '누증감적 주권(graduated sovereignty)'이라는 개념을 도입했다(Ong, 1999: chap.8). 만약 이렇게 심도와 성격을 달리하는 주권에 편제되고 복속된 인민의 다양한 방식으로 제도화된 지위를 '신축적 시티즌십'이라 정의했다면 시티즌십의 개념이 좀 더 명료하게 이해되었을지 모른다. 옹이 말하는 시티즌십은 이 맥락에 제한되지 않는, 지나치게 넓은 기의(記意)를 가지고 있다.

24) 폭스는 "시민처럼 행동하는 것과 시민인 것은 같지 않다"고 말한다(Fox, 2005: 176).

25) "그것(=시티즌십)을 굉장히 다른 맥락 속에 있는 다양한 현상들을 가리키는 것으로 사용하는 것은 그것의 의미를 모호하게 만들고 그것의 이론적·분석적 그리고 심지어 정치적 효용까지 상실하게 만들 위험이 있다"(Heisler, 2005: 669).

것이 마치 법을 물신화함으로써 현존 질서를 옹호하는 것처럼 들릴지도 모른다. 시티즌십을 실천, 연대, 정체성을 뜻하는 개념으로 느슨하게 사용하거나 국경 없는 시민사회의 여러 결사체에 속한 지위를 모두 시티즌십으로 포섭함으로써 국가를 탈중심화하는 것이 국가적 시민권에 대항하는 카운터헤게모니의 시도로 보일지도 모른다. 그러나 그러한 어법적 저항이 역으로 국가와 비국가적 조직, 법적으로 집행할 수 있는 권리와 제도화되지 않은 연대감 사이에 존재하는 엄연한 힘의 격차를 무시하고 국가라는 강력한 권력체에 의한 '배제'의 현실을 오히려 간과하게 만들지는 않는지 의심스럽다(이철우, 2004d; Lee, 2004). 아니면 반대로 국가주권의 후퇴 속에 성장하는 비국가적 공간 및 그 속에서 새로 편제되는 인간지위의 성격을 오독한 것일 수도 있다. 탈국가론자들은 한편으로는 주권과 통치성을 실현하는 폭력과 규율기제로 무장한 국가의 통제력을 간과하면서, 다른 한편으로는 국가의 독점적 관리가 후퇴하는 공백을 메우는 것이 사적 권력에 의해 경비되는 배타적 군락(enclaves)일 뿐임을 인식하지 못한다.[26)]

7. 변화를 어떻게 볼 것인가

탈국가적 시민권 테제를 기각한다면 현재 일어나고 있는 변화는 어떻게 설명할 것인가? 위에서는 논점을 분명히 하기 위해 탈국가적 시민권 테제를 의도적으로 단순화했다. 정확히 말하자면 소이살과 제이콥슨도 "국민

---

26) 토피는 왈저(Michael Walzer)를 인용해 이를 강조한다. "국가의 장벽을 무너뜨리는 것은 장벽 없는 세상을 만드는 것이 아니라 무수하게 작은 요새들을 만드는 것이다"(Torpey, 2000: 157).

국가가 공적 기능의 일차적 담당자로 남아 있고" 오히려 "국가의 관료기구가 커지고 있음"을 인정한다(Soysal, 1994: 144; Jacobson, 1997: 14). 그러나 그들은 국가의 역할이 재생산되고 강화되는 것이 보편적 인권을 준거로 삼고 이를 집행하기 위한 것일 뿐이라고 말한다. 국가는 "인권에 기초한 국가상회적 법질서와 정치질서의 영토적 행정단위"에 불과하다는 것이다(Jacobson, 1997: 153). 탈국가적 계기를 인지하면서도 위와 같은 인식이 일면적이라 느끼는 펠드블룸(Feldblum, 1998)은 탈국가적 경향과 병행하는 신국가적(neo-national) 경향을 적시한다. 그에 따르면, 유럽연합 및 1990년대 전반기 프랑스에서 두드러졌던 반이민적이고 폐쇄적인 정책으로 대표되는 신국가적 경향과 탈국가적 경향은 별개의 추세가 아니라 대립하면서 통일되는 변증법적 과정의 두 측면이다.[27)]

지구화와 국민국가를 이원적으로 대립시키는 데 반대하는 새슨(Sassen, 2000, 2006)은 국가의 제도적 틀을 넘어서는 변화를 탈국가적인(포스트내셔널한) 것으로 묘사하는 한편 국민국가의 제도적 형식과 기제를 매개로 일어나는 변화를 비국가화(denationalization)로 개념화한다. 새슨은 전통적인 국가적 시민권의 구조에서 벗어나지 않았다고 보이는 많은 양상을 '비국가화된' 것으로 규정한다. 그러한 양상은 외견상 국민국가의 제도를 통해 발휘되지만 그 국민국가는 글로벌한 동인에 의해 성격이 바뀌었다는 것이다. 이는 진일보한 개념화이기는 하지만 '포스트'내셔널 시민권과 마찬가지로 한 역사시대에서 다른 시대로의 이행을 시민권에 대한 수식어 속에 담으려는 점에서 유사하다. 그러한 논법은 시대적 차이를 지나치게

27) 개방적 이민정책이 인권옹호세력과 시장옹호세력의 특이한 연합의 소산이었음은 앞에서 언급했다. 이른바 신국가적 경향은 냉전 해체와 이민 증대라는 지구적 변화 속에 그러한 연합이 와해된 모습으로 볼 수 있다.

단순화하는 오류에 빠지기 쉽다.[28)]

그러한 본질주의적 시대 구분보다는 계보를 달리하는 개념, 제도, 구조 또는 모델이 역사적 과정 속에서 어떻게 상이한 접합관계를 맺어왔는가를 보는 것이 더 유용하다. 어느 정도 사실적 근거가 있는지 의심스럽지만 흔히 1648년 베스트팔렌 조약을 주권국가 개념의 출발점으로 본다. 이 개념이 프랑스혁명 이후 제도로 확립된 인민주권의 개념과 결합하면서 국적과 일치하는 시민권, 즉 내외의 경계가 뚜렷한 국민국가의 성원 또는 주권인민의 지위를 뜻하는 시민권의 모델이 만들어졌다. 그러나 국민국가에 담긴 국가적(영토적) 계기와 인민적(민족적) 계기의 충돌은 시민권의 실현을 매우 불균등한 과정으로 만들었다. 국민국가의 영토적 경계가 확정되는 과정에서 정체성을 공유하는 집단, 주권에 복속하는 집단, 주권적 결정에 참여하는 집단 사이에 불합치가 발생했고, 국경을 넘는 인적 이동은 그러한 괴리를 더욱 확대했다. 그러한 모순은 인민주권과 시민권의 개념을 허구적인 것으로 보이게 했지만, 그 허구는 어느 정도 항사실적인(counter-factual) 힘을 갖는 '조직화된 위선(organized hypocrisy)'이었다.[29)]

---

28) 일례로 새슨 및 그가 인용하는 루벤스타인 등은 이중국적에 대한 취급의 변화와 시대의 변화를 기계적으로 조응시킨다. 그들은 '배타적 충성'의 원칙에 의해 이중국적을 규제하기 시작한 것이 국가주권이 "최고 수위"에 이르게 되고 국제질서의 조직화 원리를 형성하게 된 19세기 후반이었다고 보고 그때부터 지구화가 심화되는 1990년대까지 이중국적이 실제로 규제된 것처럼 서술하고 있다(Sassen, 2006: 282; Rubenstein and Adler, 2000: 531). 무엇을 기준으로 국가주권이 최고 수위에 이르렀다는 것인지, 주권적 국민국가로서 세계가 분절화되는 과정의 장기성과 불균등성을 간과하는 것은 아닌지 의문이다. 국제사회와 국가들이 이중국적을 실질적으로 규제했다는 것도 과장된 주장이다(이철우, 2004a: 64~65).

29) 크라스너(Krasner, 1999)는 국가주권의 여러 차원 사이에서 충돌이 일어나고 주권의 원칙이 훼손되는 상태가 항상화되어 있으면서도 주권이 어느 정도 제도로서의

국민국가의 역사는 이러한 모순과 부조화, 그리고 그것을 정당화하거나 지배적 담론에 합치하도록 조정하는 실천의 역사이다.

근래 한국이 경험하는 변화는 그러한 과정을 잘 보여준다. 영주권 제도가 도입되고 영주권자의 지방선거권이 인정됨으로써 본격적인 데니즌십의 역사가 시작되었다. 반면 국적이 있지만 재외국민으로 분류되어 어떤 선거권도 행사할 수 없는 사람들이 있다. 한편 국적상으로는 외국인이지만 일반 외국인과 달리 출입국과 경제활동에서 우대되는 외국국적 동포도 있다. 이는 국민과 외국인의 준별이라는 국민국가의 멤버십 모델이 도전에 처한 것이 아닌가 하는 의문을 가지게 한다.

시민권이 탈국가화하는 징후로 보일 수 있는 이러한 부조화는 국민국가에 내재하는 네이션과 국가 사이 또는 인민과 영토 사이에서 빚어지는 모순의 표출이다. 동시에 그러한 상태를 긍정하는 논거와 부정하는 논거 모두를 국민국가의 원리를 구성하는 담론에서 도출할 수 있다. 데니즌에게 지방참정권을 부여하는 것은 국민국가가 영토공동체라는 사실에 근거한다. 동시에 국민과 외국인의 구조화된 구별에 따라 권리의 차등을 인정하는 것이다. 재외국민의 참정권을 제한하는 것도 역시 국민국가가 영토공동체라는 관념에 의거한다. 반면 재외국민의 참정권을 동등하게 인정해야 한다는 주장은 국민국가의 요소 중 영토보다는 국민이라는 인적 조직체를 더 중시하는 것으로서 형식적 국적과 시민의 실질적 속성을 일치시키려는 담론적 동력에 의해 추동된다. 마지막으로 외국국적 동포를 일반 외국인과 달리 우대하는 것은 역사적·문화적 정체성을 준거로 하는 네이션 구축의

자기 동력을 가지는 점을 인정하는 취지에서 '조직화된 위선'이라는 용어를 도입했다.

경로를 보여주는 것으로서 그 역시 국민국가의 역사에서 작용해온 중요한 동력의 일단을 표징한다(이철우, 2008b: 291~295).

국민국가를 이루는 여러 담론적 요소 사이의 이러한 모순은 국면에 따라 다르게 드러난다. 위와 같은 시민권의 양상은 지구화의 진전에 따라 초국가성(transnationalism)이 심화된, 즉 국민국가의 제도적 틀을 전제로 하면서 복수의 국가에 뻗어 있는 행위와 관계가 확대되고 정체성이 재생산된 원인이자 결과이다. 탈국가성의 징후로 주목받는 이중국적의 빈발은 국가적 시민권의 모델에 합치되도록 부조화를 조정하려는 노력의 소산이다(이철우, 2008a).

국가를 상회하는 심급에서 유래해 탈국가화의 징후 또는 동력으로 보이는 것들도 각도를 달리해 설명할 수 있다. 논의의 단초는 기든스의 지적에서 찾을 수 있다.

> 근대국가의 주권의 발전은 그 시작에서부터 반사적으로 모니터된(reflexively monitored) 국가 간 관계들에 기초한다. 국가주권의 확립과 국민국가의 보편성은 '국제관계'의 지속을 허락하는 확대된 범위의 감시 작용에 의해 도래한다. '국제관계'는 이미 확립된 국가 사이에 세워진 연관으로서 그것 없이도 주권적 권력이 유지될 수 있는 그런 것이 아니다. 국제관계는 국민국가가 존재하기 위한 토대이다. 국제연맹과 유엔 등 국제기구가 급성장한 시기는 국민국가가 극복된 시기가 아니라 국민국가의 보편적 범위가 확립된 시기이다(Giddens, 1985: 263~264).

탈국가론자들이 지목하는 근래의 변화가 이러한 국제관계-국민국가체계에서 얼마나 벗어나는 것인지는 논의의 심화와 확대를 요한다. 이를 판단하기에 앞서 여기서는 현실을 묘사하기 위한 적절한 개념도구를 제시한다. 하나는 국제적(international)인 것이고 다른 하나는 국가상회적(supra-national)인 것이다. 국제적인 것은 국가 간의 관계에서 비롯되는 것이다. 국가상회적인 것은 국가보다 상위의 심급에서 작용하는 것이다. 국제법과 국제기구는 국가 간의 상호주관적 의미의 공유 및 합의에 기초한 것인바, 탈국가적 시민권의 원천으로 간주되는 국제인권규범은 그러한 수준에서 만들어진 것이다. 그것은 국민국가를 단위로 하는 근대 국제질서에 수사학적 통일성을 부여하는 '문명'의 새로운 내용이다. 그러나 그것이 국가들의 합의에 의해 만들어졌다고 해도 그것을 집행하는 국가상회적 장치를 가질 수 있다.

사인(私人)이 국적과 무관하게, 국가를 뛰어넘어, 그리고 국가를 상대로 직접 제소할 수 있고 그에 대한 결정이 국가를 구속한다면 그것은 국제적 수준을 넘는 국가상회적 제도라 할 수 있다. 국제인권법은 점진적으로 국가상회적인 모습과 힘을 갖추고 있지만, 그러한 발전은 국가적이고 국제적인 장치와 관계를 매개로 한다. 국가에 의해 만들어졌지만 역시 국가를 상위에서 구속하고 사인과 직접 권리 의무 관계를 맺어가는 유럽연합은 부분적으로는 국제적이고 부분적으로는 국가상회적 기구이며, 유럽연합 시민권은 국가적 시민권을 존립 기반으로 하면서 국가를 상회하는 시민권으로 발전하고 있다.

지구화는 "초대륙적·지역 간 활동, 상호작용 및 권력행사의 흐름과 네트워크를 만들어내는 사회적 관계 및 사회적 거래의 공간적 조직방식에 큰 변화가 발생했음을 구체적으로 보여주는 과정"이다(헬드 외, 2002: 36~37). 이 과정은 특정 심급에서 전개되는 것이 아니다. 그것은 국가적·초국가적·국제적·국가상회적 수준에서 동시다발적으로 펼쳐진다. 지구화가 이를 모두 포괄하는 총체적 과정이기에 지구화와 국가성은 대립적 개념이 아니다. 또 지구화의 현상과 결과가 단일한 본질로 환원할 수 없는 것이기에 의연히 재생산되는 국가적 계기를 '비국가화된(denationalized)' 것으로 뭉뚱그리는 것도 적절치 않다.

국가적 계기가 의연히 재생산된다고 해서 종래의 국민국가적 제도와 장치들에 아무런 변화가 일어나지 않았다고 말할 수는 없다. 탈냉전시대의 이민 및 시민권 정책이 여전히 폐쇄적이거나 펠드불룸이 말하는 '신국가적' 경향을 보인다고 해서 국가적 시민권이 도전을 받지 않았다고 말할 수 없음은 물론이다. 국경 관리의 강화는 국경을 넘어 이동하는 인구가 많아지고 국경이 취약해졌음을 반증한다.[30] 여기서 강조하는 것은 글로벌한 변화들이 새로운 시민권의 형식을 수반하는 것이 아니라는 점이다. 국가 속에, 국가의 경계를 넘나들며, 국가 간에, 국가를 상회하는 다양한 실천과 힘의 작용 속에, 원래부터 모순을 내장한 국민국가적 시민권의 이상과 현실 사이의 간극이 확대되고 조정되는 방식으로 변화가 수용된다는 것이다.

군주의 몸에 체현된 주권의 확대가 "신민으로 하여금 처음에는 모호했지만 점점 확실하게 정치공동체의 멤버십과 그것이 부여하는 권리와 의무에

---

30) 2005년 기준으로 이주자 수는 1억 9,000만 명, 전 세계 인구의 3%로 계측되었다(www.iom.int/jahia/Jahia/pid/254). 탈국가적 시민권 테제에 반기를 드는 욥케와 토피는 세계 대부분의 사람은 이주하지 않으며 탈국가적 시민권 개념은 매우 예외적인 현상을 일반화하는 것이라고 비판했다(Joppke, 1998: 26; Torpey, 2000: 156). 그러나 카슬스와 밀러(Castles and Miller, 2003: 4~5)는 미등록 이주자 수를 알 수 없으므로 공식적으로 발표되는 수치만으로 전체 이주의 규모를 말할 수 없음을 지적하고, 이주가 일부 국가와 지역에 제한되었던 과거와 달리 이주의 흐름 속에 편입된 나라가 획기적으로 증가했다는 점에서 이주가 가지는 지구적 중요성을 강조한다.

대해 인식하게" 만들었듯이(Giddens, 1985: 210), 지구적 차원에서 전개되는 자본과 권력의 지배는 '지구적 시민권'을 상상하게 만든다(조희연, 2006: 75~84; 2008). 그러나 지배가 중층적이고 복합적인 것에 비례해 시민권의 성장 또한 누적적인 공간적 확대의 모습을 띠는 것은 아니다. 시민권은 그것이 착근된 국민국가를 지탱하는 담론에 의해 구조화되어 있다. "국민국가는 여전히 시민권의 주된 준거점이며, 앞으로도 그러할 것이다. 지구적 시민권은 경제와 문화의 지구화에도 불구하고 국민국가로 이루어진 세계의 현실 위에 구축되어야 한다"(Castles and Davidson, 2000: 19).

참고문헌

이근관. 2000. 「국제인권규약상의 개인통보제도와 한국의 실행」. ≪국제인권법≫, 제3호.

이윤환. 2001. 「헌법상 외국인의 지방참정권」. ≪국제인권법≫, 제4호.

이철우. 2004a. 「충성과 소속의 분열과 조화: 이중국적과 시민권의 정치사회학」. 정인섭 엮음. 『이중국적』. 사람생각.

_____. 2004b. 「이중국적의 논리와 유형」. 정인섭 엮음. 『이중국적』. 사람생각.

_____. 2004c. 「이중국적의 규범적 평가」. ≪법과 사회≫, 제27호.

_____. 2004d. 「시민권, 어떤 개념인가」. 『한국의 사회변동과 사회통합』, 한국사회학회 후기사회학대회 발표논문집, 2004.12.10~11.

_____. 2008a. 「주권의 탈영토화와 재영토화: 이중국적의 논리」. ≪한국사회학≫, 제42집 제1호.

_____. 2008b. 「영토와 인민의 대립과 통일: 재외국민참정권의 변증법」, ≪법과 사회≫, 제33호.

정인섭. 2000. 『국제인권규약과 개인통보제도』. 사람생각.

_____. 2003. 「유럽의 해외동포 지원입법의 검토: 한국의 재외동포법 개정논의와 관련하여」. ≪국제법학회논총≫, 제48권 제2호.

조용환. 2008. 「조약의 국내법 수용에 관한 비판적 검토」. 『헌정 60주년과 인권 보장』, 국가인권위원회/법과사회이론학회 헌정 60주년 기념 학술심포지엄, 2008.5.23.

조희연. 2006.「지구촌 민주주의와 국민국가 민주주의의 대안적 재구성 원리 탐색: 지구촌 민주주의론 서설」. 신영복·조희연 엮음.『민주화·세계화 '이후' 한국 민주주의의 대안체제 모형을 찾아서』. 함께읽는책.

_____. 2008.「글로벌 체제의 민주화: 민주주의의 지구적 차원」.『지구화 시대 탈국가적 상상력』. 비판사회학회 학술심포지엄 발표논문집, 2008.1.11~12.

최현. 2003.「대한민국과 중화인민공화국의 국민 정체성과 시민권 제도」. ≪한국사회학≫, 제37집 제4호.

_____. 2006.「한국 시티즌십: 1987년 이후 시민권 제도의 변화와 시민의식」. ≪민주주의와 인권≫, 제6권 제1호.

_____. 2008.「지구화 시대의 국적 및 시티즌십: 근대 국민국가와 초국민적 정치공동체」.『지구화 시대 탈국가적 상상력』. 비판사회학회 학술심포지엄 발표논문집, 2008. 1.11~12.

포르탈리스, 장 에티엔 마리(Jean-Etienne-Marie Portalis). 2003.『민법전시론』. 양창수 옮김. 박영사.

헬드, 데이비드 외. 2002.『전지구적 변환』. 조효제 옮김. 창비.

Aleinikoff, T. Alexander and Douglas Klusmeyer. 2002. *Citizenship Policies for an Age of Migration*. Washington DC: Carnegie Endowment for International Peace.

Bauböck, Rainer. 2005. "Expansive Citizenship: Voting beyond Territory and Membership." *Political Science and Politics*, 38(4).

Bosniak, Linda. 2000. "Citizenship Denationalized." *Indiana Journal of Global Legal Studies*, 7.

_____. 2002. "Multiple Nationality and the Postnational Transformation of Citizenship." *Virginia Journal of International Law*, 42.

Castles, Stephen and Alastair Davidson. 2000. *Citizenship and Migration: Globalization and the Politics of Belonging*. New York: Routledge.

Castles, Stephen and Mark J. Miller. 2003. *The Age of Migration: International Population Movements in the Modern World*, 3rd edition revised and updated. Basingstoke: Palgrave Macmillan.

Feldblum, Miriam. 1998. "Reconfiguring Citizenship in Western Europe." in Christian Joppke(ed.). *Challenge to the Nation-State: Immigration in Western Europe and the United States*. Oxford: Oxford University Press.

Fox, Jonathan. 2005. "Unpacking 'Transnational Citizenship'." *Annual Review of Political Science*, 2005.8.

Ghosh, Bimal(ed.). 2000. *Managing Migration: Time for a New International Regime*. Oxford: Oxford University Press.

Giddens, Anthony. 1985. *The Nation-State and Violence*. Cambridge: Polity Press.

Goodwin-Gill, Guy S. 2000. "Migration: International Law and Human Rights." in Bimal Ghosh(ed.). *Managing Migration: Time for a New International Regime?* Oxford: Oxford University Press.

Goodwin-Gill, Guy S. and Jane McAdam. 2007. *The Refugee in International Law*, 3rd ed. Oxford: Oxford University Press.

Hammar, Tomas. 1990. *Democracy and the Nation State: Aliens, Denizens and Citizens in a World of International Migration*. Aldershot: Avebury.

Hayduk, Ronald. 2004. "Democracy for All: Restoring Immigrant Voting Rights in the US." *New Political Science*, 26(4).

Heisler, Martin O. 2005. "Introduction: Changing Citizenship Theory and Practice: Comparative Perspectives in a Democratic Framework." *Political Science and Politics*, 38(4).

Hollifield, James F. 2000. "Migration and the 'New' International Order: The Missing Regime." in Bimal Ghosh(ed.). *Managing Migration: Time for a New International Regime*. Oxford: Oxford University Press.

Isin, Engin and Bryan Turner. 2002. "Citizenship Studies: An Introduction." in Engin Isin and Bryan Turner(eds.). *Handbook of Citizenship Studies*. London: Sage.

Jacobson, David. 1997. *Rights across Borders: Immigration and the Decline of Citizenship*. 1st Edition: 1996. Baltimore: The Johns Hopkins University Press.

Joppke, Christian. 1998. "Immigration Challenges the Nation-State." in Christian Joppke (ed.). *Challenge to the Nation-State: Immigration in Western Europe and the United States*. Oxford: Oxford University Press.

_____. 1999. *Immigration and the Nation-State: The United States, Germany, and Great Britain*. Oxford: Oxford University Press.

Joppke, Christian and Elia Marzal. 2004. "Courts, the Constitutionalism and Immigrant Rights: The Case of the French Conseil Constitutionnel." *European Journal of Political Research*, 43.

Krasner, Stephen D. 1999. *Sovereignty: Organized Hypocrisy*. Princeton: Princeton University Press.

Lee, Chulwoo. 2004. "The Transnationalization of Citizenship and the Logic of the Nation-State." Paper presented at the 6th Conference of the Asia-Pacific Sociological Association on Asia Pacific Societies in Globalization and Localization, Sept. 17～19, Seoul.

Loescher, Gil. 1999. "Refugees: A Global Human Rights and Security Crisis." in Tim Dunne and Nicholas J. Wheeler(eds.). *Human Rights in Global Politics*. Cambridge: Cambridge University Press.

Martiniello, Marco. 2000. "Citizenship in European Union." in T. Alexander Aleinikoff and Douglas Klusmeyer(eds.). *From Migrants to Citizens: Membership in a Changing World*. Washington DC: Carnegie Endowment for International Peace

Neuman, Gerald L. 1992. "We Are the People: Alien Suffrage in German and American Perspective." *Michigan Journal of International Law*, 13.

Ong, Aihwa. 1999. *Flexible Citizenship: The Cultural Logics of Transnationality*. Durham: Duke University Press.

Rigo, Enrica. 2005. "Citizenship at Europe's Borders: Some Reflections on the Post-colonial Condition of Europe in the Context of EU Enlargement." *Citizenship Studies*, 9(1).

Rubenstein, Kim and Daniel Adler. 2000. "International Citizenship: The Future of Nationality in a Globalized World." *Indiana Journal of Global Legal Studies*, 7.

Sassen, Saskia. 2000. "The Need to Distinguish Denationalized and Postnational." *Indiana Journal of Global Legal Studies*, 7.

_____. 2006. *Territory·Authority·Rights*. Princeton: Princeton University Press.

Schmidke, Oliver. 2001. "Transnational Migration: A Challenge to European Citizenship Regimes." *World Affairs*, 164(1).

Schuck, Peter S. 1998. "The Re-Evaluation of American Citizenship." in Christian Joppke (ed.). *Challenge to the Nation-State: Immigration in Western Europe and the United States*. Oxford: Oxford University Press.

Seol, Dong-Hoon, John D. Skrentny and Catherine Lee. 2002. "International Norms and Domestic Politics: A Comparison of Migrant Worker and Women's Rights in South Korea." *Korean Studies Forum*, 1.

Smith, Rogers M. 2002. "Modern Citizenship." in Engin Isin and Bryan Turner(eds.).

Handbook of Citizenship Studies. London: Sage.

Soysal, Yasemin Nuhoğlu. 1994. *Limits of Citizenship: Migrants and Postnational Membership in Europe*. Chicago: University of Chicago Press.

_____. 1996. "Changing Citizenship in Europe: Remarks on Postnational Citizenship and the National State." in David Cesarani and Mary Fulbrook(eds.). *Citizenship, Nationality and Migration in Europe*. London: Routledge.

_____. 1997. "Changing Parameters of Citizenship and Claims-Making: Organized Islam in European Public Spheres." *Theory and Society*, 26.

Torpey, John. 2000. *The Invention of the Passport: Surveillance, Citizenship and the State*. Cambridge: Cambridge University Press.

Töth, Judit. 2006. "Relations of Kin-State and Kin-Minorities in the Shadow of the Schengen Regime." *Regio*, 9(1).

제4부

지구화 시대의 국민과 민족

제10장

국민국가의 안과 밖

동아시아의 영유권 분쟁과 역사논쟁에 부쳐

임지현
한양대학교 사학과 교수

1. 국가주권(national sovereignty), 제한주권(limited sovereignty), 간(間)주권(inter-sovereignty)

동유럽 국가들이 아직 '유럽연합'에 가입하기 전의 일이다. 바르샤바에서 무심코 ≪가제타 뷔보르차(Gazeta Wyborcza)≫라는 폴란드의 일간지를 읽다가 흥미로운 기사 하나가 눈에 들어왔다. 폴란드 의회가 엄밀한 기술평가나 환경평가도 하지 않은 채 체코의 핵발전소 건설 프로젝트를 승인했다는 비판기사였다. 폴란드 의회의 무능과 부패를 질타하는 이 짧은 기사에 대한 필자의 관심은 정작 다른 데 있었다. 주권국가인 체코가 자신의 '고유한' 영토 내에 자기 돈으로 부족한 전력을 보충하기 위해 핵발전소를 짓는데 왜 폴란드 의회의 승인이 필요한가 하는 의문이 기사를 읽는 내내 떠나지 않았다. 나중에 안 사실이지만, 체코의 핵발전소 프로젝트는 비단

* 이 글은 일본 ≪現代思想≫, 2005년 6월호에 실린 논문이다.

폴란드 의회뿐 아니라 슬로바키아나 헝가리 등 이웃 나라들의 승인을 얻어야만 실현가능한 것이었다. 폴란드나 슬로바키아가 핵발전소를 짓는다 해도 사정은 마찬가지이다.

그때서야 필자는 벨로루스의 기억을 떠올렸다. 10여 년 전 우연히 벨로루스를 방문할 기회가 있었는데, 노보그로덱(Nowogrodek)에 있는 미츠키에비츠(Adam Mickiewicz)의 생가를 둘러보고 그로드노(Grodno)로 돌아오는 길이었다. 오래된 집단농장들과는 달리 슬라브 벽돌로 조잡하게 갓 지은 듯한 집들이 늘어선 새로운 마을들이 자주 눈에 띄었다. 동행한 그로드노 대학의 친구에게 물으니, 체르노빌의 원자력 발전소 폭발 때문에 방사능으로 오염된 지역의 주민들을 이주시키기 위해 만든 새로운 정착촌이란다. 정작 우크라이나의 대부분 지역은 멀쩡했지만, 이웃한 벨로루스는 바람의 방향 때문에 전 국토의 삼분의 일 가량이 심각한 방사능 오염으로 더 큰 고통을 겪어야 했다는 것이다. 그나마 소비에트 연방 시절이라 우크라이나와 벨로루스 간에 심각한 갈등이나 충돌은 면할 수 있었을 것이다.

체르노빌의 예에서 보듯이, 군소 국가들이 조밀하게 국경을 맞대고 있는 동유럽의 경우 핵발전소는 이미 그것을 짓는 개별 국민국가 '고유'의 영토에서 일어나는 주권의 경계를 넘어 지역 전체의 사활이 걸린 문제이다. 체코의 핵발전소 프로젝트가 폴란드 등 이웃나라의 승인을 전제로만 가능하다는 것은 지역 전체의 이익을 위해 체코의 주권이 제한될 수도 있다는 것을 의미한다. 중금속 미세먼지를 잔뜩 안고 한반도의 봄을 공습하는 중국의 황사도 마찬가지이다. 마구잡이로 나무를 베서 사막화를 촉진하든, 근대화를 앞세워 오염물질을 마구 배출하든 중화인민공화국이라는 국민국가의 경계 내에서 일어나는 한 그것은 중국의 주권 문제이다. 그러나 중국의 중금속 황사, 황해와 동해 연안에 속속 들어서는 각국의 핵발전소나 바다오염 등의 문제는 더 이상 한 국가의 주권적 결정에 맡겨둘 수 없는 동아시아 공동의 문제인 것이다. 이 지점에서 근대적 국제질서를 규정하는 국가주권의 원칙은 더 이상 신성불가침의 보편원리로 작동하지 않는다.

물론 식민지나 반식민지의 경험이 있는 나라들에게 주권은 여전히 신성불가침의 원칙이다. 신성불가침의 주권을 제한하는 '제한주권론'은 이미 1968년 바르샤바 조약군의 프라하 침공을 정당화하는 논리로 사용되었다. 역사의 진보와 과학적 진리를 담보하는 사회주의의 대의를 위해서 사회주의 형제국들의 주권은 제한될 수 있다는 것이 브레즈네프의 논리였다. 또 보편적 인권을 내세워 미국의 헤게모니에 저항하는 주변부 국가들의 주권을 유린하고 그것을 정당화해온 팍스 아메리카나의 논리도 일종의 제한주권론이라 할 수 있다. 세계평화를 저해하는 악당국가들에 대한 '예방적 공격(preemptive action)'의 이름으로 이라크 침공을 감행한 부시 행정부의 정당화 논리도 그것이다. 제한주권론은 요컨대 제국의 논리인 것이다.

그러나 제한주권론이 제국의 논리라고 해서, 그에 대한 조건반사로서 '국가주권'의 신성불가침성이 정당화되는 것은 아니다. 동유럽의 핵발전소나 중국의 황사 등 동아시아의 환경문제에서 보듯이, 신성불가침의 주권논리가 동아시아의 산적한 문제들을 해결하는 단서를 제공해주리라고 믿기는 어렵다. 동아시아에 사는 주민들의 삶의 조건이나 그로부터 비롯된 요구가 이미 그러한 논리를 넘어서는 것이다.

동아시아 주민들의 현실적 삶의 관점에서 보면, 제국논리로서의 제한주권론이나 그 대항논리로서의 국가주권의 신성불가침성을 넘어서는 새로운 시각이 요구되는 것이다. 필자는 '간주권(inter-sovereignty)'론을 잠정적인 대안으로 제시하고자 한다.

필자는 '간주권'이라는 용어가 이미 사용되고 있는지 또 그렇다면 국제법이나 국제정치학의 영역에서 얼마나 정교하게 가다듬어져 있는지 알지 못한다. 단지 개인과 개인 간의 소통이 '간주관성(inter-subjectivity)'을 바탕으로 이루어지듯이, 국가와 국가 간의 소통 혹은 민족집단과 민족집단 간의 소통이 '간주권'을 바탕으로 이루어질 수 있지는 않을까 하는 소박한 바람은 있다. 특수성의 논리로 무장한 개별 '국가주권'의 신성불가침 원칙이나 '진보'나 '인권' 등의 보편 논리로 무장한 제국의 논리를 넘어서, 각각의 개별 국가가 갖는 개별성(singularity)을 존중하면서 그 개별성들이 서로 소통하고 교차하는 '간주권'의 장에서 십난적 삶의 보편성을 찾을 수 있지 않을까 하는 희망이 필자의 제안에는 담겨 있다.

물론 그 문제의식은 기존의 완강한 국민국가 체제를 넘어서자는 점에서, 월러스틴이 자본주의 세계체제를 설명하는 틀로 제시한 '국가 간 체제(interstate system)'와는 다르다.[1] '간주권'은 기존의 국민국가 체제를 현실로 인정한다는 점에서 잠정적인 대안이 될 수밖에 없지만, 현재의 국민국가 체제는 인간의 집단적 삶에 자연스러운 부동의 현실이 아니라 극복할 수 있고 또 극복되어야 할 현실로 간주한다.

동아시아 주민들의 현실적인 삶의 요구에서 출발하여 '국가 간 체제'의 균열을 찾고 그 틈새를 비집고 나와, 근대 국민국가 체제의 틀 속에 포박되어 있는 우리의 상상력을 해방시키는 계기로 작동할 수 있지 않을까 하는 바람의 산물인 것이다. '간주권'에 대한 필자의 생각은 더 다듬어져야겠지

1) 월러스틴 또한 최근의 주요 저작들에서 자본주의 세계경제와 연결된 국가 간 체제를 넘어서기 위해서는 개별 국민국가 단위에 갇혀 있는 구좌파의 변혁적 사고나 국가성에 대한 역사적 대안을 제시하지 못한 민족운동의 차원을 뛰어넘어야 한다고 역설한다(Wallerstein, 1995: 7; 월러스틴 외, 1994: 41, 46, 156).

만, 그것은 필자만의 몫이 아니라 밑으로부터의 동아시아 연대를 추구하는 모든 동아시아 지식인들의 몫이 아닐까 한다.

2. 국경(national frontier)과 변경(border zone)

동아시아의 국경지대는 여전히 지뢰밭이다. 지금 동아시아의 평화는 바닷길에까지 뻗쳐 있는 이 지뢰밭에 발목 잡혀 있다. 시마네 현의 '다케시마의 날 조례' 제정을 계기로 현해탄을 뜨겁게 달구고 있는 독도/다케시마, 중국과 일본의 영유권 분쟁을 불러일으킨 댜오위다오/센카쿠 열도, 러시아와 일본이 팽팽하게 신경전을 벌이는 쿠릴 열도, 고구려사 논쟁과 연결되어 중국과 한국 사이에 시한폭탄처럼 가로놓인 간도, 시야를 약간 남서쪽으로 돌리면 중국, 베트남, 대만 등 6개국이 영유권을 다투고 있는 남사군도와 말레이시아와 인도네시아가 서로 '우리 고유의 영토'라고 우기는 동칼리만탄 섬이 있다.

분쟁 당사국들은 모두 이 분쟁지역이 먼 옛날부터 '우리나라 고유의 영토'라고 주장한다. 특히 독도/다케시마나 댜오위다오/센카쿠 열도처럼 무인도의 경우, 현지 주민과 본토 주민의 문화적 유대를 주장할 아무런 근거가 없기 때문에 역사 자료에 의존할 수밖에 없다. 그래서 각자 그것이 '우리나라 고유의 영토'임을 입증할 만한 역사 자료를 찾아내고자 혈안이다. '신성한 우리 국토'에 대한 애국적 역사가들의 도움으로 다행히 이들 국가들은 모두 그것이 '우리 고유의 영토'임을 입증하는 자료들을 제시할 수 있게 되었다.

그러나 문제는 분쟁 지역에 대한 이들 역사자료들이 상대방을 납득시킬 만큼 누구의 눈에도 공평무사하고 객관적인 증거를 제시하지 못한다는 점이다. 자신의 눈에만 나름대로 객관적인 증거일 뿐이다. 그래서 국경분쟁은 곧 역사논쟁으로 비화한다. 그것은 더 이상 객관적 사실의 영역이 아니라 주관적 해석의 영역이다. 역사자료를 통해 분쟁이 종결되는 것이 아니라 서로 다른 주장이 이제는 역사까지 등에 업고 팽팽한 평행선을 달릴 뿐이다. 17세기 도쿠가와 막부의 '도해면허'가 독도에 대한 일본의 실효적 지배를 의미한다는 일본 학계의 주장과 오히려 외국임을 입증한다는 한국 학계의 반박은 한 예일 뿐이다.

이런 관점에서 보면 대마도/쓰시마가 한국 영토라고 의결한 마산시의회의 주장도 근거가 없는 것은 아니다. 쓰시마 박물관에 가면, 대마도를 지배한 '소〔宗〕' 가문은 도쿠가와 쇼군체제의 신하이자 조선 왕국의 관리였다는 공식문서를 발견할 수 있다(Morris-Suzuki, 2004: 204). 그러므로 대마도는 일본이자 한국이며 부산/마산 지역사의 일부이기도 했던 것이다. 물론 시네마 현의 '다케시마의 날 조례'와 비교해볼 때 마산시의 '대마도의 날 조례'는 한국에서조차 단순한 에피소드로 치부될 뿐 큰 반향은 일으키지 않았다.

그것은 무엇보다도 현재 일본어를 사용하고 자신을 일본인이라고 생각하는 주민들이 살고 있기 때문이다. 그렇다고 해도 대마도의 주민들이 언제부터 일본인이라는 정체성을 가졌는지를 따지자면, 그 역시 간단한 문제는 아니다.

여기서 동아시아의 영유권 분쟁에 대한 역사적 시시비비를 가리자는 것이 아니다. '우리 고유의 영토'라는 관념이나 현재의 국경이 오래전부터 확립된 '자연적 경계'라는 편견이 시민사회의 역사의식을 지배하는 한, 민족주의라는 규율권력에서 벗어날 수 없다는 점을 지적하자는 것이다.

독도/다케시마나 댜오위다오/센카쿠와 같은 망망대해에 떠 있는 작은 바위덩어리를 '우리 고유의 영토'에서 떼어내면 마치 자신의 팔다리를 떼어내는 것 같은 아픔을 동아시아의 주민들이 느끼는 한, 공동의 문제에 대처하기 위한 동아시아 시민연대의 미래는 없다. 먼 옛날부터 우리 고유의 신성한 영토라는 근대 국민국가의 '지리적 신체' 개념을 벗어나 '변경연구(border studies)'의 관점에 섬으로써 영유권 분쟁이라는 동아시아의 지뢰밭을 통과할 수 있는 가능성을 탐색하자는 것이다.

"세계사는 경계 위에서만 가장 잘 관측될 수 있다"(Sahlins, 1989: p.xv)는 빌라(Pierre Vilar)의 말을 빌리지 않더라도 근대의 국경은 자연적 경계도 역사적 경계도 아닌 현재의 정치적 경계일 뿐이다. 자신의 고향인 애버가버니(Abergavenny) 사람들에게 웨일스인이나 잉글랜드인 모두 타향 사람일 뿐이었다는 레이먼드 윌리엄스(Raymond Williams)의 회고나(williams, 2004: 65~66) 민족적 정체성을 묻는 1931년 폴란드의 설문조사에서 러시아인도 폴란드인도 아닌 그저 '이곳 사람(tutejszy)'일 뿐이라고 답한 포드레시에(podlesie) 농민들의 태도는 변경적 정체성이 민족적 정체성보다 더 자연스러운 것임을 분명하게 말해준다(Lim, 1999: 136). 복수의 점들로 산포된 변경지역에 살았던 이들의 삶과 의식을 국민국가의 단일한 '선'으로 획일화하고 재단하려는 시도는 국민국가의 폭력성을 여실히 드러내줄 뿐이다.

변경의 관점에 설 때 독도, 대마도, 간도 등 분쟁의 대상인 변경은 서로 다른 사람들이 공유하는 친근한 삶의 터전이자, 경쟁하면서도 다양한 삶의 경험을 나누던 문화적 교류의 장으로 이해된다. 한국이냐 일본이냐는 배타적 질문에서 벗어나 그곳을 삶의 터전으로 삼아온 양국의 주민들에게 초점을 맞출 때, 독도는 고통스러운 과거의 유산이 아닌 동북아 역사의 풍요로움과 다양성을 머금은 미래의 유산으로 드러나는 것이다.

'변경'의 관점에서 '국경'의 문제를 바라보자는 것도 바로 이러한 이유에서이다. 독도/다케시마를 배타적으로 독점하려는 한일 양국 민족주의자들의 요란한 구호에 묻혀버리기는 했지만, 일본의 우파에 대해서뿐 아니라 독도에 군대를 주둔시키고 개발하자는 한국 민주노동당의 성명서에 대해 '독도는 원래 괭이갈매기와 바다제비, 수많은 물고기와 파도의 것'이라는 한 환경주의자의 단호한 비판에 주목하는 것도 이러한 이유에서이다(변홍철, 2005).

물론 현재 동아시아의 국제질서를 규정하는 국민국가의 경계를 부정하자는 것은 아니다. 현실정치에서 그것은 불가능할뿐더러 바람직하지도 않다. 우선은 현재의 경계를 바탕으로 대화와 타협을 통해 상호 국경선을 국제법적으로 인정하는 범동아시아 차원의 국제조약이 필요할 것이다. 제2차 세계대전 직후 폴란드에 할양한 동프로이센의 영토를 영구 포기한 독일이나 그 대신 동부 변경지역을 리투아니아, 벨로루스, 우크라이나 등에 양보한 폴란드의 예가 이미 있다. 라살(Ferdinand Lassale)이 잠들어 있고 가장 독일적인 대학도서관을 갖고 있는 브로츠와프/브레슬라우(Wrocław/Breslau)나 귄터 그라스(Guenther Grass)의 고향이자 한자동맹의 주요 도시였던 그단스크/단치히(Gdańsk/Danzig)에 대한 독일인들의 향수를 고려한다면 쉽지 않은 결정이었을 것이다. 19세기의 폴란드 지성의 요람이었던 빌니우스/빌노(Vilnius/Wilno)나 르비프(L'viv/Lwów)를 양도한 폴란드인들의 심정도 크게 다르지 않았을 것이다.

그러나 영유권 분쟁의 대상인 변경을 배타적인 일국적 공간이 아닌 다양한 문화와 정체성들이 자유롭게 소통하는 공동의 역사공간으로 이해할 때, 상호 이해와 양보의 공간은 넓어질 것이다. 오데르-나이세 선을 독일의 국경으로 재차 인정하는 헬무트 콜(Helmut Kohl)의 선언은 물론 독일 통일에 대한 주변국들의 위구심을 무마한다는 차원도 있지만, 독일-폴란드 역사위원회의 꾸준한 작업이나 유럽연합이라는 새로운 정치적 공동체라는 전제가 있었기에 가능한 것이었다.

이처럼 변경의 시선으로 바라볼 때 독도와 대마도는, 간도와 만주는 어느 나라의 국경에 속하는가와 상관없이 우리의 유산이자 그들의 유산인 동아시아 공동의 풍요로운 유산이 되는 것이다. 변경의 시선으로 국경의 의미를 새롭게 되새길 때, 1956년 러시아가 약속한 대로 시코탄 섬과 하보마이 군도를 되돌려 받는 것으로 양보하자는 고수케 다카하시나 기타 러시아 전문가들의 반가운 주장이 일본 사회 내에서도 설득력 있는 목소리로 자리 잡지 않을까 한다(Takahashi, 2005). 변경의 시선이 영유권 분쟁의 평화적 해결을 위한 첫걸음이 되는 것도 이러한 이유에서이다.

3. 국사(national history)의 대 연쇄

지도 위에 인위적으로 그어진 선으로서의 '국경'이 사람들의 일상을 어떻게 규율하는가를 보여주는 흥미로운 일화가 있다. 무대는 제1차 세계대전 직후 폴란드와 러시아의 변경지대이다. 베르사유 궁전의 한 방에서 외교 전문가들이 머리를 맞대고 자로 그은 국경을 확정짓기 위해서는 대대적인 측량 사업이 필요했고, 급기야는 최신 장비를 갖춘 측량 기사들이 이곳 변경지대의 오지 마을을 찾아오게 되었다. '그들'이 독립했는지조차 모르는 한 농민이 밭을 갈다가 이들에게 도대체 무엇을 하느냐고 물었다. 나라와 나라 사이의 경계를 긋는 국경선을 측정한다고 이들이 답하자,

그 농부는 자기 땅은 어디에 속하게 되느냐고 물었다. 아슬아슬한 차이로 러시아를 비껴나 폴란드에 속하게 된다는 답변을 듣자 이 농부는 안도의 한숨을 쉬며 신께 감사의 기도를 드렸다. 그 이유를 묻자 농부는 러시아의 겨울은 너무 추워서 견디기 힘들기 때문이라고 답했다.

이 일화는 '국경'과 '변경'에 대해 흥미로운 사실을 전해준다. 근대 국민국가의 지배 헤게모니에 포섭된 일반적인 상식으로는 이 농민이 폴란드 사람이기 때문에 폴란드에 속하게 된 데 대해 안도감을 느낀 것이라고 상상한다. 그런데 러시아의 겨울이 폴란드의 겨울보다 더 견디기 힘들기 때문이라는 농민의 대답은 우리의 상식을 일거에 전복시켜버리는 전복적 힘을 보여준다. 그나마 이 농민의 전복적 상상력은 잘 무장된 해체주의적 이론의 힘이 아니라, 매서운 겨울나기라는 일상의 체험에 굳건히 서 있다. 일상의 경험에 뿌리박은 변경지역 농민의 의식은 언어와 종족이라는 나름대로의 원칙에 따라 동유럽의 지도 위에 마구 국경선을 그어댔던 아르메니아 출신 미국의 지리학자 도미니안(Leon Dominian)의 지식을 비웃고도 남음이 있었다. 성공한 프로야구 선수보다 더 높은 연봉을 미국 국무성에서 받았던 도미니안의 해박한 지식은 변경 농민의 일상적 삶에서 보면 그야말로 자의적이고 인위적인 것이었을 뿐이다(Eriksonas, 2004: 84~98).

그러나 이 일화에서, 위에서 제멋대로 그은 국경의 개념을 전복시키는 한 투박한 농민의 전복적 상상력만을 읽어낸다면 그것은 지나치게 일면적이다. 자의적으로 그은 국경선에 따라 엄혹한 러시아의 겨울과 상대적으로 온화한 폴란드의 겨울을 구분하는 그의 의식은 국경의 경계 안에 포박되어 있는 것이다. 근대 국민국가의 경계 논리에 포섭된 그의 의식은 이 '선' 너머의 겨울은 러시아의 겨울이기 때문에 '선' 안의 폴란드 겨울보다 더 혹독할 것이라는 엉뚱한 논리의 연상 작용을 불러일으킨다. 그러나 현실에서 떨어진 이 논리의 문제점을 지적한다고 해서 러시아와 폴란드의 경계를 가르는 이 농민의 의식이 치유될 것 같지는 않다.

초등학교의 의무교육, 신문과 라디오 그리고 후에는 텔레비전 등의 미디어, 징병제도를 통한 국민병의 군대 교육, 현충일과 같은 국민적 기억의 공식행사, 다양한 국민축제, 전쟁과 민족적 상처에 대한 크고 작은 기념비 등을 통해 이 엉뚱한 논리는 이 농민의 몸에 그리고 그 아들딸들의 몸에 각인된다. 그래서 애국가와 기미가요를 부르면서 경건해지고 태극기와 히노마루 앞에서는 차렷 자세를 취하며, 이 국민국가의 상징들은 죽음을 무릅쓰고 적진에 돌격하도록 신체를 훈련시킨다.

그것은 자연적인 본능의 결과가 아니라 근대국가 권력에 의한 훈련의 결과일 뿐이다. '민족'과 '국민'이라는 추상을 통해 구체적인 '일상'이 갖는 전복적 상상력을 끊임없이 질식시키고, 몸과 의식에 대한 국가 권력의 통제력을 강화한 결과인 것이다. 이 과정에서 역사학의 기여는 아무리 강조해도 지나치지 아니하다.

19세기 이래 근대 역사학은 국민적 훈련의 가장 중요한 지적 장치였다. '국사'가 가장 중요하고 당연한 역사적 패러다임으로 받아들여지고, '국사'를 지키는 것이 곧 '국가'를 지키는 것이라는 널리 퍼진 생각 등은 그러한 훈련의 결과이다. 고구려의 역사적 자리매김을 둘러싼 한국과 중국의 역사논쟁도 같은 맥락에서 이해된다. 이 논쟁은 그 결과에 상관없이, 자기 땅의 경계가 어떻게 그어지는가에 따라 러시아의 겨울과 폴란드의 겨울을 구분하는 허위의식을 불어넣어주는 계기로 작동한다. 이 '국사'의 배타적 논리는 인위적 '국경'의 경계 안에 그 경계를 넘나들며 다양하고 복합적인 역사를 만들어나간 변경을 억지로 구겨 넣는다. '국경'의 시각은 선을 가로질러 넘나들며 복수의 점들로 산포된 '변경'이 갖는 역사적·문화적 복수성과 다양성을 부정하고 고정시킨다.

근대 국민국가의 관점에서 고구려의 역사를 배타적으로 전유하려는 주장이 지배적인 한, 변경으로서의 고구려 역사가 지닌 문화적 다양성과 역동성은 중국이나 한국 어느 일방에 의해 폭력적으로 획일화되는 것이다. 그 결과 역사적 주체로서의 민중에 대한 요란한 강조에도 불구하고, 정작 고구려 역사의 주인인 고구려인은 설 땅이 없는 것이다. '잡종'으로서의 역사적 고구려인은 한국 민족의 역사로 통합된 '예맥' 계통과 중국의 영토로 흡수·통합된 '거란, 말갈, 여진' 계통으로 해체되어, 한국사냐 중국사냐에 따라 어느 일방의 계통이 강조되고 다른 하나는 배제될 따름이다(임지현, 2004a: 19~34).

한국과 중국 간의 고구려사 논쟁뿐 아니라 4년 만에 다시 되풀이되고 있는 '새역사교과서'를 둘러싼 한국과 일본 간의 역사논쟁도 사정은 마찬가지이다. 먼 과거의 야마토 조정과 '임나'의 관계나 '도래인'인가 '귀화인'인가 하는 명칭을 둘러싼 양국 역사학계의 대립은 '시대착오주의'라는 공통의 기반 위에 서 있다. 고대 시기부터 우리나라, 우리 민족, 국민, 일본인, 한국인, 일본 문화, 한국 문화 등의 단어가 서슴없이 튀어나온다. 그뿐이 아니다. 고대의 동아시아 세계를 그린 역사지도에도 버젓이 중국, 일본, 한국 등의 표기가 등장한다.

이는 먼 과거에서부터 중국, 일본, 한국이라는 범주가 영속적인 실재로 존재해왔다는 인상을 심어준다(Morris-Suzuki, 2004: 197~199). 어려서부터 반복된 훈련을 통해 이러한 사유체계가 몸에 각인될 때, 따뜻한 겨울인가 추운 겨울인가의 문제는 폴란드의 겨울인가 러시아의 겨울인가 하는 문제로 전화되는 것이다.

'일본군 성노예'에 대한 의도적 생략을 통한 왜곡이나 남경학살에 대한 고의적 축소와 같은 몇 가지 문제를 제외하면, '새역사교과서'를 둘러싼 동아시아의 역사논쟁은 사실상 역사사실과 왜곡이라는 실증적 차원을 넘어선다. 2001년 판 '새역사교과서'의 서문에서 명백히 밝히고 있듯이 '역사는 민족에 따라 각기 다른 것이 당연'하고 '국가의 숫자만큼 역사가 있어도 조금도 이상할 것이 없다'면 이미 그것은 객관적인 역사적 진실의 문제가 아닌 것이다. 일본의 민족주의 역사가들에게 한국의 국정교과서를 본받으라고 촉구한 ≪산케이≫의 사설만큼 통렬하게 동아시아 역사논쟁의 현주소를 말해주는 것도 없다.

각각의 국민국가가 자국의 '국민적 정체성'을 심어주기 위해 '국사'를 교육하고 또 그것을 정당화한다는 관점에서 보면, 한국의 국정교과서가 '새역사교과서'의 모델이 되는 것이다. 한일 민족주의의 적대적 공범관계가 한일 국사의 적대적 공범관계로 전화하는 것도 이 지점에서이다(임지현, 2005).

그렇다면 문제는 더 이상 역사적 진실과 왜곡 여부가 아니다. 또 민족주의의 해체 전략으로서의 해체주의를 '국사'를 정당화하는 상대주의로 바꿔버린 민족적 상대주의를 추인하는 것도 아니다. 한국사학계의 실증적 민족주의나 '새역사교과서'의 상대적 민족주의를 해체하기 위해서는 '국사'라는 텍스트가 배치되어온 정치적·사회적·문화적 권력관계에 대한 질문을 던지는 것이 중요하다. '옳다 그르다'의 차원을 넘어 근대 '국민국가'의 정치적 프로젝트로서 '국사'를 이해해야 하는 것이다. 국사는 비단 역사교육을 통해서뿐 아니라 다양한 국가적 행사, 국립박물관, 역사소설, 텔레비전 드라마와 영화 등을 통해 끊임없이 우리에게 각인된다.

그람시를 패러디한다면, 헤게모니적 장치로서의 '국사'가 시민사회에서 펼치는 이 진지전의 위력은 참으로 가공할 만하다. 헤게모니와 진지전의 문제를 최초로 제기한 그람시조차 '국사'가 파놓은 깊은 참호에서 벗어나지 못했다. 민족-민중 문화를 강조하고 좌절된 리소르지멘토 혁명의 완성을 이탈리아 좌파의 과제로 설정함으로써 그람시 또한 이탈리아의 '국사' 패러다임에 포섭되었던 것이다(Passmore et al., 1999: 7).

제국과 식민지라는 역사적 경험의 비대칭성이 일본의 국사에 대해 한국의 국사를 정당화하는 논리로 작동해서는 곤란하다. 제국에 저항하는 이론적 기제로서의 주변부 '국사'가 제국의 역사를 대문자 역사, 즉 역사 해석의 마스터 코드로 간주하는 식민주의의 에피스테메에 기대 있다는 원론적인 차원에서 우선 주변부의 국사는 정당화될 수 없다. 더 나아가서는 앞에서 언급한 ≪산케이≫의 사설이나 최근 한국의 국정교과서를 비판한 일본 외상의 발언에서 잘 보여주듯이, 한국의 국사 또는 중국의 국사가 '새역사교과서'를 정당화하는 기제로 작동하기 때문이다. 지난 몇 년간 '비판과 연대를 위한 동아시아 역사포럼'이 성취한 한일 양국의 국사 비판 작업의 성과들이 잘 보여주듯이, 문제는 '유럽 세계-동아시아-개별 국민국가'로 이어지는 국사의 대 연쇄고리를 끊어버리는 작업인 것이다.

첫째, 세계사적 차원에서 그것은 '국사'의 패러다임이 근거하고 있는 유럽 중심의 세계사에 대한 종속이나 제국과 근대에 대한 욕망을 버림으로써 '길들여진 타자'인 주변부의 역사학을 '스스로 오리엔탈리즘(self-Oreintalism)'에서 해방시키는 계기가 된다. 둘째, 동아시아 차원에서 그것은 시민사회의 역사의식을 민족주의적으로 규율하고 그것을 매개로 국가의 동원논리를 정당화하는 민족주의의 '적대적 공범관계'를 해체한다는 데 의미가 있다. 셋째, 개별 국민국가 차원에서 그것은 특정한 헤게모니 집단이 단일한 의지와 이해를 지닌 국민의 이름으로 전체 주민을 대표함으로써 국민 내부의 차이를 은폐하고 억압하는 헤게모니의 해체를 의미한다(임지현, 2004b: 29~30).

국사의 패러다임에 입각한 최근의 역사논쟁은 동아시아 민족주의의 '적대적 공범관계'와 그것을 강화시키는 국사의 헤게모니적 역할을 여실히 드러내주었다. 따라서 국사를 해체하는 작업은 일국적 틀에 갇혀서는 곤란하다. 그것은 동아시아 전체 차원에서 동시다발적으로 이루어져야 할 작업이다. 일국적 차원에서 국사의 일방적 해체는 다른 국민국가의 국사를 반사적으로 정당화하고, 그것이 일으키는 민족주의의 도미노 효과는 동아시아 민족주의의 '적대적 공범관계'를 정당화하는 역작용을 빚을 수 있기 때문이다. 상호 비판과 자기성찰을 통한 밑으로부터의 동아시아 연대가 그 어느 때보다도 절실한 시점이다.

📖 참고문헌

변홍철. 2005.3.21. "독자투고: 독도문제, 일본 풀뿌리와 연대를". ≪한겨레신문≫.

월러스틴, 이매뉴얼 외. 1994. 『반체제운동』. 송철순·천지현 옮김. 창비.

임지현. 2004a. "Between National Sovereignty and Historical Sovereignty." 한양대학교 비교역사문화연구소 창립기념 국제심포지엄 "Frontiers or Borders?"(23~24 April, 2004) 발표논문. 임지현 엮음. 『근대의 국경, 역사의 변경』. 휴머니스트.

_____. 2004b. 「국사의 안과 밖: 헤게모니와 국사의 대 연쇄」. 임지현·이성시 엮음. 『국사의 신화를 넘어서』. 휴머니스트.

_____. 2005. 『적대적 공범자들』. 소나무.

Eriksonas, Linas. 2004. "Historic Borders and Ethnic Arguments in Eastern Europe After 1918." 임지현 엮음. 『근대의 국경, 역사의 변경』. 휴머니스트.

Lim, Jie-Hyun. 1999. "The national question in Poland." in Stefan Berger and Angel Smith(eds.). *Nationalism, labour and ethnicity 1870~1939*. Manchester: Manchester University Press.

Morris-Suzuki, Tessa. 2004. "An Integral Part of Our National Territory: Frontiers and the Image of the Nation in Japanese History." 임지현 엮음. 『근대의 국경, 역사의 변경』. 휴머니스트.

Passmore, Kevin, Stefan Berger and Mark Donovan. 1999. "Historians and the nation-state: some conclusions." in Stefan Berger et. al.(eds.). *Writing National Histories: Western Europe since 1800*. London: Routledge.

Sahlins, Peter. 1989. *Boundaries: The Making of France and Spain in the Pyrennes*. Berkeley: University of California Press.

Takahashi, Kosuke. 2005.4.30. "Ending the Russia-Japan Impasse: fresh thinking on the Kurils." *Japan Focus*. http://japanfocus.org/266.html.

Wallerstein, Immanuel. 1995. After Liberalism. New York: The New Press.

Williams Chris. 2004. "On the Razor's Edge: Understanding Borders in Modern History." 임지현 엮음. 『근대의 국경, 역사의 변경』. 휴머니스트

제11장

한국의 민족주의, 시대착오인가 변화의 동력인가

한국의 민족문제와 민족주의를 둘러싼 성찰과 전망

김귀옥

한성대학교 교양학부 교수

1. 서론: 불편하지만 열광하는 민족주의

21세기 세계화 시대에 민족문제나 민족주의라는 말은 그리 매력적이지 않은 것 같다. 지난 20세기 민족 또는 민족주의를 서구적 민족주의와 비서구적 민족주의(Anarson, 1990)로 나누어보면, 서구의 근대국가 수립과 동시에 출현한 서구적 민족주의는 자유와 평등이라는 가치를 앞장세우며 소수민족(ethnie)들에 기반을 두고 하나의 '민족(nation, 또는 국민)'을 만들

* 이 글이 세상에 나오기까지 몇 가지 전사가 있다. 처음 이 글은 2007년 7월 한국사회포럼 측의 '민족주의' 문제와 관련된 발표 요청에 따라 에세이 식으로 작성되었다. 다음으로 2008년 1월 비판사회학회 심포지엄과 2008년 9월 4~5일 이화여자대학교 인문과학원의 국제학술행사 발표과정에서 논문적 구성을 취하게 되었다. 그리고 이번 글은 이화인문과학원의 ≪탈경계 인문학≫, 제2호에 실은 논문을 다시 구성했다. 보잘것없는 논문에 대해 소중한 충고를 해주신 조희연 선생님과 여러 논평자 선생님들께 감사의 인사를 전한다.

어냈다. 또한 민족주의는 자본주의와 결합하여 19세기 말, 20세기 초 제국주의화되어 열강의 전쟁을 벌이며 이성을 마비시켰고, 패권적이고 인종주의적인 양상을 띠며 양차 세계대전을 야기했으며, 극단적으로 제노사이드까지 자행하기도 했다(Barlibar, 1991). 이것이 서구적 민족주의가 제국주의와 인종주의적으로 역사에 나타난 모습이다.

이와 다른 맥락에 서 있는 민족주의는 제국주의와 나치즘으로서의 민족주의의 대립항이라고 할 수 있다. 비서구적 민족주의의 맥락에서 민족은 간절히 찾고 회복해야 할 것, 이것이 없으면 그림자 없는 영혼과 같은 존재이며 빼앗긴 민족성을 되찾는 행위는 개인과 집단이 혼신의 힘을 바칠 만큼 가치 있는 일로 간주되곤 했다. 그래서 영혼을 잃어버린 민족들에게 제국주의에 의해 잃어버린 나라와 언어, 역사를 되찾는다는 것은 절대적인 가치를 가진 것으로 인식되었다.

한국에서 민족주의는 어떻게 읽힐까? 오늘날 한국 사회에서 민족문제나 민족주의는 세련되지 못한 채, 고지식하거나 보수적이며 과거 회귀적으로 인식되어 세계화 시대에 낙후된 것으로까지 비치고 있는 듯하다. 더구나 일반 대중에게 우리 민족의 반쪽인 북한 동족은 애증으로 얽혀 있는 관계이며, 김일성·김정일로 대변되는 사회주의적 민족주의를 표방하는 북한 정권은 불편하기 짝이 없는 것으로 여겨지고 있는 것으로 보인다. 불편한 이면에는 여전히 민족은 회복되어야 할 것, 분단국가에서 근대국가 수립을 위한 조건으로서의 '통일'과 북한은 민족문제 해결에서 떼려야 뗄 수 없는 문제로 인식되고 있다.

한편 민족주의는 사람들을 미치게 만드는 요소를 안고 있다. 2002년 월드컵 대회에서 본 바와 같이 붉은 악마, 'Be the Reds'가 외친 '대한민국' 함성과 함께 떠 있던 태극기의 물결은 대다수의 한국인을 감동과 열광으로 치닫게 만들었다. 1990년대 이후 한국과 일본, 한국과 중국의 갈등과 대결 과정에서도 한국인의 열광하는 모습은 여실히 나타났다. 또한 1990년대 중반 본격화되던 세계화 과정에서 시장 개방과 현지화를 주도했던 한국 자본이 해외에 진출하면서 보여준 공격적 또는 유사 패권적 모습이나, 가난한 나라의 외국인 노동자들이나 해외 관광지 현지인들에게 보여주는 한국인들의 외국인 차별적인 모습, 민족 배타적인 태도에서 서구적 제국주의를 한 얼굴을 떠올리게 된다.

어느덧 한국도 서구의 민족주의가 두 가지 얼굴을 가진 야누스적인 성격을 띠고 있는 모습을 닮게 된 것일까? 일제 강점기 민족해방운동의 동력으로서의 저항적 민족주의는 퇴색하고 상실되고 만 것인가? 과연 한국에서 그동안 민족주의의 전형으로 지적되어왔던 박정희 대통령의 민족주의는 그 실체가 무엇인가? 또한 최근 한국에서 언급되고 있는 민족주의적 담론들은 어떤 내용을 가지고 있으며, 그 또한 민족주의라고 볼 수 있는 것인가? 21세기 한국의 민족주의는 진보적 가치를 응축할 수 있는 가능성을 잃어버리고 만 것인가? 열린 민족주의는 대안으로서의 가능성이 없는 것인가?

2000년대 들어 한국 사회, 특히 지식인 사회에서는 '민족주의는 반역이다'라는 말로 대변되듯, 민족주의에 대해 불편해할 뿐 아니라 불필요한 것으로 여기는 탈근대적(post-modern) 분위기가 팽배해지고 있다. 그러나 이 글에서는 민족주의가 불편하거나 낡은 것일 수 있을지언정 여전히 중요성과 의미를 가지고 있다고 보고 있다. 한반도는 민족문제, 분단문제와 같은 근대국가의 미완의 문제를 안고 있다. 설령 탈근대적 의식이 팽배해 있을지라도 탈근대적 의식에 의해 근대적 과제를 해결하기란 요원하다. 예컨대 남북 분단체제를 탈근대적 인식에 기반을 둔 분단 관리론적 두 국가 체제로 전환한다고 할 때, 과연 한반도에 평화가 정착할 수 있는가를 의문시하지 않을 수 없다. 또한 분단 관리를 위한 인적·물적 비용은 항구적이 될 수밖에 없어서 북한체제에는 말할 것도 없고 남한체제에도 위협이 될 수밖에 없다. 따라서 이 글은 한반도가 안고 있는 근대적 미완의 과제 중 하나인 민족문제를 해결하고 한반도 평화체제 구축을 위해서 민족주의는 여전히 유용하거나 중요하다는 입장으로 출발하려고 한다.

이러한 문제의식에 따라 이 글에서는 우선 민족문제와 민족주의를 둘러싼 논쟁을 간단히 짚어보고 국가 이데올로기로서의 공식적 민족주의 담론의 실체를 규명하고자 한다. 또한 1990년대 민주화 이후 탈근대적 담론과 결합되어 출현하고 있는 민족주의적 담론들을 살펴보며, 마지막으로 열린 민족주의의 가능성을 모색하고자 한다.

2. 민족과 민족주의를 둘러싼 이론적 검토

민족문제를 둘러싼 서구 학계의 논의는 오래되었다. 반면 한국에서 민족문제 논쟁은 1970년대 문학계에서 백낙청, 염무웅, 최원식 등이 주도한 민족문학[1) 논쟁과 박현채(1980) 등의 민족경제론 등이 있었고 1980년대 초반 인문사회과학 계열에서도 민족주의 문제가 백낙청과 송건호, 강만길, 박현채, 정창렬 등에 의해 주도되면서 창작과비평 등에서 제기되기

1) 1960년대 순수-참여문학 논쟁의 결과 1974년 민족주의와 민주화를 앞장세운 '자유실천문인협의회'가 창설되었고, 1987년에는 '민족문학작가회의'를 창립했다. 작가회의의 긴 논쟁 끝에 2007년에는 극우 국수주의와 친북단체라는 인식을 고려하여 '한국작가회의'로 개칭했다. www.hanjak.or.kr 참조.

시작했다.[2] 1970년대부터 신용하의 민족주의 논의도 시작되었다.[3] 그들 간에 민족의 주체를 설정하는 것과 민족 기원, 형성과정을 설명하는 데에는 차이가 있었으나, 크게 보면 민족은 언어, 지역, 혈연, 문화, 정치, 경제, 역사가 공동으로 결합된 역사적 범주의 공동체(신용하 엮음, 1988: 46)라고 보는 데에는 합의한 듯 보인다.

이러한 논의 지형에 새로운 틀을 제시한 것은 자본주의 운동의 확대 및 현실 사회주의의 해체와 밀접한 관련을 맺고 있다. 사회주의 국가의 해체 과정에서 발생한 소수민족 집단(ethnic group)의 등장과 소규모 국가의 출현은 근대국가의 본질이 무엇인가를 성찰하게 했다. 한국 사회에서 이러한 논의를 던진 것은 베네딕트 앤더슨(2002)과 홉스봄(1994) 등의 구성주의적 민족 정의라 할 수 있다. 그러한 문제의식에 따라 1990년대에는 민족이라는 개념을 둘러싸고 '본질주의'와 '구성주의' 또는 '주관주의'라는 이원론적 논쟁이 벌어졌다(임지현, 1999).

즉, 1990년대 이전까지 민족을 '대자적 민족'(신용하 엮음, 1988)으로 보는 시각은 다소 본질주의적 입장을 취하고 있다고 볼 수 있다. 반면 '민족주의가 민족을 창조'(겔너, 1988)했고 그러기에 민족은 '상상된 공동

---

2) 1980년대 민족주의 논쟁의 성과는 서구의 민족주의 논의를 소개한 백낙청의 『민족주의란 무엇인가』(창작과비평사, 1982)와 송건호·강만길의 『한국 민족주의론 I, II』(창작과비평사, 1982, 1983), 박현채·정창렬의 『한국 민족주의론 III』(창작과비평사, 1985) 등으로 집약된다. 이들의 논의는 일제 강점기 식민지 저항적, 민중적 민족주의로 개념화되었다.

3) 신용하의 논의는 독립협회 - 3·1독립운동 - 상해임시정부 등으로 민족주의의 맥을 이어나가고 있다. 그의 『독립협회의 민족운동연구』(서울: 韓國文化硏究所, 1974)와 『독립협회의 사회사상연구』(서울: 韓國文化硏究所, 1974) 등은 강만길, 정창렬, 박현채 등의 민중적 민족주의 맥과는 거리를 두고 있다고 볼 수 있다.

체(imagined community)'(앤더슨, 2002)이기도 하며 나아가 '상상의 공동체(imaginary community)'(Balibar, 1991)로 인식되기도 하는데 이러한 입장을 크게 보아 구성주의적 관점이라 할 수 있다.

다소 대립적인 이 논의에서 우리가 고려해야 할 점은 두 논의에서 모두 취할 점이 있다는 사실이다. 본질주의적 민족관의 기저에 깔린 혈연적 공통성은 비역사적 사실일 수밖에 없다. 즉, 민족의 기본 단위라고 할 수 있는 가족만 해도 여러 피가 섞여서 이루어진 집단이기 때문에 민족이 하나의 혈연이라는 개념은 허위의식일 수밖에 없다(김낙중, 2008). 따라서 민족이라는 개념이 생물학적으로 결정되어 불변한 것이 아니라는 점에서 본질주의적 시각에 문제점이 있다.

반면 앤서니 기든스의 얘기처럼 "민족적 정체성을 개인적 정체성의 요소로 경험하는 것은 환상"이 아니라는 점을 염두에 둘 필요가 있다. 즉, 그것은 역사적이고 상대적이며 구성적인 요소를 갖춘 개념이되 주의·주관적 개념인 것은 아니라는 점이다. 이러한 점에서 스미스(Anthony D. Smith)의 "'민족'은 이전에 존재하던 에스니(ethnie, 소수민족)의 속성을 물려받아야 하고 여러 가지 신화와 기억, 상징을 합체시켜야 하며 그 자신의 것들을 고안해야 한다. 민족 형성은 단순한 근대화 과정의 일부인 것은 아니며 민족적 선조에 의해 결정된다"는 말이 한민족에 대한 정의로서 적절한 것으로 보인다(Smith, 1996).

민족이란 개념은 생물학적·본질주의적 개념이라기보다는 구성주의적 개념에 가깝다. 그러나 한국의 민족은 서구적 민족과 달리 근대국가 형성기에게 구성된 것이라기보다는 더 오랜 종족적 기억을 가지고 있으며, 아무리 최소화시켜도 고려조 때 현재와 유사한 지역과 역사, 언어, 문화 등의 공통성을 형성시켜왔다는 점에서 근대화의 산물이라고 말하기 어렵다.

그런데 민족이 근대 민족으로 발전하는 데에는 몇 가지 환경적 조건이 필요하다. 사회신분제의 폐지, 자본주의의 발흥과 국민경제의 성립, 민주주의의 발흥과 국민국가의 성립, 국민 교육의 보급과 민중의 문화적 발전, 민족의식의 고양과 민족주의의 발흥(신용하 엮음, 1988: 47~48) 등이 그것이다. 특히 이러한 조건을 아우르는 것은 수평적 평등과 수직적 통합이다(Arnason, 1990).

구체제(ancient regime), 즉 봉건제적 질서가 존재하는 한 '우리'라는 관념을 갖기 곤란하다. 더욱이 일제 강점기처럼 다른 민족에 의해 하나의 민족이 억압받는 상황에서는 다른 민족과 하나의 민족이 평등한 민족이 될 수 없고 다른 민족은 반민족 개념을 발생시킴으로써 민족 간 분열이 발생하게 된다. 다시 말해 독립된 자주 정권이라는 민족국가의 형성 및 존재는 근대 민족 형성의 중요한 조건이 된다. 그런데 국가는 민족을 수직적으로 통합시킨다. 통합에 의해 '애국심'을 국가 주위로 모을 수 있다.

일제 강점기는 근대 민족의식, 즉 민족주의를 각성시켰으나 근대 민족의식은 해방의 과제를 제기했다. 그러나 해방은 분단으로 이어지고 분단 정권의 탄생으로 인해 같은 민족이지만 근대적으로 같은 정치, 경제, 사회, 문화를 경험할 수 있는 기회를 박탈당하게 된 것이다. 또한 박정희 정권에 의해 차용된 '민족주의'는 사실 '분단국가주의'(강만길, 1999)였다. 따라서 자주성을 갖춘 남북민을 모두 아우를 수 있는 진정한 근대 민족공동체의 탄생, 민족주의의 회복은 통일의 과제로 남겨져 있다.

3. 공식적 '한국 민족주의'의 실체

분단 이후 한국 사회에서는 국가에 의해 주도된 공식적 민족주의와 국가에 의해 배제당한 채 시민사회에서 형성된 민족주의가 여러 가지 모습을 띤 채 형성되어왔다. 그나마 1980년대까지 시민사회가 최대한 억압당해 있을 때는 민족문제를 은폐시킨 채, 민족주의를 차용하여 쓴 것이 국가였고, 공식 담론으로서의 민족주의 색채를 띠었다. 이제 국가에 의해 주도된 한국 민족주의의 실체에 접근해보기로 한다.

1) 박정희 신드롬과 민족 없는 민족주의

"각하는 곧 국가이다."

우리 사회에서 '각하'를 아는 세대와 모르는 세대로 나눈다면 틀림없이 '아는 세대=구세대' 대 '모르는 세대=신세대'로 나눠질 것이다. 그런 구세대 중 이 말이 과거 박정희 대통령의 총애를 받던 경호실장인 차지철의 불후의 명언이라는 것을 알 만한 사람은 다 안다. 이 말은 영화 <효자동이발사>(임찬상 감독, 2004)에서도 향수 어린 친숙한(?) 말로 등장하기도 했다.

1970년대 각하를 향한 수많은 찬사들이 바쳐졌다. 이러한 '각하 애국주의'는 1980년대 전두환 대통령 당시에도 계속된다. 1979년 12·12쿠데타와 1980년 5·18로 수천 명의 피를 손에 묻히고 출범한 전두환 대통령의 말년에 시인 서정주는 「전두환 대통령 각하 제56회 탄신일에 드리는 송시(1987.1.1.)」(≪한겨레 21≫, 1996년 1월 18일: 34~35)를 바친다. 한 대목을 보면,

이 겨레의 모든 선현들의 찬양과
시간과 공간의 영원한 찬양과
하늘의 찬양이 두루 님께로 오시나이다.

시인 서정주에게는 일제 강점기의 일본 왕이나 이승만, 박정희에 이어 전두환에 대해 구체성은 사라진 채 '용'으로만 인식되어, 용에게 '용비어천가'를 바치는 데 부끄러움이 있을 수 없었다.

그런데 이러한 각하를 국가로서 인식하며 받쳐지는 애국주의적 태도는 과연 몇몇 지식인(한상범, 2004)만의 전유였을까? 위로는 서정주 선생으로부터 아래는 국민가요, 어린이들의 동요에 이르기까지 세상은 각하를 향한 존경심, 애국심으로 들끓었다. 1972년 10월유신 이후에 어린이 사이에는 동요 「산토끼」가 다음과 같이 가사가 바뀌어 널리 불렸다(김귀옥·윤충로, 2007: 124).

10월 17일 유신은 김유신 같아서
삼국통일 하듯이 남북통일 되고는
근대화 목말라 바가지에 물 떠서
목마르자 물주는 바가지를 밀어요.

일인지존의 자리에 있던 박정희 대통령은 자신과 같은 군인이라는 점에서 이순신 장군에게 성웅(聖雄)이라는 극존칭을 헌사했다.[4] 1970년대 후반

4) 이순신 장군을 극찬했던 또 하나의 배경에는 박정희 대통령의 원죄의식, '천황'의 군인 콤플렉스가 작동한 것은 아닐까 싶다.

성웅 이순신의 노래도 국민가요로 텔레비전 공중파를 타고 세뇌하듯 오랫동안 애창되었고, 1980년대 대학생들은 이 노래 역시 패러디하여 애용했다. 그래서 어린 시절 우리의 최고 영웅은 박정희 할아버지였고, 할아버지에게 편지를 보내어 답장을 받은 친구는 교장선생님 이하 모든 학교 선생님과 학생들의 부러움을 받았다.

종종 언론기관 등에서는 "당신이 가장 존경하는 한국인은 누구입니까?"라는 것을 묻는 조사를 실시하곤 한다. 특히 대통령 선거철이 되면 그런 조사결과가 시중에 회자되기 일쑤인데, 그때 등장하는 앙케트 결과의 1~3순위에는 으레 박정희 대통령이 포함되었다. 그 결과를 민심의 향배라고 판단한 몇몇 대선 주자들은 자신이 그 '적통'이라면서 '그분'을 전면에 내세워 자신의 이미지와 중첩시키고 있다. 어떤 주자는 머리 모양, 선글라스 등을 '그분'처럼 착용하여 이미지를 재현하기도 한다. 또 어떤 여성 주자는 '국모'의 이미지를 재현하며 국모를 기억하는 층 속으로 파고들기도 한다.

1997년 초부터 영국에서 복제 양 돌리가 탄생했다는 뉴스로 세계가 들썩거렸다. 그해 3월 ≪고대신문≫에서는 다음과 같은 내용을 담은 앙케트 결과가 발표되었다.

> '복제하고 싶은 인물'에는 백범 김구 선생이, '복제해서는 안 될 인물'에는 김영삼 대통령이 각각 1위로 꼽혔다. 고대신문이 최근 재학생 180명을 상대로 '인간복제에 대한 의식'에 대해 설문조사한 결과에 따르면 김구 선생과 김 대통령이 각각 13표와 36표를 얻어 각 부문 1위를 차지했다.
>
> '복제하고 싶은 인물' 2위에는 7표를 얻은 테레사 수녀가, 3위에는 6표를 얻은 박정희 전 대통령이 올랐다. 다음으로 자기 자신(5표), 세종대왕(4표)

순이었다(≪한국경제≫, 1997년 3월 18일자).

왕년의 '민족 고대'생들의 이러한 여론을 담은 ≪고대신문≫의 기사는 두고두고 박정희 향수의 좋은 증거자료로 활용되고 있다(임지현·사카이 나오키, 2003: 175). 2008년 8월 15일, 건국 60년을 맞아 각 언론사가 조사한 역대 최고 대통령 1위로 박정희 전 대통령이 꼽혔다.

이러한 제 현상을 박정희 신드롬이라고 한다면, 박정희 신드롬의 원인이 무엇인지, 이른바 박정희 향수 현상이 박정희 체제 또는 통치에 대한 동의를 의미하는 것인지에 대해서는 해석이 분분하다. 2007년 어느 수업 시간에 학생들과 박정희 대통령의 공과 문제를 둘러싼 토론을 진행했다. 박정희의 역사적 궤적과 사상, 1960~1970년대 통치 전반에 걸쳐 비판적인 입장을 취했던 학생들이 약 40% 정도인 데 반해 절대 지지자는 5%도 안 되었던 것으로 기억한다. 중간지대에 놓인 학생들이 50%가 넘는데, 공과론, 필요악론 등 분분한 주장이 나온다. 마지막에 교수가 질문을 한다. "앞으로 우리가 요구하는 리더십은 박정희와 같은 독재형 리더십인가, 아니면 민주형 리더십인가"라는 질문에 80%가 넘는 학생들이 민주형 리더십을 선택했다.

지난 2007년은 1987년 민주화항쟁 20년이 되는 해였고, 한국 사회에서 '각하'라는 말이 사라지기 시작한 지도 20년쯤이 되는 해였다. 요즘은 각하라는 말 대신 비공식적으로 대통령을 지칭하는 말로 'VIP'를 사용하고 있다. 다시 말해 '대단히 중요한 사람'이면서 관용적으로 '귀빈(貴賓)' 쯤으로 해석된다.

각하와 VIP, 둘 모두 극존칭에 해당하지만, 둘 사이에는 엄청난 차이가 있다. 각하는 폐하, 전하에 버금가는 극존칭일 뿐 아니라, 1970년대 독재의 서슬이 시퍼렇던 시대, 무소불위 권능의 상징어이며, 천상천하의 독존자였다. 반면 VIP는 귀빈이라는 뜻인데, 귀빈이 제아무리 귀빈일지라도 손님에 불과하지 주인은 아니다. 누구도 현재의 VIP가 내일의 VIP라고 여기지 않고 있다. 최고 권력자의 입장에서는 5년 단임제 대통령제를 못박아둔 제6공화국 헌법이 원망스럽기 짝이 없다.

이제 대통령이 되었다고 모든 권력을 한 손아귀에 쥐고 국민의 운명을 쥐락펴락할 수 있는 시대는 끝난 게 분명하다. 박정희 대통령의 성장 신화를 차용해 개발 신화를 만들어내어 등극한 이명박 대통령의 경우에도 이미지를 차용하는 데는 성공했을지 몰라도, 유신헌법으로 회귀할 수는 없다. 그야말로 대통령의 제왕적 권위주의가 사라졌다. 더 이상 대통령을 중심으로 한 국가주의, 애국주의는 약발이 듣지 않는다.

그럼에도 수많은 사람들이 당연시하고 있는 박정희 대통령으로 상징되는 소위 '한국 민족주의'의 본질은 무엇인가? '각하'의 시대, 각하에게 모든 걸 충성하는 것이 곧 애국이며 한국 민족주의의 본질이었고, 각하에게 충성하는 사람이 애국자이며 그런 범주의 사람이 동족이었다. 그 시기에 우리는 북한, 괴뢰도당이 같은 민족이라는 말을 하는 것만으로도 반공법에 걸릴까 두려워했던 세월이 아닌가? 2002년 12월 시청 앞에서 벌어진 미선이, 효순이 진상 규명을 위한 촛불시위에서 미국 '성조기'가 찢기는 사건은 얼마 전까지만 해도 있을 수 없고 상상할 수도 없는 일이었다. 우리에게 북한은 동족이 아니라 차라리 미국이 동족이고 우리의 구원신이었다. 북한이 같은 민족이라는 것은 상상만으로도 불온한 것이었다. 따라서 지난 국가의 지배 이데올로기로서 공식적 '한국 민족주의'에는 민족 없는 민족주의, 대통령과 정권을 향한 충성심, 또는 극우적·친일적 국가주의가 놓여 있었다고 할 수 있다.

2) 반공민족주의의 내면화

해방 후 1980년대까지 국가이데올로기로서의 공식적 민족주의가 있었다면, 그건 유사 반공민족주의[5]라 불러야 할 것이다. 오랫동안 한국 사회에서는 반공을 하지 않으면 결코 '동족'이라고 할 수 없었다. 흔히 '동란', '동족상잔'이라 불리는 한국전쟁 당시 남한에서만도 100여만 명 가까운 민간인의 상당수가 반공의 기치하에 빨갱이라는 이름으로 학살을 당했다. 그런데 당시 빨갱이를 동족이라 불렀을까? 거꾸로 빨갱이들이 쳐내려올까봐 한강 다리를 끊어 서울 시민들을 한강에 처넣은 지도자는 동족일까? 또한 한국군이 적인지 아(我)인지 구분이 가지 않는다고 하여 쏴 죽인 후, 또는 미군이 황인종 피난민이 적인지 아(我)인지 구분이 가지 않는다고 하여 쏴 죽인 후, 억울한 죽임을 당했다며 항의하는 유족을 향해 반국가 행위라고 사형을 언도[6]했던 지도자는 동족일까?

한국전쟁 시기 국가폭력에서 두드러지는 점은 아군=선, 빨갱이=적으로 설정되어 사실상 적으로서의 북한 사람에 대한 '동족' 개념이나 최소한 인간 개념도 존재하지 않는다는 것이다(김동춘, 2000: 235). 남북 분단 이후 세대들은 북한 사람에 대한 상상력의 여지를 완전히 박탈당했다. 이승만

5) 임지현 교수 역시 한국에서 반공주의는 내셔널리즘과 결합했다고 보고 있다. 그 연원을 이승만 대통령으로 거슬러 올라갔다(임지현·사카이 나오키, 2003: 158). 더 엄밀히 본다면 이승만은 진보적 민족주의자=빨갱이로 취급한 우파였으며, 그의 반공주의는 철저하게 친미주의에 기초하고 있었다(정병준, 2005: 713).

6) 1960년 4·19항쟁 직후 구성된 '경상남북도 피학살자유족회' 등은 1961년 5·16군사쿠데타 직후 구성대 혁명재판부에 의해 좌익용공적 행위로서 판결을 받고 그 대표였던 대구의 이원식은 사형, 노현섭은 무기징역 등을 선고받은 바 있다(서중석, 1999b: 801~803).

대통령 당시에는 민족을 호명하는 것만으로도 불온한 것이었고, 박정희 체제하에서도 반공적 민족이 아니면 곧 빨갱이였다. 1961년 5·16쿠데타 당시 '혁명공약' 제5조에서는 "민족의 숙원인 국토 통일을 위하여 공산주의와 대결할 수 있는 실력배양에 전력을 집중한다"라고 하여 본격적으로 '반공민족주의'를 선언했다.

반공민족주의 아래에서 자라난 세대들은 북한 사람에 대해 같은 민족이라고 상상할 수 있는 여지가 거의 형성되지 않았다. 최근 필자는 이러한 주제를 가지고 여러 사람의 구술을 청취했다.[7] 북한 사람들에 대한 인식 형성은 교과서나 방송 등 공공기관을 통해서만 이루어지는 것이 아니라 전 방위적으로 이루어졌다. 그중의 하나로서 1970~1980년대 어린이들의 놀이에 각인된 간첩놀이에서 일단을 발견할 수 있었다.

분단 2세대들의 대표적인 놀이 가운데 하나는 간첩잡기 놀이가 아닐까 싶다. 어린이들의 놀이 속에는 세상이 가장 잘 반영된다. 가령 부부싸움이 잦은 부모를 가진 아이는 소꿉장난 놀이에 반드시 부부싸움의 메뉴를 넣기 마련이고, 사랑의 동작을 많이 나누는 부모를 가진 아이는 소꿉놀이 상대방에게 입맞춤이나 포옹이 잦을 수밖에 없다.

어린이 놀이에는 시대상도 반영이 된다. 예컨대 일제 강점기에 아이들은 독립투사와 순사를 주제로 한 놀이를 종종 했다. 아이들의 영웅은 단연 독립투사였고, 순사는 번번이 투사를 놓치고 혼난다. 그런 주제를 담은 아동요로 「순사돼지 꿀꿀」이란 것이 있다. "유격대의 기습에 혼비백산한 일본 경찰 하나가 돼지우리에 숨었고, 유격대가 퇴각한 뒤에 마을

7) 아래 내용은 2006년 시작된 '희망제작소'의 여러 가지 프로젝트 중 하나인 "하나된 평화의 나라"라는 주제를 가지고 20여 명에게 구술 조사한 결과보고서 중 한 대목이다.

주민들이 다가가도 겁에 질린 채 돼지인 척 꿀꿀댔다"(한홍구, 2003: 154)라고 풍자한 노래이다. 또한 1980년대 대학가 근처에 사는 아이들은 데모를 하는 대학생과 그들을 쫓는 경찰을 주제로 놀이를 했다.

그러나 전후 태어난 분단 2세대들이 어린이였던 1960~1970년대에는 간첩놀이가 유행이었다. 손정연(가명)의 치기어린 놀이 속에 깊이 배어 있는 반공의 힘을 경청하자.

> 우리는 간첩잡기 놀이를 했어요. 마을 뒤에 야산들이 많으니까 학교를 일찍 마치고 나면 보통 그곳에 가서 곤충채집 등을 했는데, 이때 독특했던 몇몇 애들이 "무슨 곤충채집이냐, 간첩 잡으러 가자. 좀 더 멀리 들어가 보면 있다"라고 말하곤 했어요. 어렸을 때는 **산에서 내려오는 사람, 버스 요금 모르는 사람, 말투가 이상한 사람, 옷을 계절에 맞지 않게 입은 사람** 등 몇 가지 유형을 적어놓은 게 쫙 붙어 있었어요. 이런 사람이 있으면 신고하라는 것이었지요. 우리가 그거를 떼서 들고 다니면서 "간첩 잡으면 포상금이 얼마다"라고 하니까 애들이 "간첩잡기 놀이를 하자"라고 했어요 (강조는 필자).

그 시대 어린이 치고 간첩놀이 하지 않았으면 '간첩'이거나 너무도 얌전하거나 거동이 불편한 사람이 아니었을까 싶다. 다른 구술자인 김혜영(가명)의 경우에는 간첩잡기 놀이를 하면 "나쁜 놈은 '너 괴뢰군이고' 도둑놈도 함께. 그게 거부감 없이 당연히 일종의 놀이"라고 생각했다.

간첩잡기 놀이가 상대적으로 활동성을 필요로 하는 남성적 놀이라면, 여성성을 갖춘 어린이 놀이 중 하나는 고무줄놀이다. 1960~1970년대 고무줄놀이의 단골 레퍼토리는 "무찌르자 오랑캐 몇 해 만이냐 대한 남아

〈그림 11-1〉 반공담화문: ×× 군민에게 드리는 말씀

○○ 군민에게 드리는 말씀

존경하는 군민여러분 안녕하셨읍니까
군민 여러분께서는 이미 모든 보도를 통하여 잘알고 계시는 바와 같이 북한 김일성 괴뢰도당은 대한민국의 경제 성장과 건설부흥에 초조한 나머지 남한의 경제 및 사회질서를 파괴코저 남한내에 거점확보와 제2전선 형성을 위하여 작년 1.21 때 카모 무장공비 31명의 서울근교 침투사건, 푸에블로호의 납북사건, 강원도 삼척지구의 무장공비 투입 양민학살사건, 금년의 마정보기 격추사건과 휴전선 일대에서의 수없는 도발행위등 가진 만행을 자행하고 있는 것입니다. 과거 북괴의 전략 관례로는 계절 지리등을 고려하여 간첩을 남파시키고 있었으나 최근에 와서는 계절의 구별과 지리적조건에 구애됨이 없이 살인 무장 공비를 남파 시키고 있읍니다.
그러므로 하절 녹음기를 이용하여 북괴의 도발행위가 가장 심하여 질것이 예상되는 것입니다.
특히 우리고장 ○○군도 서부해안을 끼고 있으며 해안선과 내륙을 연결하는 장항선과 서산 해안 가져의 버스에 수많은 여객이 끊임없이 왕래하고 있어 간첩들의 침투와 도주가 용이한 지점에 위치하고 있읍니다.
이와 같은 작금의 사태와 지역적 조건에 조감하여 우리군내에도 언제 그들이 침투할지 예측을 불허하는 현실에 있읍니다. 애국애족하시는 반공 국민여러분께서는 북괴의 이와 같은 도발행위에 대비하여 다같이 분발하시어 저의들 군경의 대간첩작전과 방첩활동에 분연히 궐기하여 주시기를 바라오며 6.1부터 6.30까지 실시되는 방첩및 승공사상 앙양기간을 맞이하여 다음 몇가지를 부탁드리는 바입니다.

첫째 : 새벽 또는 야간에 산에서 내려오거나 바닷가를 배회하는 자.
둘째 : 계절과 유행에 맞지 않는 양복을 입고 다니는자.
셋째 : 자주 이사하거나 자주 변장하는 자.
넷째 : 과거의 악질부역자 처단자 가족과 남몰래 가까히 교제하는 자.
다섯째 : 일본 밀항자로서 출처불명의 많은 돈을 가지고 귀국한자.
여섯째 : 6.25당시 행방불명 또는 납치 되었다가 최근에 나타 난자.
일곱째 : 한 밤중에 북괴 방송을 듣는자.
여들째 : 정부시책을 은근히 비난하고 북괴를 지지 찬양 하는자.
아홉째 : "동무", "정치", 호상등 좌익 용어를 무의식중 사용 하는자.
열 째 : 돈을 많이 써서 주민등록증을 발급 받고저 하는자.
열한째 : 타인 이름으로 주민등록증을 발급 받거나 발급 받고저 하는자.
열두째 : 미화 또는 원화를 은익하거나 바꾸는자
열셋째 : 남한의 물가 시세나 지리를 잘 모르고 있는 자.
열넷째 : 야간에 밥이나 식료품을 훔쳐 먹거나 훔쳐 가는 자

가는 길 승리뿐"(김혜영)이나, "전우의 시체를 넘고 넘어 앞으로 앞으로 낙동강아 잘 있거라 우리는 전진한다 원한이여 피에 맺힌 적군을 무찌르고서 화랑담배 연기 속에 사라진 전우야"라는 군가성 노래였고, 그 노래에 맞춰 고무줄놀이를 하면서 여자 어린이도 반공의 대열에 동참했다.

이제 간첩잡기 놀이를 하기 위해서 한 가지 갖춰야 할 것이 있다. 간첩이

누구인지, 소위 '빨갱이'나 북괴군이 누구인지 알아야 한다. 분단 1세대와 달리 분단 2세대는 냉전시대에만도 북한 사람들을 직접 만나본 경험이 전무했다. 그러기에 정부에서는 친절하게 간첩은 어떤 사람임을 홍보해줘야 했다. 1960년대 말에 등장한 반공담화문 속에 그 정답이 있다.

<그림 11-1>의 반공담화문은 충청남도 어느 군에 배포·게시된 것이지만, 이런 종류의 담화문은 전국적으로 발견된다. 이 담화문을 보면 간첩이 누구인가가 정의되어 있다. 간첩의 제1 유형은 확실히 새벽이나 야간에 산에서 내려오는 자였고, 계절이나 유행에 맞지 않는 양복을 입고 다니는 자, 자주 이사하거나 변장하는 자, 출처불명의 많은 돈을 가지고 귀국한 자, 정부시책을 은근히 비난하고 북괴를 지지 찬양하는 자 등을 들고 있다.

그러한 담화문이나 포스터 덕분에 웃지 못할 소동이 곳곳에서 벌어졌다. 넘쳐나는 간첩신고가 그것이다.

> 초등학교 3학년인가 4학년 때 간첩신고 한다고 파출소에 간 적이 있어요. 그때 산에서 아저씨들 세 명이 내려오는데 인상이 좀 험악했어요. 그리고 불룩하게 나온 곳이 무엇을 숨겨놓은 것 같은 인상이 들어서, 친구들과 한참 고민하다가 파출소에 가서 수상한 사람이 나타났다고 신고했어요. 꼭 간첩같이 보였거든요. 그런데 아저씨들이 시끄럽다고 빨리 집에 가라고 해서 굉장히 무안해하며 집에 간 적이 있어요.

위의 김선민(가명)과 같은 경험을 최하영(가명)도 비슷하게 했다.

> 저처럼 기억을 못하는 사람도 새록새록 생각이 나는데, 그런 의식들이

있었던 것 같아요. 아까 인왕산에 삐라 주우러 다녔다고 말씀을 드렸는데, …… '북쪽에 이런 간첩이다' 뭐 이런 얘기들이 있었던 것 같아요. 그래서 동네 애들이랑 삐라 주우러 다닐 때 좀 긴 코트를 입고 다니는 사람들을 보면 '저 사람 혹시 간첩 아니야'라고 의심했어요. 이런 의심과 경계의식이 우리 머릿속에 내재되어 있었던 것 같아요.

최하영이나 김선민은 적극적인 성격을 가졌던 것 같다. 그러나 그들이 더 유난스러웠느냐면 그것만은 아니었던 듯싶다. 1960년대 후반부터 전면적으로 실시된 반공윤리교육은 조등학생들의 반공의식을 깊숙이 내면화시켜, 민주적 준법정신=반공의식으로 일치시켜두었다. 따라서 김선민의 개별적 신고의식의 투철성이나 적극성 또는 손정연이 말하듯 간첩 포상금의 존재와는 별도로, 이러한 신고의식을 통해 몇 가지 당시 사회에 관통되고 있었던 몇 가지 함의를 꺼내볼 수 있다.

이러한 신고의식은 첫째, 반공주의적 애국심의 척도로 비쳤다. 반공의식을 갖는 것은 국가와 민족을 향한 민주의식, 애국심과 충성심의 표상이었다. 1968년 12월 5일 발표된 '국민교육헌장'에서 '반공 민주 정신에 투철한 애국 애족이 우리의 삶의 길'임을 밝힌 대로 학생들이나 공무원, 시민들은 국민교육헌장을 일상적으로 암기하게 되었다. 특히 민감한 감수성층이라고 할 수 있는 초·중등학생들에게는 깊이 내면화될 수밖에 없었다.

둘째, 이러한 간첩신고 의식 형성의 기저에는 간첩=북한 사람=빨갱이에 대한 동일시의 인식이 깔리게 되었다. 다시 말하면 최하영이 얘기하듯 간첩에 대한 '경계의식(red alert)'이 자리 잡게 되었다는 것이다. 김혜영(가명)의 목소리를 통해 들어보자.

우리는 전쟁이란 걸 겪어보진 못했지만 어려서부터 **전쟁이 얼마나 무서운지, 빨갱이가 얼마나 무서운지**는 다 알고 있던 거 아니에요? 꿈도 많이 꿨고요. 전쟁이 일어나서 도망가는 꿈을 저는 다 커서까지 꿨어요. 어렸을 때의 그 얘기들이 굉장히 컸던 것 같아요. 그때 당시 너무너무 무서웠던 기억이 지금도 생생해요(강조는 필자).

김혜영의 공포에 대한 기억에는 전쟁과 빨갱이에 대한 기억이 얽혀 있다. 전쟁에 대한 공포심은 흔히 염전(厭戰)사상으로 발전되는데, 한국의 그것에는 특별한 데가 있었다. 즉, 제1, 2차 세계대전 과정에서 서구에서는 전쟁에 대한 공포와 두려움, 즉 염전사상은 주로 사회주의나 아나키즘이 주도하여, 흔히 전쟁 반대와 함께 평화에 대한 기대감으로 발전되었다(Zinn, 1980: 355, 409). 그러나 한국의 염전사상은 평화사상으로 발전되기보다는 그와는 거리가 먼 반공·반북의식(한길사 편집부, 1994: 362)의 고취로 진행되었다. 북한의 경우에 염전사상은 곧 패배주의로 인식되었다(남원진, 2004: 298). 아무튼 전쟁을 싫어하는 것은 곧 북한과 공산주의를 반대하는 것이 되었고, 북한보다는 북괴, 북한 사람보다는 북괴군 등으로 통했다.

이러한 인식은 흔들리거나 전복될 수밖에 없는, 진정한 의미에서 '허위의식'으로서의 이데올로기에 불과하다. 비록 박정희의 '반공교' 혹은 민족문제연구소 식의 '박통진리교'에 의해 전 국민이 반공적으로 교화되었다고 하더라도, 실체가 다가오면 단번에 흔들릴 수밖에 없었다. 예컨대 북한 사람을 한 번도 본 적이 없는 사람들은, 1972년 남북조절위원회가 남북을 오가는 동안 텔레비전이나 신문에 나타난 북한 사람의 얼굴을 보며 놀랄 수밖에 없었다. '그들도 우리처럼' 똑같은 얼굴과 똑같은 말을 쓰고 있었기 때문이다.

그러나 공식적으로 그들이 우리와 같은 민족이라는 것을 발화하는 것은 국가보안법에 걸리는 일이었다. 그래서 김청기 만화영화감독 같은 사람은 "(북괴군은) 알고 봤더니 돼지, 또는 여우, 늑대가 사람의 탈"을 썼다고 <똘이장군>에서 동족임을 부정했다. 1987년 6월 항쟁으로 교과서적인 민주주의가 아니라 비로소 민주화가 시작된 이래로 북한 사람을 동족이라고 하면서, 북한 사람을 '괴뢰도당'이 아니라 '북한 사람', '사람'이라고 생각할 수 있도록 허용되기 시작한 것 같다.

황석영의 『사람이 살고 있었네』(시와사회, 1993)가 1989년 처음 북한기행문의 형태로 정간지에 게재될 당시만 해도 정간지 주간이 구속될 정도로 위험한 것이었다.[8] 심지어 재일동포 가운데 '조선적' 소유자들에 대해서는 일본에서 만남만으로도 간첩이 될 수 있다는 강박을 심어놓을 만큼 그들은 경계1호 해외동포 중 하나였다. 그들을 포함하여 상당수의 해외동포들이 오랫동안 동족으로 인식되기 어려웠다.

1990년대가 되면서 비로소 민족 담론이 형성되기 시작했다. 1993년 2월 26일, 김영삼 대통령이 취임식에서 "어느 동맹국도 민족보다 더 나을 수는 없습니다"라고 한 말을 통해 북한 사람이 동족임을 공공연히 선언했다. 이제 북한 사람을 사람이라거나 같은 민족이라고 부른다고 하여 국가보안법에 걸리지는 않는다. 아직 제약은 있지만, 해외동포들을 한민족으로 인식하는 것 역시 자연스러워졌다. 따라서 분단 정부 수립 이후 1990년 이전까지 한국에서 한민족 전체를 포용할 수 있는 민족주의 담론은 존재하

---

8) 황석영의 북한기행문 『사람이 살고 있었네』를 게재했다는 혐의로 창작과비평사 주간 이시영이 구속되었는데, 정작 이 글은 ≪신동아≫에 1, 2회 게재되었을 때는 시비가 일지 않았으나 창작과비평사의 게재분만이 문제가 되었음은 정치적 판단이 개입되었음을 알 수 있다(≪프레시안≫, 2003년 8월 25일자).

지 않았고, 그런 인식은 국가적 수준에서만 사용되었던 것이 아니라 일반인들의 의식 심연에도 내면화될 수밖에 없었다.

4. 1990년대 이후 새롭게 등장하는 민족주의 담론

1990년대 민주화가 본격 전개되면서 민주화운동을 이끌어왔던 민족문제와 민족해방운동은 통일운동으로 조직화되기 시작했다. 비록 한반도 분단은 여전히 구조화되어 있으나 민족주의를 바라보는 탈근대적 담론들이 나타나기 시작했다. 대표적으로 친일민족주의 문제와 국제적 민족주의 문제를 살펴보도록 한다.

1) 친일민족주의

1990년대 이전까지 공식적으로 남한에서 한민족을 전체적으로 포용했던 민족주의는 그야말로 금기시된 것이었다. 즉, 오늘날 한국 민족주의의 전형으로 언급되고 있는 박정희 식 민족주의는 친일파를 포섭하고, 한반도 역내외 많은 동족을 배제한 관제 민족주의 또는 공식적 민족주의(official nationalism)에 불과하다. 따라서 1980년대까지 국가에 의한 공식적 민족주의가 있었다면, 북한 사람을 포함한 수많은 동족을 망라할 수 없었던, 즉 '반공민족주의'가 한국의 공식 민족주의였다고 할 수밖에 없다.

1990년대 민주화가 진전되면서 종래 억압된 상황에서 '구속될 각오', '죽을 각오'를 해야만 뛰어들 수 있었던 통일운동이 나름대로 활성화되기 시작했다. 1950년대 평화통일 정책을 내걸었던 정치인 조봉암은 간첩혐의로 사형을 당했고, 같은 시기 평화통일론을 설파했던 김낙중은 간첩이나 미친 사람으로 취급당했다(김낙중, 1985). 또한 1970년대 통일론을 폈던 장준하는 중앙정보부가 개입되었다는 의혹이 있는 의문의 실족사를 당했다. 1980년대 중반까지도 시민사회에서 나오던 통일론은 여지없이 탄압당했다. 1987년 6월 민주화항쟁과 곧 이은 세계적 탈냉전의 영향 아래 억눌려 있었던 시민사회의 통일론이 좀 더 분출되기 시작했고, 대학생들이 선도한 통일운동은 사회적 변화를 서서히 가져왔다. 그러한 흐름에 따라 1998년 김대중 정부가 출범한 이래로 햇볕정책하에서 시민사회에서의 통일운동은 마치 '관제'적 운동 — 물론 필자는 동의하지 않지만 — 이 된 듯, 과거에 탄압받던 통일단체들이 정부의 '남북교류기금' 등과 같은 국고의 지원을 받으면서 남북통일사업이 추진되는 역설적인 상황이 발생하기도 했다.

아무튼 통일운동의 지향점 중의 하나는 갈라진 민족을 하나가 되게 하겠다는 것이다. 즉, 민족주의의 회복이다. 그런데 한국의 시민사회에서 민족주의는 무엇인가? 1990년대 초반까지 음성적으로 논의되었던 민족담론은 1990년대 이후 통일운동이 분출하는 과정에서 제대로 논의되지도 않았고 민족주의에 대한 합의도 이끌어내지 못했다. 드러난 현실을 가지고 결론적으로 말하자면 민족주의는 하나인 적이 없었고, 지금도 그렇다.

종종 재향군인회의 역전 노장들이나 자유총연맹(1988년 이전까지 반공연맹) 회원들의 민족주의적 발언을 보면 경외감이 인다. 그들이 설령 김대중 전 대통령이나 노무현 전 대통령, 김정일 국방위원장, 심지어 강정구 교수를 향해 불타는 적개심을 내뱉고 간혹 인공기를 불태울지라도 그 역전 노장들은 젊어서 국가의 부르심에 무조건 헌신했고, 상해를 입히거나 입더라도 오로지 '반공'만이 애국이라고 외쳤으며, 반공의 이름으로 수많은 궂은일을 기꺼이 했다. 1970~1980년대 흔하던 여의도광장 반공궐기대회의 자리에서는 단지(斷指)를 하며 혈서를 작성하던 열혈 애국적 모습을 보면서 중·고등학교 시절 소름 돋는 감격에 젖은 기억이 난다. 그들의 민족적 언설은 철저하게 반공주의로 무장되어 있었다.

민주화시대 이후 오랫동안 잊혀왔던 그들이 2000년 6·15남북공동선언 이후 이른바 '남남갈등'이라는 신조어의 실천적 전위들로 등장했다. 노세대의 새로운 출현이라고나 할까? 그때 이후 그들은 뉴라이트 계열의 청년들과 함께 3·1절이나 광복절, 심지어 2008년 촛불집회의 자리에 출현하여 군복 등으로 성장을 하며 왕년의 전열을 가다듬었다. 그들이 광장에 나올 때면 한 손에는 태극기, 다른 한 손에는 성조기를 휘날리고 있었다. 왕년의 반공적 민족주의자가 성조기주의자, 즉 '친미주의자'로 변신을 한 것인가? 아니면 태생부터 태극기 민족주의자와 성조기주의자는 동전의 양면으로 존재하고 있었는가?

강만길은 현재 남북 민족주의 모두를 '분단민족주의'라고 했다. 크게 보면 박정희의 1970년대 유신헌법을 배경으로 한 민족주의나 북한 김일성의 '사회주의적 민족주의' 모두 분단민족주의임에 틀림없다. 그런데 박정희에게 있는 것이 김일성에게는 없었고, 박정희에게 없는 것이 김일성에게 있었다. 즉, 박정희의 유신헌법에 기초한 '분단민족주의'의 한가운데에는 외세로서의 미국과 일본이 자리 잡고 있었고, 김일성의 주체사상에 기초한 '분단민족주의'에는 외세인 소련과 중국이 사라졌다. 그리고 박정희의 민족주의에는 북한 동포에 대한 민족으로의 인식은 부재했고, 김일성의 민족주의에는 남한 동포에 대한 민족으로서의 인식이 존재했다. 그러한 흐름을 재향군인회나 전직 반공청년단체들의 역사 속에서 발견하게 된다.

분단구조 속에서 국가 이데올로기로서의 명실상부한 민족주의는 부재하지만, '민족주의'로 호명되었던 분단민족주의, 반공민족주의로부터 최근에는 '친일민족주의'까지 등장했다. 혹자는 이광수의 주된 사상을 '친일내셔널리즘'이라 칭하고 있다(조관자, 2006). 최근에 주장되고 있는 이광수의 '친일내셔널리즘'에서 놓쳐버리고 있는 것이 친일인지 내셔널리즘인지 모르겠으나, 소위 친일내셔널리스트라고 하는 이광수가 썼던 시를 한편 보도록 한다.

모든 것을 바치리[9]

이광수

아아 조선의 동포들아
우리 모든 것을 바치자
우리 모든 땀을 바치자
우리 모든 피를 바치자
우리 충성에 불타는 머리 속을, 심장을 바치자
동포야 우리들, 무엇을 아끼랴
내 생명에서 나온 것이라고 말하지 말지어다
내 생명 그것조차 바쳐 올리자
우리 임금님께
우리 임금님께

이광수에게 조선 동포들이 모든 피와 땀, 머리와 심장을 바칠 우리의

9) 총독부 기관지, ≪매일신보≫, 1945년 1월 18일자.

임금은 일본 '천황'이다. 그러고 보면 이 시는 전혀 친일의 시가 아니라, 조선 동포는 바로 천황의 백성이니, 이 시는 '용비어천가'류의 충성의 시, '황국신민'화의 전형이다.

그 연구자가 '친일내셔널리즘'을 이해하는 방식은 대단히 열려 있는 것으로 보인다. 즉, 이광수에게 '조선 민족'과 '일본 민족'은 더 이상 구분되지 않는 개념으로 이미 '민족'이라는 개념의 경계가 허물어진 것이거나 이미 내선일체가 되어 있는 상태가 아니라면 일본 왕이 '우리의 임금님'이 될 수 있겠는가? 이것을 친일파의 전형으로 보지 못한 채, 친일내셔널리즘으로 해독하는 것은 지극히 몰역사적 발상이거나 이광수에 대한 과잉해석일 수밖에 없다. 만일 그러한 이광수가 친일내셔널리스트라면 이완용이나 송병준 역시 친일내셔널리스트가 아니겠는가? 또한 한국의 극우보수주의자나 뉴라이트는 한 손에는 태극기를 들고 다른 손에는 성조기를 든 채, 과거 친일내셔널리스트들의 길을 걷고 있는 것은 아니겠는가?

2) 국제주의와 민족주의

한편 21세기 세계적인 진보적 핵심어는 반세계화이고, 반-신자유주의이다. 21세기 금융자본의 세계화와 시장독재를 앞세운 신자유주의에 대항하는 민중적 대안은 무엇인가? 진보의 세계에 속하는 사람 가운데, 그 대안을 민족주의로 보는 사람은 많지 않다. 다양한 진보의 축에 모여 있는 대다수의 사람들은 자신의 사상이나 언어가 보편적이기를 바란다. 쉽게 말하면 국제적이길 바라는 것이다.

1990년대 이래로 지식인, 특히 진보적 지식인 사이에서 민족주의자는 진부하거나 후진적으로 이해되어오고 있다. 그야말로 세계화 시대 민족주의는 반역이고, 진보의 반역이며, 21세기 국경 없는 세계에서 위정척사(衛正斥邪)의 띠를 두른 대원군쯤으로 여겨진다고나 할까?

그런데 돌아보면 국제주의는 세계화나 신자유주의의 산물도 아니고 진보주의의 유사어도 아니다. 예컨대 1950년대 사회를 보면서 서중석은 다음과 같이 꼬집었다.

> 배웠다는 청년들 상당수가 민족주의를 경멸하고 지금은 국제주의 시대라고 외쳤던바, 기개도 없었고, 매사에 회의적이고 방관적이었으며 동고(同苦)하기를 싫어했고 할리우드 영화나 쫓아다녔다. 한 집 건너 다방, 당구장이 있었고, 밤이고 낮이고 취한 사람들을 어렵지 않게 볼 수 있었다. 20, 30대가 심했지만, '주의'자 붙는 것, 심각하고 엄숙한 문제들은 덮어놓고 기피했다. 총체적으로 무력증에 시달렸고, 장래가 보이지 않는 실의와 방황의 시대였다(서중석, 1999a: 6).

이 모습이 1950년대의 총체적인 것은 아니었을지라도 적어도 지식인들의 단면이라고 할 수 있을 것이다. 심지어 일제 강점기 서구화된 지식인들은 일본을 통한 서구화 좇아가기에 급급했고, 그들에게는 빼앗긴 조국의 현실, 민중들의 비참한 삶도 없었다. 예컨대 1930년대 초반부터 해방전까지 연희전문학교 교수였던 이양하는 수필 「송전(松田)의 추억」에서 "탁구도 하고 정구도 하고, 저녁이면 총총한 별 아래 화톳불을 두르고 이야기도 하고, …… 점심을 장만해 가지고 오매리 뒷산에도 가고, 고저총석을 찾기도 하고, 좀 더 멀리는 삼일포까지 하루 원족을 나서기도 하고 ……"(이양하, 1972: 104)라는 이야기를 늘어놓았다. 또한 1961년 5·16쿠데타 이후에도 전통적인 것을 부끄러운 것으로 간주하며 서구화를 촉구하기는 마찬가지였다.

물론 21세기 초 현재, 우리 사회에 국제주의자가 넘쳐나는 것은 사실이다. 가장 두드러지는 국제주의자는 이른바 '한미동맹'주의자이다. 미국 없이 못 살고 미국 없는 세계를 상상할 수 없는 사람들, 미국은 '스타워즈'나 '007시리즈'처럼 세계의 중심이자 구원신인 세계관을 가지고 있는 일군의 사람들이 있다(홍성태, 2008). 성조기를 마치 태극기와 동의어로 생각하고 미국식 영어를 국어인 양 여기며 맥아더 장군을 한국의 장군으로 섬기는 사람들이 있다(한홍구, 2003: 202).

그들은 북한 사람을 동족이라고 부르거나 북핵 위기를 한반도 전체의 위기로 인식하고 우려하는 사람을 민족주의자라고 부르기보다는 친북주의자로 부르는 경향이 있다. 물론 이러한 사람에 대해 진보진영에서는 친미사대주의자라고 부른다. 그런데 한국에서는 친미사대주의자조차 민족주의로 부르는 경향이 있다(임지현·사카이 나오키, 2003: 159). 애써 언어화시키자면 '국제적(또는 친미적) 민족주의'라고 할 수 있을까? 형용모순인지 몰라도 주변에서 꽤나 볼 수 있는 군상이다.

그렇다면 국제주의자들과 문화적 친미주의자들은 어떤 관계에 있는 것일까? 지구촌화, 즉 세계화=미국화로 표상되고 있는 시대에 소위 진보적인 사람들 가운데에도 수많은 사람들이 자식들을 조기유학 보내 기러기 가족이 되어 있다. 지난 정부의 교육 3불정책을 지지하면서도, 자녀를 특목고에 보내지 못할까봐 안절부절 못하는 사람들, 이중국적 — 물론 그중 하나는 미국 국적을 의미함 — 을 가지고 있는 것에 자부심(?)을 갖고 있는 사람들이 주위에 넘쳐나고 있다. 미국 문화를 모르는 것을 무식의 소치로 여기고, 미국식 영어발음이 안 되는 사람을 촌사람 취급하는 분위기는 '영어몰입교육'을 강변하던 2008년 초 이명박 대통령 인수위원회만의 분위기가 아니라 진보진영에도 암암리에 활개치고 있다. 진보주의자들은 우리 안에 만연되어 있는 오리엔탈리즘을 비판하고 있지만, 정작 자신이 진보적 오리엔탈리즘에 빠져 있는 즈음 '내'가 누구인가를 안다는 것은 거의 절망적이다.

세계화 시대에 국제주의는 보편어인가? 권혁범은 이 문제에 대해 민족주의를 "강한 혈연적·문화적 유대를 기반으로 내부의 이해 갈등을 철저히 은폐, 봉쇄하고 타 민족과의 대결과 충돌을 지향"(권혁범, 2000: 30)한다고 보면서 국제주의에 대해 다음과 같이 지적하고 있다.

> 서구 중심적 보편주의는 서구의 약육강식적 민족주의의 세련된 표현이기 때문에 우리가 여기에 빠지지 않기 위해 필요한 것은 보편적 이상이지 또 하나의 민족 중심적 이념은 아닐 것이다. 우리가 타 민족의 불행과 고통에도 귀 기울이는 것은 사치스러운 일이고 '냉엄한' 국제 정치의 현실을 모르는 이상주의자의 환상일까?(권혁범, 2000: 39).

즉, 그에 따르면 국제주의는 서구 중심주의적 인식을 수용하는 데 있는 것이 아니라 보편적 인식에 기초하는 것이다. 그런데 과연 인간 사회에서 보편적인 것은 무엇일까? 예를 들어 사람들은 흔히 보편성의 대명사로서 '인권'을 말하곤 한다. 그러나 많은 인권 문제 전문가 역시 인권을 바라보는 관점은 절대적 인권개념으로부터 상대적 인권개념까지 다양한 스펙트럼이 있다고 하여 보편 인권개념만을 따르지 않는 경향이다(도널리, 2002: 73~74).

물론 보편적인 것이 없다고 말할 수 없다. 그러나 그것이 존재하는 방식은 역사적이고 공간적이며, 그래서 보편성은 항상 특수성과 공존하고 있다. 열린 지구촌 시대에 살면서 우리는 자신만을 세계의 중심으로 인식하는 자문화 중심주의(ethnocentrism)적 태도를 당연히 지양해야 한다. 그러나 자기의 해체를 통해서만이 보편성이 실현되는가? 역사적으로 존재하는 한국의 국제주의자들이 과연 보편주의자들인가? 오히려 우리 사회에는 미국 또는 서구가 보여주는 영상자아(looking-glass self), 그들이 말해주는 '한국'을 한국으로 이해하는 국제주의자들이 너무 많다. 그러는 동안 우리는 자신이 누구인지를 잃어가고 있다.

여전히 보편적인 것은 중요하다. 인간의 보편성을 언급한다고 하여 민족, 성별, 지역, 계급, 성적 정체성, 신념 등 현존하는 모든 경계를 해체시킨 채 인간을 말해야 하는 것인가? 그것은 보편성을 언급하는 것이 아니라 실제 있는 것을 보이지 않는 것으로 말하는 허위의식의 전형이 아닌가? 오히려 자기 민족의 열등성을 극복하고, 소중함을 깨달을 때 다른 민족의 소중함도 동시에 깨달을 수 있다. 서구 제국주의는 민족의 과잉이 아니라 사실은 민족 부재의 결과가 아닌가? 서구의 내셔널리즘은 역사 교과서에 있을 뿐 그것은 근대국가의 형성과정에서 일부 지방 소수민족을 중심으로 한 다른 소수민족들을 복속시키는 사상임은 주지의 사실이다.

5. 열린 민족주의가 대안이다

민족주의라는 사상 역시 하나의 이데올로기이다. 민족주의가 민족문제로 환원될 수 없다. 역사적으로 민족주의는 제3세계나 피식민지 민족에게는 저항적 에너지를 담지한 사상의 원천이 되었으나, 제국주의자에게는 패권적·정복적 이념이 되었다. 한국에서는 일제 강점기 저항적 민족주의 외에도 분단문제와 결합하여 반공주의를 정당시하는 분단민족(국가)주의가 현실적으로 작동했다.

21세기 한국에서 민족주의는 보편주의를 수용하는 데 불필요하거나 불편하게 여기는 주장들이 확산되어가고 있다. 그러나 현실적으로 민족주의는 여전히 유효할 수밖에 없는 이유를 크게 보아 두 가지로 찾을 수 있다. 첫째, 1990년대 들어 세계화나 지역화의 논리가 확산되어 '국경 없는 지구촌'을 주창해왔고 세계정부나 EU와 같은 지역정부의 역할이 중요해지고 있으나 여전히 민족국가는 현실적인 힘을 발휘하고 있기 때문이다. 2000년대 세계적 경제위기에서 국가 간의 협조와 연대는 중시되지만 그 위기를 극복하는 주체는 여전히 민족국가가 될 수밖에 없다.

둘째, 한국은 해방과 함께 분단되어 현재에 이르렀기 때문에 여전히 근대국가를 형성해야 할 과제를 안고 있다. 남북 분단은 각 당국으로 하여금 막대한 분단 관리 비용을 소모하게 할 뿐 아니라 소모적 인적 물적 재원을 동원하는 동원국가체제를 만들어냈다. 또한 남북 분단은 외세에 의해 결정되었고, 현재도 분단 과정에 외세가 개입하여 자립적인 근대국가 형성은 요원한 상태에 놓여 있다. 이러한 과제를 해결하는 데 민족문제 인식이나 민족주의는 중요성을 갖고 있다.

그러나 민족주의가 유효하다고 하더라도 더 이상 혈통의 단일성을 기반으로 한 민족주의적 인식은 곤란하다. 일개 가족도 더 이상 단일 혈통이 아닐진대, 민족은 기본적으로 혼혈일 수밖에 없고, 한국의 장구한 역사 속에서도 수많은 부족들이나 외국 계통의 사람들과의 혼인이 이루어져 단일 민족을 상정하는 민족주의는 비현실적·비역사적일 수밖에 없다. 따라서 21세기 우리가 지향해야 할 민족주의는 민족 내부적으로는 민주주의와 평등, 인권, 통일을 보장하는 시민사회적 보편성을 갖추어야 하고 민족 외부적으로는 다른 민족국가나 집단과의 호혜적 교류와 평화 지향성을 보장하는 열린 민족주의이다.

열린 민족주의는 여러 가지 이유로 필요하다. 우선 근대국가의 완성으로서의 남북통일이 가능하기 위해서는 대외적인 개방성과 상호 공생성의 방향과 장기적 안목과 함께 민족적 가치를 가져야만 한다. 60여 년의 분단은 체제적 수준의 차이와 함께 사회문화적 차이도 크게 만들어왔다. 체제 수준에서 통일 방식과 무관하게 사회문화적 수준에서 차이를 무시한 채 통일을 할 경우 상호 공존하기가 곤란하다. 또한 사회문화적 수준의 통일 시간은 체제 수준의 그것보다도 더 장구한 시간이 걸릴 수 있다. 예컨대 신탁통치를 거쳐 1955년 통일을 이룩한 오스트리아의 경우에도 사회문화적으로, 또는 민족적 수준에서 '하나의 오스트리아 민족'이라는 정체성을 획득하는 데에는 40여 년의 시간이 걸렸다(Pelinka, 1998: 22). 지구촌 시대에 폐쇄적 태도는 통일 과정이나 통일 국가로서의 지위를 공고히 하는 데 도움이 되지 않고 장기적 안목의 결여는 통일 과정의 혼란에서 통일과 평화의 방향으로 나가는 데 장애로 작용할 수 있다. 이때 바로 민족주의는 스스로의 힘으로 통일을 이룩하려는 의지를 갖게 하는 데 중요하다.

둘째, 분단과 전쟁이 낳은 좀 더 구체적인 문제의 하나인 역내외 이산가족 문제를 해결하는 데에는 열린 민족주의적 인식과 태도가 중요하다. 민족의 분단으로 인해 수백만에 달하는 한반도 역내 이산가족들이 고통을 겪고 있으며 수백만 명에 달하는 해외 이산가족이 고통을 겪어왔다. 그들의 문제를 해결하려는 접근의 원천에는 민족주의적 인식이 작동하고 있으나 단일 민족, 단일 문화, 단일 정체성이라는 폐쇄적인 태도로는 문제 해결이 곤란하다. 따라서 다문화적 민족주의와 다국적 민족 정체성의 인식이 필요하다.

21세기 세계화 시대 민족은 과거의 단일 코드로 이해하기에는 너무 복잡하고 다양하다. 현재 우리 사회의 주요 코드 중 하나는 '다문화' 코드이다. 다문화주의에는 많은 비판이 있을 수 있으나, 현실적으로 다문화 코드가 작동하고 있는 것이 대세이다. 다문화적 인식은 한국 사회를 넘어서서 남북은 말할 것도 없고, 해외 160개국에 흩어져 있는 소위 한민족들에게도 적용된다. 2007년부터 시행된 '세계 한인의 날'에 모인 수많은 지역의 한민족들 가운데는 얼굴은 비슷하게 생겼으나 언어나 문화가 다른 사람들을 수없이 만날 수 있다. 설령 한민족이라고 해도, 수많은 지역에서 다양한 문화와 사회경제적 경험을 가진 채 살아가고 있는 사람들을 이해하기 위해서는 다문화적 실천을 이해하고 수용하지 않으면 안 된다.

셋째, 한국에 급증하고 있는 국제 결혼자들에 대한 이해에도 열린 민족주의, 다문화적 민족 논의가 필요하다. 예를 들어 국제결혼을 해서 들어온 '베트남 며느리'는 어떤 면에서 이민족이지만, 그를 통해 얻은 자식은 베트남 문화와 한국 문화를 동시에 수용해서 키워야 할 민족임에 틀림없다. 더 크게 보아 베트남 며느리조차도 한국 문화를 정도에 따라 다양하게 수용하여 살아가게 될 사람이다. 나아가 북한 사람들이나 새터민에 대한 통일의 논리에서도 다문화적 이해 코드가 요구되고, 다문화적 공존과 통일 논의는 필연적일 수밖에 없다.

이런 점에서 민족주의는 과거의 저항적이거나 민중적 민족주의뿐 아니라 다문화적이며 다층적인 '열린 민족주의'로서 요구된다고 할 수 있다.

나아가 진정한 국제주의자는 진정한 민족주의자일 때 가능하다고 했다. 허무주의에 사로잡힌 사람은 결국 보편적 가치에 대해서도 허무주의적 인식을 할 수밖에 없다. 스스로에 대해 자긍심을 가지고 자신의 가치를 아낄 수 있을 때 비로소 남의 자긍심에 대해서도 공감하고 타자의 가치를 소중히 여길 수 있다. 한국인은 조선조의 사대주의로부터 일제 강점기 식민사관, 해방 이후 서구와 미국의 오리엔탈리즘(Orientalism)에 빠져서 사실상 자신의 가치를 부정당하기만 했을 뿐 스스로 비판적으로 성찰하며 자율성을 쌓는 훈련의 과정을 거치지 못했다. 1990년대 이후 급작스런 경제적 성공에 의해 왕성한 해외 경제적 진출과 국제사회에서의 발언권은 얻었더라도 스스로 무엇을 자랑스럽게 여겨야 하는지를 제대로 배우고 만들어내지 못했다. '어제의 적이 오늘의 동맹이 된다'는 국제적 동맹의 원리도 제대로 파악하지 못한 채 한미동맹을 초역사적인 것으로 인식하고 분단을 당연시하여, 역사 속에서 한국의 민족주의는 열린 민족주의가 될 수 없었다.

또한 보편적 가치를 담을 수 있는 열린 민족주의는 세계화에 대한 해법 가운데 하나이다. 현재 많은 한국 진보주의자들의 탈근대적 지식의 원천으로서 수용되고 있는 것은 유럽적 탈민족주의 지식체계이다. 유럽의 탈민족주의론의 확산에는 몇 가지 힘이 작동하고 있는 것으로 보인다. 유럽보편(중심)주의 이념은 국민국가 간 차이와 차별을 넘어 유럽의 복지국가들이 실현했던 복지제도와 민주주의를 EU적 지평 위에서 보편적으로 실현할 수 있는 강력한 무기이다.[10)]

또 하나의 탈민족주의론은 리스본 아젠다[11)]로 대표될 수 있는 신자유주의적·초국적 자본주의 실현의 정당화 기제이다. 전자는 이념적으로는 인

10) 사실 유럽의 탈민족주의론은 EU 형성의 중요한 사상으로서 단위 민족국가를 벗어난다는 의미를 가지면서 동시에 유럽 중심주의의 성격을 갖고 있다.

11) 리스본 아젠다는 유럽식 자본주의, 유럽공동체를 허물고 신자유주의를 확대하는 데 기여할 것으로 전망하는 의견이 많다(Bruno, 2007).

류의 이상인 사해동포주의, 만인평등주의를 표방하고 있으나 현실적으로는 유럽공동체(EU)를 구성하기 위한 이념으로 사용되고 있고, 또한 서유럽 중심주의에 갇혀 있다. 당장 경제 수준에서 현격한 차이를 보이고 있는 동유럽 국가조차도 EU에 수용하고 있지 못한 현실이 그 예라고 할 수 있다. 또한 서유럽이 상당한 책임을 지고 있는 아프리카 난민 문제에 대해서도 적극적인 대응방안을 내지 못하고 있는 현실도 있다. 오히려 유럽의 탈민족주의에서 힘을 점차 발휘하고 있는 것은 사해동포주의보다는 신자유주의를 배경으로 한 리스본 아젠다와 같은 것이다. 2008년 가을 미국의 금융위기, 경제위기가 강타하고 있는 유럽공동체 소속 국가들이 그 위기에 대해 어떤 반향을 일으킬지 주목할 만한 일이지만, 국가를 뛰어넘어 유럽 공동 번영, 공동 복지 체제를 발전시키게 될 것인지는 의문스럽다.

1990년대 이래로 한국은 시장 만능주의에 몸과 영혼을 맡긴 채, 신자유주의 프로그램을 완성하기 위해 애썼지만, 최근 맞이하고 있는 경제위기에 어떤 해법을 가지고 있는가? 시장을 컨트롤할 수 없는 상황에서 시장을 방어하여 시장의 무정부성을 막기 위해서는 고용 창출 프로그램을 지속적으로 가동하고, 개인 복지를 확대하여 구매력을 살려내고, 노동력이 지속적으로 유입될 수 있는 구조를 만들어야 한다. 다시 말해 시장 만능주의로 가는 것은 문어발 대기업에 경제를 독점당하는 구조를 열어놓게 되고 사회적 양극화를 심화시키는 결과를 낳는다.

민족국가 단위에서 적절히 시장과 계획의 시스템이 작동하도록 하고 대기업과 중소기업 간의 균형을 잡아줘야 하는데 그 일을 시장이 할 수 없다. 또한 국민들의 불균등한 소득을 재분배하고, 여성층과 청년층의 비정규직화, 사회적 소수자를 위한 적극적 조치(affirmative action) 프로그램을 취하기 위해서도 민족국가가 제 기능을 해야 한다. 금 모으기 운동이나 달러 모으기 운동을 사회적 소수자에게 강요할 것이 아니라, 누진세 등을 통해 사회적 불평등을 개선하기 위한 노력을 하기 위해서라도 현실적으로 민족주의의 호소가 필요하다. 바로 이것이 열린 민족주의의 모습이다.

6. 결론

민족은 본래적으로 진보의 개념도, 보수의 개념도 아닌 역사적 개념일 뿐이다. 서구에서 민족이 태동할 당시 민족은 과거 봉건 영주 시대 에스니 개념과 신분 개념을 넘어서는 진보성을 갖고 있었다. 한국에서 민족은 외세의 침략과 피억압 속에서 재발견되고 재구성되었으며, 일제와 친일반민족에 대한 대항 개념으로서 진보성을 갖고 있었다. 모든 구성원의 형식적 평등과 자유를 바탕으로 하는 민족 또는 민족주의 개념이 현실로 작동하는 과정에서 실제로 수많은 불평등과 차별이 표출되었다. 일제 강점기 대부분의 조선인들이 차별을 받았으나, 차별 속에서도 여성이나 피지배계급은 이중, 삼중의 차별을 받곤 했다.

서구나 미국의 페미니즘에 영향을 많이 받은 현대 한국 여성주의자들은 민족주의가 성차별성을 내장하고 있는 것(김은실, 1994: 40~43)으로 이해하고 그를 비판하고 있지만, 본원적으로 민족주의가 가부장적 요소, 성차별적 요소를 안고 있는지는 충분히 알려져 있지 않다. 오히려 주변부 유럽이나 식민지, 탈식민지 사회에서는 페미니즘이 민족주의와 결합할 때 여성의 이익이 민족의 이익에 희생하면서도 여성의 지위가 제고되는 결과를 낳기도 했다(정현백, 2003).

21세기 세계화 시대에 민족주의는 낡은 것이거나 매력 없는 것일 수 있다. 그러나 한국은 안으로는 남북문제, 밖으로는 미국을 포함한 주변국 문제를 풀어 평화통일을 실현해야 할 중차대한 과제를 안고 있다. 동북아와 세계의 '평화'는 결국 한반도에서는 '통일'이라는 문제로 맞닿아 있다(김창수, 2000).

한국이나 한반도에서 민족문제는 여전히 풀어야 할 문제로 남아 있다. 민족 내부의 자유와 평등의 관계를 실현하는 문제나 민족 외부 간 경쟁과 공존[12)]의 관계를 실현하는 문제를 안고 있다. 남북의 통일문제뿐 아니라 650만 명 해외동포와의 관계 새실징도 중요한 문제이다. 또한 현실적으로 충분히 지구의 문제를 나의 문제로 인식하는 데 수많은 제약을 갖고 있는 사람들에게 무조건 사해동포주의 인식을 갖게 하는 데는 한계가 있기 때문에 전술적 수준에서 민족주의는 활용할 만하다. 예컨대 라이따이한이나 외국인 노동자, 국제결혼 여성의 문제를 소수자 인권의 문제로 한정지어 보는 것보다는 민족문제로 결부지어 푸는 것은 좀 더 구체적 실천력을 가질 수 있다. 또한 해외동포 문제 역시 해당 국가의 소수자 인권문제로 관심을 갖게 하는 데에는 큰 한계가 있다. 따라서 한반도 분단국가주의를 넘어서서 전체 민족주의적 인식을 갖게 될 때, 오히려 분단적 사고와 국가적 사고를 뛰어넘을 수 있다. 나아가 민족적 문제가 곧 국제적 문제라고 했던 레닌 식의 사고나 철저한 민족주의와 사해동포주의가 일맥상통한다고 보았던 김구 식의 사고는 충분히 다르지만 보편적 인식이 닿아 있다. 따라서 민족문제는 미완의 근대국가가 안고 있는 가장 중요한 문제 가운데

12) 예컨대 한미동맹은 민족 간 경쟁과 공존을 해치는 중요한 힘으로 작용해왔다. 미국의 절대적 우위를 바탕으로 하고 있는 한미동맹은 결국 경쟁과 공존의 논리조차 파괴해왔다.

하나이고, 민족문제를 해결하기 위한 기제 중 하나로서 열린 민족주의는 가용자원일 수밖에 없다.

이제 어제의 진보가 오늘의 보수반동일 수 있는 역사 속에서 필자가 택하고자 하는 길은 진보를 위한 진보의 길이 아니라 민중적 생존의 길이며 평화의 길이다. 그것을 위해 경우에 따라서는 연대, 즉 솔리다리테를, 다른 경우에는 관용, 즉 톨레랑스를, 때로는 비폭력 저항을, 또 때로는 개인적 고독을 택할 것이다. 그것이 필자가 희망하는 진보의 길이다.

참고문헌

강만길. 1999. 『21세기사의 서론을 어떻게 쓸 것인가』. 삼인.

겔너, 어네스트. 1988. 『민족과 민족주의』. 이재석 옮김. 예하.

권혁범. 2000. 『민족주의와 발전의 환상』. 솔출판사.

김귀옥·윤충로. 2007. 『1980년대 민주화운동 참여자의 경험과 기억』. 민주화운동기념사업회.

김낙중. 1985. 『굽이치는 임진강』. 삼민사.

_____. 2008. 『민족의 형성, 분열, 통일』. 도서출판 평화연대 평화연구소.

김동춘. 2000. 『전쟁과 사회』. 돌베개.

김은실. 1994. 「민족 담론과 여성: 문화, 권력, 주체에 관한 비판적 읽기를 위하여」. ≪한국여성학≫, 제10집.

김창수. 2000. 『멋진 통일운동 신나는 평화운동』. 책세상.

남원진. 2004. 『남북한의 비평 연구』. 역락.

도널리, 잭. 2002(1998). 『인권과 국제정치: 국제인권의 현실과 가능성 및 한계』. 박정원 옮김. 오름.

마페졸리, 미셸. 1994. 「일상생활의 사회학: 인식론적 요소들」. 박재환 엮음. 『일상생활의 사회학』. 도서출판 한울.

박현채. 1980. 『민족경제론』. 한길사.

서중석. 1999a. 『조봉암과 1950년대(상): 조봉암의 사회민주주의와 평화통일론』. 역사비평사.
_____. 1999b. 『조봉암과 1950년대(하): 피해대중과 학살의 정치학』. 역사비평사.
셀라스, 커스틴. 2003. 『인권, 그 위선의 역사』. 오승훈 옮김. 은행나무.
신용하 엮음. 1988(1985). 『민족 이론』. 문학과지성사.
신용하. 1987. 『공동체 이론』. 문학과지성사.
앤더슨, 베네딕트. 2002(1991). 『상상의 공동체: 민족주의의 기원과 전파에 대한 성찰』. 윤형숙 옮김. 나남출판.
이양하. 1972. 「송전의 추억」. 『이양하 수필선』. 을유문화사.
임지현. 1999. 『민족주의는 반역이다』. 소나무.
임지현·사카이 나오키. 2003. 『오만과 편견』. 휴머니스트.
재외한인학회 엮음. 2008. 「이중국적 허용의 과제와 다문화 사회의 형성」. 연례학술대회 발표집.
정병준. 2005. 『우남 이승만 연구』. 역사비평사.
정현백. 2003. 『민족과 페미니즘』. 당대.
조관자. 2006. 「'민족의 힘'을 욕망한 '친일내셔널리스트' 이광수」. 박지향 외. 『해방 전후사의 재인식』. 책세상.
최원식. 1982. 『민족문학의 논리』. 창비.
≪한겨레 21≫, 1996년 1월 18일(제92호). 서정주. 「전두환 대통령 각하 제56회 탄신일에 드리는 송시(1987년 1월 18일)」. 34~35쪽.
한길사 편집부. 1994. 『한국사 17』. 한길사.
한상범. 2004. 『전두환체제의 나팔수』. 패스앤패스.
한홍구. 2003. 『대한민국사(史)』. 한겨레신문사.
홉스봄, 에릭. 1994(1990). 『1780년 이후의 민족과 민족주의』. 강명세 옮김. 창비.
홍성태. 2008(2005). 「한미동맹의 문화적 결과, 영혼의 미국화」. 학술단체협의회 엮음. 『사회를 보는 새로운 눈』. 도서출판 한울.

Arnason, J. P. 1990. "Nationalism, Globalization and Modernity." *Global Culture*. N.Y.: SAGE.
Balibar, E. 1991. "Racism and Nationalism." in E. Balibar and I. Wallerstein(eds.). *Race, Nation, Class*. London: Verso.
Bonacich, E. 1973. "A Theory of Middleman Minorities." *American Sociological Review*, 38.
Bruno, Amable. 2007. "The Lisbon Agenda: The End of the Europena Model(s) of

Capitalism." Diversity and Dynamics of Globalization: Socio-Economic Models in Global Capitalism. 한국사회학회 주최 국제학술회의, 2007년 9월 13일.

Pelinka, Anton. 1998. *Austria: out of the shadow of the past*. Boulder: Westview Press.

Smith, Anthony D. 1996(1986). *The Ethnic Origins of Nations*. London: Blackwell.

Zinn, Howard. 1980. *People's History in United States*. NY: Harper Perennial.

제12장

세계주의 대 애국주의

세계화 시대 동북아시아에서 나라를 사랑한다는 것

김명섭
연세대학교 정치외교학과 부교수

1. 서론

세계라는 단어는 시간적 의미의 세(世)와 공간적 의미의 계(界)로 이루어져 있다. 세계화라는 용어는 지구화라는 용어에 비해 21세기의 인류가 직면하고 있는 현상의 공간적 의미뿐 아니라 시간적 의미를 잘 표현해준다. 세계화는 공간적 현상일 뿐 아니라 시간적 현상이다. 공간의 압축인 동시에 시간의 압축인 것이다. 세계화는 원시인류가 직립하여 공간이동을 시작한 이래 지속되어왔다. 인간이성의 진보에 따른 과학기술의 발전으로 인한 시공간의 압축은 그 속도를 조절할 수는 있겠지만 피할 수는 없다.

* 이 글의 개요는 다음과 같은 학술회의들을 통해 처음 발표되었다. 동북아시대위원회 및 동북아역사재단 공동 주최, "동북아를 보는 눈: 국가주의와 보편주의"(2007년 5월 30일, 프레스센터 19층 기자회견장); 비판사회학회 주최, "지구화 시대 탈국가적 상상력"(2008년 1월 11일, 숙명여자대학교 사회교육관 5층). 그 이후 ≪21세기 정치학회보≫, 제18집 제3호(2008년 12월)에 「세계시민주의 대 애국주의: 동북아시아에서의 정치적 함의를 중심으로」라는 제목으로 게재된 것을 대폭 수정·보완했다.

시공간의 압축을 의미하는 세계화에 조응하는 이념은 세계시장주의(global marketism)와 세계시민주의(cosmopolitanism)라는 두 갈래의 흐름을 아우르는 세계주의(globalism)이다. 세계화 시대에 조응하는 세계주의의 한 갈래인 세계시장주의는 각 국가의 공공문제에 대해 시장적 방식에 의한 해결을 선호하며, 전 세계를 하나의 시장으로 묶고자 한다. 냉전 종식 직후의 앵글로색슨주의적 열광, 프랜시스 후쿠야마의 역사종언론, 그리고 복지국가 모델의 퇴조와 국가쇠퇴론 등이 이러한 세계시장주의를 뒷받침했다. 세계주의의 한 갈래로서의 세계시장주의가 시장과 자본의 세계화를 의미하는 위로부터의 세계화와 짝을 이룬다면, 세계주의의 다른 한 갈래인 세계시민주의는 시민들 간의 연대, 노동자들 간의 연대 등을 포함하는 아래로부터의 세계화와 짝을 이룬다.

세계시민주의는 세계시장주의의 대안일까? 세계시장주의의 역사만큼이나 세계시민주의의 역사도 길다. 기원전 400년경 디오게네스는 출신배경을 묻는 질문에 "나는 세계의 시민"이라고 대답했다. 알렉산드로스 대왕은 마케도니아 병사와 페르시아 처녀들 간의 집단결혼식을 주재함으로써 새로운 혈통의 세계제국시민을 만들고자 했다. 이러한 실험은 인종 간 결혼, 특히 흑백결혼(Miscegenation)의 확대를 통해 인종집단들 간의 갈등을 극복하고자 했던 슐레진저(Arthur Schlesinger, Jr., 1917~2007)의 주장으로까지 이어진다(Schlesinger, Jr., 1992: 9~43, 119~138). 영국의 사상가 고드윈(William Godwin, 1756~1836)은 "물에 빠진 두 사람 중에서 먼저 구조할 사람을 결정하는 데에서 혈연관계 또는 국적을 고려해서는 안 된다"는 말로 세계시민주의의 요체를 설명했다(Bok, 2002: 39). 이러한 고드윈의 주장은 한반도의 6·25전쟁 당시 해병장교로서 익사 직전의 생명을 구했던 경험에 관한 고 마태오 신부(6·25전쟁 참전 후 가톨릭 사제가 되었고, 남북한 통일운동에 헌신했음)의 다음과 같은 고백과는 선명하게 대비된다. "부상당한 미(군) 비행사와 이 인민군, 둘을 다 살려낼 수 없었던 그 절박한 상황 아래에서 나는 사상의 동지이며 조국의 은인인 그 비행사보다는, 적이나마 우리와 피를 같이한 동족을 선택했습니다"(고 마태오, 1988: 185~186).[1)]

국적과 인종의 차이를 넘어 만국의 노동자들이 단결할 것을 호소하는 마르크스주의나 국가조직을 프랑켄슈타인과 같은 괴물로 규정하고 그에 대해 저항할 것을 요구하는 무정부주의(혹은 무국가주의나 반국가주의)는 세계시민주의와 친화성을 지닌다. 세계시민주의를 표방하는 인류적 보편주의는 한 개인이 바쳐야 할 충성은 인류공동체에 대한 충성이고, 인류공동체를 구성하고 있는 모든 구성원들의 가치는 동등하게 존중되어야 한다고 본다. 이런 의미에서 세계시민주의는 보편적 인권의 옹호를 위한 노력과 잘 결합되며, 최근 국제정치에서 많이 언급되고 있는 인간안보의 개념과도 친화적이다.

세계시장주의든 세계시민주의든 세계주의에 대해 "근본적인 충성을 서약하는 것은 국적을 넘어서려는 시도일 뿐 아니라 자연(발생)적인 정체성을 구성하는 삶의 모든 현실성, 특수성, 그리고 실체들을 넘어서려는 시도"이다. 세계시민주의는 국가와 민족의 이름으로 자행되었던 반인권적 사례들에 주목한다. 나치독일에 의한 대량 학살의 경험은 많은 유태계 지식인들을 세계시민주의로 인도했다. 마찬가지로 일본 국가주의에 의해 유린당했던 경험, 군부독재에 의해 억압당했던 경험, 개발독재적 국가간섭으로부터 벗어나려는 자본의 욕구는 모두 세계시민주의와 쉽게 결합한

---

1) 이 책은 1988년에 출간된 이후 한국의 '386세대'에게 적지 않은 영향을 미쳤다. 인용된 구절은 연세대대학원 북한현대사연구회 엮음(1989: 14)에 실린 권두논문의 머리말에도 인용되어 있다.

다. 이런 맥락에서 "세계시민주의는 멋있고 고상한 울림을 지닌다". 점점 더 가속도가 붙고 있는 세계화의 흐름 속에서 "세계시민주의는 어려운 일이 아니다. 오히려 그것을 거부하는 것이 어렵다"(애피아, 2008: 29).

세계시민주의는 세계시장주의뿐 아니라 애국주의와도 대립적 입장을 취한다. 힘멜파브는 애국주의적 입장에서 "그것(세계시민주의)은 환상이고, 모든 환상이 그렇듯 위험한 환상"이라고 비판한다. '국가적'이 되는 것은 '국제적'이 되기 위한 필수적이고 일차적인 구성요소라는 것이다(Himmelfarb, 2002: 76). 세계시민주의는 그리스적 기원을 가진 서구 중심적인 개념에 국한되는 것이 아니며 이슬람 문명권이나 중국 문명권에서도 오래전부터 존재했던 사유체계이다(Vertovec and Cohen, 2002: 14~15). 그러나 세계화의 급진에 따라 세계시민주의는 서구 중심적 성격을 강하게 지니면서 반식민주의와 더불어 발전해온 아시아의 애국주의와 충돌한다. 한국학계에서 세계시민주의와 애국주의의 대상인 민족국가 간의 긴장관계를 학문적으로 성찰해보고자 했던 흔적은 1950년대 김성식의 연구에서도 찾을 수 있다(金成植, 1956). 또한 문명적 세계시민의 관점과 한국적 애국의 관점을 결합시키고자 했던 노력은 일찍이 유길준의 저술에도 담겨 있었다[유길준, 2000(1895); 정용화, 2004].

21세기 세계화의 급진에 따라 인류는 마침내 세계주의적 관점에서 국가를 박물관으로 보낼 수 있는 단계가 된 것일까? 이러한 질문에 대해 세계시장주의는 물론 세계시민주의도 긍정적 입장을 취한다. 그러나 이러한 질문에 대한 대답이 지정학적으로 구분되는 세계의 권역들에 따라 다를 수 있다는 점에 유념해야 한다.

① 유럽연합과 같이 탈근대적 국제질서가 주도하고 있는 신중세적 지정권역(neo-medieval geopolitical sphere), ② 미국이나 동아시아 일부 지역과

같이 근대적 국제질서가 주도하고 있는 근대적 지정권역(modern geopolitical sphere), ③ 중앙아시아와 아프리카 일부 지역과 같이 전근대적 질서가 강하게 온존하고 있는 혼돈적 지정권역(chaotic geopolitical sphere)(다나카 아키히코, 2000; Cooper, 2004; Huntington, 1996; 李用熙, 1962).[2)]

세계화의 급진에 따라 세계시장주의든 세계시민주의든 세계주의적 사유가 증대되고 있다. 그러나 ②의 권역에 상당 부분 속해 있는 동북아시아에서 세계시장주의를 주장하는 것은 정작 세계화의 중심국이라고 할 수 있는 미국 국민들(공화당 지지자든 민주당 지지자든) 사이에서 애국주의가 여전히 힘을 발휘하고 있는 것과는 너무 대조적이지 않은가? 또한 세계시민주의로서의 세계주의를 동북아시아에 기계적으로 적용한다면 프랑스 대혁명 이후 현재까지 지속되고 있는 유럽 좌파의 애국주의와는 어떠한 관계설정이 가능할까?

이 글은 세계시장주의의 대안으로 부상하고 있는 세계시민주의와의 대비를 통해 애국주의에 대한 지정학적 재고찰을 시도하고 있다. 특히 ②의 권역에 속하는 동북아시아에서 세계시민주의와 애국주의에 대한 평가의 잣대가 ①의 권역과 왜 다르고, 어떻게 다른가에 주목한다. 맹목적 반공주의나 국가숭배를 애국주의와 혼동하는 우편향과 모든 애국주의를 파시즘과 동일시하는 좌편향 사이에서 급진적 세계주의와 대비되는 애국주의의 새로운 가치가 재발견될 수 있을 것이다. 가치판단을 배제하고 국가가 지니는 가치와 의미를 지정학적으로 따져보는 지적 작업은 세계화의 급진에 직면하여 ②의 권역에 속한 국가와 시민사회의 대립구도를

2) 국제정치이론의 영역에서 이러한 권역구분의 필요성은 이미 여러 학자들에 의해 시도된 바 있지만, 1970년대 이후 이른바 영국학파(English School)에 의해 크게 발전되었다(Bull, 1977; Watson, 1992; Buzan and Little, 2000).

새로운 차원에서 바라보고, 해당 시민사회에 내재된 국가에 대한 트라우마를 치유하고 급진적 세계화에 공동으로 대처하기 위한 이론적 모색으로서의 의미를 지닌다. 이 글에서 국가는 단순히 행정부와 의회, 사법부를 포괄하는 제도로서의 국가라는 의미를 넘어서 1789년 프랑스혁명 이후 발전했던 나시옹(Nation)의 개념에 가까운 의미로 사용될 것이다.

2. 세계적 보편 개념의 서구적 탄생과 애국주의의 양면성

서구적 의미의 근대 국제법, 그리고 그로부터 발전했던 서구의 근대 국제정치학은 국가들 간의 관계를 규율하는 보편적 규범을 성립시킨 1648년 베스트팔렌평화체제로부터 출발하고 있다(Gross, 1948; 이혜정, 2002; 김명섭, 2007). 유엔의 날로 기념되는 유엔헌장 발효일이 10월 24일이고 베스트팔렌 조약 체결일 역시 10월 24일이라는 사실은 서유럽적 권역에서의 국제규범으로 탄생했던 베스트팔렌 조약이 전 세계적 공간에서의 국제규범으로 확장된 모습을 상징한다.

1648년 근대적으로 국가들의 관계를 규율했던 베스트팔렌평화체제의 양대 기둥은 오스나브뤼그 조약과 뮌스터 조약(일명 수도원 조약)이었다. 이 두 조약은 흔히 1618년 프라하 성(城)을 방문한 신성로마제국의 외교관을 보헤미아의 개신교도들이 창문 밖으로 던진 사건(the defenestrations of Prague)[3]에서 시작된 30년 종교전쟁을 끝낸 평화조약으로 알려져 있다.

3) 이것은 '살해'와는 다른 개념을 지닌다. 창문 밖으로 던져진다 하더라도 신의 가호로 살아날 수 있기 때문이다.

30년 종교전쟁은 인구대비로 볼 때, 유럽이 경험했던 전쟁들 중 제2차 세계대전과 제1차 세계대전 다음으로 큰 전쟁이었다(Ferguson, 2006: xxxv). 그런데 30년 종교전쟁 이전에도 프랑스 종교전쟁(위그노전쟁, 1562~1598년)이 있었던 점을 감안하면, 베스트팔렌 조약에 의해 종결된 종교전쟁의 기원에 대한 추적은 1517년 10월 31일 비텐베르크 대학 게시판에 마르틴 루터 박사가 95개조 반박문을 게시한 때까지 거슬러 올라간다. 이후 보편적 신의(神意)에 대한 해석의 차이는 비난과 파문, 그리고 무력충돌로 비화되어 프랑스 종교전쟁, 신교도들에 의한 네덜란드 건국전쟁(1568~1648년), 그리고 30년 종교전쟁(1618~1648년) 등으로 이어졌다. 당시 유럽을 포위하고 있던 이슬람 문명권의 오스만투르크 제국은 이러한 종교전쟁의 양상을 예의주시하고 있었으며, 신성로마제국을 배후에서 압박하고 있었다.

11세기부터 13세기에 걸친 십자군전쟁이 이슬람적 보편주의와 기독교적 보편주의의 충돌이었다면, 16세기부터 17세기에 걸친 유럽의 종교전쟁은 프로테스탄트적 보편주의와 가톨릭적 보편주의의 충돌이었다. 신교에 대칭되는 구교의 의미로 사용되는 가톨릭(catholic)이란 단어는 '보편적인' 또는 '만인에 공통되는'이라는 뜻을 가진다. 마이네케(Friedrich Meinecke, 1862~1954년)가 지적했던 바와 같이, 기독교는 유대민족에 국한된 "민족적인 종교와의 폭력적이고 생산적인 마찰 속에서 생성했다"(마이네케, 2007: 40). 유대교 혹은 아르메니아정교가 개별 민족과 결부된 특수성을 지녔던 반면 가톨릭은 만민에 적용되는 개념이었다. 따라서 유대교나 아르메니아정교가 민족국가와 짝을 이루는 신념체계였다면, 가톨릭은 민족국가보다는 제국에 조응하는 신념체계였다.

베스트팔렌평화체제는 세계적 보편을 상징하는 보이지 않는 신(神)에 대한 귀의가 인간들 간의 살육으로 귀결되는 현상을 막아보고자 했던 국가이성(raison d'Etat)의 발명품이었다. 30년 종교전쟁의 와중에서 프랑스 가톨릭의 추기경이자 재상이었던 리슐리외(Cardinal-Duc de Richelieu, 1585~1642년)와 그의 후계자 마자랭(Jules Mazarin, 1602~1661년)은 팍스 에스파니아를 견제하기 위한 프랑스의 내셔널 인터레스트(National Interest)를 위해 기꺼이 개신교 국가들의 편에 섰다. 이러한 국가이성이 국제정치학의 탄생을 가능하게 했다. 1517년 루터의 반박문 발표 이후 각각의 보편을 추구하기 위한 프랑스 종교전쟁의 잔혹성을 경험하던 와중에서 보댕(Jean Bodin, 1530~1596년)은 국민, 영토와 함께 국가구성의 3대 요소들 중 하나인 주권에 관한 이론적 기초를 확립했다.

그리고 홉스(Thomas Hobbes, 1588~1679년)는 사회계약론을 통해 개인이 생존하기 위해서라도 인정할 수밖에 없는 국가의 권위를 논증하면서, 국가의 권위를 확립시켰다. 그로티우스(Hugo Grotius, 1583~1645년)는 국가와 국가 간의 약속을 통해 평화를 만들어내기 위한 국제법 이론을 발전시켰다. 이들의 이론이 이후 베스트팔렌평화체제를 뒷받침했던 사유의 기반이 되었다. 요컨대 세계적으로 적용될 수 있고, 적용되어야 한다는 보편주의적 가치에 대한 자의적 해석을 국가라는 울타리를 쳐서 제한했던 것이다(김명섭, 2007: 136~137).

베스트팔렌평화체제가 군주주권에 기초한 국가들 간의 관계를 규율하는 데서 출발했다면, 1776년 미국독립혁명(전쟁)과 1789년 프랑스혁명은 인민주권에 기초한 베스트팔렌평화체제의 발전을 가져왔다. 프랑스혁명전쟁/나폴레옹전쟁[4)]을 마감했던 1815년 비엔나평화체제는 인민주권에

4) 승전국들은 물론 왕정복고 이후의 프랑스도 '프랑스혁명전쟁'이라는 명칭보다 '나폴레옹전쟁'이라는 명칭을 선호했다.

기초한 국가들 간의 평화체제가 되지 못하고, 오히려 그것을 억누르기 위한 보수성을 지닌 것이었다. 그러나 미국혁명에서부터 프랑스혁명까지의 시기를 통해서 보면 인민주권이라는 보편주의가 특수주의의 형식으로 발현된 것이 곧 국가(민족)주의였다(大澤眞行, 「나시오나리즘」; 강상중, 2004: 33에서 재인용). 군주주권적 국가가 국민주권적 국가로 변화되는 과정에서, 다시 말해 민주화가 진행되는 과정에서 민족과 국가의 결혼이 이루어졌다. 일본 사회학계의 거목 시미즈 이쿠타로(清水幾太郎)에 따르면, 네이션은 "정신과 육체를 바칠 신인 동시에 자신의 정신과 육체의 연장이자 확대"가 되었다(시미즈 이쿠타로, 「愛國心」; 강상중, 2004: 33에서 재인용).

비롤리(Viroli, 1997) 또한 애국주의는 원래 합리적인 것이었으나 국가(민족)주의에 의해 전유됨으로써 부정적 발전의 길로 들어섰다고 본다. 국민국가는 직접적 대면관계를 넘어선 이익사회면서, 그 내부에 있는 구성원들이 평등한 시민권을 가진 공동사회로서 등장했다. 이후 국민국가(national state)는 '상상의 공동체'로서 국가적 교육에 의해 만들어진 국민들의 공동체로 발전했다. 시미즈는 "국가에 대한 결합이라는 것에는 반드시 뭔가 인위적인 접합제가 작용해야 한다"고 했다(시미즈 이쿠타로; 강상중, 2004: 33에서 재인용).

근대 국제체제의 핵심어인 내셔널 인터레스트는 한글로 '국가이익'과 '민족이익'이라는 두 가지 용어로 번역될 수 있다. 국가주의자들과 애국주의자들은 전자의 번역을, 민족주의자들은 후자의 번역을 선호할 터이다. 그러나 국민국가가 국가(민족)이익(national interest)을 앞세운 제국주의로 발전했고, 대내적 진보정책과 대외적 침탈정책이 공존하는 좌우의 동거가 유럽 중심적 보편주의를 뒷받침했다. 대내적 갈등을 대외적으로 해소하는 유럽 중심적 보편주의는 치열한 식민지 쟁탈전으로 이어지면서 제1차 세계대전으로까지 발전했다. 이후 이 사건은 국민국가 자체(per se), 혹은 그 탈선된(aberrant) 형태가 가지는 광폭성을 보여주는 사건으로 널리 인용되어왔다. 제1차 세계대전은 약 970만 명의 군인 사망자와 역시 약 970만 명으로 집계된 민간인 사망자를 포함하여 총 1,940만여 명의 인간들이 목숨을 잃은 대참사였다.[5] 이런 상황에서 톨스토이(Leo Tolstoy, 1828~1910년)가 1896년에 썼던 「애국주의인가, 평화인가」라는 물음은 큰 호소력을 가질 수밖에 없었다. 애국주의는 평화의 반대말처럼 취급되었다(Tolstoy, 1896).

제1차 세계대전의 광기를 봉인하는 5개 평화조약으로 구성된 베르사유 평화체제가 수립되었을 때, 많은 유럽인들은 인간이성에 기초한 새로운 평화의 발명에 열광했다. 그러나 그것은 단지 환상(illusion)에 지나지 않았음을 불과 한 세대가 지나기도 전에 발발한 더 큰 전쟁이 깨닫게 해주었다. 평화조약이나 평화체제가 곧 평화는 아니었다. 이탈리아의 파시즘과 독일의 나치즘으로 대표되는 오도된 국민국가는 역설적으로 국제연맹을 통한 보편을 지향했던 베르사유평화체제에 대한 불만의 토양에서 배양되었다.

국민국가들이 충돌했던 제2차 세계대전은 약 2,400만 명으로 집계된 군인 사망자를 포함하여 무려 6,250만 명가량의 생명을 앗아갔다.[6] 제2차 세계대전은 '인류에 대한 범죄(crimes against humanity)'라는 개념을 탄생시킴으로써 세계시민주의의 발전단계에서 '아렌트의 모멘트(Arendt's Moment)'를 낳았다(Vertovec and Cohen, 2002: 145~154).

세계시민주의가 참혹했던 양차 세계대전의 책임을 나쁜 애국주의의

5) http://en.wikipedia.org/wiki/World_War_I_casualties(검색일 2008년 4월 30일)

6) http://en.wikipedia.org/wiki/World_War_II_casualties(검색일 2008년 4월 30일)

탓으로 돌린 것은 물론 옳았다. 그러나 양차 세계대전의 배후에는 보편적 세계주의의 광폭성도 공존하고 있었다. 세계시장주의적 광폭성은 식민지 쟁탈전을 촉발시켰는데, 그 배후에는 사회진화론과 같은 보편이론, '보편적 가치'의 전 세계적 보급이라는 이념이 자리 잡고 있었다. 러시아혁명의 이념적 자원들 중 하나였던 프롤레타리아 세계주의나 무정부주의 역시 또 다른 차원에서 보편적 가치를 내세우며 폭력혁명을 선동했다. 그것은 라스푸친(Gregory Rasputin)으로 상징되는 왜곡된 종교적 보편주의(Radziwill, 1918)에 대한 반발이기도 했지만, 그것의 변형이기도 했다. 계몽주의적 보편주의에 대한 광신적 집작이라는 아이러니였다. 러시아정교 전체가 인간의 보편적 이성에 반하는 사회적 범죄처럼 취급되었고, 이러한 대립구도는 나치독일의 침략에 맞서 러시아정교와 스탈린이 연대할 때까지 지속되었다.

유럽이 양차 세계대전에 휩싸이는 동안 일본은 일찍이 로마 중심의 종교적 보편주의가 교황무오설을 표방했던 것과 유사하게 천황무오설을 발전시켰다. 일본의 이러한 태도는 오랜 기간 중국의 천자적 세계주의에 맞서서 발전해온 것이기도 했다. 중국의 천자적 표준과 일본의 천황적 표준은 단순히 애국주의 차원에 머물렀던 것이 아니라 다른 국가와 민족들을 복속시키기 위한 이념적 기제로서의 세계주의적 경향을 지녔다.

역사적으로 다른 국가와의 전쟁까지도 불사하며 세계적 보편을 표방하는 여러 세력들이 존재해왔다. 국가들 간의 경계를 넘어 보편을 표방했던 역사적 사례들을 네 가지 이념형(Ideal Type)을 통해 정리해볼 수 있을 것이다.

〈표 12-1〉 국가와 보편을 결합시킨 네 가지 이념형

① 제국적 보편	② 무국적 · 반국적 보편
③ 국제적 보편	④ 초국적 보편

(1) **제국적 보편**(imperial universality)

공간적 보편성과 탈국가성의 조합을 특정 국가의 공간적 확대 및 시간적 해석의 독점을 통해 추구하는 형태. 부시 행정부 당시 이라크전쟁의 이념적 기초를 제공했던 미국 네오콘의 혁명적 보수주의나 중화제국적 보편의 확장, 과거 일본제국이 추구했던 대동아공영권 등이 이에 해당된다.

(2) **무국적 · 반국적 보편**(anarchical · anti-national universality)

제국적 보편과 대조적 입장에서 모든 형태의 국가를 부정함으로써(무정부주의) 보편성을 추구하는 형태. 부정적으로 흐를 경우, 국가에 대한 부정으로 말미암아 자본의 활동공간만이 극대화된 로보캅사회(야경국가적 기능마저 아웃소싱을 통해 치안전문회사나 민간용병회사에 맡기는)를 위한 이념적 자원으로 활용될 수도 있다. 국가에 대한 부정을 통해 보편성을 획득하고자 한다는 점에서 반국(反國)적 보편이라고도 명명될 수 있다.

(3) **국제적 보편**(international universality)

제국적 보편과는 달리 특정 국가의 시공간적 장악을 통한 보편의 창출이 아니라 개별 국가에 대한 상호 존중과 합의를 통해 보편을 추구하는 이념형이다. 개별 국가가 지닌 지정학적 정체성과 특수성을 인정하고, 주권국가들 간의 약속을 통해 보편을 창출하고자 하는 것으로서 각각의 개별성이 인정되는 샐러드 그릇 모델(salad bowl model)이라고 부를 수

있다.[7] 주권적 단위체에서 이루어지는 민주적 결정을 존중하고, 세계화의 폐해를 막거나 원시적 자본축적을 위한 국가의 역할을 인정할 수밖에 없는 경우, 그리고 부족성, 지역성을 뛰어넘는 국가의 완성을 진보적 아젠다로 받아들이는 경우에 친화력이 있는 개념이다.

이는 국가들 간 다수의 단일성(E Pluribus Unum)을 추구한다. 미합중국도 초기에는 국제적 보편을 추구했던 결과물이었다. 미국에서는 동쪽(유럽)으로부터의 독립과 서쪽(아메리카 원주민, 태평양, 아시아)으로의 팽창이라는 양면적 목표를 위한 개별 주(state)들의 연대와 통합을 통해 단일성이 추구되었다. 1898년 미국-에스파냐전쟁을 통한 팍스 에스파냐와 팍스 아메리카나의 충돌은 미국의 국제적 보편을 추구하는 흐름과 제국적 보편을 추구하는 흐름 사이의 분수령이 되었다.

오늘날 국제법적 전통에 기초한 국가들 간의 약속이 적층된 거탑(巨塔)으로서의 유럽연합은 국제적 보편을 추구했던 결과물이다. 유럽연합 헌법에 기초한 입헌적 애국주의(constitutional patriotism)는 새로운 유럽의 정체성을 만들어낼 수도 있을 것이다(Müller, 2007). 입헌적 애국주의란 과거의 국가적 표준을 넘어 새로운 국가적 표준에 헌신하는 것이며, 새로운 표준의 수립을 위한 노력 자체를 의미한다.

(4) 초국적 보편(transnational universality)

국가의 일정한 역할을 인정하면서도, 국가가 가지고 있는 내재적 한계에 주목하면서 국가라는 행위자뿐 아니라 NGO, 자본조직, 노동노직 등의

---

7) 샐러드 그릇 모델이란 주권국가라는 고형체가 정체성을 유지하면서 국제적 협정과 조약 등을 통해 공동체가 만들어지는 과정을 표현한 필자의 조어이다.

광범위한 활동을 통해 보편을 추구하는 이념형이다. 전 세계적 네트워크의 증대를 강조하는 스파게티 그릇 모델(spaghetti bowl model)이라고 부를 수 있다.[8] 국가들이 아니라 개인들 간에 이루어지는 다수의 단일성을 강조하며, 자본이나 인간의 접촉빈도가 상호 간 친밀도의 증대로 귀결될 것이라고 낙관한다.

국가를 중시하는 애국주의는 국민주의, 국가주의, 민족주의 등과 많은 부분 중첩된다. 이들 개념들을 명확히 구별짓는 것은 거의 불가능하다(요시자와 세이치로, 2006: 45). 다만 애국주의(愛國主義, patriotism)란 "한 민족국가의 성취와 문화에 대한 자부심, 그 정체성을 보존하고자 하는 열망, 다른 국가 구성원과의 연대의식" 정도의 잠정적 정의는 가능할 것이다. 민족과 국가가 민족국가의 형태로 일체화되었던 서구정치사에서 애국주의는 민족 혹은 민족국가와 밀접한 연관을 맺으며 발전했다. 그러나 국가는 민족적 단위를 넘어서 존재하기도 하고(옛 소련의 경우), 민족적 단위 안에서 별도로 존재하기도 한다(한반도의 상황)는 점에서 애국주의는 민족보다는 국가에 우선순위를 둔다. 애국주의가 극단화될 경우, 그것은 국가주의 또는 국수주의로 발전한다.[9]

유럽현대사에서 애국주의가 국수주의로 치달았던 경험은 세계화의 급진에 따라 애국주의를 '촌스러운 것'으로 취급하는 경향을 낳았다. 그러나

8) 스파게티 그릇 모델이란 개인이나 NGO, 기업 간의 네트워크가 증대되고 두터워짐에 따라 새로운 공동체의 정체성이 만들어지는 과정을 표현한 필자의 조어이다.

9) 국가주의 또는 국수주의는 서구역사에서 자주 인용되곤 했던 로마의 시구 "달콤하고 아름다워라, 조국을 위한 죽음은(Dulce et decorum est pro patria mori)"이라는 구절로 함축된다. 제1차 세계대전 당시 이 구절을 차용한 오웬(Wilfred Owen, 1893~1918년)의 시는 널리 애송되었다(The Wilfred Owen Collection, www.oucs.ox.ac.uk/ww1lit/collections/owen).

세계화의 급진에도 불구하고, 어쩌면 세계화의 급진으로 인해 애국주의의 가치는 지속되거나 재발견되고 있다. 많은 개인들에게 세계는 멀고, 국가는 가깝다. 세계는 모호하고, 국가는 구체적이다. 서구에서는 유럽연합의 발전을 통해 국가가 새로운 단계로 진입하고 있다. 그러나 국가가 소멸하고 있다기보다는 국가의 성격 및 사명이 변화되고 있다. 혈연적이고 숙명적으로 주어진 표준이 아니라 합의된 표준으로서의 국가가 중요해지고 있는 것이다. 따라서 애국주의 자체의 폐기를 주장하기보다는 애국주의가 빠질 수 있는 극단을 민주주의와 국제주의를 통해 끊임없이 견제하면서, 개별적 애국주의가 세계인류를 위해 복무하도록 하는 노력이 필요하다. 죄악으로서의 국가를 최소화하는 대신, 구원으로서의 국가를 최대화하는 것이다.

알렉산더 포프(Alexander Pope)는 『인간에 관한 에세이』에서 다음과 같이 주장했다. “신은 전체에서 부분으로 사랑한다. 그러나 인간의 영혼은 반드시 개체에서 전체로 올라간다. 자기 자신을 사랑하는 것은 고결한 정신이 깨어나도록 돕는다. 작은 조약돌이 고요한 호수에 파문을 일으키듯이 중심으로부터 동심원이 퍼져나간다. 먼저 친구, 부모, 이웃을, 그 다음에 나라를, 그 다음에 온 인류를 포옹한다”(Bok, 2002: 43).

국가에 대한 사랑을 의미하는 애국주의의 이상형은 국가를 공통된 언어와 가치를 통해 민주적 견제가 가능한 마을의 확장태(擴張態)와 같이 만들기 위해 노력하는 것이다. “나의 조국이 옳거나 그르거나 간에(my country right or wrong)” 조국을 사랑하겠다는 것이 애국주의의 한 얼굴이라면, 조국이 옳은 방향으로 가도록 노력하는 것은 애국주의의 또 다른 얼굴이다(Blattberg, 2000).

나쁜 애국주의는 맹목적 국가숭배, 국수주의(쇼비니즘), 국가에 대한 우

〈표 12-2〉 애국주의의 양면성

나쁜 애국주의	좋은 애국주의
일인(당) 독재를 위해 동원되는 애국주의	민주적 애국주의(Democratic Patriotism): 국민 개 개인의 의사가 민주적으로 반영되는 애국주의
사회의 소수 구성원을 희생양으로 만드는 애국주의, 혹은 그럼으로써 유지되는 애국주의	공화적 애국주의(Republican Patriotism): 사회적 소수에 대한 배려를 추구하고, 이기주의와 집단 이기주의를 국익에 종속시키려는 노력
제국주의적 애국주의 또는 한 국가에 대한 애정만이 강요되는 애국주의	국제주의적 애국주의(International Patriotism): 다른 국가에 대한 애정이 용인되거나 권장되는 애국주의
극렬소수의 쇼비니즘(Chauvinism)	입헌적 애국주의(Constitutional Patriotism)

상화, 국가와 특정 인종의 동일시 등을 의미한다. 좋은 애국주의는 이와 구별될 뿐 아니라 이와 투쟁한다. 그렇다면 나쁜 애국주의를 좋은 애국주의로 어떻게 바꿀 것인가? 그것은 민주주의, 공화주의, 그리고 국제주의(과거의 '반제'를 대신하는 제국주의의 진정한 반대어로서) 등에 의해 부단히 견제받는 제도로서의 국가를 '매일 매일의 국민투표를 통해' 공유함으로써 가능하다. 민주주의와 국제주의를 통해 부단히 견제 받는 제도로서의 국가는 물방울로서의 개인이 지역공동체라는 호수를 거쳐 세계라는 바다로 흘러들어가기 이전의 소담한 연못과도 같다. 문제는 닫힌 연못이 아니라 열린 연못을 만드는 것이다.

나쁜 애국주의의 구성요소들과 대치되는 좋은 애국주의의 구성요소들을 대비하여, 애국주의의 양면적 가능성을 <표 12-2>와 같이 도식화해볼 수 있을 것이다.

세계시민주의를 선, 애국주의를 악으로 보는 이분법에서 벗어나기 위해서는 모든 개인에게 내재된 보편적 가치에 대한 추구를 통해 나쁜 애국주의를 좋은 애국주의로 견인하는 것이 필요하다. 동시에 애국주의가 모든 개인에게 내재된 보편적 가치의 실현을 위해 복무하도록 조절(regulate)될 필요가 있을 것이다.

세계시민주의의 대표적 옹호자였던 누스바움(Martha Nussbaum)이 2008년 8월 25일 한국을 방문한 자리에서 "애국주의가 인류에게 유익할 수 있다"고 주장한 것은 시사하는 바가 크다. 누스바움은 "간디나 네루 같은 인도 지도자가 설파했던 애국주의"를 "순화된 애국주의(purified patriotism)"라고 표현하면서, 이러한 애국주의를 민족적·언어적 동질성에 의한 것이 아니라 '도덕적'인 감정들에 기초하는 애국주의라고 정의했다. 그리고 순화된 애국주의의 다섯 가지 조건을 다음과 같이 제시했다.

① 다수자로부터 소수자를 보호하는 헌법상의 권리들과 그것을 보장하는 독립된 사법부, ② 전쟁을 일으킬 수 있는 행정부의 권한을 권력 분립으로 억제하는 것, ③ 애국주의가 외국인 혐오로 변질되는 것을 막기 위한 이민자 권리의 보호, ④ 외국 문화와 국내 소수자에 관한 교육, ⑤ 언론자유의 보호와 비판적 문화의 형성(≪조선일보≫, 2008년 8월 26일자). 순화된 애국주의에서 핵심이 되는 국가는 소통이 이루어지는 인간 공동체이며, 헌법과 같이 구성원들을 하나로 묶어주는 약속에 의해 규율되는 공동체이다.

3. 동북아 권역에서의 애국주의

역사적으로 제국적 보편의 중심부라는 지정학적 인식을 공유했던 유럽의 국가들(영국, 프랑스, 에스파냐, 포르투갈, 독일, 네덜란드 등)에서의 애국주의와 서세동점의 역사를 통해 서구적 근대와 조우했던 동북아에서의 애국주의는 서로 다른 탄생의 지정학적 배경을 지녔다(김명섭·김석원, 2008).

서구 중심의 제국적 보편에 포섭되기 이전의 시기로 소급해보면 동북아는 상당 부분 중국 중심적인 제국적 보편에 포섭되어 있었다. 서구 중심의 제국적 보편이 전파될 때, 그것에 적극적으로 내응했던 세력의 명분은 천자 중심의 중화제국적 보편으로부터의 탈피였다. 그러나 동북아는 다시 서구 중심의 제국적 보편을 모방한 일본 천황 중심의 제국적 보편과 대면하게 되었다. 이 과정에서 국가와 관련하여 동북아시아가 경험한 내상(trauma)은 동북아시아적 공간에서 애국주의에 기초한 지역적 보편을 창출하기 어려운 시공간적 배경이 되었다.

동북아시아에서 애국주의의 핵심가치는 주권에 대한 인식과 관련된다. 유럽에서는 1789년 프랑스혁명을 통해 군주주권에서 국민주권으로의 변화가 이루어졌고, 이러한 변화에 대한 군주주권 국가들의 봉쇄와 개입의 과정에서 프랑스혁명전쟁/나폴레옹전쟁이 발발했다. 프랑스인권선언으로 대표되는 군주주권과 국민주권의 혁명적 변화에 대한 주변국가들의 개입이 전쟁의 광기로 폭발했던 것이다. 프랑스의 보편주의적 인권관은 주변국들의 (군주)주권에 대한 도전이었다. 그러나 누가 먼저 주권을 침해하는 폭력을 동원했는가 하는 문제를 놓고 볼 때, 프랑스가 자국의 인권개념을 보편적으로 구현하기 위한 목적에서 전쟁을 일으켰다고 보기는 어렵다. 오히려 프랑스의 인권개념이 자국의 인권개념과 충돌함으로써 군주주권을 위협한다고 보았던 프랑스의 주변국가들이 프랑스의 혁명사상에 대한 선제적 봉쇄전쟁을 일으켰다고 보아야 할 것이다.[10] 주권의 범위를

---

10) 물론 프랑스혁명전쟁의 원인을 이념적 요인으로만 단순화시키기는 어렵다. 오스트리아 합스부르크 제국과 오스만투르크 제국 간의 긴 전쟁이 소강상태를 맞이함으로써 오스트리아가 프랑스와 전쟁을 벌일 수 있는 여력이 생겼던 것 등을 비롯하여 많은 전쟁의 배후 요인들이 작동하고 있었다(Walt, 1997: 62~75).

넘어 먼저 무력을 동원한 것이 어느 쪽인가 하는 점은 세계주의와 애국주의 간의 충돌 문제를 다루는 데에서 항상 중요한 문제이다.

동북아시아에서는 유럽제국주의의 주권침탈과 그에 맞서는 주권수호의 길항관계 위에서 다시 중국의 종주권 주장과 주권독립의 길항관계가 중첩되어왔다. 이러한 근대의 이중성이 미결된 가운데 최근에는 인권과 주권의 길항관계가 다시 중첩되고 있다. 이러한 지정학적 중층구조를 지닌 동북아시아에서의 애국주의란 주권개념에 기초해서 인권문제를 비롯한 제반의 공동관심사를 논의하고 해결하려는 태도를 의미한다. 흔히 유럽이 주권을 넘어 공동체를 이룩한 경험이 선전되고 포장되는 경향이 있다. 그러나 비록 기독교적 문명과 문화의 공동 기반을 가지고 있다고는 하더라도 현재의 유럽연합은 철저하게 "주권에 기초한 주권의 점진적 양도"에 따라 진행되고 있음에 유의해야 한다.

동북아시아에서 각 국가의 좋은 애국주의에 기초한 국제적인 지역공동체의 길은 지난한 것이 사실이다. 한편으로는 동아시아 혹은 동북아문명공동체에 관한 담론들이 분출했지만, 일본에서는 "하나의 민족국가, 하나의 문명, 하나의 언어, 하나의 문화, 그리고 하나의 인종을 갖고 있는 나라는 일본 외에는 없다"는 것이 아소 다로(麻生太郎) 총리와 같은 이들의 지정학적 인식이다(2005년 10월 15일 국립규슈박물관 개관식 축사. 당시에는 총무상. ≪서울신문≫, 2005년 10월 17일자).[11]

아소 다로 총무상이 외상에 취임한 후인 2006년 1월 28일에 천황의 야스쿠니 참배가 재개되어야 한다고 발언한 것도 이러한 인식과 맥을 같이하는 것이다. 이러한 인식의 근저에는 1281년 고려군을 강제동원한

11) 같은 해 10월 31일 아소 다로는 외상에 임명되었다.

몽골제국의 침략을 막아냈던 것은 물론 1945년 미국과의 전쟁에서 패배할 때까지 외세에 의해 점령당한 적이 없었던 일본의 지정학적 인식이 자리하고 있다. 일본은 일찍이 불교 세력을 견제하기 위해 가톨릭 세력을 받아들였지만, 나중에는 가톨릭을 억압했던 경험을 가지고 있다. 로마 가톨릭이 중남미 지역에 뿌리를 내리던 무렵 대대적인 박해를 통해 가톨릭의 유입을 차단했던 일본은 로마중심의 종교적 보편주의가 교황무오설을 표방했던 것과 경쟁하면서 천황무오설을 발전시켰다(1999년 로마교황 요한 바오로 2세가 과거 교회의 이름으로 자행된 범죄적 행위들을 사죄한 이후조차). 일본의 이러한 시공간적 인식은 오랜 기간 중국의 천자 중심적인 시공간적 인식에 맞서서 발전해온 것이었다.

일본적 표준을 숭배하는 야스쿠니신사파의 애국주의는 이웃국가들뿐 아니라 자국민들에게 많은 부담을 주고 있다. 다른 한편 히로시마평화공원파가 추구하는 세계시민주의로의 편안한 의탁은 국가적 사죄를 회피하기 위한 탈출구로 기능하는 측면이 있다.[12] 그 결과 일본은 '국제적이지만, 결코 지역적이지 못한(international, but not regional)' 국가(민족)에 머무르고 있다(Brzezinski, 1997: 173). 세계시민주의를 표방하면서 동북아시아적 차원에서 해결해야 할 당면과제를 회피하는 일본인들, 그리고 제국주의적 국수주의에 대한 향수를 버리지 못한 일본인들 사이에 가토 노리히로(加藤典洋)의 노선이 있다. 그는 침략전쟁에 앞장선 일본인 사망자들을 "무의미한 사망자로서 무의미한 그대로 깊이 추모할 수 있는 방법"을 만들어냄으로써 "타국의 죽은 자들에 대한 사죄의 자리"로 나아갈 수 있는 "전후

12) 야스쿠니신사파와 히로시마평화공원파라는 용어들은 각각 일본 내에서 전쟁을 기억하는 방식과 관련하여 애국주의적 경향과 세계시민주의적 경향을 극단화하여 표현한 것이다.

일본인으로서의 우리"라는 "사죄 주체"를 만들자고 주장한다(가토 노리히로, 1998: 9~17).

사죄의 주체로서 국가(민족)를 설정하는 이러한 주장은 다카하시 데츠야(高橋哲哉)와 같은 세계시민주의적 입장으로부터 신랄한 비판을 받는다(다카하시 데츠야, 1999). 하지만 자국민에 대해서 슬퍼할 수 없는 이가 과연 타국민에 대해서 온전히 슬퍼할 수 있을까? 일본인들을 전쟁으로 몰고 갔던 '나쁜 애국주의'를 일본인들 스스로의 '좋은 애국주의'를 통해 극복하는 것이야말로, 일본인들이 동북아인들이나 세계인들을 향해 반성하는 것보다 더 확실하게 과거와 단절하고 국제적 보편창출을 위한 동반자가 될 수 있는 지름길일 수 있다.

21세기 일본의 애국주의가 동북아에서 용납될 수 있는 '좋은 애국주의'가 되기 위한 중요한 시금석은 헌법 제9조의 변경 여부이다. 헌법 제9조의 변경에 대한 이웃국가들의 우려를 내정간섭이라고만 본다면, 그것은 일본 헌법 제9조에 포함되어 있는 국제적 약속의 의미를 간과한 것이다. 전후 일본에서 제9조의 의미는 제1조부터 제8조까지의 헌법 조항들이 지니는 의미의 연속선상에 있다(이토 나리히코, 2005: 34~39). 제1조부터 제8조는 전쟁의 최고책임자였던 천황을 폐위하지 않고 헌법적으로 존속시키는 내용을 담고 있다. 천황제의 존속은 1944년 3월 11일(토요일)에 있었던 연합국의 부국(部局) 간 극동지역위원회(Inter-Divisional Area Committee on the Far East) 회의록에 명기되어 있는 바와 같이 군정의 감독(supervision)과 권위(authority)하에서 천황이 일정 정도의 역할을 할 수 있도록 권고된 바에 따른 것이기도 했다(原秀成, 2004: 445). 그러나 그것은 일차적으로 패전국 일본의 의사를 반영한 것이었으며, 제9조는 그에 대한 대가적 성격을 지닌 것이었다. 일본의 애국주의가 나쁜 애국주의를 억누르는 좋은 애국주의가 되기 위해서는 헌법에 내장된 국제적 약속을 존중해야 하며, 주변국들과 더불어 합리적 애국주의의 방향으로 나아가야 할 것이다.

동북아시아에서 중국의 애국주의는 단순한 자민족 중심주의를 넘어서는 강력한 매력을 지닌 우주관에 기초하고 있었다. 중국(中國)이라는 명칭 자체에 내재되어 있는 인식이나 동서(東西)관계를 중서(中西)관계와 동일시하는 인식은 동북아시아에서 지역적 보편을 중국적 보편과 쉽게 동일시해 버린다. 그럼에도 중국에서 근대적 애국주의의 탄생은 20세기 초기 10년 정도의 기간을 통해 전개된 정치운동에 의해서였다고 볼 수 있다(요시자와 세이치로, 2006: 8).

1992년 중국과 전격적으로 수교한 한국의 중국과의 경제교역량은 미국과의 경제교역량을 추월했는데, 교역의 흑·적자 여부와 상관없이 경제교역량의 증대에 따라 중국 중심적 인식이 한국민에 대해 지니는 흡수력은 지속적으로 강화되어왔다. 만일 중국의 의도대로 조만간 타이완까지 흡수한다면, 이러한 추세는 더욱 강화될 것이다. 이러한 지정학적 성찰은 1895년 시모노세키 조약 이후 1897년 대한제국 수립 사이에 탄생했던 한국의 근대적 애국주의가 지니는 가치를 새로운 차원에서 주목하게 만든다(김명섭·김석원, 2008).

중국의 애국주의를 인정한다는 것은 현재의 중국이 인권과 주권의 대립구도 속에서 설정하고 있는 민권(民權)에 대한 국제적 인정과 직결된다. 현대 중국의 민권개념은 일찍이 쑨원(孫文, 1866~1925년)이 중국 근대 혁명과 건국의 기본이념으로서 제창했던 삼민주의(三民主義; 민족, 민권, 민생)의 3대 구성요소들 중 하나에 뿌리박고 있다. 쑨원의 부인이기도 했던 쑹칭링(宋慶齡, 1892~1981년) 역시 민권보장동맹을 통해 차이위안페이(蔡元培), 루쉰(魯迅) 등과 함께 민권개념을 발전시켰다. 1991년 중국의

≪인민일보(人民日報)≫는 "개인보다는 국가나 민족을 단위로 하는 집단적 생존권이며, 개인의 생존은 궁극적으로 집단의 생존을 통해 확보될 수 있다"라는 개념을 선포했다(≪人民日報≫, 1991년 5월 11일자; 이동윤·천자현, 2008: 101에서 재인용).

중국의 지정학적 인식에 비추어본다면, 유럽의 지정학적 맥락에서 발전한 인권개념이 다른 국가의 지정학적 맥락을 무시하고 해당 국가의 주권을 침해하기 위한 수단으로 악용되는 것은 용인되기 어렵다. 그러나 여전히 남는 문제는 타이완 주민의 애국주의, 티베트〔베이징 식의 명명으로는 시짱자치구(西藏自治區)〕, 그리고 위구르의 독립의지일 것이다. 몽골의 애국주의에 대한 국제적 인정이 중국에 의해 오해될 수 있는 가능성도 여전히 남아 있다.

타이완, 티베트 그리고 위구르의 위상을 지정학적으로 비교하면서, 북한 주민들의 조선민주주의인민공화국에 대한 애국심의 문제를 생각해볼 필요가 있다. 북한 주민의 애국심을 지탱해왔던 것은 하나의 진짜 줄기세포와 세 개의 가짜 줄기세포에 비유될 수 있다.[13] 하나의 진짜 줄기세포는 김일성이 일본에 대한 무장투쟁을 통해서 대한제국이 일본에게 강탈당했던 주권을 회복하고자 했던 경력이다. 1971년 9월 24일 ≪내나라≫에 김일성의 항일유격활동 경력을 소개한 글에 관해 김현옥 내무장관이 국회에서 문제를 제기함에 따라 당시 필자였던 전웅 연세대정법대 강사가 반공법으로 구속기소된 사건이 있었다.

---

13) 이하 북한 주민의 애국심에 대한 분석내용은 다음의 발표문 중 일부를 발전시킨 것이다. 김명섭, 「21세기 동북아 안보: 주요 도전과 기회」, 외교안보연구원 주최 심포지엄, "동북아 신안보구도와 다자안보협력: 전망과 과제", 2006년 2월 28일, 프레스센터 기자회견장.

이 사건은 북한의 김일성에 관해 남한에서 말할 수 있는 한계를 획정한 사건이었다. 대신 1974년 이명영 교수가 집대성한 '가짜 김일성론'이 대한민국의 유력한 이념적 자원으로 채택되는 지성사의 분수령이기도 했다(이명영, 1974). '가짜 김일성론'은 냉전 종식 이후 왜 김일성체제가 동유럽의 공산정권들처럼 쉽게 붕괴되지 않을 것인가에 관한 중요한 해석의 실마리를 놓치게 만들었다(김명섭, 2006b: 246).

그렇다면 북한 주민들의 애국심을 지탱해왔던 세 개의 가짜 줄기세포들은 무엇인가? 첫 번째는 김일성의 주도로 주권회복이 이루어졌다는 선전이고, 두 번째는 6·25전쟁이 한국과 미국에 의해 시작된 전쟁이라는 거짓말이며, 세 번째는 북한 주민이 겪고 있는 경제적 고난이 오직 제국의 봉쇄 때문이라는 과장이다.

첫 번째 가짜 줄기세포는 미국의 해방군으로서의 역할은 물론 소련이나 중국의 역할마저도 은폐하는 것으로서 스스로의 인식적 고립을 자초하고 있다. 더욱이 한국의 민주정부에 의한 민족사의 복원작업을 통해 망각 속에 버려진 민족운동가들에 대한 기억의 소생작업이 속속 이루어짐에 따라 온전한 민족해방운동사는 점점 그 실체를 드러내고 있다. 아울러 일본의 아시아-태평양전쟁 패전과 한국 광복의 역사에 대한 새로운 조명은 김일성의 항일무장투쟁이 한국광복운동사에서 지녔던 의미와 한계를 정확하고 공평하게 자리매김해주고 있다.

두 번째 가짜 줄기세포의 문제점은 강정구 교수 사건에 대해 북한지배층이 취한 침묵을 통해 극명하게 드러난다. 정작 강정구 교수의 주장을 수용할 수 없었던 것은 남한이 아니라 북한이었다. 왜냐하면 강 교수의 주장은 북한이 개전책임을 지고 있는 6·25전쟁의 의미를 어떻게 해석할 것인가에 관한 것이었지, 한국과 미국이 6·25전쟁을 일으켰다는 북한 지배층의 주장과는 오히려 배치되는 것이었기 때문이다. 북한 지배층의 주장은 일찍이 박헌영을 반애국적 미제간첩으로 몰아 패전의 책임을 뒤집어씌웠던 것과도 맥을 같이하는 것이다. 전쟁의 책임은 탕감될 수 있어도 전쟁의 진실은 탕감될 수 없다. 전쟁의 진실마저 탕감될 수 있다고 한다면, 전쟁 책임이 있는 쪽은 단지 전쟁에서 승리하지 못했기 때문에 비난받을 뿐이라는 논리를 되풀이할 것이기 때문이다('대동아전쟁'에 대한 일본 우익의 주장처럼).

끝으로 북한의 아사사태를 빚은 경제난이 미국의 봉쇄 때문이라는 세 번째 가짜 줄기세포를 보자. 1970년대 중반까지 남한보다 앞서 있던 북한의 경제가 왜 총체적 파국을 맞이했는가에 대한 반성 없이 그 책임을 밖으로 돌리는 논리야말로 북한 주민 스스로의 가능성을 억압하고 있다. 반제 논리와 반세계화 논리를 결합한 체제유지의 논리가 바로 북한 주민의 '창발성'을 억누르고 있는 측면에 주목해야 할 것이다(김명섭, 2006b: 246~247).

현재 북한의 지배자가 북한 주민들에게 요구하고 있는 덕목은 애국심이라기보다는 1997년 정식화한 '김일성민족'론과 1998년의 김일성헌법에 기초한 개인숭배로 보인다. 1997년 북한이 정식화한 김일성민족론에 따르면 "민족의 우수성은 위대한 수령의 령도 밑에 혁명위업을 수행하는 과정에서 가장 훌륭하게 이루어지며 높이 발양된다. 민족의 우수성은 곧 수령의 위대성이라고 말할 수 있으며 민족의 우수성에 대한 긍지와 자부심은 위대한 수령을 모신 긍지와 자부심에서 집중적으로 표현된다"(김정일, 1997).

김일성민족론은 다음과 같이 이어진다.

> 우리 민족은 경애하는 수령 김일성 동지를 모시여 **위대한 민족으로 되였으며** 김일성 동지의 령도 밑에 **우수한 민족성을 지니게 되였다**. 오늘 세상 사람들은 우리 민족을 경애하는 수령 김일성 동지의 존함과 결부시켜 부르고 우리 인민의 민족성을 김일성민족의 우수성으로 칭송하고 있다. **김일성 민족의 민족성에서 핵을 이루는 것은 자기수령에 대한 충효심이다.** …… 수령에 대한 충효심은 김일성민족의 훌륭한 민족성의 최고 표현으로 되고 있으며 김일성민족의 모든 우수성의 근본바탕을 이루고 있다. …… 우리는 수령을 충효일심으로 받드는 우리 인민의 우수한 품성을 더욱 공고히 하고 굳건히 이어나가도록 함으로써 인민들이 대대손손 자기 수령, 자기 당에 충성과 효성을 다하도록 하여야 한다. 우리는 조선민족제일주의교양을 계속 강화하여 인민들이 높은 민족적 긍지와 자부심을 가지고 조선 민족의 위대성을 더욱 빛내여나가도록 하여야 한다(김정일, 1997; 강조는 필자).

이러한 주장은 민족과 가족을 등치시키고, 수령을 가장과 등치시키는 정치적 메타포이다. 김일성민족론이 천명된 이후인 1998년 9월 5일 북한은 헌법을 개정한 바 있는데, 이 헌법의 서문은 북한에서 애국심의 대상으로 설정된 국가의 성격을 잘 반영하고 있다.

> 조선민주주의인민공화국은 위대한 수령 김일성 동지의 사상과 령도를 구현한 주체의 사회주의 조국이다. 위대한 수령 김일성 동지는 조선민주주의인민공화국의 창건자이시며 사회주의조선의 시조이시다. 김일성 동지께서는 영생불멸의 주체사상을 창시하시고 그 기치 밑에 항일혁명투쟁을 조직 령도하시여 영광스러운 혁명전통을 마련하시고 조국 광복의 력사적 위업을 이룩하시였으며 정치, 경제, 문화, 군사분야에서 자주독립국가 건설

의 튼튼한 토대를 닦은데 기초하여 조선민주주의인민공화국을 창건하시였다. …… 조선민주주의인민공화국 사회주의헌법은 위대한 수령 김일성 동지의 주체적인 국가건설 사상과 국가건설 업적을 법화한 김일성헌법이다(북한연구소, 1998: 210~229).

개정된 북한헌법의 특성은 그 서문에 나와 있는 바와 같이 "위대한 수령 김일성 동지의 주체적인 국가건설 사상과 국가건설 업적을 법화한 김일성헌법"이다. 이 서문에서 김일성이라는 이름은 무려 17번이나 등장하고 있다. 헌법이 한 국가의 기본틀을 규정하는 표준이라고 한다면 북한에게 표준은 바로 '위대한 수령 김일성 동지'이다. 북한에서 이루어진 '김일성민족' 개념의 헌법화는 1971년 집권한 동독의 호네커가 서독의 동방정책이 개시된 이후인 1974년 헌법 개정을 통해 통일 조항을 삭제하고 분리정책(Abgrenzungspolitik)을 공식화했던 것과 유사하다. 같은 해인 1974년 유엔총회에서 서독 외무장관과의 연설 대결을 통해 동독 외무장관 피셔(Oskar Fischer)가 "오늘날 독일 땅에는 두 개의 국가, 두 개의 민족이 존재한다. 즉, 사회주의적 민족과 자본주의적 민족이 존재한다"라고 주장했다(김영윤, 1998). 냉전체제 종식 이후 고립에 처한 북한은 독일의 '사회주의적 민족' 개념과 유사한 '김일성민족' 개념을 발명하여 독재체제를 옹위하는 길을 택한 것으로 보인다. 북한의 '김일성민족'론은 1998년 한국에서 김대중 정부가 출범하고 햇볕정책이 추진된 이후 '우리민족끼리'론으로 발전하여 오늘에 이르고 있다.

북한에서는 민족의 이름으로 "모든 죄를 사하노라"라는 식의 '우리민족제일주의'가 개인을 억압하고 독재를 합리화해주는 '나쁜 애국주의'의 자원이 되고 있다. 또한 조선 말기 대원군의 쇄국정책이나 위정척사론과 같은 배외감정의 선동을 통한 지배 이데올로기로도 기능한다. 그러나 김일성민족론으로 교육받은 북한 주민들에게 좀 더 호소력 있는 대안적 담론의 자원은 반감과 위축심을 불러일으키기 쉬운 세계시장주의가 아니다. 그렇다고 영변의 주민들에게 그린피스(Green Peace)와 같이 초국적 보편을 추구하는 단체의 세계시민주의는 어색할 뿐이다. 좀 더 호소력 있는 대안적 담론은 북한 주민의 정치적 주체화를 통한 애국주의(남한의 민주화를 이룩했던 애국주의와도 흡사한)로 '우리민족 제일주의'라는 명목으로 애국주의를 악용하고 있는 일인독재체제를 극복하도록 하는 것이다.

동북아시아가 직면하고 있는 지정학적 상황을 고려할 때, 국가라는 단위를 넘어서는 지역적 보편을 위해 세계시민주의가 지니는 이념적 가치는 소중하다. 그러나 '나쁜 애국주의'를 견제할 수 있다면, '좋은 애국주의'는 세계시민주의에 앞서 동북아시아 국제협력을 위해 기여할 수 있다. 특히 세계시민주의가 '나쁜 애국주의'에 대한 투쟁의 회피를 위한 탈출구로 기능했던 측면에 대한 섬세한 관찰이 필요하다. 세계주의 또는 세계시민주의적 보편주의로의 맹목적 귀의는 자칫 국가(민족)적 병리를 부정하거나 맞서기보다 단지 회피하는 결과를 초래할 수도 있다. 결국 오늘날 동북아시아에서의 세계시민주의는 20세기 초 중국에서 캉유웨이(康有爲, 1858~1927년)가 "국계(國界)를 제거하자"고 주장했던 『대동서(大同書)』의 대동(大同) 개념과 유사하다. 그러나 캉유웨이의 제자 량치차오(梁啓超, 1873~1929년)는 "선생의 경세의 뜻은 대동에 있지만, 현상에서 출발하여 방도를 모색할 때는 애국을 출발점으로 삼았다"는 점을 강조했다(요시자와 세이치로, 2006: 260).

4. 결론

1990년대 초 한국 정부가 세계화를 국시처럼 내세우고 있을 때, 우파 대통령 시라크(Jacque Chirac)가 이끌고 있던 프랑스는 '통제 가능한 세계화'를 내세웠다. 오랜 역사를 통해 영국과 겨루면서 식민제국을 만들어냈던 프랑스가 한국보다 세계화에 소극적이었던 이유는 무엇일까? 세계화는 일종의 자연현상과도 같다. 그렇기 때문에 일정한 통제가 필요한 것이다. 물론 국가가 그러한 관리를 위한 최적·최선의 주체는 아닐 것이다. 그러나 국가는 아직 박물관으로 보내질 정도로 유용성을 상실한 것이 아니다. 특히 동북아시아라는 지정학적 권역에서는 더욱 그러하다.

급진적 세계화는 동북아시아에서도 일찍이 캉유웨이가 말했던 바와 같이 국계(國界)를 넘어선 사유의 필요성을 증대시키고 있는 것이 사실이다. 동북아시아에서도 보편적 표준설정의 노력이 필요하다. 그러나 유럽연합의 사례를 보더라도 유럽의 지역협력은 국가를 초월하여 이루어진 것이라기보다는 한 개인이 속해 있는 국가로부터 출발했음을 알 수 있다. 결국 급진적 세계화의 난제를 해결하기 위한 첩경은 동심원적 인식구조의 기본 단위라고 할 수 있는 개인의 인식적 차원으로 돌아가서 사유의 실타래를 풀어나가는 것이다. 프랑스의 미테랑 대통령은 "프랑스는 우리의 조국, 유럽은 우리의 미래(La France est notre patrie, l'Europe est notre avenir)"라는 공식을 만들어냈다(Musitelli, 2004). 그러나 동북아에서 "한국(일본, 중국, 몽골, 혹은 티베트나 타이완)은 우리의 조국, 동북아(동아시아 또는 아시아) 또는 세계는 우리의 미래"라는 구호는 공허하다.

그러한 인식을 가진 개인은 어떻게 창조되는가? 개인을 지배하고 있는 세계주의(세계시장주의든 세계시민주의든)나 애국주의는 모두 저절로 생겨나는 것이 아니라 발명되고 창조되고 학습되는 것이다. 한 개인이 자신을 둘러싸고 있는 동리(洞里), 지방(地方), 국가, 세계지역, 세계 등의 다층적 동심원 구조에서 어떤 층위를 어떤 비중으로 상상할 것인지가 중요하다. 이러한 상상은 개인의 수명, 세대 간 기억, 그리고 학교교육 등과 밀접히 연관되어 있다. 작은 동심원적 구조일수록 심급이 깊고 책임성이 큰 경향을 지닌다.

국민국가는 흔히 특정 언어를 매개로 이루어지는 교육을 통해 인식의 재생산을 담당한다. 따라서 역사교과서를 포함한 모든 교과서는 관념의 재생산 과정에서 하나의 표준적 의미를 지닌다. 국민국가의 형성과 초극에 대한 동북아 국가들의 경험적 차이는 유럽과는 달리 공동의 교과서를 갖기 힘들게 만든다. 동북아에서는 오랜 서세동점의 역사에 대한 기록과 기억을 공유하는 작업이 선이후난(先易後難)의 관점에서 선행될 필요가 있다. 일본이 1592년 임진왜란 이전부터 대륙중심적 세계관에서 벗어나려고 했던 노력이나, 서양에 맞서 동양정신을 보존하고자 했던 노력에 대해서는 동북아 차원의 인식공유가 필요하다. 난항을 겪고 있는 동북아 역사의 공유작업은 개별 국가들의 국사를 넘어 역사에 대한 인식을 공유하고자 하는 노력 없이는 불가능하다. 아울러 제국적 표준의 항수를 넘어 새로운 보편주의적 원리로 부상하고 있는 문화적 다양성에 입각한 국제적 다문화주의가 필요하다.

역설적으로 이러한 작업들의 추진에서 여전히 국가의 역할은 중요하며, 애국주의는 유용한 이념적 자원으로서의 가치를 지닌다. 이것은 과거 '국민'학교 선생님이 '국산사자(국어, 산수, 사회, 자연)'를 가르치기에 앞서 '국산(품)사자'를 가르쳤던 애국주의와는 다르지만, 단지 그 '국민'학교 선생님을 부정하면 자동적으로 세련된 세계시민들의 유토피아가 도래하리라는 순진한 낙관 내지는 과장된 순진과는 더욱 다르다.

동북아에서 필요한 국가와 보편의 관계는 무국적 보편이나 반국적(半國的) 보편, 혹은 초국적 보편이라기보다는 국가가 지니는 제한적 가치를 인정하는 국제적 보편 모델이다. 이러한 보편 개념과 상응하는 공화적 애국주의, 그리고 각국의 공화적 애국주의에 기초하는 국제주의는 급진적 세계화에 의해 폐기되기보다는 오히려 강화될 필요가 있다. 특히 세계화되고 있는 세계에서 식민제국적 경험을 가진 국가들보다 피식민경험을 가진 국가들이 압도적으로 많은 사실을 감안하면 애국주의가 지닌 국제적 매력은 작지 않다.

한반도에서는 1897년 대한제국을 통해 최초로 근대적 주권개념에 입각한 국가의 독립이 있었다. 이후 1948년에는 한반도 남쪽에서 대한민국이, 그리고 한반도 북쪽에서 조선민주주의인민공화국이 세워졌다. 이후 한반도의 남쪽과 북쪽에서 애국주의와 민족주의 사이에는 긴장관계가 불가피해졌다. 특히 1950년 김일성과 스탈린이 결정했던 6·25전쟁은 이러한 긴장을 극대화시켰다. 대한민국의 자본주의적 근대화세대는 애국주의와 민족주의를 앞세워 부유한 국가를 만들었지만 계층적 대립과 지역적 대립의 씨앗을 뿌렸다. 한국의 민주화세력은 민주주의의 구현을 통해 '나쁜 국가'를 '좋은 국가'로 변화시킴으로써 새로운 애국주의를 표방했다. 그러나 '나쁜 국가'를 부정하던 저항정신이 '좋은 국가'에 대한 애국주의를 자동적으로 만들어내지는 못했다. '나쁜 애국주의'와 싸웠던 공동의 트라우마, 그리고 그것에 맞서 싸웠던 공동의 기억은 '좋은 애국주의'를 위한 자원이 될 수도 있었다. 그러기 위해서는 북한의 '나쁜 애국주의'에 대해서도 공정한 잣대를 가졌어야 했다.

한편 긍정적 의미의 애국주의마저 거부하는 애향주의는 향민을 국민으로 승화시키지 못한다. 애국주의를 거부하는 애향주의는 애국주의를 우회하여 세계주의 혹은 '우리민족끼리'를 표방하는 '나쁜 애국주의'와 쉽게 결합한다. 상당기간 1민족 2국가 단계를 살아온 한반도의 현실을 감안할 때, 최대한 애국주의와 민족주의를 연결시키고 아우르려는 노력의 결핍은 애국주의를 경시하고 국민적 지지를 상실하는 결과를 낳을 수 있다. 마치 좋은 군대를 만들려는 노력이 군대를 폐지하려는 노력에 우선되어야 하는 것과 유사하다.

급진적 세계화가 오히려 정체성에 대한 새로운 관심을 증폭시키고 있듯이 동북아에서는 세계화의 원심력이 강해질수록 애국주의적 구심력도 강해질 것이다. 세계화로 인한 폐해에 주목할수록 세계화의 광폭성을 제어할 수 있는 애국주의의 필요성은 증대된다. 세계시장주의가 애국주의를 넘어서야 한다는 주장의 약점은 자유로운 자본의 이동을 극대화하고자 하면서도 정작 자유로운 노동의 이동에는 여러 가지 국민적 장벽을 설치하고 있는 세계화의 중추국가들의 이중성을 통해 드러난다. 세계시민주의에는 개인을 추동하는 개별 국가적 차원의 공동의 기억, 공동의 언어가 취약하다. 국가적 단위의 작은 민주주의와 상통하는 애국주의의 가능성은 믿지 못하면서 세계적 단위의 세계시민주의의 가능성은 어떻게 신뢰하라고 말할 수 있을까?

좌우 정치세력이 식민정복을 통해 현재의 국경을 이룩한 서구국가들의 담론을 식민정복의 경험이 없는 다른 국가들의 지정학적 차이를 무시한 채 무차별적으로 대입하는 것은 경계할 필요가 있다. 콜럼버스의 대서양횡단 이후 유럽의 좌우가 어떻게 공생해왔는가에 눈감은 채 "왜 우리는 유럽과 같지 못한 것일까?"라고 자괴하는 유럽제 명품좌파는 유럽제 명품 앞에 줄서 있는 한국인들의 또 다른 얼굴일지 모른다.

친북 혹은 친김을 마다하지 않았던 노선 대신 글로벌 시대에는 세계시민주의를 표방하는 글로벌 좌파가 매력을 지니게 될 것이다. 그러나 대외적 주권을 확립했던 대한제국에서 이어지는 대한민국의 국민주권적 의미에 대한 근원적 성찰 없이는 대한민국의 미래를 책임지는 세력으로 성장하는 것은 요원할 것이다.

애국주의가 사랑하고자 하는 국가는 늘 조강지처처럼 늙고 흉볼 것이 많다. 유럽 좌파들이(물론 유럽 우파만큼은 아니지만) 기꺼이 경배하는 유럽 국가들이란 유럽의 우파들이 주도했던 제국주의적 팽창의 중심기구이기도 했다. 이에 비해 대한제국이 확립했던 대외적 주권을 복원하고 국민주권을 실현시킨 대한민국은 다른 나라들을 침탈하여 식민지로 만들지 않고 현재의 경제적 수준을 이룩했다. 이것은 피식민 경험을 공유하는 아시아-아프리카 지역의 애국주의적 우파는 물론 애국주의적 좌파와도 소통할 수 있는 국제적 매력을 지닌다. 그것은 곧 애국에 기초한 국제주의의 길이다.

특히 새로운 표준에 대한 헌신뿐 아니라 그러한 표준의 수립을 위한 노력 자체를 애국주의의 구성과정으로 인식하는 입헌적 애국주의는 동북아의 미래를 위한 성찰에서 더 많은 연구를 필요로 한다. 유럽연합의 추진과정에서 연구되어왔던 입헌적 애국주의의 개념은 남북한 통일과정에서 좀 더 깊이 참고할 필요가 있다. '매일 매일의 국민투표'와 같은 의미를 지닌 입헌적 애국주의는 동북아가 처한 지정학적 상황에서 세계시장주의의 맹목성에 반대하는 세계시민주의를 키워내는 보육기(incubator)가 될 수 있다. 애국주의란 단순히 개인의 이기심을 국가에 종속시키는 것을 의미하는 것이 아니라 국가를 긍정적 방향으로 만들어가는 노력까지를 포함한다는 점에서 세계시민주의가 추구하는 목표를 위해서 복무할 수 있기 때문이다.

이에 비해 개인들의 만남과 네트워크를 통해 이루어지는 스파게티 모델의 공동체가 자연스럽게 평화의 공동체로 이어질 것이라고 보는 세계시민주의적 유토피아는 좀 더 치밀한 검증을 필요로 한다. 20세기 초의 제1차 세계대전은 스파게티 같은 국제적 관계망이 급속히 증대되고 촘촘해지던 때 발발했다는 점에 주목해야 한다. 만남과 네트워크의 축적이 평화를 가져다줄 것인가? 만남이 평화를 낳기도 하지만, 모든 전쟁 또한 잘못된 만남에서 비롯되었다. 세계시민주의가 당연히 전제하는 개인의 최대치를 신뢰하기에 앞서, 한 개인의 최저치가 초래할지도 모르는 참극을 미연에 방지하는 제도로서의 국가는 긴요하다. 제도로서의 국가, 문화로서의 국가는 임시적 안정성(metastability) 속에 살아가고 있는 동북아시아의 개인들에게 특히 가치를 발휘하는 최소한의 보험과도 같다.[14] 적어도 동북아시아에서는 나쁜 애국주의는 물론 난폭한 세계시장주의와도 맞서는 좋은 애국주의에 의해 인도되는 나라가 단지 자유만을 만끽하겠다는 의미의 세계시민이 아니라 스스로 책임질 줄 아는 세계시민을 키워내는 훈련소도 될 수 있다.

📖 참고문헌

가토 노리히로(加藤典洋). 1998.「敗戰後論」. 서은혜 옮김.『사죄와 망언 사이에서: 전후 일본의 해부』. 창비.

14) 임시적 안정성으로 대표되는 동북아의 지정학적 상황에 관한 좀 더 자세한 논의는 Kim, Kim, and Acharya eds.(2008: 13)를 참조할 것.

강상중(姜尙中). 2004. 『내셔널리즘』. 임성모 옮김. 이산.

고 마태오. 1988. 『아, 조국과 민족은 하나인데』. 중원출판/가톨릭출판사.

김명섭. 2006a. 「21세기 동북아 안보: 주요 도전과 기회」. 외교안보연구원 주최 심포지엄 "동북아 신안보구도와 다자안보협력: 전망과 과제." 2006.2.28. 프레스센터 기자회견장.

_____. 2006b. 「세계체제의 변화와 동아시아 질서, 그리고 남북문제」. ≪실천문학≫, 81호, 봄호.

_____. 2007. 「제국정치학과 국제정치학: 한국적 국제정치학을 위한 모색」. 김형국 외. 『현대국제정치학과 한국』. 인간사랑.

김명섭·김석원. 2008. 「독립의 지정학: 대한제국(1897~1910) 시기 이승만의 지정학적 인식과 개신교」. ≪한국정치학회보≫, 제42집 제4호.

金成植. 1956. 「民族主義와 世界市民主義」 ≪思想界≫, 7월호.

김영윤. 1998. 「통일 전 서독의 대동독 정책」. FES-Information-Series 1998~2004 (Friedrich-Ebert-Stiftung, 11월).

김정일. 1997. 『혁명과 건설에서 주체성과 민족성을 고수할 데 대하여』. 평양: 재일본조선인총련합회중앙상임위원회.

다나카 아키히코(田中明彦). 2000. 『새로운 중세: 21세기의 세계 시스템』. 이웅현 옮김. 지정.

다카하시 데츠야(高橋哲哉) 엮음. 1999. 『국가주의를 넘어서』. 이규수 옮김. 삼인.

마이네케, 프리드리히. 2007. 『세계시민주의와 민족국가: 독일 민족국가의 형성에 관한 연구』. 이상신·최호근 옮김. 나남출판.

북한연구소. 1998년 1월. 조선민주주의인민공화국 사회주의헌법 전문. ≪북한≫. 제322호.

애피아, 콰메 엔터니. 2008(2006). 『세계시민주의』. 실천철학연구회 옮김. 바이북스.

연세대대학원 북한현대사연구회 엮음. 1989. 『북한현대사1: 연구와 자료』. 공동체.

요시자와 세이치로(吉澤成一郎). 2006(2003). 『애국주의의 형성』. 정지호 옮김. 논형.

유길준. 2000(1895). 『西遊見聞』. 박이정.

이동윤·천자현. 2008. 「중국의 인권과 종교, 그리고 '파룬궁(法輪功)' 탄압」. ≪세계지역연구논총≫, 제26집 제1호.

이명영. 1974. 『김일성열전』. 신문화사.

이선민. 2008. 『민족주의, 이제는 버려야 하나』. 삼성경제연구소.

李用熙. 1962. 『一般國際政治學(上)』. 博英社.

이토 나리히코(伊藤成彦). 2005. 『일본 헌법 제9조를 통해서 본 또 하나의 일본: 일본은 왜 평화헌법을 폐기하려 하는가』. 강동완 옮김. 행복한책읽기.
이혜정. 2002.「웨스트팔리아와 국제관계의 근대성」. ≪국제정치논총≫, 제42집 제2호.
정용화. 2004.『문명의 정치사상: 유길준과 근대 한국』. 문학과지성사.

原秀成(하라 히데시게). 2004.『日本國憲法制定の系譜』. v. 1: 戰爭終結まで. 東京: 日本評論社.

Blattberg, Charles. 2000. *From Pluralist to Patriotic Politics: Putting Practice First*. Oxford: Oxford University Press.
Bok, Sissela. 2002. "From Part to Whole." in Martha C. Nussbaum and Joshua Cohen(eds.). *For Love of Country?* Boston: Beacon Press.
Brzezinski, Z. 1997. *The Grand Chessboard: American Primacy and Its Geostrategic Imperatives*. New York: Basic Books.
Bull, Hedley. 1977. *The Anarchical Society: A Study of Order in World Politics*. London: Macmillan Press.
Buzan, Barry and Richard Little. 2000. *International Systems in World History: Remaking the Study of International Relations*. Oxford: Oxford University Press.
Cooper, Robert. 2004. *The Breaking of Nations: Order and Chaos in the 21st Century*. New York: Atlantic Monthly Press.
Ferguson, Niall. 2006. The War of the World: Twentieth-Century Conflict and the Descent of the West. New York: Penguin Press.
Fine, Robert and Robin Cohen. "Four Cosmopolitanism Moments." in Steven Vertovec and Robin Cohen(eds.). *Conceiving Cosmopolitanism: Theory, Context, and Practice*. Oxford: Oxford University Press.
Gross, Leo. 1948. "The Peace of Westphalia." *The American Journal of International Law*, Vol.42 Issue 1(January).
Himmelfarb, Gertrude. 2002. "The Illusions of Cosmopolitanism." in Martha C. Nussbaum and Joshua Cohen(eds.). *For Love of Country?* Boston: Beacon Press.
Huntington, Samuel P. 1996. *The Clash of Civilizations and the Remaking of World Order*. New York: Simon & Schuster.
Kim, Hyung-Kook, Myongsob Kim and Amitav Acharya(eds.). 2008. *Northeast Asia and the Two Koreas: Metastability, Security, and Community*. Seoul: Yonsei University

Press.

Kim, Sung Ho. "In Quest of Liberal Nationalism: Sovereignty, Civil Society, and Public Citizenship." Unpublished manuscript.

Müller, Jan-Werner. 2007. *Constitutional Patriotism*. Princeton: Princeton University Press.

Musitelli, Jean. 2004. "François Mitterrand, l'européen." le 2 juin. Institut François Mitterrand. www.mitterrand.org/spip.php?article149.

Nussbaum, Martha and Joshua Cohen(eds.). 2002. *For Love of Country?: A New Democracy Forum on the Limits of Patriotism*. Boston: Beacon Press.

Radziwill, Catherine. 1918. *Rasputin and the Russian Revolution*. New York: John Lane Company.

Schlesinger, Jr. Arthur M. 1992. *The Disuniting of America: Reflections on a Multicultural Society*. New York: Norton.

Tolstoy, Leo. 1896. "Patriotism or Peace: Letter to Manson." http://salsa.net/peace/conv/8weekconv7-3.html.

Vertovec, Steven and Robin Cohen. 2002. "Introduction: Conceiving Cosmopolitanism." in Steven Vertovec and Robin Cohen(eds.). *Conceiving Cosmopolitanism: Theory, Context, and Practice*. Oxford: Oxford University Press.

Viroli, Maurizio. 1997. *For Love of Country: An Essay on Patriotism and Nationalism*. Oxford: Oxford University Press.

Walt, Stephen M. 1997. *Revolution and War*. Ithaca: Cornell University Press.

Watson, Adam. 1992. *The Evolution of International Society: A Comparative Historical Analysis*. New York: Routledge.

제13장

한국의 이주노동자와 다문화 사회

이종구 · 임선일

성공회대학교 사회과학부 교수 · 성공회대학교 노동사연구소 연구원

1. 서론

한국의 경제성장과 소득 증대는 사실상 공산품 수출을 통해 이루어졌다. 이 과정에서 한국 경제의 세계시장에 대한 통합 수준은 높아갔다. 한국은 냉전 종식 이후 가속화된 글로벌리제이션의 영향에 가장 민감한 국가가 되어 있다. 이는 한국이 한편으로는 상품과 자본시장을 개방하라는 선진자본주의 국가의 압력에 노출되고 있으며, 다른 한편으로는 양호한 고용기회를 찾는 발전도상국 노동자의 목적지가 되고 있음을 뜻한다. 한국과 발전도상국 사이의 소득격차가 확대되었을 뿐 아니라 1988년 서울올림픽을 거치면서 한국에 대한 정보가 확산되었다. 1980년대 말부터 취로를 목적으로 한 이주노동자가 대량으로 한국에 유입되기 시작했다. 이주노동자에

* 이 글은 부산국제민중포럼(2005년 11월 16일)에서 발표한 「한국의 외국인 이주노동자와 사회적 과제」(이종구)를 수정·개고한 것이다.

대한 정책이 부재한 상태에서 이들에게는 노동자로서의 기본권이 인정되지 않았으며 무수한 사회적 마찰과 갈등이 발생했다. 시민사회에서 자발적으로 전개된 이주노동자 운동의 이의제기와 각종 사회적 비용에서 오는 압력을 느낀 한국 정부는 법과 제도의 정비를 시작했다. 공식적으로 2004년 8월 17일부터 외국인 고용허가제가 실시되었으며, 2007년 1월 1일부터 외국인 노동자 관리 제도는 고용허가제로 단일화되었다. 고용허가제의 실시는 한국 정부가 공식적으로 이주노동자를 법률적 의미의 노동자로 인정했다는 의미를 가지고 있다.

그러나 선진국의 경험에 비추어볼 때 이는 이주노동자를 둘러싼 사회적 논란과 갈등을 해결하기 위해 필요한 제도를 정비하는 작업이 시작되었다는 것에 불과하다. 앞으로도 고용허가제의 실시 방법만이 아니라 노동시장의 개방을 확대한 노동허가제를 도입할 것인가에 대한 논란의 가열화가 예상되고 있으며, 사회적으로도 이질적 생활문화를 가지고 있는 외국인 집단에 대한 이해와 관용이라는 새로운 가치관의 보급을 위한 노력이 요청되고 있다. 그동안 한국에서 전개된 이주노동자의 기본적 권리를 보호하기 위한 운동은 국제 감각과 국제 연대의 중요성을 노동운동과 사회운동 진영에 일깨우는 효과를 발휘했다. 이주노동자 집단의 형성과정과 이주노동자 운동에 대한 고찰은 자본 주도의 세계화가 초래하는 각종 사회적 역기능을 극복하기 위한 첫걸음이라는 의미를 가지고 있다고 해도 지나치지 않는다.

2. 이론적 배경

현재 세계적인 사회현상으로 주목받고 있는 국제노동력 이동을 이론적으로 파악하기 위해서는 준거틀(frame of reference)을 정립할 필요가 있다. 국제노동력 이동은 국민국가가 설정한 국경을 넘어 단기적으로 발생한 이주현상을 말한다. 이것은 제2차 세계대전이 종결된 이후에 세계자본주의 체제가 미국의 주도하에 안정적으로 재편된 상황에서 발생하고 있다. 자본과 상품 노동력의 국제 이동이 일정한 규칙에 따라 진행되는 질서가 만들어지기 시작했다. 그러나 국경과 문화의 벽을 단순한 임금수준의 격차 때문에 노동자가 넘어갈 수는 없다는 점이 논의의 출발점이 될 필요가 있다.

자본과 상품의 국제이동은 용이하지만 노동자의 국제이동은 간단하지 않다. 즉, 노동력은 상품이 아니기 때문에 살아 있는 사회적 존재로서의 인간이 국경을 넘는 것은 법적·제도적으로 규제되고 있다. 그러나 세계적으로 저임금·과잉인구 지역과 고임금·노동력 부족 지역이 병존하고 있는 한 노동력 이동이 발생할 수 있는 잠재적 가능성은 상존한다. 여기서 법적·제도적 국경이라는 규제를 극복하는 이주노동자의 행동을 설명하기 위해서는 세계자본주의 체제의 확산이 정보유통과 비공식적 사회적 네트워크의 국제화를 촉진시킨다는 점에 주목할 필요가 있다.

이상과 같은 시각에서 출발하면 전통적인 국내 인구이동을 고찰할 때 원용되던 개인의 동기에 초점을 맞춘 행위이론이나 자원 획득 가능성의 지역적 편차를 강조하는 구조 이론을 넘어서는 분석틀이 필요하다(설동훈, 2000). 즉, 국민국가를 초월하여 세계를 단위로 노동력 이동이 발생하는 기제에 대한 이해를 기초로 하여 한국의 이주노동자 문제를 고찰하는 방향으로 논의가 전개되어야 한다. 이러한 점에서 세계화가 초래한 사회적 거리의 축소와 국제적으로 형성되는 사회적 연결망을 준거틀로 하는 분석이 필요하다.

선진국의 해외 투자, 국제적·사회적 연결망 형성, 세계도시, 개발도상국의 경제자유지역, 개발도상국의 농촌 등의 관계를 통합적으로 설명한 사센(Sassen, 1988)의 논의는 주목할 만하다. 자본주의 세계체제가 노동력 이동을 분석하는 시각을 제공하고 있고, 특히 이 지점에서 노동력의 담지자인 인간의 이동은 비가역적이라는 점이 인정될 필요가 있다. 이주노동자에게는 직장만이 아니라 장기간 생활하는 현재의 문화와 생활관습이 중요하게 될 뿐 아니라 사회적 관계가 출신 사회와는 희박해지고 현지 사회와는 긴밀해진다. 즉, 불황이 도래했다고 간단히 이주노동자를 귀환시킬 수는 없다는 것이 전후 유럽사회가 겪은 역사적 경험이다. 전 지구적으로 이주노동자의 정착화는 중요한 사회적 갈등요인으로 등장하고 있다. 생산요소로서의 노동력이 아니라 생활하는 인간의 이동이라는 관점이 전제되지 않는 이주노동자 현상에 대한 고찰은 무의미하다.

사회적 연결망은 '노동력 송출국가 유입국에서 이주노동자와 선행 이주노동자 및 비이주자를 개인적 회원자격 및 사회적 매개자를 통해 연결시키는 대인연대의 집합'으로 정의할 수 있다(Boyd, 1989; Massey et al., 1993; 설동훈, 2000). 송출국과 유입국이라는 구조와 이주노동자라는 행위자로 구성되는 국제노동력 이동 시스템에 존재하는 연결고리 역할을 하는 것이 사회적 연결망이라고 할 수 있다. 국제노동력이 지속적으로 이동되면서 이주노동자들은 연결망을 구축하고 이는 이동비용과 이동에 따른 위험을 감소시키므로 기대순이익이 증가한다. 따라서 국제노동력 이동의 가능성이 확대되는 효과를 발휘한다(Massey and Espana, 1987; Massey, 1990a, 1990b).

결과적으로 연결망을 통해 더욱 다양한 계층이 국제노동력 이동에 참여한다. 이러한 사회적 연결망은 국제노동력 이동에 대한 다양한 통로를 제공하는 '사회적 자본(social capital)'의 형태로 존재하게 된다. 사회적 자본 이론에서는 사람들 사이에 존재하는 접촉이 투자로 인식된다. 사회적 자본은 연결망 속에 자리하는 '투자가치가 있는 사회적 자원'의 하나이며 '특정 목적을 가진 행위를 위하여 접근·사용(또는 동원)될 수 있는 사회구조 속에 자리한 자원'으로 정의할 수 있다.[1)]

국제노동력 이동을 촉진하는 사회적 연결망에서 발견되는 사회적 자본은 두 가지 유형이 있다(설동훈, 2000).

첫째, 송출국 사회와 유입국 사회를 매개하는 역할을 하는 '개방적' 연결망 속에 존재하는 사회적 자본이다. 여기서 연결망은 노동력 유입국과 송출국을 잇는 '다리 역할을 하는 약한 연줄'(Granovetter, 1973, 1983, 1995)이 되며, 또한 '두 나라 사이의 구조적 공백을 메워주는 연줄'(Burt, 1992)로 기능하는 것이다. 둘째, 이주노동자의 폐쇄된 공동체 내에 존재하는 사회적 연결망을 기반으로 형성되어 있는 사회적 자본이다. 이들이 소수민족 집단 거주지에서 생활함으로써 파생되는 주류사회와의 격리라는 부정적 효과를 감수하고 있다. 반면에 집단 거주하는 이주노동자들은 좀 더 순조롭게 적응할 수 있는 자원을 획득하고 있으므로 긍정적 효과를 부정적 효과보다 더욱 많이 거두고 있다(박경태·설동훈·이상철, 1999). 개방적 연결망 속의 사회적 자본을 강조한 이론은 국제노동력의 시작과 연속성을, 폐쇄적 공동체 내의 사회적 자본에 초점을 맞추는 이론은 이주노동자들의

---

1) 부르디외(Bourdieu, 1986)와 콜먼(Coleman 1988)은 사회적 자본을 '상호 인정·상호 인식을 위한 투자'로 린(Lin, 1982, 1990, 2000)과 마스덴·헐버트(Marsden and Hurlbert, 1988)는 '사회적 연결망에 대한 투자'로 보고 있다.

조직 결성을 설명하는 데 초점이 있다(설동훈, 2000).

국제노동력 이동이 시작되면 유입국 정부는 자국 노동시장의 혼란을 막기 위해 취업 사증에 대한 엄격한 심사를 강화한다. 이에 대응해 송출국에는 해외 취업 희망자의 욕구를 충족시키기 위한 브로커 조직과 인력충원 조직이 생겨난다. 유입국의 입국 규제가 심해지면 이주노동자들은 '불법체류자'가 되어 사회적 권리를 침해받거나 경제적 착취를 받게 된다. 이들의 권리를 보호하기 위해서 비영리 민간단체가 결성된다. 이러한 비영리 민간단체는 이주노동자가 동원할 수 있는 사회적 자본의 한 형태이다. 이러한 민간단체나 브로커 조직의 발생에 주목하는 시각을 조직결성이론이라고 한다.

사회적 연결망의 형성과는 별도로 국제노동력 이동은 사회적 맥락을 변화시켜 추가적 노동력 이동을 발생시킬 가능성이 있다. 이러한 과정을 미르달(Myrdal, 1957)은 누적적 인과관계(cumulative causation)라고 규정했다. 테일러(Taylor, 1992)는 누적적 인과관계를 발생시켜 국제노동력 이동에 영향을 주는 사회경제적 요인을 다음과 같이 여섯 가지로 제시했다.

① 해외 취업자가 있는 가구의 소득 향상은 소득 분배 구조를 변화시켜 다른 가구에게도 해외 취업에 나서도록 촉구하는 자극을 준다. ② 해외 취업자의 송금은 토지 구입에 사용된다. 그러나 송출국 노동자들은 고소득이 보장되는 해외 취업을 선호하고 농업노동에 종사하지 않게 된다. 결국 휴경지가 늘어나고 이는 다시 해외 취업을 촉진하는 요인으로 작용한다. ③ 해외 취업자의 가구는 자본집약적 농법을 사용하므로 농업 노동자의 수요가 줄어들고 해외 취업 희망자가 증가한다. ④ 해외 취업자는 선진국의 소비문화를 체험함으로 인해 본국 사회에 적응하지 못하고 다시 해외 취업에 나선다. ⑤ 고학력·고숙련 노동자가 떠나는 송출국의 인적 자원이

고갈되어 지역 간 경제 격차가 심화된다. 이는 국제노동력 이동을 촉진하는 요인이 된다. ⑥ 이주노동자가 취업하는 직종에는 하급노동이라는 낙인이 찍히므로 유입국 국민들이 취업을 기피하게 된다.

이상과 같이 누적적 인과관계에 주목하는 시각에서 보면 국제노동력 이동은 사회관계와 사회 환경을 비가역적으로 변화시키고 이주노동자 집단의 형성을 가속화시키는 결과를 초래한다.

국제노동력 이동체계 이론은 사회적 연결망 이론, 조직결성 이론, 누적 원인 이론을 통합하여 '국제노동력 체계'를 구성하고 운영 메커니즘을 밝히고자 하는 시도라고 할 수 있다(Fawcett and Amold, 1987; Fawcett, 1989; Kritz and Zlotnik, 1992). 크리츠와 즐로트닉(Kritz and Zlotnik, 1992)이 제안한 국제노동력 이동체계 모형에서는 노동력 이동을 역사·문화·기술 등의 영역에서 양국 사이에 형성된 관계에 비추어 이해하고 있으며, 여기에는 피드백 과정과 적응과정을 동반하는 지속적인 상호작용 관계도 포함되어 있다. 즉, 행위와 구조의 관련성을 하나의 체계 내에서 파악해야 한다. 아울러 역사적 관점에 입각하여 시간적 차원을 도입해야만 국제노동력 이동의 구조적 성격을 파악할 수 있다는 시각이 포함되어 있다.

포셋과 아몰드(Fawcett and Amold, 1987: 456~457)는 국제노동력 이동이 일어나는 지역에 존재하는 총체적 사회관계를 국제노동력 이동 체계로 파악하고 있으며 이를 국가 대 국가의 관계, 비교경제적 관련성 및 차이, 대중문화 및 매체의 연결구조, 가족·공동체·사회적 연결망으로 범주화한다. 여기서는 사람의 이동을 정보·상품·서비스·가치관의 이동 등과 관련지어 파악하는 것이다. 즉, 국제노동력 이동을 '개인이 각 단계마다 일반적 정치·경제관계와 구체적 사회관계의 맥락을 고려하여 이동 여부를 결정하고 이주하며 적응하는 순차적 과정'으로 본다(Fawcett and Amold, 1987:

467～470).

국제노동력 이동 분석모형(설동훈, 2000)에 따르면 국제 노동력 이동의 세 가지 이론은 미시행위자, 거시구조, 중간 수준의 조직과 사회적 연결망 등이 국제노동력 이동에 미치는 영향을 잘 나타내고 있지만 이들 간의 상호 관계를 보여주지 못하는 것에 주목하여 설동훈이 새로 제시한 모형이다. 세계체제(world system) 내부에 존재하는 노동력 송출국과 노동력 유입국 별도의 국가·사회·시장을 가지고 있다. 이들은 개별 국가수준에서는 독립적인 상호작용을, 양국 사이에서는 국가 간 상호작용의 영향을 주고받으며 작동되는 시스템을 형성하고 있다. 개별 국가에서 사회-국가-시장의 관계는 세 가지 유형으로 나타난다.

첫째, 사회와 국가의 관계는 국가가 사회에서 출현했으나 사회를 통제하는 기능을 수행한다. 둘째, 사회와 시장의 관계를 보면 제도로서의 시장은 인간의 노동력을 상품화하는 노동시장을 통해 사회를 지배한다. 셋째, 시장과 국가의 관계에서 국가는 항상 시장에 개입하려 했고 시장은 국가 개입을 최소화시킴으로써 자기 논리를 관철하려 했다.

결국 세계체계 속에서 사회-국가-시장은 개별 국가 내부에서 직면한 것과 다른 맥락에 놓이게 된다. 사회는 세계사회의 형성이라는 이상을 지향하고 있지만 개별 국가 단위로 분열되어 존재하고, 시장은 세계를 하나로 통합하는 것을 지향한다. 상품과 자본은 이미 통합의 형태를 띠고 있지만 세계 노동시장을 형성하려는 시도는 개별 국가의 저항에 직면해 있다. 국가는 이념형적으로 생각하면 세계정부의 형태로 세계시장에 개입하고 세계사회를 통제할 수 있다. 현대 세계에서의 세계정부의 형태는 존재하지 않기에 미국이 주도하는 열국체제가 대행한다. 결국 국력이 발언권을 가지는 현실에서 국제노동력 이동을 관리하려는 선진국인 유입국

정부의 의사가 관철된다(설동훈, 2000).

그러나 개별 국가의 주권이 미치는 규정력은 이미 제약되어 있다. 국제 노동력 이동의 비가역성을 설명하려면 역시 사회적 자원을 확보하는 연결망의 현지에서 생성되고, 세대적 재생산과 함께 에스니시티의 변용이 일어난다는 사실에 주목해야 한다. 현지에서 형성된 에스닉 집단은 취업과 생활에 필요한 정보와 자원을 제공하며 계속 자체 증식을 한다. 한국의 이주노동자 문제의 전개과정을 보아도 이미 선진국에서 겪은 역사적 경험과 시행착오를 충분히 고려하지 않고 단기적 저임금노동력 활용에만 집착하는 정책이 많고 사회적 비용을 발생시켰다. 이하에서는 한국의 이주노동자가 유입되는 과정을 분석하고 여기서 유발된 새로운 사회정책적 과제의 성격을 규명함과 동시에 이를 해결하기 위한 정책적 대안의 모색을 시도할 것이다.

3. 한국 내의 이주노동자 집단의 형성

1988년 서울올림픽 이후 한국 사회에는 이주노동자 집단의 형성이라는 새로운 사회현상이 생겼다. 정부는 이주노동자가 한국인이 기피하는 단순육체노동 종사자의 공급난을 완화시키는 단기효과를 중시하여 묵인하는 입장을 취했다. 즉, 유흥업소나 풍속영업 종사자는 단속하고 공장에서 일하는 생산 노동자는 방치하는 것이 일선의 경찰이나 출입국 관리 당국의 태도였다. 정부는 주기적으로 시한을 정하고 자진 출국을 권유하는 조치를 취했다. 그러나 대량 출국이 기술적으로 곤란할 뿐 아니라 조업중단을 우려하는 중소기업 경영자들의 반대로 흐지부지되었다. 초창기부터 장기

〈표 13-1〉 불법 체류 외국인 추이

(단위: 천 명, %)

연도	총 체류자	불법 체류 외국인				불법 체류율
		계	등록	단기	거소	
1997년	386,972	148,048	32,990	115,058	0	38.3
1998년	308,339	99,537	25,301	74,236	0	32.3
1999년	381,116	151,986	31,317	120,669	0	39.9
2000년	491,324	205,205	42,048	163,157	0	41.8
2001년	566,835	272,626	67,064	205,562	0	48.1
2002년	629,006	308,165	83,779	224,386	0	49.0
2003년	678,387	154,342	72,500	81,842	0	22.8
2004년	750,873	209,841	89,857	119,216	768	27.9
2005년	747,467	204,254	107,049	96,373	830	27.3
2006년	910,149	211,988	106,657	103,835	1,496	23.3
2006년 11월	591,687	214,094	106,424	106,110	1,560	36.2
2007년 11월	1,046,181	222,893	106,889	114,267	1,737	21.3

자료: 법무부 출입국관리국 통계.

적인 정책이 확정되지 않은 상태에서 업계의 요구나 사회 여론에 따라 외국인 노동자 정책이 혼선을 거듭하는 문제가 나타났으며, 이러한 상황은 현재까지도 지속되고 있다.

공식적인 억제정책에도 불구하고 국내 기업에서는 열악한 환경에서도 일할 수 있는 노동자가 필요했으므로 이주노동자의 숫자는 계속 증가했으며 2008년 현재 약 100만 명 규모에 달하는 것으로 추정되고 있다. 이들 가운데 불법 체류자의 비율은 계속 증가하여 2002년에 49%에 달했으나 고용허가제의 적용과 재입국 허용을 전제로 한 출국 권유 조치로 1/3 수준으로 저하되었다.

법무부 출입국의 외국인정책본부에 따르면 2007년 11월 현재 국내에 체류하고 있는 외국인은 전체 인구의 2%에 해당하는 100만 254명이라고 추산하지만 실질적으로는 더 많은 수의 이주노동자가 유입되어 있으며 불법 체류자의 수도 22만 2,893명으로 늘어나 있는 상태이다. 이는 4만 9,500명으로 전체 인구 중 0.1%에 불과했던 1990년보다 20배 늘어난 수치이다. 외국인 노동자의 수는 2050년이면 1,000만 명이 될 것으로 추산되며 2007년 국내에 머무르고 있는 외국인의 국적은 모두 203개국으로 나타났다. 그러나 미국 국적이나 일부 영어권 국적자를 제외하면 대부분이 3D업종에 종사하며 수도권 외곽지역, 경기도 일원과 지방의 공업도시(창원, 대구, 부산 등)에 고르게 분산되어 있다. 그러나 중국 동포의 호구부 위조, 동남아시아와 중앙아시아 국가 출신자들의 여권 위조를 통한 입국, 밀입국과 같은 현장에서의 다양한 문제들로 인해 외국인 노동자의 현황을 정확히 파악할 수 있는 방법은 아직 없으며, 따라서 법무부의 통계에도 많은 허점을 내포하고 있다고 할 수 있다.

이주노동자가 겪고 있는 현실에 대한 운동단체의 고발적 보고(국가인권위원회, 2007: 157~158)에는 다양한 인권 침해 사례가 나타나 있다. 저임금, 체불, 장시간 노동, 산재, 폭행, 성폭력, 감금 등의 사례가 보고되고 있으며 노동시간은 대개 1일 10~12시간, 임금은 산업연수생의 경우에 내국인의 60~70% 수준이며 불법 체류 상태인 미등록 노동자의 경우에는 무경력자가 내국인의 70~80%, 경력자가 80~90% 수준으로 나타났다. 노동시간을 감안하면 불법 체류자의 임금도 최저임금을 약간 넘어서고 있는 것으로 파악되고 있다. 이와 같은 이주노동자의 노동조건은 국내 노동시장의 저변을 이루는 중소영세기업 노동자가 놓여 있는 현실을 반영하고 있다.

이주노동자의 수요가 법적 문제와 상관없이 발생하는 직접적 이유는 국내 노동시장이 구조적으로 직종별 수급불균형의 문제를 내포하고 있다는 점에서 찾아야 한다. 청년 실업은 증가하지만 이주노동자들이 종사하는

〈표 13-2〉 산업별 부족 인원 및 부족률 추이

(단위: 명, %)

구분		전산업	제조업	운수업	사업 서비스업	도소 매업	숙박 및 음식업
1996	부족 인원	155,596	104,194	18,127	8,474	6,580	1,142
	부족률	2.98	3.94	3.53	1.97	1.61	1.46
1997	부족 인원	129,257	79,523	21,497	6,140	5,459	1,292
	부족률	2.44	3.12	4.02	1.24	1.25	1.62
1998	부족 인원	32,007	15,802	8,121	2,115	2,029	321
	부족률	0.65	0.73	1.56	0.40	0.49	0.46
1999	부족 인원	62,600	29,875	9,344	3,854	7,253	1,455
	부족률	1.11	1.30	1.86	0.69	1.15	1.16
2000	부족 인원	72,343	40,662	8,378	5,002	6,973	2,458
	부족률	1.26	1.71	1.58	0.85	1.12	2.01
2001	부족 인원	76,053	39,835	9,552	5,559	5,892	3,031
	부족률	1.28	1.58	1.85	0.93	0.96	2.05
2002	부족 인원	149,556	85,814	16,290	12,044	14471	2,860
	부족률	2.49	3.43	3.14	1.86	2.13	1.72
2003	부족 인원	141,126	78,636	22,960	8,920	10,163	4,782
	부족률	2.18	2.94	4.13	1.23	1.48	2.55
2004	부족 인원	179,717	82,827	38,023	16,206	13,940	2,905
	부족률	2.54	3.00	6.50	1.88	2.04	1.22
2005	부족 인원	225,479	98,140	38,934	24,786	21,752	8,275
	부족률	3.07	3.50	7.00	2.59	3.06	3.47

자료: 노동부, 「노동력수요동향보고서」, 각 연도.

주: 1. 「노동력수요동향보고서」 조사대상은 2004년부터 임시·일용·외국인 노동자를 포함하는 것으로 확대되었음.

2. 각 산업의 노동부족률 = 산업별 부족인원 ÷ 산업별필요인원 × 100. 단, 산업별 필요인원은 지면관계상 생략했음.

최하층의 직종에는 내국인들이 일하기를 꺼려하기 때문이다.

이주노동자 고용업체를 대상으로 2001년 7월에 외국인과 내국인 노동자의 임금과 생산성을 조사한 자료에 의하면 관행으로 고용주가 부담하는

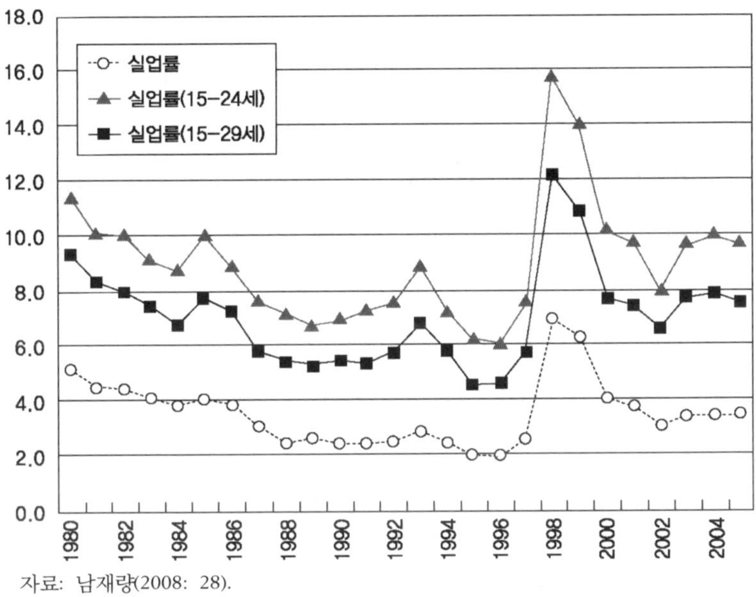

자료: 남재량(2008: 28).

이주노동자의 숙박비를 제외하면 '외국인 근로자의 국내 근로자에 대한 비교임금(남자 65.9%, 여자 72.9%)은 생산성 수준(76.4%)'보다 다소 낮은 것에 불과하므로 저임금이 외국인 근로자를 고용하는 유인이 아니라는 실태가 나타나고 있다. 또한 생산성을 고려하지 않고 기업이 주관적으로 느끼는 총 고용비용의 내외국인 격차를 보아도 외국인 근로자의 고용비용이 국내 근로자에 비해 낮거나 비슷한 수준에 있었다. 같은 조사에서 국내 업체가 외국인을 고용하는 가장 큰 이유는 '국내 인력을 구하기 어렵다'는 것이었다. 또한 기업들은 내국인 생산직 인력이 부족하게 된 이유를 열악한 작업 환경, 저임금, 거주지와의 지리적 거리 등으로 응답하고 있었다(유길상·이규홍, 2002: 56~57, 61~62, 91~92). 노동시장의 미스매칭에서 비롯되는 3D 업종의 노동력 부족은 <표 13-2>와 같이 해소되지 않고 있다.

반면에 국내 청년실업의 현황을 살펴보면 15~24세의 실업률은 <그림 13-1>에서 보듯이 외환위기 직전에 6% 수준을 유지하다가 외환위기와 함께 급증하여 1998년에 무려 16%에 육박한다. 이후 이들의 실업률은 점차 하락하고 있으나 2003년 이후에도 10%에 근접할 정도로 높은 수준을 유지하고 있다. 15~29세 청년의 실업률도 이와 유사하게 움직이며 대략 2%의 차이를 유지하고 있다. 이러한 청년실업률은 흰색 동그라미로 나타낸 경제 전체 실업률에 비해 매우 높은 수준이다(남재량, 2008).

이러한 조사결과에서는 1997년의 외환위기 이후 불경기 속에서 실업 문제가 악화되고 있는 상황 속에서도 이주노동자와 내국인 노동자가 일자리를 둘러싸고 경쟁하는 상황은 아닌 것으로 나타났다. 즉, 한국에는 이주노동자에 대한 수요가 지속적으로 존재하는 것이다. 여기서 출입국 관리 당국의 단속이나 출국 권유로 불법 체류자의 문제가 해결되지 못하는 근본적인 이유를 찾을 수 있다. 즉, 이주노동자가 장기 체류하며 사실상 정착하는 경향이 나타나고 있는 것이다.

경기도 지역의 이주노동자를 대상으로 2002년 10월에 조사한 자료에 의하면 한국 체류기간이 평균 3.8년으로 나타나고 있었다. 당시 산업연수생에게 허용되는 합법 체류의 최대 기간은 3년이었다. 응답자의 90.1%가 불법 체류자였지만 당시 전국의 불법 체류자 비율은 80% 수준(<표 13-3>)이었으므로 이 자료의 대표성은 상당 부분 인정할 수 있다. 또한 산업연수생으로 입국했으나 현재는 불법 체류자가 된 경우가 32.8%로 나타나고 있어 이 제도가 불법 체류 문제 해결에 기여하는 바가 적은 것으로 나타나고 있다.

이주노동자의 장기 체류화가 진행되면서 출신 지역을 중심으로 조직화

〈표 13-3〉 경기도 조사 응답자의 불법 체류 상황

구 분		비중(%)
한국 체류기간	1년 미만	9.2
	1년 이상	27.0
	2년 이상	20.9
	3년 이상	12.2
	4년 이상	10.2
	5년 이상 장기 체류	20.5
불법 체류 여부	산업연수생	8.9
	연수생 → 불법 체류자	32.8
	처음부터 불법 체류	57.3

자료: 김용훈·이석원·이환성(2002: 81).

가 이루어지고, 각지의 공단 주변에는 집단 거주 지역이 형성되었다. 이주노동자가 주도하는 노동운동 조직이 형성되어 2005년에는 노조[2] 설립 신고를 시도했다. 이주노동자 운동의 요구사항도 초기의 인권에서 노동권 보장을 거쳐 시민권 부여를 요구하는 방향으로 변화하고 있다(이선옥, 2005: 72~74).

이주노동자 문제의 성격을 파악하기 위해 긴요한 일은 사회에서 현실적으로 진행되는 정착화 경향이다. 이를 보여주는 가장 유력한 지표는 가족생활의 모습이다. 국가인권위원회가 2002년에 발표한 조사결과에 나타난 응답자의 사실혼을 포함한 결혼 관계를 보면, 기혼자 비율은 50.7%, 배우자와 동거하는 경우는 52.9%였다. 물론 불법 체류자가 많아 외부인과의 접촉을 기피하고, 직장과 거주지가 산재해 있어 통계적으로 대표성을 인정

2) 이주노조(MTU): 서울-경기-인천 이주노동자 노동조합(Seoul-Gyeonggi-Incheon Migrants Trade Union).

할 수 있는 표본을 추출하기 어렵다는 조사 대상의 특성을 감안하더라도 응답자의 1/4이 한국에서 결혼 생활을 하고 있다는 사실에 주목할 필요가 있다.

이 조사에 응답한 기혼자의 90%가 자녀를 가지고 있으나 자녀를 동반하고 있는 비율은 10% 이하로 나타났다. 반면에 한국계 미등록 기혼 노동자의 자녀 동반 비율은 60% 수준이었다(국가인권위원회, 2002; 장혜경 외, 2003: 126~127에서 재인용). 공교육에 대한 접근 기회를 보면 이주노동자의 자녀도 2002년부터 초등학교와 중학교 취학이 가능하게 되었다. 그러나 아직 국내 학교에서 외국인 자녀를 위해 한국어 교육을 할 수 있는 태세는 갖추어져 있지 않다(장혜경 외, 2003: 138~139). 이러한 사실을 통해 전반적으로 이주노동자 집단에서도 결혼, 가족 형성, 자녀 양육, 교육으로 이루어진 사회적 재생산 과정이 진행되고 있다는 경향을 확인할 수 있다.

이주노동자의 증가와 함께 이들을 지원하는 사회운동 조직도 발전되어 왔다. 지원 단체들은 이주노동자에 대한 직접적인 지원과 함께 제도와 공공 서비스의 개선을 촉구해 많은 성과를 이룩해왔다. 또한 이주노동자 지원 운동은 한국 사회 자체의 인권의식과 시민의식 향상에도 큰 기여를 해왔다는 의의가 있다. 이는 자본이 주도하는 세계화에 대항하는 민중의 국제연대를 만들어내는 중요한 기반이라고 할 수 있다.

4. 제도적 환경 변화와 고용허가제

이주노동자를 관리하기 위해 한국 정부가 처음에 취한 조치는 1991년에 '산업기술연수생' 도입의 공식화였다. 그러나 이 제도는 해외투자 기업이 최대 50명 이내의 현지 채용 인력에 대해 국내에서 연수를 할 수 있도록 허용하는 내용을 가지고 있었다. 그러나 대기업을 위주로 한 이 제도는 이주노동자를 필요로 하는 중소 제조업체에 실질적인 도움이 되지 못했다. 중소기업의 요구로 한국 정부는 1992년 6월~1993년 4월에 걸쳐 인력난을 겪고 있는 10개 3D 업종에서 1만 명의 산업기술연수생을 1년간 도입하여 사용할 수 있도록 허용했다.

그러나 이 조치의 시행 과정에서 연수생이 이탈하여 불법 체류자가 되는 문제가 발생하기 시작했으며 업계에서 필요한 인력도 제대로 공급되지 않았다. 결국 1994년 1월부터 중소기업협동조합이 주관하여 외국인 노동자를 산업기술연수생이라는 이름으로 도입하여 업체에 배정하는 체제가 만들어졌으며 1995년부터는 노동자를 송출하는 국가별로 인원을 할당하기 시작했다. 이후에는 업계의 요구에 따라 산업기술연수생의 도입과 사후관리를 주관하는 대행기관이 대한건설협회, 농협중앙회, 수협중앙회로 확대되어갔다.

산업기술연구생 제도하에서는 고용주가 연수생이라는 명분을 활용하여 노동자로서의 권리를 제한하는 데서 비롯되는 각종 기본권의 침해만이 아니라 연수생의 직장 이탈, 송출비리와 같은 문제가 속출했다. 대행기관은 연간 약 100억 원에 육박하는 막대한 연수관리비를 고용주로부터 받고 있었다.

산업연수생이 일터를 배정받은 이후에 발생하는 외국인등록, 근무지 변경, 체류기간 연장 신청 대행, 출국 지원과 같은 업무는 기업의 몫이다. 형식적으로 외국인에 대한 고충상담이나 근로 현장 확인과 같은 사후관리 업무는 해외 송출기관의 국내 지사가 담당하도록 되어 있다. 여기에 들어가는 비용도 외국인 연수생들이 지불하는 송출 수수료 가운데 포함되어

〈표 13-4〉 산업연수제 대행기관이 사업주에게서 징수하는 관리비 상황

대행 기관	연수 기간	A. 도입규모, 2003	B. 연수관리비 단가(천 원)	A×B(천 원)
중소기업 협동조합중앙회	3년	18,865	380	7,168,700
대한건설협회	2년	4,925	350	1,723,750
수협 중앙회	3년	923	620	572,260
농협중앙회	3년	529	540	285,660

자료: 이종구 외(2005.9.30: 7).

있었으며, 2004년도에는 총액이 62억 원에 달하는 것으로 추산되고 있다. 또한 이와 별도로 연수생 도입을 주관하는 국내 대행기관들도 기업으로부터 사후관리비를 받고 있다. <표 13-4>에 나오는 연수관리비 속에는 사후관리비가 포함되어 있다. 대행기관이 연수생 1인당 연간 징수하는 사후관리비의 규모는 중기협 중앙회 8만 원, 대한건설협회 7만 5,000원, 수협중앙회 15만 4,000원, 농협중앙회 14만 5,000원이었다. 중기협이 징수하는 금액만도 연간 약 15억 원에 달하고 있다. 이러한 비용 부담에도 불구하고 실질적으로 사후관리는 시행되고 있지 않았다는 것이 현실에 가깝다.

즉, 산업연수제 아래에서는 외국인 노동자의 도입, 배정, 사후관리가 거대한 이권사업이라는 성격을 가지게 되었다. 또한 이주노동자들은 체불, 산재, 가혹행위 등을 비롯한 노동문제가 발생해도 연수생이라는 명분으로 국내 노동관계법의 보호를 받지 못하는 불이익을 감수하게 되었으며 불법체류자는 여전히 감소하지 않는 문제가 노출되었다. 따라서 이와 같은 사회적 비용의 증대를 유발하는 산업연수제에 대한 대안으로 고용허가제가 등장하게 되었다. 고용허가제의 실시를 전제로 하여 자진 출국을 유도

〈표 13-5〉 산업연수생제도와 고용허가제도의 비교

구 분	산업연수생제도	고용허가제도
외국인 근로자의 자격	근로자가 아닌 연수생 자격	근로자 자격
도입 및 관리 주체	민간 사업주 단체	국가, 공공기관
외국인력 배정 시스템	사업주, 외국인 근로자 모두 선택의 여지가 없는 강제 배정 시스템	사업주가 외국인 근로자 선정 및 자율적인 근로계약 체결
내국인 우선 고용장치 여부	없음	내국인 우선 고용 의무화

자료: 유길상 외(2004: 14).

하는 과정에서 불법 체류자의 비중도 감소하게 되었다.

고용허가제의 핵심적 내용은 민간의 사용자 단체가 맡아온 외국인 노동자의 도입과 사후관리가 공공기관의 역할로 이전된다는 점에 있다. 이주노동자에 대한 국가의 관리 책임이 강화되고, 이들이 직업안정 행정 체계 내부로 들어오게 되었다. 2007년 1월 1일부터 고용허가제가 전면 실시되었다. 일부 이주노동자 운동 단체[3)]가 요구하는 노동허가제에는 미치지 못하지만 고용허가제는 이주노동자가 법적 지위를 가진 노동자가 되었다는 점에서 획기적인 의의를 가지고 있다. 그러나 이주노동자 문제에 대한 다른 나라의 경험을 돌이켜보며 냉정한 판단을 할 필요가 있다.

고용허가제에서는 이주노동자가 3년간 일하고 일단 출국한 다음에 6개월이 지나면 재취업이 가능하다. 그러나 여기에도 문제가 발생할 소지가 있다. 우선 3년간 근무한 노동자는 숙련도가 향상되어 있으므로 고용주의 입장에서는 내보내는 것이 아쉽다. 본인도 불확실한 전망을 믿고 6개월간 출국하기를 꺼리게 될 우려가 있으며 재직 기간 동안에 사업장 이동이

3) 이주투본: 이주노동자 노동권 완전 쟁취와 이주 취업의 자유 실현을 위한 투쟁본부.

〈표 13-6〉 고용허가제와 노동허가제의 비교

구 분	고용허가제	노동허가제
내 용	고용허가를 받은 사업주에게 고용되는 조건으로 비자 발급	취업허가와 비자를 발급받은 개인이 허가기간 동안 취업할 곳을 선택
입국 후 사업체 변경	원칙적으로 변경 불가	자유롭게 변경 가능
임금, 근로조건의 결정시점	입국 전 결정	입국 후 취업 시 결정
외국인력 관리의 용이성	상대적으로 용이함	상대적으로 어려움

자료: 김용훈·이석원·이환성(2002: 114).

제한되어 있다. 따라서 이주노동자 단체만이 아니라 노동운동의 일각에서도 직장 선택권을 노동자에게 주는 노동허가제를 도입해 문호를 개방하자는 주장이 제기되고 있다. 이는 이주노동자의 보호에 획기적으로 기여할 수 있는 제도이다. 그러나 노동허가제는 실질적으로 한국이 취업이민을 받아들이는 국가로 변모하자는 제안이므로 심층적 논의와 함께 사회적 합의가 필요한 주제라고 할 수 있다.

5. 이주노동자와 사회운동의 국제적 연대

정책 당국의 시각에서 볼 때 고용허가제의 전제는 이주노동자의 출입국에 대한 완전한 관리가 가능하다는 판단이라고 할 수 있다. 구체적으로 말하면 고용허가제는 고용주와 관리대행기관이 채용, 입국, 근로, 출국에 이르는 일련의 과정을 관리하는 동시에 출입국 관리 행정을 강화함으로써 불법 체류자의 누적을 방지할 수 있다는 정책 구상이라고 할 수 있다.

고용허가제를 통해 외국인이 공식적인 노동자로 입국하는 길이 열렸으나 이미 누적된 불법 체류자 가운데 상당수가 재입국이 거부될 것을 우려해 합법화의 길을 회피하고 있다. 한국 정부는 이들을 일단 출국 조치하려고 들었다. 그러나 고용주들도 장기 근무하면서 숙련도가 높아진 이주노동자들을 내보내려 하지 않는다. 이주노동자 지원운동에서는 이미 입국해 있는 불법 체류자를 양성화하고 합법적인 자격을 부여할 것을 정부에 요구하고 있다. 현실적으로 이주노동자 집단이 계속 존재할 것이라는 점은 분명하다. 또한 농촌을 중심으로 외국인 여성과의 국제결혼이 급증하고 있는 모습만 보아도 한국 사회의 저변에서부터 다른 민족과의 공생이 현실화되고 있음을 알 수 있다. 이러한 상황에서 한국의 사회운동은 외국인 이주노동자의 기본적 인권 보장과 함께 다문화 공생사회의 실현을 위한 노력을 기울여야 한다는 과제에 직면하고 있다.

1980년대 말에 이주노동자 집단이 형성되기 시작한 이래 이들의 인권과 노동기본권을 보호하는 일은 기본적으로 지원 단체와 종교인, 지식인, 사회운동가들의 역할이었다. 1987년 여름의 노동자 대투쟁으로 급속하게 사회적 영향력을 키운 노동조합 운동은 현재까지도 이주노동자의 문제를 본격적으로 다루지 못하고 있다. 반면에 2000년대에 들어와서는 이주노동자가 주체가 되어 독자적인 노동조합을 조직하려는 움직임이 가시화되고 있다. 고용허가제 실시를 앞두고 벌어진 불법 체류자 단속에 항의하고 노동허가제 실시를 요구하는 이주노동자들이 2003년 벌인 장기간의 명동성당 농성이 보여주는 것은 이주노동자 집단이 한국 사회에서 사회운동 주체의 하나로 등장하고 있다는 객관적 사실이라고 할 수 있다.

이주노동자가 공식적인 노동자로 인정되는 변화 속에서 한국노총, 민주노총을 포함한 노동운동 진영이 외국인 노동자를 특별한 배려의 대상이 아니라 동료 조합원으로 수용할 수 있는가의 여부가 주목된다. 이주노동자는 국내 중소영세기업 노동자와 비정규직 노동자와 마찬가지로 국내 노동시장의 주변부에 놓여 있다는 위상을 가지고 있다. 다시 말해 이주노동자의 노동조건 보호를 위한 노동운동은 내국인 주변부 노동자의 노동조건 보호와 밀접하게 연계되어 있다.

그러나 기업별 노조 체제하에서 이주노동자를 포함한 주변부 노동자가 제공하는 '노동력 관리의 수량적 유연성'은 정규직 중심부 노동자가 상대적으로 양호한 노동조건을 누릴 수 있는 요인의 하나이기도 하다. 기업의 경계를 넘어 횡적 단결과 연대의 가치를 추구하지 못하는 노동운동은 결국 스스로 고립되어 왜소해질 수밖에 없다. 이주노동자의 노동조건 개선을 위한 노동운동은 한국 노동운동의 진로 설정과 분리될 수 없는 관계에 놓여 있다. 여기서 국내 노동자만이 아니라 이주노동자까지 포괄할 수 있는 국제적 시야를 가진 노동운동 노선의 정립이 필요하다고 보인다.

자본 이동이 자유로운 세계화 시대에는 국내 노동자의 노동조건은 해외투자 기업의 노동조건과 분리될 수 없다. 현재 한국 기업도 활발한 해외투자 활동을 전개하고 있으며 이는 국내의 산업 공동화와 고용기회의 원천적 감소를 초래할 우려가 있다. 그러나 이러한 사유가 이주노동자를 비롯한 주변부 노동자에 대한 차별 대우를 합리화하는 명분으로 사용될 수는 없다. 한국의 일반 노동자 임금이 중국, 동남아 지역에 비해 10배 이상의 격차가 있는 상황에서는 국내 노동조건을 저하시켜 국제경쟁력을 확보할 수 있다는 발상 자체가 비현실적이다.

오히려 국내에서는 현재 상태를 전제로 하여 부가가치와 고용기회를 창출할 수 있는 환경이 만들어질 수 있도록 산업정책의 기조를 정립하는 것이 중요하며, 이에 대한 노동운동의 적극적인 개입과 발언이 필요하다. 해외투자 기업에 근무하는 현지 노동자의 저임금과 열악한 노동조건이

〈표 13-7〉 아시아 지역의 인건비(월) 국제비교(2003년 11월 현재)

(단위: 미 달러)

	橫浜	북경	深圳	상해	서울	방콕	쿠알라룸푸르	뉴델리	하노이
노동자(일반공)	2,602	79 ~ 139	86 ~ 335	109 ~ 216	879 ~ 1,801	184	202	133 ~ 154	79 ~ 119
엔지니어(중견 기술자)	3,627 ~ 5,008	121 ~ 266	179 ~ 494	269 ~ 601	1,163 ~ 1,770	327	684	317 ~ 387	171 ~ 353
중간 관리직(부과장)	5,308 ~ 6,194	314 ~ 1,382	408 ~ 1,193	567 ~ 1,574	1,855 ~ 2,682	790	1,892	936 ~ 989	504 ~ 580

자료: ェトロセンサース, 『ものづくり白書 2004年版』(経済産業省など編, 2004年 4月), 三橋規宏·內田茂男·池田吉紀(2005: 412)에서 재인용.

국내 노동조건의 저하를 유발하는 현실을 개선하기 위해서는 노동운동에서도 국제적 연대에 입각한 운동 방침이 중요한 의미를 가지게 된다는 점을 상기할 필요가 있다.

한국에서 이주노동자의 위상을 둘러싼 갈등과 논의는 사회 전반에서 국제연대라는 가치의 중요성이 부각되는 중요한 계기가 되고 있다. 이질적인 생활문화를 가진 이주노동자 집단과 지역사회에서 더불어 살아가는 경험을 통해 한국인들도 스스로의 모습을 되돌아볼 수 있게 되었다. 사회운동 진영에서는 현실적으로 국경의 벽이 낮아지고 있는 세계화 시대를 맞아 새로운 가치관에 입각한 다문화 공생 사회의 실현을 지향해야 한다는 논의가 일어나기 시작했다. 이주노동자의 문제를 통해 노동운동을 포함한 한국의 사회운동은 보편적 인권과 민중의 국제적 연대라는 가치의 중요성을 인식하게 되었다. 이것은 자본 주도의 세계화를 극복하고 인간의 삶을 질적으로 개선하기 위한 행동의 출발점이 되고 있다.

오늘날 세계화를 반대하는 운동이 세계 민중으로부터 광범위한 지지를 받게 된 이유는 세계적으로 사회의 양극화가 진행되고 있기 때문이라는 사실을 다시 한 번 상기할 필요가 있다. 국경을 넘어 자유롭게 움직이는 자본이 개별 국가 단위 내부에서 움직이는 노동을 압도했으므로 세계적으로 '노동운동, 노동조합, 노동자 정당, 사회민주주의의 쇠퇴'가 거론되기 시작했다. 노동운동의 약화는 생활세계에서 발생하는 쟁점을 다루는 기타 사회운동의 영향력도 제약하는 결과를 가져오고 있다. 사회적·국제적 시야를 가진 노동운동의 복원은 자본 주도의 세계화가 초래하는 역기능을 극복하는 일의 출발점이다. 이러한 측면에서 이주노동자 운동이 가지는 적극적 의의를 재확인할 필요가 있다.

6. 결론: 다문화 사회의 가능성

현실적으로 이주노동자는 한국 사회의 일부분이 되어 있다. 이주노동자를 둘러싼 갈등과 논란을 통해 한국의 노동운동과 사회운동 진영은 다문화를 지향하는 가치관과 민중의 국제적 연대를 추구할 필요가 있다는 당위성을 인식하게 되었다. 이러한 사회적 과제를 달성하기 위해서는 법과 제도의 정비만이 아니라 사회의식과 생활문화의 혁신이 필요하다. 이주노동자의 인권과 기본권이 존중되는 사회를 만드는 작업은 사실상 한국 사회를 합리적인 방향으로 개혁하는 일이기도 하다. 특히 한국에서도 이주노동자의 기본권과 노동조건을 확보하기 위한 운동은 자본 주도의 세계화가 초래하는 생활세계의 황폐화를 극복하기 위한 세계적 사회운동과 밀접하게 결합되어 있다. 이러한 점에서 이주노동자 운동은 한국의 노동운동과 사회운동의 건강성을 반영하는 거울이라고도 할 수 있다.

2007년 대선을 치르면서 진보와 보수를 막론하고 이주노동자를 포함한 다문화 가정에 대한 어떠한 공약도 발표되지 않았다는 것은 안타까운 일이다. 한나라당의 승리가 대중이 원했던 경제난국의 극복이라는 정책 목표를 명확하게 짚어냄으로써 만들어진 일이었다. 현재 계속 확대되고 있는 이주노동자와 다문화 가정의 문제는 한국 사회의 주변부가 아니라 중심부에서 다루어야 할 중요한 사회적 쟁점이 되고 있다. 현재 일부 다문화 가정을 제외한 이주노동자 그룹이 선거권을 가지고 있지 않기 때문에 다문화 사회라는 주제가 정치적 관심을 끌지 못하고 있다.

그러나 한국 사회에 만연되고 있는 고령화, 저출산 현상에 대처하는 과정에서 외국인 며느리와 이주노동자는 지속적으로 증가할 것이다. 이들도 언젠가는 선거권을 획득 할 예비유권자이기 때문에 정책적 대안을 연구하는 것은 중요한 과제이다. 특히 이는 세계화 시대에 대응해야 하는 정치권의 노력이 요구되는 부분이다. 당분간 친기업적 성향을 보이는 이명박 정부에서는 이주노동자 운동은 더욱 위축될 수밖에 없을 것이다.

산업연수생제도로부터 출발해서 그동안 실시되었던 외국인력 정책은 수많은 시행착오를 거쳐 현재의 고용허가제에 귀착되었다. 하지만 고용허가제의 폐해도 지속적으로 발생하고 있는바, 지금이야말로 한국 내 노령화 시기와 궤를 같이하는 '순차적 노동허가제'와 같은 합리적 정책의 연구와 시행이 시급하다. 현재는 내국인과 외국인 모두에게 실익이 있으며 산업구조와도 정합적인 상생의 노동정책에 대한 연구개발을 정부와 시민단체가 함께 고민하고 도출해낼 수 있는 거버넌스 체계가 필요한 시점이다. 또한 다문화 사회라는 새로운 기준이 정착하려면 한국 사회 내부의 세계화라는 과제의 중요성에 대한 구성원의 합의가 필요하다.

참고문헌

국가인권위원회. 2002. 『국내 거주 외국인 노동자 인권실태조사』.

_____. 2007. 『인권상담 사례집』.

김용훈·이석원·이환성. 2002. 『경기도 외국인 노동자의 노동환경 개선방안』. 경기개발연구원.

남재량. 2008. 『노동시장의 동태적 특성에 관한 연구』. 한국노동연구원.

노동부. 각 연도. 「노동력수요동향보고서」.

박경태·설동훈·이상철. 1999. 「국제노동력 이동과 사회적 연결망: 경기도 마석의 필리핀인 노동자 집단을 중심으로」. ≪한국사회학≫, 제33집.

설동훈. 2000. 『노동력의 국제이동』. 서울대학교 출판부.

_____. 2005. 「일본과 한국의 외국인 노동자 정책 비교」. ≪현대일본학회≫, Vol.21.

오경석 외. 2007. 『한국에서의 다문화주의』. 도서출판 한울.

유길상 외. 2004. 「저숙련 외국인력 노동시장 분석」. 한국노동연구원.

유길상·이규홍. 2002. 「외국인 근로자의 고용실태와 정책과제」. 한국노동연구원.

이선옥. 2005. 「한국 이주노동자 운동의 형성과 성격변화: 고용허가제 도입 시기 명동성당 농성사례를 중심으로」. 성공회대학교 일반대학원 사회학과 석사학위 논문.

이종구 외. 2005.9.30. 「외국인력제도 통합에 따른 효율적 사후관리 방안연구」. 법무부 출입국 기획과.

장혜경 외. 2003. 「외국인 노동자 가족관련 정책 비교연구」. 한국여성개발원.

함한희. 1997. 「외국인 노동자의 갈등과 적응: 외국인 노동자의 현실과 미래」. 미래 인력연구센터.

三橋規宏·內田茂男·池田吉紀. 2005. 『ゼミナール日本經濟入門 2005年版』. 日本經濟新聞社.

Bourdieu, Pierre. 1986. "The Forms of Capital." in John G. Richardson(ed.). *Handbook of Theory and Research for the Sociology of Education*. Westport, CT: Greenwood Press.

Boyd, Monica. 1989. "Family and Personal Network in International Migration: Recent Developments and New Agendas." *International Migration Review*, 23(3).

Burt, Ronald S. 1992. *Structure Holes*. Cambridge, MA: Harvard University Press.

Coleman, James S. 1988. "Social Capital in the Creation of Human Capital." *American*

Journal of Sociology, 94(Supplement).

Fawcett, James T. 1989. "Networks, Linkages, and Migration Systems." *International Migration Review*, 23(3).

Fawcett, James T. and Fred Arnold. 1987. "Explaining Diversity: Asian and Pacific Immigration Systems." *Pacific Bridge*. NY: Center for Migration Studies.

Granovetter, Mark. 1973. "The Strength of Weak Ties." *American Journal of Sociology*, 78(6).

_____. 1983. "The Strength of Weak Ties: A Network Theory Revisited." *Sociological Theory*, 1(1).

_____. 1995. *Getting a Job: A Study of Contacts and Careers*. Second Edition. Chicago, IL: University of Chicago Press.

Kritz, Mary M. and Hania Zlotnik. 1992. "Global Interaction: Migration Systems, Processes, and Politics." *International Migration Systems*. Oxford: Clarendon Press, pp.1~16.

Lin, Nan. 1982. "Social Resources and Instrumental Action." in Peter Marsden and Nan Lin(eds.). *Social Structure and Network Analysis*. Beverly Hills, CA: Sage Publications.

_____. 1990 "Social Resources and Social Mobility: A Structural Theory of Status Attainment." in Ronald L. Breiger(ed.). *Social Mobility and Social Structure*. New York: Cambridge University Press.

_____. 2000. *Social Resources and social Capital: A Theory of Action and Social Structure*. New York: Cambridge University Press.

Marsden, Peter V. and Jeanne S. Hurlbert. 1988. "Social Resources and Mobility Outcomes: A Replicationand Exclusion." *Social Forces*, 66(4).

Massey, Douglas S. 1990a. "Social Structure, Household Strategies, and the Cumulative Causation of Migration." *Population Index*, 56(1).

_____. 1990b. "The Social and Economic Origins of Migration." *Annals of the American Academy of Political and Social Science*, 510.

Massey, Douglas S. and Felipe Garcia Espana. 1987. "The Social Process of International Migration." *Science*, 237.

Massey, Douglas S., Joaquin Arango, Graeme Hugo, Ali Kouaouci, Adela Pellegrino, and J. Edward Taylor. 1993. "Theories of International Migration: A Review and Appraisal." *Population and Development Review*, 19(3).

Massey, Douglas S., Rafael Alarcon, Jorge Durand and Humberto Gonzalez. 1987. *Return to Aztan: The Social Process of International Migration From Western Mexico*. Berkeley,

CA: University of California Press.

Myrdal, Guunar. 1957. *Rich Lands and Poor*. New York: Harper and Row.

Sassen, Saskia. 1988. *The Mobility of labor and Capital: A Study in International Investment and Labor Flow*. Cambridge: Cambridge University Press.

Taylor, Edward J. 1992. "Remittances and Inequality reconsidered: Direct, Indirect, and Intertemporal Effects." *Journal of Policy Modeling*, 14(2).

제5부

지구화 시대 사회운동과 국가에 대한 도전

제14장

마르크스주의와 국제주의, 그리고 노동자 운동

백승욱
중앙대학교 사회학과 교수

"노동자 계급의 해방은 노동자 계급 스스로에 의하여 전취되어야 한다. …… 우리는, 자기 자신을 위해서뿐 아니라 자신의 의무를 다하는 모든 인간을 위해서도, 인간과 시민으로서의 권리를 요구하는 것이 인간의 의무라고 주장한다"(마르크스, 1993b: 14~15).

1. 국제주의인가, 야만인가

신자유주의 세계화는 어느 때보다 국제주의 문제를 다시 부각시키고 있다. 개별 국가의 틀 속에서 풀 수 없는 문제가 늘어가고, 국가들 자체가 문제로 부각되고 있으며, 각종 분할의 선이 늘어나면서 단결과 통일을 향한 운동의 전환이 국제주의의 이름으로 새로운 보편성의 요구로 제기되

* 이 글은 ≪마르크스주의 연구≫, 제5권 제3호에 실린 논문이다.

고 있는 것이다. 그렇지만 현실은 이런 요구와 일치하기보다 오히려 이와 배치되는 모습으로 나타나, 현 시기에 국제주의를 향한 집단적 움직임은 결코 전면적으로 드러나고 있다고 하기 어렵다. 그럼에도, 아니 오히려 그렇기 때문에 '국제주의인가, 야만인가'는 그 어느 때보다 현실을 바꾸어 가는 데 가장 중요한 구호일 수밖에 없다. 이 글은 국제주의를 본격적인 쟁점으로 부각시키기 위해, 마르크스주의의 역사 속에서 국제주의의 쟁점이 어떤 함의를 가지고 변화되어왔으며, 현재 국제주의가 어떤 의미를 지니고 있는지 살펴보고자 한다.

우선 핵심적인 쟁점들을 사전에 세기해두고 시작하기로 하자.

우리가 국제주의를 개별 국가를 넘어서는 더 큰 단결과 통일의 틀로 사고하고 있는 것은 사실이지만, 그렇다고 해서 국제주의를 '국가에 대한 반대로서 반(反)국가 일반'의 언사라고 볼 수는 없다. 다시 말해서 국가에 반대하고, 국가를 거부하는 사고가 그 자체로서 국제주의로 표상되는 것은 아니다. 이 때문에 사실 국제주의의 쟁점은 매우 복잡해지는데, 마르크스주의의 역사에서 보자면 국제주의가 쟁점이 되던 시기에 중요하게 부각된 쟁점 중 하나는 아나키즘에 대한 반대였고, 마르크스주의보다 훨씬 반국가의 입장에 선 아나키즘이 현실적으로 더 국제주의적이었다고 할 수 없다는 점도 이 문제를 복잡하게 만든다.[1)]

문제가 이처럼 복잡해지는 이유는 무엇보다 국제주의에는 국가라는 쟁점, 그리고 노동자 계급의 분할이라는 쟁점이 담겨 있기 때문이다. 좀 더 앞서 나가서 다시 보면, 마르크스주의 역사에서 국제주의, 좀 더 명확하

1) 이런 맥락에서 (칸트적 연원을 갖는) 세계시민주의(cosmopolitanism)와 (마르크스적 기원을 갖는) 국제주의의 관계가 논의될 필요가 있는데, 세계시민주의와 국제주의의 관계에 대해서는 발리바르(2007b)와 Holbraad(2003: 2)를 보라.

게 말해서 프롤레타리아 국제주의는 자본의 분할에 대응하여 프롤레타리아 통일 경향을 지향하는 언사였다. 그리고 이 문제는, '프롤레타리아'와 '자본에 의한 노동의 분할'을 어떻게 이해하는지에 따라 매우 상이한 구도로 나타날 수밖에 없는 쟁점이었다.

우선 문제는 노동보다 먼저, 그리고 더 '국제주의적'인 것은 자본이라는 점이다. 세계시장을 무대로 벌어지는 끝없는 자본축적 과정은 이미 장기 16세기에 걸쳐 세계경제로서 자본주의 세계체계가 등장하던 시절부터 지속되어온 특징이었다(월러스틴, 1999a; Arrighi, 1994; 마르크스, 2005). 이런 점에서 자본의 국제주의는 프롤레타리아 국제주의와는 전혀 다른 맥락에서 그에 앞서 세계를 통일적으로 구성하고 지배하는 역사를 가지고 있었다. 자본축적의 범위는 늘 초국경적이었다. 그리고 이것이 반복적으로 등장하는 자유주의적 국제주의의 배경을 이루었다.

그런데 역사적 자본주의의 관점에서 볼 때 초국경적이라는 자본축적의 일반적 특성은 구체적·역사적 맥락에서 또 하나의 경향과 교차하면서 복잡해진다. 바로 영토주의적 경향이다. 영토주의적 경향의 매개 없이 자본은 진정한 초민족적 자본이 될 수 없었기 때문이다. 세계경제를 향한 자본들 간의 경쟁 때문에 대자본들은 세계경제에서 더 큰 몫을 향한 싸움을 벌이고, 이 싸움에서 유리한 지위를 차지하기 위한 자본들 간의 경쟁은 더 강한 국가를 배경으로 한 정치적·군사적 투쟁을 항상 수반했다. 따라서 자본의 초국경적 팽창은 늘 영토주의적 논리와 자본주의적 논리의 변증법적 교직(交織) 속에서 진행되어왔으며, 이것이 자본의 국제주의에 독특한 성질을 부여했다.

자본의 국제주의는 늘 자본 자신의 한계로 작용했다. 특히 헤게모니 국가에 의해 새로운 자본축적과 국가 간 체계에 질서가 수립된 시기에는 비교적 안정적으로 초국경적 자본축적이 작동하지만, 그 헤게모니가 쇠퇴하고 새로운 헤게모니를 둘러싼 경합이 벌어지는 시기에 들어서면 초국경적 자본주의의 논리는 개별 국가들로 이루어진 국가 간 체계에 기반을 둔 영토주의의 논리와 충돌하게 된다(Arrighi, 1994; 백승욱, 2006a). 이 때문에 자본의 국제주의는 자본축적의 공간을 개별 국가들을 넘어서는 전 지구적인 공간으로 확장하려는 추동력하에 나타나는 '자유주의적 국제주의'라는 형태와 동시에, 여기에 덧붙여 이와 교차하여, 17세기 이후 현실적으로 존재하는 다수의 국가 사이에서 기존 국가들의 안전을 도모하기 위해 세력 균형의 논리를 기반으로 국가 간 체계의 질서를 수립하려는 시도가 반복해서 나타나는데, 이를 '보수적 국제주의'라 부를 수 있다(Holbraad, 2003).[2)]

그렇지만 자본축적의 전 지구적 위기나 자본축적의 지역적 위기 속에서 발생하는 정세에 대응하는 노동자 계급의 운동은, 이와 병행해 이와 동등하게 자동적으로 내장된 국제주의를 표출해낸 것은 아니었다. 자본의 국제주의가 자본의 본성상 출현하는 것이었다면, 프롤레타리아 국제주의는 달성해야 할 목표로서만 표명되고, 그것이 달성된다는 것은 다시 말해 자본주의의 지양임을 표명하는 것이었다.

다른 측면에서 보자면 이는 자본과 노동의 관계가 대칭적이지 않음을 이야기해주고 있다. 자본과 노동은 거울상이 아니고, 자본의 직접적 부정이 노동의 현존은 아니다. 그런 점에서 노동은 자본과 동일한 형태의

2) 세계 헤게모니가 사실상 한 국가의 절대적 지배를 의미하지 않기 때문에, 헤게모니의 안정적 공고화 시기에조차 이런 보수적 국제주의는 '대서양 공동지배'를 실현하는 '국가 이상적'인 공식적·비공식적 조직화의 틀을 형성해왔다. 19세기에 영국이 주도한 '유럽 협조'나 20세기에 미국이 주도한 UN이 그러했다.

국제주의를 형상화해낼 수는 없다. 이는 '자본의 추상화, 노동의 구체성'이라는 비대칭성의 문제가 표출되는 한 측면인데(발리바르, 2007a: 297), 이 두 항은 서로가 서로의 조건이 된다. 자본은 자본일반이라는 특징 속에서 추상화됨으로써만 등장한다. 그리고 자본축적의 조건이 재생산되는 것은 국가를 통해 그 자본주의의 지배계급이 통일됨으로써만 가능하다. 그런 점에서 자본의 추상화와 통일성은 축적과 지배 양 측면 모두에서 관찰된다. 이와 반대로 노동은 분할됨으로써만 자본축적을 가능하게 만든다(발리바르, 1989). 자본축적은 분할된 노동에 의존해서만 가능하며, 노동의 통일은 자본의 지양이다. 노동을 분할해서만 자본은 노동을 포섭하여 지배할 수 있게 되고, 그럼으로써 착취가 가능해질 수 있다. 그 분할선은 성별, 인종, 지식, 국적에 따르는 것이며(그리고 많이 인식되면서도 경시되는 중심-주변의 분할이 있다), 여기서 국가는 늘 지배계급을 통일시키는 동시에 피지배계급을 분할하는 장치로 작동한다. 그 작동은 특히 '이데올로기 국가장치'를 통한 분할된 '국민'이라는 허구적 동일성의 형성 속에서 잘 드러난다(알튀세르, 1991, 2007; 발리바르, 2007a, 1993b; Balibar, 1995). 그렇기 때문에 국제주의는 이런 분할을 넘어서는 여러 가지 노력 중 하나가 아니라 그 자체이며, 그 전체일 수밖에 없다.

노동자 계급의 국제주의가 프롤레타리아 통일성의 경향을 지칭한다는 말은, 이렇게 분할된 구체적 노동자들의 존재조건들을 넘어서는 통일적 경향의 수립이 자본에 의한 노동의 지배를 넘어서는 길임을 재확인하는 것이다. 이렇게 파악된 프롤레타리아 국제주의는 결국 새로운 보편성의 형성에 다름 아니라고 할 수 있고, 그것은 또한 노동자의 분할에 작동하는 여러 적대를 함께 고려하는 보편성의 문제를 제기하는 것이기도 하다.

그렇기 때문에 프롤레타리아 국제주의는 국가 대 반국가라는 단순화한 구도로 형상화될 수 없다. 그것은 국가 일반을 부정하는 것이라기보다는 '국가의 전화'를 요구하는 것인데, 이미 국가에 의해 재생산된, 분할된 노동자들의 존재조건이 국가를 거부하여 극복되는 것은 아니기 때문이다. 따라서 이렇게 이해된 국제주의는 국가 '외부'에서 사고하는 논리가 아니라 국가의 '경계'에서 사고하는 논리로 규명되어야 한다.

2. 역사적 마르크스주의와 국제주의

여기서는 역사적 자본주의 속에서 역사적으로 유지·변천되어온 마르크스주의가 국제주의라는 쟁점을 어떻게 제기해왔고, 또한 어떤 난점들에 부딪혀왔는지 살펴볼 것이다. 그동안 국제주의는 늘 단순한 구도 속에서 제기되어온 것은 아니고, 당시의 구체적 정세와 연관된 매우 구체적 쟁점 속에서 문제로 등장했다. 이는 국제주의의 쟁점이 '국가인가 반국가인가'라는 단순한 것이 아니라, '노동자 계급의 분할을 넘어서는 통일적 경향을 어떻게 형성할 수 있느냐'라는 것이기 때문이다. 그리고 매 시기에 이는 매우 구체적인 정세 속에서 제기되는 쟁점이었기 때문에 그 대응 방식과 쟁점은 시기별로 매우 상이하게 나타나지 않을 수 없었다.

여기서는 주요한 몇몇 시기의 쟁점을 다루어보기로 하겠다.

1) 프랑스혁명과 보편적 권리

역사적으로 재해석된 프랑스혁명은 마르크스주의의 국제주의에서 매우 중요한 출발점이 된다. 프랑스혁명 자체가 민중혁명적 성격을 가지고 있다는 하나의 이유와, 프랑스혁명과 더불어 보편적 권리라는 쟁점이 본격화되었다는 또 하나의 이유 때문이다.[3] 이 두 가지 이유가 결합되는 지점은 보편적 권리로서 '평등-자유(egaliberté)'라는 쟁점이 제기된 데서 발견된다(발리바르, 2003). 평등은 자유가 있을 때만 가능하며 자유는 평등이 있을 때만 보장된다는 자명한 논리로서 '평등-자유'는 '시민-되기'로 새로운 보편적·국제주의적 정치 주체 형성을 가능하게 했지만, 현실 속에서 그 권리는 특정 공동체의 일정한 경계 속에 봉합된다는 한계에 부딪히게 된다. 그렇지만 동시에 그 한계가 늘 평등-자유의 논리에 의해 부정될 수 있다는 점에서 이 '평등-자유'는 그 자체로 늘 진정한 국제주의적 확장을 가능하게 하는 경계부정의 논리로 작동한다.

근대 세계의 '전복적'인 혁명운동의 기원은 사실 명시적으로 '사회주의 이전의 공산주의'라 할 수 있는 이 프랑스혁명에서 기인하며, 마르크스의 '자유로운 생산자연합'의 사상 또한 여기에 한 뿌리를 둔다고 할 수 있다. 단순하고 도식적으로 이해된 부르주아혁명/프롤레타리아혁명의 단계론이라는 사고에 끼워 맞추어진 프랑스혁명의 해석이 아니라, 민중혁명의 복잡성을 보여주는 프랑스혁명의 재해석은 목적론적 틀에 끼워 맞추어진 노동자 운동/사회주의 운동의 역사에 대한 비판의 준거점으로 작동해왔다. 즉, 이는 생산양식의 변혁으로서의 사회주의와는 상이한 연원을 갖는 '시민적 공산주의'라는 역사적 전통을 형성하며(발리바르, 2002)(대중적 정치의 주체, 그리고 평등하고 자유로운 인간들의 사회적 관계), 그 출발점이 마르크스

3) 조르주 르페브르처럼 그것을 귀족혁명과 부르주아혁명이라는 상황 전개를 통해 과잉결정되는 민중혁명이자 농민혁명의 예로서 보거나(르페브르, 2000), 월러스틴처럼 세계적 차원에서 반체계운동으로서 이데올로기 혁명으로 규정하는 경우(월러스틴, 1999b: 170~171)에서 이런 해석과 유사한 함의를 찾아낼 수 있다.

이전에 연원하고 또한 마르크스를 넘어서 이어지는 사회운동에 대한 질문으로 남겨져 있다.

이것은 혁명을 생산양식의 전화로 규정하는 사고를 예비하는 것이지만, 정치의 새로운 형태 그리고 주체들 사이의 새로운 관계맺음 없이는 생산양식의 전화도 불가능하고, 그러한 생산양식의 전화를 준비할 새로운 계급으로서의 프롤레타리아트는 역사적으로 전제되어 있는 것이 아니라는 점을 분명히 함으로써, 역사에 대한 진화주의적 이해에 대한 비판의 근거점을 형성해냈던 것이기도 하다. 이후 현실의 역사에서 확인되는 바는, 이런 프랑스혁명의 평등-자유 테제가 함의한 선복적 성격을 급진적 사회운동 속에 담아내려 했지만,[4] 이러한 새로운 대중의 정치가 '사회주의'적 운동과 필연적으로 연결되지는 못했다는 것이다.

현실에서 이 '평등-자유' 테제를 한정된 공동체 속에 유예하고, 그 다음 단계로 평등과 자유를 분리시킨 후 평등과 자유의 함의를 보수적으로 한정하는 논리가 작동하게 된 것은 프랑스혁명이 발발한 조건들과 무관하지 않았다. 프랑스혁명에 대한 대응과 억압, 예방의 과정에서 유럽의 세력균형이라는 '보수주의적 국제주의(또는 국가 간 관계의 현실주의)'와 영국 중심의 '자유주의적 국제주의'의 영향력은 이런 객관적 조건들에 대한 '현실적' 대응으로서 확대되어갔다.[5]

4) 그런 점에서 사회주의 운동은 늘 '국유화'나 '국가 권력 장악'으로 좁게 해석될 수 없었고, 그 해석을 둘러싼 논쟁을 촉발했다.

5) 페리 앤더슨(Anderson, 2002: 8)은 이때는 아직 '민족주의'가 본격화하기 이전 시기로, 애국주의와 세계시민주의 양자가 국제주의라는 형태로 모순 없이 공존할 수 있던 시기라고 본다.

2) 『공산주의자 선언』과 계급의 등장, 그리고 지배의 비대칭성

보수적 또는 자유주의적 국제주의와는 다른 노동자 계급 또는 프롤레타리아 국제주의가 쟁점이 된 것은 마르크스(와 엥겔스)의 출현과 더불어서였다. 『공산주의자 선언』(이하 『선언』)은 자본주의 시대에 대한 분석을 통해 국제주의가 '형제들의 유대'라는 모호한 구호에서 "만국의 노동자여 단결하라"라는 '프롤레타리아 국제주의'로 넘어가게 됨을 선언했다. 국제주의는 이제 초계급적 언사로부터 떨어져 나와서, 계급의 '발견'과 더불어 계급으로 분할된 세계 속에서 특수하지만 그 때문에 매우 보편적인 함의를 지니는 담론으로 등장하게 된다. 『선언』은 한편에서 자본에 의한 세계의 통일화의 경향과 다른 한편에서 노동자 계급의 궁핍화와 분할이라는 비대칭성(그렇지만 또한 대칭성)의 쟁점에서 출발하고, 이 때문에 현실의 모순을 극복하기 위한 국제주의의 책임을 자본이 아니라 노동에 안기는 것이 정당함을 주장한다(마르크스·엥겔스, 2004). 그렇지만 여기서 자본의 국제주의는 이미 주어진 조건으로 제기되는 반면, 프롤레타리아 국제주의는 달성되어야 하는 목표로서 주장된다는 차이점에 주목할 필요가 있다.

그런데 이 『선언』의 시기에는 이와 더불어 서로 모순되어 보이는 상이한 논리들이 공존하고 있고, 그 난점들은 고스란히 『선언』 속에 담겨, 이는 사실상 국제주의의 난점으로 작동하기 시작한다. 『선언』은 생산의 사회화와 노동자 계급의 궁핍화라는 논리를 통해 노동자 계급 동질화의 주장을 전개하며, 이것이 사실 노동자 계급의 국제주의가 가능할 수 있는 논리적 기반이다.

그렇지만 이보다 앞선 시기에 같은 저자 중 한 명인 엥겔스의 주요한 저작 『영국 노동자 계급의 상태』는 매우 중요하지만 그 이후 오랫동안

묻혀버린 쟁점인 '아일랜드 노동자'와 그에 의한 영국 노동자 계급 내부의 분열이라는 쟁점을 제기한다(엥겔스, 1988: 126~130). 마르크스에게 덜 두드러졌고,[6] 엥겔스에 의해 훨씬 부각된 아일랜드 노동자라는 쟁점은 후기 엥겔스의 이데올로기론에 대한 고민에까지 이어진 계기였다고도 생각해볼 수 있으며, 자본의 통일성과 노동의 분열이라는 비대칭성에 대한 최초의 주목이라는 점에서 매우 중요하다 할 수 있다.[7]

그런데 이런 이주노동자라는 쟁점은 그리 사소한 것만은 아니었던 것이, 『선언』에서 노동자 계급 통일성의 두 가지 논리인 생산의 사회화와 노동자 계급의 궁핍화가 현실 속에서는 세계경제의 공간적 분할을 따라 지역적으로 상이하게 작동했고(아리기, 1994), 이런 공간적 차이는 다시 그 공간을 넘는 흐름인 이주노동자라는 쟁점을 만들어냈기 때문이었다. 지역적으로 노동자 계급 존재형식의 공간적 차이화와 그에 따라 사회운동의 대응 방식의 지역적 이질성은 국제주의의 형성을 막는 핵심적 장애물로 작용했다.

'계급'은 발견되고 등장하자마자 국가와 인종에 의해 분할된 존재로

---

6) 마르크스는 제1인터내셔널 시기에 이 아일랜드 노동자 문제에 대해 본격적으로 강조하기 시작하며, '아일랜드 민족해방이 …… 영국 노동자 자신의 사회적 해방의 첫 번째 조건'이라고 말한다(Foster, 2000: 13; 마르크스, 1993d 참고).

7) 국적에 따른 노동자 계급의 분할은 제1인터내셔널의 결성 때도 출발부터 깔려 있던 문제였는데, 영국 노동조합 대표자들이 프랑스 노동자들에게 회담을 제의한 배경에는 임금 수준이 상대적으로 높은 영국으로 유입되는 '불법 이주자'를 저지하려는 의도가 포함되어 있었다(정운영, 1992: 11). 이런 동일한 문제는 현재도 동유럽의 대규모 이주를 우려해 이주를 제한하려 하는 독일 노동조합의 시도에서도 관찰된다(Hanagan, 2003: 486). 그러나 제1인터내셔널의 시기에는 이와 동시에, 미국 남북전쟁으로 면화 공급이 중단되어 영국 면직 노동자의 상황이 열악해졌음에도, 노예제를 반대하는 영국 노동자들의 국제적 연대가 형성되었고, 이것이 제1인터내셔널 결성의 배경이 되었던 점도 무시할 수 없다(Foster, 2000: 13~16).

인식되지 않을 수 없었고, 그에 따라 이러한 계급의 통일성과 국제주의라는 쟁점은 난점으로 작동하지 않을 수 없었다. '계급'의 발견 또는 '마르크스적 방식의 계급 해석'은 계급에 대한 신화를 동반했고, 그것은 진정한 계급분석을 가로막는 효과를 가져왔다. 마르크스의 『자본』은 이에 대해 비판적 작업을 수행했지만, 이는 자본에 의한 노동자의 '분할적 통일'이 만들어내는 지배의 효과를 충분히 파악해낼 수 없는 한계를 가지고 있었는데, 여기에는 출발부터 자본주의의 '제국주의적' 구조의 존속이라 할 수 있는 중심-주변 구조의 재생산이라는 측면에 대한, 그리고 노동자들에게 끼치는 지배 이데올로기(지배계급의 이데올로기가 아닌)의 효과에 대한 분석의 부재라는 문제가 포함되어 있었다.

계급에 대한 오해는 계급에 대한 신화를 만들어냈는데, 이는 역사에 대한 진화주의적 이해에 뿌리를 둔 것이었다. 이런 계급의 신화들은 노동자 운동 내에 도입된 신화들이 되었다. 여기에는 다음과 같은 주요한 신화들이 있었다.

① **계급 완성의 길이 진행된다는 진화주의적 신화**: 프롤레타리아트 계급은 소규모로 분열되고 자기의식적이지 못한 상황에서 점차 대규모로 통일되고 자기의식적인 단계로 발전해간다는 신화이다. 지역적 차이나 시간의 지체는 있겠지만, 새로운 조직체(당-노조)와 이론의 개입에 의해 조만간 극복될 것으로 예상한다. 그렇지만 그런 형태의 계급의 완성은 역사적으로 전개된 바 없다.

② **계급의식의 신화**: 마르크스 자신은 결코 사용한 적이 없고 루카치가 창조해낸 이 용어는 계급의 진화주의적 신화를 강화하는 데 이바지했다(발리바르, 2007a: 299). 노동자 계급의 분할을 계급의식의 미성숙으로, 그 계급적 통일을 계급의식의 성숙으로 동일시한 이 도식에 따르면, 마르크스

보다도 더욱 역사철학적 방식으로 이해된 역사의 이해 속에서, 프롤레타리아트는 구사회 속에서 새로운 사회의 역사적 진보의 맹아를 발견하고 완성하는 주체로 상정된다. 또한 이로부터 계급은 미리 존재하며, 점차 그 존재에 걸맞은 의식 형태를 갖추어가는 것이 그 계급 형성의 완성이라는 신화이다. 그러나 현실의 역사과정에서 계급이 계급투쟁 이전에 미리 존재한 적은 없다(발리바르, 1993a).

③ **노동자의 정체성이 계급으로 환원될 것이라는 단순성(하나의 동일성)의 신화:** 프롤레타리아트 계급 형성에 대한 진화주의적 도식에 따르면, 그 계급적 통일성을 가로막는 여타의 조건들은 역사적 '잔재'로만 규정되며, 결국 지양되고 극복될 것으로 상정된다. 그러나 현실에서 자본에 의한 노동의 포섭(과 그에 의한 노동자 계급의 분할된 통일성)하에서 노동자들은 이질적 '개인성'을 통해 분할된 채로 존재하며, 이 분할의 지속은 자본 자체의 재생산의 조건이 된다. 따라서 자본주의의 발전 자체가 이러한 노동자의 복합적 동일성을 단순화한 통일성으로 전환시킬 것이라고 전혀 기대할 수 없으며, 오히려 그 복합성이 노동과정의 적대를 과잉결정하고 전위시키는 효과를 낳고, 계급적대가 순수하게 그대로 드러난다는 것은 불가능하다. 그리고 이로부터 노동자 운동은 결코 노동-자본의 적대의 '직접적 해결'을 통해서 그 관계의 전화를 가져올 수 없을 것이라는 점도 분명해진다.

④ **중심부 국가(특히 영국 또는 독일)에서 나타난 노조-당의 형태를 보편적으로 여기는 신화(그리고 노동자 운동을 특정한 '노동운동'으로 한정해버리는 신화):** 계급의 진화주의적 도식에 따르면, 한편에서 가장 발전한 자본주의 국가들의 경로를 다른 후발 국가의 미래로 상정하는 동시에, 다른 한편에서 그곳에서 발생한 노동자 운동을 다른 후발 국가 운동의 미래로 상정하게

된다. 그러나 이는 자본에 의한 전 지구적 공간의 분할과 그 속에서 작동하는 지배 이데올로기의 효과, 그리고 특정한 노동자의 분할에 조응하는 노동 포섭의 역사적 방식의 의미를 논의에서 배제한, 단순화한 역사이해를 초래했다. 그리고 특정 시기의 특정 정세하에서 노동자의 정세적 통일에 영향을 끼쳤던 역사적 조직형태를 일반화하는 오류를 발생시키게 된다.

⑤ **자본주의의 성장은 노동자 계급의 전일화를 가져올 것이라는 신화(노동자 상태의 동질성의 신화, 그리고 노동자의 수적 다수성의 신화)**: 근대 자본주의의 역사에서 노동자 계급은 세계 전체에서 균질적으로 성장하지는 않았다. 노동자 계급의 존재형태는 지리적으로 불균등하게 나타났으며, 그 다양한 방식은 때로는 동일한 시기에 노동 방식의 차이(자유로운 임금노동에서 다양한 강제적 노동까지), 고용 방식의 차이(사회적 보호장치가 작동하는 정규적 고용에서 반프롤레타리아적 상태의 고용까지), 성별·인종별 구성의 다양한 조합으로 나타났고, 인구 내에서 차지하는 노동자들의 비율도 매우 상이했다. 또한 자본주의 헤게모니의 종별적 차이와, 국면별 전개과정의 차이에 따라서도 노동자 계급은 매우 상이한 존재형태와 사회적 의미를 띠었고, 결코 점점 더 수적 비중이 커지고 더욱더 동질적인 특징을 지니는 계급으로 형성되어온 것은 아니었다.[8)]

⑥ **노동자의 지배적 형상 불변의 신화**: 노동자 계급에 대한 진화주의적 이해는 노동자 계급의 맹아에서 완성까지 선형적 발전 과정을 상정함으로써, 나라별로 더 완성된 노동자 계급과 덜 완성된 노동자 계급을 구분하여 대조하고, 전자가 후자의 미래로 상정되는 구도를 만들어냈다. 이런 관점

---

8) 마르크스 자신도 제1인터내셔널 발기문에서 "수는, 결합이 그들을 단결시키고 지식이 그들을 지도할 때에만 무게를 지닙니다"라고 수적 비중 자체의 의미를 상대화한 바 있다(마르크스, 1993a: 12).

에서는 노동자 계급의 특정한 역사적 형상(특히 19세기에서 20세기를 거치며 형성된 서구 - 백인 - 남성 - 산업 - 정규직 노동자)이 노동자 일반의 지배적 형상이 되어왔다. 그런데 1980년대 이후 신자유주의 세계화와 더불어 노동자 계급의 내적 구성이 변화하고 분할의 방식이 변화함에 따라 이런 지배적 형상도 변화했다. 그것이 즉각적으로 '노동계급은 소멸하고 있는가'라는 논란을 불러일으킨 이유도 이처럼 지배적 형상의 신화가 작동하고 있었던 한계를 넘어서지 못하기 때문이었다. 노동자 계급에 대한 새로운 분할, 자본의 노동 포섭/배제 방식의 변화에 따라 역사적으로 전화되어온 과정은 하나의 지배적 형상으로, 노동자 계급을 통일적으로 이해할 수 있는 과정은 아니었다.

⑦ **노동자 운동 중심성의 신화:** 노동자 계급을 단순화해 진화주의적으로 본 이해는 사회운동에서 노동자 운동 중심성의 신화를 만들어냈다. 이는 노동문제의 중요성을 인정하는 것, 그리고 그 모순의 해결 없이 자본주의적 근대 세계의 적대가 해소 불가능함을 강조하는 것과는 다른 차원의 문제이다. 여기서 노동운동 중심성의 신화란 첫째, 그것이 다른 운동에 대해 구심력으로 작용함, 둘째, 노동운동이 필연적으로 다수적이고 지배적이 되어감, 셋째, 다른 운동들의 문제가 결국 이 자본-노동 적대의 해소 문제로 환원됨을 주장하는 것이다. 그러나 자본-노동의 적대로 환원될 수 없는 다른 적대들이 복수로 존재하며, 그럼에도 자본-노동의 적대는 이런 다른 구조들에 의해 과잉결정되고 있음을 인정하지 않고서는, 노동 내적 분할의 역사적 방식들 문제를 해결할 수 없다. 그리고 이런 차원의 노동자 운동 중심성의 신화를 버리는 것은, 자본-노동 적대의 해소가 바로 그 자본-노동 적대에 의해서(만)은 불가능함을 강조하는 것이고, 그 자본-노동 적대의 해소를 위해서 그 해소를 위한 정치의 자리는 때로는 그것과

다른 구조들에 있음을 인정하는 것이기도 하다(Balibar, 1995: 160).

3) 제1인터내셔널과 아나키즘: 지배의 비대칭성과 국가장치

『선언』에서 『자본』에 이르는 과정은 자본일반의 추상적 차원에 더 초점을 맞추어 자본의 구조적 동학을 분석하면서, 이를 통해 노동자의 내적 분할의 동학을 설명하는 논리를 추가해가는 과정으로 이해될 수 있다. 동시에 이 시기 마르크스는 차티즘에서 출발하여 각종 노동조합 결성으로 이어지는 노동자 계급의 대중운동의 중요성에 점점 더 관심을 기울이기 시작했다. 제1인터내셔널은 현실적으로 부상하는 유럽의 주요 노동자 운동 세력 형성을 배경으로 했다. 제1인터내셔널 형성의 배경에는 1848년 유럽 혁명들의 실패와 개별 국가 차원에서 노동자 운동의 고립화라는 문제가 놓여 있었으며, 이에 대해 마르크스는, 특히 영국을 염두에 두고서 "노동자 계급의 모든 기관지 조직들은 대중의 냉담 속에서 하나하나 죽어갔던바, 사실 영국 노동자 계급이 정치적 무력 상태와 이토록 타협한 것은 일찍이 본 일이 없습니다. 영국의 노동자 계급과 대륙의 노동자 계급 사이에 행동의 공유가 없었다면, 오늘날에는 어쨌든 패배의 공유가 있는 셈입니다"(마르크스, 1993a: 9)라고 그 위험을 중대하게 파악하고 있었다. 특히 이 문제는 국가를 넘어서는 수준에서 외국인 노동자를 파업파괴자로 활용하는 흐름이 등장하는 것에 어떻게 대처할 것인가 하는 문제와도 연관되어 있었다(마르크스, 1993c: 132).

차티스트 운동을 배경으로, 강력하지만 개량주의적 색채를 지닌 영국의 노동자 운동, 프루동과 블랑키라는 전혀 상반된 형태의 아나키즘의 영향을 받아온 프랑스의 노동자 운동, 정치조직 중심으로 전개되고 라살레주의라는 강력한 국가주의의 영향을 받은 독일 노동자 운동이 이 시기 국제적으로 떠오른 주요 대중운동의 흐름들이었는데(정운영, 1992: 13~15), 제1인터내셔널은 이런 상이한 흐름들과 마르크스적 입장 사이에서 소통과 대립의 공간이 되었다.

분석이 심화되면서 정치적 관점도 함께 발전했는데, 여기서 중요하게 등장한 쟁점 중 하나가 아나키즘 문제였다. 그것은 처음에는 프루동주의에 대한 대립으로, 그리고 나중에는 바쿠닌주의에 대한 대립으로 제기되었다.

두 경우 모두 아나키즘이 국가를 무시하거나 국가를 우회하는, 그럼으로써 결국 국가의 물질적 존재성과 그 작동을 해체시키지 못하는 무능력을 문제 삼는 것이 마르크스가 제기하는 비판의 핵심 쟁점이었다.

두 경우 모두 국가는 계급 재생산의, 그리고 자본주의적 축적의 생산과 재생산의 필수적 고리임이 문제가 되었다. 따라서 국가 '외부'라는 사고, 또는 국가를 우회한다는 사고는 결국 국가를 넘어서지 못하고, 그저 매우 국가적인 구도 속에서 진행되는 계급의 재생산을 반복할 뿐임이 두드러지게 강조되지 않을 수 없다. 이 점은 특히 파리 코뮌과 그에 수반해서 제기된 '국가장치'라는 쟁점, 그리고 국가의 '전화'라는 쟁점 속에서 드러난다(마르크스, 1997).

그러나 마르크스와 아나키즘의 대립, 그리고 그와 전혀 반대로 마르크스와 라살레주의의 대립의 구분선은 생각처럼 분명한 것은 아니었다.[9] 바쿠닌주의에 대해서는 국가의 부정이 국가장치의 실질적 변혁이 아님을(즉각적으로 국가의 외부는 불가능함을), 라살레주의에 대해서는 국가의 이용

9) 제1인터내셔널에서 라살레주의와 바쿠닌주의에 대한 마르크스의 대립에 대해서는 정운영(1992)과 발리바르(2007a: 284)를 볼 것. 제1인터내셔널의 주요 활동에 대해서는 아이히호프(2007)를 볼 것.

이 지배의 비대칭성의 힘을 무시하고 이 역시 국가장치의 실질적 변혁은 아님을(불가능한 국가의 '외부'를 끊임없이 사고해야 함을) 주장했는데(발리바르, 2007a: 284), 사실 여기에는 ① 국가장치의 문제, ② 이데올로기의 문제, ③ 국가 자체의 붕괴시기에 국가의 경계에서 작동하는 초국가적 (cross-national) 정치의 문제가 복합적으로 작용하고 있었다.

파리 코뮌은 국가장치의 문제를 부분적으로 제기했으나, 이는 사실 계급의 적대적 관계에 대해 노동자 계급의 '외부'로부터 부과되는 '강제장치'로서 문제 제기되었을 뿐이며, 그 생산관계/생산력의 재생산 내부로부터 작동하고 있는 국가장치의 문제 그 자체로서 제기된 것은 아니었다. 그런 만큼 제1인터내셔널은 그 조직형태상 '민족화'하지 않는 진정한 '국제주의적' 요소를 담보하고 있었고, 민족적 공간 내의 사회운동들과 국제주의적 대응 사이의 모순이 첨예한 상황은 아니었지만 역설적으로 노동자 운동들의 민족화 경향 자체에 대해 분석하고 대결하기에는 무기력했다.

또한 노동자 계급에 대해 제한적이나마 포섭을 통해 착취(와 과잉착취)를 재생산하는 국가 자체가 개별 국가 차원과 국가 간 체계 차원에서 붕괴 위기에 직면할 때, 강력한 초과착취의 경향이 더욱 강력한 배제의 동학과 결합하여 작동한다. 그런데 사실 바쿠닌주의 대 라살레주의라는 대립은 이 국가 위기의 경계에서 작동하는 극단적 폭력의 분출에 대한 문제를 제기하는 데 무기력하지 않을 수 없었고, 이는 마르크스 자신 또한 공유한 문제였다. 제1인터내셔널이 국가들의 연맹이 아닌 공산주의자들의 연합이라는 매우 의미심장한 조직적 원리를 추구했음에도, 곧이어 사회주의의 민족화와 그에 뒤이은 운동 자체의 붕괴에 점점 더 무기력한 대응을 하지 않을 수 없던 것도 이에 기인한다고 할 수 있다.

그러나 이런 한계와 동시에 제1인터내셔널 시기 마르크스가 국가를 둘러싼 바쿠닌과 라살레의 이런 대립을 넘어서는 입장을 지니고 있었던 데에도 주목할 필요가 있다. 그것은 특히 노동자 계급의 '일상적 투쟁 조직'의 정치적 의미와, 그것을 통한 노동자 계급 분할의 지양과 국제주의적 연대의 가능성을 연결지어 생각한다는 점에서 중요하다. 이것은 네 가지 측면에서 관찰된다.

첫째, 마르크스는 노동일 단축 투쟁의 중요성을 강조하면서, 그것이 '중간계급 정치경제학'에 대한 '노동자 계급 정치경제학'의 승리를 의미한다고 이야기한다(마르크스, 1993a: 10). 둘째, 마르크스는 협동조합운동의 의미와 한계에 대해 매우 강조하는데, 협동조합운동을 "계급적대에 기초한 현재의 사회를 변혁하는 힘들 가운데 하나로 인정"하는 동시에 "사회적 생산을 자유로운 협동조합 노동의 대규모적이고 조화로운 하나의 제도로 전화시키기 위해서는 전반적인 사회적 변화와 사회의 전반적인 조건의 변화가 요구"됨을 강조한다(마르크스, 1993c: 137). 셋째, 노동자 계급의 입장에서 대외정책을 위한 투쟁의 중요성을 강조하면서, 노동자 계급에게 "각각 자국 정부의 외교 활동을 감시하며 필요하다면 그것을 저지할 것"을 강조한다(마르크스, 1993a: 13). 넷째, 노동조합 운동에 대한 이른바 '경제투쟁'에 한정한 이해를 넘어서는 시도를 보이고 있다(이에 대해서는 후술).[10]

---

10) 글을 완성한 후, 이런 측면들에 대한 강조를 윤소영(2008b: 24~27)에서도 발견할 수 있었다.

4) 제2인터내셔널과 제1차 세계대전: '국민적 동일성의 형성을 넘어'

제1인터내셔널에서 제2인터내셔널로 이어지는 시기는 운동이 발전한 것과 동시에 운동에 새로운 질곡이 발생한 시기였다. 그것은 '국제노동자협회'라는 개인들의 연합체 수준의 운동이 '독일사회민주당'이라는 매우 잘 조직된 정당에서 출발해 전 세계적 정당조직의 기반을 가지는 운동으로 확산되면서 '진정한' 인터내셔널로 발전하는 시기이기도 했다. 그러나 다른 한편에서 '국가적' 특성보다는 '초민족적' 성격을 강조한 제1인터내셔널이 민족당들의 국제적 연합체인 제2인터내셔널로 전환되면서, 자본주의 세계경제의 국가 간 체계 내의 모순들이 사회운동들 사이의 모순으로 곧바로 이전될 가능성이 커진 시기이기도 하다.

또한 제1인터내셔널의 시기에 비해 제2인터내셔널의 시기에는 핵심적 노동자층에 변화가 발생했는데, 제1인터내셔널의 시기의 핵심은 국경을 넘어서는 이동성이 크고 민족적 틀에 의한 포섭의 정도가 낮은 장인노동자들이었던 데에 비해, 제2인터내셔널의 시기에는 '산업혁명'이 널리 보급되면서 국경을 넘나드는 이동이 제약되어 훨씬 더 '민족화된' 노동자들이 형성되었다(Anderson, 2002: 10~13). 그리고 바로 이 19세기 말, 20세기 초에 '민족주의의 프롤레타리아트화'가 본격적으로 진행되기 시작하고(Arrighi, 1994: 66), 국제주의와 지배적 형태의 민족주의가 처음으로 대립적 구도에 놓였다(Anderson, 2002: 12).

모순은 제1차 세계대전이 발생하면서 증폭되었고, 전쟁공채에 동조하는 좌파가 늘어나면서 문제가 된 '조국방위' 구호를 둘러싼 논란은 결국 제2인터내셔널을 붕괴시키기에 이르렀다.[11] 제1차 세계대전이 촉발되자 유럽의 사회주의자들은 전쟁에 대한 태도를 놓고 분열되었는데, 다수가 자국의 운동을 살리기 위해서 외부의 침입으로부터 국가를 보호하는 것이 우선이라는 데 동의했고〔"자국이 타국 인민의 조국을 노예화하고자 할 때에도 자국의 조국만을 방위하는 것이 배외주의의 핵심이다"(레닌, 1989a: 106)〕, 그것이 결국 국제주의를 붕괴시켰다.[12)]

그렇지만 이런 모순 속에서 출현한 제1차 세계대전은 노동자 계급 국제주의에 새로운 계기를 던져준 것도 사실이다. 제2인터내셔널의 배외주의에 대한 대응으로 결성된 침머발트 좌파는 국제주의를 다시 내걸었고, 이는 러시아혁명에서 "제국주의 전쟁을 내전으로"라는 구호로 이어지게 되었다. 특히 이 시기는 '제국주의'라는 시대 규정을 둘러싼 논쟁과 더불어 제국주의에 반대하는 피억압 인민으로 국제주의의 전선이 확대된 시기였다. 이는 19세기 영국 중심의 세계자본주의의 구조적 위기에 대한 전 지구적 대응이라는 맥락에서 독해될 수 있는데, 여기서는 세 가지 쟁점이 동시에 시기적 규정성으로 제기되었다. 첫 번째는 자본주의의 전 지구적 위기라는 쟁점, 두 번째는 제국주의에 대한 반대라는 쟁점, 세 번째는 평화라는 쟁점이었다. 사회주의 혁명과 식민지해방운동이 같은 동시대적 과제로 제기될 수 있던 것이 이 시기 국제주의의 매우 독특한 맥락이었다.

그렇기 때문에 『선언』에서 제기되었으나 구현되지 못한 국제주의가 이 시기에 하나의 현실성으로 등장할 수 있었는데, 그 이유는 『선언』이 강조했지만 공간적으로 실현이 분리되어 나타난 특징들이 이 시점에 이르

11) 이로부터 우리는 민족주의의 오래된 뿌리는 민족독립의 차원에서만 제기되는 것이 아니라, 사민주의적 민족주의라는 형태로도 충분히 출현할 수 있음을 확인할 수 있다.

12) 전쟁과 평화라는 쟁점을 둘러싸고 전개된 제2인터내셔널의 붕괴과정에 대해서는 옵트(2007)를 참조할 것.

러서는 모순의 응축 속에서 공간적으로는 상이한 맥락이 작동하더라도 전 지구적으로는 하나의 전선을 형성해낼 수 있는 조건이 등장했기 때문이었다. 중심부 국가들의 노동자 운동과 주변부 국가들에서의 민족해방운동이 만날 가능성이 그런 측면을 보여준 것이었다.

이 시기에 제기된 쟁점들이 정리되어간 방식은 다양했으며, 여기서 나타난 모순들이 러시아혁명과 '사회주의 혁명'관을 형성한 배경이 되었지만, 다시 회고해보자면 이 시기 전체에 걸쳐 매우 핵심적으로 '자본주의를 넘어서는 민주주의'라는 쟁점이 제기되었음을 확인할 수 있다. 그리고 그것은 두드러지게 평화와 소비에트라는 매우 중요한 쟁점과 조직을 제기하는 것이었고, 이런 점에서 그것은 사실상 지연되어 작용하는 프랑스혁명의 연장선 속에 있다고 할 수 있는 것이었다. 러시아혁명에서 생산양식의 전화라는 쟁점이 소비에트라는 조직형식을 통해 제기된 것은 그런 점에서 의미심장하다.

5) 러시아혁명과 중국혁명: 「사월테제」와 『임박한 파국』의 대립

20세기 초 세계자본주의의 모순은 여러 가지 형태의 이른바 '사회주의 혁명'으로 귀결되었다. 그 '사회주의 혁명들'은 모두 세계혁명으로 발언되었고 추진되었지만, 그 과정은 세계혁명으로 귀결되지 않았고, 일국 사회주의론을 강화하는 방향으로 진행되었다. 생산양식으로서 사회주의라는 쟁점은 그 사회주의를 가능하게 하는 대중적 정치 주체라는 쟁점을 계속 봉쇄했고, 민족화한 공산주의의 길들은 국제주의의 쟁점을 억압함으로써 이런 대중적 정치 주체의 쟁점 형성을 가로막았다. 결국 사후적으로 이들 혁명은 혁명 후 국가들을 세계체계의 주변부에서 반주변부의 위치로 상승시키는 효과를 낳고, 역설적으로 그 효과를 충분히 발휘한 후 이들 국가를 다시 세계경제에 핵심적 동력으로 다시 '접궤(接軌)'시키는 것으로 끝맺음하게 되었다.[13] 이 과정은 미국 헤게모니의 확립과정과도 긴밀한 연관성을 갖는데, 이 과정을 통해 20세기적인 국가주의-발전주의 쌍이 자리를 잡게 된다.

그러나 이 과정이 자동적인 것은 아니었고, 여기에는 이를 고착화하게 되는 과정에서 특히 사회주의와 관련해 내적으로 대립적인 상이한 두 가지 사고의 대립이 공존해 있었음을 확인할 수 있다. 러시아혁명의 과정에서 보자면 이는 레닌의 사고 속에서 나타나는 「사월테제」와 『임박한 파국, 그것에 어떻게 대처할 것인가』 사이의 대립 속에서 두드러지게 드러난다.[14]

「사월테제」는 소비에트를 특권화하는 반면, 당은 중심적 위치에 놓이지 않고, 단지 변화된 조건에 적합하게 당 사업을 전환할 것을 요구한다. 「사월테제」에는 정리해보면 세 가지 내용이 포함되는 것을 알 수 있는데, 첫째로 '모든 권력을 소비에트로'라는 구호가 핵심이 된다는 점, 둘째로 당의 위상은 소수파이며 소비에트에 대한 지지에 일관성을 가져야 한다는 점, 셋째로 국유화에 부차적 중요성만 부여한다는 점이 두드러진다(레닌, 1989b). 그런데 「사월테제」 이후 10월혁명으로 가는 과정에서 볼셰비키의 현실적 집권 가능성이 높아지면서 「사월테제」의 쟁점은 뒤로 밀려나고 오히려 『임박한 파국』의 문제 제기가 전면에 부각되었으며, '사월테제' 이후의 레닌의 저작들은 당을 중심으로 '사회주의 성장전화'의 청사진을

---

13) 특히 중국에서 이러한 진행 과정에 대해서는 백승욱(2008)을 볼 것.

14) 이 부분은 백승욱(2007a: 470~473)을 정리한 것임.

제시한다는 차이점을 보인다.

그 대표적인 글인 『임박한 파국』은 사회주의와 구분되는 민중민주혁명의 시기를 명시화하는 방식으로 독해되었다. 여기서 레닌은 『두 가지 전술』 시기와 다르게 이행강령의 중요성을 부각시킨다(레닌, 1990). 특히 핵심은 조건이 붙은 국유화 강령이었다. 그것은 세 측면의 내용을 갖는다. 첫째는 독점자본의 국유화가 사회주의로 가는 물질적 토대가 된다는 점, 둘째는 민주주의적 요구들이 최소강령에서 이행강령으로 전환되는 제국주의 시대의 규정들로 인정된다는 점, 셋째는 그 결과 사회주의에 대한 '성장전화'론이 등장한다는 점이었다.

「사월테제」와 더불어 수면 위로 부각되었던 이행기의 '정치'라는 쟁점은 이 시기에 다시 수면 아래로 잠복하게 된다. 물론 이후 레닌이 줄곧 강조했듯이 국유화와 사회화는 구분되며, 현실 사회주의하에서 사회화의 과제는 해결되지 않았다는 쟁점이 남아 있음에도, 국유화 우위의 사회주의 해석이 일반적으로 정착되는 효과가 생겨나게 되었다.

네프 시기 들어 이에 대한 일정한 사고의 전환이 있었지만, 그럼에도 이 시기에 소비에트에 대한 강조가 복권되지는 않았다. 「사월테제」의 핵심 주장들이 부활하지는 않았고, 대신 현실적 문제에 대한 조치로 당내 정풍과 대중민주주의에 대한 강조가 등장한다. 그 결과 관료제의 문제는 모호하게 남으며, 잉여가치 전유 메커니즘의 질적 구조의 문제, 또는 다시 말해 자본주의적 노동 분할의 내적 구조에 대한 문제 제기는 은폐된다. 결국 소비에트 우위 대신 당이 지도하는 대중의 재교육 사업이 중요한 방식으로 등장하는 것으로 정리된다.

그런데 러시아혁명에서 나타난 이러한 두 관점의 분기는 사실 프랑스혁명에서 출발하여 러시아혁명과 그 이후에도 이어지는 매우 중요한 두 가지 흐름이 수렴·분기하는 쟁점을 보여주는 것이며, 국제주의와 관련해서도 중요한 함의를 지닌다. 앞서 우리는 프랑스혁명 과정에서 대중의 권리 문제, 평등-자유의 문제를 쟁점으로 하는 시민적 공산주의의 쟁점이 출현한 바 있고, 그것이 국제주의의 기원이 되었음을 지적했다. 러시아혁명은 이 문제를 계승함과 동시에 이와 더불어 생산양식의 변혁으로서의 혁명이라는 쟁점을 동시에 던진 계기였다.

『임박한 파국』과 「사월테제」의 대립이라는 쟁점은 그처럼 생산양식으로서 사회주의(공산주의)와 새로운 대중적 정치형태와 권리의 문제라는, 서로 다른 기원을 갖지만 서로 연결되지 않고서는 해결될 수 없는 쟁점을 맞물려 제기하는 것이었다. 생산양식의 변혁이 무엇을 의미하는지를 더욱 심층적으로 이해하려 할 때, 그것이 결국 자본주의 생산관계 우위하에서 생산력 재생산 방식을 새로운 구조로 전화하는 것을 의미하며, 따라서 그것은 결국 생산관계, 국가, 이데올로기의 문제를 동시적으로 제기하는 것일 수밖에 없게 된다. 생산양식과 새로운 정치라는 두 계기는 그 자체로서 통일이 보장되지 않음에도 그 통일을 사고하지 않고서는 결국 자본주의라는 체제를 넘어설 수 없는 문제임을 확인할 수 있다.[15] 그러나 러시아혁

15) 이와 관련해 세 개의 비대칭성을 사고해볼 필요가 있는데, 첫째로 노동의 구체성은 자본의 추상화 속에서만 작동한다는 점(산노동의 구체적 지배를 통해서만 자본은 재생산된다), 따라서 자본에 의한 노동의 구체적·역사적 분할형태 외부에서 그 변혁은 없다는 점, 둘째, 지배 이데올로기는 피지배자의 요소를 지배적인 것으로 갖는, 그렇지만 그것을 위험하지 않은 것으로 전환시킨 것이라는 점, 따라서 지배 이데올로기 외부에서 이데올로기 전복의 지점이 따로 있는 것은 아니라는 점, 셋째, 국가는 대중의 구성 외부에서 따로 존재하는 것은 아니라는 점, 따라서 완전한 도구적 국가나 전체주의도 대중들 사이의 가상성 구성과 유리된 국가의 존재도 없다는 점을 강조할 수 있다(발리바르, 1989, 1993b, 2007a). 그러나 이런 비대칭성이 단지 후자에 의한 전자의 활용 가능성만을 의미하는 것은 아니며, 본질적으

명의 실제과정은 이 두 계기가 점점 더 분리되고, 그 결과 생산양식의 변혁 자체도 의제로부터 점점 더 사라져간 과정이었다.

그런데 흥미로운 사실은 러시아와 유사한 쟁점이 중국혁명에서도 마찬가지로 발견된다는 점이다. 우리는 이를 1927년 마오쩌둥의 「호남 농민운동 조사보고서」와 1930년대 말 이후의 신민주주의론 사이의 대립에서 유사하게 찾아낼 수 있다.[16] 마오쩌둥에게 잊혔던 이 쟁점이 다시 등장하는 것은 1960년대 문화대혁명과 더불어서인데, 문화대혁명 시기에 이 「호남 농민운동 조사보고서」가 주요 저작으로 다시 광범하게 학습되었던 것도 우연은 아니다.

이러한 쟁점과 모순이 본격적으로 터져 나온 계기는 1960년대의 문화대혁명이었다. 중국 사회주의 모순의 한복판에서 출현한 문화대혁명은 대중운동과 생산양식의 변혁이라는 두 고리가 어떻게 결합되어야 하는가 하는 문제를 본격적으로 제기했다. 문화대혁명은 마르크스주의 역사에서 매우 이단적인 계기이며, 그 내적 모순 폭발의 매우 중요한 계기로 해석되어야 한다. 핵심적으로 문화대혁명 시기는 세 가지 중요한 문제를 제기했다.[17] 첫째는 '대중의 정치'라는 쟁점으로, 이는 「문혁 제16조」에서 제기

로 그 관계의 전화를 중시하는 것임을 다시 강조해둘 필요가 있을 것이다.

16) 「호남 농민운동 조사보고서」에서는 세 가지 흥미로운 주장이 등장한다. 첫째, 당을 운동의 중심에 놓지 않고 "모든 권력을 농민회로"라는 구호가 핵심에 등장한다는 점이다. 둘째, '막대 구부리기'라는 사고가 등장하는데, 마오쩌둥은 잘못을 바로잡을 때 "교정이란 반드시 정도를 넘어야 하며, 그렇지 않으면 잘못을 교정할 수 없다"라고 주장한다. 셋째, '대중'에 대한 규정의 논의가 특히 구체적 계급분석의 요청으로 제기된다(모택동, 1989).

17) 문화대혁명에 대한 더 자세한 논의는 백승욱(2007b), 백승욱 엮음(2007), 발리바르(1991), 딜릭(2005)을 참조할 것.

되었듯이 '대중의 해방은 대중 스스로에 의해서만 가능하다'라는 쟁점이며, 앞서 「사월테제」를 통해 강조하려고 했던 쟁점이기도 하다. 둘째로 문화대혁명은 사회주의 내에서도 다시 '생산관계' 개조의 중요성을 강조했고, 생산관계의 개조, 그리고 그것을 위한 새로운 정치 없이는 생산양식의 변혁도, 사회주의도 불가능함을 보여주었다. 셋째로 문화대혁명은 교육혁명이라는 쟁점을 제기하는데, 지식노동과 육체노동의 분할이라는 쟁점은 국유화나 계획화를 통해 해결할 수 없는 훨씬 근본적인, 때로는 계급이라는 개념만으로는 해결될 수 없는 쟁점임을 보여주었다. 그러나 문화대혁명은 문제를 새롭게 열어놓은 만큼이나 문제를 미해결 상태로 남겨두었고, 성공보다 훨씬 큰 실패와 비극의 기억을 안고 끝맺음되었다.

문화대혁명은 적어도 세 가지 쟁점을 미해결로 남겼다. 첫째, 문화대혁명 시기는 역설적으로 매우 강한 중국적 민족주의의 시기였고, 이것은 사회주의와 민족주의 두 가지 경향이 모순적으로 결합된 마지막 시기였다. 문화대혁명 시기의 한복판인 1967년 중국이 수폭 실험에 성공하고, 이것이 중국의 민족적 동일성을 강화하는 매우 중요한 계기로 작용했던 데서도 알 수 있듯이, 문화대혁명은 국가장치와 이데올로기 혁명이라는 쟁점을 제기했음에도, 그것을 통해서 재생산되는 민족적 동일성의 문제에 대해서는 맹목적이었다. 둘째, 문화대혁명은 사회주의하의 '계급'의 존재를 문제로 제기했고, 그것이 외부적 침투 때문이 아니라 내부적 구조에서 발생함을 강조했음에도, 결국은 계급이 사회를 분석하는 개념으로 사용되고 이를 통해 사회구조의 전화와 변혁의 쟁점이 제기되었던 것이 아니라, 반대로 계급의 끊임없는 의인화 과정을 통해서 계급을 상대편에 대한 공격의 도구와 정치적 구호로 변질시켰고, 사회 구조는 결국 변화되지 못한 채 그대로 남겨졌다.

셋째, 사회적 관계의 전화가 미루어지고, 결국 사실상 불가능해짐에 따라 '혁명'은 구조를 대상으로 하는 것으로부터 증오의 증폭이라는 형태로 전환되었다. 특히 증오는 급진파와 보수파들 사이뿐 아니라 급진파들 사이를 분열시키고 상호 공격시키는 방식으로 작용했다.[18]

문화대혁명은 생산양식의 변혁이 대중운동의 우위에 의하지 않고서는 불가능함을 재확인시켜주었지만, 그 자체로서 결국은 대중운동의 우위의 확립에도 생산양식의 변혁에도 실패하고, 대중들 사이에서 서로에 대한 공포가 극단적 폭력으로 분출됨으로써 끝맺음했다. 그것은 대중의 내적 분할을 넘어서는 계기로서 국제주의는 역으로 근본적인 반폭력에서 출발해야 함을, 그리고 그것을 가능케 하는 정치를 사고해야 함을 보여준다.

6) 미국 헤게모니와 발전주의

19세기 말의 영국식 자유주의의 위기는 1930년대 미국의 뉴딜과 더불어 20세기 미국식 자유주의가 재탄생하면서 극복되었다. 사실 미국이

---

18) 여기서 잠시 중국혁명의 길의 독특성에 대해서도 주목할 필요가 있다. 이는 이후 동아시아에서 국제주의의 문제를 논의할 때 중요해지는 부분이다. 여타 사회주의 국가의 성립과정의 경험에서는 기존 국가의 위기 속에서 대안적 정치세력으로 사회주의 정당이 출현하여 짧은 정치적 이행과정을 거쳐서 새로운 집권세력으로 등장하는 것이 일반적이었다. 그러나 중국의 경우는 구국가의 붕괴 이후 사실상의 국가부재 상태가 오래 지속되었고, 그 속에서 새로운 국가보다 오히려 당이 먼저 건설되었고, 이 당이 새로운 국가를 건설해갔다는 특징을 보여준다. 이는 중국공산당이 여타 사회주의 정당에 비해 대중적 토대가 강하다는 점을 보여줄 뿐 아니라, 왜 중국에서 당의 존재가 국가의 존재와 거의 동일시되는지, 중국에서 여러 가지 정치적 위기가 출현하면서도 왜 당이라는 경계를 넘어서기 어려운지를 설명해준다.

새로운 헤게모니로 부상하는 것은 미리 예측할 수 있던 것은 아니었다. 영국 헤게모니의 위기는 축적의 위기와 동시에 중심부 국가 간 군사적 대결의 위협, 노동자 운동 고양의 위협, 식민지 독립의 위협이라는 구조적 위기를 겪고 있었으며, 미국 헤게모니는 이에 대한 일정한 지양이어야 했다.

그렇기 때문에 19세기 영국 중심의 자유주의가 노골적인 유럽 중심주의를 드러내는 '문명적 자유주의'라고 한다면, 20세기 미국 자유주의는 전 세계의 '미국화' 가능성과 필수성을 역설하는 '발전주의적 자유주의'로 등장한다. 그 발전의 단위는 국가가 되며, 그 국가의 관리학으로서 사회과학의 포괄적 중요성 또한 미국 헤게모니와 더불어 증가한다. 19세기까지는 국가들 사이의 관계에서 구체적 질서가 없이 외형상 '세력 균형'이라는 보수적 국제주의나 자유시장경제라는 '자유주의적 국제주의'에 국가 간 질서가 내맡겨져 있던 데 비해, 20세기에는 명시적으로 UN과 일련의 국제경제 관리 기구로 대표되는 '국가 이상적' 조직들이 관리하는 새로운 형태의 자유주의적인 '국제주의 정치질서'가 만들어졌다.

그 영향은 생각보다 매우 광범했다. 한 예로 사회주의 국가들의 혁명 과정에서도 그 영향은 두드러졌는데, 중국혁명을 예로 들면 1930년대 줄곧 관철되어 나타나던 세계혁명적 관심이 1940년대 들어서 대폭 줄어드는 대신, '미국 제국주의'에 대한 비판의 증가와 더불어 일국 사회주의의 가능성에 대한 언사가 눈에 띄게 늘어나기 시작한다. 그만큼 발전주의-국가주의 담론은 사회주의에 폭넓게 영향을 미치기 시작한다. 이는 사회주의에 작용한 '미국화'의 단면을 보여주는 것인데, 이후 이런 '미국화'의 영향력은 전 지구적으로 폭넓게 확산되며, 그것이 결국 이후에 20세기 시기 프롤레타리아적 국제주의 재형성에 질곡으로 작용하게 된다. 이제

국제주의는 '프롤레타리아 국제주의'라기보다는 사회주의 국가들 사이의 '대등한' 관계 정도로 이해되기 시작했다. 그렇지만 이는 현실적으로는 비대칭적인 불평등성을 내장하고 있는 것이었는데, 이러한 관계들은 국가들 간의 세력 균형이라는 보수적 국제주의와 동시에 헤게모니 국가의 전 지구적 영향력 확장이라는 자유주의적 국제주의라는 측면들을 모방하고 있는 것이기도 했다.[19)]

운동의 성장이라고 보인 것들이 오히려 운동들의 발목을 잡는 한계로 전환될 수 있었다. 민족화한 발전주의, 새로운 노동분할에 기반을 둔 포섭방식(특히 경제적 조합주의에 기반을 둔 안정적 노사관계의 수립), 그리고 모순들을 지연시킨 냉전의 효과가 그랬다.

냉전시기 이후에도 이런 미국 중심의 발전주의적 질서의 재편은 매우 중요해졌는데, 심지어 이러한 상황 속에 등장한 다양한 형태의 제3세계주의조차 국제주의라기보다 국가주의에 핵심적으로 포섭된 부분적 국제주의로만 나타났다. 다만 이런 제3세계주의가 중심-주변 문제를 징후로 포착해낸 점을 무시할 수는 없다.

미국 중심의 발전주의가 헤게모니적 자유주의로 부상되면서, 사회주의는 체제로서 그에 상응할 만한 헤게모니적 역량을 갖추지는 못했다. 그것은 오히려 이러한 미국적 발전주의의 하나의 변종이라 할 수도 있는 방식으로 점차 포섭되어갔다. 노동분할의 문제에서도, 그리고 국가 간 분할구도의 문제에서도 체제로서의 사회주의 국가들은 분명 19세기와는 근본적으로 달랐지만, 점차 20세기의 헤게모니적 형태로 등장하게 된 모델과

---

19) 소련 사회주의 시기 국제주의는 '프롤레타리아 국제주의'와 구분되는 '사회주의 국제주의'로 형성되는데(Holbraad, 2003: 25), 이는 사회주의 국가들 사이에 소련 헤게모니를 중심으로 하는 국가 간 체계의 논리가 형성되는 것을 보여준다.

근본적 차이점을 만들어내고 있는지에 대해서는 점점 더 의문이 생기지 않을 수 없었다.

20세기 초 파시즘, 사회주의, 뉴딜이라는 세 가지 길이 분화되는 과정에서, 파시즘에 대한 대안으로서 뉴딜은 사회주의를 누르고 헤게모니적 지위를 차지했다. 그것은 파시즘에 대한 대응에서 새로운 초국가적 대응을 주도한 것이 뉴딜을 주도한 미국적 질서였다는 데서도 확인된다. 파시즘의 위기 속에서 좌파는 '문명적 위기'에 대해 헤게모니적 주도성을 가지고 대응하는 데 성공했다고 하기 힘든데, 그 이유는 이러한 새로운 질서를 주도한 '민족국가 공동체'의 틀이 미국 주도의 새로운 세계 헤게모니적 질서의 틀이었기 때문이었다. 제2차 세계대전에서 유럽의 많은 좌파들이 반파시즘의 투쟁에 참여했지만, 이것이 특히 두드러진 것은 독일과 소련 사이의 전쟁이 본격화한 후 소련의 입장이 불개입에서 적극적인 반파시즘으로 돌아선 후였다는 점에서 다시 확인된다(Holbraad, 2003).

사회주의 체제에 점차 작용한 '미국화'의 효과는 평화문제에서도 두드러졌다. 사회주의와 국제주의 사이의 모순은 처음에 두드러지지 않다가 냉전질서가 자리를 잡아가면서 점점 두드러지기 시작했다. 소련의 국가 존속의 논리에 세계혁명의 논리를 종속시켰다는 비난이 곳곳에서 제기되기 시작했다. 그 정점은 미국의 위협론에 대응하는 논리로서 핵개발이 정당화되면서 군사적 논리로 혁명의 논리를 대체하는 데서 발견되었다.

제2차 세계대전 종전 후 핵무장과 핵무기에 대한 반대운동이 세계적으로 확산되지 못한 가장 중요한 이유 중 하나는 소련의 핵무장이었다. 소련은 1949년 핵실험에 성공했고, 미국 핵보유에 대한 억지력을 갖기 위해 핵무장을 정당화했다. 한국전쟁 과정에서 핵폭격 위협에 노출된 중국 또한 핵개발을 추진했으며, 중소분쟁이 가속화하는 과정에서 핵보유의 논리를 더욱 정당화하여 1964년 핵실험에 성공했다.

소련의 핵보유는 '사회주의 조국을 방위'해야 하는 '국가생존'의 차원에서 정당화되었으며, 소련의 핵보유는 소련이나 소련 외부에서 모두 사회주의 운동이 핵무장에 반대하는 싸움을 전재할 수 없는 자기무력화의 원천으로 작용했다. 그 결과는 자기파괴적이었다. 핵보유는 결국 국가간 체계의 논리를 사회주의 국가들에 깊숙이 내장시키는 핵심 기제로 작동했으며, 국가 권력의 논리가 대중보다 우위에 서는 결과를 낳았다. 결국 문제는 핵보유가 대중운동을 희생하는 대가로 국가를 생존시키고 국제주의를 억압하는 계기이자 논리가 되었다는 것이다. 반대로 국가 권력의 지속성을 위험에 노출시킬 수 있더라도 운동을 소생시키고 국제주의로 나아가는 길은 봉쇄되었다. 세력의 비대칭성을 운동을 통해 극복하는 것이 아니라, 국가 간 체계의 동학을 통해 쉽게 세력 균형의 틀 속에 들어감으로써 비대칭성을 극복할 수 있다는 환상이 커졌던 것이고, 그것은 국제주의의 종언을 의미하는 것이었다(백승욱, 2006b).

3. 신자유주의 세계화와 대안세계화, 그리고 국제주의

1) 냉전 이후의 세계와 국제주의의 새로운 소생 가능성

냉전의 종식과 금융세계화의 추동, 그리고 신자유주의 압력의 전 지구적 확산은 분명 기존의 사회운동의 위기이자 대중의 삶의 조건에 대한 전면적인 위협이지만, 동시에 이전까지 국제주의적 연대를 억압해온 조건들이 완화되고 새로운 연대의 조건이 만들어질 수 있는 계기이기도 했다.

중심-주변을 나누던 분명한 분할선들이 약화되고 중심부 내의 주변부적 특성의 증가, 주변부 내의 일부 소수 지역에서 부의 집중에 따라 중심부적 특징의 등장 등이 나타나며, 또한 냉전시기에 정치적 이유 때문에 추진되어온 발전주의가 중단되면서 국가 역할의 균열과 동요가 발생하고, 코포라티즘적 보호의 틀이 무너지는 일들이 진행되고 있기 때문이다. EU의 등장처럼 새로운 지역주의의 등장, 그리고 전쟁의 형태 변화에 따라 과거 문제해결을 위해 상정된 공간들의 한계를 넘어서려는 새로운 움직임들 또한 중요해지고 있다.

변화된 조건하에서 국제주의의 소생 가능성은 역설적으로 문제의 지형이 20세기를 우회해 다시 19세기적 조건들로 돌아가, 초민족적 연대의 형성 가능성의 쟁점을 제기하고 있기 때문임을 부정할 수 없다. 그것은 국제주의가 20세기를 거치면서 프롤레타리아 국제주의라기보다 사회주의 국가들 사이의 국제적 연대(그런 점에서 어떤 경우에는 매우 보수적 함의의 국제관계의 외양을 띠기도 한)였던 한계를 넘어서 다시 노동자 계급을 분할시키는 경계들을 넘어서려는 노력으로 재개될 수 있음을 이야기하는 것이기도 하다.

2) 동일성의 위기

그렇지만 이런 변화가 그 자체 새로운 국제주의를 형성하고 있는 것은 아니고, 오히려 그 반대로 새로운 국제주의가 불가능해질 가능성도 커지고 있다. 각종 인종주의, 배타주의가 늘어나고 있는 것이 그 하나의 표지이다.

이는 한편에서 이전에 사회적인 동일성을 형성하게 만든 유사·동일한 공통지반들이 붕괴해가면서 사회적 동일성의 조건들은 취약해지는 반면,

국가적 동일성의 취약화에 대한 반사로서 동일성 형성의 요구는 오히려 강해지는 역설 속에서도 관찰된다. 국가적 동일성의 불가능성이 커지는 속에서 다른 동일성에 대한 욕구가 강화된다는 점은, 역설적으로 국가를 넘어 초민족적 동일성으로 나아가기보다 오히려 그 이하의 배타적인 동일성의 형성으로 나아갈 가능성이 적지 않음을 보여준다(발리바르, 2007a: 4, 5부).

여기서 우리는 앞서 국제주의와 연관해 제기한 두 가지 흐름, 즉 한편에서 생산양식의 '구조'의 변혁으로서의 사회주의 운동과 다른 한편에서 새로운 정치형태로서 시민적 공산주의라는 프랑스혁명의 흐름이 왜 한 곳으로 결합되지 못하고 분기되는 길을 걸었는지를 되물어볼 필요가 있다. 이는 착취와 배제가 심화되는데도 대중은 오히려 분열되는 현상이 나타나는 정세를 어떻게 설명할 것인가 하는 문제와 연관된다.

프롤레타리아트에 대한 진화주의적 신화를 거부하면 그와 더불어서 비판적 이론의 승리 신화 또한 거부될 수 있다. 이론이 올바르고 그와 더불어 운동의 방향성이 올바르더라도 양자 모두 무시되고 잊힐 위기가 발생할 수 있기 때문이다.[20] 세계적으로 좌파가 더 이상 의미 있는 세력으로 존중과 인정을 받지 못하면서 잊힐 수 있는 위기는, 한편에서 현재 시장이 퇴행적으로 확장하는 특징과 다른 한편에서 역사적으로 존재해온 사회운동의 역사적 영향이 동시에 작용한 결과라 할 수 있다. 자본주의는 노동을 포섭하고 그것의 위험성을 제거함으로써 끊임없이 변신해왔다. 그런데 미국 헤게모니 이후 현재의 세계화 국면은 초과착취와 배제가

---

20) 결국 이 경우 이론은 '진리효과'를 발생시키는 데 실패함으로써 올바른 것이 되지 못함을 의미한다.

결합되는 경향하에서 노동의 배제와 탈능력화가 그 자체로 문명의 위기를 촉발하고 있다.

그런데 이런 위기에 대한 대응 방식 자체가 역사적으로 존재해온 노동자 운동 유산의 영향을 받지 않을 수 없다. 동일한 것으로 남아 있지 않고 끊임없이 변신하는 자본주의의 역사는 그 속에서 노동 분할의 역사를 만들어냈고, 이 영향하에서 노동자 운동이 그 한계를 극복하려 할 때 반드시 긍정적 효과만을 거둔 것은 아니었다. 끊임없이 자기 제약적인 부정적 영향이 작용했으며, 그것이 다시 역사적 자본주의 자체를 존속시키는 조건으로 기여해온 것을 무시할 수 없다. 부정적 영향력이 과도한 현재의 조건에서는 과거의 형상으로 현재의 운동을 돌파할 수 없고, 또 현 상황에서는 지금보다 더 나빠질 가능성도 배제할 수 없다. 다시 문명적 위기라는 쟁점이 부각되고, '국제주의인가 야만인가'라는 구호의 중요성은 어느 때보다 중요해지고 있다.

경제위기와 지배 이데올로기의 위기가 동시적으로 존재함에도 그것이 근본적 대응으로 나타나지 않고 '탈정치화'라는 형태로 나타난다는 점 자체는, 앞서 제기한 대중운동의 두 가지 흐름이 만날 가능성 이전에 각 흐름 자체가 소멸 가능성도 있다는 것을 보여준다. 그 때문에 이런 경제위기와 이데올로기 위기의 '과소결정' 상황에서 탈정치화에 대한 최소한의 제어로서 새로운 정치문화와 국제주의라는 쟁점이 매우 중요하게 부각된다. 이는 문명의 위기라는 쟁점에 다름 아니다. 이는 '정치의 부활 가능성과 소멸이라는 두 개의 대립적인 경향이 관통하는 절대적 불안전성의 국면'을 보여주고 있다(베르티노티, 2008: 49). 이것은 20세기 초 나치의 등장 시기에도 유사하게 부각되었던 쟁점인데, 당시와 그 이후에 역사적으로 누적되어온 부담들 때문에 현재의 조건은 더욱 수월하지 않다.

3) 대안세계화 운동

2000년대에 들어서면 사회운동의 위기를 넘어서서 이전과는 다른 전 지구적 범위를 아우르는 사회운동들이 등장하고, 여기에 스스로 대안세계화 운동이라는 이름을 붙이기 시작했다.

가장 두드러진 계기는 2001년 2월 브라질 포르투알레그레에서 개최된 세계사회포럼이었다. 이 세계사회포럼은 정당조직과 중앙집중성을 배제하는 새로운 조직구도를 보여주었으며, 자본의 세계화에 반대하는 기존의 모든 운동 유형을 결합하여 지방적·지역적·국가적·초국가적 형태의 다양한 조직을 포괄했다. 여기에 참여한 조직들은 신자유주의의 결과로 나타난 사회적 재난과 맞서 싸운다는 공동의 목적을 가지고, 서로에게 닥친 우선 과제들을 서로 공히 존중하는 태도를 보였으며, 특히 남(제3세계)과 북(선진국)의 운동을 하나의 단일한 틀 속에서 결합하려 했다. 세계사회포럼 결성을 주도한 비아캄페시나와 아탁이 각각 남과 북의 운동을 대표하고 있었다는 점도 이를 잘 보여준다.

세계사회포럼은 다음과 같은 측면을 포괄적으로 담고 있다는 점에서 기존의 사회운동과 접근방식을 달리한다. ① 세계화에 대한 이론 분석, ② 이행과정의 구도를 전 지구적으로 사고하는 국제주의를 강조한다는 점, ③ 대중 창의성과 주도성을 중심에 둔 연합적 사고를 보인다는 점, ④ 소유의 문제를 수단으로 파악한다는 점, ⑤ 집권의 문제를 전술적으로 파악한다는 점, ⑥ 대중 구성의 변화에 주목한다는 점, ⑦ 정파·현장을 넘어서는 연합적 조직틀을 제시한다는 점, ⑧ 경제·정치·사회 혁명의 구분을 지양한다는 점 등이다(백승욱, 2006a: 521~524; Mertes ed., 2004).[21]

대안세계화 운동의 출현과 더불어 기존의 사회운동 내에도 새로운 모색이 시작되었다. 기존의 사회운동의 한계를 넘어서 대안세계화 운동의 방향으로 전환을 모색하는 흐름이 나타나고 있는데, 특히 중요한 점은 이런 변화가 사회주의에 대한 표상의 변화와 당의 위상에 대한 재검토를 중심으로 진행된다는 점이다. 이탈리아의 재건공산당(PRC)과 프랑스의 혁명적 공산주의자 동맹(LCR)이 그런 예로, 특히 전위정당에서 사회운동적 정당으로 전환하려는 노력을 보이고 있다는 점에서 주목된다.[22)]

이 운동들에서 제기되는 쟁점을 크게 세 가지로 살펴볼 수 있다.

첫째는 국가-당-대중의 관계에서 대중 우위의 정치를 복구시키면서도, 국가의 역사적 전화과정의 분석을 현실 운동 속에서 어떻게 고려하는가, 그리고 전위정당의 역사적 한계를 어떻게 자리매김하고 당 형태를 역사적으로 어떻게 상대화할 것인가 하는 쟁점이다. 당에 역사적으로 부여된 삼중의 중심, 즉 이론의 중심이자 당 활동의 조직 자체의 중심이며, 동시에 사회운동의 전위로서의 지도의 중심이라는 문제는 당을 국가에 종속시키고, 궁극적으로 대중운동 자체의 변혁성을 소진시키는 중요한 난점이 되었다.

---

21) 또한 2006년 다중심 세계사회포럼의 일환으로 아프리카 지역 회의가 열린 바마코에서 반둥회의 50주년 기념 선언으로 준비된 '바마코 선언'의 내용도 참고해볼 수 있다. 이 선언은 사미르 아민이 주도했는데, 바마코 선언의 주요 내용은 다음과 같다. ① 경쟁이 아닌 연대를 바탕으로 한다. ② 시민권과 양성의 평등을 전적으로 옹호한다. ③ 모든 다양한 구성원에게 창조적인 발전의 가능성을 제공하는 보편적인 문명을 구축한다. ④ 민주주의를 통한 생산과 재생산의 사회화. ⑤ 자연·자원 및 농지의 시장화를 거부한다. ⑥ 문화적 산물, 과학적 지식, 교육, 의료의 상품화를 저지한다. ⑦ 제한 없는 민주주의, 사회진보, 각 나라와 개인의 자율성을 포함하는 정책을 촉진한다. ⑧ 반제국주의에 기초한 국제주의와 남·북반구 민중의 연대를 강화한다(http://mrzine.monthlyreview.org/bamako.html).

22) 이에 대해서는 윤소영(2003, 2004, 2008a)을 참조할 것. 한편 LCR의 벤사이드가 사회주의노동자당(SWP)과 벌인 전략 논쟁에 대해서는 Bensaid(2007)를 참조할 것. 이 논쟁에는 Artous, Durand, Sitel, Callinicos 등이 개입했다.

둘째는 중심과 주변 사이의 분할의 극복이라는 쟁점이다. 이는 더 나아가 중심과 주변으로의 분할이 재생산하는 노동자의 분할된 동일성의 극복이라는 쟁점으로 제기되며, 특히 세계화하에서 중심부 국가와 주변부 국가의 국가구조의 분기, 그리고 주변부에서 국가구조 자체의 해체에 수반되는 대대적인 배제의 형성, 그리고 주변부에서 중심부와 반주변부로 대대적인 이주와 더불어 나타나는 동일성의 문제들을 문제 삼을 것을 제기하는 것이다.

셋째는 운동들의 운동이라는 쟁점이다. 이는 노동만이 유일한 적대임을 주장하지 않으면서도 노동의 적대의 소거 불가능성을 동시에 주장하면서, 그 해결의 방향으로 운동의 단순한 외적 연대의 강화가 아니라 각 운동의 내적 전화에 기반을 둔 새로운 보편성의 형성 방향을 모색해야 한다고 강조하는 것이다. 이는 수많은 운동들의 병렬적 분출을 단지 찬미하는 것에 머무는 것이 아니라, 그것의 횡적 연대를 한 단계 더 발전시킬 수 있는지 묻는 것이다. 그리고 각 운동들의 한계를 '국제주의'라는 쟁점 속에서 다시 부각시키려 하는 것이다. 특히 운동들의 운동이라는 쟁점은 경제위기와 지배 이데올로기 위기라는 이중의 위기가 절합되지 않고, 오히려 대중들의 탈정치화라는 정세를 형성해내는 이례적 상황에서 극단적 폭력을 제어하고 운동의 재생산을 가능하게 할 최저선의 형성을 위한, 즉 문명적 위기에 대응한 최저선의 공동 대응의 조건들을 어떻게 형성할 것인가라는 쟁점을 던지는 것이기도 하다.[23)]

대안세계화 운동은 서로 상이한 형식과 효과 속에서 어떤 단일 모델로

23) 제르볼리노는 이를 '정치의 재발견과 민주주의의 재발명'으로 정리한다(제르볼리노, 2008: 91).

수렴되지 않으면서 경합적인 방식으로 존재하고 있다. 그렇기 때문에 이런 대안세계화 운동들에 대한 평가 또한 상이한 측면을 강조하는 방식이 되지 않을 수 없는데, 그것은 ① 지정학적 효과의 생산인지(베네수엘라나 브라질의 경우처럼), ② 대중운동의 부활인지(세계사회포럼처럼), ③ 조직적 실험인지(유럽 좌파당들의 실험들처럼), ④ 대중운동의 부활을 위한 조건인지(민주주의의 어떤 쟁점들) 등으로, 그 효과의 측면에서는 매우 상이한 시도들이 병존하는 상황이라 할 수 있다.[24]

여기에 덧붙여 대안세계화 운동과 동일한 맥락에서 제기되는 노동자 운동의 국제주의적 재활성화의 시도에도 주목할 필요가 있다. 기존의 노동자 국제주의는 사실상 개별 국가별로 활동하는 노동조합들의 국제적 교류 사업 이상을 벗어나지 못했다. 이런 점에서 이는 '노동조합 국제주의' 또는 '민족적 국제주의' 이상을 넘어설 수 없는 것이었으며(Waterman, 2001: 9, 15), 그것은 공업, 남성, 종신, 정규, 조직화된 노동자에 기반을 둔 구도에 서 있던 것이었다(Waterman, 2005: 211).

이에 비해 국제주의의 한 하위 요소로서 '노동 국제주의'는 국제적 연대조직을 만들어 사업을 전개한다는 정도의 의미보다는, 노동자 운동이 사회운동적으로 전환되는 '사회운동 노동조합주의'에 기반을 두고 전 지

24) 대안세계화포럼을 주도하고 있는 사미르 아민은 현재 대안세계화 운동에 결합한 세력들에는 크게 네 가지 상이한 세력이 포함되어 있다고 주장한다. 진정한 진보적 대안세계화 운동 이외에 문제가 되는 세 가지는 첫째, 부유한 사회의 무기력한 대안세계화 운동, 둘째, 가난한 사회의 무기력한 대안세계화 운동, 셋째, 중산층의 대안세계화 운동이다. 특히 세 번째 세력은 자본주의에 비판적이기는 하지만 저소득층에 대한 고민은 없고, 남반구에 대한 고민도 크게 없는 세력이지만 상대적으로 부유하기 때문에 세계사회포럼에는 가장 많이 참석하며, 향후 운동에 걸림돌이 될 수도 있는 세력이라고 본다(아민, 2007).

구화하는 자본의 국제화와 전략에 대응하는 노력을 전개해가는 것으로 설정된다(Ghigliani, 2005: 361). 여기서 핵심적인 측면은 이러한 노동자 국제주의가 노동에 대한 조합주의적·노동자주의적 한계를 벗어나, 노동자 운동이 그 노동자의 경계를 확대하며 노동자 운동의 영역을 고유하게 한정하지 않고, 따라서 노동을 '동일성이나 운동으로 우선시하는 것이 아니라 노동을 활동으로서 특권화하는 영역'에서 전개될 수 있다고 본다는 점, 그리고 '권위주의, 다수주의, 관료제, 성차별주의, 인종주의 등등의 문제를 노동조합 자체의 과제로 삼는다'는 점이다(Waterman, 2001: 12~14; Waterman, 2005: 215).[25)]

사실 사회운동 노조주의라는 이런 관점은 제1인터내셔널 시기의 마르크스의 노동조합관을 일정하게 복원하는 것이다. 제1인터내셔널 시기 마르크스는 노동조합이 지니고 있는 양면성에 주목하면서 다음과 같이 말한다.

> 노동조합들은 본래, 노예보다는 조금 나은 계약 조건을 전취하기 위해 그러한 경쟁을 제거하거나 적어도 제한하려는 노동자들의 **자연발생적인** 시도로부터 생겨났다. 따라서 노동조합들의 즉각적인 목표는 일상적인 필요에만, 자본의 끊임없는 침해를 저지하는 방편에만, 한마디로 임금과 노동시간의 문제에만 한정되었다. 노동조합들의 이러한 활동은 정당할 뿐 아니라 필요하기도 하다. 현재의 생산제도가 지속되는 한 그것은 없어서는 안

---

25) 이런 점에서 워터맨은 자신이 주장한 '사회운동 노조주의'의 보편적 함의가 수용되지 않고 그것을 한정된 지역의 사례로 오해하는 경우가 있다고 보고, 이를 '새로운 사회적 노조주의'라고 바꾸어 부를 것을 요청하며, 이런 맥락에서 킴 무디의 사회운동 노조주의를 노동자주의의 한계 속에 있는 것으로 비판하고 있다(Waterman, 2001: 12~13, 26).

된다. 오히려 그것은 모든 나라에 걸쳐 노동조합들이 결성되고 그것들이 결합됨으로써 일반화되지 않으면 안 된다. 다른 한편, 노동조합들은 자신도 의식하지 못한 채 노동자 계급의 **조직화의 중심**을 형성하고 있는데, 이것은 중세의 도시나 코뮌이 중간계급에게 그랬던 것과 마찬가지이다. 노동조합이 자본과 노동 사이의 유격전에 필요한 것이라면, **임금 노동과 자본 지배라는 체제 그 자체를 폐지하기 위한 조직된 세력**으로서는 훨씬 중요하다(마르크스, 1993c: 138; 강조는 원문).

노동조합에 대한 이런 의미 부여는, 그 후 세2인터내셔널을 거치면서 당연시되어온 당과 노조의 역할 분담, 정치투쟁과 경제투쟁이라는 분할선에 근본적인 의문을 던지는 것이다. 마르크스는 노동조합이 즉각적 투쟁에 열중해왔기 때문에 "임금노예 제도 자체에 대항하는 행동에서 자신들의 힘을 아직 충분히 이해하지 못하고 있다"라고 주장한다. 따라서 노동조합의 목표는 좀 더 정치적으로 확장된다.[26]

본래의 목적은 물론이고, 노동조합들은 이제 **완전한 해방**이라는 폭넓은 이해관계에 있는 노동자 계급의 조직화의 중심으로서 신중하게 행동하는 것을 배워야 한다. 노동조합들은 이러한 방향을 향하는 모든 사회적 및 정치적 운동을 지원해야 한다. 스스로를 노동자 계급 전체의 전사이자 대표라고 생각하고 또 그렇게 행동한다면, 노동조합들은 결사에 소속되지 않은 사람들을 자신들의 대열에 끌어들여야 한다. …… 노동조합들은 자신들의

26) 그 한 예로서 1866년 영국의 노동자들은 노조 평의회를 통해 의회 내 대립에 개입하는 정치적 운동을 진행했다(아이히호프, 2007: 80).

노력들이 편협하고 이기적인 것이 아니라 짓밟힌 수백만의 해방을 목표로 하는 것임을 세계 일반에 납득시켜야 한다(마르크스, 1993c: 139; 강조는 원문).

이렇게 보았을 때, 사회운동 노조주의는 노조와 정당 각각에 대한 역사적으로 규정된 매우 한정된 인식에서 벗어나 그 위상을 재규정하는 동시에, 노조와 정당의 관계를 재규정하고 정당과 사회운동의 관계 또한 재규정하려는 노력이라는 점에서 대안세계화 운동의 노력과 맥락을 같이한다.

우리가 국제주의를 새로운 형태로 보편성을 재구축하려는 기획으로 이해한다면, 여기서 중요한 것은 여전히 존재하는 계급분할의 선을 넘어서 새로운 보편성의 지평 속에서 이 분할의 선을 극복하려는 노력일 것이다. 앞서 이야기 했듯이, 여기서 핵심적으로 문제가 되는 것은 중심과 주변 사이의 공간적 분할, 그리고 성차, 인종, 지식의 분할선이 핵심이 될 것이고, 그 한계를 어떻게 넘어설 것인지가 문제일 것이다. 그리고 여기서 국가는 다시 이런 분할의 재생산의 중심축에 놓여 있다.

이때 특히 강조할 점은 이는 새로운 동일성의 형성, 또는 동일성의 다차원성을 통해 문제를 풀려는 것이 아니라, 기존 공동체 내의 '관계'의 전화에 초점을 맞추려 한다는 점에서 전혀 다른 접근법을 제기하려는 것이라는 점에 주목할 필요가 있다(이를테면 노동자 운동의 페미니즘적 개조). 다시 말해 어떤 새로운 공동체를 만들어내려는 것이 아니라 잠재적으로 공동체 일반을 변혁하려는 것이다(발리바르, 2007a: 542; 발리바르, 2002).

4. 운동의 새로운 출발로서 국제주의

새로운 세기에 들어선 세계에서 국제주의는 지금까지 마르크스주의의 역사에서 지녀온 자본주의 역사와 변혁에 대한 지배적 형상의 재구성에서 출발하지 않을 수 없다. 그 지배적 형상의 교체는 고민의 무대를 세계로 확대하는 것을 조건으로 한다. 이렇게 고민의 무대가 세계로 확대되면 우리는 이행의 시대로서 장기 21세기라는 관점에 서게 된다. 이는 마치 자본주의로의 이행 시기를 전 지구적 차원에서 200여 년에 걸쳐 형성된 유럽세계경제의 형성과정으로 보는 관점과도 유사한 관점이 된다. 이럴 경우 국제주의 또한 좀 더 넓어진 전 지구적 차원에서 사고될 필요가 있을 것이다.[27)]

장기 21세기는 지금까지 정세적으로 계급을 계급으로 일시적으로 통일

27) 이런 장기 21세기라는 사고는, 첫째, 이행이 장기간의 세계적 과정이라는 점을 강조한다. 둘째, 이 이행은 사전에 예정된 필연적 경로를 거치는 것이 아니라, 긍정적 통과점과 부정적 통과점으로 분화될 수 있으며, 그 긍정적 통과점을 향해 가도록 하는 것이 운동의 과제임을 강조하게 된다. 셋째, 기존의 이행의 역사에서 그 세계적 확장은 전체 동시적 변화가 아니라 헤게모니 지역으로부터 파급이라는 점을 알 수 있는데, 지금 또한 세계적 변화가 세계의 동시적 변혁으로 반드시 나타나는 것은 아니라는 점을 중시할 수 있다. 넷째, 국가가 이행에서는 문제가 되고 있는데, 자본주의로의 이행이 국가를 통해 자본주의 세계경제를 공고화하고, 그것이 자본주의적 생산관계 형성에서 매우 중요한 계기가 되었다고 한다면, 21세기의 이행은 그 반대의 길을 걷게 될 것이라는 점에 주목할 수 있다. 다섯째, 현재의 이행의 시대에 나타나는 구조적 위기가 자본주의 자체 내의 쇄신으로 이어지지 못하는 이유를 분명히 해둘 필요가 있을 것이라는 점을 지적할 수 있다. 여섯째, 이행에서 소유제의 문제는 부차적이라는 점이다. 일곱째, 이행의 시대에는 삼중의 위기가 등장하게 되는데, 그것은 수취구조의 위기, 국가의 위기(또는 통치의 위기), 그리고 지배적 이데올로기의 위기의 결합으로 나타난다는 점 등을 지적할 수 있다(백승욱, 2007a).

시켜온 다양한 동일성들 자체가 동시에 위기에 처하는 시기이기도 하고, 그러나 그로부터 새로운 동일성의 형성, 그리고 새로운 보편성의 형성을 통해 평등-자유의 권리가 보편적으로 확장될 수 있는 새로운 정치에 대한 사고를 확장해가야 할 필요성이 커지는 시기이기도 하다.

우리가 새롭게 논의한 국제주의는 무엇보다 '국제적 활동과 조직적 연대의 필요성' 이전에 국제주의적인 노동자 주체의 형성에 대한 논의라 할 수 있다. 그리고 그것은 단순히 민족적 공동체들을 국제적으로 확대해서 연대하자는 주장이 아니라, '민족적'으로 한정된 경계들을 넘어서 그 경계들을 의심하고 허물며, 그 경계들이 다시 내부로 들어와 내부적 한계로 작동하지 못하도록 지속적으로 이를 넘어서는 입장을 강조하는 것이다. 그런 점에서 그것은 고유하게 '노동자들만의 국제주의'도 아니고, 세계혁명으로 확장되는 '사회주의적 국제주의'도 아닌 보편적 출발점으로서 국제주의를 지칭하는 것이다.

우리는 이것을 네 가지 측면에서 다시 정리해볼 수 있다. 첫째, 여기서 국제주의는 국가들의 국제주의가 아니라 국제주의적 주체들(그리고 운동들)의 형성을 이야기하고자 하는 것이며, 여기서 타인의 해방은 그 자신의 해방의 조건이 된다. 그리고 그런 상호 해방의 조건에서만 진정한 문제 해결의 가능성이 열린다.

둘째, 국제주의는 단순히 민족주의와 대립되는 것은 아니고, 단순히 민족주의 외부에 서는 것을 말하는 것도 아니다. 어느 누구도 민족주의 외부에서 민족주의를 비판할 수 없고, 그런 점에서 민족주의 외부에서 국제주의자가 될 수는 없다. 오히려 중요한 것은 민족적 동일성이 허구적 구성임을 인정하여 그 경계를 허물고, 또한 이런 일차적 동일성들 위에서 가상적인 이차적 동일성으로서 국제주의적인 보편주의적 동일성을 구성하여(발리바르, 2007a: 5부), 이 이차적 동일성에 다른 동일성들이 종속될 수 있도록 만들어내는 것이다.

셋째로, 국제주의는 동일성의 제국주의에서 벗어나는 것이다. 이는 하나의 동일성의 절대화의 위험에 대한 비판이며, 그렇다고 동일성들의 무의미한 등가적 나열로 귀결되는 것도 아니다.

넷째, 국제주의는 착취의 철폐에, 모든 차별의 철폐에, 폭력의 반대에, 성차별의 극복에, 평화의 자리에 즉각적으로 서는 것이다. 즉, 그것들을 미래의 목표로 지연시키고 언젠가 달성될 것으로 보는 것이 아니라, 국제주의에서 출발함으로써만 이떤 해방의 운동도 가능해짐을 강조하는 것이다.

📖 참고문헌

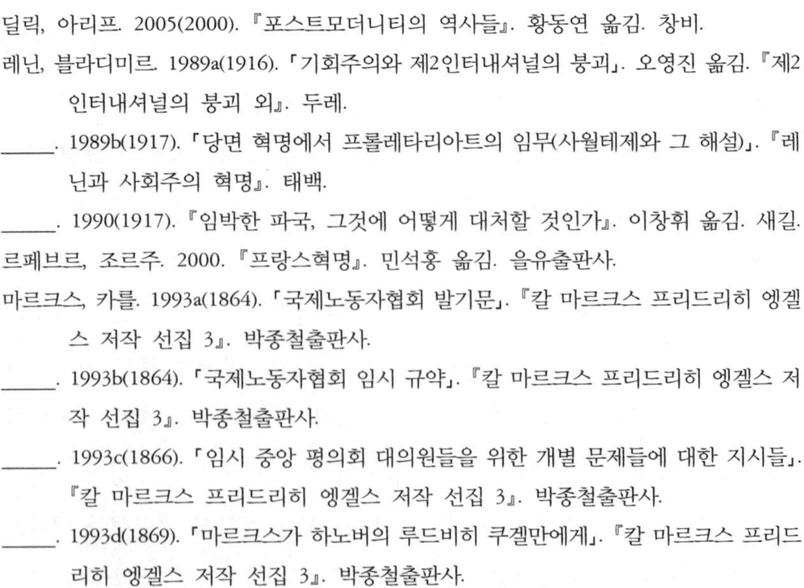

딜릭, 아리프. 2005(2000). 『포스트모더니티의 역사들』. 황동연 옮김. 창비.

레닌, 블라디미르. 1989a(1916). 「기회주의와 제2인터내셔널의 붕괴」. 오영진 옮김. 『제2인터내셔널의 붕괴 외』. 두레.

_____. 1989b(1917). 「당면 혁명에서 프롤레타리아트의 임무(사월테제와 그 해설)」. 『레닌과 사회주의 혁명』. 태백.

_____. 1990(1917). 『임박한 파국, 그것에 어떻게 대처할 것인가』. 이창휘 옮김. 새길.

르페브르, 조르주. 2000. 『프랑스혁명』. 민석홍 옮김. 을유출판사.

마르크스, 카를. 1993a(1864). 「국제노동자협회 발기문」. 『칼 마르크스 프리드리히 엥겔스 저작 선집 3』. 박종철출판사.

_____. 1993b(1864). 「국제노동자협회 임시 규약」. 『칼 마르크스 프리드리히 엥겔스 저작 선집 3』. 박종철출판사.

_____. 1993c(1866). 「임시 중앙 평의회 대의원들을 위한 개별 문제들에 대한 지시들」. 『칼 마르크스 프리드리히 엥겔스 저작 선집 3』. 박종철출판사.

_____. 1993d(1869). 「마르크스가 하노버의 루드비히 쿠겔만에게」. 『칼 마르크스 프리드리히 엥겔스 저작 선집 3』. 박종철출판사.

_____. 1997(1871). 「프랑스에서의 내전」. 『칼 마르크스 프리드리히 엥겔스 저작선집 4』. 박종철출판사.
_____. 2005(1867). 『자본론 I(상)』. 김수행 옮김. 비봉출판사.
마르크스, 카를·프리드리히 엥겔스. 2004(1848). 「공산당 선언」. 데이비드 보일 지음. 『세계를 뒤흔든 공산당 선언』. 유강은 옮김. 그린비.
모택동. 1989(1927). 「호남 농민운동 조사보고서」. 『모택동 선집 I』. 이희옥 옮김. 전인.
발리바르, 에티엔. 1989(1975). 「잉여가치와 사회계급」. 『역사유물론 연구』. 이해민 옮김. 푸른산.
_____. 1991(1988). 「마오: 스탈린주의의 내재적 비판?」. 윤소영 엮음. 『마르크스주의의 역사』. 민맥.
_____. 1993a(1988). 「계급투쟁에서 계급 없는 투쟁으로?」. 서관모 엮음. 『역사유물론의 전화』. 민맥.
_____. 1993b(1993). 「비동시대성: 정치와 이데올로기」. 윤소영 편역. 『알튀세르와 마르크스주의의 전화』. 이론.
_____. 2002(2000). 「공산주의 이후에 어떤 공산주의가 오는가?」. 윤소영 편역. 『마르크스의 '경제학 비판'과 소련 사회주의』. 공감.
_____. 2003(1989). 「'인권'과 '시민권': 평등과 자유의 현대적 변증법」. 윤소영 편역. 『'인권의 정치'와 성적 차이』. 공감.
_____. 2007a(1997). 『대중들의 공포: 맑스 전과 후의 정치와 철학』. 서관모·최원 옮김. 도서출판b.
_____. 2007b(2004). 「세계시민주의와 국제주의: 두 가지 모델. 두 가지 유산」. ≪월간 사회운동≫, 2007년 6월호.
백승욱. 2006a. 『자본주의 역사강의: 세계체계분석으로 본 자본주의의 기원과 미래』. 그린비.
_____. 2006b. 「무장한 세계화와 북한의 핵실험」. ≪월간 사회운동≫, 2006년 11월호.
_____. 2007a. 「이행기 논쟁과 장기 21세기」. 마르크스코뮤날레 조직위원회 엮음. 『21세기 자본주의와 대안적 세계화』. 문화과학사.
_____. 2007b. 『문화대혁명: 중국현대사의 트라우마』. 살림.
_____. 2008. 『세계화의 경계에 선 중국』. 창비.
백승욱 엮음. 2007. 『중국 노동자의 기억의 정치: 문화대혁명 시기의 기억을 중심으로』. 폴리테이아.
베르티노티, 파우스토. 2008(2005). 「대안사회」. 윤소영 엮음. 『일반화된 마르크스주의와 대안좌파』. 공감.

아리기, 지오반니. 1994(1990). 「마르크스주의의 20세기. 미국의 20세기」. 로빈 블랙번 엮음. 『몰락 이후』. 창비.

아민, 사미르. 2007. 「어떤 대안세계운동을 취할 것인가: 세계사회포럼」. ≪르몽드디플로마티크≫, 제8호. www.lemonde.co.kr/news/articleView.html?idxno=208.

아이히호프, 빌헬름. 2007(1868). 「국제노동자협회: 설립, 조직, 정치·사회적 활동, 그리고 성장(2)」. ≪월간 사회운동≫, 10월호.

알튀세르, 루이. 1991(1969). 「이데올로기와 이데올로기적 국가장치」. 『아미엥에서의 주장』. 김동수 옮김. 솔.

_____. 2007(1995). 『재생산에 대하여』. 김웅권 옮김. 동문선.

엥겔스, 프리드리히. 1988(1845). 『영국 노동자 계급의 상태』. 박준식·전병유·조효래 옮김. 두리.

옵트, 조르주. 2007(1972). 「사회주의와 세계대전: 제2인터내셔널의 붕괴」. ≪월간 사회운동≫, 2007년 1/2월호~4월호.

월러스틴, 이매뉴얼. 1999a(1974). 『근대 세계체제 I』. 나종일 외 옮김. 까치.

_____. 1999b(1989). 『근대 세계체제 III』. 김인중 외 옮김. 까치.

윤소영. 2003. 『마르크스의 '경제학 비판'과 대안세계화 운동』. 공감.

_____. 2004. 『역사적 마르크스주의: 이념과 운동』. 공감.

_____. 2008a. 『일반화된 마르크스주의와 대안좌파』. 공감.

_____. 2008b. 『일반화된 마르크스주의와 대안노조』. 공감.

정운영. 1992. 「제1인터내셔널에서 마르크스의 투쟁」. ≪이론≫, 제3호.

제르볼리노, 도메니코. 2008(2007). 「정치의 재발견. 민주주의의 재발명」. 윤소영. 『일반화된 마르크스주의와 대안좌파』. 공감.

Anderson, P. 2002. "Internationalism: A Breviary." *New Left Review*, 14.

Arrighi, G. 1994. *The Long Twentieth Century*. Verso.

Balibar, É. 1995. "The Infinite Contradiction." *Yale French Studies*, 88.

Bensaid, D. 2007. "The Return of Strategy." *International Viewpoint*(IV) 368, February (www.internationalviewpoint.org/spip.php?article1199).

Foster, J. B. 2000. "Marx and Internationalism." *Monthly Review*, July-August.

Ghigliani, P. 2005. "International Trade Unionism in a Globalizing World: A Case Study of New Labour Internationalism." *Economic and Industrial Democracy*, 26(3).

Hanagan, M. 2003. "Labor Internationalism: An Introduction." *Social Science History*, 27(4).

Holbraad, C. 2003. *Internationalism and Nationalism in European Political Thought*. Palgrave.

Mertes, T(ed.). 2004. *A Movement of Movements: Is Another World Really Possible?* Verso.

Waterman, P. 2001. "Trade Unionism in the Age of Seattle." in Waterman, P and J. Wills(eds.). *Place, Space and the New Labour Internationalism*. Blackwell.

______. 2005. "The Forward March of Labour(and Unions?) Recommenced: Reflectins on an Emancipatory Labour Internationalism and International Labour Studies." *Antipode*, 37(2).

제15장

지구화 시대 새로운 주체의 등장과 사회운동의 방향

윤수종
전남대학교 사회학과 교수

1. 서론

보통 근대라 하면 이성을 중심으로 자유와 민주주의를 향해 나아가는 시기라고 말한다. 실은 자본주의의 성립과 확대과정이라고 말할 수 있을 것이다. 다른 나라들을 착취하면서 자본주의의 발전과 확산을 이루어온 서구와 미국, 그리고 일본을 위시한 지배국들과는 달리, 착취당하면서 근대화 과정에 편입된 제3세계 나라들도 있었다. 물론 그 사이에 제2세계라는 나라들도 있었다.

탈근대를 이야기하자면 지배국들과 관련해서 볼 때 68혁명을 이야기할 수 있다. 68혁명을 계기로 지배국들에서는 이성에 입각한 사유와 사회구성에 대해서 다른 준거들을 찾아 나서기 시작했기 때문이다. 대체로 차이와 해체, 그리고 구성의 논리 속에서 이성과는 달리 욕망을 강조하고 위계적 사회구성에 대비하여 수평적인 사회구성으로의 전진에 대해서 강조하게 되었다. 특히 1990년대 초, 현실 사회주의의 붕괴로 그간 봉쇄되어 있던 지역에서도 이러한 사유와 움직임들이 나타나기 시작했다.

차이와 해체를 강조하는 사유의 발전, 세계시장의 전면화, 신자유주의 이데올로기의 강화 등으로 나타난 탈근대적인 이러한 흐름을 두고 혹자는 세계화니 전 지구화니 하며 제국이라는 지배질서의 성립을 주장하고 있다(네그리·하트, 2001).

이 글은 제국의 성립에 대해서 경향으로서 받아들이면서, 한편으로는 제국화라는 경향 속에서 지배질서의 재편이 이루어지지만, 다른 한편 그러한 제국화를 추동하는 것은 새로운 주체들의 등장, 즉 대중(multitude)의 등장이라는 관점에 서서 사회운동의 방향에 대해 생각해보면서, 이탈리아의 운동사례를 살펴보고자 한다.

그리고 가타리의 생각처럼 보이지 않는 네트워크를 통해서 권력을 강화해나가는 제국에 대항하여, 제국으로부터 멀어지는 대중의 다양한 자율적 운동, 다양한 분자적 움직임의 증식을 통해서 제국을 돌파하는 방식에 대해서 생각해보고자 한다(가타리, 2005: 275~277).

2. 새로운 주체의 등장과 사회운동의 방향[1)]

1) 대중의 등장

마르크스주의자들은 노동자 계급의 동질화 경향과 그에 따른 노동자

---

1) 이 절은 윤수종, 「새로운 주체의 등장과 사회운동의 방향」, ≪철학연구≫, 제102집(2007년 5월), 79~105쪽을 요약한 것이다.

계급의 통일을 통해 노동자 계급을 조직화하고 더욱이 당을 매개로 국가 권력을 장악한다는 새로운 사회건설에 대한 기획을 지녔고 실험하기도 했다(현실 사회주의). 그러나 지배국들에서도 68혁명 이후 노동자 계급 내부의 분화와 더불어 계급구성이 단순화되기보다는 더욱 복잡해져 왔다. 게다가 새로운 사회운동과 욕망투쟁들이 확산되어왔다.

한국의 경우에는 프티부르주아지의 분해 추세 속에서 노동자 계급의 성장(양적 팽창)을 확인하는 계급구성에 대한 논의가 있었었고(서관모, 1984, 1985), 1980년대 운동은 바로 이러한 계급구성론에 입각하여 노동자 계급의 단결을 통한 새로운 사회의 건설이란 구상 속에서 진행되었다.

그러나 1987년 노동자·농민 대투쟁을 계기로, 특히 1997년 IMF 위기 속에서 한국의 계급구성은 완전히 다른 방향으로 전개되어왔다. 노동자 계급 내부의 분화는 정규직과 비정규직이라는 형상으로 두드러졌고, 여성들의 사회진출, 외국인 노동자들의 진입, 실업자의 양산, 그리고 다양한 차이들에 입각한 노동자 각 범주 내부의 분화가 급속히 진행되었다. 이러한 상황 속에서 한국에서도 더 이상 노동자 계급의 이해에 입각한 노동자 통일, 그리고 당으로의 집중화를 통한 권력장악이란 발상은 낡은 것이 되고 말았다.

이제 우리는 노동자 계급이란 틀 속에서는 파악할 수 없는 다양한 욕망을 지닌 대중(Multitude)의 등장을 마주하고 있다. 대중은 자본주의 생산 안에서는 만족할 수 없는 방식으로 자신들의 요구들, 열정들, 능력들, 욕망들을 증식시키고 확장하려고 한다(포르투나티, 1997: 19). 이미 서구에서 68혁명 이후 새롭게 등장한 욕망과 관련한 요구들과 주체성 생산을 둘러싼 요구들은 기존의 이해관계에 입각한 계급투쟁과는 다른 색다른 투쟁들을 제시하고 실천해왔다. 다시 말해서 서구에서 특이성을 내세우는 대중의 욕망분출을 보게 되었다. 한국의 경우도 1987년 노동자·농민 대투쟁 이후, 특히 IMF 위기 이후 새롭게 등장한 소수자 운동은 이러한 흐름을 잘 보여준다고 생각한다.

제국을 비롯한 자본세력(국가 권력)들은 바로 대중의 욕망분출과 주체성 생산을 둘러싼 요구에 대해 초코드화하는 방식을 취해왔다. 일정한 틀에 가두거나 대중매체를 이용하여 특정한 흐름으로 관리해나가거나 그래도 저항하면 (1970년대 미국 권력의 블랙팬더당 탄압에서처럼) 절멸시키는 방식으로 말이다.

이제 자본(제국)은 노동자들을 직접 통제할 뿐 아니라 자신의 포획장치에 걸려드는 주체성들을 생산하는 방식으로 작용한다(가타리, 2000: 230~252). 그리고 주체성 생산영역 자체가 자본의 이윤획득의 주요한 대상이 되었다. 주체성 생산영역에서 생산의 특징은 내부적으로 직접 통제가 불가능하여 외부적으로, 예를 들어 국가 권력(그 무서운 핵국가!)이나 도덕을 통해 또는 이윤획득 논리나 자수성가 논리에 의해 통제한다.

물론 이러한 자본주의적 주체성 생산에 대항하는 대중의 다양한 움직임이 색다른 주체성 생산을 둘러싸고 나타난다.

2) 사회운동의 방향

이러한 새로운 주체로서의 대중의 등장과 함께 사회운동의 투쟁방식과 방향이 변하고 있다. 1960년대에 나타난 게릴라 투쟁모델은 집중제의 단말마를 보여주며 네트워크 투쟁으로 나아가는 과도적 형식들이라고 할 수 있다. 1970년대 이탈리아의 자율운동에서 나타난 네트워크 투쟁은 그 이후 사회운동의 방식으로서 널리 확산되며 대안세계화 운동에서 절정에 달한다.

사회운동의 네트워크 조직은 그 조직의 소통의 네트워크와 요소들이 다원성에 기반을 두고 있어 집중화되고 통일된 명령구조가 불가능하다. 게릴라 모델의 다중심적 형식이 네트워크 형식으로 진전한 것이다. 네트워크 형식에는 중심이 없고 서로 소통하는 노드들의 환원할 수 없는 다원성이 있을 뿐이다.

대중의 네트워크 투쟁의 한 가지 두드러진 특징은 생체정치적 영토에서 일어난다는 점이다. 즉, 대중의 네트워크 투쟁은 새로운 주체성과 새로운 생활형식을 직접 생산한다. 네트워크 투쟁은 포스트포드주의적 생산처럼 동일한 방식과 훈련에 의거하지 않는다. 창조성, 소통, 자기조직화된 협동이 일차적인 가치들이다. 이러한 새로운 종류의 힘은 적에 저항하고 공격한다. 그러나 점차 그 저항과 공격의 초점은 내부적이다. 즉, 조직 자체 안에 새로운 주체성들과 새로운 생활형식들을 생산한다.

3) 욕망투쟁과 주체성 생산투쟁

20세기 마지막 수십 년 동안, 특히 미국에서 '정체성 정치'라는 이름 아래 종종 분류되는 수많은 운동들이 등장했다. 이러한 투쟁들과 관련해서 가타리는 기존의 이해투쟁에 입각한 계급투쟁과는 달리 욕망에 입각한 분자적 투쟁(분자혁명)으로 이해하려고 했다(가타리, 1998). 페미니스트 투쟁, 게이와 레즈비언 투쟁, 인종에 기반을 둔 투쟁들, 더욱이 주체성 생산을 둘러싸고 일어나는 다양한 투쟁들을 생각할 수 있겠다.

욕망투쟁은 기존의 이해대립에 입각한 분명한 선을 긋고 적대적 전선을 만들어서 싸우는 운동과는 달리, 다양한 차이들을 지닌 주체들이 차별화되는 메커니즘에 대항하여 자신들의 정체성을 강조하면서 새로운 자유의 공간들을 만들어가려는 양상으로 나타난다. 그렇기 때문에 당연히 정체성을 확인하면서 다르게 되기(특이화)를 시도해나가려고 하며 그 과정에서 자본주의적 주체성과는 다른 특이한 주체성을 생산해나가려고 하게 된다.

그래서 가시적으로 드러난 각종 다양한 욕망투쟁(페미니스트 투쟁, LGBT[2])운동, 인종투쟁, 종교투쟁, 생태투쟁 등)의 배후에는 주체성 생산을 둘러싼 투쟁이 널리 이루어지고 있다.

주체성 생산과 관련한 투쟁은 조직화되고 제도화된 방식으로 집단적으로 일어날 수도 있다. 그렇지만 결국은 개별 주체가 생산되는 것으로(실은 집합적 주체성이지만) 귀결되기 때문에 개인적인 거부행위로 나타나는 경우가 흔하다. 그렇기 때문에 그것은 개인적인 일상적인 문제로 현상한다. 그러나 그 일상적인 문제들을 누구나 가지고 있는 것이라면 주체성 영역에서의 투쟁은 결코 개인적인 문제가 아닐 것이며 오히려 대중적인 문제가 될 것이다. 물론 이러한 개별적인 투쟁이 축적되거나 집계되면 상당한 효과를 지닐 수도 있으며(피임약이 인구를 감소시킨다), 집단적인 가치증식 과정으로 전환될 수도 있을 것이다. 특히 주체성 생산영역에서의 투쟁은 기존 설비에서의 도주나 탈주로, 그 설비 안에서의 기존 훈육방식에 대한 거부로 나타난다. 그러면서 곧바로 새로운 자기구성방식으로 넘어가게 된다. 즉, 내부에서 적대적 투쟁을 벌여 자신의 위상을 높이되 다시 기존 틀에 남아 있는 것이 아니라, 기존 틀을 아주 벗어나 색다른 생활방식을 추구해나간다는 것이다. 생활 자체를 둘러싼 투쟁, 즉 생태투쟁이 될 수밖에 없다. 물론 더 나아간다면 대안을 만들어나가는 운동(되기)으로

---

2) 레즈비언, 게이, 바이섹슈얼, 트랜스젠더의 약자.

이어질 수 있을 것이다.

주체성 생산을 둘러싼 긴장은, 공장(또는 회사)에서처럼 자본과 노동의 직접적 대결 속에서도 이루어지지만, 많은 경우에 그 주체들이 형성되는 공간인 각 설비(équipement, 제도) 안에서 위계제 내부의 갈등으로 나타나며, 그 갈등이 심각해지면 각 설비 안에 있는 다양한 주체들이 그 설비의 장(대표)이나 국가와 충돌하는 양상을 띤다(윤수종, 2000: 62~64).

주체성 생산을 둘러싼 투쟁은 먼저 공장에서의 명령에 대한 복종 거부를 비롯하여 다양한 파업이나 은밀한 저항의 형태로 나타난다. 가족에서는 청소년과 어린이의 복종거부·가출, 여성들의 가사노동 거부, 결혼 거부, 임신 거부, 출산 거부, 육아 거부, 동성애자들의 생물학적 성(고정된 성)에 대한 거부와 이성애적 가족 거부 등 다양한 형태를 볼 수 있다. 학교에서는 학생들의 수업 거부, 등교 거부, 자퇴 등이 속출한다. 학교를 벗어나는 사람들이 늘어난다. 학생들은 학교 내부에, 수업 안에 있어도 다른 짓을 한다. 학업에 무관심한 태도가 그 전형적인 방식이다.

대학에서는 정치적인 이유로 실행되기도 했던 동맹휴업이 있었다. 최근에는 프로젝트(돈)로 장악하려는 대학 내 명령체계(지배)에 대해서 대학원생들의 프로젝트 작업 거부 등도 생각해볼 수 있다(미국에서는 이런 일이 벌어지기도 한다). 참혹한 주체성 순화 장치인 군대 내부에서의 구타를 참지 못하고 벌어지는 자살, 탈영, 명령거부 등은 흔히 있는 일이다. 더욱이 자신의 뜻에 따라 범법자가 되더라도 입대를 거부하는 양심적 병역거부자들이 존재한다. 감옥은 사회의 특정 기준을 위반한 사람들을 감금해서 사회에 순응하도록 만든다고 하는데 오히려 교도소(敎盜所)가 되고 있다. 죄수들의 식사 거부(단식), 징역 거부, 통제 거부, 탈출 등이 끊이지 않는다. 병원을 비롯한 다양한 보호시설들은 의사의 직업적 전문성(흰옷으로 표상됨)과 보호라는 구실 아래 사회의 많은 주변자들을 수용하고 있다. 시설에 수용된 사람들은 탈출 등의 방법뿐 아니라 집단적 저항을 하기도 한다. 그 외에도 다양한 시설들을 생각할 수 있을 것이다. 물론 이러한 거부형태의 투쟁은 새로운 삶의 형태를 창조해나가는 출발점일 뿐이다.

최근 들어서는 각종 시설 안에서의 훈육을 넘어서 어디에서나 훈육이 이루어지고 있다. 훈육시설들을 넘어서 훈육이 확장되며 특히 소통을 통한 훈육이 점차 중요해지고 있다. 그와 함께 시설들을 통한 훈육(자본주의적 주체성의 생산)이 점차 어디에서나 내재적으로 실행된다는 것이다. 점점 더 미세하고 정교한 절차들을 통해서 주체들의 삶을 관리해간다는 것이다. 여기서 주체들의 내재적 저항 또한 어디에서나 분출될 수밖에 없다.

이러한 주체성 생산영역에서의 투쟁들에서 나타나는 특징은 개인의 특이성이 강조되고 개인적 활동이 곧바로 매개 없이 집단적 활동으로 전화할 수 있다는 점이다. 특히 새로운 소통수단(컴퓨터 네트워크)을 매개로 쉽게 결집되어 저항운동의 형태로 드러난다. 그러나 권력에 압력을 가하는 성격에 머무는 것이 아니라 전혀 다른 주체성을 만들어낼 수 있는 (특이화, 되기) 가능성을 얼마나 가지고 있느냐 하는 것이 중요하다(윤수종, 1998: 152～163).

우리나라에서 최근 주목받고 있는 다양한 소수자 운동도 바로 이와 맥을 같이한다고 할 수 있겠다. 더 나아가 자율운동이나 대안운동들, 보이지 않는 운동(생태투쟁)들도 포함해야 할 것이다(윤수종, 2004: 32～55).

욕망투쟁들과 주체성 생산투쟁들은 주체들 자체의 무의식적 변화를 지향하며, 초코드화하려는 제국적 질서에 대항하여 대중의 특이성을 발전시키고 확대해나간다. 따라서 주체들 내부의 탈국가적 심성을 확대해나간다. 또한 국가적 틀 속에 갇혀 있는 이해관계들을 넘어서 다양한 욕망에 따라서 색다른 접속을 만들어냄으로써 국가 내부에 탈국가적인 영토들 및 공간들을 만들어낼 뿐 아니라 국가를 횡단하는 운동 흐름을 만들어낸다.

여기서는 국내에서는 탈국가적인 비합법지대를 만들어내고 동시에 지구적으로는 국가를 넘어서는 대안세계화 운동을 만들어냄으로써 탈국가적 상상력을 잘 드러내는 것으로 보이는 이탈리아의 사회센터운동을 살펴보면서 사회운동의 방향에 대한 함의를 얻고자 한다.

3. 이탈리아의 사회센터운동과 대안세계화 운동[3)]

노동자 운동을 중심으로 한 프롤레타리아트의 권력 장악이 현실에서 대중에 대한 또 다른 지배로 나아가면서 부르주아 사회와 '프롤레타리아 사회(현실 사회주의 또는 자본주의사회 안의 좌파운동)' 양자에 대한 대중의 공격이 나타나게 되었다.

그것이 폭발적으로 드러난 것이 바로 68혁명이었다. 68혁명 주체들은 기존의 명확한 이해관계(노사대립)에 기초한 노동자 운동이 포괄하지 못한 다양한 영역에서 욕망에 기초한 운동들을 폭발시켜나갔다. 이들은 반권위주의와 자율성을 강조하고 패권적인 주체 설정을 거부하고 다양한 주체들을 포괄해나가려고 했다.

여러 나라들에서 폭발한 68혁명이 제도화되어가고 진정되어갔음에도, 이탈리아에서는 학생운동과 노동운동이 결합하고 더 나아가 주변층까지

---

3) 이 절은 윤수종, 「이탈리아의 사회센터운동」, ≪지중해지역 연구≫, 제10권 제2호(2008)로 발표되었다.

가세하면서 1970년대에 아우토노미아 운동이 활발하게 전개되었다(윤수종, 1996). 점거운동을 비롯하여 여성운동, 청년문화운동, 자율축소운동, 자유라디오운동 등은 68혁명이 제기한 혁명의 방향을 다양한 영역에서 실험해나갔다. 이러한 이탈리아 아우토노미아 운동은 1977년 운동을 계기로 한편으로 무장집단의 성장과 그 짝인 국가폭력의 강화 속에서 그 활동공간이 축소되어갔다. 그러나 이탈리아 아우토노미아 운동 형식은 1980년대로 접어들어서 중부 유럽으로 퍼져나갔다. 독일을 비롯하여 네덜란드, 덴마크 등의 아우토노멘 운동은 다양한 점거지들을 만들어냈고 근거지투쟁을 수행해왔다(윤수종, 2003; 카치아피카스, 2000).

그런데 통일 독일 이후에 독일의 자율운동이 주춤하는 동안 이탈리아에서는 1990년대 들어 사회센터운동이 활발히 전개되기 시작했다. 물론 사회센터들은 1970년대에 만들어진 것이 일부 지속되어왔으나 1980년대 후반 이후 그 숫자가 늘어나고 제도화에 대항한 적극적인 반국가 코뮌을 만들어왔다.

1) 사회센터운동

(1) 점거된 자주관리 사회센터

사회센터는 공산주의자들, 아나키스트들, 열광자들(ravers), 펑크들, 해커들, 예술가들이 거대한 버려진 공장들, 요새(군사시설)들, 창고들, 차고들, 폐쇄된 학교들과 교회들을 점거하여 영화관, 콘서트홀, 바, 쉼터, 서점, 라디오 방송국, 예술 갤러리 등으로 이루어진 복합공간으로 개조한 것이다. 사회센터는 젊고 정치적으로 의식적이고 예술적이고 또는 음악을 좋아하는 사람들로 넘치는데, 지역민들을 만나고 싼 공연을 즐기고 비슷한 정치적·문화적 이해를 가진 다른 사람들과 사귀게 되는 장소들이다.

사회센터들은 보통 도시의 외곽에 위치해 있는데, 그 활동과 초점을 두는 것이 매우 다양하다. 어떤 것들은 더욱 정치적으로 충전되어 있고 반면 어떤 것들은 음악 개최지나 바로서 역할하기도 한다. 또 어떤 것들은 장엄한 예술작품들로 장식되어 있는 반면, 어떤 것들은 새로운 이주자들을 위한 쉼터와 서비스를 제공한다.

사회센터들은 점거했을 경우 '점거된 자주관리 사회센터(Centro Sociale Occupato Autogestito: CSOA)'라는 약칭을 사용하며, 비용을 내지 않고 지방정부로부터 사용할 수 있도록 양해를 얻어낸 경우 '자주관리 사회센터(Centro Sociale Autogestito: CSA)'라는 약칭을 사용한다.

(2) 발생과정

사회센터들의 기원은 비의회 좌파가 이탈리아의 청년문화에서 중요한 역할을 수행한 때인 1970년대 중반으로 거슬러 올라간다. 1969년 '뜨거운 가을(노동자들의 반란)' 이후에 생긴 작은 집합체(당)들이나 '아우토노미아'라는 좀 더 급진적인 집단들 안에서 보수주의와 권위주의가 점증하는 것에 대한 반작용으로서 사회센터들이 생겨났다.

사회센터운동은 여성운동과 점거운동의 흐름에 이어진 것이었다. 이탈리아의 자율적 여성운동은 노조페미니즘으로 불리는 노동운동과의 결합을 만들어냈을 뿐 아니라 개인정치학을 제기하면서 레닌적 조직론을 비판하고 여성들의 독자적인 공간을 만들어내는 방향으로 나아갔다. 이러한 여성운동은 1970년대 중반 이후 1980년대 동안 여성센터를 만들어 다양한 활동을 벌여나갔다(윤수종, 2001). 또한 68혁명 이후 아우토노미아 운동에서 다양한 점거운동이 나타났다. 공장점거운동을 비롯하여 공동주택의 대중적 점거, 임차료 파업, 자율축소운동, 자유라디오운동 등은 대중의 자율적 공간을 창출하고 새로운 수단들을 전유하는 투쟁들이었다. 이러한 운동의 흐름 속에서 사회센터들의 단초가 나타나게 되었다. 즉, 노조와 연계된 주택점거와 임차료 파업 과정에서 주택투쟁위원회(Comitati di Lotta Per la Casa)가 종종 조직되었고, 이 조직들은 이웃공동체에서 노동자 가족의 추방이나 공공서비스(전기)의 중단을 막는 역할을 했다. 또한 대도시의 주변구역들에서는 수천 명의 빈민들이 불법점거지(무허가 정착지)에 살았으며, 나중에 사회센터들이 많이 생긴 밀라노, 볼로냐, 로마 등에서는 소규모의 점거시도들이 계속되어왔다.

이런 와중에 1975년과 1976년 사이에 밀라노에는 52개의 프롤레타리아청년서클(Circoli di Proletariato Giovanile)들이 생겼다. 이들은 (나중의 사회센터들처럼) 주변적인 노동자 계급 구역들에 집중되어 있었지만 하나의 방에서 활동을 전개했다. 이들은 '아우토노미아'[4] 집단의 주변적인 일부를 이루고 있었다. '아우토노미아'의 중심부가 정치투쟁에 집중하고 있을 때 이들 급진적인 활동가들은 1975년 밀라노의 빈민이웃 지역에 버려진 건물에 들어가 그곳을 청소하고 자신들이 달성하고 싶은 것을 선언문을 통해 발표했다. 이것이 사회센터의 시작이었다.

그 이웃 지역은 유치원이나 도서관, 방학(계절)학교, 진료소, 그리고 회의 및 콘서트를 조직할 공간이 없었다. 점거자들은 시공무원들과 지역주민들

---

4) 이 시기에 생겨난 '아우토노미아' 집단은 마르크스주의의 이탈리아판이라고 할 수 있는데, 노동 거부와 대표 거부, 그리고 보장임금 요구 등을 주장하면서, 공장들과 시 지역들에서 대항권력으로서 노동자의 자율성을 창조하고 건설하자고 주창했다. 이 집단은 로마, 밀라노, 파두아, 볼로냐 등지에 강하게 뿌리내리고 있었다. 이 집단은 작업장들, 대학들, 학교들에서 강력한 정치활동을 전개했고 공산당과 공산당계 노조인 노동총동맹(CGIL)을 포함한 기존 제도 전체를 반대해나갔다.

을 자신들의 사회센터에 초대했다. 그것이 바로 레온카발로(Leoncavallo) 사회센터로 목공작업소, 톱질학교, 영화관 그리고 다른 시설들을 열었다. 이 레온카발로 사회센터는 여러 번 축출되고 다시 재점거하면서 옮겨 다녀야 했다(Bregman, 2001: 1).

1979년까지 1970년대에 설립된 사회센터(1세대 사회센터)들 가운데 몇몇 만이 살아남았다. 그래도 그들은 1970년대 후반 동안 지역라디오들, 서점들, 정치집합체들의 네트워크를 만들어냈고 그에 기반을 두고 활동했다. 이 시기에는 자신들의 육체를 강력한 저항수단으로 사용하는 펑크운동의 지지자들을 포함한 비마르크스주의적인 집단들이 능동적으로 참여했다. 이들은 1980년대 후반 특히 1990년대 들어 (2세대) 사회센터들이 생겨날 수 있는 토양을 제공했다(Mudu, 2004: 921).

1970년대 말 운동 속에서 붉은여단의 무장행동과 국가의 억압으로 자율운동의 영역이 극도로 축소되었다. 그럼에도 살아남은 사회센터들은 대안적인 생활방식의 보루로서 1980년대 초·중반 근근이 생존했다. 1980년대 초반까지 설립된 사회센터 가운데 레온카발로 같은 몇 개는 1977년 운동에서 발전하여 전환되어왔고 다른 것들은 1980년대 초에 아나키스트 펑크들의 운동에 의해 점거되었다. 이 시기의 사회센터들은 어두운 메트로폴리탄 게토들에서 생겨난 대안적 사회성의 진정한 섬들이었고 1980년대의 사적 영역으로의 퇴조에 대항했다.

1980년대에 젊은이들은 낡은 노동자 계급의 퇴조와 그들의 부모 세대의 포디즘적인 공장 노동의 쇠퇴를 지켜보았다. 마약, 고립, 자포자기를 포함한 일종의 자해적인(self-inflicted) 고통도 겪었다(마약 남용의 문제). 공공공간의 사유화가 진전되고 경찰의 억압이 진행되면서 사회센터들에 대한 여론이 매우 적대적이었으며 사회센터들은 주변화되었다. 사회센터들이나 점거운동 또한 '사적 영역으로의 후퇴'를 경험하게 되었다(Membretti, 2003: 1~2). 정치적인 캠페인보다는 음악회 같은 문화행사를 주로 열면서 센터를 지키는 활동으로도 벅찼다.

그러나 사회센터들을 강하게 압박해나간 경찰의 행동은 오히려 사회센터에 대한 여론의 관심을 불러일으켰고, 공교육체계의 사유화와 공공 공간의 축소는 다시 점거의 물결을 확산시키게 되었다. 1985년 중등학교 학생들의 학교건물 점거로 나타난 새로운 학생운동(Membretti, 2007: 253)은 1970년대보다 훨씬 덜 이념적이었지만 퇴조의 물결을 반전시키기에 충분했다.

노동운동에서도 색다른 움직임이 1980년대 중반 이래 나타나기 시작했다. 임금과 노동조건을 방어하는 데서 기존의 노조들이 보여준 무능력에 대한 불만이 고조되어, 규모는 작지만 생기 넘치는 평조합원들 집단의 흐름이 만들어지고, 작업장에서의 직접행동과 자기조직화를 촉진하는 단위들이 창출되면서 작업장의 다른 부문들에도 확산되었다(라이트, 1997: 349). 이것들이 바로 작업장에 수립된 기층위원회들(Comitati di base: COBAS)이다. 1987년에 학교 교사들, 철도 직원들, 공공부문 노동자들에 의해 작업장에서의 직접행동과 자기조직화를 촉진하기 위해 시작된 이 운동은 알파로메오 공장을 비롯한 몇몇 공장으로 확산되었을 뿐 아니라 학교와 대학의 학생들에게까지 확산되었다(라이트, 1997: 350). COBAS는 스스로를 대안적 노조로 보는 시선들을 거부하면서 부활한 사회센터들 및 학생들과 연대하기 위해 노력했다. 이들은 공공노동자들의 파업권을 폐지시켰던 입법조치에 대항하여 투쟁했고 노동조합의 국가구조에의 합체에 대항하여 투쟁했다. COBAS의 힘은 1992년 가을, 노조와의 합의를 통해 연금, 의료보조 등의 사회적 지출을 줄이려고 한 정부의 경제정책에 대한 항의파업에서 정점에 이르렀다(조정환, 2004). COBAS의 발생과 더불어 점거가 활성화되고 사회센터들이 많이 생겨났다.

1989년 레온카발로 사회센터에 대한 경찰의 공격이 가져온 여론의 관심증대, 1990년 대규모 항의 시위 이후에 이탈리아 대학들에서 점거시도들을 가져온 '팬더'운동의 등장[5]은 1990~1993년 사이에 점거들을 확산시켰다. 즉, 학교들과 대학들의 학생집단 안에서 교육시설의 사유화에 대항한 점거흐름은 자주관리하의 점거를 가져왔고 1990년 이래 대중행동에서 유사한 흐름을 가져왔다. 이러한 흐름 속에서 1980년대 후반 이후 많은 사회센터들이 생겨났고 1990년대 동안 그 활동이 활성화되었다. 특히 지방대학은 항상 사회센터운동의 성장에 기여해온 주요한 요소였다 (Mudu, 2004: 928).

(3) 사회센터의 분포

1990년대 중반 사회센터의 숫자는 약 150개로 이야기된다. 2001년 6월 당시에도 150여 개의 사회센터가 있었다고 한다. 그 숫자는 정확하지 않고 10% 정도의 가감이 있을 것으로 생각된다. 1985년에서 2003년 사이에 두 달 이상 지속된 사회센터들의 총수를 조사해본 결과 262개 정도에 달했다고 한다(Mudu, 2004: 928~929). 현재도 150여 개 정도가 있으며 매일매일 사라지는(축출되는) 것들이 있고 새로 점거되는 것들이

---

5) 1990년 2월 로마동물원에서 표범이 탈주한 것과 동시에 나타났다고 해서 팬더운동이라고 불렸다. 이것은 수십 개의 대학들과 수천 명의 학생들이 참여했던 운동이다. 각 대학의 재정자립도를, 그리고 공교육과 사부문 간의 연계를 증대시키기 위한 대학개혁안이 사실상 대학의 공교육적 성격을 버리고 대학을 사기업처럼 움직이게 했다고 학생들은 반발했다.

있다.

현존하는 사회센터들의 대부분은 대도시 지역에 있으며, 전체의 50% 정도가 로마, 밀라노, 토리노, 볼로냐에 집중되어 있다. 지역적으로는 북부에 제일 많고 중부, 남부 순이다. 그리고 보수적이고 우익적인 전통이 있는 도시들에서도 사회센터들이 생겨났다. 그럼에도 로마의 경우를 보면, 사회센터들이 전통적으로 친노동자적이고 친공산당적인 구역들에 집중되어 있으며 이것은 사회센터의 분포가 계급구조와 정당구도를 반영하고 있다고 할 수 있다(Mudu, 2004: 930~931).

(4) 사회센터의 성원들

사회센터들은 유사한 정치적 친밀도에 근거하여 네트워크를 만들어왔다. 대개의 사회센터들은 정치적인 극좌파(아우토노미아)에 가깝고 공산주의자들이나 아나키스트들로 이루어져 있다.

사회센터의 점거자들은 보통 특별한 주도적인 일을 하게 될 때 기꺼이 돕는 수십 명의 동조자들 및 거주자들의 지지를 받는다. 덧붙여 친구들과 함께 오거나 특별한 행사에 참여하는 일시적인 방문자들 대중이 있다. 레온카발로에는 매년 10만 명 정도의 방문객이 찾아오고 있다(Membretti, 2003: 3). 밀라노에서는 28개 사회센터들이 네트워크를 형성하고 있는데, 1995년과 1996년 사이에 한 달에 한 번 이상 사회센터에 방문한 사람들이 약 1만 명쯤 되었다. 이곳에서 사회센터 참여자들 1,400명에게 질문한 결과, 18~25세 참여자가 50%를 넘었지만 26~35세 사이의 참여자들도 30%나 되었고 이 수치는 다른 운동조직과 비슷한 것이었다.

남성들이 수적으로 여성들보다 많았고 여성 10대들이 남성 10대들보다 더 많이 참여했다. 반 이상이 부모와 살고 있었지만 여성들은 남성들보다 더 독립하여 살았다. 거의 90%가 미혼이고, 대학을 졸업한 사람은 10%가 안 되었다. 대부분이 일시적이든 정규적이든 직업을 가지고 있었는데, 특히 자영업이 아주 많았다. 밀라노에서 사회센터 참여자들은 주변의 다른 사람들과 비슷한 구성을 보이며 주변자나 일탈자로 볼 아무 근거가 없었다(Ruggiero, 2000: 173). 북부와 중부에 있는 사회센터들에는 모든 계급의 사람들이 방문하는 것에 비해서, 남부의 사회센터들은 압도적으로 사회의 가장자리에 살고 있는 사람들의 지지를 받고 있다(Maggio, 1998: 234).

그러나 어떤 사회센터의 성원들은 매우 이질적으로 구성되어 있다. 베니스에 있는 모리온(Morion) 사회센터는 성원들이 특히 색다른 사람들로 이루어져 있다(Wright, 2007: 16). 더 이상 학생이 아닌 학생들, 더 이상 단순히 실업상태에 있지 않은 실업자들, 더 이상 고전적인 의미에서 노동자가 아닌 노동자들로 이루어져 있다. 물론 그 안에서 이주노동력은 완전한 시민권을 지닌다. 정규적 방문자들과 일시적 방문자들의 비율은 연령, 성, 교육수준, 계급에 따라 다르다. 최근 이주자들이 사회센터들에 많이 들어오고 있다.

1970년대 중반과 1980년대 초반에는 아우토노미아(와 자유라디오방송국들)에 가까운 집단들과 아나키즘 운동에 가까운 집단들이 주로 사회센터를 이루고 있었다. 그러나 1990년대 들어서 사회센터들의 정치적 지도는 훨씬 복잡하고 다기해졌으며, 아우토노미아 흐름은 불복종파(Disobbedienti)와 COBAS와 연계된 운동으로 나뉘어졌다.

그래서 오늘날 사회센터 운동은 정치적 지향과 관련해서 다섯 개의 집단들로 나누어볼 수 있다(Mudu, 2004: 930~931). 애초에 뚜떼 비앙께(Tute Bianche; White Overalls)라고 부르다가 2001년 제노아 반G8 시위 이후 이름을 바꾼 '불복종파들'이 있다. 이들은 1988년 12월에 이른바

'밀라노헌장'[6]을 채택한 일단의 사회센터들이 중심이 되었다. 두 번째 집단으로는 2001년 3월 만들어졌고 COBAS와 긴밀하게 협력하는 '전 지구적 권리를 위한 네트워크'가 있다. 세 번째 집단으로는 친아나키즘 집단이 있다. 네 번째 집단으로는 2003년에 '유로반대파(Europposizione)' 라고 이름붙인 레닌주의적 경향을 지닌 집단이 있다. 다섯 번째로는 그 어떤 경향으로도 정체화할 수 없는 사회센터들이 있다.

사회센터들 가운데 가장 빨리 성장한 집단인 불복종파는 네그리의 '대중(Multitude)'(Negri and Hardt, 2004)에 관한 이론화를 채택하고 실천행동에서는 생체정치와 신체정치와 같은 주제들에 상당히 집중한다. 이들은 이단적인 마르크스주의적 전통(아우토노미아)을 주창하며 서구자본주의 경제가 포드주의에서 포스트포드주의로의 이행기를 경험해왔다고 주장한다. 이들은 제도들과 형식적인 관계들을 가지며 그들 지지자들 가운데 일부는 밀라노, 로마, 베니스의 시의원에 당선되기도 했다. 정치적으로는 이들은 특히 PRC(재건공산당)와 가깝다.

'전 지구적 권리를 위한 네트워크'는 아우토노미아의 로마분파와 전에 연관되어 있던 집단들이 만들었다. 이 네트워크는 COBAS와는 관계를 맺고 있으나 PRC와는 관계하지 않으며, 이 집단의 성원들은 어떤 형태의

6) 1988년 12월 19일 동북부 지방과 로마에 있는 일군의 사회센터들(파두아의 Pedro, 메스트르의 Rivolta, 밀라노의 Leoncavallo, 그리고 기타. 로마에서는 Corto Circuito)이 모여 사회센터의 방향에 대해서 논의하고 다음과 같은 내용의 일차적 목표를 정한 헌장을 채택했다. ① 미등록 남녀 이주자들이 '일시보호센터들' 바깥으로 자유롭게 다닐 권리, ② 부정된 사회적 권리들의 실행과 연관된 공격의 비범죄화. 자산남용의 비범죄화. 감금과 총체적 제도들의 논리로부터 벗어나는 운동의 일부로서 심각하게 아픈 죄수들과 에이즈를 앓는 환자들을 감옥에서 석방할 것, ③ 보장된 시민최소임금의 도입.

상향책임위임 형태에도 반대한다. 계급구조 안에서 진행 중인 해체과정을 분석하면서 이른바 노동력의 프롤레타리아화를 증명하고 육체노동과 지식노동의 동등평가를 위해 압력을 행사하려고 한다.

아나키즘 집단들은 국가제도들과 어떤 종류의 대화도 거부하며 자신들의 구조의 어떤 형식화도 거부한다. 또한 자신들이 너무 온건하다고 판단하는 운동들과도 대화를 거부한다.

유로반대파들은 반제국주의적인 성향을 지니고 있으며, 자신들을 1970년대 자율운동의 정당한 계승자라고 느끼고 있다. 그리고 자신들의 분석을 마르크스주의적인 계급범주에 근거하고 있다.

어느 정파에도 속하지 않은 사회센터들이 있는데, 이들은 사실상 정치적인 색깔을 벗어난 집단들로서 반문화적인 활동들을 한다. 반문화적인 네트워크를 이루고 있는 이들은 문화적 언어와 정보기술의 혁신, 독립음악의 촉진, 발전 및 윤리적 생활방식에 대한 대안적 모델들을 강조한다. 이들 반문화적인 사회센터들은 다른 정파적 사회센터들과 문화적인 측면에서 많은 공통점을 지니고 있다(Montagna, 2006: 297).

(5) 사회센터의 활동

사회센터들은 토요일 밤에 있을 수 있는 가장 좋은 장소이다. 그러나 사회센터들은 이탈리아에서 정치적 전투성이 점증하는 기반이기도 하다. 사회센터들에는 문화와 정치가 함께 쉽게 뒤섞인다. 즉, 직접행동에 관한 논쟁은 거대한 야외파티로 변하고, 패스트푸드 노동자들을 노조로 조직하는 대회 옆에서는 난장파티(rave)가 벌어진다.

① 점거와 자유의 공간

점거는 법률을 깨면서 부정된 것, 즉 공간을 얻는 것이다. 불법점거하여 그곳에 자신들이 하고 싶어 하는 것을 해나가는 것이다. 당연히 자본주의 국가와 시장이 원하는 것과는 대립하는 것들이 이루어지게 된다. 오히려 점거된 곳들을 몰아내려고 할 때마다 경찰과 매체의 관심이 사회센터들에 주목하게 만든다. 그래서 좌우파 간의 뜨거운 논쟁이 뒤따르고, 한 곳에서 축출되면 오히려 다른 더 커다란 곳을 점거하여 더욱 주목을 끌게 된다 (Ruggiero, 2000: 174). 지금도 여러 사회센터들이 새로이 점거하고 축출되고 다시 점거하는 일을 반복하고 있다. 한 사회센터의 생존은 외부공격, 예를 들어 파시스트 집단들이나 경찰로부터의 공격에 의해서 위험해지기도 한다. 현존하는 사회센터들의 반 이상이 설립된 이후에 적어도 한 번은 그런 공격을 당했다

그럼에도 이렇게 점거하려는 동기는 무엇보다도 '함께 있으려는, 그리고 사교하려는' 욕망이다. 오히려 정치적 캠페인에 대한 관심은 그 다음이다. 사회센터에 참여하는 것을 동료들과 쟁점들을 토론하고 사회적 고립을 피하는 중요한 방식으로 생각한다는 것이다.

그러다 보니 사회센터들은 생산 및 조절 구조에서 근본적인 변화를 가져왔다. 사회적으로 노동자들이 거대하게 집결하는 공장은 점차 줄어들었으며, 전통적인 경험구성체의 장소 — 가족, 학교, 당, 공장 — 는 약화되었다. 사회센터는 이러한 흐름을 가속화하는 공간들이다. 새로운 사회적 구성을 위한 쇼윈도일 뿐 아니라 다른 문화들, 생활스타일들, 행동들의 실험실들이고 새로운 정치행동들의 실험실들이다.

포르테 프레네스티노 사회센터의 경우, 점거 직후 점거지를 운영하는 문제, 즉 관리 문제가 등장하자 곧바로 관리총회를 구성했다. 이 총회는

이런저런 정파로 기울지 않은 열린 구조를 지향했다. 관리총회가 구성되면서 첫 번째 문화적 발의들이 이루어졌다: 언어강좌, 거리극장·인형극장·영화공간 등에 대한 세미나, 스스로 순회하는 집단들에 의한 첫 콘서트들 등. 이 사회센터를 활성화하는 사람들은, 콘서트 프로그램·하드코어 유입·DIY(do-it-yourself) 순회공연과 접촉하는 펑크들에서, 핵권력·반군사주의·제3세계주의·신좌파·검열·정신치료 등에 관한 논쟁들을 들여온 1970년대의 다양한 정치적 경험을 한 사람들까지 다양했다(Wright, 2007: 11).

사회센터들은 문화적인 측면에서의 활동을 강조하는데, 소통이 모든 실천에서 아주 중요하기 때문이다. 음악이 특히 사람들을 결집시키는 중요한 요소로 작용한다(Wright, 2000). 그리고 공적 공간이 부족한 도시들에서 사회센터들은 교육의 장소들이기도 하다. 다양한 표현방식들과 정서적 소통을 통한 자기교육이 이루어진다. 또한 1977년 운동에서 태어난 '자유라디오' 가운데 일부가 사회센터들에 의해서 운영되어왔으며 새로운 것들이 개국하기도 했다. 물론 서평지들, 잡지들, 소책자들이 증식되어왔다. 또한 벽에 다양한 글씨와 그림을 그리는 그라피티(graffiti) 작가들이 있는데 (Brighenti, 2007) 이들은 사회센터들에 소속되어 있는 것은 아니지만 사회센터들이 초청하면 와서 작업하기도 한다.

1993년에 점거지들의 합법화를 위해서 사회센터들과 지방정부 사이의 협상이 시작되었다. 몇몇 사회센터들은 그런 협상에 계속 반대했지만 대개의 사회센터들은 그러한 협상을 승인하고 (운동 안에서 그리고 사회센터들과 몇몇 지방정부들 사이에서) 장기적인 대결과정을 따라갔다. 점차 몇몇 사회센터들은 불법으로 점거했던 소유물들과 공간들을 사용하도록 공식적으로 허용되었다. 1998년까지 기존 사회센터 가운데 약 50%가 점거 소유물의 사적 소유자 또는 더 자주 공적 소유자들과 협약에 들어갔다. 사회센터들은 직접행동 방식을 강조하지만 점거지에서의 활동을 계속해나가기 위해서 합법화의 길을 모색하는 것이다(Traïni, 2003).

물론 점거지의 합법화를 지향하는 밀라노의 레온카발로와 나폴리의 오피시나 99가 주도한 '사회센터대회'와 점거지의 합법화에 대항한 전국 선언을 만들기 위해 토리노의 엘 파소에서 만난 점거자 집단 사이에 차이가 있다. 1994년 메이데이에 토리노에서 노동에 반대하는 전국모임이 있었고 볼로냐에서 1995년 6월에 다른 모임이 있었다. 이들 모임에서는 '적게 일하고 모든 사람이 일하자'라는 슬로건에 대해서보다는, 노동으로부터의 즉각적이고 총체적인 해방에 대해 논의했다.

또한 내부적으로는 사회센터들의 가장 큰 위험은 사회의 나머지 부분들로부터 고립되는 것이다. 음악회와 다른 공적 활동에 정규적으로 참여하는 수천 명의 사람들을 각 사회센터 안에서 수십 명(때로는 수백 명)의 '정규성원'들이 수행하는 일상적인 일로 끌어들이는 데 어려움이 있다. 그 외에도 도시청년들로 이루어진 사회센터들의 '자연적' 고객 외부의 사회적 주동자들과 소통하고 또 그들로부터 배우는 일도 있다. 최근 사회센터들이 취한 주요한 발의들 가운데 일부는 주거, 일자리, 인종주의, 많은 도시경관 속에서 공원의 부족과 같은 문제들을 둘러싸고 일어나며, 자신들의 지역공동체와 도시들 안에 동맹건물(alliance-building)을 짓는 것을 포함하고 있다(라이트, 1997: 351~352).

사회센터들은 일반적으로 제도적인 좌파정당들과 연계되는 데 어려움이 있었고 더 보수적이거나 네오파시스트적인 정당들과는 확연하게 선을 그었다. 현재 사회센터들은 PRC의 공개적인 지지를, 그리고 좀 덜하지만 이탈리아 공산주의자당(PdC)과 녹색당의 지지를 받고 있다.[7] 전쟁, 신자유주의, 시민권 등에 대해 모호한 태도를 취하고 있는 좌익민주당(PDS)과의 관계는 특히 어렵다(Mudu, 2004: 923).

② 자가생산과 자주관리

사회센터들은 사회적·정치적·문화적 행사들을 자가생산하고 자주관리하며, 모든 관련 결정들을 일반 공중에게 공개된 모임들(보통 매주 열리는)에서 한다. 비싼 상업적 회로를 벗어나 함께 모이려는 바람이, 모든 사회센터들 지지자들이 주장하는 욕구이자 권리이다. 사회센터에 참여하는 사람들은 종종 음악이나 연극 등의 새로운 문화적 트렌드들에 대한 창조적 추동력을 따라가게 된다. 사회센터들은 종종 문화적 트렌드를 시작하도록 도와주며 참여자들은 이를 통해 다른 사람들과 결합하거나 더 광범한 범위의 사람들에게 알려지게 된다.

사회센터들에서 이루어지는 활동들을 정리해보면 ① 정치적 논쟁과 논의행사들, 법적 조언, ② 이민자들과 집시들을 위한 연대행동, ③ 콘서트, 영화클럽, 전시, 도서관, 술집, 식당, ④ 노인을 위한 디스코텍과 무도장, ⑤ 리허설 룸과 녹음실, 극장, 체육관, ⑥ 레코드, 시디, 책, 잡지, 만화의 생산과 분배, ⑦ 음악, 사진, 요가, 리눅스 등의 연구과정 등이다(Mudu, 2004: 926).

사회센터들 안에서 생산은 소규모 독립경제의 형태로 이루어진다. 몇몇 사회센터에서 생산된 옷은 특정한 로고들을 담고 있는데 이것들은 그 자신의 특정 소비부문을 지니고 있다. 어떤 학자는 생산과 소비, 생산자와 소비자의 구분이 모호하고 겹쳐 있는 이러한 생산-소비를 특징짓기 위해

---

7) 1991년 이탈리아공산당은 전당대회를 통해 좌익민주당으로 개명했고, 그에 따라 일부 전통적 공산주의자들이 PRC로 분리해 나왔다.

'생산-소비자(pro-sumer) 경제'라는 신조어를 만들어내기도 했다(Ruggiero, 2000: 175).

자신들의 활동을 재정지원하기 위해서, 사회센터들은 주로 문화행사 동안에 싼 값의 스낵과 술을 팔아서 자금을 모은다. 어떤 사회센터의 지지자들이 '자원봉사' 노동자일 때 그들은 정규 임금이나 봉급을 받지 않는다. 1990년대 중반까지는 자원봉사자들만이 사회센터들에서 활동했고 임금이나 봉급 소득자는 보이지 않았다.

최근 몇몇 사회센터들이 정규 자원봉사자들 일부에게 임금을 지불하기로 결정했고, 레온카발로 사회센터에서는 40명의 활동가들(그들 가운데 많은 사람이 이주자들이다)에게 임금을 지불하고 있다(Membretti, 2003: 3). 임금을 받는 사람들을 '자원봉사-노동자'라고 부를 수 있으며, 외부 직업으로 소득을 올리면서 센터에서 남는 시간에 자유로이 일하는 임금을 받지 않는 사람들을 '순수 자원봉사자'라고 부를 수 있을 것이다(Membretti, 2007: 258). 더욱이 소수의 사회센터들이 공적이고 사적인 후원 형식들을 받아들여 왔다. 로마에 있는 한 사회센터는 매주 여는 디스코텍 저녁행사에서 회사의 후원을 받고 있다.

대개의 사회센터들은 임금노동에서 벗어나야 한다는 데에는 동의하지만, 모든 사회센터들에서 가장 펑키화된 곳에서조차 사람들은 스스로 일을 한다. 물론 이러한 일을 노동 대신 인간활동이라고 부른다. 노동으로부터의 해방은 공동체 안에서 정말 자율적인 활동에 참가할 수 있도록 해준다. 파두아에 있는 페드로(Pedro) 사회센터는 모든 일을 노마드캠프와 함께했고 그 사람들로 하여금 이탈리아에 머무를 권리를 획득하도록 하는 데 성공했다. 이러한 경험 위에서 로마 지역의 사회센터들과 함께 몇 가지 최소 서비스들을 하는 집합적 기획들을 만드는 데로 나아갔다.

사회센터의 다양한 활동들은 전적으로 참여자들의 자발적인 기반 위에서 이루어지며, 그 활동들은 협동, 연대, 상호부조 정신에서 움직인다. 경우에 따라 다르지만, 대개의 사회센터들은 비위계적인 합의 결정에 따라 움직인다. 그리고 사회센터들은 채식주의적 철학을 채택하는 경향이 있는 반면 개인들의 상이한 생활스타일에 대해서는 널리 수용한다.

그리고 모임들은 공중에 공개된다. 모든 사람이 말할 수 있어서 갈등이 규칙이고 진행은 종종 지루해진다. 그러한 의사결정 과정이 난점을 지님에도 모든 사람들이 받아들이는 유일한 조직양식은 바로 이것이다. 사회센터들이 처음 점거하여 운동을 시작할 때에는 참여자들의 이동률(순환율)이 아주 높은데, 이것은 오히려 관료적 조직에 대한 대안을 가능케 해준다.

그럼에도 사회센터들의 젠더구성과 관련해서 보면 여성들이 아직 소수라는 것을 부정할 수 없다. 몇몇 사회센터들에서 당연시되는 지도자들의 등장과 센터 간 소통의 어려움으로 인해 센터들 사이의 조정의 정도가 낮은 편이다. 전국단위 운동체와 연계된 사회센터들이나 지역 단위에서 네트워크를 형성하고 있는 사회센터들이 있다. 그렇지 않은 사회센터들은 정기적인 교류를 하지 않으며, 외부공격이 있거나 특별한 행사나 시위를 준비할 때에만 교류하는 경향이 있다. '불복종파'들은 '전 지구적 권리를 위한 네트워크'와 느슨한 지지관계를 계속 맺고 있으나, 이 두 운동집단은 레닌주의적인 집단과 친아나키즘 집단과는 거의 접촉하지 않는다.

그리고 몇 가지 종류의 위계구조를 종종 사회센터들 사이에서 그리고 사회센터들 안에서 발견할 수 있지만, 사회센터운동 전체로서는 '다중심적인 비위계적 네트워크'에 대한 탐색이라고 할 수 있으며, 이 네트워크 구조는 사회센터운동의 가장 흥미로운 측면이다. 각 사회센터는 활동가들, 동조자들, 일시적 방문자들의 네트워크의 중심적인 마디(노드)라고 할 수 있으며, 그러한 각 노드들은 이런저런 사회센터에서의 행사들에 참여하기 위해서 넓은 지역으로까지 기꺼이 여행하려는 비공식적 서클을 이룬 일시적 방문자들의 동정적 태도에 근거한 집합적 주체성(정체성)을 만들어내는 역할을 한다. 사회센터들은 특정한 이웃으로부터만 방문자들을 유혹하는 단순한 만남의 장소에서 밀라노에 있는 레온카발로나 로마에 있는 포르테 프레네스티노 같은 국제적으로 잘 알려진 허브에까지 걸쳐 있다.

이 네트워크의 또 다른 주요한 특징은 빠른 동원력이다. 사회센터들은 아주 짧은 기간 안에 조직된 콘서트나 난장파티에 5,000여 명을 끌어들일 뿐 아니라 신자유주의 정책에 대응할 때면 마찬가지로 그 정도 모인다. 사회센터들은 시위대가 트럭 위에 실은 음향 시스템에서 나오는 음악에 맞춰 축제를 벌이고 춤추는 거리행진을 조직함으로써 오래된 관습적인 시위절차들과 정치적 소통코드들을 혁명화했다. 정당들도 이러한 시위양식들을 즉각 흉내 내고 넘겨받았다. 공식적인 중도-좌파정당들과는 달리 그들은 공공공간에서 정치행사들을 조직하는 데 몇 주, 몇 달을 필요로 하지 않았다(Mudu, 2004: 927). 대중들을 직접 빠른 시간에 동원하여 함께 움직이는 직접행동을 강조했다.

③ 시장 및 국가와의 관계

사회센터들은 잘 곳이나 어디엔가 갈 곳이 필요한 사람들 누구에게나 항상 피난처(안식처)를 제공하도록 열려 있다. 보안상의 이유나 주위에 아무도 없기 때문에 종종 문을 닫고는 하지만 말이다. 사회센터들은 비영리이고 반자본주의적인 실체들이다. 대개의 사회센터들은 이벤트를 통한 어떤 이익도 자신들의 최소 지출비용에 지불하거나 투옥된 동지들을 돕는 데 지불한다. 대개의 사회센터들이 콘서트나 레이브에 입장하는 데 3달러를 받고 맥주나 음료는 1달러이며 음식은 무료이다.

사회센터들은 청년들의 결집방식과 정치적 표현양식들을 바꾸어놓았다. 이들의 창조적 능력은 자본주의 시장에게도 매력적인 것이 되었다. 자본주의적 레코드 산업은 사회센터들에서 생겨난 그룹들 가운데 일부를 흡수했으며 몇몇 나이트클럽은 사회센터들의 콘서트 공간의 특수한 환경을 흉내 내게 되었다.

1990년대 후반에 들어서 자주관리 사회센터들이 표현했던 혁신적인 생산을 제공하는 상업적인 공간들이 열리게 되었다. 사회센터에서 생겨난 많은 음악집단들이 거기에서 활동했고, 다른 한편 사회센터들은 공식적인 구조가 이미 인정한 것들을 표명하게 되었다. 사회센터들을 재정지원하기 위한 필요에서 대중적 매력을 끌고 종종 레코드 산업에 편입되는 음악집단들이 일부 생겨났다. 공식적 회로의 정당한 재전유라고 주장하는 사람들이 일부 있지만, 이것은 종종 모순을 불러일으킨다.

사회센터들의 정치적 목적과 유동적인 사용자 대중 사이의 분리의 위험이 지적되기도 한다. 그럼에도 사회센터들은 자본주의 시장에 흡수되지 않는, 상품체계를 벗어난 주고받기가 이루어지는 장소를 제공한다. 사회센터들은 시장과 관련하여 자신들의 방식으로 새로운 관계를 만들어간다. 생산·유통과 관련하여 '사회적' 전 지구화를 시도하기도 한다. 그와 관련하여 국제적인 관계네트워크는 1980년대 초에 아나키스트펑크들이 시작했는데, 1980년대 후반 이후 사회센터들의 특징이 되어왔다.

쇼, 콘서트, 자가생산된 물품의 교환과 연대라는 이 네트워크는 1977년 운동 당시에 할 수 없었던 국제적인 회로를 사용한다. 새로운 기술 덕분에 시장생산에 비교될 만한 질을 지닌 레코드, 시디, 비디오, 그리고 평가들이 생산되며, 자본주의적 교환을 벗어난 사회센터들과 다른 장소들이 유럽과 미국을 가로질러 확산되었고 모든 것을 상품으로 만든다는 생각과는 반대로 유사한 종류의 자가생산물품 시장을 설립해내고 있다. 우편주문 카탈로그들과 상점들을 사용해서 말이다(Maggio, 1998: 235).

그리고 사회센터들은 국가통제로부터도 분명하게 벗어난 곳이다. 사회센터들은 정부와 경찰이 관할할 수 없으며 센터 사람들 자신이 하고 싶은 무엇이든 탐닉하는 데서 자유롭게 느끼는 무료 자율지대들이다. 1980년대에 사회센터운동은 펑크록에 의해 부추겨졌다면, 1990년대에는 광적인 광경(rave, 무대)이 우세했다. 기본적으로 사회센터는 어떤 표현형식에도 열려 있다.

예를 들어 마약문제가 가장 두드러지게 쟁점으로 나타난다. 사회센터들은 마약문제에 관한 정치적 캠페인을 조직하기도 했는데, 특히 마리화나(삶마약)의 합법화에 대한 캠페인을 전개하기도 했다. 밀라노의 사회센터들은 사회센터 안에서 마리화나를 판매하되 개인판매를 거부하고 가격과 판매절차를 사회센터들이 집합적으로 결정하기로 했다. 사회센터 참여자들은 80% 이상이 마리화나의 합법화를 주장하고 그것을 색다른 생활스타일이라고 주장했다. 물론 코카인이나 헤로인 같은 죽음마약 밀매자들을 사회센터에서 정기적으로 몰아내곤 했다. 환각제(ecstacy)에 대해서는 비난하지는 않았지만 대다수가 문화와 정치에 필수적인 것이라고 보지는 않았다(Ruggiero, 2000: 175).

국가와의 어떤 거래도 거부하는 사회센터들(적대자들)과 그것을 지지하는 사회센터들(타협자들) 사이의 깊은 틈이 1994년 1월 1일 멕시코 원주민의 봉기에 의해서 만들어진 대중적인 열정의 파고 속에서 부분적으로 메워지기도 했다. 즉, 국가와의 관계에서 차이를 보이는 사회센터들이 치아파스 봉기에 대한 연대와 지원이라는 운동에서 동등한 사회센터 간의

'연대'가 다양한 방식의 '참여와 공동개입(involvement and sharing)'을 통해서 거대한 운동을 만들 수 있다는 가능성을 보여주었다. 즉, 탈국가적인 운동을 해나갈 수 있었다.

사회센터들은 1999년 11월 시애틀 WTO 반대시위로부터 오늘에 이르기까지 세계적으로 진행되고 있는 전 지구화 과정들에서 색다른 방향으로 밀어왔으며 국제적인 장에서 활발한 역할을 해왔다. 이 과정에서 사회센터운동은 현대 웹기술이 제공한 온라인 소통양식에 크게 혜택을 입었다. 전반적인 반신자유주의 운동 안에서 사회센터운동의 위상은 증가해왔으며, 2001년 7월 제노아 G8 정상회담에 대항한 항의에서 수십만을 동원하는 데 실질적인 기여를 했다(Mudu, 2004: 932). 온라인 정보 및 자료 네트워크인 ECN(유럽대항네트워크, European Counter Network)이 1990년대에 만들어져 작동하고 있다. 또 다른 것으로는 사이버넷(CyberNet)이 있다. 이 네트워크들은 수많은 사회센터들의 특수한 웹사이트들에 범례를 제공하는데, 이 웹사이트들은 중요한 행사들에 관한 정보를 제공해준다. 전 지구적 인디미디어(Indymedia) 네트워크의 이탈리아 마디(노드)는 사회센터들과 밀접하게 연결되어 있다.

④ 지역사회와의 관계

지역 수준에서 사회센터의 활동은 두 가지 형식을 띤다(Montagna, 2006: 300~301). 예를 들어 리볼타 사회센터의 경우, 갈등적인 문제들과 관련하여 집합행동 형식을 띠고 지역의 적대자들을 겨냥한다. 지역 슈퍼마켓에서의 지불액의 (협상에 의한) 축소, 도로상의 방책(장애물) 설치, 시위, 화학공장의 오염에 반대하는 청원, 미등록 이주자들의 병동 및 억류센터들에 대한 사보타지 행동, 인종차별집단들 및 네오파시스트들에 대한 공격 등으로 이루어진 주택점거, 공공운송요금에 대한 '티켓 스트라이크', '쇼핑에서의 할인'을 조직했다.

다른 한편으로 사회센터들은 지역에서의 합의조직과정에 나서기도 한다. 사회센터들은 교육프로젝트들, 이주자들에 대한 상담, 무주택자에 대한 지지와 같은 자발적인 활동들을 벌여왔다. 1994년 레온카발로를 시작으로 제도적 지원을 받으면서 이러한 것들이 좀 더 형식적인(공식적인) 조직들에 의해서 이루어지게 된다. 지역제도들과 관계를 만들어나가는 경우 제도적인 재정지원에 의거한 많은 조직들과 협회들이 새로이 설립된다. 제도들, 규칙들, 법령들과 공식적인 관계와 접촉을 포함하는 이러한 과정은 제도적인 자리에 사람을 임명하는 등의 일을 해야 한다. 레온카발로에서는 이러한 일들을 하기 위해서 '레온카발로 재단'이 설립되어 활동을 시작했다(Membretti, 2007: 254).

또한 사회센터들은 지역주민들을 위한 활동을 하며 죄수나 난민, 망명자들과 같은 소수자들을 위한 지지네트워크를 제공하며 그들을 위한 다양한 서비스들을 제공한다. 국가가 기피하는 공적인 서비스를 제공하는 것이다.

그런데 점거지의 합법화 이후 일부 사회센터 활동가들이 지방의회들에 진출하기도 했다. 베니스, 로마, 밀라노에서 뚜떼 비앙께 지도자들을 포함한 유명한 사회센터활동가들은 이제 시의회의원이 되었다.

그들의 주장에 따르면, 국민국가는 위기에 처해 있고 전 지구적 권력 앞에서 약해지고 있으며 조합권력도 부패하고 있다. 그런데 우익이 더 커다란 탈중심화를 향한 강한 지역정서를 장악해왔다고 한다. 이러한 분위기에서 전 지구적 수준(예를 들어 G8)에서 책임지지 않는 비대표제적인 그런 권력들과 대결하면서 동시에 지역(사회센터들이 시위원회를 만나는 곳)에서 좀 더 책임지고 참여적인 정치를 재건설하는 이중전략을 취해야 한다고 한다(Klein, 2002: 226). 점차 지역주민과의 유대활동뿐 아니라 지역정치에 개입해나가기도 하는 것이다.

⑤ 논쟁점들

사회센터들 안에는 다양한 논쟁들이 있다(Romano, 1998: 238~241). 이러한 논쟁들은 단순히 게토 속에서 안으로 숨어드는 것이 아니라 오히려 센터 바깥에 있는 사회성원들의 생각들이 응축되어 있다는 것을 보여준다.

점거공간을 어떻게 사용할 것인지를 두고 이견이 있다. 점거지를 도시들 안에 공공영역이 되도록 하려는 사람들과, 점거지를 무엇보다도 주택이나 사교와 같은 자신들의 일차적인 욕구를 만족시키는 점거장소로 보려는 사람들 사이의 이견이 있다.

점거공간의 합법화를 둘러싼 이견도 만만치 않다. 로마에 있는 몇몇 사회센터들은 점령한 장소들을 허가받으려고 다른 사회단체들과 함께 서명을 했다. 공식적인 인정을 받지 못하는 사회센터들은 축출될 위험에 직면해 있다. 더욱이 합법화는, 시의회와 협의하는 사회센터들은 좋은 곳이고 그렇지 않은 곳은 나쁜 곳이라는 구분을 만들어낸다. 사회센터들 사이에는 '유연한 제도화'(Membretti, 2007: 254~255)를 추구하는 실용적인 생각을 지닌 집단들과 제도와의 어떤 타협도 거부하는 집단들[8] 사이에 상당한 틈이 있다. 더욱이 북동지역에 있는 더 잘 조직되고 커다란 사회센터들 가운데 몇몇은 전체 운동을 통제하려고 시도해왔다.

'소비자'와 사회센터의 관계 문제도 있다. 예를 들어 어떤 사회센터에서

---

8) 합법화된 센터들이 적대적인 투쟁들을 수행할 수 있다고 생각하는 것은 바보짓이라고 하면서 맹렬히 반대하는 사회센터들도 있다(El Passo Occupato and Barrochio Occupato, 1995).

는 점거지 생활에 참여한다는 일종의 증거로서 콘서트 동안에 티켓/기부를 위해 지불하자는 사람들과 사회센터 성원들 자신의 주머니를 털어내는 것은 잘못이므로 사회센터와 관련을 맺는 모든 사람이 강제적이지 않은 방식으로 책임을 질 필요가 있다고 생각하는 사람들 사이에 한 달 이상의 토론이 이루어졌다.

정규 자원봉사자들에게 임금을 지불하는 것과 관련하여 공식 회로들 밖에서 임금소득논리와 적절한 전투성 형식과 관련하여 논쟁이 진행되었다. 또한 기업의 후원을 받는 것과 관련하여, 사회센터의 성장에 도움이 되는 한 타협을 받아들일 준비가 된 사회센터들(일부는 실질적인 회사를 설립하는 데까지 나아갔다)과 사회센터의 성장은 완전한 독립성을 확보해줄 절차들을 통해서 이루어야 한다는 원칙을 주장하는 사회센터들 사이에 날카로운 논쟁을 촉발시켰다(Mudu, 2004: 926).

노동에 대한 논쟁도 있다. COBAS와 협력하려는 사회센터들이 있고, 노동 자체를 비판하는 사회센터들이 있다. 노동거부는 전체 사회센터운동의 일차적 쟁점이다. '적게 일하고 모든 사람이 일하자'라는 슬로건에 대해서보다는, 노동으로부터의 즉각적이고 총체적인 해방에 대해 논의했다. 노동으로부터 벗어나려는 사람들은 COBAS와 대화하려고 하지 않으며, 대신 노동으로부터 벗어나는 개인적인 길들을 개척해간다.

보장된 최저임금에 대한 논의도 있다. 보장임금이나 시민최저임금은 단순히 존재한다는 사실 때문에 최소한의 생존수단에 대한 권리가 있고 그래야 생존할 수 있다는 것을 의미한다. 보장임금에 대한 논의는 이주자들과 에이즈 감염자들과 같은 전체 주체들에게로 확장될 수 있다. 그런데 기존의 최저임금을 원하는 사람들도 있지만 거부하는 사람들도 있다. 최저임금은 실업보조가 아니라 시민권 최저임금이어야 한다고 생각하기 때문이다(Wright, 2007:14~15).

그리고 여전히 '외부' 사회와의 관계를 다루는 방식과 관련하여 논쟁이 벌어지고 있다. 이웃공동체와 무관한 사회센터(일시적인 자율지대, Temporary Autonomous Zones: TAZs)(Bey, 1993)를 규정하고 세울 것이냐 아니면 반대로 고립이나 자기준거로의 경향을 막을 것이냐 하는 것이다. TAZ는 은밀한 사회활동, 난장파티나 다른 해프닝들과 관련하여 정부의 통제를 피하기 위해 사용되는 일시적인 점거지이다. 추적을 피하기 위해 해체했다가 다른 곳에 다시 세워나간다. TAZ와는 반대로 사회센터들은 자신들이 위치해 있는 이웃공동체의 문제들과 요구들에 집중한다. 물론 TAZ 규정이 사회센터들 안에서 광범위하게 돌고 있지만 적은 수의 사회센터들에서만 타당하다(Mudu, 2004: 934~935).

2) 대안세계화 운동: '뚜떼 비앙께'와 '야 바스타 연합'

사회센터들은 정치적·사회적 이단들의 장소(노드)들로 남아 있다. 그러면서도 연대운동을 활발히 전개해왔다. 이미 사회센터 자체가 존립하기 위해서는 지역사회로부터 고립되어서는 곤란하다. 따라서 지역주민들을 사회센터로 끌어들이는 다양한 활동을 벌여나가며, 지방정부나 국가의 지원제도들과도 다양하게 접촉하고 협상해나가기도 한다.

그러나 사회센터들은 지역공동체와의 결합을 넘어서 전국적 차원에서 그리고 전 지구적 차원에서 연대활동과 공동투쟁을 해나가면서 스스로 대안지구화를 향해 나아가고 있다. 지역적인 수준, 전국적인 수준, 전 지구적인 수준의 투쟁을 동시에 벌여나간다. 물론 사회센터들이 설립 초기에는 내부문제의 관리와 센터를 지키는 방어적인 활동을 해나가는 경향이 있지만, 특히 정치적인 지향을 지닌 사회센터들은 전국적이고 전 지구적인 차원에서 운동을 벌여나간다.

예를 들어 베니스의 포르토 마르제라 지역에 있는 리볼타(Rivolta) 사회센터의 경우 지역수준에서는 이탈리아 북동지역의 사회센터들과 자율주의적 공간들의 네트워크에 참여하고 지역의 사회적·정치적 조직들과 협력한다. 전국적 수준에서는 '불복종파' 운동에 속해서 활동하고 있으며, 초국적 차원에서는 유럽운동집단들, 미국활동가들, EZLN(사파티스타 민족해방군)과 같은 중남미 조직들과 접촉한다(Montagna, 2006: 298).

전반적으로 사회센터들은 1980년대에는 니카라과, 북아일랜드, 팔레스타인, 스페인 바스크민족해방운동과 연대했고 1990년대에는 치아파스, 팔레스타인, 쿠르드인들과 연대했다. 특수한 기획들을 위해서 자금모금행사를 조직하거나 관련 지역들에 대한 비디오와 정보소책자를 회전시킴으로써 연대를 추구할 뿐 아니라, 가능하면 언제라도 (니카라과의 경우처럼) 해당 나라들에 여행이나 작업캠프들을 통해서도 연대했다. 세계적으로는 팔레스타인인민해방전선을 포함하여 정치적인 자결기획들에 헌신하는 마르크스주의 집단들 그리고/또는 자유(해방)집단들과 연계를 맺었다(Mudu, 2004: 931).

그러나 일방적인 연대보다는 쌍방향 연대로 발전해나가고 색다른 전 지구적 결집형태로 나아가게 된 것은 사파티스타와의 연대와 대안세계화 운동으로의 전진이었다. 전통적인 연대정치와는 다른 쌍방향 연대로, 참여와 개입의 방식으로 진전했다

그러한 대표적인 조직으로 '뚜떼 비앙께'와 '야 바스타 연합(Ya Basta Association)'을 들 수 있다. 이 조직들은 사회센터운동에서 직접 발전해나왔다(Albertini, 2002: 587~591).

먼저 뚜떼 비앙께의 등장에 대해서 보자. 1994년 네오파시스트였던 밀라노의 시장은 점거된 레온카발로 사회센터의 철거를 지시하면서, "이제부터 점거자들은 도시를 배회하는 유령들 이상의 그 어떤 것도 아니게 될 것이다"라고 말했다. 사회센터의 활동가들은 이 말에 유머로 응답하기 위해 유령처럼 온 몸에 하얀 옷을 입고 거리로 나섰는데 이것이 뚜떼 비앙께의 탄생을 알리는 첫걸음이었다(조정환, 2004). 경찰의 공격에 대항한 뚜떼 비앙께의 시위와 다양한 전투적 저항으로 점거된 사회센터는 보호되었다.

뚜떼 비앙께는 자신들을 새로운 종류의 창조적인 비폭력 운동이라고 묘사하기를 좋아한다. 노동자 운동과 초레닌주의적 경험들에 뿌리를 두고 있으나, 권력장악 관념을 거부한다. 그들은 또한 일괴암적 모델을 거부하고 멕시코의 사파티스타, 특히 부사령관 마르코스의 영향을 받았다고 자랑한다.

뚜떼 비앙께가 출발 당시 전통적인 당들과 이탈리아 좌파 조직들은 점점 주변화되고 있었다. 뚜떼 비앙께는 처음부터 어떠한 여타의 정치집단들 및 당들과도 일체의 정치적 연계를 배제한다고 주장했다. 그들은 자신들이 고정된 계약도 없고 안전장치도 없으며 정체성의 근거도 없기 때문에 '비가시적(볼 수 없는)' 노동자라고 주장했다. 그들의 작업복의 백색(白色, 전통적인 푸른 작업복이 아니라 아래위 붙은 흰옷, white overalls)은 자본주의에서 배제된 사람들의 비가시성을 알리는 상징이 되었다. 그리고 그들의 노동(작업)을 특징지었던 이 비가시성은 또한 그들의 운동의 힘임을 증명했다.

뚜떼 비앙께는 자신들의 축제적 재능을 정치적 행동주의와 결합시켰다. 초기부터 거대 도시들에서 난장파티를 조직하고, 거대하고 카니발적인 댄스파티, 수천 명의 젊은이들이 밤새 춤추는 것을 유도하고, 거리에서 새로운 불안정 노동자들의 비참한 조건들을 고발했으며, 가난에 항의하며 모두를 위한 '보장소득'을 요구했다. 또한 뚜떼 비앙께는 시위와 함께 비합법 이민자들(사회의 또 다른 비가시적 구성원들)을, 중동에서 온 정치적 망명자들을, 그리고 여타의 해방 운동들을 조직하기 시작했다.

그와 같은 때에 경찰과의 심각한 충돌이 시작되었고, 뚜떼 비앙께는 상징주의라는 또 다른 천재적인 일격(stroke)을 생각해내었다. 그들은 경찰의 진압 스펙터클을 모방하기 시작했다. 경찰이 플렉시 유리 방패와 장갑차들 뒤에서 로보캅처럼 보이기 위해 폭동 진압 장비를 쓸 때, 뚜떼 비앙께 역시 하얀 무릎 보호대와 풋볼 헬멧으로 분장을 했으며, 자신들의 댄스용 트럭들을 기괴한 모의 전투 장비로 변형시켰다. 이것은 정치 활동가들을 위한 탈근대적 아이러니의 스펙터클이었다.

'야 바스타 연합'은 이탈리아 여러 도시를 연결하는 많은 그룹들의 네트워크(사회센터들과 시민단체들의 연합체)이다. 1996년 치아파스에서 열렸던 제1차 국제회의에 참가했던 이탈리아 투사들을 중심으로 형성된 이 네트워크는 사파티스타 투쟁을 지지함과 동시에 유럽에서 신자유주의에 대항하는 투쟁을 확산시킨다는 이중목적을 갖고 출발했다. 야 바스타 연합에는 페드로(파두아), 리볼타(메스트르), 레온카발로(밀라노), 코르토 키르퀴토와 포르테 프레네스티노(로마), 자파타와 테라 디 네수노(Terra di Nessuno) 등의 사회센터들이 참여했고, 1998년에 야 바스타의 투사들은 뚜떼 비앙께에 합류했다. 이것은 사회센터의 청년들, 실업자들과 임시직 노동자들, 일자리를 찾는 민중들을 신자유주의의 압박에 대항하여 결집시키는 것으로 작용했다.

뚜떼 비앙께는 1996년 8월 치아파스에서 열린 '인간을 위한 그리고 신자유주의독트린에 반대하는 제1차 국제회의'에 마르코스의 초청으로 갔다. 2차 회의를 유럽에서 조직하자는 사파티스타의 제안을 받아들여 조직에 들어갔다. 뚜떼 비앙께는 다른 많은 운동집단들과 함께 야 바스타 연합을 만들었고, 시정부·PRC·일 메니페스토의 지지 아래 베니스에서 모임을 조직하자고 제안했다. 1997년 1월 PRC 지도자 파우스토 베르티노티(Fausto Bertinotti)와 로마에 있는 사회센터 코르토 키르퀴토의 몇몇 대표자들의 치아파스 여행은 새로운 동맹을 봉인해버렸다. PRC는 한쪽 눈으로는 사회운동에 관심을 갖지만 다른 쪽 눈으로는 젊은 세대의 표를 구해보려고 했다. 반면 사회센터들은 '제도들 속으로의 대상정'을 생각하고 있었기 때문이다.

1998년 4월에는 야 바스타 연합이 멕시코로 갔다. 5월 6일 135명의 야 바스타 전사들은 라캉돈 정글의 심장부에서 5명의 국경경찰의 도로봉쇄를 물리쳤다. 보도자들이 떼를 지어 뒤따르면서 그들은 그 지역에서 (반사파티스타 준군사집단이 일정 기간 시민들을 테러화하고 있었던 곳) 좀 더 갈등적인 마을들 가운데 하나인 타니펠라(Tanipela)에 들어가서 밀고 당기기를 한 뒤 선동적인 언동을 하고 되돌아왔다. 야 바스타 연합은 멕시코 정부에 의해 추방되었지만 자신들을 알리는 데 성공했다.

뒤이어 뚜떼 비앙께는 사파티스타 민족해방군의 안전보호를, 라캉돈 정글에서 멕시코시티로의 역사적인 사파티스타 행진을 보호하는 유럽 호위 업무의 직분을 수행했다. 그들은 자신들과 멕시코 토착 원주민들 모두 전 지구적 자본이 만들어낸 새롭고도 폭력적인 현실 속에서 착취당하고 있기 때문에 그들과 동일한 투쟁을 벌이고 있음을 알게 되었다.

뚜떼 비앙께는 멕시코시티에서 자신들의 행동들을 신자유주의적 지구화에 반대하는 것으로 방향 짓는, 일관된 기획을 갖고 유럽으로 돌아왔다.

그렇게 1999년 시애틀에서 WTO 항의들이 폭발했을 때, 그들은 시애틀로 가서 미국 활동가들로부터 유럽에서는 좀처럼 사용되지 않았던 시민불복종과 비폭력 저항의 테크닉들을 배웠다. 시애틀에서 배운 이러한 적극적이면서도 방어적인 전술들이 운동의 아이러니하고 상징적인 혁신들에 덧붙여졌다. 뚜떼 비앙께는 치아파스에서 돌아와 퀘벡의 북부로 가는 등 자신들의 여행을 계속했으며, 니스에서 프라하와 예테보리에 걸쳐 유럽에서 있었던 모든 국제적인 정상 회담에 모습을 드러냈다.

뚜떼 비앙께는 사파티스타들이 말한 것처럼, 운동을 위한 새로운 정치적 전략들을 찾기 위해 걸으면서 물어야(caminar preguntando) 했다. 뚜떼 비앙께는 멕시코 봉기를 위한 지원 그룹들에 합류했고 사파타의 백마는 그들의 또 하나의 상징이 되었다. 뚜떼 비앙께는 그들이 나중에 "아래로부터의 외교"라고 불렀던 작전들을 통해 국제적이고 전 지구적인 영역 위에서 육체적으로(물리적으로) 행동하고 싶어했다. 그리하여 그들은 여러 차례 치아파스를 찾아갔다.

뚜떼 비앙께의 최종 종착점은 2001년 여름의 제노아 G8 항의들이었다. 그들은 항의의 중심 조직집단 가운데 하나였고, 여기에는 3,000여 명의 활동가들이 모였다. 뚜떼 비앙께는 정상 회담 장소를 향해 평화적으로 행진을 벌였고, 경찰이 최루가스, 곤봉, 실탄으로 그들을 공격했다. 하지만 그들의 아이러니한 모방이, 경찰 행동이 아니라 저강도 전쟁과 같은, 경찰의 무지막지한 폭력에 맞닥뜨렸다. 시위대들 가운데 한 사람인 카를로 지울리아니(Carlo Giuliani)가 경찰에 의해 피살되었다. 경찰의 폭력에 대한 분노가 이탈리아와 유럽 전역에서 절정에 이르렀고, 경찰의 잔인성을 처벌하기 위한 법정 심리가 그 후로 오랫동안 계속되었다.

뚜떼 비앙케와 야 바스타 연합은 국제적이고 전 지구적인 정상 회담들을 둘러싼 커다란 항의들을 조직하는 데 한몫을 담당했다. 그들은 항의 운동들을 확산시키기 위해 작업했고, 그것들에 정치적인 일관성을 부여하려고 노력했었다. 그리고 그들은 항의들을 방어하고 그들의 공격성을 반생산적인 폭력으로부터 벗어나게 해서 좀 더 창조적인 — 종종 아이러니한 — 표현 형식들을 향해 나아갈 수 있도록 노력했었다.

신자유주의 전 지구화에 반대하는 운동 안에서 사회센터들의 중요성은 순식간에 수천 명을 동원할 수 있는 그들의 능력에 있다. 지방 시위에서도 수천 명이 거리로 나와서 신선한 사회적 공간들을 사용할 수 있게 만들고 전 지구적인 정치적 공간을 위해 압력을 가하는 노력에서 배운 것을 가지고 새로운 이해와 실험을 진지하게 지속해나간다(Mudu, 2004: 933).

2001년 제노아 투쟁 이후 뚜떼 비앙께와 야 바스타 연합은 해체를 결정했다. 뚜떼 비앙께는 자신들과 같은 그룹이 대중의 운동들 속에서 지도부처럼 행동해야 했던 시기는 지나갔다고 결정했다. 뚜떼 비앙께와 야 바스타 연합이 해체된 뒤 성원들은 '불복종파'로 넘어갔다. 이 불복종파는 여전히 사회센터운동의 주요 구성부분이며 이주권리를 위한 적극적인 활동을 벌이고 있다.

4. 결론: 사회센터운동의 의의

사회센터운동은 평등한 개인들의 미시사회가 생존할 수 있고 또 번영할 수 있다는 것을 보여준다. 또한 사회센터들은 소수자들의 행동을 나타낸다 할지라도 지배적 원환들을 벗어난 실험장소들이다.

1980년대에는 사회센터는 일부 청년의 분노를 모아서 일련의 문화적 실재로 변형시키는 저항의 포켓들이었다. 1990년대에는 사회센터들은 네트워크화된 도시들 안에서 공적 공간으로서 자신들을 다르게 만들어가며, 자신들의 개인성을 유지하면서 복합공간을 점거하여 일련의 요구들을 실현해나갔다. 복지국가의 위기 속에서 사회센터들은 헤로인과 사회적 욕구와 같은 문제들에 접근할 뿐 아니라 주택, 소득과 같은 일차적인 욕구를 위한 촉매가 되어왔다. 그리고 사회센터들이 사실상 항상 주변화에 대한 대안을 만들어냈다. 예를 들어 60세 이상의 노인이 많은 트리에스테 같은 도시에서 사회센터들은 노인들을 위한 만남공간들을 제공했듯이 말이다.

사회센터는 준합법적인 그리고 종종 불법적인 존재로 특징지어지며 그들의 직접적 생존은 국가에 대항하여 그들의 정치적 전망과 존재를 지지하는 공동체에 의거한다. 사회센터들은 정치적 집결장소일 뿐 아니라 복지국가를 벗어나고 화폐의 매개에서 벗어나서 자연과 조화를 이루는 것을 생산할 수 있는 사회적 협동의 네트워크를 만들어내는 자가생산의 장소들이다. 더욱이 사회센터들에서 발전하는 사회적 협동양식(변화지향, 문화와 지식의 중심성 등)은 주변적인 것이 아니라 모든 노동력에 적용되는 조건이 되고 있다. 자주관리, 자가생산, 사회적으로 유용한 노동 등 사회센터에서의 경험을 통해서 이러한 협동양식이 발전해나간다.

사회센터운동은 공적 공간의 중요성과 상품으로 축소될 수 없는 사회관계양식의 중요성을 깨닫게 해주었다(Maggio, 1998: 236). 상이한 정체성들이 공존하면서 오히려 특이성을 향해 나아갈 수 있는 공간을 보여주었다. 물론 이웃공동체에 개방하지 않는 사회센터들이 있다는 문제점도 있고, 사회센터들 안에서 여성들은 자신들의 특수한 필요를 위한 공간을 획득했지만 다른 소수자들은 그렇지 못하다는 문제점도 갖고 있다. 더욱이 페미니즘과 프롤레타리아청년집단이 제기한 재생산 문제를 충분히 발전시키고 해결해나가는 데는 어려움이 있다(Maggio, 1998: 237). 그럼에도 자율적인 젊은이들은 사회센터들을 통해 권력을 장악하려고 하기보다는 직접행동을 통해서 국가와 대결하는 동시에 대안적인 국가서비스 — 난민보호와 지지 — 들을 제공하는 활동을 활성화하게 되었다

이러한 활동을 해온 점거된 자주관리 사회센터는 1970년대에 생겨나 1990년대에 확산된 것으로 사회위기에서 태어난 이탈리아운동의 혁신적 형식이었다. 독일, 스페인, 영국, 스위스, 네덜란드, 덴마크 등에서도 사회센터운동이 확산되고 있지만, 미국에서는 뉴욕을 제외하면 전혀 없다.

이탈리아의 사회센터들은 전반적인 반-제도운동의 일부로서 대도시의 어느 구역의 한 건물을 점거하는 것이어서 점으로 존재하는 것처럼 보이고 게토로 비치기도 한다. 그러나 사회센터들은 지역공동체와 관계를 활성화하고 나아가 새로운 토론 및 활동을 위한 공간을, 더욱이 색다른 협동양식들을 만들어냄으로써 게토가 아니라 새로운 정치로 개방하는 창문이 되고 있다(Klein, 2001). 특히 사적으로 그리고 공적으로 소유된 빈 소유물들을 자본주의적 토지투기에 대한 대안으로 혁신시키는 데 기여한 점이 특기할 만하다. 더욱이 사회센터 활동가들은 뚜떼 비앙께, 야 바스타 연합 같은 운동조직을 만들어서 대안세계화 운동에 나서기도 했다.

이러한 사회센터운동은 작은 움직임들이 결국은 전 지구적 차원의 움직임에까지 변형되어가는 과정을 보여준다. 한 국가 안에서 내부의 탈영토화된 지대를 만들어 자유의 공간을 구성해나가면서 동시에 지역적·전국적·전 지구적 규모의 운동을 통해 탈국가적 운동을 해나가고 있다. 게다가 새로운 협동양식과 생활양식들을 실험해나감으로써 지금 여기서 색다른 코뮌을 만들어나가고 있다. 이러한 움직임은 국가 권력을 장악하려는 혁명

적 실천과는 달리 국가로부터 벗어나는 다양한 대안적인 미시코뮌들을 창조함으로써 국가의 지배력을 약화시켜갈 수 있는 방법이기도 하다.

이러한 사회센터운동을 조직모형과 관련해서 보면, 중심을 지닌 조직형태가 아니라 다양한 마디들을 지닌 네트워크 투쟁을 통해서 위계화된 기존 사회를 변형시켜 가는 다원적인 무리지성(Swarm Intelligence)의 방식을 생각해볼 수 있을 것이다(Negri and Hardt, 2004).

수많은 독립적인 세력들이 각각 특정한 지점에서 모든 방향으로부터 뛰쳐나와 싸움을 하고 그리고 나서 환경(배경) 속으로 사라져 버리는 네트워크 공격을 하는 주체를 무리라고 묘사할 수 있다. 새로운 네트워크형 정치조직들에서 나타나는 무리들은 상이한 창조적 개별자들 대중으로 이루어져 있다. 대중의 구성원들은 서로 소통하고 협동하기 위해서 같은 것이 되거나 자신들의 창조성을 부정할 필요가 없다. 그들은 인종, 성, 성애 등에서 서로 다른 채 있다. 그러한 다양한 복수성의 소통과 협동에서 생겨날 수 있는 집합적 지성을 구성해나가는 것이 필요할 것이다.

이탈리아 국가 안에서 국가를 벗어나서 활동하는 사회센터들, 그곳에서 나온 운동가들은 바깥으로도 국가를 넘어서 대안세계화 운동에 개입한다. '탈국가'라는 발상에서는 국경을 넘는 것만이 중요한 것이 아니라 국가 안에서 국경을 파괴하는 내부의 분자적 운동도 중요하다. 불법점거와 색다른 삶을 살아가는 사회센터 활동가들과 거주자들의 '탈'국가 방식은 멕시코혁명군을 호위하며 대안세계화 운동을 더욱 빛내는 뚜떼 비앙께와 야바스타 연합의 전 지구적 운동과 함께 가면서 지구 속에서, 제국 속에서 색다른 삶을, 대안을 만들어가고 있다.

참고문헌

가타리, 펠릭스. 1998. 『분자혁명』, 윤수종 옮김. 푸른숲.

_____. 2000. 「권력구성체의 적분으로서 자본」. 윤수종 옮김. ≪진보평론≫, 제6호(겨울).

_____. 2005. 「통합된 세계자본주의와 분자혁명」. ≪진보평론≫, 제26호(가을).

네그리 안토니오·마이클 하트. 2001. 『제국』. 윤수종 옮김. 이학사

라이트, 스티브. 1997. 「짐승의 심장에서 살기: 이탈리아의 사회센터들」. 이원영 편역. 『이딸리아 자율주의 정치철학』. 갈무리.

서관모. 1984. 『현대 한국 사회의 계급구성과 계급분화: 프티부르주아지의 추세를 중심으로』. 한국사회학회. 도서출판 한울.

_____. 1985. 「한국 사회 계급구성의 사회통계적 연구」. 한국산업사회연구회. ≪산업사회연구≫, 제1집.

윤수종. 1996. 「이탈리아의 아우토노미아 운동」. ≪이론≫, 제14호(봄).

_____. 1998. 「분자혁명과 투쟁방향」. ≪비판≫, 제3호.

_____. 2000. 「파업의 일상성」. ≪진보평론≫, 제3호(봄).

_____. 2001. 「여성운동과 진보의 방향: 1970~80년대 이탈리아의 자율적 여성운동의 전개를 중심으로」. ≪진보평론≫, 제7호(봄).

_____. 2003. 「독일 자율운동의 전개과정과 그 함의」. 한국산업사회학회 엮음. 『사회이론과 사회변혁』(김진균 교수 정년기념논총 1). 도서출판 한울.

_____. 2004. 「제국시대의 대중운동」. ≪마르크스주의 연구≫, 창간호.

윤수종 외. 2005. 『우리 시대의 소수자 운동』. 이학사.

조정환. 2004. 「이탈리아 자율주의 운동의 흐름과 전망」. ≪동국대대학원신문≫, 2004년 11월호.

카치아피카스, 조지. 1999. 『신좌파의 상상력』. 이재원 옮김. 이후.

_____. 2000. 『정치의 전복』. 윤수종 옮김. 이후.

포르투나티·레오포르디나. 1997. 『재생산의 비밀』. 윤수종 옮김. 박종철출판사.

Albertani, Claudio. 2002. "Paint It Black: Black Blocks, Tute Bianche and Zapatistas in the Anti-globalisation Movement." *New Political Science*, Vol.24, No.4.

Bey, H. 1993. *TAZ: The Temporary Autonomous Zone, Ontological Anarchy, Poetic Terrorism.* New York: Autonomedia.

Bozich-Owens, Kay. "Cheap, Hip, and Not a Tourist in Sight: Raise Your Consciousness

While Having Fun at Italy's Social Centers." www.fazed.com/travel/social_centers (검색일 2008년 5월 20일).

Bregman, Adam. 2001. "Social Centers, Community Spaces, and Squats From 'Italy's Cultural Underground'." *Alternative Press Review*, Vol.6. No.1. www.altpr.org/apr14/social_centers.html(검색일 2008년 5월 20일).

Brighenti, Andrea. 2007. "Emergent normativities in a crew of graffiti writers." The Law and Society Association Law and Society in the 21st Century International Conference. Berlin, 24~28 July 2007.

El Passo Occupato and Barrochio Occupato. 1995. "Against the legalization of occupied spaces." www.omnipresence.mahost.org/occupied.htm(검색일 2008년 5월 20일).

Elsevier, B. V. 2006. "Management and self-activity: Accounting for the crisis in profit-taking." *Critical Perspectives on Accounting*, Vol.17, Issue. 7(November 2006).

Klein, Naomi. 2002. "Italy's Social Centers." *Fences and Windows*. New York: Picador.

Lumley, Robert. 1990. *State of Emergency*. London: Verso.

Maggio, Marvi. 1998. "Urban Movements in Italy: The Struggle for Sociality and Communication." in INURA(ed.). *Possible Urban World*. Basel: Birkhauser-Verlag.

Membretti, Andrea. 1996~1997. *Centri Sociali Autogestiti: territori in movemento*. Università degli Studi di Pavia.

_____. 2003. "Centro Sociale Leocavallo, The Social Construction of a Public Space of Proximity." www.republicat.net(검색일 2008년 5월 20일).

_____. 2007. "Centro Sociale Leocavallo, Building Citizenship as an Innovative Services." *European Urban and Regional Studies*, Vol.14, No.3.

Mitchell, Tony. 1995. "Questions of Style: Notes on Italian Hip Hop." *Popular Music*, Vol.14, No.3(Oct. 1995).

Montagna, Nicola. 2006. "The de-commodification of urban space and the occupied social centres in Itay." *City*, Vol.10, No.3(December 2006).

Mudu, Pierpaolo. 2004. "Resisting and Challenging Neoliberalism: The Development of Italian Social Centers." *Antipode*, Vol.36, No.5.

Negri, Antonio and Michael Hardt. 2004. *Multitude: War and Democracy in the Age of Empire*. New York: The Penguin Press.

Pruijt, Hans. "Squatting in Europe". 2004. (english version) Lopez and Adell(eds.). *Donde estan las llaves? El movimiento okupa*. Madrid: La Cartarata.

Romano, Alessandre. 1998. "Liberated spaces: possibilities for liberating everyday life." in INURA(ed.). *Possible Urban World*. Basel: Birkhauser-Verlag.

Ruggiero, Vincenzo. 2000. "New social movements and the 'centri sociali' in Milan." *The Sociological Review*, Vol.48, No.2.

Social centres. 2008. www.affinityproject.org/practices/socialcentres.html(검색일 2008년 5월 20일).

Traïni, Christophe. 2003. "Les Centres Sociaux Occupés te les forces de l'ordre. Un répertoir d'action italien dans la polyphonie altermondialiste." Colloque "Les mobilisations altermondialistes." 3-5 décembre 2003. www.afsp.msh-paris.fr/activite/groupe/germm/collgermm03txt/germm03traini.pdf(검색일 2008년 5월 20일).

Wright, Steve. 2000. "A Love Born of Hate: Autonomous Rap in Italy." *Theory Culture Society*, Vol.17, No.3.

_____. 2007. "A Window Onto Italy's Social Centers." *Affinities: A Journal of Radical Theory, Culture and Action*, Vol.1, No.1.

제16장

초국적 페미니즘

지구화 시대 연대의 진보적 확장

이나영

중앙대학교 사회학과 교수

1. 서론

2009년 '여성'이라는 용어는 이념적인 차원에서 낡은 혹은 지나치게 급진적인 양가적 가치관을 상징하는 것으로 여겨진다. 제도적인 차원에서는 떼어버려야 할 거추장스러운 것이거나 '보편적 인권'이라는 개념으로 대체되어야 하는 것으로 취급된다. 동시에 우리는 특정한 '여성' 집단은 배제되면서 또 다른 '여성'이 새로운 대표성을 지니는 정권을 맞이했다. 관념적으로 여성이라는 것과 생물학적 여성, 정치적 의미의 여성의 의미가 상징적 투쟁을 하는 시대로 후퇴한 지금, 필자는 다시금 그 '여성'이라는 의미를 재고하게 된다. 이는 집단으로서의 '여성'이 어떻게 이해되며 실질적으로 유인, 활용, 배제되는지, 그 방식과 과정에 대한 엄밀한 관찰과 정치적인 작업을 요구한다. 다양한 가치가 효율성과 경쟁력, 건설과 (신)발

* 이 글은 ≪경제와 사회≫, 제70호에 실린 논문을 수정·보완·확장한 것이다.

전의 논리로 수렴되고, '복지 없는 성장', '극단적 시장자유주의에 대한 믿음', '양극화의 만개'가 묵도되는 현재 '진보적 연대'란 과연 무엇인지 또한 되짚어보게 한다.

이 글의 목적은 신자유주의 지구화 시대의 수혜자이자 중심에 서 있는 대한민국에서 초국적(transnational) 페미니스트 정치학이 지니는 의의와 이것이 한국의 진보연대에 던지는 함의를 살펴보고자 한다. 지구화 시대 경계를 넘어 침투하는 자본과 물리적 힘의 일방적 확산을 여성의 관점에서 주목해온 일군의 페미니스트들은 신제국주의적 힘의 논리에 따라 지속적으로 재생산되는 국가 간, 주제 간 불평등한 권력관계를 비판해왔다. 특히 초국적 페미니스트들은 그 이론적 뿌리를 탈식민주의 여성주의(postcolonial feminism)에 두면서 차이(들)와 경계를 넘은 여성연대의 가능성을 비판적으로 모색해왔다.

사실 식민지 경험을 공유하거나 식민성에 대해 지속적으로 성찰해온 주체(타자)들에 의해 구성된 탈식민주의 이론은, 식민지 잔재와 잠재적 식민성의 해체를 위한 실천력뿐 아니라 정체성의 이동과 구성방식, 권력과 지식생산 양식의 관계, 민족주의와 여성과의 관계 등을 탐구할 수 있는 이론적 자양분을 제공해왔다. 특히 일방적 힘의 역학관계가 생산해내는 억압과 불평등에 대한 문제 제기와 저항, 전복이라는 공동의 이해는 탈식민주의와 페미니즘을 결합시킨 토대가 되어왔다. 따라서 탈식민주의가 지닌 잠재적 몰성성 및 남성우월주의 등의 한계에도 불구하고 페미니즘은 탈식민주의와 전략적 제휴를 지속할 수 있었던 것이다.

오늘날 우리는 동양/서구, 식민 지배국/종속국, 백인/흑인(유색인종), 자본가/노동자, 정주자/이주자, 남성/여성 등의 단순한 이분법적 사고로는 이해되거나 분석되지 않는 중첩되는 수많은 경계들 속에 놓여 있다. 성별,

인종, 국적, 성적지향성, 이데올로기 등의 경계는 독립적으로 존재하는 것이 아니라 서로 얽혀서 '나'라는 주체의 정체성과 일상을 관통하고 중첩된 경험의 결들을 생산한다. 또한 경험의 중첩성은 다름과 차이에 대한 신중한 재고를 요구한다. 그러므로 초국적 페미니스트 정치학을 논한다는 것은 지구화 시대에 '경계', '국가', '식민성', '차이' 및 '횡단'과 '연대'를 말한다는 것들 사이의 분절성과 연관성을 보여주는 작업이다.

필자가 서구에서 생산된 이론으로 한국의 페미니스트들 및 진보주의자들과 의사소통하고자 하는 것은 무비판적 서구추수주의를 지향하고자 함이 아니다. 서구 안에서 서구 중심성에 대한 균열을 가하는 페미니스트들의 논의와 한국의 페미니즘이 생산적인 만남을 하기를 바라며, 더 나아가 지식의 공유뿐만 아니라 실질적으로 다양한 주체/타자들과 연대하기를 진심으로 희망하기 때문이다. 생산적인 이론이란 좁게 그어진 지역적 경계 안에서만 구성되거나 화석화된 것이 아니다. 이론은 경계를 넘어서 경계의 작동방식과 효과를 탐구할 수 있는 것으로 늘 재구성되어야 하며, 경계 밖의 다른 이론들과의 긴장된, 그러나 너그러운 만남을 통해 지속적으로 재생산되어야 한다.

더 나아가 필자는 진보적인 이론이란 경계 밖의 절대 타자를 연구하는 것이 아니라, '타자'가 구성되는 방식에 대한 탐구 및 타자성을 해체해가는 과정을 목표로 해야 한다고 믿는다. 그러므로 이 글의 궁극적인 목적은 진보적 지식 생산 및 이를 기반으로 하는 진보연대 (재)구성에 대한 일종의 참견이 될 것이다. 구체적인 사례 분석이 아니라 초국적 페미니즘의 개념화를 주목적으로 하므로 논의의 추상성이 지니는 한계를 미리 밝혀두고자 한다.

2. 초국적 페미니즘: 지구화와 초국적 자본에 대한 비판적 인식과 저항적 연대에 대한 전제

지구화는 자본과 노동, 정치학과 경제, 국가와 시장, 그리고 국제관계 등의 변형을 가져오는 과정이자, 거스를 수 없는 역사적 대세라는 믿음을 갖게 하는 이데올로기이다(Pettman, 1999). 특히 국제적 금융자본을 필두로 초국적 기업의 자유화로 진행되고 있는 자본 운동의 초국경화는 지구화의 지배적인 측면으로 볼 수 있을 것이다(조희연, 2005: 229, 241). 지구화 과정이 아래로부터 민중들의 힘을 약화시키면서 위로부터 지배적 힘을 강화시키는 방향으로 진행되면서(조희연, 2005: 241), 중심부-주변부 간의 불평등한 관계를 정당화하고 심화시켜온 것은 사실이다. 그러나 단일화된 초국적 자본의 흐름과 패권적 힘의 일방적 작동방식이 지구화를 심화시키는 부정적 측면이라고 본다면, 이에 대한 반동으로 일어나고 있는 지역적 차별화는 지구화의 또 다른 특징인 지역화로 요약될 수 있을 것이다. 지역화는 아래로부터의 연대 및 저항이라는 긍정적 측면의 움직임 또한 유발시키고 있다(Wilson and Dissanyake, 1996: 1).

많은 페미니스트들은 서구 제국주의 확장의 새롭지 않은 역사의 연장선상에서 현재의 지구화를 비판적으로 인식하고, 성별화된 지구화 과정과 이를 정당화하는 이데올로기에 주목해왔다. "지역 국가의 경제가 하나의 거대한 지구 자본으로 급속하게 통합됨으로 인해 야기되는 불평등한 경제구조"의 심화와 문화 간의 접합과 충돌을 성별관점에서 사고해왔던 것이다(Jaggar, 2001). 페미니스트들은 신자유주의 경제논리하에 이루어지고 있는 초국적 자본의 분배가 결국 현재의 '불평등한 성별, 인종, 섹슈얼리티의 축'을 따라 이루어지고 있으며, 이를 재생산하는 기제로 작동하는 것을 경계한다(Henessy, 2000). 연장선상에서 필자는 역사적으로 볼 때, 현재의 지구화가 경제와 문화의 외피를 입고 식민지 없는 식민지를 지속적으로 건설하면서 정치적 힘을 확장하는 제국주의의 변형된 형태라고 개념화한다. 그러한 신제국주의 시대에 심화, 확대되는 (재)식민화와 내부식민화, (재)타자화의 문제, 초국적 폭력과 일방적 무력침공, 이를 통한 신식민지의 구축으로 나타나는 지구화의 현실, 초국민국가적으로 진행되고 있는 여성노동의 착취 문제, 다른 방식으로 등장하는 인종차별의 문제 등에 페미니스트들이 적극 개입해야 한다고 본다.

이처럼 지구화의 억압적이고 부정적인 측면에 저항하기 위해 페미니스트들은 지역적 경계 안에서만 머무르지 않고, 경계를 넘어 움직이는 다양한 흐름들 속에서 유동하는 억압의 지점들과 초국적 부정의(injustice)에 맞서는 초국적 여성운동을 고민하게 되었다.[1] 사다위(Saadawi)는 '초국적주의(transnationalism)'를 전 지구적 "자유와 평화를 위해 국경을 초월하여 같이 일하고, 투쟁하는 것"이라 정의한다. 이는 세계를 분리시키고 국가 간의 경제 불평등을 심화시키는 지구화의 문제점을 인식하고 대응하고자 하는 '초문화적 의식(cross-cultural consciousness)'이자 '시민사회 안의 운동, 조직, 단체들 간의 관계'를 지칭하므로, '아래로부터의 지구화(globalization from below)'라고 볼 수 있다(Saadawi et al., 2000: 4~15). 지구화가 자본의 흐름과 상품의 유통을 촉진시킬 뿐 아니라 다양한 국가의 활동가들을 연결하는 정보와 아이디어, 사람과 영향력의 흐름 또한 증대시킨다고 볼

1) 이는 조희연이 주장한바, 지구적 차원에서 노동자 계급의 주체화적 재구성 과제와 유사성을 지닌다. 그는 노동자 계급은 지구화에 맞서 일국적 노동자 계급의 균열을 극복함과 동시에 초국민국가적인 노동자 계급의 주체적 자기구성의 과제를 지닌다고 주장하고 있다(조희연, 2004: 212~213).

때(Keohane, 2002: 194) 초국적 연대는 지구화의 또 다른 효과라고 볼 수 있다. 초국적 연대체의 활동가들은 자국의 조직 및 자원에 의해 지원을 받는 동시에 제약을 받기도 하지만, 국경을 넘어 다양한 정보와 아이디어, 인력을 교환하면서 운동을 추동하고 확산시켜 결국 지역 운동의 새로운 정체성과 행동(action) 양태, 틀을 구성하게 된다(Tarrow, 2005: 2~3). 지구화의 부정적 측면을 국제적으로 환기시키고 정책결정론자들에게 영향을 미치며, 인권, 노동, 사회정의, 환경문제를 다루는 단체들과 초국적으로 연대하면서 국제기구에 여성주의 관점을 반영하고자 하는(Moghadam, 2005: 4) 페미니스트들의 학분석 노력과 유기적인 연대활동을 필자는 초국적 페미니즘이라 정의한다. 일국의 정치와 정책이 외부의 다양한 초국적 흐름들과 긴밀히 연관되어 있는 현 시점에서 여성연대에 대한 학문적이고 이론적인 범주를 제공하는 연대의 정치학으로서 초국적 페미니즘은 다음의 몇 가지 구체적인 특징을 지닌다.

3. 초국적 페미니즘의 인식론적 특징

1) 정체성에 관한 인식: 차이'들'의 정치학

1970~1980년대 서구의 많은 페미니스트들에게 페미니스트 정치학은 '차이의 정치학'이라 인식되었다. 이때 차이의 정치학은 보편주의와 총체성(totalism), 단일성을 거부하는 것으로, 그동안 배제되어왔던 주변부 주체들이 자신들의 정체성을 되찾으며 정치적 세계에 진입함을 의미했다(Hekman, 1999: 20). 그리하여 차이의 정치학은 '정체성의 정치학'이라고

불리기도 한다. 이는 물론 여성의 경험이라는 것이 이성애 중심의 백인 중산층 페미니스트들의 배타적 경험만을 반영하며 구성된 것이라는 레즈비언 페미니스트들과 유색 페미니스트들의 문제 제기와 연관이 있다. 즉, 그동안 여성들 간의 차이의 문제가 모든 여성을 하나로 연결시킨다고 가정되어온 성별 차이에 기반을 둔 억압이라는 헤게모니 아래 감추어져 왔다는 비판적 인식하에, 페미니스트 이론화 작업과 여성운동의 역사에서 주변화되어온 다양한 목소리들에 주목하자는 함의가 들어 있다. 남성과 대비되는 차이와 절대적 조건의 평등에서 더 나아가, 사회적으로 구성되는 다양한 차이들의 지점을 재인식하고 재평가하는 작업인 것이다. 페미니즘은 이러한 차이의 정치학을 통해 '성적 차이를 비롯한 다양한 범주들의 차이들을 존중'하는 '다름의 평등'을 실현하고자 했다(이영자, 2000: 16).

그러나 당시 정치적 행위자들 간의 정체성의 차이는 그들 간의 행동의 차이를 구성하는 요소였는데, 이는 단일한 정치적 행위로서의 페미니즘이 더 이상 불가능함을 또한 시사한 것이기도 했다. 하나의 이론은 비어 있는 공간에서 나온 것이 아니며 당시의 시대적·문화적·정치적 맥락 안에서 생성된 것이다. 이를 충분히 고려한다 할지라도 '오늘날'의 관점에서 차이의 정치학이 지닌 문제점을 몇 가지 지적해볼 수 있을 것이다.

우선, 차이의 정치학은 획일적이며 단일한 총체성을 거부하면서 차이를 구성하는 정체성의 구성성을 인정하지만, 사실은 근대적 개념의 차이, 서로 겹쳐지거나 공유될 수 없는 배타적 차이라는 개념에 기반을 두고 있다는 사실이다. 그리하여 차이들 간의 교차지점을 보는 대신, 하나의 차이라는 지점이 지닌 정치적 위치성을 강조한다. 또한 다양한 종류의 억압이 있음을 인식하고 있으나, 하나의 억압이 지니는 우선성을 상정하므로 '부가적 모델(additive model)'이라고 비판받기도 한다. 정체성들 간의 근본적인 경계를 상정함으로 인해, 정치적 운동에서 다른 정체성에 기반을 둔 집단들 간의 연대는 불가능한가 하는 질문을 낳았다. 더불어 차이의 정치학은 사실 정치적 전략뿐만 아니라 '우리'라고 정의되는 집단은 누구이며 '우리'를 정의하게 하는 방식과 세계는 무엇인지, 이때의 우리가 보는 세상은 어떠한지 등과 연관된 존재론과 인식론적인 질문을 통해 정치적 행위와 행위자라는 개념을 재정의해야 할 과제를 남겼다.

그리하여 성차를 기반으로 좁게 정의된 차이의 정치를 넘어서고자 했던 페미니스트들은 '차이들(differences)'로 논의의 쟁점을 옮겨왔다. 주체들이 처한 다양한 모습의 억압들과 모순적 위치성에 대한 깨달음에서 나아가, 정체성의 관계적 측면, 위치성과 상황에 따라 고정되거나 재규정되는 측면, 그리고 혼성적(hybrid)인 모습 등 정체성에 관한 지속적인 이론화작업을 결과했다. 이는 포스트모더니즘 혹은 후기구조주의의 주체, 정체성, 진리, 권력과 지식생산 등에 관한 논의의 영향에 힘입은 바 크다. 더불어 '유색인종 페미니즘(women of color)'과 '탈식민주의 페미니즘'의 인종, 국가, 민족, 문화 간의 경계와 차이에 민감한 페미니스트 지식 생산은 초국적 페미니즘의 여성정체성에 관한 이론적 토대를 형성해왔다.

프리드만(Susan S. Friedman)의 논의를 근거로 페미니스트들의 정체성에 관한 논의를 거칠게 정리해보면 다음과 같다. 첫째, 페미니스트들은 먼저 여성들이 성별에 의한 억압뿐 아니라 인종, 계급, 민족, 섹슈얼리티 등에 기반을 둔 다양한 종류의 억압을 받고 있다고 인식하기 시작했다. 둘째, 페미니스트들은 '주체의 다양한 위치(multiple subject positions)'에 대해 주목하기 시작하면서 억압의 교차성과 정체성의 교차성을 보기 시작했다. 이는 다양한 정체성의 범주들이 어떻게 교차하면서 한 주체를 구성하는가에 대한 인식을 동반한다. 즉, 인종, 민족, 계급, 성별, 섹슈얼리티가 어떻게 교차하면서 '나'라는 주체를 구성하는가를 탐구하는 것이자 다양한 억압의 교차지점을 보는 것과 연결되는 작업이었다.

셋째, 페미니스트들은 주체의 '모순적 위치(contradictory subject positions)'에 주목했다. 이는 주체의 구성에서 현상적 정체성의 경험들 사이에 모순이 존재하고 그러한 모순적 위치들이 서로 충돌하고 경합한다는 것에 대한 인식이었다, 넷째, '관계성(relationality)'에 대한 인식이다. 페미니스트들은 정체성이 유동적이며 일시적으로 고정되거나, 권력관계에 의해 잠정적으로 규정된다고 주장하기 시작했다. 이는 1990년 초반 당시, 주체의 정체성 자체가 고정되거나 안정적이라는 가정에 근거하고 있는 페미니스트 입장론(standpoint)에 대한 비판과 연결되었다. 다섯째, 그러한 인식은 이후 '위치성(positionality)' 혹은 '상황성(situationality)'에 대한 강조로 나아가게 되었다. 이러한 강조점은 정체성이 어떤 특정한 맥락에 따라 유동적일 뿐 아니라, 어떤 특정 상황에서는 한 가지 정체성이 다른 정체성에 우선하거나 압도한다는 사실에 근거한다. 그러므로 내가 나를 규정하는 방식과 타인이 나를 보는 방식에 따라 다른 방식으로 정체성이 재규정되기도 하고, 다른 곳에서는 전혀 주목받지 않던 어떤 특정 정체성이 또 다른 곳에서는 '나'라는 존재를 규정짓는 결정적 요소가 되기도 한다. 마지막으로 1990년대 중반 이후 지구화 시대와 더불어 활발해진 '혼성(hybridity)'에 대한 논의이다. 이는 지리적 이동을 통한 문화적 이종교배를 강조한 개념으로, 공간의 이동을 통해 새롭게 구성되는 정체성, 문화 간의 접합으로 인해 전혀 다르게 구현(생성)되는 정체성을 의미한다(Friedman, 1998: 20~24).

그리하여 1990년대 초반부터 일부 페미니스트들은, 주체가 근거하고 있는 물적·지리적 장소(location)와 상징적·정치적 위치성(positionality)에 따라 변화하는 정체성에 주목하면서 '위치의 정치학'을 주장해왔는데, 이들 중 상당수가 초국적 페미니즘의 범주에 드는 학자들이다(Mani, 1990; Lal, 1999; Mohanty, 1991, 1998; Kaplan, 1994). 이는 경험과 지식의 일대일 대응관계를 말하는 것이 아니라, 정치적 위치성과 인식의 관계, 경험과 지식 간의 관계를 새롭게 인식하고자 하는 요구였다(Mani, 1990). 결국 세상을 보는 방식, 이해하는 방식, 이론을 구성하고 생산하며 인지하는 방식 또한 주체의 다양하고 불안정하며 관계적인 자리매김(positioning)과 연관된다는 의미이다(Alarcón, 1991).[2] 단순히 다양한 차이를 인정한다든지 차이들의 존재를 찬양하는 것은 불평등한 권력관계를 인식하지 못하는 상대주의에 다름이 아니므로, 주변인의 정체성, 그 정체성이 위치하고 있는 공간을 억압과 저항의 장으로 재인식하면서 자신의 위치성을 역사화, 맥락화할 것을 주장한다(Kaplan, 1994: 141~144).

이러한 주장은 국민국가의 경계를 넘나드는 초국적 주체들의 실제 경험과도 연관된다. 초국적 주체들은 위치성에 따라 이동하는 정체성, 시선, 장소에 따라 적극적으로 선택되기도 하고 수동적으로 주어지기도 하는 정체성을 경험하고, 이에 따라 억압의 내용과 결과, 수용방식도 달라짐을 인지해왔던 것이다. 또한 한 문화와 사회에서 이탈하여 타 문화로 재배치된 초국적·초문화적 존재 자체가 주체/타자라는 고정성에 어긋나는 정체성 분열의 공간에 위치해왔음을 인식하는 데 기인한다. 중요한 점은 그러

2) 이는 해러웨이의 상황적 지식에 대한 주장과도 연관된다. 헤러워이는 과학적 지식의 수행자는 객관성 자체보다는 '주체의 위치'를 추구한다고 비판한다. 즉, 정체성이 과학을 생산하는 것이 아니라 주체의 위치성이 객관성을 담보하는 과학적 지식을 생산한다는 것이다. 결과적으로 모든 지식은 부분적 설명력만을 지닌 부분적 지식일 뿐이다. 따라서 페미니즘은 정체성 자체가 아니라 주체의 위치성과 이것이 생산하는 관점과 지식에 주목해야 한다(Haraway, 1988: 586~587).

한 '틈새 공간(interstitial passage or in-between spaces)'(Bhabha, 1994)과 이로 인해 구현되는 '유기적 혼성(organic hybridity)'(Bhavnani, 2000)[3]의 문제가 기존의 질서와 이데올로기에 균열을 가하는 긍정적 측면도 담보한다는 사실이다.

이상과 같이 페미니스트들의 정체성에 대한 인식은 협의로 정의된 정체성의 정치학을 넘어서, 위치성에 대한 자기 성찰을 전제로 한 차이에 대한 인식과 존중, 그리고 차이가 구성되는 과정의 물적 토대에 관한 질문 및 변혁을 동시에 요구하면서 변화해왔다. 특히 다양한 차이들을 구성하는 물적 토대와 맥락, 이에 대한 변화 지향, 정체성의 교차성과 위치성의 이동에 대한 관심은 1990년대 이후 본격적으로 등장한 초국적 페미니스트들의 인식론적 틀을 구성하게 되었다.

---

3) 바브나니는 '상황적 혼성(situational hybridity)'과 '유기적 혼성(organic hybridity)'을 구분하고 있는데, 상황적 혼성은 분리된, 불연속적 특성을 지닌 차이와 이에 기반을 둔 경험의 투명성 및 문화의 진정성을 전제하고 있기 때문에 본질주의적 한계를 지닌다. 그러나 우리 안의 다양한 정체성들은 상호 배타적이거나 구분되는 경험으로 구성된 것이 아니라 재현과 정치학, 권력이 제공하는 다양한 시각을 통해 어떻게 우리를 보는가 하는 방식에 따라 구성된다(Bhavnani, 2000: 188~189). 그러므로 유기적 혼성은 개별적 차이 자체에 주목하는 것이 아니라, 차이들이 융합되고 융해된 정체성들, 차이가 구성되는 방식, 겹치는 방식, 해석되는 방식, 그리고 그러한 차이들이 어떠한 물적·정치적·문화적·이데올로기적 결과를 가져오는가에 주목한다. 결국 바브나니가 설명하는 유기적 혼성은 "젠더들, 섹슈얼리티들, 민족들, 인종들 간의 새로운 관계와 정치학에 대한 전망"이다(Bhavnani, 2000: 192). 불평등이 하나의 축을 통해 구성되거나 평가될 수 없음에 대한 인식을 토대로 하기 때문에, 하나의 문화와 인종을 등치시키지 않으며 한 국가 안에서의 경험을 한 가지 민족성과도 일치시키지 않는다.

2) 유색인종 및 제3세계 정치학의 확장

초국적 페미니즘은 인종, 계급, 민족이 성별관계와 연결되어 다양한 지점의 억압을 생산하고 여성의 삶을 조건화한다는 인식과, 변화를 위한 정치적 실천을 지향한다는 점에서 소위 '유색인종(Women of Color)', '제3세계(Third World)' 페미니즘과 공통분모를 지니지만 다음의 몇 가지 점에서 차이를 드러낸다.

첫째, 유색인종 페미니즘은 인종과 국적에 따른 여성들 간의 차이에 대한 의미 있는 이해들이 진행되는 동안 백인 중심적인 이론과 운동에서 제외되어왔던 흑인 중심의 유색인종 여성들이 "우리가 과연 누구인가"에 대한 질문으로 시작되었으며, 1981년 NWSA(National Women's Studies Association) 학회에서 공식화된 용어이다(Kim and McCann eds., 2003: 150). 당시 주제인 '인종차별주의에 대응하는 여성들(Women Respond to Racism)'을 보면 연상할 수 있듯이, 이들은 백인, 이성애, 중산층 중심의 페미니스트들의 인종차별에 대한 무관심, 그로 인한 페미니스트들 간의 차이와 경계, 이로 인한 유색인종 여성들에 대한 주변화를 비판했다. 1980년대 초반, 글로리아 안잘듀아와 체리 모라가(Gloria Anzaldúa and Cherríe Moraga)의 *This Bridge Called My Back: Writings by Radical Women of Color* (1981)는 유색인종 여성들의 경험을 정치화하면서 백인중심주의에 도전한 대표적 저서이다.

그들은 자신들의 위치성에 근거한 다양하게 교차된 억압(젠더뿐만 아니라 인종, 계급, 섹슈얼리티)과 이에 기반을 둔 여성들의 경험을 드러내기 시작했는데, 그러한 다양한 억압의 교차성(intersectionality)을 보기 때문에 자신들을 스스로 '급진적(radical)'이라 지칭했다. 이들은 페미니스트 내부의 심각한 분열과 차이를 지적하면서 백인, 중산층, 이성애 중심의 페미니즘의 정의를 확대할 것을 주장한다. 이는 여성들 간의 분열을 조장하는 가부장적 전략을 반복하는 것이 아니라 "주인의 도구로는 주인의 집을 해체할 수 없기 때문(the master's tools will never dismantle the master's house)"에 좀 더 포괄적면서 급진적인 페미니스트 정치학을 요구하는 것이라고 했다(Anzaldúa and Moraga eds., 1981: 99~100).

그러나 유색인종 페미니즘은 서구 안의 유색인종 여성들의 경험을 근거로 구성된 논의이다. 즉, 서구라는 위치(location) 안에서 백인 중산층 중심의 페미니즘의 억압성과 페미니스트 안의 차이를 인종(race)이라는 초점에 맞추어 비판하는 것이다. 유색의 주변적 위치를 강조함으로써 암묵적 기준인 '무색(백색)'의 중심적 지위를 역설적으로 인정하는 정체성의 정치학이기도 하다. 이는 비서구 유색인종 여성들의 다양한 경험을 포괄하기 어려울 뿐만 아니라, 그들 안의 차이와 다른 인종 간의 물적 차이와 차별 등을 분석하기 어려운 한계점을 지닌다.

둘째, 제3세계라는 용어는 특별한 지역정치학, 저항정치학의 의미를 지니므로 한계를 지닌다. 제3세계는 냉전시대의 산물이며 당시의 발전정치학(development politics)에서 유래한 것으로 시대착오적일 뿐 아니라, 이에 기준한 국가 간 위계질서를 당연시하는 정치학이기도 하다. 일반적으로 제1세계가 자유주의 체제 안에서 근대화를 경험한 서구 자본주의 국가들을 지칭한다면, 제2세계가 공산혁명의 맥락에서 근대화된 사회주의 국가들을 가리킨다. 제3세계는 그러한 냉전시대의 정치학에 부합하지 않는 나머지 나라들을 지칭해왔다(Kim and McCann eds., 2003: 151).

그러므로 제3세계라는 용어에는 서구 제국주의에 의해 억압받는 국가들의 저항적 위치를 확언해주는 권한부여(empowering)의 기능이 있는 반면, '발전'된 서구 국가들의 우월한 지위와 이에 대비되는 '저개발' 국가라는 열등한 존재론적 지위 또한 암묵적으로 내재해 있다(Trinh, 1989: 97~99). 또한 국가 간 권력관계의 이동성을 논할 여지를 주지 않는다는 점에서 문제적인 용어이다.

제1세계/제3세계, 서구/비서구 간의 본질적인 차이에 대한 강조는 서구 여성에 대비되는 제3세계 여성들이라는 이분법적 차이를 일반화하는 논리와 유사하다. 이는 서구/비서구 여성들을 그들이 위치하고 있는 지리적, (국가 간, 인종 간) 경제적 차이, 피부색과 문화의 차이 등에 근거한 다름으로 규정짓게 한다. 동시에 제3세계 인의 다양성을 하나의 보편적 공통성으로 묶어버리는 역할도 하게 된다. 특히 제3세계란 언설은 서구 제국주의에 대항하는 저항 담론으로 전유될 때, 근본주의적 민족주의로 흐를 위험마저 내포하고 있다. 제3세계의 근본주의적·저항적 민족주의는 결국 내부적 갈등을 일괄하고 다양한 목소리와 정체성들을 억압하는 기능을 한다. 그러므로 쇼햇은 '제3세계론이 가지는 이데올로기를 넘어' '탈제3세계적 민족주의'를 주장한 바 있다(Shohat, 1997: 388).

결론적으로 유색인종이 획일화된 인종성을, 제3세계가 고정된 정치적·물리적 위치성을 암시한다면, 초국적 페미니즘은 인종이나 물리적 위치성 등의 다양한 경계들을 넘어 진정한 탈식민을 꿈꾸는 사람들의 잠정적인 공유의식과 연대에 대한 희망을 반영하는 정치학이라 볼 수 있다.

3) 글로벌 페미니즘과 전 지구적 자매애를 넘어

초국적 페미니즘은 글로벌 페미니즘(전 지구적 페미니즘)과 차별화된다. 우선 '글로벌'이라는 용어는 글로벌(global) 대 지역(local), 중심 대 주변이라는 이분법적인 지역 정치학을 함의함과 동시에, 개인, 지역 혹은 국가 간 불평등의 실제성을 오도하는 문제점을 지닌다. 또한 국가 간의 경계를 넘어서는 것이 함의하는 억압, 갈등, 단절, 지원, 연결 등의 복합적 의미를 획일화할 우려가 있다. 반면 '초국적'은 자본, 기술, 인간, 지식과 정보, 이데올로기 등이 어떻게 국경을 넘어 연결, 혹은 단절되면서 사람들의 일상의 삶과 이동에 영향을 미치는지 주목하고자 하는 함의를 지닌다. 아파듀레이(Appadurai, 1996)의 지적처럼 현재 국민국가의 경계를 넘나드는 전 지구적 문화의 흐름은 서로 결합되면서도 분절적이다.[4] 초국적은 그처럼 위계적이자 수평적이며, 부정적이자 긍정적인 다양한 측면의 흐름을 동시에 인식하고자하는 의지이며, 이에 개입하고자 하므로 정치학이다.

둘째, 글로벌 페미니즘은 '여성보편의 문제'에 주목하여 전 지구적 자매애(global sisterhood)를 강조하고 차이를 가로지르는 공통성을 추구하는 반면, 초국적 페미니즘은 여성공통의 체험이 구성되는 방식 자체에 문제제기하며 여성들 간의 다름을 신중하게 고려할 것을 요구한다(허민숙, 2008: 143). 모르건(Morgan, 1984)에 의해 고안되어 1980년대부터 회자된 '전 지구적 자매애'는 '포스트-'의 다양한 흐름에 영향 받아 '분열'되었던

---

4) 아파듀레이는 다음 다섯 가지 측면의 관계성 안에서 이를 해석해야 한다고 주장한다. 그는 첫째, 인간의 움직임(ethnolandscape), 둘째, 생산되는 이미지와 이미지의 형태(medialandscape), 셋째, 기술과 정보의 움직임(technolandscape), 넷째, 자본의 재분배(financelansacpe), 마지막으로 이데올로기(ideolandscape) 등의 다섯 가지 지형도를 현재의 전 지구적 문화경제를 이해하는 틀로 제시하면서, 이들이 일관되게 결합되어 하나의 방향으로 움직이는 것이 아니라, 다양한 방향으로 움직이면서, 교차, 긴장과 결합, 분열과 융합이 일어나는 과정을 봐야 한다고 주장한다(Appadurai, 1996: 33~42). 그는 전 지구적 문화·경제의 흐름을 단일화, 획일화시키는 경향과 단순히 '미국화(Americanization)'와 등치시키는 관점을 경고하고 있다.

여성주체를 여성공통의 경험을 (재)부각시킴으로써 복구해내려는 시도였다. 모르건은 '가부장적 사고방식(patriarchal mentality)'과 같은 원칙적 구조로서의 남성중심성(androcentrism)이 대부분의 사회를 관통하고 있으며, 따라서 여성들은 여성으로서 겪는 경험의 공통성과 관점의 유사성을 지닌다고 주장했다. 생물학적인 여성으로 태어났기에 억압받는다는 의미가 아니라, 여성이 살아내는 실제 삶의 복잡하고 모순된 경험으로부터 여성억압의 공통적 맥락을 추론해내고 이를 기반으로 전 지구적 자매애의 가능성을 타진해보고자 했던 것이다.

그러나 초국적 페미니스트들은 글로벌 페미니즘이 제3세계 혹은 제1세계 여성들을 균질화된 범주로 획일화, 자연화하면서(Kaplan, 1994: 137), 서구 여성들의 관점에서 다른 여성들의 경험을 전유하거나, 차이를 구성하는 차별적 권력관계를 보지 않고 무비판적으로 차이를 찬양하는 결과를 낳았다고 비판한다. 특히 모한티(Mohanty, 2004)는 글로벌(전 지구적) 여성주체의 개념은 여성억압의 경험들이 역사적·상황적 맥락들에 따라 다르게 생산, 경험, 소유, 해석됨을 전혀 고려하지 않고 있는 몰역사적인 개념임을 강도 높게 비판한 바 있다. 따라서 글로벌 자매애라는 개념은 다른 지역(국가)에 위치하고 있는 여성들의 다양한 물적 조건들을 이해하지 못한 채, 서구의 보편적인 자유, 인권개념에 의존한 개인주의와 근대화 모델에 기대어 여성억압의 문제를 설명하려 하기 때문에 결국 서구의 문화제국주의를 반영하게 된다(Grewal and Kaplan eds., 1994).

실질적으로 여성들 간에 존재하는 위계적 권력관계, 그리고 이를 규정하는 조건을 말하지 않는 글로벌 자매애란 위선적이며 당위적인 선언에 불과한 것이다.5) 요약하자면, 글로벌 페미니즘이 여성의 보편적 공통성에 기반한 전 지구적 연대를 이루고자 한다면, 초국적 페미니즘은 그러한 연대자체를 문제시하고, 전 지구적 페미니즘이 지닌 제국주의적 일면을 재고하려는 비판적 흐름이라고 볼 수 있다. 특히 인권이라는 보편적 포괄성을 내세움으로서 지구상의 다양한 사회적·문화적 맥락에 놓여 있는 '다중적·중복적·불연속적인 억압들'을 읽어내지 못하는 페미니즘은 언제든 보편주의와 제국주의로 치달을 수 있음을 경고한다(Grewal and Kaplan eds., 1994: 17). 따라서 초국적 페미니즘은 여성들의 경험을 (재)생산하는 구조적인 조건들을 여성들의 구체적인 삶의 맥락 안에서 읽어내려고 노력한다.

4) 지역여성운동'들'의 초/국적 연대 지향

애초부터 경계가 없는 듯 가정하는 추상적인 글로벌 자매애의 개념과 달리, 초국적 페미니스트 정치학은 여성들이 제국주의, 식민주의, 민족주의, 성차별주의, 인종주의 등을 넘어서고자 할 때 부딪히는 장애와 경계들을 인식하면서 그 경계를 넘어서거나 변화시키려는 실천력과 잠정적인 연대를 요구한다.

국가나 지역, 문화나 역사적 경계를 넘어 다양한 여성들의 경험을 맥락

---

5) 이러한 의미에서 '한국적 페미니즘'이라는 언설은 '글로벌 페미니즘', '서구 페미니즘' 만큼이나 문제적인 용어이다. 이들은 공통적으로 한 집단의 여성경험을 동질화하거나 절대적이거나 보편적이라 여기며 상정된 단일 집단의 모든 사람들을 대변한다고 전제한다. 그러한 논지의 이면에는 절대적 타자의 존재가 집단적 정체성 밖에 있다는 것을 상정한다. 아미드의 주장대로 '절대적 거리'와 '절대적 근접성'이라는 환상(fantasy)은 결국 보편주의와 본질주의를 내포한다. 이때 거리의 판타지는 절대 다가갈 수 없는 혹은 이해할 수 없는 타자를 상정하고, 근접성의 판타지는 이미 타자의 진실까지 속속들이 알고 있다는 오만함에 근거한다(Ahmed, 2000: 166).

화하면서 차이'들'에 기반을 둔 연대를 강조하는 초국적 페미니즘의 정치성을 강조하기 위해 필자는 앞에서 소개한 '초국적'이 지니는 함의를 더욱 확장한 '초/국적'이라는 용어를 사용하고자 한다. '초/국적'이라는 단어에서 '초(trans)'는, 경계를 넘어 '이동(transferred)'하는 주체, 이를 통해 '변형(transformation)'되는 위치와 조건, 그리고 그러한 조건과 경계를 '위반(transgression)'하고자 하는 주체들의 의지까지 포괄하는 개념이다.

유사하게 옹(Ong)도 '초국적'이라는 용어에서 '초'가 국가와 자본 간의 새로운 관계를 제시할 뿐 아니라, 현재 국민국가와 자본의 논리에 의해 제한당하는 우리의 행동과 상상력을 넘어서고 전복하며 변화시킬 것을 의미한다고 주장한 바 있다(Ong, 1999: 4). 덧붙여 '/'는 상징적·물리적 경계의 존재를 명시하는 것인데, 단절이자 연결, 고정성과 유동성, 통합과 분열을 동시에 함의한다. 이는 시간과 공간의 연결이자 분절이며, 물질과 주체들(이데올로기, 자본, 문화, 기술, 인력 등)의 정체이자 이동이며, 기억과 현실의 통합이자 분열이다. 따라서 '초/국적'은 국민국가를 넘어서는 상상력을 요구할 뿐만 아니라, 경계의 실질적 작동에 주목하면서 경계를 넘고자 하는 개념이다. 넘어서고자 함과 극복하고자 함에 대한 실질적인 장애와 한계가 존재한다는 인정을 동시에 동반하는 것이다. 물리적 장애(문화적·언어적·종교적·제도적·정치적인 것이든)가 존재한다는 현실에 대한 인식이야말로 협상과 대화의 전제이자 이를 극복하기 위한 노력을 이끌어낼 수 있는 기반이 되기 때문이다.

이러한 관점은 보편적인 공통성이나 글로벌 스탠더드의 획득을 위해 지역성(locality)을 무시하거나 사장시키지 않는다. 오히려 지역 단위에서 느끼는 문제의식을 확대하는 것이자 한 지역의 문제가 다른 지역의 문제와 긴밀하게 연결되어 있음을 보여주는 것이다. 이 과정에서 지역 여성의 문제는 인종과 민족, 계급의 문제와 경합하거나 갈등하며, 지역 가부장과 민족의 이해와 전략적으로 연합하기도 하고 분열되기도 한다. 이러한 인식론은 초국적 주체들이 자신들이 속했던 지역이나 국민국가의 가부장제의 작동방식과 경계를 넘어서, 다른 형태로 만나게 되는 가부장제의 연속성과 단절성, 특수성 및 보편성에 대한 논의를 가능하게 한다.

역사적으로 한국의 페미니스트들은 성별화된 민족주의, 가부장 민족주의, 상상적 남성중심의 공동체로서 민족 등 '민족', '민족주의'가 여성운동과 결합하기도 하고 결별하기도 한다는 사실을 경험적으로 잘 알고 있다. 이데올로기 전선으로 분리된 보수/진보 진영은 '민족의 이익을 위한 여성의 희생'이 앞에서는 단일한 남성의 얼굴을 견지해왔다. 국가발전과 안보를 위해 여성에게 침묵과 희생을 강요했던 보수진영과 다름없이, 이른바 진보진영 또한 민주화 투쟁과 변혁이라는 우선적 정치적 목적을 위해 성별관계의 억압성에 대해 말하는 것을 제지하거나 '진보'라는 대서사에 복무하기 위해 '진보'가 지닌 남성 중심성 자체에 의문을 던지지 못하게 했던 것이다. 따라서 여성들은 그들 내부의 계급차이를 인식하면서도 보편적 개념으로서의 몰성적 '계급의식'과는 비판적 거리두기를 한다. 성별, 민족, 계급, 섹슈얼리티, 인종 등이 교차한 억압의 지점에서 변방의 여성들이 자신들이 준거한 지역문제에서 시작하여 국경을 넘는 주체들과 만나 공통점을 발견하고 그들과의 연대를 기획해왔다. 이들에게 '소수자' 정체성과 '다름'에 대한 민감성, 변화에 대한 '희망'은 정치적 연대의 필요조건이 되었으며, 다양한 방식의 연대 과정에서 길러진 협상력은 역설적으로 초국적 연대의 거름이 되었다.

예를 들어 한국에서 기지촌 성매매 문제는 외국군대의 주둔문제라는 국제관계의 맥락에서 발생했을 뿐 아니라 지역 국가의 협조와 지역 가부장의 동조를 통해 그 지속성을 담보 받았다는 점에서 애초에 초국적 역사·정치·사회의 문제였지만 오랫동안 한국 사회의 관심의 대상이 되지 못했다. 이에 민중신학과 학생운동, 민주화운동 속에서 의식화된 일군의 여성 집단은 1980년대 중반 군사독재 시절, '죄인' 혹은 '사회를 더럽히는 암적인 존재'로 누구도 관심을 두지 않았던 '양공주'들의 '인간다운 삶의 추구할 권리'를 위해 의정부, 동두천 등에 모이기 시작했다.[6] 성매매 여성들의 인권보호와 생존 능력의 고취, 사회적 관심의 고양을 위해 노력하던 여성 활동가들은 숭미 보수주의자들과 민족주의자들의 몰성성에 한계를 느끼게 되고, 마침내 1995년 아시아, 태평양, 미국에 있는 NGO들을 연결하여 군사주의로 피해 받는 여성과 아동의 인권을 생각하는 네트워크를 결성했다. 이른바 '군사주의에 반대하는 동아시아 여성 네트워크(East-Asia-U.S. Women's Network Against US Militarism)'는 1997년 5월 오키나와에서 창립회의(Founding Meeting)를 가졌으며, 당시 기지촌의 대표적인 반성매매 단체인 새움터(동두천 소재)의 대표인 김현선과 두레방의 김명분, 미군기지반대운동본부의 대표 정유진 등이 참여했다(애들러, 2000: 66~67). 제2차 회의는 1998년 10월, "안전을 재정의한다(Redefinding Security for Women and Children)"라는 제목으로 워싱턴에서, 제3차 회의는 2000년 6월 오키나와(한국, 미국, 일본, 필리핀, 푸에르토리코 참가)에서 열렸으며, 이후 국내단체들 간의 연대 모색된 2002년 제4차 한국회의, 2004년 필리핀, 2006년

---

6) 최초로 기지촌 성매매 반대 여성운동을 한 곳은 1984년 문동환 목사의 부인인 문혜림 원장에 의해 의정부에 설립된 '두레방'이다. 두레방이 중심이 되어 국내 성매매를 주로 다루는 용산의 막달레나의 집 등이 참여한 성매매관련 실무자들의 연대체인 '한소리회'가 1986년 결성되었고, 이후 동두천의 '새움터', 평택 안정리의 '햇살센터' 등이 지금까지 성매매 여성 인권보호뿐 아니라, 군대와 성매매 관련 이슈를 활발하게 제기하고 있다.

미국회의에 이르기까지 국제연대가 활발히 진행되어왔다.

이러한 국제연대는 1993년 한국의 기지촌을 방문하여 혼혈아동들의 현실에 문제의식을 느낀 아시아 혼혈계 미국 학자 마고 레이(Margo Okazawa Rey)의 추동에 힘은 바 크지만, 국경을 초월한 여러 나라, 다양한 지역의 민간운동단체들과 종교 단체, 여성학자들의 문제인식의 공유와 연대활동이 없었다면 애초의 시작뿐 아니라 지속 또한 힘들었을 것이다. 이러한 국제연대의 경험은 한국의 기지촌 여성활동가들에게 국제관계에서 미군이 차지하는 정치적·사회적 영향에 대해서 심도 있게 이해하는 기회를 제공했을 뿐 아니라 관련 기관과의 국경을 초월한 연대활동의 중요성을 일깨웠다. 지역의 군대 성매매 문제와 민족주의의 한계를 넘어 여성에 대한 폭력의 문제가 어떻게 군사주의와 인종차별주의, 국가통치와 안보의 문제와 연결되는지 국제관계 속에서 비판적으로 인식할 수 있게 된 것이다.

2008년 이후, 기지촌 활동가들은 국내 성매매 관련 여성단체들과 일본군 위안부 문제를 이슈화해온 한국정신대문제대책협의회 등과 적극적 연대체를 모색하고 있다. 사실상 일본군 위안부 문제와 기지촌 여성문제는 일제 식민지와 전시 여성에 대한 폭력의 문제, 지역 가부장 문화와 인신매매, 평화와 보편적 인권에 대한 문제, 국가와 경제개발, 인종이 다층적으로 얽혀 있으며 역사적 맥락과 그것이 미치는 영향을 고려할 때 초국적으로 풀어야 할 문제이다. 외국인 여성이 상당수 유입되어 있고 동남아 및 동아시아 섹스관광이 문제시되는 현재, 국내 성상업의 문제 또한 더 이상 일국의 문제가 아니다. 이러한 여성주의 운동의 다층적 연대는 식민주의, 제국주의, 자본주의, 군사주의가 연계된 초국적 가부장의 네트워크를 이해하게 하고 이를 기반으로 확대되고 있는 지구화의 문제를 심도 있게 분석하고 대응하게 하는 통찰력을 제공할 것이다.

4. 결론: 너그러운 급진성에 기반을 둔 진보연대를 꿈꾸며

지구화는 새로운 노동자 계급의 형성, 이주의 여성화와 여성의 빈곤화, 국가 간 빈부격차의 확산, 신자유주의 및 신제국주의 논리의 확산 등 초국적으로 대응해야 할 여러 가지 문제들을 낳았다. 이는 역설적으로 전 지구적 정의(justice)가 어떻게 국민국가 바운더리 안의 민주화와 연관되는지에 대한 고민을 배태했으며, 민주화에 대한 열망들을 묶어줄 수 있는 초국적 진보연대를 고민하게 했다. 필자가 주장하는 초/국적 페미니스트 정치학은 지구화 시대의 초국적 자본의 흐름과 초국적 힘의 논리에 대한 비판적 사고와 더불어, 이에 적극적으로 대응하고자 하는 초국적 주체들의 의지, 국가 간의 경계를 넘어서면서도 실재하는 경계의 한계를 인정하는, 초/국적 연대에 대한 고민과 희망이 함께 동반되는 것이다. 초/국적 연대는 투쟁의 경험을 공유하면서 구성된 연대, 부정의의 대한 저항이라는 맥락에서 형성된 연대, 젠더, 민족, 인종, 계급, 섹슈얼리티 등의 축이 교차하면서 만나는 접점에서의 연대, 수많은 차이와 경계를 넘어 좀 더 나은 세상에 대한 열망과 실천의 의지로 연결된 연대로 구성된다. 그러므로 필자는 지역적·민족적 편협함을 넘어선 포괄적인 변화를 지향하되 맥락성을 고려하고자 하는 초국적 페미니스트 정치학을 내부식민화와 재식민화의 문제를 정면으로 제기하게 하는 탈식민주의 기획이라 여긴다.

문제는 어떻게 경계를 '경계'할 수 있는 초/국적 진보연대를 구성할 것인가이다. 필자는 앞서 기지촌 성매매 운동을 초국적 페미니스트 연대가능성의 예로 들었다. 기지촌 문제는 외국군인 주둔의 문제이자 가부장 사회에서 성별화된 섹슈얼리티의 문제이다. 더군다나 분단과 전쟁, 독재정권과 발전국가의 논리 등과 긴밀히 얽혀 있으며, 형성과 변화의 역사적·정치적 맥락뿐 아니라, 국적이 다른 성구매자, 성판매자들 간의 만남 자체가 초국적인 주제라고 볼 수 있다. 따라서 특정 지역(국가)이 지닌 특수성을 간과하지 않으면서 기지촌을 구성하는 초국가적 요인들에 대응하려면 초국적 저항의 연대체가 필수적이라고 할 것이다. 그러나 초국적 만남과 연대에는 늘 언어, 국가, 이데올로기, 계급, 문화적 차이 등 갖가지 경계들과 부딪히는 긴장과 갈등이 뒤따르며, 따라서 협상과 대화의 기술과 태도가 필요하다.

이에 필자는 한 가지 연대의 (추상적) 방법론으로 너그러운 급진성을 제안하고자 한다. 너그러운 급진성이란 중심/주변이라는 경계 안에서 중심이나 주변만을 보거나 사고하는 것이 아니라, 가장 주변에 위치지어져 있기에 비판적 사고를 견지함에도 불구하고 오히려 세상을 폭넓게 인식하고 다름들에 너그러울 수 있는 인식론적 자세이다. 즉, 주변성과 비판적인 사고에 기반을 두되 '다른' 소외된 계급과 계층 문제에 늘 열려 있는 사고관이다. 이는 물리적 '적'을 외부에 상정하고 '우리' 혹은 '나'를 중심으로 연대하는 작업이 아니라 내 안에 뿌리박힌 수많은 경계들을 허물어뜨리는 열린 과정(deconstruction)을 통해 '나'와 '우리'를 재건축(reconstruction)하는 작업이며 이 과정에서 발견된 접점에서의 '만남'과 만나는 작업이다. 문제는 어느 지점에 서 있느냐가 아니라, 어느 지점을 향해 보고 있느냐이며, 어떻게 만날 것인가가 아니라 만남 자체를 성찰하는 것이다. 이를 위해서는 역사적 특수성에 민감하되 역사의 한 지점에서 석화되어 있지 않는 사고, 하나 이상의 렌즈가 존재한다는 사고, 맥락성을 고려하되 일방적으로 한 지점에 매몰되지 않는 사고 등이 전제되어야 하며, 하나의 범주로 획일화, 보편화된 민족이나 계급 논리에서 벗어나야 한다. 그러한 인식론이야 말로 (신)발전, 선진화라는 가면을 쓴 반인권, 반여성, 반환경, 반소수자 '시대'에 대응할 수 있는 새로운 진보연대 구성의 토대이다.

이제 한국의 '진보'는 단순히 민족이라는 기표를 위한, 혹은 특정 기표에 대한 일방적 충성을 강요하는 프로파간다가 아니라 다양한 경계를 넘어 새롭게 형성되는 민족과 국가, 다음 세대를 위한 좀 더 나은 가치와 제도 마련에 대한 구체적인 실천을 고민해야 할 때이다. 이는 환경, 교육, 먹을거리, 대외관계, 인간안보, 이주지의 문제까지 포괄하는 폭넓은 개념으로 재고되어야 함을 의미하며, 궁극적으로 미래의 대한민국 '공동체'를 위한 다양한 가치의 진보적 재구성에 대한 요구이다. 초/국적 페미니스트 인식론은 이에 적극적인 도구를 마련해줄 것이라 믿는다.

참고문헌

고부응 엮음. 2003.『탈식민주의: 이론과 쟁점』. 문학과지성사.

권혁범. 2004.『국민으로부터의 탈퇴』. 삼인.

김은실. 1994.「민족담론과 여성: 문화, 권력, 주체에 관한 비판적 읽기를 위하여」. ≪한국여성학≫, 제10호.

_____. 2000.「'동아시아 담론'의 문화정체성에 대한 문제 제기」.『발견으로서의 동아시아』. 문학과지성사.

김현미. 2003.「여성의 빈곤화와 이주여성」. 이주여성인권센터 2003년 심포지엄 자료집.

두레방 엮음. 2001.「두레방 이야기: 두레방 15년 기념자료집」.

문현아. 2004.「'차이'와 차별을 너머: 경계선 횡단과 연대의 정치」. ≪여/성이론≫, 제10호.

박경화. 2003.「탈식민주의와 페미니즘: 제3세계 페미니즘을 중심으로」. 고부흥 편.『탈

식민주의: 이론과 쟁점』. 문학과지성사.
애들러, 마이카 조셉. 2000. 「주한미군범죄에 대한 한국 내 비정부조직의 활동에 관한 연구」. 연세대학교 정치학과 대학원 석사학위 논문.
윤택림. 1994. 「민족주의 담론과 여성」, ≪한국여성학≫, 제10호.
이경원. 2003. 「탈식민주의의 계보와 정체성」. 고부응 엮음. 『탈식민주의: 이론과 쟁점』. 문학과지성사.
이나영. 2006. 「초/국적 페미니즘: 탈식민주의 페미니스트 정치학의 확장」. ≪경제와 사회≫, 제70호.
이(박)혜경. 2001. 「여성주의, '진보'를 묻는다」. ≪여성과 사회≫, 제12호.
정현백. 2003. 『민족과 페미니즘』. 당대.
조혜정. 1992. 『탈식민지 시대 지식인의 글읽기와 삶읽기 1』. 또하나의문화.
조희연. 2004. 「반공규율사회와 노동자 계급의 구성적 출현」. ≪당대비평≫, 제26호.
_____. 2005. 「지구촌 민주주의와 국민국가 민주주의의 대안적 원리 탐색」. ≪황해문화≫, 제49호.
최정무. 2001. 「미국, 무의식의 식민화, 그리고 자기 분열」. ≪당대비평≫, 제14호.
태혜숙. 2001. 『탈식민주의 페미니즘』. 여이연.
_____. 2004. 『한국의 탈식민 페미니즘과 지식생산』. 문화과학사.
허민숙. 2008. 「전 지구적 여성주의와 초국가적 여성주의들」. ≪여성학논집≫, 제25집 제1호.

Ahmed, Sara. 2000. *Strange Encounters: Embodied Others in Post-Coloniality*. New York: Routledge.
Alarcón, Norma. 1991, 1997. "The Theoretical Subject(s) of This Bridge Call My Back and Anglo-American Feminism." in Linda Nicholson(ed.). *The Second Wave: A Reader in Feminism Theory*. New York: Routledge.
Alexander, M. Jacqui and Chandra T. Mohanty. 1997. "Introduction: Genealogies, Legacies, Movements." in M. Jacqui Alexander and Chandra Talpade Mohanty(eds.). *Feminist Genealogies, Colonial Legacies, Democratic Futures*. New York: Routledge.
Anzaldúa, Gloria and Cherríe Moraga(eds.). 1981. *This Bridge Called My Back: Writings by Radical Women of Color*. Watertown, MA: Persephone Press.
Appadurai, Arjun. 1996. *Modernity at Large: Cultural Dimensions of Globalization*. Minneapolis, MN: University of Minnesota Press.

Bach, Jonathan and M. Scott Solomon. 2008. "Labors of Globalization: Emergent State Responses." *New Global Studies*, 2(2).

Bhabha, Homi K. 1994. *The Location of Culture*. New York: Routledge.

Bhavnani, Kum-Kum. 2000. "Organic Hybridity or Commodification of Hybridity? Comments on Mississippi Masala." *Meridians*, 1(1).

Choi, Chungmoo. 1997. "The Discourse of Decolonization and Popular Memory: South Korea," in Lisa Lowe and David Lloyd (eds.), The Politics of Culture in the Shadow of Capital, Durham, NC: Duke University Press.

Dirlik, Arif. 1997. "The Postcolonial Aura: Third World Criticism in the Age of Global Capitalism." in Ann, McClintock, Aamir, Mufti and Ella Shohat(eds.). *Dangerous Liaisons*. Minneapolis, MI: University of Minnesota Press.

Eley, Geoff and Ronald Grigor Suny. 1996. "Introduction: From the Moment of Social History to the Work of Cultural Representation." in Geoff Eley and Ronald Grigor Suny(eds.). *Becoming National*. Oxford: Oxford University Press.

Enloe. Cynthia. 1990. *Bananas, Beaches, and Bases: Making Feminist Sense of International Politics*. Berkeley, CA: University of California Press.

_____. 2000. *Maneuvers: International Politics of Militarizing Women's Lives*. Berkeley, CA: University of California Press.

Fanon, Frantz. 1967. *Black Skin, White Masks*. New York: Grove Press.

Friedman, Susan S. 1998. *Mappings*. Princeton: Princeton University Press.

Gandhi, Leela. 1998. *Postcolonial Theory: A Critical Introduction*. New York: Columbia University Press.

Grewal, Inderpal. 1998. "On the New Global Feminism and the Family of Nations: Dilemmas of Transnational Feminist Practice." in Ella Shohat(ed.). *Talking Visions: Multicultural Feminism in a Transnational Age*. Cambridge, MA: The MIT Press.

Grewal, Inderpal and Caren Kaplan(eds.). 1994. *Scattered Hegemonies: Postmodernity and Transnational Feminist Practice*. Minneapolis, MN: University of Minnesota Press.

Haraway, Donna. 1988. "Situated Knowledge: The Science Question in Feminism and Privilege of Partial Perspective." *Feminist Studies*, 14(3).

Hekman, Susan J. 1999. *The Future of Differences: Truth and Method in Feminist Theory*. Malden, MD: Polity.

Hennessy, Rosemary. 2000. *Profit and Pleasure*. New York: Routledge.

Jaggar, Alison. 2001. "Is Globalization for Women?" *Comparative Literature*, 53(4).

Kaplan, Caren. 1994. "The Politics of Location as Transnational Feminist Critical Practice." in Grewal, Inderpal and Caren Kaplan(eds.). *Scattered Hegemonies: Postmodernity and Transnational Feminist Practices*. Minneapolis, MN: University of Minnesota Press.

Kapur, Rantna. 2003. "The 'Other' Side of Globalization: The Legal Regulation of Cross-Border Movements." *Canadian Women's Studies: Migration, Labor and Exploitation Trafficking in Women and Girls*, 22(3, 4).

Keck, Magaret E. and Katharyn Sikkink. 1998. *Activists Beyond Borders*. Itaka, NY: Cornell University Press.

Kim, Seung-kyung and Carole McCann(eds.). 2003. *Feminist Theory: Local and Global Perspectives*. New York: Routledge.

Keohane, Robert O. 2002. *Power and Governance in a Particularly Globalized World*. New York: Routeldge.

Lal, Jayati. 1999. "Situating Locations: The Politics of Self, Identity and 'Other' in Living and Writing the Text." in Sharlene Hesse-Biber et al.(eds.). *Feminist Approaches to Theory and Methodology*. New York: Oxford University Press.

Mani, Lata. 1990. "Multiple Mediations: Feminist Scholarship in the Age of Multinational Reception." *Feminist Review*, 35.

Mayer, Tamar(ed.). 2000. *Gendering Ironies of Nationalism*. New York: Routledge.

McClintock, Anne. 1995. *Imperial Leather: Race, Gender, and Sexuality in the Colonial Contest*. New York: Routledge.

Mishra, Vijay and Bob Hodge. 1994. "What is Post(-)colonialism?" in Patrick Williams and Laura Chrisman(eds.). *Colonial Discourse and Post-colonial Theory*. New York: Columbia University Press.

Moghadam, Valentine M. 2005. *Globalizing Women: Transnational Feminist Networks*. Baltimore, MD: Johns Hopkins University Press.

Mohanty, Chandra. 1991. "Under Western Eyes: Feminist Scholarship and Colonial Discourses." in Chandra Mohanty, Anna Russo and Lourdes Torres(eds.). *Third World Women and the Politics of Feminism*. Bloomington, IN: University of Indiana Press.

_____. 1998. "Crafting Genealogies: On the Geography and Politics of Home, Nation, and Community." in Ella Shohat(ed.). *Talking Visions: Multicultural Feminism in a Transnational Age*. Cambridge, MA: MIT Press.

_____. 2003. *Feminism Without Borders: Decolonizing Theory, Practicing Solidarity*. Durham, NC: Duke University Press.

Morgan, Robin. 1984. "Planetary Feminism: The Politics of the 21st Century." in Robin Morgan(ed.). *Sisterhood is Global: The International Women's Movement Anthology*. New York: The Feminist Press at the City University of New York.

Narayan, Uma. 1998. *Dislocating Cultures*. New York: Routledge.

Ong, Aihwa. 1999. *Flexible Citizenship: The Cultural Logics of Transnationality*. Durham, NC: Duke University Press.

Pettman, Jan Jindy. 1999. "Globalization and the Gendered Politics of Citizenship." in Nira Yuval-Davis and Pnina Werbner(eds.). *Women, Citizenship and Difference*. New York: Zed Books.

Price, Janet and Shildrick, Margrit. 1999. "Mapping the Colonial Body: Sexual Economies and the State in Colonial India." in Janet Price and Margrit Shildrick(eds.). *Feminist Theory and the Body*. New York: Routledge.

Saadawi et al. 2000. Ama Ata Aidoo, Edna Acosta-Belén, Amrita Basu, Maryse Condé, Nell Painter, and Nawal Saadawi speak on feminism, race adn transnationalism, *Meridians* 1 (1)

Said, Edward. W. 1979. *Orientalism*. New York: Vintage Books.

Schutte, Ofeila. 1999. "Cultural Alternity: Cross-Cultural Communication and Feminist Theory in North-South Contexts." in Uma Narayan and Sandra Harding(eds.). *Decentering the Center*. Bloomington, IN: Indiana University Press.

Shohat, Ella. 1997. "Post- Third- Worldist Culture: Gender, Nation, and the Cinema." in M. Jacqui Alexander and Chandra T. Mohanty(eds.). *Feminist Genealogies, Colonial Legacies, Democratic Futures*. New York: Routledge.

Spivak, Gayatri C. 1988. "Can the Subaltern Speak?" in Cary Nelson and Lawrence Grossberg (eds.). *Marxism .and the Interpretation of Culture*. IL: University.

_____. 1999. *A Critique of Postcolonial Reason: Toward a History of the Vanishing Present*. Cambridge, MA: Harvard University Press.

Tarrow, Sidney. 2005. *The New Transnational Activism*. New York: Cambridge Press.

Trinh, T. Minh-ha. 1989. *Women, Native, Other: Writing Postcoloniality and Feminism*. Bloomington, IN: Indiana University Press.

Wilson, Rob, and Wimal Dissanayake. 1996. *Global/Local. Durham*. NC: Duke University

Press.

Young, Robert J. C. 2001. *Postcolonialism: A Historical Introduction*. Malden, MA: Blackwell Publishers Ltd.

지은이 소개(가나다 순)

구춘권

1998년 독일 마부르크 필립스 대학교에서 박사학위를 취득했으며, 현재 영남대학교 정치외교학과 조교수로 재직 중이다. 전공 분야는 비교정치경제이며, 특히 유럽정치와 유럽통합이 주요 관심분야이다. 대표 저서로 『메가테러리즘과 미국의 세계질서전쟁』(책세상, 2005), 『지구화, 현실인가 또 하나의 신화인가』(책세상, 2000), *Asiatischer Kapitalismus* (Köln: PRV, 1998) 등이 있다.

김귀옥

서울대학교 사회학과에서 공부를 시작하여 박사학위를 마쳤으며(1999), 현재 한성대학교 교양학부 교수로 재직 중이다. 저서로는 『동아시아의 전쟁과 사회』(공저, 한울, 2009), 『朝鮮半島の分斷と離散家族』(東京: 明石書店, 2008), 『월남민의 생활경험과 정체성: 밑으로부터의 월남민 연구』(서울대학교 출판부, 1999) 등이 있다. 분단과 전쟁이 사람들에게 미친 영향에 주목하고 통일과 평화의 길을 찾는 데 관심을 갖고 있다.

김명섭

연세대학교 정치외교학과 부교수. Research Scholar at ACDIS(University of Illinois). 주요 논저(공저 포함)로 「독립의 지정학」, 「전쟁명명의 정치학」, 「'재일조선인'과 '재일한국인'」, "Increasing Distrust of United States in South Korea", "On Huntington's Civilizational Paradigm", "The Politics of Troop-Dispatch", "Korea as a Clashpoint of Civilizations", 『해방전후사의 인식 4, 6』, 『대서양문명사: 팽창, 침탈, 헤게모니』, 『동아시아의 전쟁과 평화』, *Northeast Asia and the Two Koreas* 등이 있다.

박영균

1980년대에 대학에서 마르크스를 만나 사회철학을 전공했다. 제국주의에 의해 생산된 소주체로서의 식민지성을 벗어나고자 한국철학사상연구회에 가입했고 1990년대 현실 사회주의권의 몰락 이후에는 마르크스 철학의 현대화와 21세기 변혁의 전망을 세우기 위해 노력하고 있다. 이 책에 실린 논문도 그런 노력의 일환으로 기획된 것이다. 현재

≪진보평론≫ 편집위원으로 활동하고 있으며 서울시립대학교 도시인문학연구소 HK연구교수로 재직 중이다. 저서로 『칼 마르크스』, 『맑스, 탈현대적 지평을 걷다』가 있으며, 「자본주의의 위기와 파시즘, 파쇼적인 것들과 사회주의」, 「오늘날 맑스주의적 관점에서 적·녹·보라의 연대를 어떻게 모색할 것인가?」, 「마르크스주의 정당, 외부라는 형식」, 「기관 없는 신체인가 신체 없는 기관인가」, 「스피노자적 실천철학과 맑스주의」, 「이행의 아포리아와 21세기 사회주의」, 「민중운동과 반자본적 주체」, 「맑스와 들뢰즈의 마주침」 등의 논문을 발표했다. 최근에는 그람시의 헤게모니적 관점에서 구성의 정치학을 어떻게 현실의 계급투쟁 속에서 작동시킬 것인가에 대해 주로 고민하고 있다.

백승욱
서울대학교 사회학과를 졸업하고 동 대학원에서 박사학위를 받았다. 미국 빙엄튼 소재 뉴욕주립대학의 객원연구원과 한신대학교 중국지역학과 교수, 영국 서섹스 대학 세계정치경제연구소의 객원연구원을 역임하고, 현재 중앙대학교 사회학과 교수로 재직 중이다. 저서로는 『자본주의 역사강의』, 『세계화의 경계에 선 중국』, 『중국의 노동자와 노동정책』 등이 있고, 역서로 『장기 20세기』, 『우리가 아는 세계의 종언』 등이 있다. 세계체계의 변동과 중국사회의 변동에 관심이 있다.

서관모
충북대학교 사회학과 교수. 주요 논문으로 「계급과 대중의 변증법과 발리바르의 마르크스주의 개조 작업」, 「계급이론과 역사유물론: 맑스주의 개조의 쟁점들」, 「적대의 복수성과 역사이론」 등이 있다. 계급이론과 정치철학이 관심 분야이다.

윤수종
서울대학교 사회학과와 동 대학원을 졸업했고, 「한국농업생산에서 노동조직의 변화과정에 관한 연구」로 박사학위를 받았다. 현재 전남대학교 사회학과 교수로 재직 중이다. 오래 전부터 아우토노미아 사상을 한국에 소개해오고 있으며 소수자운동에 대한 연구를 해나가고 있다. 저서로는 『자유의 공간을 찾아서』(문화과학사, 2002), 『안토니오 네그리: 맑스주의를 넘어선 맑스주의자』(살림, 2005), 『다르게 사는 사람들』(편저, 이학사, 2002), 『우리 시대의 소수자운동』(공저, 이학사, 2005), 『욕망과 혁명』(서강대학교 출판부, 2009) 등이 있다. 네그리, 가타리, 라이히 등을 중심으로 아우토노미아 사상에 관련된 책들을 번역·소개했다.

이나영
중앙대학교 사회학과 교수. 연세대학교 영문학과를 졸업하고 미국 메릴랜드 대학에서 여성학 박사학위를 취득했다. 미국 조지메이슨 대학에서 강의했으며, 초국적 페미니즘과 식민주의, 성별화된 민족주의, 섹슈얼리티가 주요 연구 분야이다. 최근 논문으로는 「급진주의 페미니즘과 섹슈얼리티: 역사와 정치학의 이론화」, 「성매매 '근절주의' 운동의 역사적 형성과 변화의 의미: 일제 강점기와 미군정 시기 폐창운동을 중심으로」, 「탈식민주의 페미니스트 읽기: 기지촌 성매매 여성과 성별화된 민족주의, 재현의 정치학」 등이 있다.

이종구
성공회대학교 사회과학부 교수. 서울대학교 사회학과를 졸업하고, 일본 도쿄 대학교에서 사회학 수사, 박사학위를 취득했다. 한국산업사회학회 회장, 한국산업노동학회 회장. 주요 논문으로 「일본 노동시장의 유연성과 고용형태의 다양화」, 「韓國の勞働史研究とオーラル·ヒストリー」, 「방송산업 비정규직 노동자의 실태: 노동시장 구조와 고용관행」 등이 있다.

이철우
연세대학교 법학전문대학원 교수로 재직 중이며 법사회학과 국적/시민권법을 강의하고 있다. 법사회학 이론과 법에 대한 사회사적 연구, 국적과 시민권, 디아스포라와 민족주의를 주된 연구 주제로 삼고 있다. 이 책에 수록된 글의 문제의식을 가지고 한국의 시민권 제도의 변화를 해석하는 논문 "Nation-State v. Nation-State: The Transformation of Citizenship and the State-Nation Nexus in South Korea"가 *Journal of Contemporary Asia*, Vol.40(2010)에 게재될 예정이다.

이화용

경희대학교 법학전문대학원 조교수, NGO 대학원 부원장. 주요 저서로 *Political Representation in the Later Middle Ages*, 『주권의 경계를 넘어서: 지구시민사회 형성을 위한 규범적 논의』, 『영국 민주화의 여명(1832-1880): 정치, 교회, 민주주의』 등이 있나. 최근의 관심은 글로벌 거버넌스의 민주화, 지구시민사회 등으로 이에 관한 글을 준비하고 있다.

임선일

성공회대학교 노동사연구소 연구원. 건국대학교에서 경영학 석사, 서울 외국인노동자센터 사무국장을 거쳐, 성공회대학교에서 사회학 박사과정을 수료했다. 노동력의 국제이동에 따른 이주민의 정착과 에스니시티 변용에 관해 연구하고 있다.

임지현

한양대학교 사학과 교수, 비교역사문화연구소 소장. 현재 '트랜스내셔널 인문학' 프로젝트 연구책임자이며, 한국 '휴머니스트'와 영국 '팔그레이브/맥밀란'의 전5권 '대중독재' 시리즈의 책임편집자이다. 개인 연구로는 이스라엘-폴란드-독일과 한국-일본의 전후 역사의식을 분석한 『희생자의식 민족주의』를 집필 중이다.

정성진

경상대학교 경제학과 교수이며 대학원 정치경제학과 학과장 및 ≪마르크스주의연구≫ 편집위원장으로 일하고 있다. 『마르크스와 한국경제』(2005), 『마르크스와 트로츠키』(2006) 등의 저서가 있으며, 현재 대안세계화 운동의 이론과 전략을 연구하고 있다.

조희연

서울대학교 사회학과를 졸업하고, 연세대학교 사회학과에서 석사, 박사학위를 취득했다. 미국 남가주 대학(USC) 한국학 초빙교수, 영국 랭커스터 대학교, 대만 국립대학교, 캐나다 UBC 교환교수를 지냈다. 현재 성공회대학교 통합대학원장, 성공회대 민주주의 연구소 소장, 학술단체협의회 공동대표로 일하고 있다. 저서로는 『한국의 국가·민주주의·정치변동』, 『한국의 민주주의와 사회운동』, 『빈곤과 계급』, 『한국사회구성체논쟁』, 『비정상성에 대한 저항에서 정상성에 대한 저항으로』. 『박정희와 개발독재체제』 등 다수가 있다.

지주형

영국 랭커스터 대학교에서 사회학 박사학위를 받고, 현재 서강대학교 사회과학연구소 연구원으로 있다. 최근 논문으로 「위기관리의 정치사회학」(2007), 「지구적 위기관리의 정치경제학」(2009) 등이 있다. 주요 관심 분야는 국가론, 정치경제학, 사회변동론, 사회이론 및 사회과학철학이다.

최현

서울대학교 사회학과를 졸업하고, University of California, Irvine에서 사회과학 전공으로 석사학위를, 사회학 전공으로 박사학위를 취득했다. 현재 제주대학교 인문대학 사회학과 조교수로 문화사회학과 정치사회학을 가르치고 있다. 주요 논문으로는 「대한민국과 중화인민공화국의 국민 정체성과 시민권 제도」, 「근대국가와 시민권: 오키나와인의 사례」, 「한·일 시민권(citizenship) 비교: 시민의식의 공적 영역 지향성과 능동성을 중심으로」, 「구조, 의미틀과 정치적 기회: 1980년대 한국의 민주화 운동」 등이 있다. 연구 관심 분야는 한국과 동아시아의 인권-시민권, 시민권 제도, 시민 의식-문화-정체성 등으로 지방, 국가, 지구 차원에서 자유와 평등의 조화와 보편적 인권을 실현하기 위해 필요한 정치 제도와 문화를 탐색하고 있다.

한울아카데미 1185

지구화 시대의 국가와 탈국가

비판사회과학과 탈국가적 상상력

기 획 | 비판사회학회·민주화운동기념사업회
지은이 | 구춘권·김귀옥·김명섭·박영균·백승욱·서관모·윤수종·이나영
이종구·이철우·이화용·임선일·임지현·정성진·조희연·지주형·최현
펴낸이 | 김종수
펴낸곳 | 도서출판 한울

편 집 | 김현대

초판 1쇄 인쇄 | 2009년 9월 30일
초판 1쇄 발행 | 2009년 10월 15일

주소 | 413-832 파주시 교하읍 문발리 507-2(본사)
121-801 서울시 마포구 공덕동 105-90 서울빌딩 3층(서울 사무소)
전화 | 영업 02-326-0095, 편집 02-336-6183
팩스 | 02-333-7543
홈페이지 | www.hanulbooks.co.kr
등록 | 1980년 3월 13일, 제406-2003-051호

Printed in Korea.
ISBN 978-89-460-5185-0 93300 (양장)
ISBN 978-89-460-4172-1 93300 (학생판)

* 가격은 겉표지에 표시되어 있습니다.
* 이 도서는 강의를 위한 학생판 교재를 따로 준비했습니다. 강의 교재로 사용하실 때에는 본사로 연락해주십시오.